DIN-Taschenbuch 225

Für das Gebiet Qualitätssicherung und angewandte Statistik bestehen folgende DIN-Taschenbücher:

DIN-Taschenbuch 223
Qualitätssicherung und angewandte Statistik
Begriffe. Normen

DIN-Taschenbuch 224
Qualitätssicherung und angewandte Statistik
Verfahren 1. Normen

DIN-Taschenbuch 225
Qualitätssicherung und angewandte Statistik
Verfahren 2. Probenahme und Annahmestichprobenprüfung. Normen

DIN-Taschenbuch 226
Qualitätssicherung und angewandte Statistik
Verfahren 3. Qualitätssicherungssysteme. Normen

DIN-Taschenbuch 225

Qualitätssicherung und angewandte Statistik

Verfahren 2: Probenahme und Annahmestichprobenprüfung

Normen

1. Auflage
Stand der abgedruckten Normen: April 1993

Herausgeber: DIN Deutsches Institut für Normung e.V.

Beuth
Beuth Verlag GmbH · Berlin · Köln

Die Deutsche Bibliothek – CIP-Einheitsaufnahme

Qualitätssicherung und angewandte Statistik: Normen

Hrsg.: DIN, Deutsches Institut für Normung e.V.

Berlin; Köln: Beuth

Literaturangaben

Verfahren

2. Probenahme und Annahmestichprobenprüfung

1. Aufl., Stand der abgedr. Normen: April 1993

1993

(DIN-Taschenbuch; 225)

ISBN 3-410-12493-4

NE: Deutsches Institut für Normung: DIN-Taschenbuch

Titelaufnahme nach RAK entspricht DIN 1505.

ISBN nach DIN 1462. Schriftspiegel nach DIN 1504.

Übernahme der CIP-Einheitsaufnahme auf Schrifttumskarten durch Kopieren oder Nachdrucken frei.

344 Seiten A5, brosch.

ISSN 0342-801X

Printed in Germany. Druck: DBC Druckhaus Berlin-Centrum

Inhalt

Die in den Verzeichnissen in Verbindung mit einer DIN-Nummer verwendeten Abkürzungen bedeuten:

A	Änderung
Bbl	Beiblatt
E	Entwurf
T	Teil
IEC	Deutsche Norm, in die eine Norm der IEC unverändert übernommen wurde
E IEC	Entwurf für eine Deutsche Norm, in die eine Norm der IEC unverändert übernommen werden soll
ISO	Deutsche Norm, in die eine Internationale Norm der ISO unverändert übernommen wurde
E ISO	Entwurf für eine Deutsche Norm, in die eine Internationale Norm der ISO unverändert übernommen werden soll
VDE	Norm, die nach DIN 820 Teil 12 zugleich VDE-Bestimmung oder VDE-Leitlinie ist

Maßgebend für das Anwenden jeder in diesem DIN-Taschenbuch abgedruckten Norm ist deren Fassung mit dem neuesten Ausgabedatum.

Bei den abgedruckten Norm-Entwürfen wird auf den Anwendungswarnvermerk verwiesen.

Vergewissern Sie sich bitte im aktuellen DIN-Katalog mit neuestem Ergänzungsheft oder fragen Sie: (0 30) 26 01 - 22 60.

Die deutsche Normung

Grundsätze und Organisation

Normung ist das Ordnungsinstrument des gesamten technisch-wissenschaftlichen und persönlichen Lebens. Sie ist integrierender Bestandteil der bestehenden Wirtschafts-, Sozial- und Rechtsordnungen.

Normung als satzungsgemäße Aufgabe des DIN Deutsches Institut für Normung e.V.*) ist die planmäßige, durch die interessierten Kreise gemeinschaftlich durchgeführte Vereinheitlichung von materiellen und immateriellen Gegenständen zum Nutzen der Allgemeinheit. Sie fordert die Rationalisierung und Qualitätssicherung in Wirtschaft, Technik, Wissenschaft und Verwaltung. Normung dient der Sicherheit von Menschen und Sachen, der Qualitätsverbesserung in allen Lebensbereichen sowie einer sinnvollen Ordnung und der Information auf dem jeweiligen Normungsgebiet. Die Normungsarbeit wird auf nationaler, regionaler und internationaler Ebene durchgeführt.

Träger der Normungsarbeit ist das DIN, das als gemeinnütziger Verein Deutsche Normen (DIN-Normen) erarbeitet. Sie werden unter dem Verbandszeichen

vom DIN herausgegeben.

Das DIN ist eine Institution der Selbstverwaltung der an der Normung interessierten Kreise und als die zuständige Normenorganisation für das Bundesgebiet durch einen Vertrag mit der Bundesrepublik Deutschland anerkannt.

Information

Über alle bestehenden DIN-Normen und Norm-Entwürfe informieren der jährlich neu herausgegebene DIN-Katalog für technische Regeln und die dazu monatlich erscheinenden kumulierten Ergänzungshefte.

Die Zeitschrift DIN-MITTEILUNGEN + elektronorm – Zentralorgan der deutschen Normung – berichtet über die Normungsarbeit im In- und Ausland. Deren ständige Beilage „DIN-Anzeiger für technische Regeln“ gibt sowohl die Veränderungen der technischen Regeln sowie die neu in das Arbeitsprogramm aufgenommenen Regelungsvorhaben als auch die Ergebnisse der regionalen und internationalen Normung wieder.

Auskünfte über den jeweiligen Stand der Normungsarbeit im nationalen Bereich sowie in den europäisch-regionalen und internationalen Normenorganisationen vermittelt: Deutsches Informationszentrum für technische Regeln (DITR) im DIN, Postanschrift: 10772 Berlin, Hausanschrift: Burggrafenstraße 6, 10787 Berlin; Telefon: (0 30) 26 01 - 22 60, Teletex: 30 82 69 DINinfo, Telefax: 26 28 125.

Bezug der Normen und Normungsliteratur

Sämtliche Deutsche Normen und Norm-Entwürfe, Europäische Normen, Internationale Normen sowie alles weitere Normen-Schrifttum sind beziehbar durch den organschaftlich mit dem DIN verbundenen Beuth Verlag GmbH, Postanschrift: 10772 Berlin, Hausanschrift: Burggrafenstraße 6, 10787 Berlin; Telefon: (0 30) 26 01 - 22 60, Telex: 183 622 bvb d/ 185 730 bvb d, Telefax: (0 30) 26 01 - 12 31, Teletex: 30 21 07 bvb awg.

DIN-Taschenbücher

In DIN-Taschenbüchern sind die für einen Fach- oder Anwendungsbereich wichtigen DIN-Normen, auf Format A5 verkleinert, zusammengestellt. Die DIN-Taschenbücher haben in der Regel eine Laufzeit von drei Jahren, bevor eine Neuauflage erscheint. In der Zwischenzeit kann ein Teil der abgedruckten DIN-Normen überholt sein: Maßgebend für das Anwenden jeder Norm ist jeweils deren Fassung mit dem neuesten Ausgabedatum.

---

*) Im folgenden in der Kurzform DIN verwendet

Vorwort

In der Vergangenheit ist mitunter gefragt worden, ob es notwendig sei, im Bereich der Statistik über Begriffsnormen hinaus (siehe DIN-Taschenbuch 223) auch Normen über statistische Verfahren zu erarbeiten, wenn diese doch in Lehrbüchern nachgeschlagen werden können. Jede Branche oder jedes Fachgebiet könne sich um eigene Normen über statistische Verfahren kümmern.

Dieser Ansicht ist der Normenausschuß Qualitätsmanagement, Statistik und Zertifizierungsgrundlagen (HQSZ) im DIN, dessen Arbeitsschwerpunkt die entsprechende fachübergreifende Normung bildet, aus folgenden Gründen nicht gefolgt:

- Verfahren des Qualitätsmanagements und der Statistik können in zahlreichen Fachgebieten angewendet werden. Eine einheitliche Terminologie und genormte Verfahren in anwendungsfreundlicher Darstellung (z.B. unter Verwendung von Formblättern) bieten Rationalisierungsmöglichkeiten in allen Fachgebieten. In Anwendungsnormen für einzelne Fachgebiete soll auf die genormten grundlegenden Verfahren verwiesen, auf deren eigene Darstellung zur Vermeidung vielfacher Wiederholungen verzichtet und das Spezifische des Anwendungsgebiets hervorgehoben werden. Unzweckmäßige und voneinander abweichende Branchengewohnheiten in begrifflicher und methodischer Hinsicht können damit abgebaut werden. Außerdem steigt auch das Verständnis für ähnliche Probleme in Nachbargebieten.
- Das Zusammenwachsen technischer Fachgebiete und fachübergreifende Betrachtungen erhöhen die Notwendigkeit der Koordinierung. Diese wird wesentlich erleichtert, wenn die fachübergreifenden Probleme auch mit einer fachübergreifenden Terminologie und mit fachübergreifend dargestellten Verfahren behandelt werden.
- International wird fachübergreifend im ISO/TC 69 „Anwendung statistischer Verfahren“ an Normen über statistische Verfahren gearbeitet. Diese Normungsergebnisse sind, soweit wie möglich, auf der Basis der eigenen Normung mitzugestalten und in das deutsche Normenwerk zu übernehmen.

Dieses DIN-Taschenbuch enthält DIN-Normen

- über die Stichprobenprüfung anhand der Anzahl fehlerhafter Einheiten oder Fehler („Attributprüfung“); siehe DIN ISO 2859-Reihe
- über die Stichprobenprüfung anhand kontinuierlicher, (näherungsweise) normalverteilter Merkmale („Variablenprüfung“); siehe DIN ISO 3951
- über die Probenahme; siehe DIN 53 803-Reihe

Die Beachtung der Regeln der Probenahme, die in DIN 53 803 behandelt sind, ist unerläßlich, wenn die an den Stichproben gewonnenen Daten für die Stichprobenprüfung oder für andere statistische Auswertungen verwendet werden sollen.

Zu der Anwendung der Normen der Reihe DIN ISO 2859 und von DIN ISO 3951 werden Hinweise in den betreffenden Vorworten gegeben.

Nicht abgedruckt wurde hier Entwurf DIN ISO 2859-0, weil er noch nicht in deutscher Übersetzung vorliegt und weil noch nicht entschieden wurde, ob er als DIN-Norm übernommen werden soll. Dieser Entwurf beschreibt die in der Normenreihe ISO 2859 und in ISO 8422 festgelegten Stichprobensysteme. Das Thema der Stichprobensysteme wird allgemein behandelt. Die wesentlichen Grundlagen der Benutzung werden erklärt. Auf Hintergründe der Entwicklung der Stichprobensysteme wird hingewiesen.

Der Anwender sei abschließend auf das Stichwortverzeichnis am Schluß des vorliegenden DIN-Taschenbuches und auf die DIN-Taschenbücher 223 „Qualitätssicherung und angewandte Statistik; Begriffe“, 224 „Qualitätssicherung und angewandte Statistik; Verfahren 1“ sowie 226 „Qualitätssicherung und angewandte Statistik; Verfahren 3: Qualitätssicherungssysteme“ verwiesen.

Allen Mitarbeitern der Arbeitsausschüsse, die an der Ausarbeitung der abgedruckten Normen beteiligt waren, danken wir herzlich für ihre ehrenamtliche Arbeit.

Berlin, im Mai 1993

Prof. Dr.-Ing. P.-Th. Wilrich

Dr.-Ing. K. Petrick
Dipl.-Ing. K. Graebig

Hinweise für das Anwenden des DIN-Taschenbuches

Eine **Norm** ist das herausgegebene Ergebnis der Normungsarbeit.

Deutsche Normen (DIN-Normen) sind vom DIN Deutsches Institut für Normung e.V. unter dem Zeichen DIN herausgegebene Normen.

Sie bilden das Deutsche Normenwerk.

Eine **Vornorm** war bis etwa März 1985 eine Norm, zu der noch Vorbehalte hinsichtlich der Anwendung bestanden und nach der versuchsweise gearbeitet werden konnte. Ab April 1985 wird eine Vornorm nicht mehr als Norm herausgegeben. Damit können auch Arbeitsergebnisse, zu deren Inhalt noch Vorbehalte bestehen oder deren Aufstellungsverfahren gegenüber dem einer Norm abweicht, als Vornorm herausgegeben werden (Einzelheiten siehe DIN 820 Teil 4).

Eine **Auswahlnorm** ist eine Norm, die für ein bestimmtes Fachgebiet einen Auszug aus einer anderen Norm enthält, jedoch ohne sachliche Veränderungen oder Zusätze.

Eine **Übersichtsnorm** ist eine Norm, die eine Zusammenstellung aus Festlegungen mehrerer Normen enthält, jedoch ohne sachliche Veränderungen oder Zusätze.

Teil (früher Blatt genannt) kennzeichnet eine Norm, die den Zusammenhang zu anderen Festlegungen – in anderen Teilen – dadurch zum Ausdruck bringt, daß sich die DIN-Nummer nur in der Zählnummer hinter dem Wort Teil unterscheidet. In den Verzeichnissen dieses DIN-Taschenbuches ist deshalb bei DIN-Nummern generell die Abkürzung „T“ für die Benennung „Teil“ angegeben; sie steht zutreffendenfalls auch synonym für „Blatt“.

Ein **Kreuz** hinter dem Ausgabedatum kennzeichnet, daß gegenüber der Norm mit gleichem Ausgabedatum, jedoch ohne Kreuz, eine unwesentliche Änderung vorgenommen wurde. Seit 1969 werden keine neuen Kreuzausgaben mehr herausgegeben.

Ein **Beiblatt** enthält Informationen zu einer Norm, jedoch keine zusätzlichen genormten Festlegungen.

Ein **Norm-Entwurf** ist das vorläufig abgeschlossene Ergebnis einer Normungsarbeit, das in der Fassung der vorgesehenen Norm der Öffentlichkeit zur Stellungnahme vorgelegt wird.

Die Gültigkeit von Normen beginnt mit dem Zeitpunkt des Erscheinens (Einzelheiten siehe DIN 820 Teil 4). Das Erscheinen wird im DIN-Anzeiger angezeigt.

Hinweise für den Anwender von DIN-Normen

Die Normen des Deutschen Normenwerkes stehen jedermann zur Anwendung frei.

Festlegungen in Normen sind aufgrund ihres Zustandekommens nach hierfür geltenden Grundsätzen und Regeln fachgerecht. Sie sollen sich als „anerkannte Regeln der Technik“ einführen. Bei sicherheitstechnischen Festlegungen in DIN-Normen besteht überdies eine tatsächliche Vermutung dafür, daß sie „anerkannte Regeln der Technik“ sind. Die Normen bilden einen Maßstab für einwandfreies technisches Verhalten; dieser Maßstab ist auch im Rahmen der Rechtsordnung von Bedeutung. Eine Anwendungspflicht kann sich aufgrund von Rechts- oder Verwaltungsvorschriften, Verträgen oder sonstigen Rechtsgründen ergeben. DIN-Normen sind nicht die einzige, sondern eine Erkenntnisquelle für technisch ordnungsgemäßes Verhalten im Regelfall. Es ist auch zu berücksichtigen, daß DIN-Normen nur den zum Zeitpunkt der jeweiligen Ausgabe herrschenden Stand der Technik berücksichtigen können. Durch das Anwenden von Normen entzieht sich niemand der Verantwortung für eigenes Handeln. Jeder handelt insoweit auf eigene Gefahr.

Jeder, der beim Anwenden einer DIN-Norm auf eine Unrichtigkeit oder eine Möglichkeit einer unrichtigen Auslegung stößt, wird gebeten, dies dem DIN unverzüglich mitzuteilen, damit etwaige Mängel beseitigt werden können.

DIN-Nummernverzeichnis

Hierin bedeutet:

(En) Von dieser Norm gibt es auch eine vom DIN herausgegebene englische Übersetzung

Verzeichnis abgedruckter Normen und Norm-Entwürfe

Inserentenverzeichnis

Die inserierenden Firmen und die Aussagen in Inseraten stehen nicht notwendigerweise in einem Zusammenhang mit den in diesem Buch abgedruckten Normen. Aus dem Nebeneinander von Inseraten und redaktionellem Teil kann weder auf die Normgerechtigkeit der beworbenen Produkte oder Verfahren geschlossen werden, noch stehen die Inserenten notwendigerweise in einem besonderen Zusammenhang mit den wiedergegebenen Normen. Die Inserenten dieses Buches müssen auch nicht Mitarbeiter eines Normenausschusses oder Mitglied des DIN sein. Inhalt und Gestaltung der Inserate liegen außerhalb der Verantwortung des DIN.

DQS Deutsche Gesellschaft zur Zertifizierung von Qualitätsmanagementsystemen mbH 60433 Frankfurt/Main — 2. Umschlagseite

DGQ Deutsche Gesellschaft für Qualität e.V. 60395 Frankfurt am Main — 3. Umschlagseite

Zuschriften bezüglich des Anzeigenteils werden erbeten an

Darge
Verlag & Werbung
Potsdamer Straße 68
10785 Berlin

DK 658.562 : 620.113 : 519.2 März 1991

Probenahme

Statistische Grundlagen der Probenahme bei einfacher Aufteilung

53 803
Teil 1

Sampling; statistical basis; one-way layout

Échantillonage; base statistique; classification simple

Ersatz für Ausgabe 03.79

Inhalt

Fortsetzung Seite 2 bis 30

Ausschuß Qualitätssicherung und angewandte Statistik (AQS) im DIN Deutsches Institut für Normung e.V.
Normenausschuß Materialprüfung (NMP) im DIN

1 Anwendungsbereich und Zweck

Bei den meisten Untersuchungen werden aus der vorliegenden Grundgesamtheit (dem Prüflos) Proben entnommen. Die daran für ein bestimmtes Merkmal ermittelten Kenngrößen müssen den Schluß auf die entsprechenden Kenngrößen in der Grundgesamtheit (dem Prüflos) zulassen. Die Probe muß deshalb so entnommen werden, daß die Differenz zwischen der an der Probe gefundenen Kenngröße und der Kenngröße der Grundgesamtheit zufällig ist, d. h., die Probe muß für die Grundgesamtheit repräsentativ sein (repräsentative Probe).

Weiterhin müssen die zufälligen Abweichungen quantitativ abgeschätzt und Vertrauensbereiche für die unbekannten Kenngrößen der Grundgesamtheit bei vorgegebenem Vertrauensniveau angegeben werden können.

Schließlich muß damit gerechnet werden, daß möglicherweise mehrere Streuungsursachen vorhanden sind. Die Probenahme hat so zu erfolgen, daß die verschiedenen Streuungsursachen berücksichtigt und ihre Auswirkungen getrennt erfaßt werden können.

Für alle Untersuchungen, bei denen von der Stichprobe auf die Grundgesamtheit geschlossen werden soll, müssen die Proben nach dieser Norm entnommen werden. Falls Proben untersucht werden, die nicht nach dieser Norm entnommen wurden, gelten die Ergebnisse nur für die Probe selbst, nicht für die Grundgesamtheit.

Diese Norm bezieht sich auf alle Bereiche der Technik, Wissenschaft, Medizin, Wirtschaft usw.

In DIN 53 803 Teil 3 werden die statistischen Grundlagen der Probenahme bei **zweifacher** Aufteilung nach zwei **gleichberechtigten** Kriterien und in DIN 53 803 Teil 4 die statistischen Grundlagen der Probenahme bei **zweifacher** Aufteilung nach zwei einander **nachgeordneten** Kriterien behandelt.

In dieser Norm werden die statistischen Grundlagen der Probenahme bei **einfacher** Aufteilung behandelt, d. h. beim Vorliegen von zwei Streuungsursachen.

Die folgenden beiden Möglichkeiten sind zu unterscheiden:

a) Die Existenz zweier Streuungsursachen ist zwar bekannt, über das Ausmaß ihrer Auswirkungen liegen jedoch keine Angaben vor. Da in diesem Falle die Einfache Varianzanalyse durchzuführen ist, muß bereits die Probenahme darauf abgestellt werden (siehe Abschnitte 2 bis 4).

b) Liegen dagegen quantitative Erfahrungswerte für die beiden Streuungen vor, dann können damit konkrete Vorschriften für die Probenahme gemacht werden, um zu einem Ergebnis mit vorgegebener Weite des Vertrauensbereiches zu gelangen (siehe Abschnitte 5 bis 8).

Wie sich praktisch gezeigt hat, ist jede für ein bestimmtes Merkmal repräsentative Stichprobe nicht ohne weiteres auch für ein anderes Merkmal repräsentativ.

2 Begriffe

Die in dieser Norm verwendeten Begriffe sind in DIN 55 350 Teil 11, Teil 12, Teil 14, Teil 21, Teil 22, Teil 23, Teil 24 und Teil 31 festgelegt.

Bei der Gruppeneinteilung einer Grundgesamtheit nach **einem** Kriterium ist die **Einfache Varianzanalyse** ein statistisches Auswertungsverfahren, das auf der Aufteilung der gesamten Summe der quadrierten Abweichungen (S.d.q.A.) in zwei Anteile beruht:

- die S.d.q.A. innerhalb der Gruppen und
- die S.d.q.A. zwischen den Gruppen.

Sie dient unter anderem zur Entscheidung der Frage, ob die Grundgesamtheit bezüglich eines bestimmten Merkmals bei einer bestimmten Gruppeneinteilung als homogen anzusehen ist, und zur Abschätzung der Anteile, mit denen die beiden Streuungsursachen zur Gesamtstreuung beitragen.

Zur Berechnung des Vertrauensbereiches für eine Kenngröße der Grundgesamtheit muß das Vertrauensniveau $1-\alpha$ vorgegeben werden. Zum Testen von Hypothesen muß das Signifikanzniveau α vorgegeben werden. Das Vertrauensniveau und das Signifikanzniveau sind nach technischen und wirtschaftlichen Kriterien **vor Beginn der Untersuchung** festzulegen.

Ausdrücklich sei darauf hingewiesen, daß das Signifikanzniveau für den Test und das Vertrauensniveau für die Abgrenzung der Vertrauensbereiche unabhängig voneinander nach den Folgen von Fehlentscheidungen festgelegt werden können.

Der Begriff „Stichprobenumfang" ist nach DIN 55 350 Teil 14 definiert als „Anzahl der Auswahleinheiten in der Stichprobe". In dieser Norm wird dieser Begriff auf die „Anzahl der Beobachtungswerte einer Stichprobe" übertragen.

Tabelle 1. **Anordnungsschema für die Beobachtungswerte; Zwischensummen und Hilfsgrößen bei einfacher Aufteilung**

Gruppe \ Beobachtungswert	1	2	bis	j	bis	n_2	Zwischensummen A_i	Zwischensummen B_i	Zwischensummen A_i^2
1	x_{11}	x_{12}	bis	x_{1j}	bis	x_{1n_2}	A_1	B_1	A_1^2
2	x_{21}	x_{22}	bis	x_{2j}	bis	x_{2n_2}	A_2	B_2	A_2^2
bis	bis	bis		bis		bis	bis	bis	bis
i	x_{i1}	x_{i2}	bis	x_{ij}	bis	x_{in_2}	A_i	B_i	A_i^2
bis	bis	bis		bis		bis	bis	bis	bis
n_1	$x_{n_1 1}$	$x_{n_1 2}$	bis	$x_{n_1 j}$	bis	$x_{n_1 n_2}$	A_{n_1}	B_{n_1}	$A_{n_1}^2$
						Hilfsgrößen	$A=\sum A_i$	$B=\sum B_i$	$C=\sum A_i^2$

3 Anordnungsschema für die Beobachtungswerte bei einfacher Aufteilung

Die Beobachtungswerte werden nach dem Schema in Tabelle 1 (stark umrandeter linker Teil) zusammengestellt. Das Schema enthält zu jeder der n_1 Gruppen ($i = 1, 2, 3, \ldots, n_1$) die zugehörigen n_2 Beobachtungswerte ($j = 1, 2, 3, \ldots, n_2$). Dabei wird in dieser Norm die Anzahl der Beobachtungswerte für jede Gruppe als gleich groß vorausgesetzt. Bei unterschiedlichen Anzahlen von Beobachtungswerten in den Gruppen siehe [1].

Man bildet weiter für jede Zeile i die folgenden Zwischensummen:

Summe aller Beobachtungswerte innerhalb der Zeile i:

$$A_i = \sum_{j=1}^{n_2} x_{ij} \qquad (1)$$

Summe aller quadrierten Beobachtungswerte innerhalb der Zeile i:

$$B_i = \sum_{j=1}^{n_2} x_{ij}^2 \qquad (2)$$

Quadrat der Summe aller Beobachtungswerte innerhalb der Zeile i:

$$A_i^2 = \left(\sum_{j=1}^{n_2} x_{ij}\right)^2 \qquad (3)$$

Diese für jede Zeile i vorliegenden drei Zwischensummen werden jeweils über alle n_1 Zeilen zu den folgenden Hilfsgrößen (Spaltensummen der Zwischensummen) summiert:

Summe aller Beobachtungswerte:

$$A = \sum_{i=1}^{n_1} A_i = \sum_{i=1}^{n_1} \sum_{j=1}^{n_2} x_{ij} \qquad (4)$$

Summe aller quadrierten Beobachtungswerte:

$$B = \sum_{i=1}^{n_1} B_i = \sum_{i=1}^{n_1} \sum_{j=1}^{n_2} x_{ij}^2 \qquad (5)$$

Summe der Quadrate der Summe aller Beobachtungswerte innerhalb der Zeilen i:

$$C = \sum_{i=1}^{n_1} A_i^2 = \sum_{i=1}^{n_1} \left(\sum_{j=1}^{n_2} x_{ij}\right)^2 \qquad (6)$$

Die Zwischensummen und Hilfsgrößen dürfen nicht gerundet werden.

Bis hierher ist der Gang der Rechnung unabhängig davon, ob später das Modell mit Zufallskomponenten oder das Modell mit systematischen Komponenten benutzt wird.

4 Statistische Auswertung bei einfacher Aufteilung (inhomogene Grundgesamtheit)

4.1 Allgemeines

Bei der Untersuchung muß man das Prüflos aus sachlichen Gründen häufig in Gruppen unterteilen. Dabei ist insbesondere das zu untersuchende Merkmal zu berücksichtigen, siehe Tabelle 2.

Tabelle 2. **Beispiele für die Unterteilung des Prüfloses**

Grundgesamtheit Prüflos	Merkmal	Gruppe	Einheiten (innerhalb einer Gruppe)
mehrere Ballen Schweißwolle	Gehalt an rein gewaschener Wolle	Ballen	Teile eines Ballens (z. B. entnehmbare Kernbohrproben)
ein Ballen Chemiefasern	Feuchtigkeitsgehalt	Schicht oder Schale	aus einer Schicht oder Schale entnehmbare Teile bestimmter gleicher Größe
Garnlieferung	Höchstzugkraft	Kops	Teile eines Kops (z. B. entnehmbare Abschnitte von 50 cm Länge)
Gewebelieferung	Flächengewicht	Gewebestück	aus einem Gewebestück entnehmbare Teilabschnitte bestimmter gleicher Größe

Die Gruppe ist ein Teil der Grundgesamtheit, der sich bei einer sachlich begründeten Unterteilung der Grundgesamtheit ergibt. Die Definitionen für die Kenngrößen der Grundgesamtheit gelten in entsprechender Form auch für die Kenngrößen der Gruppen. Es gibt also Kenngrößen für die einzelne Gruppe i als Teilgesamtheit ($\mu_i, \sigma_i^2, \sigma_i, \gamma_i$) und Kenngrößen der aus der Gruppe entnommenen Stichprobe ($\bar{x}_i, s_i^2, s_i, v_i$).

Homogen (in statistischem Sinne) bezüglich eines bestimmten Merkmals bei einer bestimmten Gruppeneinteilung ist eine Grundgesamtheit dann, wenn für dieses Merkmal die Kenngrößen $\mu_i, \sigma_i^2, \sigma_i, \gamma_i$ aller Gruppen untereinander, also auch mit denen der Grundgesamtheit, überein- stimmen, bzw. die Kenngrößen $\bar{x}_i, s_i^2, s_i, v_i$ nur zufällig voneinander abweichen.

Wenn nichts anderes bekannt ist, muß man davon ausgehen, daß das Prüflos inhomogen ist, d. h., die Streuung der Beobachtungswerte um ihren Mittelwert – den Gesamtmittelwert – besteht aus zwei Komponenten: der Streuung innerhalb jeder Gruppe (Streuung der Beobachtungswerte um den jeweiligen Gruppenmittelwert) und der Streuung zwischen den Gruppen (Streuung der Gruppenmittelwerte um den Gesamtmittelwert).

Dann hat die Probenahme so zu erfolgen, daß folgende Aussagen gemacht werden können:

1a) Für den Gesamtmittelwert muß ein Schätzwert angegeben und ein Vertrauensbereich abgegrenzt werden können. Das gleiche gilt für die Gruppenmittelwerte beim Modell mit systematischen Komponenten.

1b) Beide Streuungen (zwischen den Gruppen und innerhalb der Gruppen) müssen getrennt und quantitativ erfaßt werden können.

1c) Insbesondere muß statistisch entschieden werden können, ob die Streuung des untersuchten Merkmals zwischen den Gruppen existiert, d. h. ob das Material bezüglich des untersuchten Merkmals bei der gewählten Unterteilung der Grundgesamtheit in Gruppen als inhomogen anzusehen ist.

Damit die genannten Forderungen erfüllt werden können, muß folgendes beachtet werden:

2a) Mehr als eine Gruppe ist zur Probenahme heranzuziehen; ebenso ist aus jeder untersuchten Gruppe mehr als eine Einzelprobe zu entnehmen. Die Anzahl der Einzelproben je Gruppe und, falls für die Gruppen getrennte Untersuchungen durchgeführt werden müssen, die Anzahl der Endproben je Gruppe, muß für alle untersuchten Gruppen gleich sein, damit die nachstehenden statistischen Auswertungsverfahren anwendbar sind.

Beim Fehlen jeglicher Vorkenntnisse wählt man die Anzahl der zur Probenahme heranzuziehenden Gruppen mindestens so groß wie die Anzahl der Endproben je Gruppe; fast immer ist es günstiger, die Anzahl der Gruppen erheblich größer zu wählen als die Anzahl der Endproben je Gruppe.

2b) Falls nicht alle Gruppen zur Probenahme herangezogen werden, müssen die Gruppen, denen Proben entnommen werden sollen, zufällig aus der Grundgesamtheit ausgewählt werden. Bei der Entnahme der Endproben aus den Gruppen sind die Richtlinien von DIN 53803 Teil 2 zu beachten.

2c) Zu jeder Einzelprobe bzw. Endprobe ist die Gruppenzugehörigkeit festzuhalten.

4.2 Modellvorstellungen

Um Aussagen über die Grundgesamtheit machen zu können, müssen einige Modellannahmen über die Grundgesamtheit gemacht werden. Entsprechend den praktischen Gegebenheiten sind zwei Modelle zu unterscheiden,

das Modell mit Zufallskomponenten und

das Modell mit systematischen Komponenten.

Bei beiden Modellen wird unterstellt, daß sich jeder Merkmalswert a_{ij} der Grundgesamtheit aus mehreren Komponenten gemäß folgender Gleichung zusammensetzt:

$$a_{ij} = \mu + (\mu_i - \mu) + \varepsilon_{ij} = \mu + \xi_i + \varepsilon_{ij} \tag{7}$$

Dabei ist

μ_i der Mittelwert der Gruppe i ($i = 1, 2, 3, \ldots, M$)

$\xi_i = \mu_i - \mu$ die Abweichung des Mittelwertes der Gruppe i vom Mittelwert μ der Grundgesamtheit

ε_{ij} eine Zufallsabweichung innerhalb der Gruppe i.

In den folgenden Ausführungen wird vorausgesetzt, daß die ε_{ij} unabhängig voneinander und normalverteilt sind; sie haben für jede Gruppe den Mittelwert Null und die Varianz σ_ε^2; σ_ε^2 wird Varianz innerhalb der Gruppen genannt.

Diese Voraussetzungen, wonach die Beobachtungswerte innerhalb einer Gruppe normalverteilt sind und die Varianz σ_ε^2 für alle Gruppen gleich ist, sind gegebenenfalls mit Hilfe geeigneter statistischer Testverfahren nachzuprüfen (siehe [1], z. B. Cochran-Test).

Die beiden Modelle unterscheiden sich hinsichtlich der Art der Abweichungen $\xi_i = \mu_i - \mu$ der Gruppenmittelwerte vom Mittelwert der Grundgesamtheit.

4.2.1 Modell mit Zufallskomponenten

Kann oder soll die einzelne der insgesamt vorhandenen M Gruppen nicht als Individuum aufgefaßt werden und will man Aussagen über den Mittelwert μ der Grundgesamtheit und die Streuung der Gruppenmittelwerte μ_i um den Mittelwert μ der Grundgesamtheit machen, dann ist das Modell mit Zufallskomponenten anzuwenden. Bei diesem Modell ist der einzelne Gruppenmittelwert ohne Bedeutung. Man faßt die Abweichungen $\xi_i = \mu_i - \mu$ als Zufallsabweichungen mit dem Mittelwert Null und der Varianz σ_ξ^2 auf; σ_ξ^2 wird Varianz zwischen den Gruppen genannt.

Von den M Gruppen werden n_1 Gruppen zufällig ausgewählt und zur Probenahme herangezogen. (Im Grenzfall kann $n_1 = M$ werden.)

Das Ziel der Auswertung beim Modell mit Zufallskomponenten ist also, Aussagen über den Mittelwert μ der Grundgesamtheit und die beiden Varianzen σ_ξ^2 und σ_ε^2 zu machen, aus denen sich die Varianz σ^2 der Beobachtungswerte additiv zusammensetzt:

$$\sigma^2 = \sigma_\xi^2 + \sigma_\varepsilon^2 \tag{8}$$

Aus diesem Grunde werden die Varianzen σ_ξ^2 und σ_ε^2 häufig Varianzkomponenten, die Standardabweichungen σ_ξ und σ_ε Streuungskomponenten zwischen den Gruppen und innerhalb der Gruppen genannt.

Bei einfacher Gruppenunterteilung müssen damit neben μ noch zwei Varianzen (σ_ξ^2 und σ_ε^2) berücksichtigt werden.

Das Modell mit Zufallskomponenten wird bei Abnahmeprüfungen sehr häufig angewendet; dabei kommt es nur auf den Mittelwert μ der Grundgesamtheit und die beiden Varianzen σ_ξ^2 und σ_ε^2 an, die Gruppen werden in der Regel nicht als Individuen behandelt.

4.2.2 Modell mit systematischen Komponenten

Kann oder muß jede der M vorhandenen Gruppen als ein Individuum aufgefaßt werden, über das eine Aussage sinnvoll ist, dann ist das Modell mit systematischen Komponenten zugrunde zu legen.

Bei diesem Modell ist jeder der einzelnen Gruppenmittelwerte von Bedeutung, und man faßt die Abweichungen $\xi_i = \mu_i - \mu$ der Gruppenmittelwerte vom Mittelwert

$$\mu = \frac{1}{M} \sum_{i=1}^{M} \mu_i \tag{9}$$

der Grundgesamtheit als systematische Abweichungen auf. Damit jeder Gruppenmittelwert μ_i einzeln erfaßt werden kann, müssen alle M Gruppen zur Probenahme herangezogen werden ($n_1 = M$).

Insgesamt ist das Ziel der Auswertung, Aussagen über den Mittelwert μ der Grundgesamtheit und/oder die M Gruppenmittelwerte μ_i, in jedem Falle aber über die Varianz σ_ε^2 innerhalb der Gruppen zu machen.

Das Modell mit systematischen Komponenten wird bei innerbetrieblichen Untersuchungen sehr häufig angewendet; dabei kommt es z. B. auf die Untersuchung von Arbeitspositionen, Maschinen, Laboranten, Meßgeräten, Meßverfahren an, die Gruppen werden also als Individuen behandelt.

4.3 Auswertung

Jede Einzelprobe bzw. Endprobe liefert für das untersuchte Merkmal einen Beobachtungswert; zu jedem dieser Beobachtungswerte muß die Gruppenzugehörigkeit festgehalten werden.

Bezeichnet man die Anzahl der zur Probenahme herangezogenen Gruppen mit n_1 und die Anzahl der auf jede dieser Gruppen entfallenden Beobachtungswerte mit n_2, dann fallen insgesamt $n = n_1 \cdot n_2$ Beobachtungswerte x_{ij} an. Dabei ist i die Nummer der Gruppe und j die Nummer des Beobachtungswertes in dieser Gruppe.

Aus den entsprechend dem Schema in Tabelle 1 aufgeschriebenen Beobachtungswerten werden die Mittelwerte $x_{i.}$ und die Varianzen s_i^2 der n_1 Gruppen berechnet:

$$x_{i.} = \frac{1}{n_2} \sum_{j=1}^{n_2} x_{ij} \tag{10}$$

($x_{i.}$ wird auch als $\bar{x}_i$ bezeichnet).

$$s_i^2 = \frac{1}{n_2 - 1} \sum_{j=1}^{n_2} (x_{ij} - x_{i.})^2 \tag{11}$$

Der Gesamtmittelwert der $n = n_1 \cdot n_2$ Beobachtungswerte ist:

$$x_{..} = \frac{1}{n_1 \cdot n_2} \sum_{i=1}^{n_1} \sum_{j=1}^{n_2} x_{ij} = \frac{1}{n_1} \sum_{i=1}^{n_1} x_{i.} \tag{12}$$

($x_{..}$ wird auch als $\bar{\bar{x}}$ bezeichnet.)

Zur Durchführung der Varianzanalyse berechnet man die S.d.q.A. innerhalb der Gruppen

$$Q_w = \sum_{i=1}^{n_1} \sum_{j=1}^{n_2} (x_{ij} - x_{i.})^2 = (n_2 - 1) \sum_{i=1}^{n_1} s_i^2 \tag{13}$$

und die zugehörige Zahl der Freiheitsgrade

$$f_w = n_1 (n_2 - 1) \tag{14}$$

sowie die S.d.q.A. zwischen den Gruppen

$$Q_b = \sum_{i=1}^{n_1} \sum_{j=1}^{n_2} (x_{i.} - x_{..})^2 = n_2 \sum_{i=1}^{n_1} (x_{i.} - x_{..})^2 \tag{15}$$

und die zugehörige Zahl der Freiheitsgrade

$$f_b = n_1 - 1. \tag{16}$$

Die Summe dieser beiden S.d.q.A. ergibt die gesamte S.d.q.A.

$$Q_{total} = Q_w + Q_b = \sum_{i=1}^{n_1} \sum_{j=1}^{n_2} (x_{ij} - x_{..})^2 \tag{17}$$

mit $\quad f_{total} = f_w + f_b = n_1 \, n_2 - 1 \quad (18)$

Freiheitsgraden.

Die Indizes w und b leiten sich von den englischen Benennungen „within" für „innerhalb" und „between" für „zwischen" ab.

Rechentechnisch ist es ungünstig, die S.d.q.A. aus den Definitionsgleichungen (13) und (15) zu gewinnen. Zweckmäßiger ist folgender Weg:

Die gesuchten Summen der quadrierten Abweichungen werden aus den in Tabelle 1 enthaltenen Hilfsgrößen A, B und C ermittelt. Dabei ist:

$$Q_b = \frac{C}{n_2} - \frac{A^2}{n_1 \cdot n_2} \tag{19}$$

$$Q_w = B - \frac{C}{n_2} \tag{20}$$

$$Q_{total} = B - \frac{A^2}{n_1 \cdot n_2} \tag{21}$$

Weiter ist der Gesamtmittelwert der $n_1 \cdot n_2$ Beobachtungswerte:

$$x_{..} = \frac{A}{n_1 \cdot n_2} \tag{22}$$

Zusammen mit der jeweils zugehörigen Zahl der Freiheitsgrade f wird die Zerlegungstafel aufgestellt, siehe Tabelle 3 und Tabelle 4.

Bei der dargestellten Rechentechnik erhält man die S.d.q.A. immer als Differenz nahezu gleichgroßer Zahlen. Deshalb muß die Stellenzahl der Rechenmaschine mindestens doppelt so groß sein wie die Stellenzahl der Beobachtungswerte. Die während der Rechnung anfallenden Zwischenergebnisse dürfen keinesfalls gerundet werden. Erst die S.d.q.A. selbst darf gegebenenfalls gerundet werden.

Man kann statt mit den Beobachtungswerten selbst auch mit transformierten Beobachtungswerten rechnen, wenn durch Subtraktion eines Hilfswertes bei der Mehrzahl der Beobachtungswerte Stellen wegfallen. Werden alle Beobachtungswerte um einen Hilfswert vermindert, dann vermindern sich alle Mittelwerte um den gleichen Hilfswert, während alle Varianzen unverändert bleiben.

4.4 Weitere Auswertung beim Modell mit Zufallskomponenten

4.4.1 Schätzwerte für die Modellparameter

Mit Hilfe der S.d.q.A. und der zugehörigen Zahl von Freiheitsgraden wird die Zerlegungstafel aufgestellt, siehe Tabelle 3.

Damit die einfache Aufteilung sinnvoll bleibt, müssen die Freiheitsgrade f_w und f_b mindestens gleich 1 sein, die unteren Schranken für n_1 und n_2 sind also jeweils gleich 2.

Aus (22) und der Zerlegungstafel erhält man als Ergebnis:

$$\text{Schätzwert für } \mu \text{ ist } x_{..} \tag{23}$$

$$\text{Schätzwert für } \sigma_\varepsilon^2 \text{ ist } \hat{\sigma}_\varepsilon^2 = s_w^2 \tag{24}$$

$$\text{Schätzwert für } \sigma_\xi^2 \text{ ist } \hat{\sigma}_\xi^2 = \frac{s_b^2 - s_w^2}{n_2} \tag{25}$$

Falls $\hat{\sigma}_\xi^2$ negativ ist, wird σ_ξ^2 durch Null geschätzt.

Neben den Schätzwerten $\hat{\sigma}_\xi^2$ und $\hat{\sigma}_\varepsilon^2$ werden häufig die Schätzwerte $\hat{\sigma}_\xi$ und $\hat{\sigma}_\varepsilon$ für die Streuungskomponenten benutzt:

$$\text{Schätzwert für } \sigma_\varepsilon \text{ ist } \hat{\sigma}_\varepsilon = \sqrt{s_w^2} \tag{26}$$

$$\text{Schätzwert für } \sigma_\xi \text{ ist } \hat{\sigma}_\xi = \sqrt{\frac{s_b^2 - s_w^2}{n_2}} \tag{27}$$

Weiter ist für die Variationskoeffizienten γ_ε und γ_ξ:

$$\text{Schätzwert für } \gamma_\varepsilon = \frac{\sigma_\varepsilon}{\mu} \text{ ist } v_\varepsilon = \frac{\hat{\sigma}_\varepsilon}{x_{..}} \tag{28}$$

$$\text{Schätzwert für } \gamma_\xi = \frac{\sigma_\xi}{\mu} \text{ ist } v_\xi = \frac{\hat{\sigma}_\xi}{x_{..}} \tag{29}$$

Tabelle 3. **Zerlegungstafel für das Modell mit Zufallskomponenten**

Variabilität	S.d.q.A. Q	Zahl der Freiheitsgrade f	Quotient $s^2 = \frac{Q}{f}$	Der Quotient ist Schätzwert für
zwischen den Gruppen	$Q_b = \frac{C}{n_2} - \frac{A^2}{n_1 \cdot n_2}$	$f_b = n_1 - 1$	$s_b^2 = \frac{Q_b}{f_b}$	$\sigma_\varepsilon^2 + n_2\,\sigma_\xi^2$
innerhalb der Gruppen	$Q_w = B - \frac{C}{n_2}$	$f_w = n_1\,(n_2 - 1)$	$s_w^2 = \frac{Q_w}{f_w}$	σ_ε^2
gesamt	$Q_{total} = B - \frac{A^2}{n_1 \cdot n_2}$	$f_{total} = n_1\,n_2 - 1 = n - 1$	$s^2 = \frac{Q_{total}}{f_{total}}$	σ_ε^2 (falls $\sigma_\xi^2 = 0$)

4.4.2 Testen von Hypothesen über die Modellparameter

Mit dem F-Test läßt sich statistisch prüfen, ob die Varianz σ_ξ^2 zwischen den Gruppen existiert.

Dazu stellt man die Nullhypothese auf:

H_0: $\sigma_\xi^2 = 0$,

d. h., die Varianz zwischen den Gruppen ist nicht von Null verschieden; das untersuchte Material ist homogen.

Die zugehörige Alternativhypothese lautet:

H_1: $\sigma_\xi^2 > 0$,

d. h., die Varianz zwischen den Gruppen ist von Null verschieden; das untersuchte Material ist inhomogen.

Die Nullhypothese wird mit dem Prüfwert $F_B = s_b^2/s_w^2$ geprüft, der mit dem Tabellenwert $F_{f_b, f_w;\,1-\alpha}$ der F-Verteilung zum Signifikanzniveau α verglichen wird. Die Tabellenwerte $F_{f_b, f_w;\,1-\alpha}$ erhält man beispielsweise aus [1].

Ist $F_B \leq F_{f_b, f_w;\,1-\alpha}$, wird die Nullhypothese nicht verworfen und das Material als homogen angesehen.

Ist $F_B > F_{f_b, f_w;\,1-\alpha}$, wird die Nullhypothese zugunsten der Alternativhypothese verworfen und das Material als inhomogen angesehen.

4.4.3 Vertrauensbereiche für die Modellparameter

Wird die Nullhypothese über die Varianz zwischen den Gruppen nicht verworfen, wird die Grundgesamtheit durch μ und σ_ε^2 gekennzeichnet. Der Vertrauensbereich für den Gesamtmittelwert μ wird mit $n, x_{..}$ und s nach DIN 53 804 Teil 1 berechnet.

Wird die Nullhypothese über die Varianz zwischen den Gruppen zugunsten der Alternativhypothese verworfen, ergibt sich der Vertrauensbereich für den Mittelwert μ der Grundgesamtheit zum Vertrauensniveau $1 - \alpha$ zu:

$$x_{..} - t_{f_b;\,1-\alpha/2} \cdot \sqrt{\left(1 - \frac{n_1}{M}\right)\frac{\hat{\sigma}_\xi^2}{n_1} + \frac{\hat{\sigma}_\varepsilon^2}{n_1\,n_2}} \leq \mu \leq x_{..} + t_{f_b;\,1-\alpha/2} \cdot \sqrt{\left(1 - \frac{n_1}{M}\right)\frac{\hat{\sigma}_\xi^2}{n_1} + \frac{\hat{\sigma}_\varepsilon^2}{n_1\,n_2}} \tag{30}$$

wobei $t_{f_b;\,1-\alpha/2}$ der Tabellenwert der t-Verteilung bei zweiseitiger Abgrenzung ist, siehe [1].

In dem häufig auftretenden Fall $M \gg n_1$, d. h., die Anzahl M der vorhandenen Gruppen ist groß gegen die Anzahl n_1 der zur Untersuchung herangezogenen Gruppen, ist der in (30) auftretende Faktor $\left(1 - \frac{n_1}{M}\right)$ praktisch gleich Eins und kann vernachlässigt werden; der Vertrauensbereich hat dann die Form

$$x_{..} - t_{f_b;\,1-\alpha/2} \cdot \sqrt{\frac{\hat{\sigma}_\xi^2}{n_1} + \frac{\hat{\sigma}_\varepsilon^2}{n_1\,n_2}} \leq \mu \leq x_{..} - t_{f_b;\,1-\alpha/2} \cdot \sqrt{\frac{\hat{\sigma}_\xi^2}{n_1} + \frac{\hat{\sigma}_\varepsilon^2}{n_1\,n_2}} \tag{31}$$

Für σ_ξ^2 und σ_ε^2 lassen sich ebenfalls Vertrauensbereiche angeben (siehe [1]).

4.5 Weitere Auswertung beim Modell mit systematischen Komponenten

4.5.1 Schätzwerte für die Modellparameter

Mit Hilfe der S.d.q.A. und der zugehörigen Zahl von Freiheitsgraden wird die Zerlegungstafel aufgestellt, siehe Tabelle 4.

Tabelle 4. **Zerlegungstafel für das Modell mit systematischen Komponenten**

Variabilität	S.d.q.A. Q	Zahl der Freiheitsgrade f	Quotient $s^2 = \frac{Q}{f}$	Der Quotient ist Schätzwert für
zwischen den Gruppen	$Q_b = \frac{C}{n_2} - \frac{A^2}{n_1 \cdot n_2}$	$f_b = n_1 - 1$	$s_b^2 = \frac{Q_b}{f_b}$	$\sigma_\varepsilon^2 + \frac{n_2}{n_1 - 1}\sum_{i=1}^{n_1}(\mu_i - \mu)^2$
innerhalb der Gruppen	$Q_w = B - \frac{C}{n_2}$	$f_w = n_1\,(n_2 - 1)$	$s_w^2 = \frac{Q_w}{f_w}$	σ_ε^2
gesamt	$Q_{total} = B - \frac{A^2}{n_1 \cdot n_2}$	$f_{total} = n_1\,n_2 - 1 = n - 1$	$s^2 = \frac{Q_{total}}{f_{total}}$	$\sigma_\varepsilon^2 \left(\text{falls } \sum_{i=1}^{n_1}(\mu_i - \mu)^2 = 0\right)$

Aus (1) und (22) und der Zerlegungstafel erhält man als Ergebnis:

$$\text{Schätzwert für } \mu_i \text{ ist } x_{i.} = \frac{A_i}{n_2} \tag{32}$$

mit $i = 1, 2, \ldots, n_1$

$$\text{Schätzwert für } \mu \text{ ist } x_{..} = \frac{A}{n_1 \cdot n_2} \tag{33}$$

$$\text{Schätzwert für } \sigma_\varepsilon^2 \text{ ist } \hat{\sigma}_\varepsilon^2 = s_w^2 \tag{34}$$

4.5.2 Testen von Hypothesen über die Modellparameter

Mit dem F-Test läßt sich statistisch prüfen, ob Unterschiede zwischen den Mittelwerten μ_i bestehen.

Dazu stellt man die Nullhypothese auf:

H_0: $\mu_1 = \mu_2 = \mu_3 = \ldots = \mu_M$

bzw. $\sum_{i=1}^{M} (\mu_i - \mu)^2 = 0$,

d. h., die Unterschiede zwischen den Mittelwerten μ_i sind nicht von Null verschieden; das untersuchte Material ist homogen.

Die zugehörige Alternativhypothese lautet:

H_1: $\sum_{i=1}^{M} (\mu_i - \mu)^2 \neq 0$,

d. h., die Unterschiede zwischen den Mittelwerten μ_i sind von Null verschieden; das untersuchte Material ist inhomogen.

Die Nullhypothese wird mit dem Prüfwert $F_B = s_b^2/s_w^2$ geprüft, der mit dem Tabellenwert $F_{f_b, f_w; 1-\alpha}$ der F-Verteilung zum Signifikanzniveau α verglichen wird. Die Tabellenwerte $F_{f_b, f_w; 1-\alpha}$ erhält man beispielsweise aus [1].

Ist $F_B \leq F_{f_b, f_w; 1-\alpha}$, wird die Nullhypothese nicht verworfen und das Material als homogen angesehen.

Ist $F_B > F_{f_b, f_w; 1-\alpha}$, wird die Nullhypothese zugunsten der Alternativhypothese verworfen und das Material als inhomogen angesehen.

4.5.3 Vertrauensbereiche für die Modellparameter

Wird die Nullhypothese über die Unterschiede zwischen den Mittelwerten μ_i nicht verworfen, wird die Grundgesamtheit bereits durch μ und σ_ε^2 gekennzeichnet. Der Vertrauensbereich für μ wird mit $n, x_{..}$ und s nach DIN 53804 Teil 1 berechnet.

Wird die Nullhypothese über die Unterschiede zwischen den Mittelwerten μ_i zugunsten der Alternativhypothese verworfen, sind die Vertrauensbereiche für die Gruppenmittelwerte μ_i zum Vertrauensniveau $1 - \alpha$:

$$x_{i.} - t_{f_w; 1-\alpha/2} \frac{\hat{\sigma}_\varepsilon}{\sqrt{n_2}} \leq \mu_i \leq x_{i.} + t_{f_w; 1-\alpha/2} \frac{\hat{\sigma}_\varepsilon}{\sqrt{n_2}} \tag{35}$$

Der Vertrauensbereich für den Mittelwert μ der Grundgesamtheit zum Vertrauensniveau $1 - \alpha$ ist

$$x_{..} - t_{f_w; 1-\alpha/2} \frac{\hat{\sigma}_\varepsilon}{\sqrt{n_1 n_2}} \leq \mu \leq x_{..} + t_{f_w; 1-\alpha/2} \frac{\hat{\sigma}_\varepsilon}{\sqrt{n_1 n_2}} \tag{36}$$

Dabei ist $t_{f_w; 1-\alpha/2}$ der Tabellenwert der t-Verteilung bei zweiseitiger Abgrenzung, siehe [1].

Für σ_ε^2 läßt sich ebenfalls ein Vertrauensbereich angeben, siehe [1].

4.6 Sonderfall: Homogene Grundgesamtheit

Ist aus Erfahrung die Homogenität einer Grundgesamtheit hinsichtlich eines bestimmten Merkmals bei einer bestimmten Gruppeneinteilung bekannt, ist bereits eine dieser Gruppen repräsentativ für die Grundgesamtheit. Es ist dann ohne Einfluß auf das Ergebnis, ob eine, mehrere und welche Gruppen zur Probenahme herangezogen werden und wie die Gesamtanzahl n der zu untersuchenden Endproben auf die zur Untersuchung bereitgestellten Gruppen aufgeteilt wird. Bei homogener Grundgesamtheit kommt man also ohne Gruppeneinteilung aus.

Unerläßlich ist es aber, bei der Entnahme der Endproben aus den Gruppen Richtlinien zu beachten, die in DIN 53803 Teil 2 behandelt werden.

5 Stichprobenaufbau bei inhomogener Grundgesamtheit

5.1 Modell mit Zufallskomponenten

Für das weitere wird angenommen, daß die Varianzen σ_ξ^2 und σ_ε^2 aufgrund bereits vorliegender Erfahrungen (z. B. Auswertungen nach Abschnitt 4.4.1 bzw. Tabelle 3 anhand genügend großer Anzahlen von Beobachtungswerten) hinreichend genau bekannt sind.

Ziel der Auswertung ist, Aussagen über den Mittelwert μ der Grundgesamtheit zu machen. μ wird geschätzt durch den Mittelwert $x_{..}$ einer Stichprobe, wobei $x_{..}$ die Varianz σ_G^2 hat:

$$\sigma_G^2 = \left(1 - \frac{n_1}{M}\right) \frac{\sigma_\xi^2}{n_1} + \frac{\sigma_\varepsilon^2}{n_1 \cdot n_2} \tag{37}$$

In dem häufig auftretenden Fall $M \gg n_1$, d. h., die Zahl M der vorhandenen Gruppen ist groß gegen die Zahl n_1 der zur Untersuchung herangezogenen Gruppen, ist der Faktor $1 - \frac{n_1}{M}$ praktisch gleich Eins; $x_{..}$ hat dann die Varianz:

$$\sigma_G^2 = \frac{\sigma_\xi^2}{n_1} + \frac{\sigma_\varepsilon^2}{n_1 \cdot n_2} \tag{38}$$

Der mit $x_{..}$ gebildete Vertrauensbereich zum vorgegebenen Vertrauensniveau $1 - \alpha$ hat in beiden Fällen die Gestalt:

$$x_{..} - u_{1-\alpha/2} \cdot \sigma_G \leq \mu \leq x_{..} + u_{1-\alpha/2} \cdot \sigma_G \tag{39}$$

wobei $u_{1-\alpha/2}$ der Tabellenwert der standardisierten Normalverteilung bei zweiseitiger Abgrenzung ist. Der Vertrauensbereich nach (39) hat also die halbe absolute Weite $W = u_{1-\alpha/2} \cdot \sigma_G$; W charakterisiert die Genauigkeit der Schätzung von μ durch $x_{..}$.

Falls die relative Weite vorgeschrieben ist, wird sie durch Multiplizieren mit $x_{..}$ in die absolute Weite umgerechnet.

Seien c_1 die Kosten für die Bereitstellung einer Gruppe und c_2 die Kosten für die Entnahme und Herstellung einer Endprobe und deren Messung, dann entstehen beim Stichprobenaufbau (n_1; n_2) folgende Gesamtkosten:

$$K_G = n_1 \cdot c_1 + n_1 \cdot n_2 \cdot c_2 \tag{40}$$

Die halbe Weite W des Vertrauensbereiches und die Gesamtkosten sind also vom Stichprobenaufbau (n_1; n_2) abhängig.

Bezüglich des Stichprobenaufbaues werden (jeweils bei fest vorgegebenem Vertrauensniveau) folgende Fragestellungen behandelt:

- Varianzbestimmte Stichprobe (siehe Abschnitt 5.1.1)
- Varianzbestimmte kostenminimale Stichprobe (siehe Abschnitt 5.1.2)
- Kostenbestimmte Stichprobe (siehe Abschnitt 5.1.3)
- Kostenbestimmte varianzminimale Stichprobe (siehe Abschnitt 5.1.4)

5.1.1 Stichprobenaufbau bei vorgegebener Weite des Vertrauensbereiches für den Mittelwert der Grundgesamtheit; varianzbestimmte Stichprobe

n_1 und n_2 sind so zu bestimmen, daß für W die Forderung $W \leq W_0$ bei vorgegebenem Wert W_0 erfüllt wird. Berechnet man aus W_0 die Größe σ_0^2 gemäß

$$\sigma_0^2 = \left(\frac{W_0}{u_{1-\alpha/2}}\right)^2 \qquad (41)$$

wobei $u_{1-\alpha/2}$ der Tabellenwert der standardisierten Normalverteilung bei zweiseitiger Abgrenzung ist, so läßt sich die Forderung $W \leq W_0$ auch in der Form $\sigma_G^2 \leq \sigma_0^2$ schreiben.

Die Varianz σ_G^2 für den Mittelwert der Stichprobe $x_{..}$ nach (37)

$$\sigma_G^2 = \left(1 - \frac{n_1}{M}\right)\frac{\sigma_\xi^2}{n_1} + \frac{\sigma_\varepsilon^2}{n_1 \cdot n_2}$$

soll den vorgegebenen Wert σ_0^2 nicht überschreiten, also $\sigma_G^2 \leq \sigma_0^2$.

Sind die Varianzen σ_ξ^2 und σ_ε^2 bekannt und werden die Anzahlen n_1 und n_2 zunächst als stetig betrachtet, kann man diese aus der Forderung $\sigma_G^2 \leq \sigma_0^2$ berechnen.

Aus der Forderung $\sigma_G^2 \leq \sigma_0^2$ erhält man zunächst folgenden im allgemeinen nicht-ganzzahligen Wert für die untere Schranke für n_1:

$$n'_1 = \frac{1}{\dfrac{\sigma_0^2}{\sigma_\xi^2} + \dfrac{1}{M}} = \frac{\sigma_\xi^2}{\sigma_0^2 + \dfrac{\sigma_\xi^2}{M}} \qquad (42)$$

n'_1 ist für die weitere Rechnung eine Hilfsgröße, die **ohne** Rundung in (43), (44), (46) und (47) eingesetzt wird.

Zu dieser unteren Schranke für n_1 gehört folgender, im allgemeinen nicht-ganzzahliger Wert für die Schranke für n_2:

$$n''_2 = \frac{n'_1}{n_{1+} - n'_1} \cdot \frac{\sigma_\varepsilon^2}{\sigma_\xi^2} \qquad (43)$$

Dabei ist n_{1+} in (43) der auf die nächstgrößere ganze Zahl **auf**gerundete Wert n'_1; falls n'_1 ganzzahlig ist, wird dieser Wert um Eins vergrößert.

Die untere Schranke für n_2 ist $n'_2 = 2$; hierzu gehört der im allgemeinen nicht-ganzzahlige Wert für die obere Schranke für n_1:

$$n''_1 = n'_1\left(1 + \frac{\sigma_\varepsilon^2}{2\sigma_\xi^2}\right) \qquad (44)$$

Diese oberen Schranken n''_1 und n''_2 werden jeweils auf die nächstgrößeren ganzen Zahlen n_{1++} und n_{2++} **auf**gerundet; sie bleiben unverändert, falls sie bereits ganzzahlig sind.

Weitere Ausführungen zu den Rundungsempfehlungen sind in Abschnitt 7 zusammengestellt.

Die Bereiche für die zulässigen ganzzahligen Werte n_1 und n_2 sind damit und unter Beachtung der Bedingung $n_1 \geq 2$:

$$2 \leq n_{1+} \leq n_1 \leq n_{1++} \qquad 2 \leq n_2 \leq n_{2++} \qquad (45)$$

Mit einer Anzahl von Gruppen unterhalb n_{1+} kann man die Forderung $\sigma_G^2 \leq \sigma_0^2$ nicht mehr einhalten. Mit einer Anzahl von Gruppen oberhalb n_{1++} bzw. mit einer Anzahl von Endproben pro Gruppe oberhalb n_{2++} wird σ_G^2 zunehmend kleiner gegenüber σ_0^2, da im ersten Fall n_2 nicht kleiner als 2 bzw. im zweiten Fall n_1 nicht kleiner als n_{1+} werden kann. Die Anzahlen n_{1++} und n_{2++} brauchen also nicht überschritten zu werden.

Die zulässigen Wertepaare innerhalb der Bereiche nach (45) berechnet man wie folgt:

Ist ein nach (45) zulässiger ganzzahliger Wert n_1 vorgegeben, berechnet man:

$$\tilde{n}_2 = \frac{\sigma_\varepsilon^2}{n_1 \cdot \sigma_0^2 - \left(1 - \dfrac{n_1}{M}\right)\sigma_\xi^2} = \frac{\sigma_\varepsilon^2}{\sigma_\xi^2} \cdot \frac{n'_1}{n_1 - n'_1} \qquad (46)$$

Der Wert $\tilde{n}_2$ wird auf die nächstgrößere ganze Zahl n_2 **auf**gerundet oder bleibt unverändert, falls er ganzzahlig ist.

Ist ein nach (45) zulässiger ganzzahliger Wert n_2 vorgegeben, berechnet man:

$$\tilde{n}_1 = \frac{\sigma_\xi^2 + \dfrac{\sigma_\varepsilon^2}{n_2}}{\sigma_0^2 + \dfrac{\sigma_\xi^2}{M}} = n'_1\left(1 + \frac{1}{n_2} \cdot \frac{\sigma_\varepsilon^2}{\sigma_\xi^2}\right) \qquad (47)$$

Der Wert $\tilde{n}_1$ wird auf die nächstgrößere ganze Zahl n_1 **auf**gerundet oder bleibt unverändert, falls er ganzzahlig ist.

Von den zulässigen Wertepaaren werden diejenigen als „günstige Wertepaare" bezeichnet, bei denen die Varianz σ_G^2 nur wenig kleiner als σ_0^2 ist.

Nach fallweise verschiedenen Kriterien wählt man aus den zulässigen Wertepaaren ein Paar aus.

Aus den oberen und unteren Schranken der Bereiche nach (45) berechnet man die Spannweiten

$$R_1 = n_{1++} - n_{1+} \text{ und } R_2 = n_{2++} - n_{2+}$$

Zur Berechnung der günstigen Wertepaare ist es zweckmäßig, einen zulässigen ganzzahligen Wert n_1 vorzugeben, falls $R_1 < R_2$ ist, und den zugehörigen Wert n_2 nach (46) zu berechnen, oder einen zulässigen ganzzahligen Wert n_2 vorzugeben, falls $R_2 < R_1$ ist, und den zugehörigen Wert n_1 nach (47) zu berechnen. Damit wird der Rechenaufwand am geringsten.

Beispiel 1:

Aus früheren Untersuchungen sind folgende Werte für die Varianzen bekannt:

$$\sigma_\xi^2 = 14 \qquad \sigma_\varepsilon^2 = 47$$

Die Varianz σ_G^2 soll den Wert $\sigma_0^2 = 1{,}2$ nicht überschreiten. (Für dieses und die folgenden grundsätzlichen Beispiele bleibt die (Maß-)Einheit der Varianzen außer Betracht). Die Grundgesamtheit besteht aus $M = 50$ Gruppen.

Nach den in Abschnitt 5.1.1 angegebenen Beziehungen (42), (43) und (44) berechnet man:

$n'_1 = 9{,}46$ aufgerundet auf $n_{1+} = 10$
$n''_1 = 25{,}34$ aufgerundet auf $n_{1++} = 26$
$n''_2 = 58{,}75$ aufgerundet auf $n_{2++} = 59$

Die Bereiche, in denen n_1 und n_2 variiert werden können, sind damit in diesem Fall:

$$10 \leq n_1 \leq 26 \qquad 2 \leq n_2 \leq 59$$

In der Tabelle 5 sind sämtliche günstigen Wertepaare $(n_1; n_2)$ für dieses Beispiel zusammengestellt. Außerdem ist der Stichprobenumfang $n_1 \cdot n_2$ und die zugehörige Varianz σ_G^2 angegeben. Für die günstigen Wertepaare ist σ_G^2 nur wenig kleiner als $\sigma_0^2 = 1{,}2$. In diesem Fall wurden, beginnend mit $n_1 = 10$, ganzzahlige Werte für n_1 vorgegeben; mit (46) wurden die zugehörigen Werte n_2 berechnet.

Für die (in Tabelle 5 nicht aufgeführten) Wertepaare (25;2) bis (22;2), (20;3) und (19;3) sowie (17;4) ist $\sigma_G^2 > \sigma_0^2 = 1{,}2$; diese Wertepaare sind deshalb nicht zulässig.

Tabelle 5. **Wertepaare (n_1; n_2) und Varianz σ_G^2 für den Mittelwert der Stichprobe für Beispiel 1**

n_1	n_2	$n_1 \cdot n_2$	σ_G^2
10	59	590	1,1997
11	21	231	1,1962
12	13	156	1,1879
13	9	117	1,1986
14	7	98	1,1996
15	6	90	1,1756
16	5	80	1,1825
18	4	72	1,1506
21	3	63	1,1327
26	2	52	1,1623

Für die (in Tabelle 5 nicht aufgeführten) Wertepaare (25;3) bis (22;3), (20;4) und (19;4) sowie (17;5) ist σ_G^2 merklich kleiner als $\sigma_0^2 = 1{,}2$; diese Wertepaare sind deshalb weniger günstig. Bei den in Tabelle 5 angegebenen „günstigen Wertepaaren" nimmt n_1 um mindestens 1 zu und **gleichzeitig** n_2 um mindestens 1 ab im Vergleich zum vorhergehenden günstigen Wertepaar.

Da man $n_2 = 59$ nicht zu **über**schreiten braucht und $n_1 = 10$ nicht **unter**schreiten darf, um $\sigma_G^2 \leq \sigma_0^2 = 1{,}2$ einzuhalten, ist das Paar (10;59) das erste günstige Wertepaar.

Wie Beispiel 1 zeigt, kann man ausgehend von dem günstigen Wertepaar (10;59) mit dem „maximalen" Umfang $n_1 \cdot n_2 = 590$ der Stichprobe (der nicht überschritten zu werden braucht) durch mäßiges Vergrößern von n_1 über n_{1+} hinaus die Werte für n_2 verkleinern, wobei sich der Stichprobenumfang $n_1 \cdot n_2$ drastisch reduzieren läßt bis hinab zum „minimalen" Stichprobenumfang $n_1 \cdot n_2 = 52$, der nicht unterschritten werden darf.

5.1.2 Stichprobenaufbau bei vorgegebener Weite des Vertrauensbereiches für den Mittelwert der Grundgesamtheit und minimalen Gesamtkosten; varianzbestimmte kostenminimale Stichprobe

n_1 und n_2 sind so zu bestimmen, daß einerseits die Forderung $W \leq W_0$ bei vorgegebenem Wert W_0 eingehalten wird, andererseits die Gesamtkosten K_G minimal werden.

Die Varianz für den Mittelwert der Stichprobe nach (37)

$$\sigma_G^2 = \left(1 - \frac{n_1}{M}\right)\frac{\sigma_\xi^2}{n_1} + \frac{\sigma_\varepsilon^2}{n_1 \cdot n_2}$$

soll den vorgegebenen Wert σ_0^2 nicht überschreiten, also $\sigma_G^2 \leq \sigma_0^2$. Die Gesamtkosten der Untersuchung nach (40)

$$K_G = n_1 \cdot c_1 + n_1 \cdot n_2 \cdot c_2$$

sollen minimiert werden.

Sind die Varianzen σ_ξ^2 und σ_ε^2 bekannt und werden die Anzahlen n_1 und n_2 zunächst als stetig betrachtet, ergibt sich mit Hilfe der Differentialrechnung theoretisch folgendes Paar im allgemeinen nicht-ganzzahliger Werte für die varianzbestimmte kostenminimale Stichprobe:

$$n_2^* = \sqrt{\frac{c_1}{c_2}} \cdot \frac{\sigma_\varepsilon}{\sigma_\xi} \qquad (48)$$

Der zugehörige Wert n_1^* ist nach (47):

$$n_1^* = \frac{\sigma_\xi^2 + \dfrac{\sigma_\varepsilon^2}{n_2^*}}{\sigma_0^2 + \dfrac{\sigma_\xi^2}{M}} \qquad (49)$$

Zu diesem Wertepaar (n_1^*; n_2^*) gehören die theoretischen Minimalkosten

$$K_{G\,min} = \frac{(\sigma_\xi \sqrt{c_1} + \sigma_\varepsilon \sqrt{c_2})^2}{\sigma_0^2 + \dfrac{\sigma_\xi^2}{M}} \qquad (50)$$

Die Werte n_1^* und n_2^* werden auf die nächstgrößeren ganzen Zahlen n_{1+}^* und n_{2+}^* **auf**gerundet.

Beginnend mit (n_{1+}^*; n_{2+}^*) werden die Anzahlen n_1 und n_2 in der Umgebung von (n_1^*; n_2^*) variiert. Dazu wird n_2 in dem Bereich $n_{2+}^* - d \leq n_2 \leq n_{2+}^* + d$ variiert, wobei $d = 4$ oder 3 gesetzt wird. Zu jedem dieser n_2-Werte wird der zugehörige Wert n_1 nach (47) berechnet. Dabei werden der Stichprobenumfang $n_1 \cdot n_2$ sowie alle Wertepaare notiert, für die σ_G^2 nur wenig kleiner als σ_0^2 und K_G nur wenig größer als $K_{G\,min}$ ist.

Nach fallweise verschiedenen Kriterien wählt man aus den in der Umgebung von (n_1^*; n_2^*) liegenden Wertepaaren ein Paar aus.

Beispiel 2:

Für das Beispiel 1 mit den dort angegebenen Varianzen σ_ξ^2 und σ_ε^2 sowie der Forderung $\sigma_G^2 \leq \sigma_0^2 = 1{,}2$ mögen die Kosten (in frei wählbaren (Maß-)Einheiten) sein:

$c_1 = 4 \qquad c_2 = 1$

Mit (48), (49) und (50) wird jetzt:

$n_1^* = 18{,}13$ aufgerundet auf $n_{1+}^* = 19$
$n_2^* = \ \ 3{,}66$ aufgerundet auf $n_{2+}^* = \ \ 4$
$K_{G\,min} = 138{,}92$

In der Tabelle 6 sind für einige Wertepaare in der Umgebung von (n_1^*; n_2^*) die zugehörige Varianz und die Kosten zusammengestellt.

Bei n_1^* ist die Rundung relativ groß. Damit entfernt man sich mit dem Wertepaar (19;4) von dem theoretischen Kostenminimum.

In solchen Fällen kann man oft andere Wertepaare finden, die in der Umgebung des Paares (n_1^*; n_2^*) liegen, für die σ_G^2 nur wenig kleiner als σ_0^2 ist, und bei denen die Kosten K_G näher am theoretischen Minimum liegen als die Kosten beim Paar (n_{1+}^*; n_{2+}^*).

Wie Tabelle 6 zeigt, sind die Wertepaare (16;5) und (18;4) kostengünstiger als das zunächst aus (48) und (49) berechnete und gerundete Paar (19;4).

Tabelle 6. **Wertepaare (n_1; n_2), Varianzen σ_G^2 und Gesamtkosten K_G für Beispiel 2**

n_1	n_2	$n_1 \cdot n_2$	σ_G^2	K_G
18,13	3,665	66,45	1,199	138,97
19	4	76	1,075	152
14	7	98	1,199	196
15	6	90	1,176	150
16	5	80	1,183	144
18	4	72	1,151	144
21	3	63	1,133	147
26	2	52	1,162	156

5.1.3 Stichprobenaufbau bei vorgegebenen Gesamtkosten; kostenbestimmte Stichprobe

n_1 und n_2 sind so zu bestimmen, daß die Gesamtkosten K_G den vorgegebenen Betrag K_0 nicht übersteigen.

Die Gesamtkosten K_G der Untersuchung nach (40)

$$K_G = n_1 \cdot c_1 + n_1 \cdot n_2 \cdot c_2$$

sollen den vorgegebenen Wert K_0 nicht überschreiten, also $K_G \leq K_0$.

Sind die Einzelkosten c_1 und c_2 bekannt und werden die Anzahlen n_1 und n_2 zunächst als stetig betrachtet, kann man diese aus der Forderung $K_G \leq K_0$ berechnen.

Die untere Schranke für n_1 ist $n'_1 = 2$. Hierzu gehört folgende obere Schranke für n_2:

$$n''_2 = \frac{K_0 - 2c_1}{2c_2} \quad (51)$$

Die untere Schranke für n_2 ist $n'_2 = 2$. Hierzu gehört folgende obere Schranke für n_1:

$$n''_1 = \frac{K_0}{c_1 + 2c_2} \quad (52)$$

Die Werte n''_1 und n''_2 werden jeweils auf die nächstkleinere ganze Zahl n_{1--} und n_{2--} **ab**gerundet. Falls n''_1 und/oder n''_2 ganzzahlig sind, bleiben sie unverändert.

Die Bereiche für die zulässigen Anzahlen n_1 und n_2 sind damit:

$$2 \leq n_1 \leq n_{1--} \qquad 2 \leq n_2 \leq n_{2--} \quad (53)$$

Die Stichprobe mit dem kleinsten Umfang ist diejenige mit $n_1 = n_2 = 2$. Deshalb kann der Wert K_0 nicht beliebig klein vorgegeben werden, sondern er muß die Bedingung

$$K_0 \geq 2c_1 + 4c_2 \quad (54)$$

erfüllen.

Die zulässigen Wertepaare innerhalb der Bereiche nach (53) berechnet man wie folgt:

Ist ein nach (53) zulässiger ganzzahliger Wert n_1 bzw. n_2 vorgegeben, berechnet man

$$\tilde{n}_2 = \frac{K_0 - n_1 \cdot c_1}{n_1 \cdot c_2} \quad (55)$$

bzw.

$$\tilde{n}_1 = \frac{K_0}{c_1 + n_2 \cdot c_2} \quad (56)$$

Die Werte $\tilde{n}_1$ und $\tilde{n}_2$ werden jeweils auf die nächstkleinere ganze Zahl n_1 bzw. n_2 **ab**gerundet oder bleiben unverändert, falls sie ganzzahlig sind.

Von den zulässigen Wertepaaren werden diejenigen als „günstige Wertepaare" bezeichnet, bei denen die Gesamtkosten nur wenig unter dem vorgegebenen Wert K_0 bleiben und gleichzeitig der Stichprobenumfang $n_1 \cdot n_2$ möglichst groß wird.

Die günstigen Wertepaare $(n_1; n_2)$ erhält man analog zu dem in Abschnitt 5.1.1 dargestellten Verfahren. Dabei sind jedoch folgende Unterschiede zu beachten:

a) Die zunächst berechneten Werte n''_1 und n''_2 sind **abzurunden.**

b) Ein ganzzahliger Wert n''_1 und/oder n''_2 bleibt **unverändert.**

c) Den kleinstmöglichen Stichprobenumfang erhält man für $n_1 = 2$ und $n_2 = 2$.

d) Es gibt für n_1 bzw. n_2 die oberen Schranken n''_1 bzw. n''_2, die nicht überschritten werden dürfen, wenn die Forderung $K_G \leq K_0$ eingehalten werden soll.

e) Ausgehend von den abgerundeten Werten n_{1--} oder n_{2--}, die aus n''_1 und n''_2 erhalten werden, kann man den Stichprobenumfang $n_1 \cdot n_2$ **vergrößern,** indem man n_1 verkleinert von n_{1--} bis hinab zu $n_1 = 2$ und dabei n_2 vergrößert.

f) Den größtmöglichen Stichprobenumfang (unter den günstigen Wertepaaren) erhält man stets für $n_1 = 2$ und $n_2 = n_{2--}$. Zu diesem größtmöglichen Stichprobenumfang gehört im allgemeinen nicht die kleinste erreichbare Varianz σ_G^2.

Beginnend mit $(n_{1--}; 2)$ oder $(2; n_{2--})$ werden n_1 und n_2 innerhalb der Bereiche nach (53) variiert. Dabei werden der Stichprobenumfang $n_1 \cdot n_2$ sowie alle Wertepaare notiert, für die K_G nur wenig kleiner als K_0 ist.

Nach fallweise verschiedenen Kriterien wählt man aus den günstigen Wertepaaren ein Paar aus.

Zur Berechnung der Wertepaare, mit denen die Forderung $K_G \leq K_0$ erfüllbar ist, benötigt man nur die vorgegebenen Gesamtkosten K_0 und die Einzelkosten c_1 und c_2.

Beispiel 3:

Für eine Untersuchung gelten folgende Einzelkosten (in frei wählbaren (Maß-)Einheiten):

$$c_1 = 10 \qquad c_2 = 1$$

Die Gesamtkosten der Untersuchung $K_0 = 150$ sollen nicht überschritten werden. Nach (51) und (52) berechnet man:

$n''_1 = 12{,}50$ abgerundet auf $n_{1--} = 12$

$n''_2 = 65{,}00$ also $n_{2--} = 65$

Die Bereiche, in denen n_1 und n_2 variiert werden können, sind damit in diesem Falle:

$$2 \leq n_1 \leq 12 \qquad 2 \leq n_2 \leq 65$$

In der Tabelle 7 sind sämtliche günstigen Wertepaare sowie die zugehörigen Gesamtkosten $K_G \leq K_0$ angegeben. Diese Wertepaare werden analog zu dem in Beispiel 1 angegebenen Verfahren unter Beachtung der in Abschnitt 5.1.3 angegebenen Unterschiede gegenüber Abschnitt 5.1.1 berechnet. Man beginnt mit dem Paar $(n_1; n_2) = (12; 2)$. $n_{1--} = 12$ ist die größtmögliche Anzahl von Gruppen, mit der die Forderung $K_G \leq K_0$ eingehalten werden kann.

Weitere Wertepaare, für die K_G möglichst wenig kleiner als K_0 ist, erhält man, wenn man n_1 um mindestens 1 verkleinert und **gleichzeitig** n_2 um mindestens 1 vergrößert.

Mit dem Paar (2;65) erhält man den für dieses Beispiel größtmöglichen Stichprobenumfang.

Nach fallweise unterschiedlichen Kriterien wählt man eines der in Tabelle 7 angegebenen Wertepaare oder eines der in der Nähe dieser Werte liegendes Paar mit **kleinerem** Gesamtumfang $n_1 \cdot n_2$ für die zu ziehende Stichprobe aus.

Tabelle 7. **Wertepaare $(n_1; n_2)$ und Gesamtkosten K_G für Beispiel 3**

n_1	n_2	$n_1 \cdot n_2$	K_G
12	2	24	144
11	3	33	143
10	5	50	150
9	6	54	144
8	8	64	144
7	11	77	147
6	15	90	150
5	20	100	150
4	27	108	148
3	40	120	150
2	65	130	150

Ist beispielsweise einer der beiden Werte n_1 und n_2 vorgegeben, entnimmt man aus Tabelle 7 folgende nicht vorgegebene Werte des Wertepaares für den Aufbau der (relativ) günstigen Stichproben:

$(10; n_2)$ mit $n_2 = 5$ $(5; n_2)$ mit $n_2 = 20$

$(n_1; 10)$ mit $n_1 = 7$ $(n_1; 25)$ mit $n_1 = 4$

Wie dieses Beispiel zeigt, kann man durch mäßiges Verkleinern von n_1 unter $n_{1--} = 12$ hinab die Anzahl n_2 und damit den Stichprobenumfang $n_1 \cdot n_2$ vergrößern.

5.1.4 Stichprobenaufbau bei vorgegebenen Gesamtkosten und kleinster erreichbarer Weite des Vertrauensbereiches für den Mittelwert der Grundgesamtheit; kostenbestimmte varianzminimale Stichprobe

n_1 und n_2 sind so zu bestimmen, daß einerseits die Gesamtkosten den vorgegebenen Betrag K_0 nicht übersteigen, andererseits die Varianz σ_G^2 und damit die halbe Weite W des Vertrauensbereiches minimal wird.

Die Gesamtkosten der Untersuchung nach (40)

$$K_G = n_1 \cdot c_1 + n_1 \cdot n_2 \cdot c_2$$

sollen den vorgeschriebenen Wert K_0 nicht überschreiten, also $K_G \leq K_0$. Die Varianz für den Mittelwert der Stichprobe nach (37)

$$\sigma_G^2 = \left(1 - \frac{n_1}{M}\right) \frac{\sigma_\xi^2}{n_1} + \frac{\sigma_\varepsilon^2}{n_1 \cdot n_2}$$

soll minimiert werden.

Sind die Varianzen σ_ξ^2 und σ_ε^2 bekannt und werden die Anzahlen n_1 und n_2 zunächst als stetig betrachtet, ergibt sich mit Hilfe der Differentialrechnung theoretisch folgendes Paar im allgemeinen nicht-ganzzahliger Werte für die kostenbestimmte varianzminimale Stichprobe:

$$n_2^* = \frac{\sigma_\varepsilon}{\sigma_\xi} \cdot \sqrt{\frac{c_1}{c_2}} \tag{57}$$

$$n_1^* = \frac{K_0}{c_1 + \frac{\sigma_\varepsilon}{\sigma_\xi} \sqrt{c_1 \cdot c_2}} = \frac{K_0}{c_1 + c_2 \cdot n_2^*} \tag{58}$$

n_2^* ist von K_0 unabhängig. n_1^* und n_2^* sind von M unabhängig. Zu dem Wertepaar $(n_1^*; n_2^*)$ gehört die theoretische Minimalvarianz

$$\sigma_{G\,\min}^2 = \frac{(\sigma_\xi \sqrt{c_1} + \sigma_\varepsilon \sqrt{c_2})^2}{K_0} - \frac{\sigma_\xi^2}{M} \tag{59}$$

Die Werte n_1^* und n_2^* werden **abgerundet** zu der jeweils nächstkleineren ganzen Zahl n_{1-}^* und n_{2-}^*; ein bereits als ganze Zahl berechneter Wert bleibt **unverändert**.

Beginnend mit $(n_{1-}^*; n_{2-}^*)$ werden die Anzahlen in der Umgebung von $(n_1^*; n_2^*)$ variiert. Dazu wird n_2 in dem Bereich $n_{2+}^* - d \leq n_2 \leq n_{2+}^* + d$ variiert, wobei $d = 4$ oder 3 gesetzt wird. Zu jedem dieser n_2-Werte wird der zugehörige Wert n_1 nach (58) berechnet. Dabei werden der Stichprobenumfang $n_1 \cdot n_2$ sowie alle Wertepaare notiert, für die K_G nur wenig kleiner als K_0 und σ_G^2 nur wenig größer als $\sigma_{G\,\min}^2$ ist.

Nach fallweise verschiedenen Kriterien wählt man aus den in der Umgebung von $(n_1^*; n_2^*)$ liegenden Wertepaaren ein Paar aus.

Beispiel 4:

Für eine Untersuchung gelten folgende Einzelkosten (in frei wählbaren (Maß-)Einheiten):

$c_1 = 10$ $c_2 = 1$

Die Gesamtkosten der Untersuchung $K_0 = 150$ sollen nicht überschritten werden. Außerdem ist für das untersuchte Merkmal bekannt:

$\sigma_\xi^2 = 16$ $\sigma_\varepsilon^2 = 25$

Die Grundgesamtheit enthält $M = 50$ Gruppen. Mit (57), (58) und (59) berechnet man:

$n_2^* = 3{,}95$ abgerundet auf $n_{2-}^* = 3$

$n_1^* = 10{,}75$ abgerundet auf $n_{1-}^* = 10$

$\sigma_{G\,\min}^2 = 1{,}757$

Wegen der relativ großen Rundung bei n_1^* und n_2^* entfernt man sich mit dem Wertepaar (10;3) von dem theoretischen Minimum der Varianz. Man kann aber andere Wertepaare finden, die in der Nähe des Paares $(n_1^*; n_2^*)$ liegen, für die K_G nur wenig kleiner als K_0 ist, und bei denen die Varianz σ_G^2 für den Mittelwert der Stichprobe näher am theoretischen Minimum $\sigma_{G\,\min}^2$ liegt.

In Tabelle 8 sind einige Wertepaare in der Umgebung von $(n_1^*; n_2^*)$ zusammengestellt. Mit dem Wertepaar (10;5) kann man die durch Runden beim Wertepaar (10;3) bedingte Abweichung der Varianz von dem theoretischen Minimum fast ganz vermeiden. Auch das Paar (11;3) hat bereits eine etwas kleinere Varianz als das Paar (10;3).

Tabelle 8. **Wertepaare $(n_1; n_2)$, Gesamtkosten K_G und Varianzen σ_G^2 für Beispiel 4**

n_1	n_2	$n_1 \cdot n_2$	K_G	σ_G^2
10,75	3,952	42,48	149,98	1,757
10	3	30	130	2,113
13	1	13	143	2,834
12	2	24	144	2,055
11	3	33	143	1,892
10	5	50	150	1,780
9	6	54	144	1,921
8	8	64	144	2,071
7	11	77	147	2,290
6	15	90	150	2,624

5.2 Modell mit systematischen Komponenten

Für das weitere wird angenommen, daß die Varianz σ_ε^2 aufgrund bereits vorliegender Erfahrungen (z. B. Auswertungen nach Abschnitt 4.4.2 bzw. Tabelle 4 anhand genügend großer Anzahlen von Beobachtungswerten) hinreichend genau bekannt ist.

Ziel der Auswertung ist, Aussagen über den Mittelwert μ der Grundgesamtheit und/oder die Mittelwerte μ_i der Gruppen zu machen. Der Gesamtmittelwert μ wird geschätzt durch den Mittelwert $x_{..}$ einer Stichprobe, jeder Gruppenmittelwert μ_i wird geschätzt durch den Mittelwert $x_{i.}$ der entsprechenden Gruppe. Die Varianz innerhalb der Gruppen beträgt σ_ε^2.

Die Varianz von $x_{..}$ ist:

$$\sigma_G^2 = \frac{\sigma_\varepsilon^2}{n_1 \cdot n_2} \tag{60}$$

Der mit $x_{..}$ gebildete Vertrauensbereich für den Gesamtmittelwert μ zum vorgegebenen Vertrauensniveau $1 - \alpha$ hat die Gestalt

$$x_{..} - u_{1-\alpha/2} \cdot \sigma_G \leq \mu \leq x_{..} + u_{1-\alpha/2} \cdot \sigma_G \tag{61}$$

wobei $u_{1-\alpha/2}$ der Tabellenwert der standardisierten Normalverteilung bei zweiseitiger Abgrenzung ist.

Der Vertrauensbereich nach (61) hat also die halbe absolute Weite $W_G = u_{1-\alpha/2} \cdot \sigma_G$; W_G charakterisiert die Genauigkeit der Schätzung von μ durch $x_{..}$.

Die Varianz von $x_{i.}$ ist:

$$\sigma_g^2 = \frac{\sigma_\varepsilon^2}{n_2} \tag{62}$$

Der mit $x_{i.}$ gebildete Vertrauensbereich für die Gruppenmittelwerte μ_i zum vorgegebenen Vertrauensniveau $1-\alpha$ hat die Gestalt:

$$x_{i.} - u_{1-\alpha/2} \cdot \sigma_g \leq \mu_i \leq x_{i.} + u_{1-\alpha/2} \cdot \sigma_g \tag{63}$$

wobei $u_{1-\alpha/2}$ der Tabellenwert der standardisierten Normalverteilung bei zweiseitiger Abgrenzung ist. Der Vertrauensbereich nach (63) hat also die halbe absolute Weite $W_g = u_{1-\alpha/2} \cdot \sigma_g$; W_g charakterisiert die Genauigkeit der Schätzung von μ_i durch $x_{i.}$.

Seien c_1 die Kosten für die Bereitstellung einer Gruppe und c_2 die Kosten für die Entnahme und Herstellung einer Endprobe und deren Messung, dann entstehen beim Stichprobenaufbau $(n_1; n_2)$ nach Gleichung (40) folgende Gesamtkosten:

$$K_G = n_1 \cdot c_1 + n_1 \cdot n_2 \cdot c_2$$

Die halbe Weite des Vertrauensbereiches und die Gesamtkosten sind also vom Stichprobenaufbau $(n_1; n_2)$ abhängig.

Für Aussagen über den Mittelwert μ der Grundgesamtheit sind sämtliche Gruppen heranzuziehen, deshalb ist $n_1 = M$. Für Aussagen über die Mittelwerte μ_i für alle Gruppen oder für bestimmte Gruppen sind die Gruppen heranzuziehen, über die Aussagen gemacht werden sollen. In beiden Fällen wird n_1 nach nicht-statistischen Kriterien festgelegt, und nur n_2 kann nach statistischen Methoden bestimmt werden. Diese Anzahl n_2 ist eindeutig; deshalb können bei der varianzbestimmten (kostenbestimmten) Stichprobe die aufzuwendenden Gesamtkosten (die erreichbare Varianz) nicht mehr minimiert werden.

5.2.1 Aussagen über den Vertrauensbereich für den Mittelwert der Grundgesamtheit oder für die Mittelwerte der Gruppen

5.2.1.1 Stichprobenaufbau bei vorgegebener Weite des Vertrauensbereiches für den Mittelwert der Grundgesamtheit oder für die Mittelwerte der Gruppen; varianzbestimmte Stichprobe

Die Varianz für den Mittelwert der Stichprobe $x_{..}$ ist in (60) angegeben. Die Varianz für die Mittelwerte der Gruppen $x_{i.}$ ist in (62) angegeben.

Die Forderung $W_G \leq W_{0G}$ bzw. $\sigma_G^2 \leq \sigma_{0G}^2$ wird wegen $n_1 = M$ eingehalten für

$$n_2' = \frac{1}{M} \cdot \frac{\sigma_\varepsilon^2}{\sigma_{0G}^2} \tag{64}$$

Analog wird die Forderung $W_g \leq W_{0g}$ bzw. $\sigma_g^2 \leq \sigma_{0g}^2$ eingehalten für

$$n_2' = \frac{\sigma_\varepsilon^2}{\sigma_{0g}^2} \tag{65}$$

In beiden Fällen wird der Wert n_2' auf die nächstgrößere ganze Zahl n_{2+} **aufgerundet**; er bleibt **unverändert**, falls er bereits ganzzahlig ist. Er braucht nicht überschritten zu werden, um die Forderung $W_G \leq W_{0G}$ bzw. $W_g \leq W_{0g}$ einzuhalten.

Die zulässigen ganzzahligen Werte sind:

$$2 \leq n_1 = M \qquad 2 \leq n_2 = n_{2+} \tag{66}$$

Die mit dieser Untersuchung verbundenen Kosten werden nach (40) berechnet; sie sind am kleinsten, wenn $n_2 = 2$ ist.

5.2.1.2 Stichprobenaufbau bei vorgegebenen Gesamtkosten; kostenbestimmte Stichprobe

Die kostenbestimmte Stichprobe hat praktisch keine Bedeutung; sie wird in dieser Norm aus Gründen der Vollständigkeit behandelt.

Ausgehend von (40) wird die Forderung $K_G \leq K_0$ für $n_1 = M$ eingehalten für

$$n_2' = \frac{\frac{K_0}{M} - c_1}{c_2} \tag{67}$$

Dieser Wert n_2' wird auf die nächstkleinere ganze Zahl n_{2-} **abgerundet**; er bleibt **unverändert**, falls er bereits ganzzahlig ist. Er darf nicht überschritten werden, um die Forderung $K_G \leq K_0$ einzuhalten.

Die zulässigen ganzzahligen Werte sind:

$$2 \leq n_1 = M \qquad 2 \leq n_2 = n_{2-} \tag{68}$$

Die bei dieser Untersuchung erreichte Varianz wird nach (60) berechnet zu

$$\sigma_G^2 = \frac{\sigma_\varepsilon^2}{M \cdot n_{2-}} \tag{69}$$

bzw. nach (62) zu

$$\sigma_g^2 = \frac{\sigma_\varepsilon^2}{n_{2-}} \tag{70}$$

Wegen der einfachen Zusammenhänge sind für Abschnitt 5.2 keine grundsätzlichen Beispiele nötig.

6 Stichprobenaufbau bei homogener Grundgesamtheit

Homogenes Material braucht nicht aufgeteilt zu werden; die Einfache Varianzanalyse ist nicht notwendig und wird nicht durchgeführt.

Für das weitere wird angenommen, daß die Varianz σ^2 aufgrund bereits vorliegender Erfahrungen oder früherer Auswertungen hinreichend genau bekannt ist.

Ziel der Auswertung ist nun, Aussagen über den Gesamtmittelwert μ der Grundgesamtheit zu machen. μ wird geschätzt durch den Mittelwert $x_.$ einer Stichprobe mit n' Beobachtungswerten, wobei $x_.$ die Varianz σ_G^2 hat:

$$\sigma_G^2 = \frac{\sigma_\varepsilon^2}{n'} \tag{71}$$

Der mit $x_.$ gebildete Vertrauensbereich zum vorgegebenen Vertrauensniveau $1-\alpha$ hat die Gestalt:

$$x_. - u_{1-\alpha/2} \frac{\sigma_\varepsilon}{\sqrt{n}} \leq \mu \leq x_. + u_{1-\alpha/2} \frac{\sigma_\varepsilon}{\sqrt{n}} \tag{72}$$

Dabei ist $u_{1-\alpha/2}$ der Tabellenwert der standardisierten Normalverteilung bei zweiseitiger Abgrenzung (siehe [1]).

Ist die halbe absolute Weite W des Vertrauensbereiches für den Mittelwert μ zum vorgegebenen Vertrauensniveau $1-\alpha$ vorgeschrieben, also $W \leq W_0$, oder wird gefordert $\sigma_\varepsilon^2 \leq \sigma_0^2$, dann sind entsprechend (71)

$$n' = \frac{\sigma_\varepsilon^2}{\sigma_0^2} \tag{73}$$

Endproben zu untersuchen. Der Wert n' wird auf die nächstgrößere ganze Zahl aufgerundet oder bleibt unverändert, falls er ganzzahlig ist.

7 Rundungsempfehlungen

Die folgenden Rundungsempfehlungen dienen dazu, einen praktikablen Stichprobenumfang zu ermitteln; sie fallen nicht unter die Rundungsempfehlungen im Sinne von DIN 1333 Teil 2.

7.1 Stichprobenaufbau bei vorgegebener Weite des Vertrauensbereiches für den Mittelwert der Grundgesamtheit

Aus (42) erhält man zunächst im allgemeinen einen nicht-ganzzahligen Wert, der als n'_1 **ohne** Rundung in (43) eingesetzt wird. Außerdem wird dieser Wert auf die nächstgrößere ganze Zahl **auf**gerundet und als Wert n_{1+} in (43) eingesetzt; falls n'_1 ganzzahlig ist, wird dieser Wert um 1 vergrößert.

Aufgrund der Struktur von (43) kann sich ein nicht realisierbar großer Stichprobenumfang ergeben. Falls die Rundung bei dem Wert n'_1 klein ist, der gerundete Wert n_{1+} also nur wenig größer ist als der zu rundende Wert n'_1, wird der Wert n''_2 sehr groß.

Der Einfluß einer zu geringen Rundung des Wertes n'_1 kann vermieden werden, wenn

$$n_{1+} - n'_1 \geq 0{,}5 \qquad (74)$$

gemacht wird.

Bei dem aus (64) und (65) berechneten Wert n'_2 gibt es keinen derartigen Einfluß einer zu geringen Rundung.

7.2 Stichprobenaufbau bei vorgegebener Weite des Vertrauensbereiches für den Mittelwert der Grundgesamtheit und minimalen Gesamtkosten

Gemäß (48) und (49) sind die im allgemeinen nicht-ganzzahligen Werte n_1^* und n_2^* **auf**zurunden. Wie das Beispiel 2 zeigt, können die Gesamtkosten, die man mit den gerundeten Werten n_{1+}^* und n_{2+}^* erhält, wesentlich größer werden als die mit den nicht gerundeten Werten n_1^* und n_2^* berechneten theoretischen Minimalkosten.

Die rundungsbedingte Erhöhung der Gesamtkosten kann man, wie Beispiel 2 zeigt, weitgehend vermeiden, wenn man die Werte n_1^* und/oder n_2^* abrundet. Die varianzbestimmte kostenminimale Stichprobe mit ganzzahligen Werten n_{1+}^* und n_{2+}^* kann man durch die Berechnung mehrerer Wertepaare finden, die in der Umgebung des Paares $(n_1^*; n_2^*)$ liegen. Im allgemeinen gibt es mehrere Wertepaare, für die die Gesamtkosten K_G nur wenig größer sind als die theoretischen Minimalkosten.

7.3 Stichprobenaufbau bei vorgegebenen Gesamtkosten

Aus (55) und (56) erhält man die günstigen Wertepaare für den Stichprobenumfang durch Abrunden, wobei die **ab**gerundeten Werte n_1 und n_2 den Wert 2 nicht unterschreiten sollen und die Werte n_{1--} und n_{2--} nicht überschreiten dürfen. Damit sind die zulässigen Wertepaare zweiseitig eingegrenzt; Stichproben mit nicht realisierbar großem Umfang können also nicht entstehen. Da ein ganzzahlig berechneter Wert nicht abgerundet wird, sondern unverändert bleibt, ist jeder beliebige Rundungsbetrag (bis hin zum Betrag Null) zulässig.

Bei dem aus (67) berechneten Wert n'_2 gibt es kein Rundungsproblem.

7.4 Stichprobenaufbau bei vorgegebenen Gesamtkosten und kleinster erreichbarer Weite des Vertrauensbereiches für den Mittelwert der Grundgesamtheit

Aus (57) und (58) für die Werte n_1^* und n_2^* erhält man die kostenbestimmte varianzminimale Stichprobe. Da die Werte n_1^* und n_2^*, sofern sie nicht ganzzahlig sind, **ab**gerundet werden, kann man sich durch Abrunden der berechneten Werte je nach dem Ausmaß der Rundung von der theoretischen Minimalvarianz entfernen. Wie das Beispiel 4 zeigt, kann man die rundungsbedingte Erhöhung der Varianz weitgehend vermeiden, wenn man die Werte n_1^* und/oder n_2^* **auf**rundet. Ist n_1^* oder $n_2^* < 2$, wird stets auf 2 **auf**gerundet. Die kostenbestimmte varianzminimale Stichprobe mit ganzzahligen Werten n_{1-}^* und n_{2-}^* kann man durch die Berechnung mehrerer Wertepaare finden, die in der Umgebung des Paares $(n_1^*; n_2^*)$ liegen. Im allgemeinen gibt es mehrere Wertepaare, für die die Varianz σ_G^2 nur wenig größer ist als die theoretische Minimalvarianz.

8 Programmablaufpläne für die Berechnung des Stichprobenaufbaues

In den Bildern 1 bis 5 sind die Programmablaufpläne zur Berechnung des Stichprobenaufbaues bei einfacher Aufteilung für das Modell mit Zufallskomponenten und für das Modell mit systematischen Komponenten dargestellt.

Bild 1 gibt eine Übersicht über alle sechs Fälle, von denen die vier in dieser Norm behandelten Fälle in den Bildern 2 bis 5 in Einzelschritten dargestellt sind.

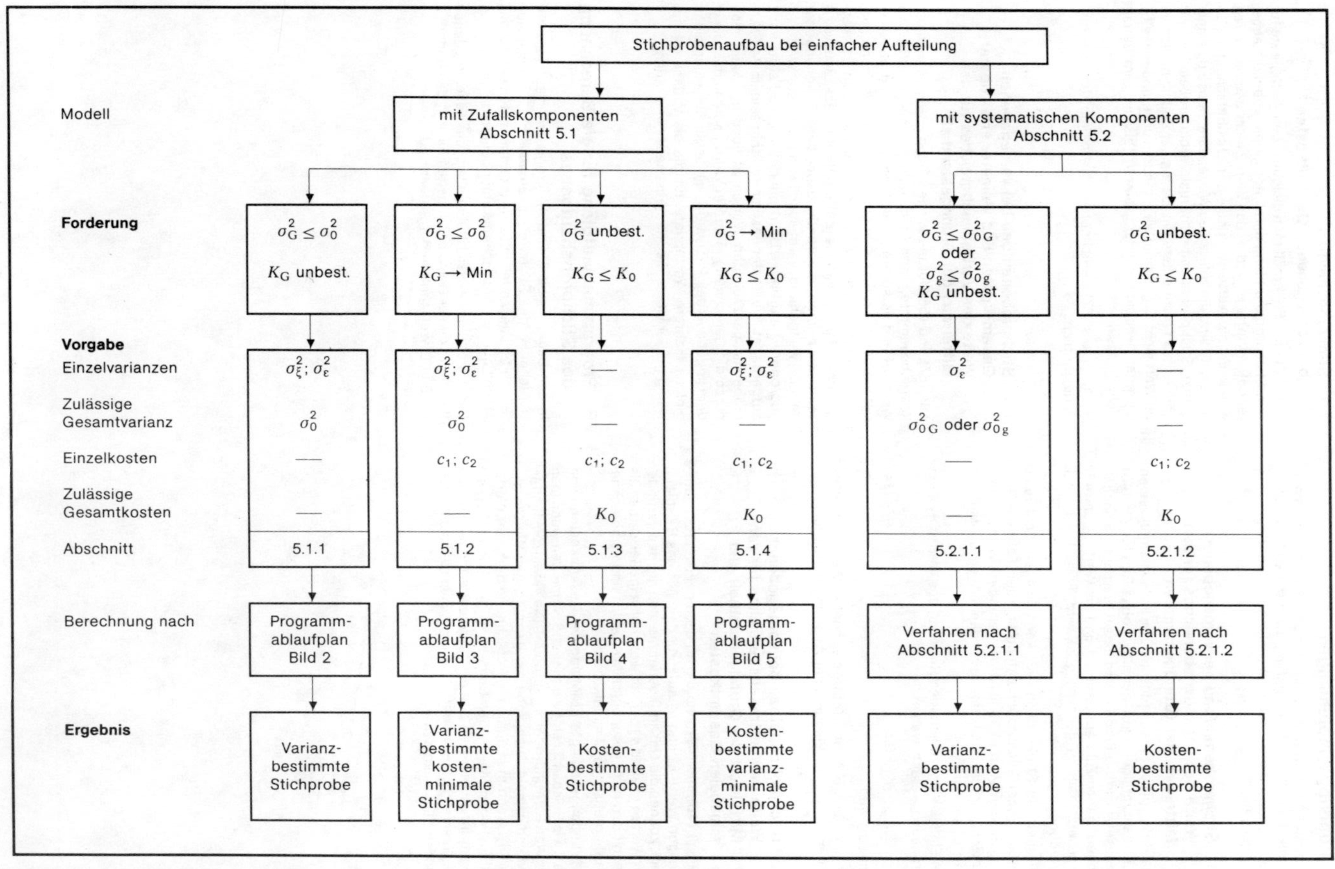

Bild 1. Übersicht über die Berechnung des Aufbaues aller Stichproben bei inhomogener Grundgesamtheit

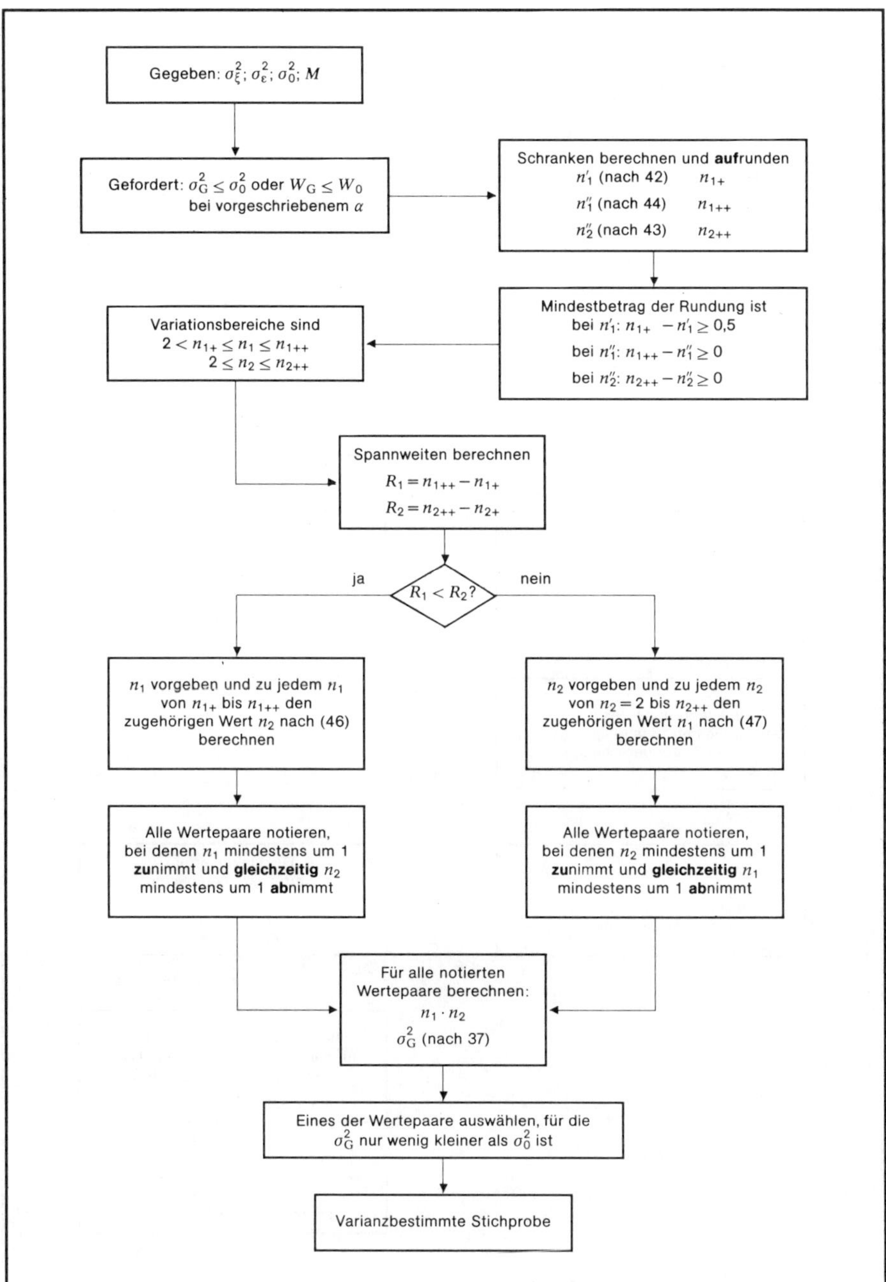

Bild 2. Programmablaufplan für die Berechnung des Aufbaues der varianzbestimmten Stichprobe (siehe Abschnitt 5.1.1)

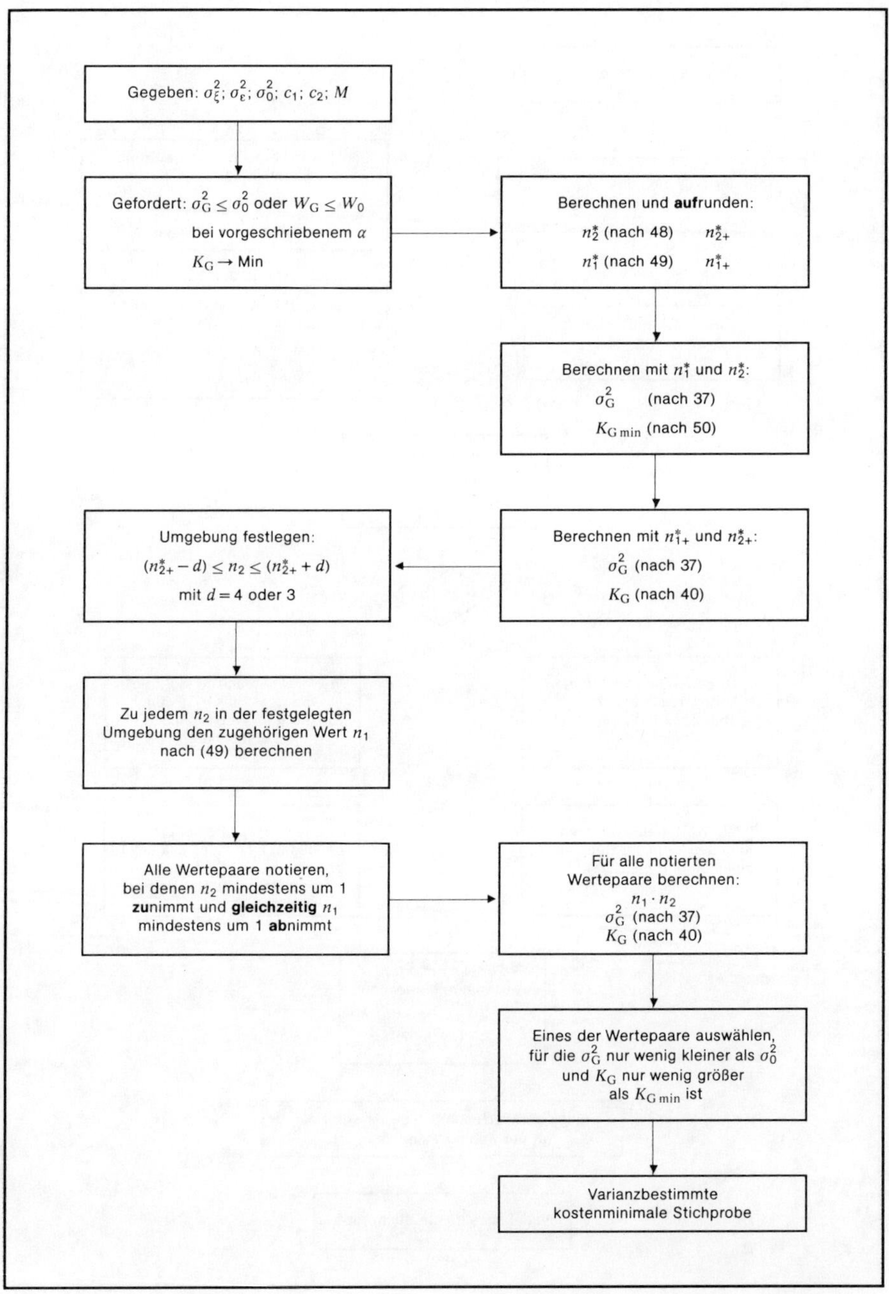

Bild 3. Programmablaufplan für die Berechnung des Aufbaues der varianzbestimmten kostenminimalen Stichprobe (siehe Abschnitt 5.1.2)

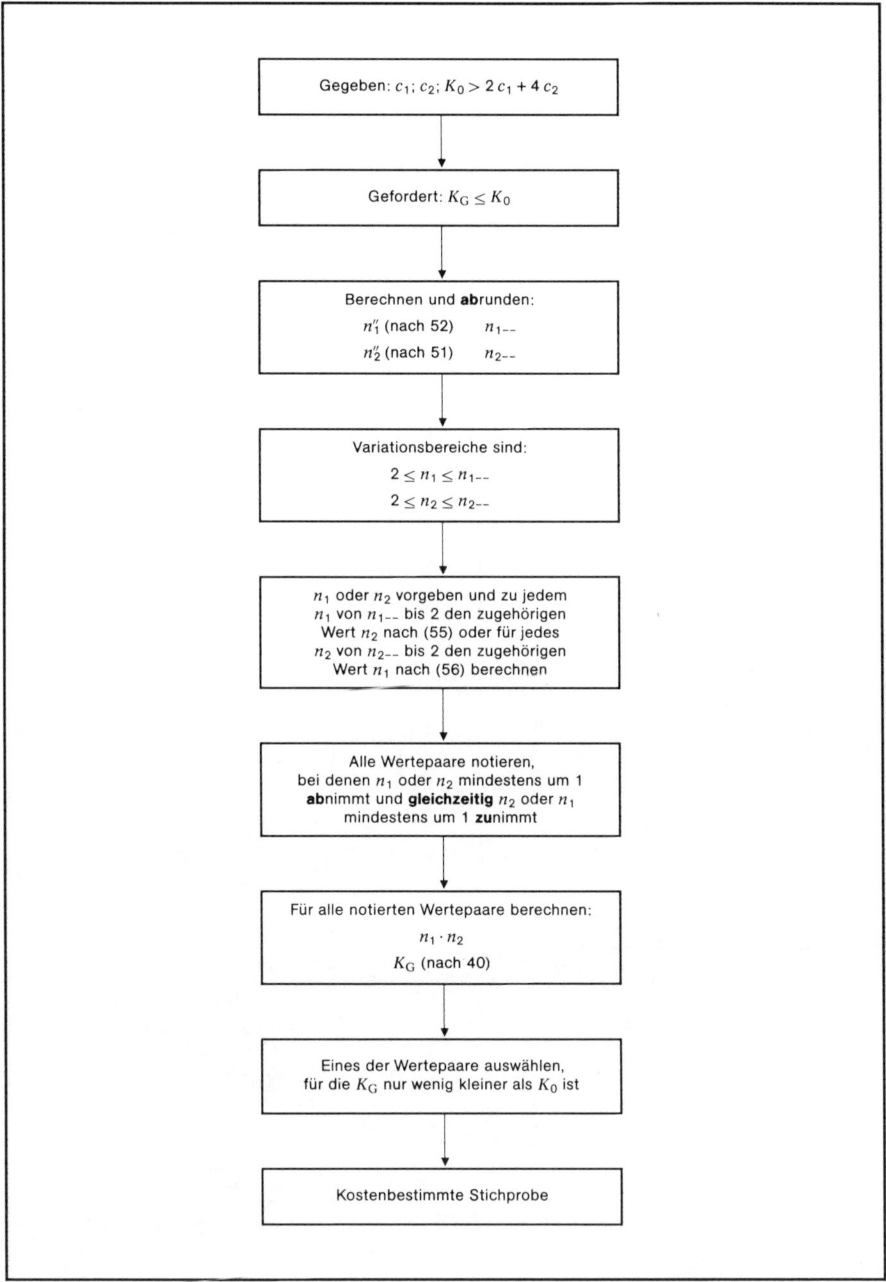

Bild 4. Programmablaufplan für die Berechnung des Aufbaues der kostenbestimmten Stichprobe (siehe Abschnitt 5.1.3)

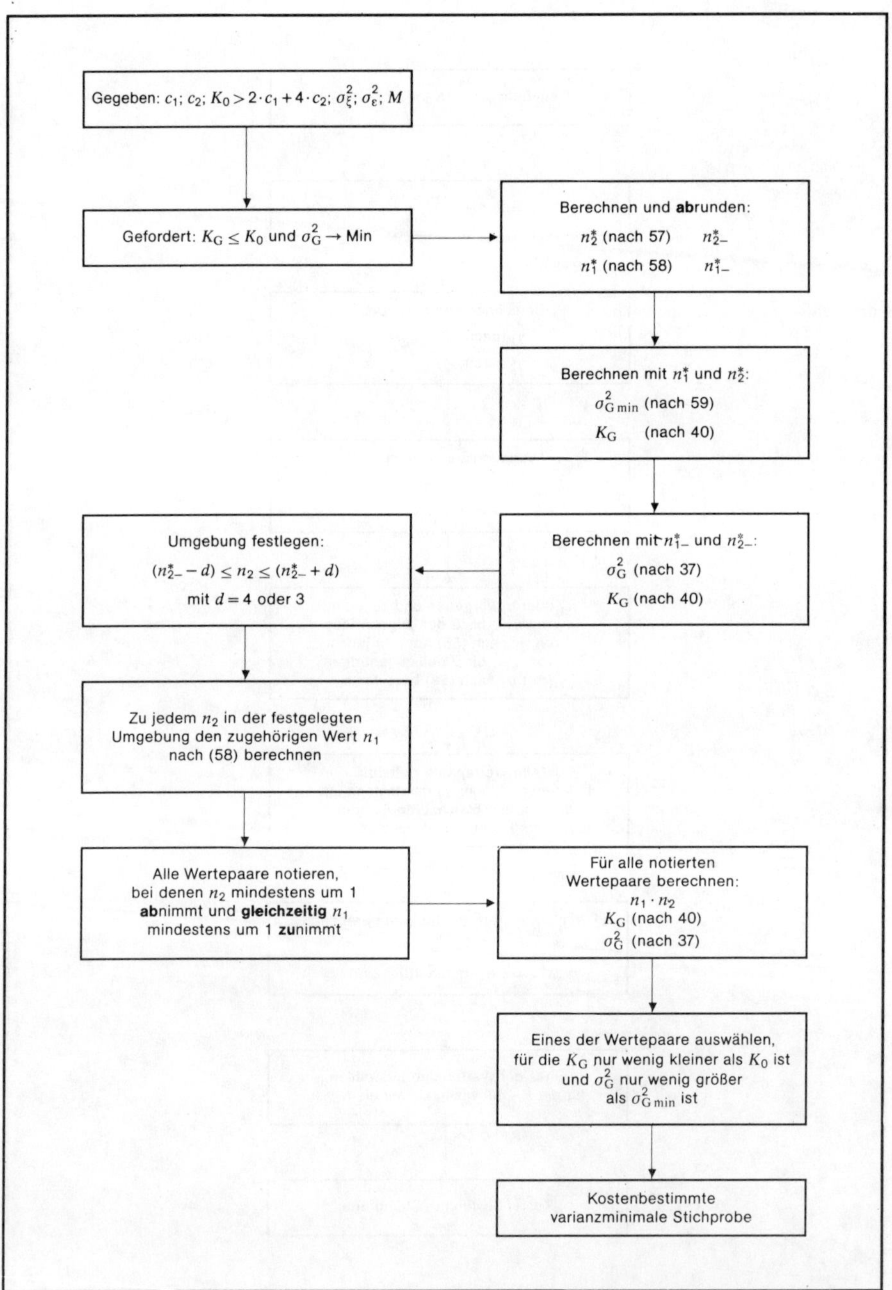

Bild 5. Programmablaufplan für die Berechnung des Aufbaues der kostenbestimmten varianzminimalen Stichprobe (siehe Abschnitt 5.1.4)

Anhang A

Beispiele aus der Textiltechnik

Alle Gleichungen sind Größengleichungen, siehe DIN 1313. Aus Gründen der Zweckmäßigkeit werden in den folgenden Beispielen die (Maß-)Einheiten ohne Verlust an Eindeutigkeit während der Rechnung weggelassen und erst bei den Ergebnissen wieder hinzugefügt.

A.1 Aufteilung nach einem Kriterium; Modell mit Zufallskomponenten; Durchführung der Einfachen Varianzanalyse; Bestimmung der Schätzwerte für die Varianzen; Testen von Hypothesen über die Modellparameter; Vertrauensbereich für den Mittelwert der Grundgesamtheit; Höchstzugkraft von Spinnfasergarn

Zur Bestimmung der mittleren Höchstzugkraft eines neuartigen Viskose-Spinnfasergarnes sollen aus der gelieferten Kiste Proben entnommen werden. Das Einfachgarn wurde als Kopse geliefert, so daß sachlich eine Unterteilung in Gruppen mit dem einzelnen Kops als einzelner Gruppe angezeigt ist. Einheiten innerhalb einer Gruppe sind die zur Höchstzugkraftmessung entnehmbaren Garnabschnitte von rund 600 mm Länge (für 500 mm Einspannlänge). (Siehe [2], Seite 371–372).

Da zunächst keinerlei Kenntnisse über die Varianzen zwischen den Kopsen (Gruppen) und innerhalb der Kopse (zwischen den Garnabschnitten der einzelnen Kopse) vorliegen (siehe Abschnitt 2.2), müssen sowohl die Anzahl n_1 der zu entnehmenden Kopse als auch die Anzahl n_2 der je Kops zu untersuchenden Garnabschnitte (Endproben) willkürlich festgelegt werden. Man entscheidet sich für $n_1 = 5$ Kopse und $n_2 = 20$ Höchstzugkraftmessungen je Kops. Die Ergebnisse werden nach dem Schema von Abschnitt 3 aufgeschrieben. Man erhält die Tabelle A.1.

Aus den Beobachtungswerten x_{ij} wird für jede Zeile i die Summe aller Beobachtungswerte $A_i = \sum_{j=1}^{n_2} x_{ij}$, die Summe $B_i = \sum_{j=1}^{n_2} x_{ij}^2$ der Quadrate der Beobachtungswerte und das Quadrat $A_i^2 = \left(\sum_{j=1}^{n_2} x_{ij}\right)^2$ berechnet.

Diese Werte werden zu den Spaltensummen $A = \sum_{i=1}^{n_1} A_i$, $B = \sum_{i=1}^{n_1} B_i$ und $C = \sum_{i=1}^{n_1} A_i^2$ addiert.

Mit den Hilfsgrößen A, B und C erhält man den Gesamtmittelwert und die S.d.q.A. nach folgenden Gleichungen:

$$x_{..} = \frac{A}{n_1 n_2} = \frac{233{,}42}{5 \cdot 20} = 2{,}3342;$$

$$Q_w = B - \frac{C}{n_2} = 559{,}3634 - \frac{10\,982{,}0350}{20}$$
$$= 559{,}3634 - 549{,}101750 = 10{,}261650;$$

$$Q_b = \frac{C}{n_2} - \frac{A^2}{n_1 n_2} = 549{,}101750 - \frac{233{,}42^2}{5 \cdot 20}$$
$$= 549{,}101750 - 544{,}848964 = 4{,}252786$$

Im vorliegenden Beispiel interessieren auf Grund der Aufgabenstellung nicht die Mittelwerte der einzelnen Kopse, sondern der Gesamtmittelwert aller Kopse der gelieferten Kiste und außerdem die Schwankungen um diesen Mittelwert. Somit muß das Modell mit Zufallskomponenten (siehe Abschnitt 5.1) zugrunde gelegt werden. Die Zerlegungstafel ist in Tabelle A.2 angegeben.

Tabelle A.1. **Höchstzugkraft in Newton von Viskose-Spinnfasergarn, Partie 583** (Einspannlänge 500 mm; Dehngeschwindigkeit 62 % je Minute)

Kops	Beobachtungswert x_{ij}																						
i	1	2	3	4	5	6	7	8	9	10	11	12	13	14	15	16	17	18	19	20	A_i	B_i	A_i^2
1	2,22	2,97	2,75	2,60	2,66	2,33	2,36	2,27	2,58	2,58	2,05	2,57	2,60	2,72	2,80	2,62	2,60	2,94	2,69	2,66	51,57	133,9971	2 659,4649
2	2,28	2,72	2,15	1,63	2,08	2,89	2,26	2,95	2,40	2,51	2,95	2,33	2,36	1,68	2,36	2,15	2,29	3,03	2,36	2,20	47,58	115,9750	2 263,8564
3	2,14	1,74	1,96	2,81	2,48	2,33	2,64	2,66	2,66	2,65	2,36	2,36	2,58	2,21	1,93	2,66	2,42	2,83	2,86	2,95	49,23	123,2951	2 423,5929
4	2,03	2,00	2,00	2,02	1,78	1,58	1,68	1,43	2,26	1,67	1,84	2,00	1,71	1,95	1,53	2,57	2,33	2,08	2,58	2,38	39,42	79,7640	1 553,3964
5	2,30	2,03	2,36	2,27	2,11	2,24	1,93	2,92	2,08	2,42	2,09	2,12	2,66	2,72	3,03	2,49	1,65	2,15	1,90	2,15	45,62	106,3322	2 081,1844
																				Hilfsgrößen	A = 233,42	B = 559,3634	C = 10 982,0350

Tabelle A.2. **Zerlegungstafel für Beispiel A.1**

Variabilität	S.d.q.A. Q	Zahl der Freiheitsgrade f	Quotient $s^2 = \frac{Q}{f}$	Der Quotient ist Schätzwert für
zwischen den Kopsen	$Q_b = 4{,}252786$	$f_b = 4$	$s_b^2 = 1{,}0632$	$\sigma_\varepsilon^2 + n_2 \sigma_\xi^2$
innerhalb der Kopse	$Q_w = 10{,}261650$	$f_w = 95$	$s_w^2 = 0{,}1080$	σ_ε^2
gesamt	$Q_{total} = 14{,}514436$	$f_{total} = 99$	–	–

Zur Prüfung der Existenz von σ_ξ^2 wird das Signifikanzniveau $\alpha = 0{,}01$ festgelegt.

Der Tabellenwert ist:

$$F_{f_b, f_w; 1-\alpha} = F_{4,95; 0,99} = 3{,}52.$$

Der Prüfwert nach Abschnitt 4.4.2

$$F_B = \frac{s_b^2}{s_w^2} = \frac{1{,}0632}{0{,}1080} = 9{,}84$$

ist größer als der Tabellenwert, so daß die Nullhypothese $\sigma_\xi^2 = 0$ verworfen und das Material als inhomogen angesehen wird. Der Schätzwert für σ_ξ^2 ist nach (27):

$$\hat{\sigma}_\xi^2 = \frac{s_b^2 - s_w^2}{n_2} = \frac{1{,}0632 - 0{,}1080}{20} = 0{,}04776.$$

Als Ergebnis der Varianzanalyse liegen nach (23) bis (25) folgende Schätzwerte für die Parameter des Modells mit Zufallskomponenten vor:

$x_{..} = 2{,}334\ N$ für μ;

$\hat{\sigma}_\varepsilon = s_w = 0{,}328\ N$ für σ_ε; $\quad v_\varepsilon = \frac{s_w}{x_{..}} = 14{,}0\,\%$ für $\gamma_\varepsilon = \frac{\sigma_\varepsilon}{\mu}$;

$\hat{\sigma}_\xi = 0{,}219\ N$ für σ_ξ; $\quad v_\xi = \frac{\hat{\sigma}_\xi}{x_{..}} = 9{,}4\,\%$ für $\gamma_\xi = \frac{\sigma_\xi}{\mu}$

Die Anzahl M der in der Kiste vorhandenen Kopse ist sehr viel größer als $n_1 = 5$, so daß der Vertrauensbereich für μ nach (31) berechnet werden kann.

Wird das Vertrauensniveau zu $1 - \alpha = 0{,}95$ festgelegt (Tabellenwert $t_{f_b; 1-\alpha/2} = t_{4; 0,975} = 2{,}78$), dann erhält man mit

$$\sqrt{\frac{\hat{\sigma}_\xi^2}{n_1} + \frac{\hat{\sigma}_\varepsilon^2}{n_1 n_2}} = \sqrt{\frac{0{,}04776}{5} + \frac{0{,}1080}{5 \cdot 20}} = \sqrt{0{,}010632} = 0{,}103$$

$$2{,}334 - 2{,}78 \cdot 0{,}103 \leq \mu \leq 2{,}334 + 2{,}78 \cdot 0{,}103$$

als Vertrauensbereich für den Mittelwert der Grundgesamtheit:

$$2{,}05\ N \leq \mu \leq 2{,}62\ N$$

A.2 Modell mit Zufallskomponenten; Stichprobenaufbau bei vorgegebener Weite des Vertrauensbereiches für den Mittelwert der Grundgesamtheit; varianzbestimmte Stichprobe; Höchstzugkraft von Spinnfasergarn

Für das Weitere werden die Schätzwerte $\hat{\sigma}_\xi$ und $\hat{\sigma}_\varepsilon$ als mit den zu schätzenden Standardabweichungen σ_ξ und σ_ε hinreichend genau übereinstimmend angenommen; dann sind die Beziehungen des Abschnittes 5.1 anwendbar.

Die Probenahme an weiteren Lieferungen des gleichen Garns sollen mit Hilfe der in Abschnitt A.1 geschätzten Werte $\sigma_\xi = 0{,}219\ N$ und $\sigma_\varepsilon = 0{,}328\ N$ so angelegt werden, daß beim Vertrauensniveau $1 - \alpha = 0{,}95$ die halbe absolute Weite $W \leq W_0 = 0{,}2\ N$ (das entspricht der halben relativen Weite $W_0/x_{..} = 0{,}2/2{,}334 \approx 9\,\%$) des Vertrauensbereiches für μ näherungsweise eingehalten wird.

Der Forderung $W_0 = 0{,}2\ N$ bei $1 - \alpha = 0{,}95$ entspricht nach (41) mit $u_{1-\alpha/2} = u_{0,975} = 1{,}96$ die Forderung $\sigma_G \leq \sigma_0 = 0{,}102\ N$.

Die gegebenen Werte sind also:

$$\sigma_\xi^2 = 0{,}0480 \qquad \sigma_\varepsilon^2 = 0{,}108 \qquad \sigma_0^2 = 0{,}0104$$

Außerdem wird $M = 45$ angenommen.

Nach den in Abschnitt 5.1.1 angegebenen Gleichungen (42), (43) und (44) berechnet man:

$n_1' = 4{,}19$ aufgerundet auf $n_{1+} = 5$

$n_1'' = 8{,}904$ aufgerundet auf $n_{1++} = 9$

$n_2'' = 11{,}57$ aufgerundet auf $n_{2++} = 12$

Die Bereiche, in denen n_1 und n_2 variiert werden können, sind damit

$$5 \leq n_1 \leq 9 \qquad 2 \leq n_2 \leq 12$$

In Tabelle A.3 sind sämtliche günstigen Wertepaare $(n_1; n_2)$ zusammengestellt. Außerdem ist der Stichprobenumfang $n_1 \cdot n_2$ und die zugehörige Varianz σ_G^2 angegeben. Bei allen Wertepaaren $(n_1; n_2)$ ist σ_G^2 nur wenig kleiner als $\sigma_0^2 = 0{,}0104$. Bei der Rechnung wurden, beginnend mit $n_1 = 5$, ganzzahlige Werte für n_1 vorgegeben; mit (46) wurden die zugehörigen Werte n_2 berechnet.

Aus diesen Wertepaaren $(n_1; n_2)$ wählt man ein Paar, beispielsweise (9;2), für die folgende Probenahme aus.

Wie Tabelle A.3 erkennen läßt, war die Probenahme im Beispiel A.1 mit $n_1 = 5$ und $n_2 = 20$ (also $n_1 \cdot n_2 = 100$) recht ungünstig angelegt. Bereits mit nur 60 % der Beobachtungswerte in Beispiel A.1 kann man mit dem Wertepaar (5;12) und $n_1 \cdot n_2 = 60$ die Forderung $\sigma_G^2 \leq \sigma_0^2 = 0{,}0104$ erfüllen!

Da die Streuungskomponente σ_ξ zwischen den Kopsen signifikant von Null verschieden ist, ist es falsch, den Aufwand in die zweite Stufe zu legen, d. h. wenige Kopse und viele Beobachtungswerte je Kops zu wählen. Bereits mit $n_1 = 9$ Kopsen und $n_2 = 2$ Beobachtungswerten je Kops ist mit nur $n_1 \cdot n_2 = 18$ Beobachtungswerten an Stelle von 100 Beobachtungswerten, also bei einem Fünftel des Meßaufwandes, die gestellte Forderung erfüllt.

Tabelle A.3. **Wertepaare $(n_1; n_2)$ und Varianz σ_G^2 für den Mittelwert der Stichprobe für Beispiel A.2**

n_1	n_2	$n_1 \cdot n_2$	σ_G^2
5	12	60	0,0103
6	6	36	0,0099
7	4	28	0,0096
8	3	24	0,0094
9	2	18	0,0103

A.3 Modell mit Zufallskomponenten; Stichprobenaufbau bei vorgegebener Weite des Vertrauensbereiches für den Mittelwert der Grundgesamtheit und minimalen Gesamtkosten; varianzbestimmte kostenminimale Stichprobe; Höchstzugkraft von Spinnfasergarn

Aufgrund der speziellen Verhältnisse in einem Betrieb haben sich folgende relativen Kosten ergeben:

für die Bereitstellung eines Garnkopses (verlorene Probe, davon wertmäßig ⅓ für die Höchstzugkraftmessung, der Rest für andere Untersuchungen) $c_1 = 1$

für die Entnahme einer Endprobe, Messung und Auswertung (vollautomatische Zugprüfmaschine, die zeitlich noch nicht ausgelastet ist) $c_2 = 1{,}4$.

Das Kostenverhältnis $\frac{c_1}{c_2}$ richtet sich stark nach Einflüssen, die mit der Höchstzugkraftmessung selbst unmittelbar nichts zu tun haben. Einige dieser mittelbaren Einflüsse sind: Größe der Kopse, Verbleib der Lieferung während der Untersuchung der Stichprobe, Art und Umfang weiterer gleichzeitig beim Laboratorium in Auftrag gegebener

Untersuchungen, Art der einzusetzenden Meßgeräte und deren zeitliche Auslastung. Aus diesen Gründen muß der kostenoptimale Stichprobenaufbau von Fall zu Fall gesondert berechnet werden.

Mit den in Beispiel A.2 benutzten Varianzen erhält man nach (48):

$n_2^* = 1{,}27$ aufgerundet auf $n_{2+}^* = 2$

und nach (49):

$n_1^* = 11{,}60$ aufgerundet auf $n_{1+}^* = 12$

Zu diesem Wertepaar (n_1^*; n_2^*) gehören die theoretischen Minimalkosten nach (50):

$K_{G\,min} = 32{,}22$

Das Wertepaar (n_{1+}^*; n_{2+}^*) = (12;2) ist in der Tabelle A.3 nicht enthalten, da es – bezüglich der erreichten Varianz σ_G^2 – nicht zu den günstigen Wertepaaren gehört.

Tabelle A.4. **Wertepaare (n_1; n_2), Varianz σ_G^2 für den Mittelwert der Stichprobe und Kosten K_G der Untersuchung für Beispiel A.3**

n_1	n_2	$n_1 \cdot n_2$	σ_G^2	K_G
11,60	1,27	14,73	0,0104	32,22
12	2	24	0,0074	45,6
5	12	60	0,0103	89,0
6	6	36	0,0099	56,4
7	4	28	0,0096	46,2
8	3	24	0,0094	41,6
9	2	18	0,0103	34,2
10	2	20	0,0091	38,0
11	2	22	0,0082	41,8
12	2	24	0,0074	45,6
13	2	26	0,0068	49,4

In Tabelle A.4 sind die Wertepaare aus Tabelle A.3 sowie zusätzlich die Wertepaare (10;2) bis (13;2) aufgenommen; letztere Wertepaare gehören zwar – bezüglich der erreichten Varianz σ_G^2 – nicht zu den günstigen Wertepaaren, da die Varianz σ_G^2 erheblich kleiner als σ_0^2 ist, jedoch sind sie aus eben diesem Grunde zulässige Wertepaare. Für alle Wertepaare in Tabelle A.4 sind die zugehörige Varianz σ_G^2 nach (37) sowie die Kosten K_G nach (40) angegeben.

Die rundungsbedingte Kostenerhöhung beim Wertepaar (12;2) kann man weitgehend ausgleichen, wenn man das günstige Wertepaar (9;2) wählt.

A.4 Aufteilung nach einem Kriterium; Modell mit Zufallskomponenten; Durchführung der Einfachen Varianzanalyse; Bestimmung der Schätzwerte für die Varianzen; Testen von Hypothesen über die Modellparameter; Vertrauensbereich für den Mittelwert der Grundgesamtheit; Spinndrehung von Spinnfasergarn

Die Spinndrehung eines Garns aus Polyesterfaser, das auf einer bestimmten Spinnmaschine gesponnen wird, soll nach dem Spannungsfühlerverfahren gemessen werden. Die Spinndrehung kann von Spindel zu Spindel Abweichungen aufweisen, so daß es sachlich angemessen ist, eine Unterteilung in Gruppen vorzunehmen. Dabei bildet der von einer einzelnen Spindel stammende Kops eine Gruppe.

Da über die Varianzen der Spinndrehung innerhalb und zwischen den Spinnkopsen vorerst nichts bekannt ist, wird willkürlich festgelegt, daß je 10 Endproben von 10 Kopsen aus einem Spinnabzug der fraglichen Spinnmaschine zu messen sind ($n_1 = 10$; $n_2 = 10$). Die Ergebnisse werden nach dem Schema von Abschnitt 5.1 aufgeschrieben und durch Einfache Varianzanalyse ausgewertet. Man erhält die Tabelle A.5. Die Rechnung verläuft analog zu Beispiel A.1.

Die S.d.q.A. und ihre Freiheitsgrade zeigt Tabelle A.6. Die Hilfsgrößen A, B und C, die man zur Aufstellung der Zerlegungstafel (Tabelle A.7) benötigt, sind in der Tabelle A.5 und Tabelle A.6 enthalten.

Im vorliegenden Beispiel interessieren aufgrund der Aufgabenstellung nicht die Mittelwerte der einzelnen Spulen, sondern der für die untersuchte Spinnmaschine gültige Gesamtmittelwert der Drehung und etwaige Schwankungen von Spindel zu Spindel. Somit wird das Modell mit Zufallskomponenten (siehe Abschnitt 5.1) zugrunde gelegt.

Tabelle A.5. **Drehung von Polyestergarn 155 dtex; Garnpartie 576 aus Spinnfaserpartie 2508**
Spannungsfühlerverfahren mit 500 mm Einspannlänge; Einheit für die Beobachtungswerte: 10 t/m Z-Richtung; $n_1 = 10$ Spulen aus einem Spinnabzug von Spinnmaschine 17; $n_2 = 10$ Endproben von jeder Spule

Spule i	Beobachtungswert x_{ij} 1	2	3	4	5	6	7	8	9	10	A_i	B_i	A_i^2
1	82	88	89	84	83	98	91	86	87	89	877	77 105	769 129
2	84	88	90	82	80	86	85	89	90	89	863	74 587	744 769
3	91	90	87	83	86	90	96	83	85	89	880	77 586	774 400
4	85	85	92	89	101	87	91	91	94	87	902	81 572	813 604
5	86	89	93	81	85	87	86	93	91	82	873	76 371	762 129
6	91	105	88	90	88	86	92	85	77	89	891	79 829	793 881
7	89	91	90	94	93	89	87	88	89	90	900	81 042	810 000
8	79	80	85	82	89	87	82	86	84	90	844	71 356	712 336
9	87	86	85	94	88	83	85	82	84	87	861	74 233	741 321
10	80	82	86	89	83	83	86	90	85	88	852	72 684	725 904
							Hilfsgrößen				$A = 8743$	$B = 766\,365$	$C = 7\,647\,473$

Tabelle A.6. **S.d.q.A. und zugehörige Freiheitsgrade**

Variabilität	S.d.q.A. Q	Zahl der Freiheitsgrade
zwischen den Kopsen	$Q_b = \frac{C}{n_2} - \frac{A^2}{n_1 n_2}$	$f_b = n_1 - 1$
innerhalb der Kopse	$Q_w = B - \frac{C}{n_2}$	$f_w = n_1 (n_2 - 1)$
gesamt	$Q_{total} = Q_b + Q_w = B - \frac{A^2}{n_1 n_2}$	$f_{total} = f_b + f_w = n_1 n_2 - 1$

Die Prüfung der Existenz von σ_ξ^2, d.h. von signifikanten Unterschieden zwischen den Spindeln, soll mit dem Signifikanzniveau $\alpha = 0{,}01$ durchgeführt werden (Tabellenwert $F_{f_b, f_w; 1-\alpha} = F_{9,90; 0,99} = 2{,}62$). Der Prüfwert nach Abschnitt 4.4.2 $F_B = \frac{s_b^2}{s_w^2} = \frac{38{,}5}{18{,}0} = 2{,}14$ ist kleiner als der Tabellenwert, so daß die Nullhypothese $\sigma_\xi^2 = 0$ nicht verworfen wird. Somit kann aufgrund des untersuchten Spinnabzuges das Garn hinsichtlich der Drehung als homogen angesehen werden.

Wegen der Homogenität können s_b^2 und s_w^2 zu einem einzigen Schätzwert $s^2 = \frac{Q_{total}}{f_{total}} = \frac{1964{,}5}{99} = 19{,}8$ für die Varianz $\sigma^2 = \sigma_\varepsilon^2$ der Drehungswerte zusammengefaßt werden.

Das Ergebnis der Auswertung der Stichprobe für das in der Tabelle A.5 beschriebene Material ist (umgerechnet von den in der Tabelle angegebenen Werten in 10 t/m auf t/m):

Gesamtmittelwert der Garndrehung	$x_{..} = 874\,t/m$
Varianz	$s^2 = 1980\,(t/m)^2$
Standardabweichung	$s = 44{,}5\,t/m$
Variationskoeffizient	$v = 5{,}1\,\%$

Da es sich um homogenes Material handelt, wird der Vertrauensbereich für den Gesamtmittelwert μ nach DIN 53804 Teil 1 bestimmt. Bei Zugrundelegung des Vertrauensniveaus $1 - \alpha = 0{,}99$ (Tabellenwert $t_{f; 1-\alpha/2} = t_{99; 0,995} = 2{,}63$) erhält man

$$862\,t/m \le \mu \le 886\,t/m.$$

Der Vertrauensbereich hat die halbe absolute Weite $W_0 = 12\,t/m$ und die halbe relative Weite

$$\frac{W_0}{x_{..}} = 1{,}4\,\%.$$

A.5 Modell mit Zufallskomponenten; Stichprobenaufbau bei vorgegebener Weite des Vertrauensbereiches für den Mittelwert der Grundgesamtheit bei homogener Grundgesamtheit; varianzbestimmte Stichprobe; Spinndrehung von Spinnfasergarn

Soll die mittlere Drehung μ des Garnes mit vorgegebener halber relativer Weite $\frac{W_0}{\mu}$ des Vertrauensbereiches ermittelt werden, dann läßt sich der dafür notwendige Stichprobenumfang wie folgt abschätzen:

Aus (71) wird mittels (41):

$$n' = \left(\frac{\sigma_\varepsilon}{\sigma_0}\right)^2 = \left(\frac{u_{1-\alpha/2} \cdot \sigma_\varepsilon}{W_0}\right)^2 = \left(\frac{u_{1-\alpha/2} \cdot \frac{\sigma_\varepsilon}{\mu}}{\frac{W_0}{\mu}}\right)^2$$

$$n' = \left(\frac{u_{1-\alpha/2} \cdot v}{\frac{W_0}{\mu}}\right)^2$$

Für $v = 5{,}1\,\%$ nach Beispiel A.4 und verschiedene vorgeschriebene Werte W_0/μ erhält man den in Tabelle A.8 angegebenen Stichprobenumfang.

Da die Varianzanalyse ergeben hatte, daß das Garn von den Spindeln der betrachteten Spinnmaschine hinsichtlich der Drehung als homogen angesehen werden kann, würde es an sich genügen, die erforderliche Anzahl n von Prüfungen an einem Kops (von einer Spindel) durchzuführen. Da jedoch wegen der Zufälligkeit der Untersuchung, die der Varianzanalyse zugrunde lag, die Homogenität nicht als absolut sicher erwiesen gelten kann, wird man auf jeden Fall für die weiteren Kontrollen nicht nur einen, sondern Kopse von mehreren Spindeln heranziehen.

Tabelle A.8. **Stichprobenumfang n in Abhängigkeit von der vorgeschriebenen halben relativen Weite W_0/μ des Vertrauensbereiches bei Beispiel A.5**

$\frac{W_0}{\mu}$ in %	1	1,31	2	3	4	5
Stichprobenumfang n	172	100	43	20	11	7

Wenn dann n Messungen zur Einhaltung einer vorgegebenen Vertrauensbereichsweite gemacht worden sind, muß man sich, da die Planung mit dem Stichprobenwert v anstelle von γ erfolgt ist, von der Einhaltung der Vertrauensbereichsweite durch deren erneute Berechnung überzeugen.

Tabelle A.7. **Zerlegungstafel für Beispiel A.4**

Variabilität	S.d.q.A. Q	Zahl der Freiheitsgrade f	Quotient $s^2 = \frac{Q}{f}$	Der Quotient ist Schätzwert für
zwischen den Kopsen	$Q_b = 346{,}8$	$f_b = 9$	$s_b^2 = 38{,}5$	$\sigma_\varepsilon^2 + n_2 \sigma_\xi^2$
innerhalb der Kopse	$Q_w = 1617{,}7$	$f_w = 90$	$s_w^2 = 18{,}0$	σ_ε^2
gesamt	$Q_{total} = 1964{,}5$	$f_{total} = 99$	$s^2 = 19{,}8$	–

Tabelle A.9. **Kettschrumpfwerte einer Gewebelieferung in %**

Stück i	Beobachtungswert x_{ij} 1	2	3	A_i	B_i	A_i^2
1	2,6	2,2	1,4	6,2	13,56	38,44
2	1,8	1,3	1,8	4,9	8,17	24,01
3	1,1	1,5	1,6	4,2	6,02	17,64
4	1,3	1,9	2,0	5,2	9,30	27,04
5	2,5	2,5	2,0	7,0	16,50	49,00
6	1,4	1,5	1,4	4,3	6,17	18,49
			Hilfsgrößen	$A = 31{,}8$	$B = 59{,}72$	$C = 174{,}62$

Tabelle A.10. **Zerlegungstafel für Beispiel A.6**

Variabilität	S.d.q.A. Q	Zahl der Freiheitsgrade f	Quotient $s^2 = \frac{Q}{f}$	Der Quotient ist Schätzwert für
zwischen den Stücken	$Q_b = 2{,}027$	$f_b = 5$	$s_b^2 = 0{,}405$	$\sigma_\varepsilon^2 + \frac{n_2}{n_1 - 1} \sum_{i=1}^{n_1} (\mu_i - \mu)^2$
innerhalb der Stücke	$Q_w = 1{,}513$	$f_w = 12$	$s_w^2 = 0{,}126$	σ_ε^2
gesamt	$Q_{total} = 3{,}540$	$f_{total} = 17$	–	–

A.6 Aufteilung nach einem Kriterium; Modell mit systematischen Komponenten; Durchführung der Einfachen Varianzanalyse; Bestimmung der Schätzwerte für die Gruppenmittelwerte und die Varianz; Testen von Hypothesen über die Modellparameter; Vertrauensbereich für die Mittelwerte der Gruppen; Kettschrumpfung einer Gewebelieferung

Bei einer aus $M = 6$ Stücken bestehenden Gewebelieferung soll die Schrumpfung in Kettrichtung nach DIN 53 894 Teil 1 bestimmt werden. Dazu werden in der dort angegebenen Weise von jedem Stück drei Proben entnommen und geprüft.

Man muß davon ausgehen, daß sich die Schrumpfwerte der Stücke signifikant unterscheiden können. Die Lieferung muß also bezüglich der Kettschrumpfung als inhomogen angesehen werden, wobei die Stücke die Gruppen bilden. Da es für die Weiterverarbeitung auf die mittlere Schrumpfung des einzelnen Stückes ankommen kann, werden die einzelnen Stücke als unverwechselbare Individuen aufgefaßt; für die Auswertung ist demzufolge das Modell mit systematischen Komponenten heranzuziehen. Die Ergebnisse der Untersuchung, bei der die Beobachtungswerte nach Stücken (Gruppen) getrennt aufgeschrieben wurden, sind zusammen mit der Auswertung entsprechend Beispiel A.1 in Tabelle A.9 zusammengefaßt.

Mit $n_1 = M = 6, n_2 = 3$ und den Hilfsgrößen A, B und C erhält man die S.d.q.A. nach folgenden Gleichungen:

$$Q_w = B - \frac{C}{n_2} = 59{,}72 - \frac{174{,}62}{3}$$
$$= 59{,}720 - 58{,}207 = 1{,}513,$$

$$Q_b = \frac{C}{n_2} - \frac{A^2}{n_1 n_2} = 58{,}207 - \frac{31{,}8^2}{6 \cdot 3}$$
$$= 58{,}207 - 56{,}180 = 2{,}027.$$

Die Zerlegungstafel ist in Tabelle A.10 angegeben.

Die Homogenitätsprüfung soll mit dem Signifikanzniveau $\alpha = 0{,}05$ durchgeführt werden. Der Prüfwert nach Abschnitt 4.5.2 ist

$$F_B = \frac{s_b^2}{s_w^2} = \frac{0{,}405}{0{,}126} = 3{,}21,$$

und der Tabellenwert ist $F_{f_b, f_w; 1-\alpha} = F_{5,12; 0,95} = 3{,}11$.

Der Prüfwert überschreitet den Tabellenwert, so daß die Nullhypothese der Homogenität verworfen wird. Zwischen den Stücken der Lieferung bestehen in der Kettschrumpfung signifikante Unterschiede.

Als Endergebnis gibt man für jedes Stück den aus den drei Beobachtungswerten ermittelten Schätzwert $\bar{x}_{i.}$ für die mittlere Kettschrumpfung des Stückes i und den Vertrauensbereich nach (35) an. Die für alle Mittelwerte gleiche halbe Vertrauensbereichsweite ergibt sich bei $1 - \alpha = 0{,}95$ mit $t_{f_w; 1-\alpha/2} = t_{12; 0,975} = 2{,}18$ zu

$$t_{f_w; 1-\alpha/2} \cdot \frac{s_w}{\sqrt{n_2}} = 2{,}18 \sqrt{\frac{0{,}126}{3}} = 0{,}45$$

Mit den Summen der Beobachtungswerte der Tabelle A.9 gewinnt man die Tabelle A.11 der Endergebnisse.

Der Schätzwert für die Standardabweichung σ_ε der Kettschrumpfung innerhalb der Stücke ist nach der Zerlegungstafel (Tabelle A.10) $\sigma_\varepsilon = 0{,}355$ %.

Tabelle A.11. **Schätzwerte und Vertrauensbereiche ($1 - \alpha = 0{,}95$) für die mittleren Kettschrumpfwerte der Stücke**

Stück i	1	2	3	4	5	6
Schätzwert $\bar{x}_{i.}$ in %	2,07	1,63	1,40	1,73	2,33	1,43
Vertrauensbereich für μ_i in % von	1,61	1,18	0,95	1,28	1,88	0,98
bis	2,52	2,08	1,85	2,18	2,78	1,88

A.7 Aufteilung nach einem Kriterium; Modell mit systematischen Komponenten; Durchführung der Einfachen Varianzanalyse; Bestimmung der Schätzwerte für die Gruppenmittelwerte und die Varianz; Testen von Hypothesen über die Modellparameter; Vertrauensbereich für die Mittelwerte der Gruppen; Trocknungsverlust einer Kammgarnlieferung

Bei der Bestimmung des Handelsgewichts einer Kammgarnlieferung nach DIN 53823 muß zufolge der Lieferbedingungen jede Kiste einzeln geprüft werden. Dabei erhält man unter anderem je Kiste üblicherweise zwei Werte für den Trocknungsverlust. Diese Werte kann man benutzen, um die Lieferung auf Homogenität hinsichtlich des Trocknungsverlustes zu prüfen. Dabei bilden die Kisten die Gruppen. Da jede Kiste der Lieferung einzeln erfaßt werden muß, ist das Modell mit systematischen Komponenten anzuwenden.

Eine Lieferung, die aus $M = 5$ Kisten bestand, ergab die – nach Kisten getrennt aufgeschriebenen – Werte des Trocknungsverlustes, die zusammen mit der Auswertung entsprechend Beispiel A.1 in der Tabelle A.12 zusammengestellt sind.

Mit $n_1 = M = 5$, $n_2 = 2$ und den Hilfsgrößen A, B und C erhält man die S.d.q.A. nach folgenden Gleichungen:

$$Q_w = B - \frac{C}{n_2} = 10{,}3323 - \frac{19{,}5891}{2} = 10{,}33230 - 9{,}79455 = 0{,}53775;$$

$$Q_b = \frac{C}{n_2} - \frac{A^2}{n_1 n_2} = 9{,}79455 - \frac{9{,}53^2}{5 \cdot 2} = 9{,}79455 - 9{,}08209 = 0{,}71246.$$

Die Zerlegungstafel ist in Tabelle A.13 angegeben.

Die Homogenitätsprüfung soll mit dem Signifikanzniveau $\alpha = 0{,}05$ durchgeführt werden. Der Prüfwert nach Abschnitt 4.5.2 ist

$$F_B = \frac{s_b^2}{s_w^2} = \frac{0{,}178}{0{,}108} = 1{,}65,$$

und der Tabellenwert ist

$$F_{f_b, f_w; 1-\alpha} = F_{4,5; 0{,}95} = 5{,}19.$$

Der Prüfwert ist kleiner als der Tabellenwert, so daß die Nullhypothese der Homogenität nicht verworfen wird. Die Lieferung kann hinsichtlich des Trocknungsverlustes als homogen angesehen werden.

Nach der Zerlegungstafel in Tabelle A.13 kann σ_ε^2 im Falle der Homogenität durch

$$s^2 = \frac{Q_{total}}{f_{total}} = \frac{1{,}25021}{9} = 0{,}139$$

mit $f_{total} = 9$ Freiheitsgraden geschätzt werden.

Den Schätzwert für den mittleren Trocknungsverlust der Lieferung findet man mit $x_{..} = \frac{A}{n_1 n_2} = 0{,}953\,\%$ und durch Addition von 15,00 % zu 15,953 %.

Den Vertrauensbereich für μ $(1 - \alpha = 0{,}95)$ erhält man nach DIN 53804 Teil 1 mit

$$W_0 = t \cdot \frac{s}{\sqrt{n}} = 2{,}26 \frac{\sqrt{0{,}139}}{\sqrt{10}} = 0{,}27$$

zu

$$15{,}95\,\% - 0{,}27\,\% = 15{,}68\,\% \leq \mu \leq 16{,}22\,\% = 15{,}95\,\% + 0{,}27\,\%.$$

Tabelle A.12. **Trocknungsverlust in % bei den Kisten einer Kammgarnlieferung (von allen Beobachtungswerten wurden 15,00 % subtrahiert)**

Kiste i	Beobachtungswert x_{ij} 1	2	A_i	B_i	A_i^2
1	0,71	1,33	2,04	2,2730	4,1616
2	0,79	1,42	2,21	2,6405	4,8841
3	0,85	0,95	1,80	1,6250	3,2400
4	1,51	1,02	2,53	3,3205	6,4009
5	0,37	0,58	0,95	0,4733	0,9025
	Hilfsgrößen		$A = 9{,}53$	$B = 10{,}3323$	$C = 19{,}5891$

Tabelle A.13. **Zerlegungstafel für Beispiel A.7**

Variabilität	S.d.q.A. Q	Zahl der Freiheitsgrade f	Quotient $s^2 = \frac{Q}{f}$	Der Quotient ist Schätzwert für
zwischen den Kisten	$Q_b = 0{,}71246$	$f_b = 4$	$s_b^2 = 0{,}178$	$\sigma_\varepsilon^2 + \frac{n_2}{n_1 - 1} \sum_{i=1}^{n_1} (\mu_i - \mu)^2$
innerhalb der Kisten	$Q_w = 0{,}53775$	$f_w = 5$	$s_w^2 = 0{,}108$	σ_ε^2
gesamt	$Q_{total} = 1{,}25021$	$f_{total} = 9$	$s^2 = 0{,}139$	–

A.8 Modell mit Zufallskomponenten; Stichprobenaufbau bei vorgegebener Weite des Vertrauensbereiches für den Mittelwert der Grundgesamtheit; varianzbestimmte Stichprobe; Höchstzugkraft von Spinnfasergarn

Bekannt ist (siehe [3] Seite 934 und 1023), daß eine Spinnpartie von Dreizylindergarn aus kardierter Baumwolle im allgemeinen hinsichtlich der Höchstzugkraft als inhomogen angesehen werden muß. Dabei sind die Spinnkopse üblicher Größe die Gruppen.

Eine solche Garnpartie besteht aus sehr vielen Kopsen, und es interessieren nicht die Mittelwerte bestimmter Kopse, sondern der Partiemittelwert. Deshalb ist die Auswertung mit dem Modell mit Zufallskomponenten vorzunehmen.

Für Garne 250 dtex (Nm 40) aus 100 % kardierter Baumwolle gilt beispielsweise (siehe [3] in Tabelle X, Seite 1026):

Variationskoeffizient der Höchstzugkraft
innerhalb der Kopse $\gamma_\varepsilon = 11{,}5\,\%$
zwischen den Kopsen $\gamma_\xi = 4{,}6\,\%$

Gefragt ist, an wie vielen Spinnkopsen jeweils wie viele Werte für die Höchstzugkraft zu messen sind, wenn für den Höchstzugkraftmittelwert μ der Partie die halbe relative Weite des Vertrauensbereiches $\frac{W_0}{\mu} = 5\,\%$ bei dem Vertrauensniveau $1-\alpha = 0{,}95$ nicht überschritten werden soll.

Mit den angegebenen Werten

$$\frac{W_0}{\mu} = 5\,\% \quad \gamma_\xi = 4{,}6\,\% \quad \gamma_\varepsilon = 11{,}5\,\% \quad u_{1-\alpha/2} = 1{,}960$$

erhält man zunächst $\frac{\sigma_0}{\mu} = \frac{\frac{W_0}{\mu}}{u_{1-\alpha/2}} = 2{,}551\,\%$ und aus den in Abschnitt 5.1.1 angegebenen Beziehungen (42), (43) und (44) unter der Annahme $M \gg n_1$ und mittels (41):

$$n'_1 = \frac{\sigma_\xi^2}{\sigma_0^2} = \left(\frac{u_{1-\alpha/2}\,\sigma_\xi}{W_0}\right)^2 = \left(\frac{u_{1-\alpha/2}\,\frac{\sigma_\xi}{\mu}}{\frac{W_0}{\mu}}\right)^2$$

$$= \left(\frac{u_{0{,}975}\,\gamma_\xi}{\frac{W_0}{\mu}}\right)^2 = \left(1{,}960 \cdot \frac{4{,}6}{5}\right)^2 = 3{,}25$$

$$n''_2 = \frac{n'_1}{n_{1+} - n'_1} \cdot \frac{\sigma_\varepsilon^2}{\sigma_\xi^2} = \frac{n'_1}{n_{1+} - n'_1} \cdot \frac{\left(\frac{\sigma_\varepsilon}{\mu}\right)^2}{\left(\frac{\sigma_\xi}{\mu}\right)^2}$$

$$= \frac{n'_1}{n_{1+} - n'_1} \cdot \left(\frac{\gamma_\varepsilon}{\gamma_\xi}\right)^2 = \frac{3{,}25 \cdot 6{,}25}{4 - 3{,}25} = \frac{20{,}25}{4 - 3{,}25} = 27{,}08$$

$$n''_1 = n'_1\left(1 + \frac{\sigma_\varepsilon^2}{2\,\sigma_\xi^2}\right) = n'_1\left(1 + \frac{\gamma_\varepsilon^2}{2\,\gamma_\xi^2}\right) = 13{,}41$$

Damit ist:

$n'_1 = 3{,}25$ aufgerundet auf $n_{1+} = 4$
$n''_2 = 27{,}08$ aufgerundet auf $n_{2++} = 28$
$n''_1 = 13{,}41$ aufgerundet auf $n_{1++} = 14$

Die Bereiche, in denen die Anzahl n_1 der Kopse und die Anzahl n_2 der Beobachtungswerte je Kops variiert werden können, sind

$$4 \leq n_1 \leq 14 \qquad 2 \leq n_2 \leq 28$$

In Tabelle A.14 sind sämtliche günstigen Wertepaare ($n_1; n_2$) zusammengestellt. Außerdem ist der Stichprobenumfang $n_1 \cdot n_2$ und die zugehörige Varianz σ_G^2 angegeben. Bei allen Wertepaaren ist die Varianz nur wenig kleiner als $\sigma_0^2 = 6{,}508$.

Bei der Rechnung wurden, beginnend mit $n_1 = 4$, ganzzahlige Werte für n_1 vorgegeben; mit (46) wurden die zugehörigen Werte n_2 berechnet.

Nach von Fall zu Fall verschiedenen Kriterien wählt man aus der Tabelle A.14 ein Wertepaar aus.

Tabelle A.14. **Wertepaare ($n_1; n_2$) und Varianz σ_G^2 für den Mittelwert der Stichprobe für Beispiel A.8**

n_1	n_2	$n_1 \cdot n_2$	σ_G^2
4	28	112	6,471
5	12	60	6,436
6	8	48	6,282
7	6	42	6,172
8	5	40	5,951
9	4	36	6,025
11	3	33	5,931
14	2	28	6,235

A.9 Modell mit Zufallskomponenten; Stichprobenaufbau bei vorgegebener Weite des Vertrauensbereiches für den Mittelwert der Grundgesamtheit; varianzbestimmte kostenminimale Stichprobe; Gehalt an gewaschener Wolle

Die ASTM-Designation D 1060-76 **) schreibt vor, daß für die Beurteilung des Gehalts an rein gewaschener Wolle einer Rohwoll-Lieferung aus einer bestimmten Anzahl von Ballen Kernbohrproben zu entnehmen sind. Dabei wird davon ausgegangen, daß die Rohwolle hinsichtlich ihres Gehalts an rein gewaschener Wolle inhomogen ist, wobei die Wollballen die Gruppen darstellen. Da nicht die Mittelwerte der einzelnen Ballen interessieren, sondern es auf den Gesamtmittelwert der Lieferung ankommt, wird das Modell mit Zufallskomponenten herangezogen.

Die Anzahl M der vorhandenen Gruppen (Ballen) kann dabei im allgemeinen nicht als sehr groß angenommen werden und muß deshalb in den Gleichungen berücksichtigt werden.

Zur Festlegung der Anzahl der zur Prüfung heranzuziehenden Ballen und der Anzahl von Kernbohrproben je Ballen benötigt man Erfahrungswerte für die Varianzen des Gehalts an rein gewaschener Wolle. Diese werden in ASTM-D 1060-76 als Richtwerte für die wichtigsten Wollprovenienzen angegeben.

Im vorliegenden Beispiel mögen zwei Provenienzen mit ihren Erfahrungswerten betrachtet werden (siehe Tabelle A.15).

Tabelle A.15. **Standardabweichungen für den Gehalt an rein gewaschener Wolle für zwei Wollprovenienzen**

Peru, Alpaka	$\sigma_\varepsilon = 3{,}0\,\%$	$\sigma_\xi = 1{,}5\,\%$
Austral	$\sigma_\varepsilon = 1{,}5\,\%$	$\sigma_\xi = 4{,}0\,\%$

Für eine bestimmte nach Zeit und Ort spezielle Art der Probenahme sowie spezielle Einrichtungen zur Messung des Gehalts an rein gewaschener Wolle hat sich das Kostenverhältnis $\frac{c_1}{c_2} = 4$ ergeben.

**) ASTM = American Society for Testing and Materials. Zu beziehen über: Beuth Verlag GmbH, Burggrafenstraße 6, 1000 Berlin 30

Als halbe absolute Weite des Vertrauensbereiches für den Gehalt an rein gewaschener Wolle wird $W_0 = 1\,\%$ bei dem Vertrauensniveau $1-\alpha = 0{,}95$ zugelassen. Damit berechnet man für die beiden oben genannten Provenienzen zunächst mit (48) die kostenminimale Anzahl n_2^* von Kernbohrproben je Ballen und dann aus (49) in Abhängigkeit vom Umfang der Lieferung die kostenminimale Anzahl n_1^* von zur Prüfung heranzuziehenden Ballen. Einige Ergebnisse zeigt Tabelle A.16.

An den Werten in Tabelle A.16, die natürlich nur für die zugrunde gelegten Werte der Varianzen und des Kostenverhältnisses gelten, erkennt man:

a) Da bei der Provenienz Peru, Alpaka die Streuung im wesentlichen innerhalb der Ballen liegt, werden je Ballen 4 Kernbohrproben gezogen und relativ wenige Ballen berücksichtigt.

b) Da bei der Austral-Wolle die Streuung im wesentlichen zwischen den Ballen liegt, genügt bereits eine Kernbohrprobe pro Ballen, jedoch müssen jetzt relativ viele Ballen zur Untersuchung herangezogen werden.

c) Bei großem Umfang der Lieferung ist der Stichprobenumfang relativ wesentlich kleiner als bei kleinem Umfang der Lieferung. Diese Tatsache zeigt, daß es völlig falsch wäre, die Zahl der zur Prüfung heranzuziehenden Ballen als festen Prozentsatz der Gesamtanzahl N der Ballen in der Partie festzulegen.

Tabelle A.16. **n_1^* und n_2^* zum Beispiel A.9**

Wollprovenienz	Peru, Alpaka	Austral
Varianzen	$\sigma_\varepsilon = 3{,}0\,\%$; $\sigma_\xi = 1{,}5\,\%$	$\sigma_\varepsilon = 1{,}5\,\%$; $\sigma_\xi = 4{,}0\,\%$
n_2^*	4	$0{,}75 \rightarrow 1$
n_1^* bei Lieferumfang		
$M =$ 50 Ballen	15	32
100 Ballen	16	44
200 Ballen	17	54
1000 Ballen	18	67

A.10 Modell mit systematischen Komponenten; Stichprobenaufbau bei vorgegebener Weite des Vertrauensbereiches für die Gruppenmittelwerte; varianzbestimmte Stichprobe; Kettschrumpfung einer Gewebelieferung

Ausgehend von Beispiel A.6 soll die Anzahl n_2 der je Stück durchzuführenden Einzelmessungen der Schrumpfung so festgelegt werden, daß bei dem Vertrauensniveau $1-\alpha = 0{,}95$ eine halbe Weite des Vertrauensbereiches $W_{0\,g} = 0{,}20\,\%$ Schrumpfung für den Mittelwert der Kettschrumpfung eines Stückes eingehalten wird. Dazu wird die im Beispiel A.6 ermittelte Standardabweichung $\sigma_\varepsilon = 0{,}355\,\%$ als „Erfahrungswert" für die Standardabweichung innerhalb der Stücke angesehen.

Mit $u_{1-\alpha/2} = u_{0,975} = 1{,}96$, $\sigma_\varepsilon = 0{,}355\,\%$ und $W_{0\,g} = 0{,}20\,\%$ ergibt sich aus (65) mit Hilfe von (41)

$$n_2' = \left(\frac{1{,}96 \cdot 0{,}355}{0{,}20}\right)^2 = 12{,}1$$

Zur Einhaltung der gestellten Bedingung muß man also $n_2 = 13$ Schrumpfungsmessungen je Stück durchführen und anschließend prüfen, ob die geforderte Vertrauensbereichsweite tatsächlich erreicht ist.

A.11 Bestimmung der Varianz in der Grundgesamtheit; Stichprobenaufbau bei vorgegebener Weite des Vertrauensbereiches für den Mittelwert der Grundgesamtheit; varianzbestimmte Stichprobe; Einzelfaser-Naßhöchstzugkraft

Ein rohweißer Wollkammzug kann normalerweise hinsichtlich der Naßhöchstzugkraft seiner Einzelfasern als homogen angesehen werden. Wenn die Einzelfaser-Naßhöchstzugkraft einer Kammzugpartie ermittelt werden soll, genügt es, Probeabrisse von einer oder zwei Spulen und daraus die Fasern für den Zugversuch zu entnehmen.

Bei der Untersuchung einer Partie ist die halbe Weite des Vertrauensbereiches für die mittlere Einzelfaser-Naßhöchstzugkraft $W_0 = 5\,\text{N/mm}^2$ bei dem Vertrauensniveau $1-\alpha = 0{,}95$ vorgeschrieben. Da die Standardabweichung unbekannt ist, werden zunächst $n = 50$ Fasern in der üblichen Weise, d. h. nach vorheriger mikroskopischer Messung des Durchmessers jeder zu reißenden Faser an drei Stellen, gerissen. Aus den 50 Beobachtungswerten der Naßhöchstzugkraft erhielt man nach DIN 53804 Teil 1 als Mittelwert $\bar{x} = 129{,}7\,\text{N/mm}^2$ und als Standardabweichung $\sigma_\varepsilon = 27{,}3\,\text{N/mm}^2$. Damit ergibt sich bei dem Vertrauensniveau $1-\alpha = 0{,}95$ als Vertrauensbereich für die mittlere Einzelfaser-Naßhöchstzugkraft μ der untersuchten Kammzugpartie

$$129{,}7 - 2{,}01\,\frac{27{,}3}{\sqrt{50}} \leq \mu \leq 129{,}7 + 2{,}01\,\frac{27{,}3}{\sqrt{50}}$$

$$121{,}9\,\text{N/mm}^2 \leq \mu \leq 137{,}5\,\text{N/mm}^2$$

mit einer halben Weite des Vertrauensbereiches von $7{,}8\,\text{N/mm}^2$. Der gefundene Wert $7{,}8\,\text{N/mm}^2$ ist größer als der vorgeschriebene Wert $W_0 = 5\,\text{N/mm}^2$. Um die vorgeschriebene Vertrauensbereichsweite einzuhalten, muß deshalb der Stichprobenumfang nach (71) mit (41) und mit $u_{1-\alpha/2} = u_{0,975} = 1{,}96$ auf

$$n' = \left(\frac{1{,}96 \cdot 27{,}3}{5}\right)^2 = 114{,}52$$

vergrößert werden. Zusätzlich müssen also noch 65 Fasern gerissen werden. Anschließend ist für alle $n = 115$ Fasern zusammen erneut die halbe Weite des Vertrauensbereiches zu ermitteln und zu prüfen, ob sie kleiner als $W_0 = 5\,\text{N/mm}^2$ ist.

A.12 Stichprobenaufbau bei vorgegebener Weite des Vertrauensbereiches für den Mittelwert der Grundgesamtheit; varianzbestimmte Stichprobe; Einzelfaser-Naßhöchstzugkraft

Für die Standardabweichung der Einzelfaser-Naßhöchstzugkraft einer bestimmten Wollkammzug-Qualität liegt als Erfahrungswert von einer größeren Anzahl früher untersuchter Partien der Wert $\sigma_\varepsilon = 34\,\text{N/mm}^2$ vor. Eine neue Anlieferung der betreffenden Qualität, für welche die in Beispiel A.11 gemachte Voraussetzung der Homogenität als zutreffend angenommen werden kann, soll so geprüft werden, daß der Vertrauensbereich für die unbekannte mittlere Einzelfaser-Naßhöchstzugkraft bei dem Vertrauensniveau $1-\alpha = 0{,}99$ die halbe Weite $W_0 = 5\,\text{N/mm}^2$ hat.

Nach (71) gilt mit (41) und $u_{1-\alpha/2} = u_{0,995} = 2{,}58$ für den notwendigen Stichprobenumfang

$$n' = \left(\frac{2{,}58 \cdot 34}{5}\right)^2 = 307{,}8$$

Der große Stichprobenumfang $n = 308$ ergibt sich wegen der großen Standardabweichung der Einzelfaser-Naßhöchstzugkraft und der hoch angesetzten Genauigkeitsforderung.

Anhang B
Formelzeichen

A	Summe aller Beobachtungswerte	
A_i	Summe der Beobachtungswerte in der Zeile i	
a_i	beobachtbarer Einzelwert i in der Grundgesamtheit	
a_{ij}	Merkmalswert der Grundgesamtheit	
B	Summe aller quadrierten Beobachtungswerte	
B_i	Summe der quadrierten Beobachtungswerte in der Zeile i	
C	Spaltensumme der Quadrate der Zeilensumme der Beobachtungswerte aus der Gruppe	
c_1	Kosten (in frei wählbaren Einheiten) für die Bereitstellung einer Gruppe zwecks Probenahme	
c_2	Kosten (in den gleichen Einheiten wie bei c_1) für die Entnahme und Herstellung einer Endprobe und ihre Messung	
$F_{f_b, f_w; 1-\alpha}$	Tabellenwert der F-Verteilung mit f_b und f_w Freiheitsgraden, $(1-\alpha)$-Quantil	
F_B	beobachteter Prüfwert für den F-Test	
f	Zahl der Freiheitsgrade **ohne** Gruppeneinteilung	
f_b	Zahl der Freiheitsgrade zwischen den Gruppen	
f_w	Zahl der Freiheitsgrade innerhalb der Gruppen	
f_{total}	Gesamtzahl der Freiheitsgrade	
H_0	Nullhypothese	
H_1	Alternativhypothese	
i, j	laufende Indizes	
K_0	vorgegebene Gesamtkosten der Untersuchung	
K_G	Gesamtkosten der Untersuchung	
$K_{G\,min}$	theoretische Minimalkosten	
M	Anzahl der Gruppen in der Grundgesamtheit	
n, n'	Anzahl der Beobachtungswerte der Stichprobe **ohne** Gruppeneinteilung	
n_1	Anzahl der Gruppen in der Stichprobe	
n_2	Anzahl der Beobachtungswerte je Gruppe	
n'_1	untere Schranke für die Anzahl der Gruppen in der Stichprobe bei vorgegebener Weite des Vertrauensbereiches für den Mittelwert der Grundgesamtheit	
n''_1	obere Schranke für die Anzahl der Gruppen in der Stichprobe	bei vorgegebener Weite des Vertrauensbereiches für den Mittelwert der Grundgesamtheit oder bei vorgegebenen Gesamtkosten
n''_2	obere Schranke für die Anzahl der Beobachtungswerte je Gruppe	
n_{1+}	aufgerundete untere Schranke für die Anzahl der Gruppen in der Stichprobe	bei vorgegebener Weite des Vertrauensbereiches für den Mittelwert der Grundgesamtheit
n_{1++}	aufgerundete obere Schranke für die Anzahl der Gruppen in der Stichprobe	
n_{2++}	aufgerundete obere Schranke für die Anzahl der Beobachtungswerte je Gruppe	
n_{1--}	abgerundete obere Schranke für die Anzahl der Gruppen in der Stichprobe	bei vorgegebenen Gesamtkosten
n_{2--}	abgerundete obere Schranke für die Anzahl der Beobachtungswerte je Gruppe	
n^*_1	Anzahl der Gruppen in der Stichprobe	bei vorgegebener Weite des Vertrauensbereiches für den Mittelwert der Grundgesamtheit und bei minimalen Gesamtkosten oder bei vorgegebenen Gesamtkosten und minimaler Weite des Vertrauensbereiches für den Mittelwert der Grundgesamtheit
n^*_2	Anzahl der Beobachtungswerte je Gruppe	
n^*_{1+}	aufgerundete Anzahl der Gruppen in der Stichprobe	bei vorgegebener Weite des Vertrauensbereiches für den Mittelwert der Grundgesamtheit und bei minimalen Gesamtkosten
n^*_{2+}	aufgerundete Anzahl der Beobachtungswerte je Gruppe	

n^*_{1-}	abgerundete Anzahl der Gruppen in der Stichprobe	bei vorgegebenen Gesamtkosten und bei minimaler Weite des Vertrauensbereiches für den Mittelwert der Grundgesamtheit
n^*_{2-}	abgerundete Anzahl der Beobachtungswerte je Gruppe	

n'_2 — Anzahl der Beobachtungswerte je Gruppe bei vorgegebener Weite des Vertrauensbereiches für den Mittelwert der Grundgesamtheit oder den Mittelwert einer Gruppe oder bei vorgegebenen Gesamtkosten (Modell mit systematischen Komponenten)

n_{2+} — aufgerundete Anzahl der Beobachtungswerte je Gruppe bei vorgegebener Weite des Vertrauensbereiches für den Mittelwert der Grundgesamtheit oder den Mittelwert einer Gruppe (Modell mit systematischen Komponenten)

n_{2-} — abgerundete Anzahl der Beobachtungswerte je Gruppe bei vorgegebenen Gesamtkosten (Modell mit systematischen Komponenten)

Q — Summe der quadrierten Abweichungen (S.d.q.A.)

Q_b — S.d.q.A. zwischen den Gruppen

Q_w — S.d.q.A. innerhalb der Gruppen

Q_{total} — gesamte S.d.q.A.

R_1, R_2 — Spannweiten der Bereiche der zulässigen Werte

s^2 — Varianz der Stichprobe **ohne** Gruppeneinteilung

s_b^2 — Varianz zwischen den Gruppen der Stichprobe

s_w^2 — (mittlere) Varianz innerhalb der Gruppen der Stichprobe

s_i^2 — Varianz in der Gruppe i der Stichprobe

$t_{f_b;\,1-\alpha}$, $t_{f_b;\,1-\alpha/2}$ — Tabellenwert der t-Verteilung bei f_b Freiheitsgraden, $(1-\alpha)$- oder $(1-\alpha/2)$-Quantil

$u_{1-\alpha}$, $u_{1-\alpha/2}$ — Tabellenwert der standardisierten Normalverteilung, $(1-\alpha)$- oder $(1-\alpha/2)$-Quantil

v — Variationskoeffizient der Stichprobe **ohne** Gruppeneinteilung

v_ξ — Variationskoeffizient zwischen den Gruppen

v_ε — Variationskoeffizient innerhalb der Gruppen

W — halbe absolute Weite des Vertrauensbereiches für den Mittelwert der Grundgesamtheit

W_0 — vorgegebene halbe absolute Weite des Vertrauensbereiches für den Mittelwert der Grundgesamtheit

W_g — halbe absolute Weite des Vertrauensbereiches für die Gruppenmittelwerte

x_i — Beobachtungswert i der Stichprobe **ohne** Gruppeneinteilung

$\bar{x}$ — (arithmetischer) Mittelwert der Stichprobe **ohne** Gruppeneinteilung

x_{ij} — Beobachtungswert j in der Gruppe i

$\bar{x}_i, x_{i.}$ — Mittelwert der Gruppe i

$\bar{\bar{x}}, x_{..}$ — Gesamtmittelwert aller Beobachtungswerte in allen Gruppen

α — Signifikanzniveau

$1-\alpha$ — Vertrauensniveau

γ — Variationskoeffizient **ohne** Gruppeneinteilung

γ_ξ — Variationskoeffizient zwischen den Gruppen der Grundgesamtheit

γ_ε — Variationskoeffizient innerhalb der Gruppen der Grundgesamtheit

ε_{ij} — Zufallsabweichung beim beobachteten Einzelwert j in der Gruppe i

μ — Mittelwert der Grundgesamtheit

μ_i — Mittelwert der Gruppe i in der Grundgesamtheit

ξ_i — Differenz zwischen Gruppenmittelwert μ_i und Mittelwert μ für die Grundgesamtheit

σ_0^2 — vorgegebene Varianz für den Mittelwert der Grundgesamtheit

σ_G^2 — Varianz des Mittelwertes der Stichprobe

σ_g^2 — Varianz der Mittelwerte der Gruppen

$\sigma^2_{G\,min}$ — theoretische Minimalvarianz

σ^2 — Varianz der Grundgesamtheit **ohne** Gruppeneinteilung

σ_ξ^2 — Varianz zwischen den Gruppen der Grundgesamtheit

σ_ε^2 — Varianz innerhalb der Gruppen der Grundgesamtheit

σ_0 — vorgegebene Standardabweichung für den Mittelwert der Grundgesamtheit

σ_G — Standardabweichung des Mittelwertes der Stichprobe

σ_g — Standardabweichung der Mittelwerte der Gruppen

σ — Standardabweichung der Grundgesamtheit **ohne** Gruppeneinteilung

σ_ξ — Standardabweichung zwischen den Gruppen der Grundgesamtheit

σ_ε — Standardabweichung innerhalb der Gruppen der Grundgesamtheit

$\hat{\sigma}_\xi^2$ Schätzwert für die Varianz σ_ξ^2

$\hat{\sigma}_\varepsilon^2$ Schätzwert für die Varianz σ_ε^2

$\hat{\sigma}_\xi$ Schätzwert für die Standardabweichung σ_ξ

$\hat{\sigma}_\varepsilon$ Schätzwert für die Standardabweichung σ_ε

Zitierte Normen und andere Unterlagen

DIN 1313 Physikalische Größen und Gleichungen; Begriffe, Schreibweisen

DIN 1333 Teil 2 Zahlenangaben; Runden

DIN 53 803 Teil 2 Prüfung von Textilien; Probenahme; Praktische Durchführung

DIN 53 803 Teil 3 Probenahme; Statistische Grundlagen der Probenahme bei zweifacher Aufteilung nach zwei gleichberechtigten Gesichtspunkten

DIN 53 803 Teil 4 Probenahme; Statistische Grundlagen der Probenahme bei zweifacher Aufteilung nach zwei einander nachgeordneten Gesichtspunkten

DIN 53 804 Teil 1 Statistische Auswertungen; Meßbare (kontinuierliche) Merkmale

DIN 53 823 Prüfung von Textilien; Bestimmung des Handelsgewichts und der Handelsfeinheit (Handelsnummer) von Kammgarn

DIN 53 894 Teil 1 Prüfung von Textilien; Bestimmung der Maßänderung von textilen Flächengebilden; Bügeln mit feuchtem Bügeltuch auf Bügelpressen

DIN 55 350 Teil 11 Begriffe der Qualitätssicherung und Statistik; Grundbegriffe der Qualitätssicherung

DIN 55 350 Teil 12 Begriffe der Qualitätssicherung und Statistik; Merkmalsbezogene Begriffe

DIN 55 350 Teil 14 Begriffe der Qualitätssicherung und Statistik; Begriffe der Probenahme

DIN 55 350 Teil 21 Begriffe der Qualitätssicherung und Statistik; Begriffe der Statistik; Zufallsgrößen und Wahrscheinlichkeitsverteilungen

DIN 55 350 Teil 22 Begriffe der Qualitätssicherung und Statistik; Begriffe der Statistik; Spezielle Wahrscheinlichkeitsverteilungen

DIN 55 350 Teil 23 Begriffe der Qualitätssicherung und Statistik; Begriffe der Statistik; Beschreibende Statistik

DIN 55 350 Teil 24 Begriffe der Qualitätssicherung und Statistik; Begriffe der Statistik; Schließende Statistik

DIN 55 350 Teil 31 Begriffe der Qualitätssicherung und Statistik; Begriffe der Annahmestichprobenprüfung

ASTM D 1060-76 Core sampling of raw wool in packages for determination of percentage of clean wool fiber present

[1] U. Graf, H.-J. Henning, K. Stange, P. Th. Wilrich: Formeln und Tabellen der angewandten mathematischen Statistik. Berlin, Heidelberg, New York; Springer 1987

[2] U. Graf, H.-J. Henning, P.-Th. Wilrich: Statistische Methoden bei textilen Untersuchungen. Berlin, Heidelberg, New York; Springer 1974

[3] Lünenschloß, Rottmayr, Hummel: Textilpraxis **20,** 1965, S. 934 ff und S. 1023 ff: Die Abhängigkeit der Festigkeitsergebnisse von Geräte-, Klima- und Materialeinflüssen unter besonderer Berücksichtigung der Inhomogenität der Fasergarne, Teil 1 und Teil 2

Weitere Normen und andere Unterlagen

DIN 53 804 Teil 2 Statistische Auswertungen; Zählbare (diskrete) Merkmale

DIN 53 804 Teil 3 Statistische Auswertungen; Ordinalmerkmale

DIN 53 804 Teil 4 Statistische Auswertungen; Attributmerkmale

E. Kreyszig: Statistische Methoden und ihre Anwendungen. Göttingen; Vandenhoeck und Ruprecht 1965

J. Pfanzagl: Allgemeine Methodenlehre der Statistik, 2 Bände. Berlin; de Gruyter 1972 und 1974

L. Sachs: Statistische Auswertungsmethoden, 4. Auflage. Berlin, Heidelberg, New York; Springer 1974

K. Stange: Angewandte Statistik, Teil I und II. Berlin, Heidelberg, New York; Springer 1970

W. A. Wallis, H. V. Roberts: Methoden der Statistik, 2. Auflage. Freiburg; Haufe 1963, und Reinbek; Rowohlt rororo Band 6091–6095, 1969

H. Scheffé: The analysis of variance; New York, London; John Wiley 1959

K. H. Padberg, P. Th. Wilrich: Die Auswertung von Daten und ihre Abhängigkeit von der Merkmalsart
Teil 1: Skalentypen; Qualität und Zuverlässigkeit **26** (1981), 179–183
Teil 2: Statistische Kennwerte; Qualität und Zuverlässigkeit **26** (1981) 210–214

Frühere Ausgaben

DIN 53 803: 01.58
DIN 53 803 Teil 1: 05.75, 03.79

Änderungen

Gegenüber der Ausgabe März 1979 wurden folgende Änderungen vorgenommen:

Diese Norm wurde redaktionell überarbeitet und in ihrem Aufbau an die inzwischen erschienenen Normen DIN 53 803 Teil 3 und Teil 4 angepaßt. Insbesondere wurden die Verfahren zur Berechnung des Stichprobenaufbaues systematisiert und durch Programmablaufpläne ergänzt. Der Anwendungsbereich ist nicht mehr auf die Prüfung von Textilien beschränkt, schließt diese jedoch ein.

Erläuterungen

Der Anhang A enthält Beispiele aus der Textiltechnik. Für andere Bereiche der Technik ist jeweils ein entsprechender Anhang mit Beispielen aus dem jeweiligen Bereich wünschenswert. Weitere Anhänge mit Beispielen sind analog zu dem vorliegenden Anhang A aufzubauen, wobei die in Anhang B angegebenen Formelzeichen zu benutzen sind.

Internationale Patentklassifikation

G 06 F 15/36
G 01 N 1/00

DK 677.07 : 620.113 : 311 März 1979

Prüfung von Textilien

Probenahme

Praktische Durchführung

DIN 53 803 Teil 2

Testing of textiles; sampling, practical execution

Essai des textiles; échantillonage, exécution

Teilweise Ersatz für DIN 53 803

Maße in mm

Inhalt

1 Allgemeines

Bei den meisten Untersuchungen von textilen Materialien jeder Art werden aus dem vorliegenden Prüflos Proben entnommen. Die daran für eine bestimmte Eigenschaft ermittelten Kenngrößen müssen den Schluß auf die entsprechenden Kenngrößen im Prüflos (in der Gesamtheit) zulassen. Die Probe muß deshalb so entnommen werden, daß die Differenz zwischen der an der Probe gefundenen Kenngröße und der Kenngröße der Gesamtheit zufällig ist, mit anderen Worten: die Probe muß für die Gesamtheit repräsentativ sein (repräsentative Probe).

Während in DIN 53 803 Teil 1 statistische Grundlagen behandelt werden, die bei der Probenahme textiler Materialien zu berücksichtigen sind, wird in dieser Norm auf die Technik der Probenahme eingegangen. Die Wahl des Probenahmeverfahrens richtet sich nach der Fragestellung, den zu untersuchenden Merkmalen, dem Verarbeitungszustand des zu untersuchenden Materials (Fasern in Wirrlage, Fasern in gerichteter Anordnung, Flächengebilde) und nach der Art der Anlieferung und der Aufmachung.

Ferner ist zu berücksichtigen, daß die Auswertung der Untersuchungsergebnisse mit einem der zur Verfügung stehenden statistischen Auswertungsverfahren (siehe Teil 1 dieser Norm) erfolgen kann.

Eine Norm für die Probenahme und den Stichprobenaufbau bei Rangmerkmalen ist in Vorbereitung.

2 Mitgeltende Normen

DIN 53 803 Teil 1	Prüfung von Textilien; Probenahme; Statistische Grundlagen der Probenahme bei einfacher Aufteilung
DIN 53 804	Prüfung von Textilien; Auswertung der Meßergebnisse
DIN 53 808	Prüfung von Textilien; Bestimmung der mittleren Länge von Chemiespinnfasern nach dem Verfahren der Einzelfaser-Messung

Fortsetzung Seite 2 bis 9
Erläuterungen Seite 9

Fachnormenausschuß Materialprüfung (FNM) im DIN Deutsches Institut für Normung e.V.
Textilnorm, Normenausschuß Textil und Textilmaschinen im DIN

3 Begriffe

Die in dieser Norm verwendeten Begriffe sind in DIN 53 803 Teil 1 festgelegt.

4 Auswahlverfahren

Auswahlverfahren für die Stichprobe müssen einerseits danach unterschieden werden, ob die Einheiten direkt aus der Gesamtheit entnommen werden (ungestufte oder einstufige Probenahme) oder ob die Entnahme in mehreren Stufen erfolgt (mehrstufige Probenahme), andererseits nach der Art der Auswahl der Einheiten in den einzelnen Stufen. Die Anzahl der Stufen der Probenahme und die Art der Auswahl der Einheiten können in verschiedener Weise miteinander kombiniert werden.

Im folgenden wird davon ausgegangen, daß die Einheiten der Gesamtheit ungeordnet oder in unbekannter Ordnung vorliegen.

4.1 Unterscheidung der Auswahlverfahren nach der Anzahl der Stufen

4.1.1 Einstufige Auswahl

Bei der einstufigen Auswahl werden die einzelnen Meßproben direkt aus der Gesamtheit entnommen.

Das Verfahren ist anwendbar, wenn

a) aus der Gesamtheit solche Proben entnommen werden können, die direkt Meßproben sind und

b) die Gesamtheit hinsichtlich der zu prüfenden Eigenschaft **bei der gewählten Gruppeneinteilung** als homogen angesehen werden kann.

Der Umfang der Stichprobe richtet sich nur nach der gewünschten Weite des Vertrauensbereiches bei vorgegebenem Vertrauensniveau, nicht nach dem Umfang der Gesamtheit.

Beispiel:

> Entnahme der Probestreifen zur Prüfung der Gewebehöchstzugkraft nach DIN 53 857.

4.1.2 Zweistufige Auswahl

Die zweistufige Auswahl (ggf. mehrstufige Auswahl; siehe Abschnitt 4.1.3) muß angewendet werden, wenn

a) die direkte Entnahme der Meßproben aus der Gesamtheit nicht möglich ist oder

b) die Gesamtheit bezüglich der zu prüfenden Eigenschaft inhomogen ist, d. h. aus Gruppen besteht.

Die zweistufige Probenahme erfolgt so, daß aus den Gruppen der Gesamtheit eine bestimmte Anzahl ausgewählt und aus jeder der ausgewählten Gruppen eine bestimmte Anzahl von Meßproben entnommen wird.

Wie in Abhängigkeit von Vorinformationen über die Streuung der Merkmalwerte zwischen den Gruppen und innerhalb der Gruppen die Anzahl der auszuwählenden Gruppen und die Anzahl der Meßproben je Gruppe festgelegt wird, läßt sich DIN 53 803 Teil 1 entnehmen.

Die zweistufige Probenahme hat die nachfolgenden zwei wichtigen Grenzfälle.

4.1.2.1 Die geschichtete Stichprobe

Bei der geschichteten Stichprobe wird jede Gruppe der Gesamtheit in die Untersuchungen einbezogen und mit einer bestimmten Anzahl von Meßproben geprüft.

Beispiel:

> Die äußere Schicht („Schale") eines Faserballens kann einen anderen Feuchtegehalt haben als das Balleninnere. Aus beiden Schichten (Schale und Inneres des Ballens) entnimmt man eine bestimmte Anzahl Meßproben.

4.1.2.2 Die Klumpenstichprobe

Bei der Klumpenstichprobe werden die in die Untersuchung einbezogenen Gruppen der Gesamtheit jeweils voll geprüft.

Beispiel:

> Garnspulen werden in mehreren Gebinden geliefert. Die Prüfung auf Fadenreserve erfolgt so, daß einige Gebinde ausgewählt und hinsichtlich dieses Merkmals voll geprüft werden.

4.1.3 Mehrstufige Auswahl

Bei der mehrstufigen Auswahl wird davon ausgegangen, daß die Gesamtheit aus Gruppen (N_1 Einheiten erster Stufe) besteht. Innerhalb jeder Einheit erster Stufe liegt wiederum eine Gruppeneinteilung in N_2 Einheiten zweiter Stufe vor. Jede Einheit zweiter Stufe besteht aus N_3 Einheiten dritter Stufe usw.

Die mehrstufige Auswahl erfolgt so, daß unter den N_1 vorhandenen Einheiten erster Stufe eine bestimmte Anzahl n_1 ausgewählt wird. Aus jeder der n_1 ausgewählten Einheiten erster Stufe wird eine bestimmte Anzahl n_2 von Einheiten zweiter Stufe ausgewählt; aus jeder dieser $n_1 \cdot n_2$ Einheiten wird eine bestimmte Anzahl n_3 von Einheiten dritter Stufe ausgewählt usw.

Beispiel:

> Höchstzugkraftprüfung bei einem Garn: Die mehrstufige Probenahme erfolgt so, daß n_1 der N_1 Garnkisten (Einheiten erster Stufe) ausgewählt und aus jeder dieser n_1 Garnkisten n_2 der darin enthaltenen N_2 Kopse (Einheiten zweiter Stufe) entnommen werden. Von jedem dieser $n_1 \cdot n_2$ Kopse wird eine bestimmte Anzahl n_3 von Garnabschnitten (Einheiten dritter Stufe) für die Höchstzugkraftprüfung entnommen und untersucht. Damit fallen $n_1 \cdot n_2 \cdot n_3$ Höchstzugkraftprüfungswerte an, die nach ihrer Herkunft aus den Einheiten in den Stufen geordnet sind.

4.1.4 Verfahren mit Sammelproben

Eine Sammelprobe ist eine Probe, die aus mehreren Einzelproben aus dem gleichen Prüflos besteht; die Einzelproben können je nach der Fragestellung als solche erhalten bleiben oder vermischt sein. Die zu einer Sammelprobe zusammengefaßten Proben können durch ein- oder mehrstufige Auswahl aus dem Prüflos gewonnen werden. Die Gewinnung der Meßproben aus der Sammelprobe kann über eine einstufige oder mehrstufige Auswahl erfolgen.

Beispiel:

> Bestimmung des Feuchtegehaltes von Wolle: Von einer Rohwollieferung, die aus mehreren Ballen besteht, werden einige Ballen in die Probenahme einbezogen. Aus jedem Ballen wird eine bestimmte Anzahl von Kernbohrproben entnommen. Alle Kernbohrproben werden zu einer Sammelprobe zusammengefaßt. Die zu einer Sammelprobe zusammengefaßten Proben sind also durch zweistufige Auswahl aus der Gesamtheit gewonnen worden. Die Sammelprobe wird ohne weitere Aufbereitung für die Messung verwendet.

4.2 Unterscheidung der Auswahlverfahren nach der Art der Auswahl der Einheiten

4.2.1 Auswahlverfahren, die auf dem Zufallsprinzip beruhen

Die zu prüfenden Einheiten werden nach dem Zufallsprinzip gezogen, so daß für jede Einheit die gleiche Wahrscheinlichkeit besteht, in die Stichprobe zu gelangen.

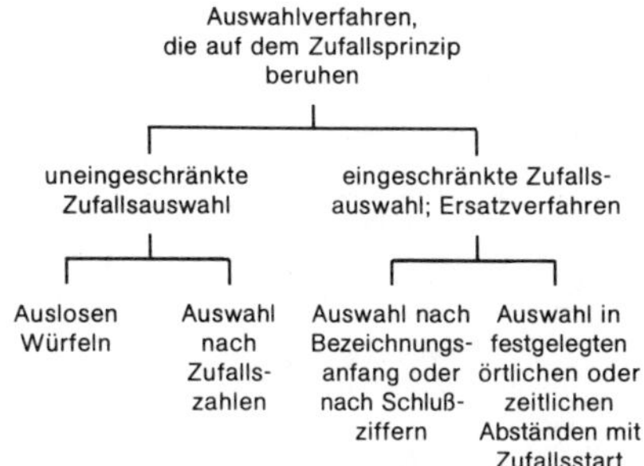

4.2.1.1 Uneingeschränkte Zufallsauswahl
Die zu prüfenden Einheiten (Anzahl n) werden durch Auswürfeln, Auslosen oder anhand einer Tafel mit Zufallszahlen aus der Gesamtheit (Anzahl N) ausgewählt.

4.2.1.2 Eingeschränkte Zufallsauswahl
Die zu prüfenden Einheiten (Anzahl n) werden nach Attributen der N Einheiten der Gesamtheit ausgewählt. Beispielsweise wird bei gekennzeichneten Einheiten nach Bezeichnungsanfang oder nach Schlußziffer oder bei laufender Produktion in bestimmten Zeitabständen oder jeweils nach einer bestimmten Anzahl von produzierten Einheiten mit Zufallsstart ausgewählt. Bei diesem Verfahren ergibt sich u. U. keine Zufallsauswahl der n Einheiten der Stichprobe, wenn die N Einheiten in der Gesamtheit geordnet vorliegen (z. B. bei Periodizitäten).

Beispiel:

Probenahme an Faserballen oder an Gewebestücken (z. B. nach Ordnungsnummern oder Farben).

4.2.2 Auswahlverfahren, die nicht auf dem Zufallsprinzip beruhen

Die zu prüfenden Einheiten werden nicht nach dem Zufallsprinzip gezogen, so daß u. U. bestimmte Einheiten bei der Probenahme bevorzugt werden.

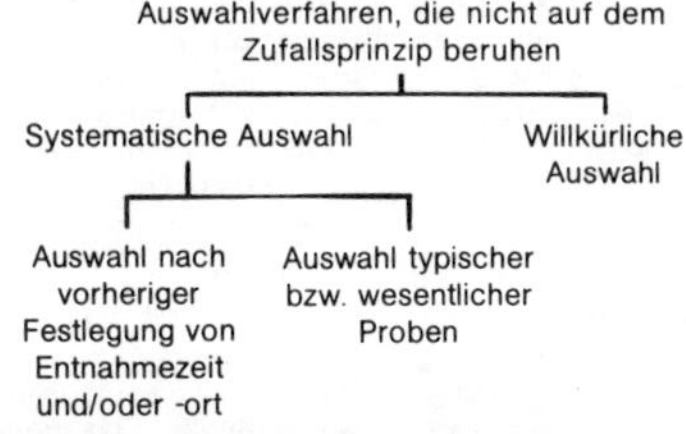

4.2.2.1 Systematische Auswahl
Bei der systematischen Auswahl werden die Proben nach systematischen Auswahlvorschriften entnommen (z. B. Entnahme von Einheiten mit festgelegter Nummer, Entnahme zu festgelegten Zeitpunkten, Entnahme an bestimmten Stellen, Entnahme nach bestimmten Eigenschaften oder nach bestimmtem Aussehen). Die Auswahl nach vorheriger Festlegung von Entnahmezeit und/oder -ort wird oft bei der Überwachung einer laufenden Produktion angewendet. Die Entnahme von Einheiten mit festgelegter Nummer dient zur Vereinfachung von Probenahmevorschriften.

Liegen die Einheiten der zu prüfenden Gesamtheit in zufälliger Anordnung vor, dann führt die systematische Auswahl zu einer Zufallsprobe.

Die Auswahl typischer oder wesentlicher Proben kann bei Reklamationen oder bei der Untersuchung spezieller Probleme angewendet werden.

Beispiel:

Bei der Chemiefaser-Produktion wird etwa aus jedem fünften Ballen eine Probe entnommen. Damit liegen auch Entnahmezeit und Entnahmeort fest.

Ein Uni-Teppich ist wegen heller und/oder dunkler erscheinender Streifen fehlerhaft; die Garne bzw. Noppen werden als typische Proben aus diesem Streifen entnommen und getrennt voneinander untersucht.

4.2.2.2 Willkürliche Auswahl
Hierbei ist weder das Zufallsprinzip noch ein Auswahlsystem wirksam. Diese Auswahl ist generell abzulehnen.

5 Auswahl von Anweisungen für die Probenahme

In der folgenden material- und problembezogenen Zusammenstellung sind – ohne Anspruch auf Vollständigkeit – für einige Merkmale die bei der Probenahme zu beachtenden Einzelheiten zusammengestellt, soweit diese bereits bekannt sind.

5.1 Fasern in Wirrlage

5.1.1 Länge von Spinnfasern; Einzelfasermessung

Liegen die Fasern als Flocke im Ballen vor, so wird nach dem folgenden Verfahren eine Laboratoriumsprobe gebildet.

Aus allen zur Untersuchung ausgewählten Ballen werden getrennt längs zweier Körperdiagonalen Proben entnommen, wobei die Entnahmestellen auf der ersten Diagonalen je etwa ein Viertel der diagonalen Länge, auf der zweiten Diagonalen je etwa 100 mm von den Ecken entfernt sein sollen. An jeder der 4 Stellen wird eine Faserprobe von mindestens 10 g entnommen. Die 4 Proben sind getrennt zu halten (Bild 1).

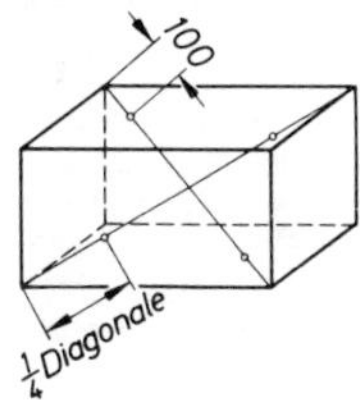

Bild 1. Probenahme aus Ballen

Sind die angegebenen Entnahmestellen an den Ballen praktisch zu schwer zugänglich, so wird an 16 verschiedenen Stellen der Oberfläche je eine Probe von mindestens 2,5 g entnommen. Bei dieser Art der Probenahme ist im Prüfbericht ausdrücklich „Probenahme an der Ballenoberfläche" zu vermerken.

Jeder der 4 zum 1. Ballen gehörenden Faserproben wird ein Faserbündel von mindestens 100 mg entnommen. Jedes derselben wird in 4 gleiche Teile getrennt, und die so erhaltenen 16 Proben werden in eine Reihe gelegt. Auf jeden dieser 16 Teile aus dem 1. Ballen wird dann je ein entsprechender Teil aus dem 2., 3. usw. Ballen gelegt. Auf diese Weise entstehen 16 Faserhäufchen, von denen jedes für die ganze Lieferung repräsentativ ist und die auf die nachfolgende Weise zur Sammelprobe vereinigt werden.

Das erste und das zweite Faserhäufchen werden aufeinandergelegt (doubliert), dann durch Auseinanderziehen geteilt, und dies wird bis zur völligen Streckung der Fasern wiederholt. Das Auseinanderziehen muß, um jedes Verstrecken oder gar Zerreißen der Fasern zu verhindern, mit großer Sorgfalt geschehen. Zum Schluß wird das aus den Faserhäufchen 1 und 2 erhaltene Faserbündel der Länge nach in zwei ungefähr gleiche Teile auseinandergelegt und der eine davon ausgeschieden. In gleicher Weise werden auch die Faserhäufchen 3 und 4, 5 und 6 usw. vereinigt und zuletzt je die Hälfte davon entfernt. Darauf werden in gleicher Weise die zurückbehaltenen Hälften von 1 + 2 und 3 + 4 usw. vereinigt. Nach endgültiger Doppelung verbleibt dann die Laboratoriumsprobe, aus der die Fasern für die jeweiligen Prüfungen entnommen werden können. Die so gewonnene Probe (Bild 2) ist eine unbetonte Probe oder Probe nach der Faseranzahl (siehe DIN 53 805).

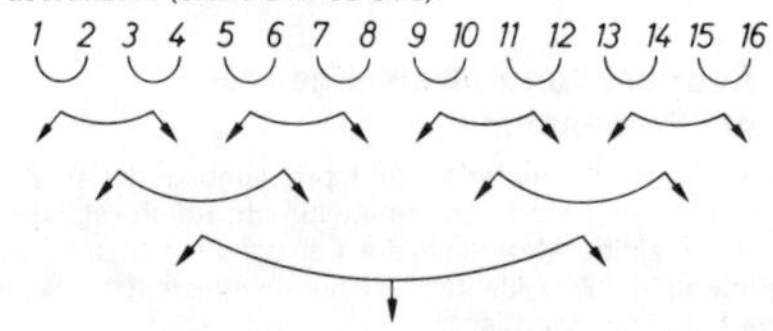

Bild 2. Schema zur Anfertigung der Laboratoriumsprobe als Sammelprobe

Nach DIN 53 808 sind die Einzelproben so zu entnehmen, daß die Laboratoriumsprobe ungefähr 3000 Fasern enthält. Für diese Laboratoriumsprobe läßt sich das Gewicht m in mg angenähert aus der Feinheit Tt in dtex und der Nennschnittlänge l_N in mm errechnen:

$$m = 0{,}3 \cdot l_N \cdot Tt$$

An diesen von Hand parallel verzogenen und abzählbar ausgebreiteten Fasern werden von rechts nach links fortschreitend Fasern abgenommen, bis zur 9. verworfen und jede 10. wird mit einer Pinzette in ihrer Mitte erfaßt und auf einer Samtplatte abgelegt, wodurch eine Endprobe (bestehend aus einer Einzelfaser) entsteht. Die Laboratoriumsprobe ist dabei vollständig aufzuarbeiten, was etwa 300 Endproben ergibt. Die Endproben werden nach DIN 53 808 gemessen und ausgewertet.

In diesem Fall liegt also eine zweistufige Probenahme vor, die eine Sammelprobe aus gemischten Einzelproben liefert. In der ersten Stufe liegt eine eingeschränkte Zufallsauswahl vor.

5.1.2 Anteil von rein gewaschener Wolle; Kernbohrverfahren [11]

In ASTM D 1060-65 (1971)*) ist die Probenahme für die Messung des Anteils von rein gewaschener Wolle in Wollballen genormt. Dazu werden mit einem Kernbohrer, dessen Abmessungen in dieser Norm ebenfalls vorgeschrieben sind, etwa gleichzeitig mit dem Wägen der Ballen mehrere Faserkerne herausgebohrt, die die Laborproben liefern. Der günstigste Aufbau der Stichprobe wird nach statistischen Gesichtspunkten festgelegt.

Jeder ausgewählte Ballen wird gedanklich in 8 etwa gleich große nebeneinander liegende Teilbereiche zerlegt, deren Lage im Ballen durch Fuß und Kopf, links und rechts, vorn und hinten angegeben wird. Aus jedem zu prüfenden Ballen wird die gleiche festgelegte Anzahl Kerne aus bestimmten Teilbereichen gebohrt.

Die Sammelprobe soll etwa gleich viele Proben aus jedem der 8 Teilbereiche enthalten.

Diese Probenahme ist zweistufig mit Zufallsauswahl in beiden Stufen.

In der beigefügten Tabelle 1 [11] sind für mehrere Wollprovenienzen die unter bestimmten Voraussetzungen zu erwartenden Standardabweichungen (in % absolut) für den Gehalt an rein gewaschener Wolle innerhalb und zwischen den Ballen angegeben. Damit werden nach den Formeln (42), (44) und (46) in DIN 53 803 Teil 1, Ausgabe März 1979, die kostenoptimale Anzahl von Kernbohrproben je Ballen sowie die Anzahl der zur Prüfung heranzuziehenden Ballen in Abhängigkeit von der Losgröße berechnet. Diese Ballen werden uneingeschränkt zufällig aus dem Los entnommen.

5.1.3 Durchmesser von Wollfasern aus ungemischter Rohwolle

Nach DIN 53 811 werden die Proben, wie nachfolgend angegeben, gezogen.

Da der Faserdurchmesser von Wolle in rohem Zustand bereits innerhalb eines Ballens im allgemeinen stark schwankt, werden umfangreiche Lose zunächst in Untergruppen von je ein oder zwei Ballen unterteilt. Aus jeder ausgewählten Untergruppe werden 40 Einzelproben von 40 verschiedenen Stellen gezogen; die Untergruppe wird dazu möglichst vorher in 40 Zonen mit etwa gleichem Materialumfang eingeteilt. Jede Einzelprobe besteht aus einem Faserbündel, einer Faserflocke oder einer Hand voll Fasern. Diese Vorproben werden solange halbiert, bis jede Probe nur noch etwa 25 Fasern enthält. Nach jeder Halbierung wird die eine Hälfte verworfen; welche das ist, wird dem Zufall überlassen.

Die 40 verbleibenden Proben werden vereinigt und geben eine Sammelprobe von etwa 1000 Fasern für jede untersuchte Ballen-Untergruppe. Jede Sammelprobe wird über einer Glasplatte vollständig in 0,5 bis 1 mm lange Stücke zerschnitten. Die Gesamtmenge der Schnittstücke wird in 16 Zonen unterteilt. Aus jeder Zone wird eine kleine Menge von Faserstücken auf einen Objektträger übertragen, wodurch eine längenbetonte Probe entsteht (siehe Abschnitt 4.2.2). Alle Faserstücke werden im Einbettungsmittel gut gemischt. An diesem Präparat wird mikroskopisch der Durchmesser von zufällig ausgewählten Faserstücken gemessen.

Dieses Verfahren kann man als vierstufige Auswahl mit gemischten Sammelproben ansehen. Die Einheiten der ersten Stufe sind die Untergruppen, die der zweiten die Zonen mit je einer Einzelprobe, die der dritten die Sammelprobe aus jeder Untergruppe und die der vierten die zur Messung zufällig herangezogenen Faserstücke.

5.2 Fasern in gerichteter Anordnung

5.2.1 Faserlänge nach dem Querschneideverfahren

Bei Bändern, Lunten, Vorgarnen usw. kann zur Gewinnung einer Anzahlprobe vorteilhaft das Querschneideverfahren verwendet werden (siehe Bild 3). Das Band oder mehrere zusammengelegte Lunten oder Vorgarnabschnitte werden, wobei jeweils Proben aus der ganzen Bandbreite entnommen werden, auf einer von fremden Fasern gereinigten Samtplatte sorgfältig ausgebreitet,

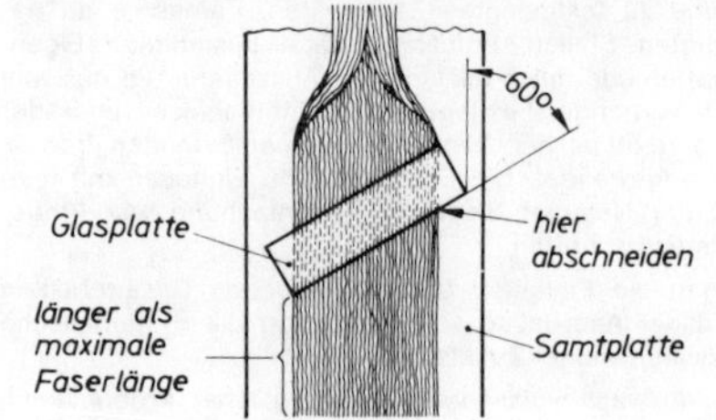

Bild 3. Querschneideverfahren

*) ASTM = American Society for Testing and Material. Zu beziehen über: Beuth Verlag GmbH, Burggrafenstraße 4-10, 1000 Berlin 30 und Kamekestraße 2-5. 5000 Köln 1

Tabelle 1. **Richtwerte für σ_ε und σ_ξ für den Gehalt an rein gewaschener Wolle verschiedener Typen**

Klassifizierung	σ_ε in %	σ_ξ in %
A Wolle für Bekleidungstextilien		
(1) Schweißwolle, klettenarm		
Argentinien	2,5	2,5
Australien	1,5	4,0
Brasilien	2,5	2,5
Kanada/USA	4,5	2,0
Chile	2,0	5,0
Peru, Wolle	2,5	2,5
Peru, Alpaca	3,0	1,5
Neuseeland	1,5	4,0
Südafrika	1,5	4,0
Uruguay	3,0	1,5
(2) Hautwolle, klettenarm		
gering kalkhaltig alle Typen	1,5	1,5
stark kalkhaltig alle Typen	2,5	2,5
(3) entschweißte Wolle, klettenarm		
gut gewaschen, alle Typen	1,0	1,0
schwach gewaschen, alle Typen	1,5	1,5
(4) Klettenhaltig bei 5 bis 10 % Kletten, Basis entschweißt	σ_ε um 1,0 größer als der Wert der entsprechenden klettenarmen Provenienz	
über 10 % Kletten, Basis entschweißt	σ_ε um 2,0 größer als der Wert der entsprechenden klettenarmen Provenienz	

Klassifizierung	σ_ε in %	σ_ξ in %
B Teppichwolle		
(1) Schweißwolle, klettenarm		
Aleppo	3,0	2,5
Buenos Aires	3,5	2,5
Schwarzkopf	4,0	3,5
Indien (außer Vicanere):		
weiß	2,5	1,5
farbig	3,5	3,0
Iran	3,5	3,5
Irak	3,5	2,0
Neuseeland crutchings	3,5	5,0
Pakistan	2,0	5,0
Vicanere	3,0	2,5
(2) Schweißwolle, klettenhaltig, bei 5 bis 10 % Kletten, Basis entschweißt	σ_ε um 1,0 größer als der Wert der entsprechenden klettenarmen Provenienz	
über 10 % Kletten, Basis entschweißt	σ_ε um 2,0 größer als der Wert der entsprechenden klettenarmen Provenienz	
(3) Hautwolle oder farbig	wie Schweißwolle, klettenhaltig, bei 5 bis 10 % Kletten	
(4) entschweißte Wolle, klettenarm		
gut entschweißt, alle Typen	1,0	1,0
schwach entschweißt, alle Typen	1,5	1,5
(5) entschweißte Wolle, klettenhaltig		
5 bis 10 % Kletten	2,5	1,5
über 10 % Kletten	3,5	1,5

bis ein gleichmäßiges Vlies entsteht. Dann wird eine etwa 4 mm dicke Glasplatte so auf das Band gelegt, daß ihre Längskante mit der Faserrichtung einen Winkel von 60° bildet. Dabei soll der Abstand zwischen jener Ecke der Glasplatte, welche der die Probenahme ausführenden Person zunächst liegt, und dem dieser zugekehrten Ende des Bandes größer sein als die Länge der längsten Faser. Dann werden parallel zur vorderen Glaskante in definiertem Abstand (z. B. 2 mm) die überstehenden Fasern abgeschnitten, wobei darauf zu achten ist, daß beim Schneiden keine Fasern unter der Glasplatte herausgezogen werden. Die unter der Glasplatte hervortretenden, abgeschnittenen Faserenden werden von einer Vliesseite ausgehend mit einer Pinzette parallel zur Faserrichtung ausgezogen und beiseite gelegt; es sollen dabei auf einmal nicht mehr als 20 Fasern gefaßt werden. Danach wird die Glasplatte um 1 mm zurückverschoben, die nun vorstehenden Fasern werden wieder entfernt und dieser Vorgang wird nochmals wiederholt. Schließlich wird die Glasplatte ein drittes Mal um 1 mm nach hinten verschoben. Die jetzt hervorstehenden Fasern werden wieder herausgezogen und bilden die zu untersuchende Probe. (An Stelle der Verwendung einer Samtplatte und Glasplatte kann das Band, Vorgarn usw. auch in ein Nadelfeld – z. B. Zweigle-Stapel-Sortierapparat – eingelegt werden; die Kämme übernehmen dann die Faserführung, das Zurückversetzen der Glasplatte wird durch das Abschlagen von Kämmen ersetzt.) Das Querschneideverfahren liefert eine unbetonte Probe.

Eine längenbetonte Probe erhält man bei Bändern, Garnen usw., wenn man die Faserlängen in der Häufigkeit erfaßt, wie sie in einem Querschnitt angetroffen werden. Allgemein wird nämlich im Querschnitt eine bestimmte Faserlänge um so häufiger angetroffen, je häufiger sie in der Fasermasse vorkommt und je länger sie ist.

Praktisch geht man zur Entnahme der längenbetonten Probe beispielsweise so vor, daß man das Band quer zur Faserrichtung mit einer Klemme faßt, deren Klemmwände mit Leder bezogen sind. Dann entfernt man vorsichtig die nicht gefaßten Fasern, indem man sie zur Seite herauszieht. Schließlich wird eine zweite Klemme direkt an die erste angesetzt, die erste entfernt, und dann werden die auf der anderen Seite nicht gefaßten Fasern herausgezogen. Die übrigbleibenden, von der zweiten Klemme gefaßten Fasern stellen dann die längenbetonte Probe dar.

Bei der Wollfeinheitsmessung in Mikroprojektion wird ebenfalls eine längenbetonte Probe gewonnen, indem kurze Stücke aller der Fasern eines Bandes oder dergleichen, die durch einen Querschnitt hindurchgehen, herausgeschnitten werden und die Probe bilden.

Die dargestellte Probenahme mit Hilfe der Klemmen ist praktisch für jedes Band, Garn usw. brauchbar, in welchem die Fasern ausgestreckt und parallel liegen, und führt hier zur längenbetonten Probe. Bei stark gekräuselten oder auch umgebogenen oder geknäulten Fasern werden Einzelfasern um so häufiger angetroffen, je größer ihre Ausdehnung (nicht Länge) ist, d. h. je länger die in Garn- oder Bandrichtung von ihnen ausgefüllte Strecke ist. In diesem Falle erhält man eine ausdehnungsbetonte Probe (siehe DIN 53 811).

Dieses Verfahren ist eine einstufige uneingeschränkte Zufallsauswahl.

5.2.2 Zugversuch an Garnen und Zwirnen

Bei Garnen und Zwirnen kann jeder nicht unterbrochene Abschnitt als Gruppe im Sinne von DIN 53 803 Teil 1 angesehen werden. Als Unterbrechung ist hierbei jede Verbindung durch Knoten, Schweißen oder Verkleben anzusehen (siehe DIN 53 834 Teil 1).

Eine Aufmachungseinheit eines Garnes kann einen einzigen ununterbrochenen Garnabschnitt enthalten (z. B. Spinnkops ohne Knoten), oder das Garn einer Aufmachungseinheit wurde aus verschiedenen ununterbrochenen Garnabschnitten kleinerer Aufmachungseinheiten zusammengesetzt (z. B. Kreuzspule aus mehreren Spinnkopsen).

Zwischen solchen Garnabschnitten, insbesondere zwischen dem Garn verschiedener Aufmachungseinheiten, ist mit Unterschieden zu rechnen.

Das Material ist im allgemeinen als inhomogen anzusehen. Sind wesentliche Unterschiede der Eigenschaften innerhalb einer einzelnen Aufmachungseinheit zu erwarten und sollen diese untersucht werden, so ist die Aufmachungseinheit in „Schichten" zu unterteilen, und aus jeder „Schicht" sind die Meßproben zu entnehmen.

Im allgemeinen ist bei solchem Material eine mehrstufige Stichprobe zu ziehen, die in einer oder mehreren Stufen geschichtet sein kann.

5.3 Flächengebilde

5.3.1 Streifen-Zugversuch an textilen Flächengebilden

Aus der Gesamtmenge werden im allgemeinen einige Stücke nach dem Zufall ausgewählt. Aus jedem ausgewählten Stück werden an Stellen, wo keine Fehler, Schäden, Knick- oder Knitterstellen zu sehen sind, Laboratoriumsproben bestimmter Größe entnommen. Die Laboratoriumsproben sind über die ausgewählten Stücke zu verteilen, sofern nicht die Probenahme allein am Stückanfang oder Ende vorher als zulässig nachgewiesen wurde. Die aus den Laboratoriumsproben zu entnehmenden Meßproben haben die Form von Streifen und sind in mindestens 100 mm Abstand von der Kante des textilen Gebildes zu entnehmen. Die Meßproben in Kettrichtung sind über die Breite der Fläche gleichmäßig verteilt zu entnehmen. Die Meßproben in Schußrichtung sind über die Länge der Fläche so verteilt zu entnehmen, daß mit den einzelnen Streifen möglichst viele Schußfadenpartien erfaßt werden.

Für die gleichzeitige Durchführung von Trocken- und Naß-Zugversuchen sind die Meßproben für den Naßzugversuch so anschließend an die Probestreifen für den Trocken-Zugversuch zu entnehmen, daß in den zugehörigen Meßproben weitgehend die gleichen Kett- bzw. Schußfäden geprüft werden (siehe Bild 4). Diese Probenahme ist dreistufig.

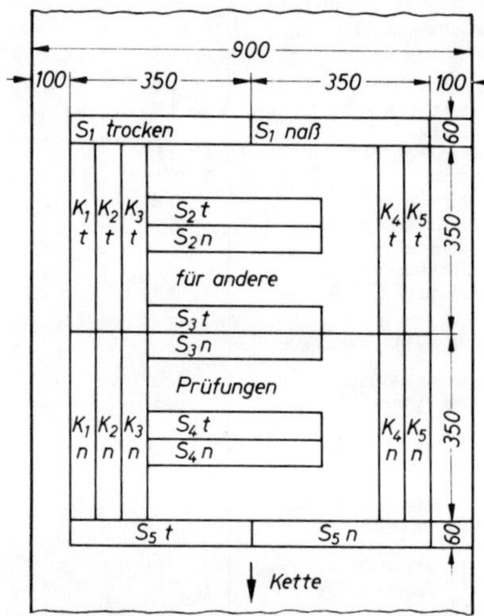

Bild 4. Schema für die Probenahme von Kett- und Schußstreifen zur Prüfung der Gewebefestigkeit

5.3.2 Luftdurchlässigkeit von textilen Flächengebilden

Bei diesem Merkmal macht sich erfahrungsgemäß häufig ein Richtungseinfluß bemerkbar, z. B. bei Geweben ein Einfluß der Kettrichtung und/oder ein Einfluß der Schußrichtung. Dann ist das Flächengebilde in „Schichten" (bei Geweben in Schußstreifen zur Erfassung des Kettrichtungseinflusses und Kettstreifen zur Erfassung des Schußrichtungseinflusses) einzuteilen, und in jeder „Schicht" sind die Meßstellen systematisch festzulegen. Diese Probenahme ist in der ersten Stufe (Laboratoriumsproben) zufällig, in der zweiten Stufe (Meßproben) systematisch (siehe DIN 53 887).

6 Beispiele

6.1 Feinheit einer Baumwoll-Lieferung [12]

Zur Prüfung der Feinheit (Micronaire-Wert) von Baumwolle entnahm man einer Lieferung von 100 Ballen eine Zufallsstichprobe von 5 Ballen. Da insbesondere die Streuung der Merkmalwerte innerhalb der Ballen und zwischen den Ballen interessierte, wurden jedem der 5 Ballen 10 Einzelproben nach einem festgelegten Schema entnommen. An diesen 5 · 10 Einzelproben führte man jeweils 2 Messungen durch. Die Mittelwerte dieser (eng beieinander liegenden) Meßwerte dienten der weiteren Auswertung und sind in der Tabelle 2 aufgeführt.

Die Auswertung erfolgte mittels einfacher Varianzanalyse. Es ergibt sich die Zerlegungstafel (siehe DIN 53 803 Teil 1, Ausgabe März 1979, Gleichung (20)) in Tabelle 3.

Die zu prüfende Nullhypothese H_0 lautet:

Zwischen den Ballen besteht bezüglich der Feinheit kein Unterschied; das Material wird als homogen angesehen.

Tabelle 2. **Feinheitswerte (in Micronaire-Einheiten) einer Baumwollieferung (Beispiel 6.1)**

Ballen \ Meßwert	1	2	3	4	5	6	7	8	9	10
1	4,55	4,52	4,58	4,45	4,62	4,52	4,65	4,42	4,58	4,50
2	4,30	4,22	4,15	4,22	4,30	4,18	4,35	4,32	4,35	4,22
3	4,40	4,35	4,40	4,30	4,30	4,22	4,35	4,32	4,42	4,30
4	4,40	4,50	4,40	4,42	4,32	4,50	4,40	4,30	4,28	4,42
5	4,50	4,52	4,48	4,55	4,62	4,50	4,50	4,42	4,45	4,45

Tabelle 3. **Zerlegungstafel der einfachen Varianzanalyse (Beispiel 6.1)**

Schwankungen	S. d. q. A.	Zahl der Freiheitsgrade	Varianz
zwischen den Gruppen	S_b = 0,5241	f_b = 4	s_b^2 = 0,1310
innerhalb der Gruppen	S_w = 0,2065	f_w = 45	s_w^2 = 0,0046
gesamt	S_{total} = 0,7306	f_{total} = 49	–

Der Nullhypothese stellt man die Gegenhypothese H_1 gegenüber:
Das Material wird als inhomogen angesehen.

Es soll auf dem Signifikanzniveau α = 0,01 geprüft werden. Dazu wird der Prüfwert

$$F_B = \frac{0,1310}{0,0046} = 28,5$$

mit dem Schwellenwert

$$F_{4,45;\,0,99} = 3,8$$

verglichen.

Da $F_B > F_{4,45;\,0,99}$ ist, wird die Nullhypothese verworfen, d. h. das Material wird als inhomogen angesehen. Als Vertrauensbereich für den Gesamtmittelwert ergibt sich auf dem Vertrauensniveau $1 - \alpha = 0,95$:

$$4,41 - 0,193 \leqq \mu \leqq 4,41 + 0,193$$

(siehe DIN 53 803 Teil 1, Ausgabe März 1979, Gleichung (28)).

Der wahre, jedoch unbekannte Mittelwert der Lieferung von 100 Ballen, aus der 5 Ballen als Zufallsstichprobe entnommen wurden, ist also zwischen den Micronaire-Werten μ_u = 4,217 und μ_o = 4,603 zu erwarten. In der Praxis wird man dieses Ergebnis auf 4,2 bzw. 4,6 Micronaire-Einheiten runden.

6.2 Fasermischung in der Nutzschicht eines Veloursteppichs [13]

Bei einem längsstreifig erscheinenden Uni-Tuftingteppich, dessen Polgarn aus einer (Soll-) Mischung von 50 % Polyester- (PES) und 50 % Polyamid- (PA) Fasern bestehen sollte, wurde vermutet, daß die Streifigkeit durch zu starke Schwankungen im Mischungsverhältnis von Faden zu Faden hervorgerufen sein könnte.

6.2.1 Vorversuche

Um eine erste Abschätzung der möglichen Differenzen zu erhalten, entnahm man dem Teppich aus je einer „dunkler" und einer „heller" erscheinenden Noppenreihe etwa 2 g der Polnoppen und bestimmte nach DIN 54 220 bzw. DIN 54 201 deren Polyesteranteil. Nach der Fasertrennung fanden sich die Einzelwerte in Tabelle 4.

Tabelle 4. **Einzelwerte des Polyesterfasergehaltes (PES, %)**

Noppenreihe \ Einzelwert	1	2
dunkel	49,8	49,5
hell	56,1	56,0

6.2.2 Systematisch entnommene Stichprobe

Nunmehr wurden zur Verbreiterung der Untersuchungsbasis jeweils drei „dunkel" und drei „hell" erscheinende Noppenreihen als typische Proben angezeichnet und aus ihnen die Noppen entnommen. Nach der Bestimmung des Polyester-Anteils ergaben sich die Einzelwerte in Tabelle 5.

Tabelle 5. **Einzelwerte des Polyesterfasergehaltes (PES, %)**

Noppenreihe		1	2
dunkel	1	48,8	49,5
	2	45,3	45,8
	3	48,5	48,0
hell	4	54,7	54,5
	5	53,0	52,8
	6	53,0	53,4

6.2.3 Zufällig entnommene Stichprobe

Zur Schaffung eines vertieften Einblicks in die Verteilung der einzelnen Werte wählte man mittels Zufallszahlen sechs Noppenreihen aus. In gleicher Weise, wie oben beschrieben, wurden Noppen entnommen und Fasertrennungen durchgeführt. Es ergaben sich die Einzelwerte in Tabelle 6.

Tabelle 6. **Einzelwerte des Polyesterfasergehaltes (PES, %)**

Noppenreihe \ Einzelwert	1	2
1	48,7	49,2
2	53,5	53,4
3	52,2	51,5
4	47,6	48,5
5	52,1	51,5
6	50,6	49,4

Tabelle 7. **Einzelwerte des Polyesterfasergehaltes (PES, %)**

Noppenreihe \ Einzelwert	1	2
1	49,7	49,8
2	50,3	50,1
3	50,5	49,9
4	49,5	50,3
5	49,3	48,9
6	50,0	49,7

6.2.4 Auswertung

Die unter Abschnitt 6.2.1 aufgeführten Einzelwerte sind allenfalls für eine orientierende Betrachtung geeignet. Eine sinnvolle Auswertung der gefundenen Ergebnisse ist nur für die unter Abschnitt 6.2.2 und Abschnitt 6.2.3 gefundenen Daten möglich. Sie erfolgte mit Hilfe einfacher Varianzanalysen (DIN 53 803 Teil 1). Es liegen $n_1 = 6$ Gruppen (Noppenreihen) und $n_2 = 2$ Einzelwerte (innerhalb der Gruppen) vor.

Die zu prüfende Nullhypothese H_0 lautet:

Zwischen den Noppenreihen bestehen nur zufällige Unterschiede im Polyesterfasergehalt.

Die Gegenhypothese H_1 lautet:

Zwischen den Noppenreihen sind nichtzufällige Unterschiede im Polyesterfasergehalt vorhanden.

Es soll auf dem Signifikanzniveau $\alpha = 0{,}01$ geprüft werden. Es ergeben sich folgende Prüfwerte (siehe DIN 53 803 Teil 1, Ausgabe März 1979, Gleichung (34)):

$F_B = 245$ bei der Prüfung nach Abschnitt 6.2.2

$F_B = 29{,}5$ bei der Prüfung nach Abschnitt 6.2.3

Sie werden verglichen mit dem Schwellenwert $F_{f_b, f_w; 1-\alpha}$, der im vorliegenden Fall $F_{5,6; 0,99} = 8{,}75$ beträgt.

Da beide Prüfwerte über dem Schwellenwert liegen, wird die Nullhypothese H_0 verworfen.

Das Testergebnis lautet:

Zwischen den Noppenreihen sind nichtzufällige Unterschiede im Polyesterfasergehalt nachgewiesen worden. Der untersuchte Teppich wird bezüglich des Mischungsverhältnisses inhomogen angesehen.

6.2.5 Homogenes Material

Der Vollständigkeit halber seien Ergebnisse beigefügt, die an einem anderen – nicht streifig erscheinenden – Teppich für das untersuchte Merkmal „Polyesterfaseranteil" gefunden wurden. Alle übrigen Bedingungen sind mit den bereits genannten identisch.

Wie im Abschnitt 6.2.3 beschrieben, wurden die Noppen von sechs zufällig gewählten Noppenreihen entnommen und der Polyesteranteil bestimmt. Es ergaben sich die Einzelwerte in Tabelle 7.

Damit errechnet sich als Prüfwert $F_B = 3{,}02$, der nunmehr unter dem zum Signifikanzniveau $\alpha = 0{,}05$ gehörenden Schwellenwert $F_{5,6; 0,95} = 4{,}39$ liegt.

Die oben formulierte Nullhypothese H_0 wird nicht verworfen. Dieses Material gilt bezüglich des untersuchten Merkmals als homogen.

6.3 Luftdurchlässigkeit eines Papiermaschinenfilzes [14]

Sollen Merkmale textiler Flächengebilde untersucht werden, muß man Gegebenheiten der Fertigung berücksichtigen, sofern man die Komponenten der vorhandenen Varianz erfassen will.

Beispielsweise werden bei Papiermaschinenfilzen oftmals bestimmte Sollwerte für das Merkmal „Luftdurchlässigkeit" vom Abnehmer gefordert. Der Hersteller muß also die Luftdurchlässigkeit in geeigneter Weise feststellen, um mit Hilfe der gefundenen Varianzen den Vertrauensbereich für den Mittelwert richtig abgrenzen zu können.

Die Probenahme – es handelt sich um eine zerstörungsfreie Prüfung – ist dem hierfür geeigneten Auswertungsverfahren anzupassen. Die in DIN 53 887 geforderte Anzahl der Prüfungen von (mindestens) 5 Einzelwerten wird dem Problem jedoch nicht gerecht. Das Ergebnis aus einer derart durchgeführten Prüfung kann allenfalls als grober Orientierungswert aufgefaßt werden.

6.3.1 Erfassung der Werte und Varianzanalyse

In DIN 53 887 wird im Prüfbericht auf die Varianzanalyse hingewiesen. Dazu sind die Einzelwerte nach dem Schema in Tabelle 8 zu erfassen und mit Hilfe der zweifachen Varianzanalyse auszuwerten.

Man überzieht die zu prüfende Fläche an einer zufällig gewählten Stelle mit einem Raster, wodurch etwa gleichbreite Streifen in Kett- bzw. Längsrichtung (die den Zeilen der Varianzanalyse entsprechen) und etwa gleichbreite Streifen in Schuß- bzw. Querrichtung (die den Spalten der Varianzanalyse entsprechen) entstehen.

In jedem Rasterfeld (Zelle) wird, da es sich um eine zerstörungsfreie Prüfung handelt, die gleiche, festgelegte Anzahl von Wiederholungsmessungen durchgeführt und damit die Reststreuung (innerhalb der Zellen) erfaßt.

Bei der Prüfung der Luftdurchlässigkeit in l/min (bei 20 cm^2 und 2 mbar) an einem Papiermaschinenfilz fand man bei einer Aufteilung in

$n_1 = 4$ Zeilen (Streifen in Längsrichtung)

$n_2 = 5$ Spalten (Streifen in Querrichtung)

$n_3 = 2$ Einzelwerte je Zelle (Kreuzungspunkt von Spalte und Zeile)

die 40 Einzelwerte der Tabelle 8.

Dabei wurde die zweite Messung nach 24 Stunden Zwischenlagerung vorgenommen.

Tabelle 8. **Luftdurchlässigkeitswerte in l/min eines Papiermaschinenfilzes**

Streifen in / Querrichtung / Längsrichtung	1	2	3	4	5
1	82 81	82 82	79 78	79 79	79 78
2	81 80	82 81	79 79	78 77	77 77
3	79 77	81 82	79 80	77 76	77 75
4	76 77	79 79	77 78	76 77	77 76

Mit Hilfe der zweifachen Varianzanalyse findet man zunächst, daß das Material sowohl in Längs- als auch in Querrichtung inhomogen ist.

Bei einem Vertrauensniveau $1 - \alpha = 0{,}99$ errechnet sich der Vertrauensbereich für den Mittelwert:

$$76{,}12\ \text{l/min} \leqq \mu \leqq 81{,}04\ \text{l/min}$$

6.3.2 Vergleich

Berücksichtigt man die immer vorauszusetzende inhomogenität des geprüften Filzes **nicht**, und faßt **unzulässigerweise** alle 40 Einzelwerte zusammen, so findet man als Kenngrößen den bereits bekannten Mittelwert

$$\bar{x} = 78{,}58\ \text{l/min}$$

und eine Standardabweichung

$$s = 2{,}05\ \text{l/min}$$

Damit ergibt sich der falsche Vertrauensbereich auf einem Vertrauensniveau $1 - \alpha = 0{,}99$

$$77{,}41\ \text{l/min} \leqq \mu \leqq 79{,}49\ \text{l/min}$$

Seine Weite beträgt nur etwa ⅓ des in Abschnitt 6.3.1 berechneten Vertrauensbereiches.

Würde beispielsweise zwischen den Handelspartnern ein Sollwert von 80 l/min für die Luftdurchlässigkeit vereinbart, dann wäre mit dem Vertrauensbereich von Abschnitt 6.3.1 der Sollwert als eingehalten angesehen worden. Dagegen gilt der Sollwert als nicht eingehalten, wenn fälschlicherweise der Vertrauensbereich von Abschnitt 6.3.2 zur Entscheidung benutzt wird.

Die Wahl des falschen Auswertungsverfahrens, die zu einem falschen Vertrauensbereich führt, kann also – wie sich gezeigt hat – zu einer falschen Entscheidung führen.

Schrifttum

[1] bis [7] vergleiche DIN 53 803 Teil 1

[8] Stichproben in der amtlichen Statistik; Statistisches Bundesamt Wiesbaden (Herausgeber), Stuttgart, Kohlhammer, 1960

[9] W. G. Cochran; Stichprobenverfahren, Berlin, New York, de Gruyter, 1972

[10] W. E. Deming; Some Theory of Sampling, London, New York, Wiley, 1950

[11] ASTM D 1060-65 (1971); Core Sampling of Raw Wool in Packages for Determination of Percentage of Clean Wool Fiber Present, American Society for Testing and Materials, Philadelphia

[12] F. Hadwich; Streuungen der Micronaire-Werte im Baumwollballen, Melliand Textilberichte **45**, 1964 (Auszug und persönliche Mitteilung des Autors)

[13] K. H. Padberg; Probenahme und Auswertungsverfahren, Qualität und Zuverlässigkeit **20**, 1975, S. 109-112

[14] K. H. Padberg; Bestimmung der Luftdurchlässigkeit von textilen Flächengebilden (Bemerkungen zu DIN 53 887), Melliand Textilberichte **47**, 1966, S. 1377-1380

Erläuterungen

Der Arbeitsausschuß FNM 544 „Statistische Fragen in der Textilprüfung" hat die vorliegende Norm erarbeitet. Sie stellt zusammen mit DIN 53 803 Teil 1 den Ersatz für DIN 53 803, Ausgabe Januar 1958, dar.

Gegenüber der Ausgabe Januar 1958 wurde sowohl der statistische Teil als auch die praktische Durchführung der Probenahme vollständig überarbeitet und dem Stand der Technik angepaßt.

DK 620.113 : 311 : 519.2 *Entwurf* November 1990

Probenahme
Praktische Durchführung

DIN 53 803 Teil 2

Sampling; Practical Execution
Échantillonnage; Exécution

Einsprüche bis 28. Feb 1991
Anwendungswarnvermerk auf der letzten Seite beachten!

Vorgesehen als Ersatz für Ausgabe 03.79

Fortsetzung Seite 2 bis 12

Ausschuß Qualitätssicherung und angewandte Statistik (AQS) im DIN Deutsches Institut für Normung e.V.
Normenausschuß Materialprüfung (NMP) im DIN

1 Anwendungsbereich und Zweck

Bei den meisten Untersuchungen werden aus der vorliegenden Grundgesamtheit (dem Prüflos) Proben entnommen. Die daran für ein bestimmtes Merkmal ermittelten Kennwerte müssen den Schluß auf die entsprechenden Kennwerte in der Grundgesamtheit (im Prüflos) zulassen. Die Proben müssen deshalb so entnommen werden, daß die Differenz zwischen dem an den Proben gefundenen Kennwert und dem Kennwert der Grundgesamtheit zufällig ist, mit anderen Worten: die Proben müssen für die Grundgesamtheit repräsentativ sein (repräsentative Proben).

Während in den Normen DIN 53 803 Teil 1, Teil 3 und Teil 4 statistische Grundlagen behandelt werden, die bei der Probenahme zu berücksichtigen sind, wird in dieser Norm auf die Technik der Probenahme eingegangen. Die Wahl des Probenahmeverfahrens richtet sich nach der Fragestellung und den zu untersuchenden Merkmalen, bei Materialien nach dem Verarbeitungszustand und nach der Art der Anlieferung und der Aufmachung.

Sofern nicht bekannt ist, daß die Grundgesamtheit homogen ist, ist es notwendig, von einer inhomogenen Grundgesamtheit auszugehen.

Ferner ist zu berücksichtigen, daß die Auswertung der Untersuchungsergebnisse mit einem der zur Verfügung stehenden statistischen Auswertungsverfahren erfolgen kann, insbesondere mit den Verfahren nach den Normen DIN 53 803 Teil 1, Teil 3 und Teil 4.

Diese Norm gilt für die praktische Durchführung der Probenahme bei inhomogenem Material. Sie bezieht sich auf alle Bereiche der Technik, Wissenschaft, Medizin, Wirtschaft, usw.

2 Begriffe

Die in der Qualitätssicherung und Statistik verwendeten Begriffe sind in den Normen DIN 55 350 Teil 11, Teil 12, Teil 14, Teil 21, Teil 22, Teil 23, Teil 24 und Teil 31 festgelegt.

3 Auswahlverfahren

Auswahlverfahren für die Stichprobe werden einerseits danach unterschieden, ob die Einheiten direkt aus der Grundgesamtheit entnommen werden (ungestufte oder einstufige Probenahme) oder ob die Entnahme in mehreren Stufen erfolgt (mehrstufige Probenahme), andererseits nach der Art der Auswahl der Einheiten in den einzelnen Stufen. Die Anzahl der Stufen der Probenahme und die Art der Auswahl der Einheiten können in verschiedener Weise miteinander kombiniert werden.

Von den Stufen der Probenahme ist die sequentielle Stichprobenprüfung etwa innerhalb einer Stufe zu unterscheiden (siehe DIN 55 350 Teil 31).

Im folgenden wird davon ausgegangen, daß die Einheiten der Grundgesamtheit ungeordnet oder in unbekannter Ordnung vorliegen.

3.1 Unterscheidung der Auswahlverfahren nach der Anzahl der Stufen

Das folgende Schema gibt einen Überblick.

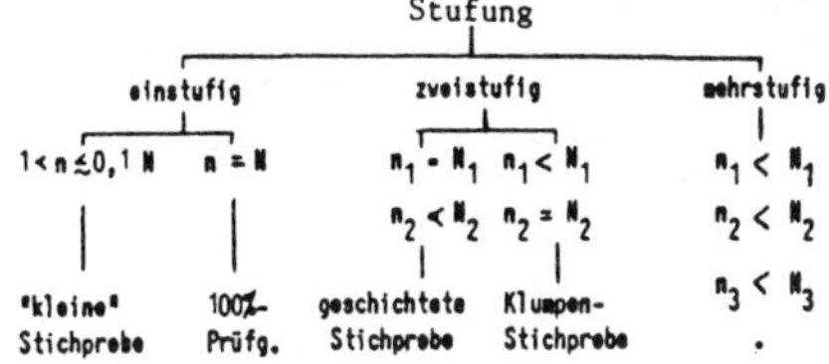

Hierin bedeuten:

N der Umfang der Grundgesamtheit,
N_1, N_2, N_3 ... der Umfang der Teilgesamtheiten,
n der Umfang der Stichprobe.

3.1.1 Einstufige Auswahl

Bei der einstufigen Auswahl werden die einzelnen Meßproben direkt aus der Grundgesamtheit entnommen, siehe folgendes Schema.

Das Verfahren ist anwendbar, wenn

a) aus der Grundgesamtheit solche Proben entnommen werden können, die direkt Meßproben sind, und

b) die Grundgesamtheit hinsichtlich der zu prüfenden Eigenschaft **bei der gewählten Gruppeneinteilung** als homogen angesehen werden kann.

Der Umfang der Stichprobe richtet sich **nur** nach der gewünschten Weite des Vertrauensbereiches bei vorgegebenem Vertrauensniveau, nicht nach dem Umfang der Grundgesamtheit.

Bei einstufiger Auswahl entnimmt man die Proben beispielsweise nach folgendem Schema.

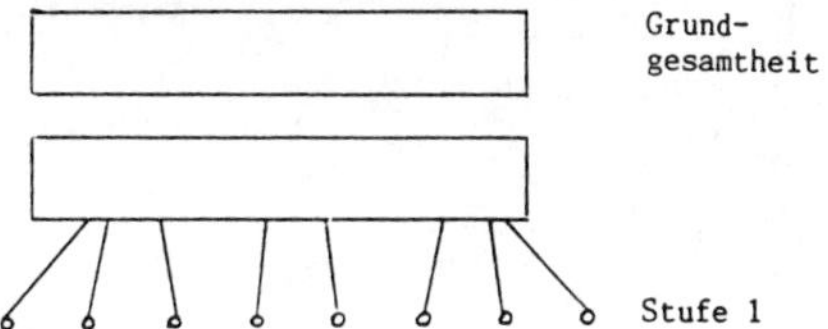

Das Prüflos ist ungeschichtet. Die Stufe 1 enthält die aus dem Prüflos gezogenen Einzelproben.

Beispiel 1:

Entnahme der Probestreifen zur Prüfung der Gewebehöchstzugkraft nach DIN 53 857 Teil 1.

3.1.2 Zweistufige Auswahl

Die zweistufige Auswahl (ggf. mehrstufige Auswahl; siehe Abschnitt 3.1.3) muß angewendet werden, wenn

a) die Meßproben aus der Grundgesamtheit nicht direkt entnommen werden können, oder

b) die Grundgesamtheit bezüglich des zu prüfenden Merkmals inhomogen ist, d.h. aus Teilgesamtheiten besteht.

Die zweistufige Probenahme erfolgt so, daß aus den Teilgesamtheiten (Einheiten erster Stufe) eine bestimmte Anzahl ausgewählt und aus jeder der ausgewählten Teilgesamtheiten eine bestimmte Anzahl von Meßproben (Einheiten zweiter Stufe) entnommen wird, siehe folgendes Schema.

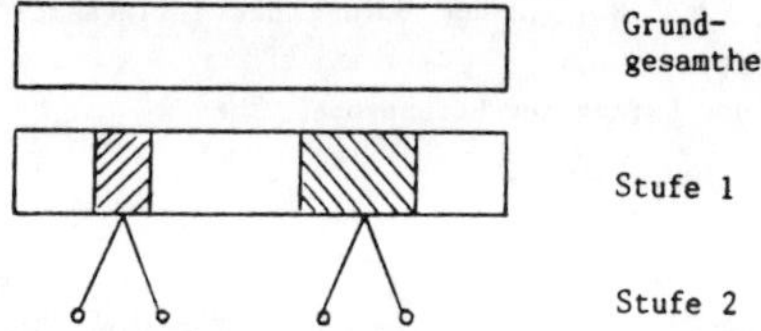

Das Bild zu Stufe 1 zeigt die Grundgesamtheit mit den Einheiten erster Stufe; die in die Probenahme einbezogenen Einheiten erster Stufe sind schraffiert.

Wie in Abhängigkeit von Vorinformationen über die Streuung der Merkmalswerte zwischen den Teilgesamtheiten und innerhalb der Teilgesamtheiten die Anzahl der auszuwählenden Teilgesamtheiten und die Anzahl der Meßproben je Teilgesamtheit festgelegt wird, läßt sich aus DIN 53 803 Teil 1 entnehmen.

Die zweistufige Probenahme hat die beiden wichtigen Grenzfälle:

3.1.2.1 Die geschichtete Stichprobe

Bei der geschichteten Stichprobe wird jede Teilgesamtheit in die Untersuchung einbezogen und mit einer bestimmten Anzahl von Meßproben geprüft, siehe folgendes Schema.

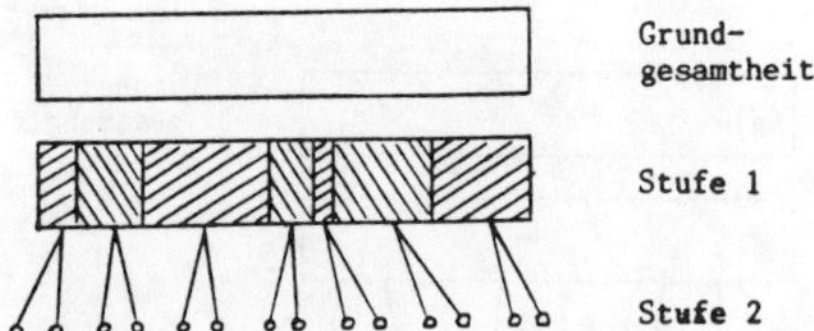

Das Bild zu Stufe 1 zeigt die Grundgesamtheit mit den Einheiten erster Stufe, die alle in die Probenahme einbezogen werden.

Beispiel 2:

Die äußere Schicht ("Schale") eines Faserballens kann einen anderen Feuchtegehalt haben als das Balleninnere. Aus beiden Schichten (Schale und Inneres des Ballens) entnimmt man eine bestimmte Anzahl Meßproben.

3.1.2.2 Die Klumpenstichprobe

Bei der Klumpenstichprobe werden die in die Untersuchung einbezogenen Teilgesamtheiten jeweils 100 % geprüft, siehe folgendes Schema.

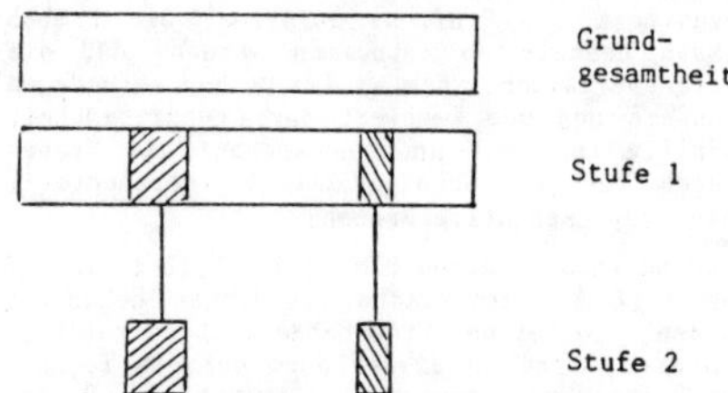

Das Bild zu Stufe 1 zeigt die Grundgesamtheit mit den Einheiten erster Stufe. Die in die Probenahme einbezogenen Einheiten erster Stufe sind schraffiert; sie werden 100 % geprüft.

Beispiel 3:

Garnspulen werden in mehreren Gebinden geliefert. Die Prüfung der Fadenreserve erfolgt so, daß einige Gebinde ausgewählt und hinsichtlich dieses Merkmals 100 % geprüft werden.

3.1.3 Mehrstufige Auswahl

Bei der mehrstufigen Auswahl wird davon ausgegangen, daß die Grundgesamtheit aus Teilgesamtheiten (N_1 Einheiten erster Stufe) besteht. Innerhalb jeder Einheit erster Stufe liegt wiederum eine Einteilung in N_2 Einheiten zweiter Stufe vor. Jede Einheit zweiter Stufe besteht aus N_3 Einheiten dritter Stufe usw.

Die mehrstufige Auswahl erfolgt so, daß unter den N_1 vorhandenen Einheiten erster Stufe eine bestimmte Anzahl n_1 ausgewählt wird. Aus jeder der n_1 ausgewählten Einheiten erster Stufe wird eine bestimmte Anzahl n_2 von Einheiten zweiter Stufe ausgewählt; aus jeder dieser $n_1 \cdot n_2$ Einheiten wird eine bestimmte Anzahl n_3 von Einheiten dritter Stufe ausgewählt usw.

Wie in Abhängigkeit von Vorinformationen über die Streuung der Merkmalswerte auf den einzelnen Stufen die Anzahlen der auszuwählenden Einheiten einer jeden Stufe festgelegt werden, läßt sich für den Fall zweier gleichberechtigter Kriterien bzw. zweier einander nachgeordneter Kriterien DIN 53 803 Teil 3 bzw. DIN 53 803 Teil 4 entnehmen.

Beispiel 4:

Höchstzugkraftmessung bei einem Garn: Die mehrstufige Probenahme erfolgt so, daß n_1 der N_1 Garnkisten (Einheiten erster Stufe) ausgewählt und aus jeder dieser n_1 Garnkisten n_2 der darin enthaltenen N_2 Kopse (Einheiten zweiter Stufe) entnommen werden. Von jedem dieser $n_1 \cdot n_2$ Kopse wird eine bestimmte Anzahl n_3 von Garnabschnitten (Einheiten dritter Stufe) für die Höchstzugkraftmessung entnommen und untersucht. Damit fallen $n_1 \cdot n_2 \cdot n_3$ Höchstzugkraftwerte an, die nach ihrer Herkunft aus den Einheiten in den Stufen geordnet sind.

3.1.4 Verfahren mit Sammelprobe

Eine Sammelprobe ist eine Probe, die aus mehreren miteinander vermischten Einzelproben aus dem gleichen Prüflos besteht. Die zu einer Sammelprobe zusammengefaßten Proben können durch ein- oder mehrstufige Auswahl aus dem Prüflos gewonnen werden, siehe folgendes Schema.

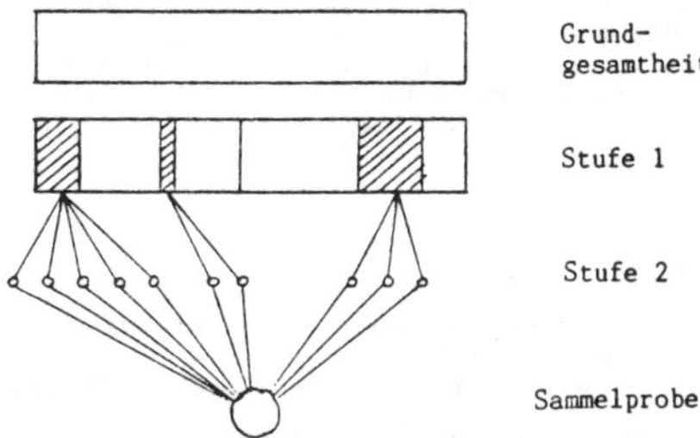

Das Bilden einer Sammelprobe ist nur dann sinnvoll, wenn ausschließlich der Mittelwert des untersuchten Merkmals in der Grundgesamtheit erfaßt werden soll, und das Mischen der Einzelproben zu einer Sammelprobe führt, in der einerseits das untersuchte Merkmal nicht verändert ist, die aber andererseits homogener ist als die Menge der nicht gemischten Einzelproben, so daß der Mittelwert einfacher erfaßt werden kann.

Wenn eine Sammelprobe gebildet wird, liefert die Probenahme selbst keine Information über die Streuungskomponenten der Stufen des Probenahmeverfahrens bis zum Bilden der Sammelprobe.

Das Bild zu Stufe 1 zeigt die Grundgesamtheit mit den Einheiten erster Stufe; die in die Probenahme einbezogenen Einheiten erster Stufe sind schraffiert.

Die Meßproben können aus der Sammelprobe über eine mehrstufige Auswahl gewonnen werden.

Beispiel 5:

Bestimmung des Feuchtegehaltes von Wolle: Von einer Rohwolle-Lieferung, die aus mehreren Ballen besteht, werden einige Ballen in die Probenahme einbezogen. Aus jedem Ballen wird eine bestimmte Anzahl von Kernbohrproben entnommen. Alle Kernbohrproben werden zu einer Sammelprobe zusammengefaßt. Die zu einer Sammelprobe zusammengefaßten Proben sind also durch zweistufige Auswahl aus der Grundgesamtheit gewonnen worden. Die Sammelprobe wird ohne weitere Aufbereitung für die Messung verwendet.

Beispiel 6:

Bestimmung des Al_2O_3-Gehaltes von Bauxit-Schamotte: Eine Lieferung grobkörniger Bauxit-Schamotte wird aus dem Transportmittel auf ein Förderband gekippt. Aus dem laufenden Materialstrom werden mehrere Schaufeln Material als Einzelproben zufallsmäßig entnommen. Durch Zusammenfassen mehrerer Einzelproben werden mehrere Sammelproben gebildet. Jede Sammelprobe wird zerkleinert und durchmischt. Anschließend werden aus jeder Sammelprobe mehrere Teilproben für die Untersuchung im Labor gezogen, siehe Beispiel A.4.3 .

3.2 Unterscheidung der Auswahlverfahren nach der Art der Auswahl der Einheiten

Das Auswahlverfahren richtet sich einerseits danach, ob alle Einheiten der Grundgesamtheit einer Prüfung zugänglich sind, und hängt andererseits davon ab, ob die Grundgesamtheit geordnet oder ungeordnet vorliegt. Demnach unterscheidet man

- Auswahlverfahren, die auf dem Zufallsprinzip beruhen,
- Auswahlverfahren, die nicht auf dem Zufallsprinzip beruhen.

3.2.1 Auswahlverfahren, die auf dem Zufallsprinzip beruhen

Die zu prüfenden Einheiten (Anzahl n) werden nach dem Zufallsprinzip gezogen, so daß für jede mögliche Kombination von n Einheiten der Grundgesamtheit eine vorgegebene Auswahlwahrscheinlichkeit besteht.

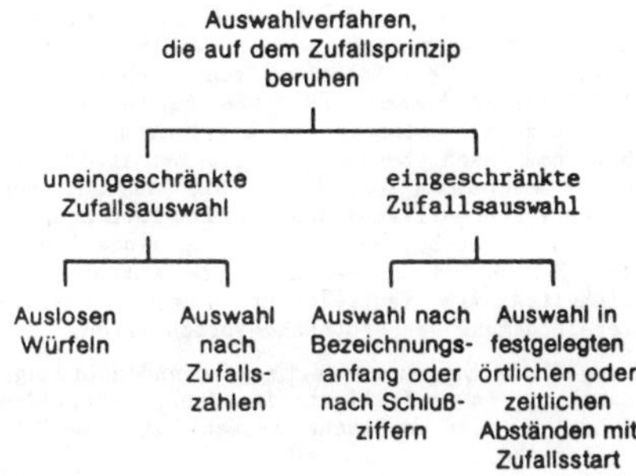

3.2.1.1 Uneingeschränkte Zufallsauswahl

Die zu prüfenden Einheiten (Anzahl n) werden durch Auswürfeln, Auslosen oder anhand einer Tafel mit Zufallszahlen aus der Grundgesamtheit (Anzahl N) ausgewählt, so daß für jede mögliche Kombination von n Einheiten der Grundgesamtheit die gleiche Auswahlwahrscheinlichkeit besteht.

3.2.1.2 Eingeschränkte Zufallsauswahl

Die zu prüfenden Einheiten (Anzahl n) werden nach bestimmten Merkmalen der N Einheiten der Grundgesamtheit ausgewählt. Beispielsweise wird bei gekennzeichneten Einheiten nach Bezeichnungsanfang oder nach der Schlußziffer oder bei laufender Produktion in bestimmten Zeitabständen oder jeweils nach einer bestimmten Anzahl von produzierten Einheiten mit Zufallsstart ausgewählt. Bei diesem Verfahren ergibt sich unter Umständen keine Zufallsauswahl der n Einheiten der Stichprobe, wenn die N Einheiten in der Grundgesamtheit geordnet vorliegen (z.B. bei Periodizitäten.

Beispiel 7:

Probenahme an Faserballen oder an Gewebestücken (z.B. nach Ordnungsnummern oder Farben).

3.2.2 Auswahlverfahren, die nicht auf dem Zufallsprinzip beruhen

Die zu prüfenden Einheiten werden nicht nach dem Zufallsprinzip gezogen, so daß unter Umständen bestimmte Einheiten bei der Probenahme bevorzugt werden.

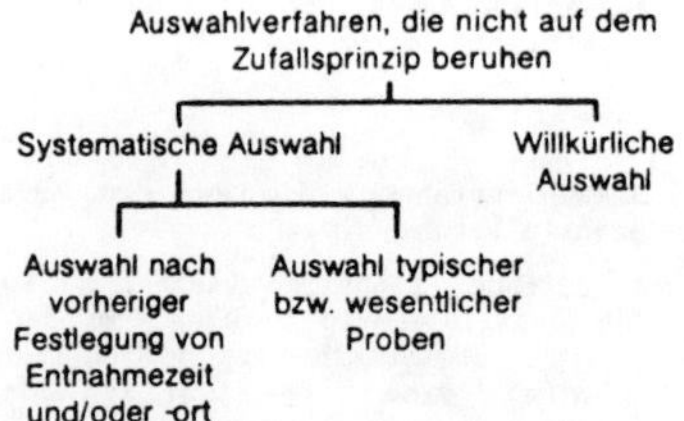

3.2.2.1 Systematische Auswahl

Bei der systematischen Auswahl werden die Proben nach systematischen Auswahlvorschriften entnommen (z.B. Entnahme von Einheiten mit festgelegter Nummer, Entnahme zu festgelegten Zeitpunkten, Entnahme an bestimmten Stellen, Entnahme nach bestimmten Eigenschaften oder nach bestimmtem Aussehen). Die Auswahl nach vorheriger Festlegung von Entnahmezeit und/oder -ort wird oft bei der Überwachung einer laufenden Produktion angewendet. Die Entnahme von Einheiten mit festgelegter Nummer dient zur Vereinfachung der Probenahmevorschriften.

Liegen die Einheiten der zu prüfenden Grundgesamtheit in zufälliger Anordnung vor, dann führt die systematische Auswahl zu einer Zufallsprobe.

Die Auswahl typischer oder wesentlicher Proben kann bei Reklamationen oder bei der Untersuchung spezieller Probleme angewendet werden.

Beispiel 8:

Bei der Chemiefaser-Produktion wird etwa aus jedem fünften Ballen eine Probe entnommen. Damit liegen auch Entnahmezeit und Entnahmeort fest.

Beispiel 9:

Ein Uni-Teppich ist wegen heller und/oder dunkler erscheinender Streifen fehlerhaft; die Garne bzw. Noppen werden als typische Proben aus diesen Streifen entnommen und getrennt voneinander untersucht.

3.2.2.2 Willkürliche Auswahl

Hierbei ist weder das Zufallsprinzip noch ein systematisches Auswahlverfahren wirksam. Diese Auswahl ist abzulehnen.

Anhang A

Beispiele für die praktische Durchführung der Probenahme

Bei den folgenden Anweisungen für die Probenahme sind die dort angegebenen Vorschriften und Normen zu beachten. In dieser material- und problembezogenen Zusammenstellung sind - ohne Anspruch auf Vollständigkeit - für einige Merkmale die bei der Probenahme zu beachtenden Einzelheiten aufgeführt, soweit diese bereits bekannt sind.

A.1 Einstufige Auswahl

A.1.1 Einstufige Auswahl mit uneingeschränkter Zufallsentnahme; Faserlänge nach dem Querschneideverfahren

Die Bestimmung der Faserlänge nach dem Querschneideverfahren für Bänder, Lunten, Vorgarne usw. wird in einer in Vorbereitung befindlichen Norm beschrieben.

Das auf einer Samtplatte ausgebreitete Band wird unter einem bestimmten Winkel quer geschnitten. Zunächst werden die in der Schnittlinie liegenden Fasern aus dem Band herausgezogen und verworfen. Anschließend werden Fasern aus dem Band gezogen, die die zu untersuchende Probe bilden. Dabei entsteht eine bezüglich der Faserlänge unbetonte Probe.

Eine längenbetonte Probe erhält man bei Bändern, Garnen usw., wenn man die Faserlänge in der Häufigkeit erfaßt, wie sie in einem Querschnitt angetroffen werden. Allgemein wird nämlich im Querschnitt eine bestimmte Faserlänge um so häufiger angetroffen, je häufiger sie in der Fasermasse vorkommt und je länger sie ist.

A.2 Zweistufige Auswahl

A.2.1 Zweistufige Auswahl mit uneingeschränkter Zufallsentnahme; Anteil an rein gewaschener Wolle nach dem Kernbohrverfahren

In ASTM D 1060-76 (1979)*) ist die Probenahme für die Messung des Anteils von rein gewaschener Wolle in Wollballen genormt. Dazu werden mit einem Kernbohrer, dessen Maße in dieser Norm ebenfalls vorgeschrieben sind, etwa gleichzeitig mit dem Wägen der Ballen mehrere Faserkerne ausgebohrt, die die Laboratoriumsproben liefern. Der günstigste Aufbau der Stichprobe wird nach statistischen Gesichtspunkten festgelegt.

---

*) ASTM = American Society for Testing and Materials.

Tabelle A.1. Richtwerte für σ_ε und σ_ξ für den Gehalt an rein gewaschener Wolle verschiedener Typen

Nr	Klassifizierung	σ_ε in %	σ_ξ in %
	Wolle für Bekleidungstextilien		
1	Schweißwolle, klettenarm		
	Argentinien	2,5	2,5
	Australien	1,5	4,0
	Brasilien	2,5	2,5
	Kanada/USA	4,5	2,0
	Chile	2,0	5,0
	Peru, Wolle	2,5	2,5
	Peru, Alpaca	3,0	1,5
	Neuseeland	1,5	4,0
	Südafrika	1,5	4,0
	Uruguay	3,0	1,5
2	Hautwolle, klettenarm		
	gering kalkhaltig alle Typen	1,5	1,5
	stark kalkhaltig alle Typen	2,5	2,5
3	entschweißte Wolle, klettenarm		
	gut gewaschen, alle Typen	1,0	1,0
	schwach gewaschen, alle Typen	1,5	1,5
4	Klettenhaltig bei 5 bis 10 % Kletten, Basis entschweißt	σ_ε um 1,0 größer als der Wert der entsprechenden klettenarmen Provenienz	
	über 10 % Kletten, Basis entschweißt	σ_ε um 2,0 größer als der Wert der entsprechenden klettenarmen Provenienz	

Nr	Klassifizierung	σ_ε in %	σ_ξ in %
	Teppichwolle		
5	Schweißwolle, klettenarm		
	Aleppo	3,0	2,5
	Buenos Aires	3,5	2,5
	Schwarzkopf	4,0	3,5
	Indien (außer Vicanere):		
	weiß	2,5	1,5
	farbig	3,5	3,0
	Iran	3,5	3,5
	Irak	3,5	2,0
	Neuseeland crutchings	3,5	5,0
	Pakistan	2,0	5,0
	Vicanere	3,0	2,5
6	Schweißwolle, klettenhaltig, bei 5 bis 10 % Kletten, Basis entschweißt	σ_ε um 1,0 größer als der Wert der entsprechenden klettenarmen Provenienz	
	über 10 % Kletten, Basis entschweißt	σ_ε um 2,0 größer als der Wert der entsprechenden klettenarmen Provenienz	
7	Hautwolle oder farbig	wie Schweißwolle, klettenhaltig, bei 5 bis 10 % Kletten	
8	entschweißte Wolle, klettenarm		
	gut entschweißt, alle Typen	1,0	1,0
	schwach entschweißt, alle Typen	1,5	1,5
9	entschweißte Wolle, klettenhaltig		
	5 bis 10 % Kletten	2,5	1,5
	über 10 % Kletten	3,5	1,5

Jeder ausgewählte Ballen wird gedanklich in acht etwa gleich große nebeneinander liegende Teilbereiche zerlegt, deren Lage im Ballen durch Fuß und Kopf, links und rechts, vorn und hinten angegeben wird. Aus jedem zu prüfenden Ballen wird die gleiche festgelegte Anzahl Kerne aus bestimmten Teilbereichen gebohrt.

Die Sammelprobe soll etwa gleich viele Proben aus jedem der acht Teilbereiche enthalten.

In der Tabelle A.1 sind für mehrere Wollprovenienzen die unter bestimmten Voraussetzungen zu erwartenden Standardabweichungen (in % absolut) für den Gehalt an rein gewaschener Wolle innerhalb und zwischen den Ballen angegeben. Damit wird nach DIN 53 803 Teil 1 die varianzbestimmte (oder die varianzbestimmte kostenminimale) Stichprobe ermittelt, d.h. die Anzahl von Kernbohrproben je Ballen sowie die Anzahl der zur Prüfung heranzuziehenden Ballen in Abhängigkeit von der Losgröße werden berechnet. Diese Ballen werden uneingeschränkt zufällig aus dem Los entnommen.

A.2.2 Zweistufige Auswahl mit systematischer Entnahme; Luftdurchlässigkeit von Textilien [1]

Die Bestimmung der Luftdurchlässigkeit von textilen Flächengebilden ist in DIN 53 887 genormt.

Bei diesem Merkmal macht sich erfahrungsgemäß häufig ein Richtungseinfluß bemerkbar, z.B. bei Geweben ein Einfluß der Kettrichtung und/oder ein Einfluß der Schußrichtung, bei Filzen ein Einfluß der Laufrichtung und/oder quer dazu. Dann ist das Flächengebilde in "Schichten" (bei Geweben in Schußstreifen zur Erfassung des Kettrichtungseinflusses und in Kettstreifen zur Erfassung des Schußrichtungseinflusses) einzuteilen, und in jeder "Schicht" sind die Meßstellen systematisch festzulegen.

Bei dieser Probenahme liegt eine Aufteilung nach zwei gleichberechtigten Kriterien vor – nämlich die Aufteilung in Kett- und Schußrichtung oder in Laufrichtung des Flächengebildes und quer dazu - mit Wiederholungsmessungen innerhalb der Zellen (Kreuzungsstellen von Streifen in Kett- und Schußrichtung oder in Längs- und Querrichtung).

A.2.3 Zweistufige Auswahl mit systematischer Entnahme in der ersten Stufe und Zufallsentnahme in der zweiten Stufe; Fasermischung in der Nutzschicht eines Teppichs [2]

Bei einem längsstreifig erscheinenden Uni-Tuftingteppich, dessen Polgarn aus einer (Soll-)Mischung von 50 % Polyester(PES)- und 50 % Polyamid(PA)-Fasern bestehen sollte, wurde vermutet, daß die Streifigkeit durch zu starke Schwankungen im Mischungsverhältnis von Faden zu Faden hervorgerufen sein könnte.

A.2.3.1 Vorversuche

Um eine erste Abschätzung der möglichen Differenzen zu erhalten, wurden aus je einer "dunkler" und einer "heller" erscheinenden Noppenreihe etwa 2 g der Polnoppen entnommen; nach DIN 54 220 wurde deren Polyesterfaseranteil bestimmt. Nach der Fasertrennung ergaben sich die Beobachtungswerte in der Tabelle A.2 .

Tabelle A.2. Beobachtungswerte des Polyesterfaseranteils

		Polyesterfaseranteil in % Beobachtungswerte	
		1	2
Noppenreihe	dunkel	49,8	49,5
	hell	56,1	56,0

A.2.3.2 Systematisch entnommene Stichprobe

Nunmehr wurden zur Verbreiterung der Untersuchungsbasis jeweils drei "dunkel" und drei "hell" erscheinende Noppenreihen als typische Proben angezeichnet und aus ihnen die Noppen entnommen. Nach der Bestimmung des Polyester-Anteils ergaben sich die Beobachtungswerte in Tabelle A.3 .

Tabelle A.3. Beobachtungswerte des Polyesterfaseranteils

		Polyesterfaseranteil in % Beobachtungswerte	
		1	2
Noppenreihe	dunkel 1	48,8	49,5
	2	45,3	45,8
	3	48,5	48,0
	hell 4	54,7	54,5
	5	53,0	52,8
	6	53,0	53,4

A.2.3.3 Zufällig entnommene Stichprobe

Zur Schaffung eines vertieften Einblicks in die Verteilung der einzelnen Werte wurden mittels Zufallszahlen sechs Noppenreihen ausgewählt. In gleicher Weise, wie oben beschrieben, wurden Noppen entnommen und Fasertrennungen durchgeführt. Es ergaben sich die Beobachtungswerte in Tabelle A.4 .

Tabelle A.4. Beobachtungswerte des Polyesterfaseranteils

	Polyesterfaseranteil in % Beobachtungswerte	
	1	2
Noppenreihe 1	48,7	49,2
2	53,5	53,4
3	52,2	51,5
4	47,6	48,5
5	52,1	51,5
6	50,6	49,4

A.2.3.4 Auswertung

Die unter Abschnitt A.2.3.1 aufgeführten Beobachtungswerte sind allenfalls für eine orientierende Betrachtung geeignet. Eine sinnvolle Auswertung der gefundenen Ergebnisse ist nur für die nach Abschnitt A.2.3.2 und Abschnitt A.2.3.3 gefundenen Daten möglich. Sie erfolgt mit Hilfe der Einfachen Varianzanalyse (siehe DIN 53 803 Teil 1). Es liegen $n_1 = 6$ Gruppen (Noppenreihen) und $n_2 = 2$ Beobachtungswerte (innerhalb der Gruppen) vor.

Die Nullhypothese H_0 lautet:

> Zwischen den Noppenreihen bestehen nur zufällige Unterschiede im Polyesterfasergehalt.

Die Alternativhypothese H_1 lautet:

> Zwischen den Noppenreihen sind nichtzufällige Unterschiede im Polyesterfasergehalt vorhanden.

Es soll auf dem Signifikanzniveau $\alpha = 0,01$ geprüft werden. Es ergeben sich folgende Prüfwerte (siehe DIN 53 803 Teil 1):

$F_B = 24,5$ beim Prüfen nach Abschnitt A.2.3.2

$F_B = 29,5$ beim Prüfen nach Abschnitt A.2.3.3

Sie werden verglichen mit dem Tabellenwert

$F_{f_b, f_w; 1-\alpha} = F_{5,6;\ 0,99} = 8,75$

Da beide Prüfwerte über dem Tabellenwert liegen, wird die Nullhypothese zugunsten der Alternativhypothese verworfen.

Das Testergebnis lautet:

Zwischen den Noppenreihen sind nichtzufällige Unterschiede im Polyesterfasergehalt nachgewiesen worden. Der untersuchte Teppich wird bezüglich des Mischungsverhältnisses als inhomogen angesehen.

A.2.3.5 Homogenes Material

Der Vollständigkeit halber seien Ergebnisse beigefügt, die an einem anderen - nicht streifig erscheinenden - Teppich für das untersuchte Merkmal "Polyesterfaseranteil" gefunden wurden. Alle übrigen Bedingungen sind mit den bereits genannten identisch.

Wie im Abschnitt A.2.3.3 beschrieben, wurden die Noppen von sechs zufällig ausgewählten Noppenreihen entnommen, und der Polyesteranteil wurde bestimmt. Es ergaben sich die Beobachtungswerte der Tabelle A.5 .

Tabelle A.5. Beobachtungswerte des Polyesterfaseranteils

	Polyesterfaseranteil in % Beobachtungswerte	
	1	2
Noppenreihe 1	49,7	49,8
2	50,3	50,1
3	50,5	49,9
4	49,5	50,3
5	49,3	48,9
6	50,0	49,7

Damit errechnet sich der Prüfwert $F_B = 3{,}02$, der nunmehr unter dem zum Signifikanzniveau $\alpha = 0{,}05$ gehörenden Tabellenwert $F_{5,\ 6;\ 0,95} = 4{,}39$ liegt.

Die in Abschnitt A.2.3.4 formulierte Nullhypothese wird nicht verworfen. Dieses Material gilt bezüglich des untersuchten Merkmals als homogen.

A.3 Dreistufige Auswahl

A.3.1 Dreistufige Auswahl mit uneingeschränkter Zufallsentnahme; Erzgehalt von Chromerz [4]

Bei körnigem Massengut hängt die günstigste Masse der Proben von der Korngrößenverteilung des Gutes ab. Die Masse muß mindestens so groß sein, daß mehrere Stücke des größten Korns in die Probe gelangen können. Durch eine erhebliche Steigerung der Masse der Proben über den Mindestwert hinaus wird im allgemeinen die Genauigkeit nicht vergrößert.

Das Prüflos besteht aus einer Lieferung von 1480 t Chromerz, die auf zwei Schiffen angeliefert wurde. Die Schiffe werden mittels Greifern von maximal 5 t Inhalt entladen. Von den ca. 380 Greifer-Teilmengen werden insgesamt 16 Teilmengen nach dem Zufall ausgewählt und zur Probenahme herangezogen. Diese $n_1 = 16$ Proben erster Stufe werden durch einen Backenbrecher gegeben und auf eine Korngröße von kleiner als 80 mm zerkleinert und durchmischt. Aus jeder Probe wird eine Teilmenge von ca. 30 kg entnommen und in einem Labor-Backenbrecher auf eine Korngröße von kleiner als 5 mm zerkleinert. Nach dem Durchmischen wird jede der 16 Proben in $n_2 = 2$ Proben zweiter Stufe aufgeteilt, womit man $n_1 \cdot n_2 = 32$ Proben zu je ca. 15 kg erhält. Jede dieser Proben wird dreimal nacheinander durchmischt und halbiert, wodurch man schließlich 32 (Laboratoriums-)Proben zu je ca. 1,9 kg erhält.

Jede Probe wird auf eine Korngröße von kleiner als 1 mm gemahlen und viermal nacheinander gemischt und halbiert, wobei jeweils 16 Teilmengen zu je ca. 100 g entstehen. Davon werden jeweils $n_3 = 2$ (Analysen-)Proben dritter Stufe zur Bestimmung des Gehalts an Chromerz herangezogen. Insgesamt liegen also $n_1 \cdot n_2 \cdot n_3 = 64$ Analysenproben vor.

Die Ergebnisse werden entsprechend DIN 53 803 Teil 4 nach dem Schachtelmodell mit drei Stufen ausgewertet.

A.3.2 Dreistufige Auswahl mit eingeschränkter Zufallsentnahme; Streifen-Zugfestigkeit eines Gewebes

In DIN 53 857 Teil 1 ist der Streifen-Zugversuch an textilen Flächengebilden genormt.

Aus der Gesamtmenge werden im allgemeinen einige Stücke nach dem Zufall ausgewählt. Aus jedem ausgewählten Stück werden an Stellen, wo keine Fehler, Schäden, Knick- oder Knitterstellen zu sehen sind, Laboratoriumsproben bestimmter Größe entnommen. Die Laboratoriumsproben sind über die ausgewählten Stücke zu verteilen, sofern nicht die Probenahme allein am Stückanfang oder Stückende vorher als zulässig nachgewiesen wurde. Die aus den Laboratoriumsproben zu entnehmenden Meßproben haben die Form von Streifen und sind in mindestens 100 mm Abstand von der Kante des textilen Gebildes zu entnehmen. Die Meßproben in Kettrichtung sind über die Breite der Fläche gleichmäßig verteilt zu entnehmen.

Maße in mm

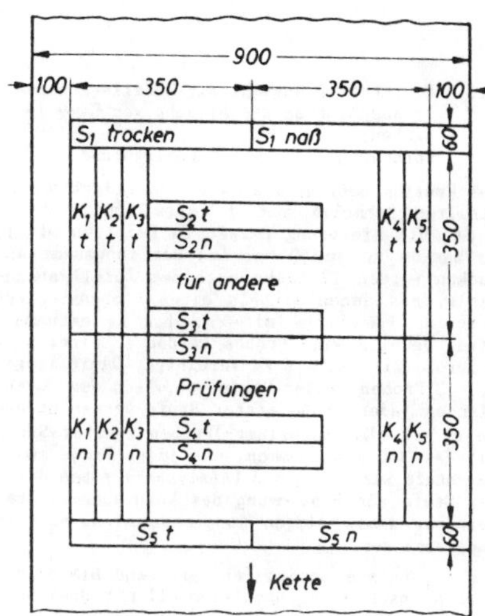

Bild A.1. Schema für die Probenahme von Kett- und Schußstreifen zur Prüfung der Gewebefestigkeit

Die Meßproben in Schußrichtung sind über die Länge der Fläche so verteilt zu entnehmen, daß mit den einzelnen Streifen möglichst viele Schußfadenpartien erfaßt werden.

Für die gleichzeitige Durchführung von Trocken- und Naß-Zugversuchen sind die Meßproben für den Naß-Zugversuch so anschließend an die Probestreifen für den Trocken-Zugversuch zu entnehmen, daß in den zugehörigen Meßproben weitgehend die gleichen Kett- bzw. Schußfäden geprüft werden, siehe Bild A.1.

A.3.3 Dreistufige Auswahl mit eingeschränkter Zufallsentnahme;
Dichte von Rottannen-Holz [3]

Zur Bestimmung der Dichte von Rottannen-Holz im wachsenden Baum werden aus dem Verbreitungsgebiet dieses Baumes im südöstlichen Teil der USA n_1 = 35 Teilgebiete als Proben erster Stufe zufällig ausgewählt, wobei die Auswahlwahrscheinlichkeit in etwa proportional zur Größe des Teilgebietes ist. Die Stelle für die Probenahme innerhalb jedes Teilgebietes wird zufällig ausgewählt unter Benutzung eines Koordinatennetzes mit einer Maschenweite von einer Meile. Für jede Stelle wird eine Himmelsrichtung zufällig festgelegt. Die ersten n_2 = 33 Bäume, die in dieser Richtung angetroffen werden, werden für die Proben zweiter Stufe herangezogen. Aus jedem Baum werden n_3 = 2 diametral einander gegenüberliegende Kerne in Brusthöhe als Proben dritter Stufe ausgebohrt. Damit liegen insgesamt $n_1 \cdot n_2 \cdot n_3$ = 2310 Endproben zur Bestimmung der Dichte vor.

Die Meßergebnisse werden (analog zu DIN 53 803 Teil 4) nach dem Schachtelmodell mit drei Stufen ausgewertet.

A.3.4 Dreistufige Auswahl mit Zufallsentnahme im Anschluß an die Bildung von Sammelproben;
Kornraumgewicht von Schmelzkorund

Das Prüflos besteht aus 24 t synthetisch hergestelltem Schmelzkorund in der Körnung 2 bis 3 mm. Die Lieferung umfaßt 24 Paletten mit je 20 Säcken zu je 50 kg. Aus den insgesamt 480 Säcken werden 12 Säcke nach dem Zufall ausgewählt, aus denen mittels eines Probenstechers jeweils eine Probe mit ca. 1,2 kg entnommen wird. Jeweils vier Proben werden zu einer Sammelprobe mit ca. 4,8 kg vereinigt. Damit liegen n_1 = 3 Proben erster Stufe vor. Nach dem Durchmischen jeder Probe erster Stufe werden daraus je n_2 = 2 (Laboratoriums-)Proben zweiter Stufe mit ca. 300 g entnommen, aus jeder Probe zweiter Stufe werden n_3 = 3 (Analysen-)Proben dritter Stufe zur Bestimmung des Kornraumgewichtes gezogen; damit liegen insgesamt $n_1 \cdot n_2 \cdot n_3$ = 18 Endproben vor.

Die Ergebnisse werden (entsprechend DIN 53 803 Teil 4) nach dem Schachtelmodell mit drei Stufen ausgewertet.

A.4 Vierstufige Auswahl

A.4.1 Vierstufige Auswahl mit uneingeschränkter Zufallsentnahme;
Siebanalyse und Kalk-Kieselsäure-Verhältnis von eisenarmem Sinter III [4]

Das Prüflos besteht aus der Lieferung von 480 t Sinter III auf einem Kanalschiff. Das Schiff wird mittels eines Greifers von maximal 5 t Fassungsvermögen entladen. Von den ca. 100 Greifer-Teilmengen werden 9 Teilmengen nach dem Zufall ausgewählt und zur Probenahme herangezogen. Aus jeder dieser n_1 = 9 Proben erster Stufe werden jeweils n_2 = 2 Proben zweiter Stufe zu je ca. 10 kg entnommen.

Jede der nun vorliegenden $n_1 \cdot n_2$ = 18 Proben wird über einen Riffelteiler in je n_3 = 2 Teilmengen zu ca. 5 kg geteilt, die wiederum über einen Riffelteiler in jeweils zwei Laboratoriumsproben zu ca. 2,5 kg geteilt werden; jede Probe zweiter Stufe ist damit in vier Laboratoriumsproben aufgeteilt. Je zwei dieser Laboratoriumsproben, die aus einer der zugehörigen 10 kg-Proben zweiter Stufe stammen, werden vereinigt und zur Siebanalyse benutzt; die anderen beiden Laboratoriumsproben werden auf einer Scheibenschwingmühle gemahlen (Korngröße kleiner als 1 mm) und in n_4 = 2 (Analysen-)Proben vierter Stufe zu je ca. 1,25 kg geteilt. Hieraus erhält man durch viermaliges Mischen und Halbieren nacheinander schließlich die Analysenproben mit je ca. 100 g, die zur Bestimmung des Kalk-Kieselsäure-Verhältnisses benutzt werden. Insgesamt liegen $n_1 \cdot n_2 \cdot n_3 \cdot n_4$ = 72 Einzelproben vor.

Die Ergebnisse werden (analog zu DIN 53 803 Teil 4) nach dem Schachtelmodell mit vier Stufen ausgewertet.

A.4.2 Vierstufige Auswahl mit uneingeschränkter Zufallsentnahme;
Aschegehalt von Kohle [5]

Die Liefermenge besteht aus 850 t Kohle, die in 17 Wagen mit je 50 t angeliefert wird. Daraus werden nach dem Zufall n_1 = 9 Wagen als Proben erster Stufe ausgewählt, aus denen jeweils n_2 = 3 Proben zweiter Stufe zu je ca. 1,6 kg entnommen werden. Diese insgesamt 27 Proben werden jede für sich gemahlen. Aus jeder Probe zweiter Stufe werden n_3 = 2 (Laboratoriums-)Proben dritter Stufe mit je ca. 100 g gezogen, aus denen je n_4 = 2 (Analysen-)Proben hergestellt werden. Damit liegen insgesamt $n_1 \cdot n_2 \cdot n_3 \cdot n_4$ = 108 Endproben zur Bestimmung des Aschegehaltes vor.

Die Ergebnisse werden (analog zu DIN 53 803 Teil 4) nach dem Schachtelmodell mit vier Stufen ausgewertet.

A.4.3 Vierstufige Auswahl mit Zufallsentnahme im Anschluß an die Bildung von Sammelproben; Al_2O_3-Gehalt von Bauxit-Schamotte

Das Prüflos besteht aus der Lieferung von 180 t Bauxit-Schamotte in einer Körnung von 1 bis 20 mm. Das Material wird aus dem Transportmittel auf ein Förderband abgekippt; aus dem laufenden Materialstrom werden 12 Schaufeln zu je ca. 6 kg Material zufallsmäßig entnommen, die mit den Nummern 1 bis 12 gekennzeichnet werden.

Durch Zusammenfassen der Schaufeln (1,5,9), (2,6,10), (3,7,11) und (4,8,12) werden $n_1 = 4$ Sammelproben erster Stufe gebildet, zerkleinert und durchmischt. Aus jeder Probe erster Stufe werden $n_2 = 2$ (Laboratoriums-)Proben zweiter Stufe mit je ca. 400 g gezogen, aus jeder Probe zweiter Stufe werden $n_3 = 3$ Proben dritter Stufe mit je ca. 100 g entnommen, und aus jeder Probe dritter Stufe schließlich $n_4 = 3$ (Analysen-)Proben vierter Stufe. Damit liegen insgesamt $n_1 \cdot n_2 \cdot n_3 \cdot n_4 = 72$ Analysenproben zur Bestimmung des Al_2O_3-Gehalts vor.

Die Ergebnisse werden (analog zu DIN 53 803 Teil 4) nach dem Schachtelmodell mit vier Stufen ausgewertet.

A.5 Fünfstufige Auswahl

A.5.1 Fünfstufige Auswahl mit geschichteter Stichprobe in der dritten Stufe; Feinheit von Spinnfasern nach der Vibroskop-Methode [6]

In den Prüfmethoden des BISFA, z.B. für Spinnfasern und Kabel aus Nylon 6, ist folgendes Verfahren für die Probenahme von Spinnfasern aus Faserballen mit Fasern in Wirrlage festgelegt; für die Spinnfasern wird die Faserfeinheit z.B. nach der Vibroskop-Methode gemessen.

In der ersten Stufe entnimmt man aus der Lieferung durch Zufallsauswahl einen bestimmten Anteil von Verpackungseinheiten, dessen Größe sich nach der Anzahl der Verpackungseinheiten in der Lieferung richtet. Die Zufallsauswahl von Verpackungseinheiten kann man z.B. erreichen durch laufende Numerierung der Verpackungseinheiten auf den Lieferpapieren und Anwendung einer veröffentlichten Tabelle von Zufallszahlen, um festzustellen, welche der Verpackungseinheiten für die erste Stufe der Probenahme auszuwählen sind.

In der zweiten Stufe wird die Anzahl von Verpackungseinheiten aus der ersten Stufe wiederum durch Zufallsauswahl aufgeteilt in eine Anzahl von Verpackungseinheiten, welche für die weitere Probenahme herangezogen werden, und in eine Anzahl von Verpackungseinheiten, welche als Reserve für eventuell später zu ziehende Proben dient.

Aus den Verpackungseinheiten zweiter Stufe werden in der dritten Stufe die Faserproben wie folgt entnommen: Man denkt sich jede Verpackungseinheit (Faserballen) in zwei "Schichten" annähernd gleichen Volumens unterteilt, und zwar in eine den ganzen Faserballen umgebende Außenzone, deren Dicke etwa 10 % der Kantenlänge des Faserballens beträgt, und in eine Innenzone, die innerhalb der Außenzone liegt; weiter denkt man sich die Innenzone in sechs etwa gleichdicke Lagen geteilt. Der Außenzone entnimmt man 12 Teilmengen mit jeweils etwa 5 g Fasern, und zwar je zwei Teilmengen aus verschiedener Tiefe an zufällig gewählten Positionen auf jeder Seite des Ballens. Aus den sechs Lagen der inneren Zone entnimmt man an einer jeweils zufällig gewählten Position eine weitere Teilmenge von etwa 10 g Fasern. Aus jeder Verpackungseinheit zweiter Stufe liegen damit in der dritten Stufe 18 Faserproben vor.

In der vierten Stufe werden aus diesen jeweils 18 Faserproben pro Verpackungseinheit zweiter Stufe in Abhängigkeit von der Anzahl der Verpackungseinheiten zweiter Stufe durch Zufallsauswahl insgesamt mindestens 10 und höchstens 20 Faserproben als Laboratoriumsproben zufallsmäßig ausgewählt, die als für die Lieferung repräsentativ angesehen werden; die restlichen Faserproben werden beiseite gelegt und für zusätzliche Messungen herangezogen, falls mit den ausgewählten Faserproben vierter Stufe ein Vertrauensbereich erreicht wird, der weiter als der vorgeschriebene Vertrauensbereich ist.

In der fünften Stufe werden zunächst aus den mindestens 10 und höchstens 20 Laboratoriumsproben vierter Stufe jeweils 10 Fasern durch Zufallsauswahl entnommen, deren Feinheit nach der Vibroskop-Methode bestimmt wird.

A.6 Mehrstufige Auswahl

A.6.1 Mehrstufige Auswahl mit geschichteter Stichprobe; Zugfestigkeit von Garnen und Zwirnen

Garne und Zwirne sind in Bezug auf die Zugfestigkeit im allgemeinen als inhomogen anzusehen. Bei solchem Material ist eine mehrstufige Stichprobe zu ziehen, die in einer oder mehreren Stufen geschichtet sein kann.

Sind wesentliche Unterschiede der Eigenschaften innerhalb einer einzelnen Aufmachungseinheit zu erwarten und sollen diese untersucht werden, so ist die Aufmachungseinheit in "Schichten" zu unterteilen, und aus jeder "Schicht" sind die Meßproben zu entnehmen.

Bei Garnen und Zwirnen kann jeder nicht unterbrochene Abschnitt als Gruppe im Sinne von DIN 53 803 Teil 1 angesehen werden. Als Unterbrechung ist hierbei jede Verbindung durch Knoten, Schweißen oder Verkleben anzusehen (siehe DIN 53 834 Teil 1).

Eine Aufmachungseinheit eines Garnes kann einen einzigen ununterbrochenen Garnabschnitt enthalten (z.B. Spinnkops ohne Knoten), oder das Garn einer Aufmachungseinheit wurde aus verschiedenen ununterbrochenen Garnabschnitten kleinerer Aufmachungseinheiten zusammengesetzt (z.B. Kreuzspule aus mehreren Spinnkopsen).

Zwischen solchen Garnabschnitten, insbesondere zwischen dem Garn verschiedener Aufmachungseinheiten, ist mit Unterschieden zu rechnen.

A.6.2 Mehrstufige Auswahl mit Sammelprobe; Al_2O_3-Gehalt einer Ton-Lieferung

In DIN 51 061 Teil 2 ist die Probenahme keramischer Rohstoffe und feuerfester ungeformter Erzeugnisse genormt.

Aus einer Lieferung von 25 t Ton, geliefert in einem Bahnwaggon, sollen Proben zur Bestimmung des Al_2O_3-Gehalts gezogen werden. Die maximale Korngröße (Stückgröße) beträgt 50 mm. Für je 2 t entladenen Materials werden Einzelproben von mindestens 5 kg gezogen. Insgesamt liegen 12 Einzelproben vor, die zu einer Sammelprobe von etwa 60 kg vereinigt werden. Die Sammelprobe wird auf eine maximale Korngröße von zunächst 5 mm zerkleinert, gemischt und in zwei Proben von je ca. 30 kg geteilt. Eine dieser Proben wird auf eine maximale Korngröße von 1 mm zerkleinert, gemischt und in zwei Proben von je ca. 15 kg geteilt. Aus einer dieser Proben wird die Laboratoriumsprobe von etwa 1 kg gezogen, die auf eine Korngröße von maximal etwa 0,06 mm zerkleinert und gemischt wird; hieraus werden zwei Endproben (Analysenproben) von je etwa 1 g gezogen, an denen der mittlere Al_2O_3-Gehalt der Ton-Lieferung bestimmt wird.

Zitierte Normen und andere Unterlagen

DIN 51 061 Teil 2 — Prüfung keramischer Roh- und Werkstoffe; Probenahme; Keramische Rohstoffe und feuerfeste ungeformte Erzeugnisse

DIN 53 803 Teil 1 — Prüfung von Textilien; Probenahme; Statistische Grundlagen der Probenahme bei einfacher Aufteilung

DIN 53 803 Teil 3 — Probenahme; Statistische Grundlagen der Probenahme bei zweifacher Aufteilung nach zwei gleichberechtigten Gesichtspunkten

DIN 53 803 Teil 4 — Probenahme; Statistische Grundlagen der Probenahme bei zweifacher Aufteilung nach zwei einander nachgeordneten Gesichtspunkten

DIN 53 834 Teil 1 — Prüfung von Textilien; Einfacher Zugversuch an Garnen und Zwirnen in klimatisiertem Zustand

DIN 53 857 Teil 1 — Prüfung von Textilien; Einfacher Zugversuch an textilen Flächengebilden; Gewebe und Webbänder

DIN 53 887 — Prüfung von Textilien; Bestimmung der Luftdurchlässigkeit von textilen Flächengebilden

DIN 54 220 — Prüfung von Textilien; Quantitative Bestimmung der Anteile binärer Mischungen; Polyamid 66- oder Polyamid 6-Fasern mit anderen Fasern; Ameisensäure-Verfahren

DIN 55 350 Teil 11 — Begriffe der Qualitätssicherung und Statistik; Grundbegriffe der Qualitätssicherung

DIN 55 350 Teil 12 — Begriffe der Qualitätssicherung und Statistik; Merkmalsbezogene Begriffe

DIN 55 350 Teil 14 — Begriffe der Qualitätssicherung und Statistik; Begriffe der Probenahme

DIN 55 350 Teil 21 — Begriffe der Qualitätssicherung und Statistik; Begriffe der Statistik; Zufallsgrößen und Wahrscheinlichkeitsverteilung

DIN 55 350 Teil 22 — Begriffe der Qualitätssicherung und Statistik; Begriffe der Statistik; Spezielle Wahrscheinlichkeitsverteilungen

DIN 55 350 Teil 23 — Begriffe der Qualitätssicherung und Statistik; Begriffe der Statistik; Beschreibende Statistik

DIN 55 350 Teil 24 — Begriffe der Qualitätssicherung und Statistik; Begriffe der Statistik; Schließende Statistik

DIN 55 350 Teil 31 — Begriffe der Qualitätssicherung und Statistik; Begriffe der Annahmestichprobenprüfung

ASTM D 1060 - 76 — Core sampling of raw wool in packages for determination of percentage of clean wool fiber present[1)]

---

1) Zu beziehen durch: Beuth Verlag GmbH (Auslandsnormenverkauf) Burggrafenstraße 6, 1000 Berlin 30.

[1] K.H.Padberg; Bestimmung der Luftdurchlässigkeit von textilen Flächengebilden (Bemerkungen zu DIN 53 887)
Melliand Textilberichte 47, 1966, S. 1377-1380

K.H.Padberg; Qualitätssicherung von Papierbahnen
Qualität und Zuverlässigkeit 24, 1979, S. 182-187

[2] K.H.Padberg; Probenahme und Auswertungsverfahren
Qualität und Zuverlässigkeit 20, 1975, S. 109-112

K.H.Padberg; Probenahme und Auswertungsverfahren in der Textilindustrie
Qualität und Zuverlässigkeit 23, 1978, S. 85-112

[3] A.Clark. A.F.Ike; Using variance components and cost analysis to improve sampling efficiency in wood density surveys
TAPPI 53, 1970, Nr.2, S. 295-299

[4] P.Th.Wilrich, A.Majdic, K.E.Lepère; Studie zur Probenahme von Rohstoffen für die Herstellung feuerfester Baustoffe
Forschungsber. des Landes NW, Nr. 2454, 1975, Westdeutscher Verlag, Opladen

[5] K.Stange; Stichprobenverfahren bei der Beurteilung von Massengütern, insbesondere Kohle
Mitteilungsblatt f. Math. Statistik 6, 1954, S. 204-220 Abschnitt 6

[6] BISFA; Int. anerk. Methoden für die Prüfung von Spinnfasern und Kabeln aus Nylon
Ausgabe 1986

Weitere Unterlagen

Stat. Bundesamt Wiesbaden; Stichproben in der amtlichen Statistik
Stuttgart, Kohlhammer 1960

W.G.Cochran; Stichprobenverfahren
Berlin, New York, de Gruyter 1972

W.E.Deming; Some theory of sampling
London, New York, Wiley 1950

U.Graf, H.J.Henning, K.Stange, P.Th.Wilrich; Formeln und Tabellen der angewandten mathematischen Statistik
Berlin, Heidelberg, New York, Springer 1987

U.Graf, H.J.Henning, P.Th.Wilrich; Statistische Methoden bei textilen Untersuchungen
Berlin, Heidelberg, New York, Springer 1974

E.Kreyszig; Statistische Methoden und ihre Anwendungen
Göttingen, Vandenhoek und Ruprecht 1965

J.Pfanzagl; Allgemeine Methodenlehre der Statistik (2 Bände)
Berlin, de Gruyter 1972 und 1974

L.Sachs; Statistische Auswertungsverfahren, 4.Auflage
Berlin, Heidelberg, New York, Springer 1974

K.Stange; Angewandte Statistik, Teil 1 und 2
Berlin, Heidelberg, New York, Springer 1970

W.A.Wallis, H.V.Roberts; Methoden der Statistik, 2.Auflage
Freiburg, Haufe 1963; rororo Band 6091-6095, Reinbek, Rowohlt 1969

Änderungen

Gegenüber der Ausgabe März 1979 wurden folgende Änderungen vorgenommen:
a) Die inzwischen erschienenen Begriffsnormen wurden berücksichtigt.
b) Die Norm wurde redaktionell überarbeitet.
c) Der Titel wurde geändert.

Erläuterungen

Der Anhang enthält Beispiele aus verschiedenen Bereichen der Technik.

Weitere Anhänge mit Beispielen aus speziellen Bereichen der Technik sind wünschenswert; diese Anhänge sind analog zu dem vorliegenden Anhang aufzubauen. Die Fachkreise aus anderen Bereichen der Technik werden aufgefordert, sich mit Vorschlägen an den Ausschuß Qualitätssicherung und angewandte Statistik (AQS) im DIN zu wenden.

Anwendungswarnvermerk

Dieser Norm-Entwurf wird der Öffentlichkeit zur Prüfung und Stellungnahme vorgelegt. Weil die beabsichtigte Norm von der vorliegenden Fassung abweichen kann, ist die Anwendung dieses Entwurfes besonders zu vereinbaren.
Stellungnahmen werden erbeten an den AQS im DIN, Postfach 1107, D - 1000 Berlin 30

DK 620.113 : 311 : 519.2 : 677.07 : 001.4 Juni 1984

Probenahme

Statistische Grundlagen der Probenahme bei zweifacher Aufteilung nach zwei gleichberechtigten Gesichtspunkten

DIN 53 803 Teil 3

Sampling; statistical basis; cross classification

Échantillonnage; base statistique; classification double

Inhalt

Fortsetzung Seite 2 bis 30

Normenausschuß Materialprüfung (NMP) im DIN Deutsches Institut für Normung e. V.
Ausschuß Qualitätssicherung und angewandte Statistik (AQS) im DIN

1 Grundlagen

In DIN 53 803 Teil 1 werden Verfahren zur Berechnung des Aufbaues und des Umfanges von Stichproben beschrieben, falls das zu prüfende Material in Gruppen zu unterteilen ist. Eine Unterteilung ist immer dann vorzunehmen, wenn Inhomogenitäten des Materials vorhanden sind oder vermutet werden.

Bei einer nach **einem** sachlichen Gesichtspunkt gewählten Einteilung in Gruppen ist eine einfache Aufteilung der Einheiten gegeben. Zur Auswertung werden Methoden der einfachen Varianzanalyse in DIN 53 803 Teil 1 herangezogen. Da in vielen Fällen eine einfache Aufteilung nicht ausreichend ist, wird man mehrfach aufteilen.

In dieser Norm und in DIN 53 803 Teil 4 wird der Aufbau und der Umfang von Stichproben behandelt, sofern man das zu untersuchende Material nach **zwei** sachlichen Gesichtspunkten unterteilt.

In dieser Norm wird die Unterteilung nach zwei **gleichberechtigten** Gesichtspunkten behandelt (Zweifache Varianzanalyse; Cross Classification), und zwar nur das Modell mit Zufallskomponenten. Zu Modellen mit systematischen Komponenten und gemischten Modellen wird auf die zitierten Unterlagen verwiesen. [1], [2]

Die Unterteilung in mehr als zwei Gruppen wird hier nicht behandelt. Falls eine weitergehende Unterteilung beabsichtigt ist, sollte man vorher überlegen, wie weit das sinnvoll ist und später befriedigend interpretiert werden kann.

Zum Verständnis dieser Norm wird die Kenntnis von DIN 53 803 Teil 1 und Teil 2 vorausgesetzt.

2 Begriffe

2.1 Begriffe für die Probenahme

Begriffe für die Probenahme nach DIN 53 803 Teil 1, Ausgabe März 1979, Abschnitt 1.2.1 bis Abschnitt 1.2.11.

2.2 Statistische Begriffe

Statistische Begriffe nach DIN 53 803 Teil 1, Ausgabe März 1979, Abschnitt 1.3.1 bis Abschnitt 1.3.18. Gegenüber der dortigen Kennzeichnungsweise wird in dieser Norm jeder Einzelwert mit drei Indizes versehen. Sie kennzeichnen die Gruppe, zu der jeder Einzelwert gehört.

2.3 Weitere Begriffe

2.3.1 Zweifache Varianzanalyse

Bei der Gruppeneinteilung einer Gesamtheit nach zwei gleichberechtigten Gesichtspunkten, die zu einer Anordnung der Einzelwerte in Spalten und Zeilen führt, ist die zweifache Varianzanalyse ein statistisches Auswerteverfahren, das auf der Aufteilung der gesamten Summe der quadrierten Abweichungen (S.d.q.A.) in vier Anteile beruht:

- die S.d.q.A. zwischen den Zeilen (entsprechend der Unterteilung nach Gesichtspunkt 1),
- die S.d.q.A. zwischen den Spalten (entsprechend der Unterteilung nach Gesichtspunkt 2),
- die S.d.q.A. durch Wechselwirkung,
- die S.d.q.A. innerhalb der Zellen.

Daraus ergeben sich vier Varianzen, und zwar:

- die Varianz zwischen den Zeilen,
- die Varianz zwischen den Spalten,
- die Varianz durch Wechselwirkung,
- die Restvarianz.

3 Anordnungsschema der Einzelwerte bei zweifacher Aufteilung

Die Einzelwerte werden nach dem Schema in Tabelle 1 (linker Teil) zusammengestellt. Das Schema enthält n_1 Zeilen ($i = 1, 2, 3 \ldots n_1$) entsprechend der Unterteilung nach Gesichtspunkt 1 und n_2 Spalten ($j = 1, 2, 3 \ldots n_2$) entsprechend der Unterteilung nach Gesichtspunkt 2. An den Schnittpunkten von Zeilen und Spalten stehen in jeder Zelle (gekennzeichnet durch das Indexpaar ij) n_3 Einzelwerte x_{ijk} ($k = 1, 2, 3 \ldots n_3$). Dabei wird in dieser Norm die Anzahl der Einzelwerte in jeder Zelle als gleich groß vorausgesetzt. Aus Gründen der Zweckmäßigkeit trägt man in dieses oder ein separates Schema sogleich die Quadrate x_{ijk}^2 der Einzelwerte in gleicher Weise ein.

Man bildet sodann innerhalb jeder Zelle die Zellensumme für die Einzelwerte

$$A_{ij} = \sum_{k=1}^{n_3} x_{ijk} \tag{1}$$

sowie die Quadrate der Einzelwerte

$$B_{ij} = \sum_{k=1}^{n_3} x_{ijk}^2 \tag{2}$$

Bis hierher ist der Gang der Rechnung unabhängig davon, ob man die Aufteilung nach zwei einander nachgeordneten oder nach zwei gleichberechtigten Gesichtspunkten wählt.

4 Statistische Auswertung bei zweifacher Aufteilung nach zwei gleichberechtigten Gesichtspunkten; Modell mit Wechselwirkung

4.1 Modellvorstellung

Bei der Aufteilung nach zwei gleichberechtigten Gesichtspunkten setzt sich jeder mögliche Einzelwert a_{ijk} der Gesamtheit aus mehreren Komponenten zusammen:

$$a_{ijk} = \mu + \xi_i + \eta_j + \alpha_{ij} + \varepsilon_{ijk} \tag{3}$$

Dabei ist

μ der Mittelwert der Gesamtheit,

ξ_i der Einfluß von Zeile i, d. h. von der Aufteilung nach Gesichtspunkt 1,

η_j der Einfluß von Spalte j, d. h. von der Aufteilung nach Gesichtspunkt 2,

α_{ij} die Wechselwirkung; das Wechselwirkungsglied ist allen Einzelwerten der Zelle ij gemeinsam, und es ist spezifisch für die Zelle ij,

ε_{ijk} der Zufallseinfluß beim Einzelwert k innerhalb der Zelle ij.

Für die Summanden in der Modellgleichung beim Modell mit Zufallskomponenten gilt folgendes:

a) Die Summanden ξ_i, η_j und α_{ij} sind Zufallsgrößen, deren Erwartungswerte Null sind und deren Varianzen mit σ_ξ^2, σ_η^2 und σ_α^2 bezeichnet werden.

b) Die Varianzen innerhalb aller Zellen sollen gleich sein und werden mit σ_ε^2 (für alle ij) bezeichnet.

c) Damit enthält das Modell mit Zufallskomponenten insgesamt die fünf Parameter μ, σ_ξ, σ_η, σ_α und σ_ε.

Für die Behandlung des Modells mit systematischen Komponenten und des gemischten Modells wird auf das Schrifttum verwiesen. [1]

Die Zufallsgrößen ξ_i, η_j, α_{ij} und ε_{ijk} sind normalverteilt.

4.2 Auswertung

Analog zur Modellgleichung wird jeder Meßwert x_{ijk} in folgende Anteile zerlegt:

$$\begin{aligned} x_{ijk} = \bar{x}_{...} &+ (\bar{x}_{i..} - \bar{x}_{...}) + (\bar{x}_{.j.} - \bar{x}_{...}) \\ &+ (\bar{x}_{ij.} - \bar{x}_{i..} - \bar{x}_{.j.} + \bar{x}_{...}) + (x_{ijk} - \bar{x}_{ij.}) \end{aligned} \tag{4}$$

Dabei ist

ein Einzelwert der Stichprobe:

$$x_{ijk}$$

der Gesamtmittelwert der Stichprobe:

$$\bar{x}_{\ldots} = \frac{1}{n_1 \cdot n_2 \cdot n_3} \sum_{i=1}^{n_1} \sum_{j=1}^{n_2} \sum_{k=1}^{n_3} x_{ijk} \tag{5}$$

der Mittelwert der Zeile i:

$$\bar{x}_{i\ldots} = \frac{1}{n_2 \cdot n_3} \sum_{j=1}^{n_2} \sum_{k=1}^{n_3} x_{ijk} \tag{6}$$

der Mittelwert der Spalte j:

$$\bar{x}_{.j.} = \frac{1}{n_1 \cdot n_3} \sum_{i=1}^{n_1} \sum_{k=1}^{n_3} x_{ijk} \tag{7}$$

der Mittelwert der Zelle ij:

$$\bar{x}_{ij.} = \frac{1}{n_3} \sum_{k=1}^{n_3} x_{ijk} \tag{8}$$

Ausgehend von dem Anordnungsschema im dick umrandeten Teil der Tabelle 1 für die Einzelwerte x_{ijk} (und die quadrierten Einzelwerte x_{ijk}^2) werden die folgenden auf dem rechten und unteren Rand eingetragenen Zwischensummen gebildet.

Summe aller Einzelwerte in der Zeile i:

$$\sum_{j=1}^{n_2} A_{ij} = \sum_{j=1}^{n_2} \sum_{k=1}^{n_3} x_{ijk} \tag{9}$$

Summe aller quadrierten Einzelwerte in der Zeile i:

$$\sum_{j=1}^{n_2} B_{ij} = \sum_{j=1}^{n_2} \sum_{k=1}^{n_3} x_{ijk}^2 \tag{10}$$

Summe aller Einzelwerte in der Spalte j:

$$\sum_{i=1}^{n_1} A_{ij} = \sum_{i=1}^{n_1} \sum_{k=1}^{n_3} x_{ijk} \tag{11}$$

Summe aller quadrierten Einzelwerte in der Spalte j:

$$\sum_{i=1}^{n_1} B_{ij} = \sum_{i=1}^{n_1} \sum_{k=1}^{n_3} x_{ijk}^2 \tag{12}$$

Quadrat der Summe aller Einzelwerte in der Zeile i:

$$\left(\sum_{j=1}^{n_2} A_{ij}\right)^2 = \left(\sum_{j=1}^{n_2} \sum_{k=1}^{n_3} x_{ijk}\right)^2 \tag{13}$$

Quadrat der Summe aller Einzelwerte in der Spalte j:

$$\left(\sum_{i=1}^{n_1} A_{ij}\right)^2 = \left(\sum_{i=1}^{n_1} \sum_{k=1}^{n_3} x_{ijk}\right)^2 \tag{14}$$

Zeilensumme der quadrierten Zellensummen:

$$\sum_{j=1}^{n_2} A_{ij}^2 = \sum_{j=1}^{n_2} \left(\sum_{k=1}^{n_3} x_{ijk}\right)^2 \tag{15}$$

Spaltensumme der quadrierten Zellensummen:

$$\sum_{i=1}^{n_1} A_{ij}^2 = \sum_{i=1}^{n_1} \left(\sum_{k=1}^{n_3} x_{ijk}\right)^2 \tag{16}$$

Diese für jede Zeile i und jede Spalte j vorliegenden vier Zwischensummen werden ihrerseits jeweils über alle Zeilen und Spalten zu folgenden Hilfsgrößen summiert:

Summe aller Einzelwerte:

$$A = \sum_i \sum_j A_{ij} = \sum_j \sum_i A_{ij} = \sum_i \sum_j \sum_k x_{ijk} \tag{17}$$

Summe aller quadrierten Einzelwerte:

$$B = \sum_i \sum_j B_{ij} = \sum_j \sum_i B_{ij} = \sum_i \sum_j \sum_k x_{ijk}^2 \tag{18}$$

Summe der Quadrate der Summe aller Einzelwerte innerhalb der Zeile i:

$$C = \sum_i \left(\sum_j A_{ij}\right)^2 = \sum_i \left(\sum_j \sum_k x_{ijk}\right)^2 \tag{19}$$

Summe der Quadrate der Summe aller Einzelwerte innerhalb der Spalte j:

$$D = \sum_j \left(\sum_i A_{ij}\right)^2 = \sum_j \left(\sum_i \sum_k x_{ijk}\right)^2 \tag{20}$$

Gesamtsumme der quadrierten Zellensummen:

$$E = \sum_i \sum_j A_{ij}^2 = \sum_j \sum_i A_{ij}^2 = \sum_i \sum_j \left(\sum_k x_{ijk}\right)^2 \tag{21}$$

Bei den Hilfsgrößen A, B und E gibt es zwei Rechenwege, nämlich die spaltenweise sowie die zeilenweise Addition der entsprechenden Zwischensummen. Es ist zweckmäßig, diese Beziehungen zur Rechenkontrolle zu benutzen. Die Kontrollen der Hilfsgrößen C und D sind erst später möglich.

Die Zwischensummen und Hilfsgrößen dürfen nicht gerundet werden (siehe DIN 53 803 Teil 1, Ausgabe März 1979, Abschnitt 4, und DIN 53 804 Teil 1, Ausgabe September 1981, Abschnitt 4.3).

4.3 Schätzwerte für die Modellparameter

Mit Hilfe der Summe der quadrierten Abweichungen Q und der zugehörigen Zahl der Freiheitsgrade f wird die Zerlegungstafel (siehe Tabelle 2) aufgestellt.

Die Summe Q_{total} läßt sich gemäß der Zerlegungstafel aus den Hilfsgrößen A und B errechnen; außerdem gilt jedoch die Beziehung

$$Q_{\text{total}} = Q_Z + Q_S + Q_{ZS} + Q_R \tag{22}$$

was zweckmäßig zur Kontrolle der Rechnung benutzt wird.

Analog gilt für die Zahl der Freiheitsgrade

$$f_{\text{total}} = n_1 \cdot n_2 \cdot n_3 - 1 = f_Z + f_S + f_{ZS} + f_R \tag{23}$$

wobei $n_1 \cdot n_2 \cdot n_3$ der gesamte Stichprobenumfang ist.

Als Ergebnis der Auswertung erhält man:

Schätzwert für μ ist

$$\hat{\mu} = x_{\ldots} = \frac{A}{n_1 \cdot n_2 \cdot n_3} \tag{24}$$

Schätzwert für σ_ξ^2 ist

$$\hat{\sigma}_\xi^2 = \frac{s_Z^2 - s_{ZS}^2}{n_2 \cdot n_3} \tag{25}$$

Schätzwert für σ_η^2 ist

$$\hat{\sigma}_\eta^2 = \frac{s_S^2 - s_{ZS}^2}{n_1 \cdot n_3} \tag{26}$$

Schätzwert für σ_α^2 ist

$$\hat{\sigma}_\alpha^2 = \frac{s_{ZS}^2 - s_R^2}{n_3} \tag{27}$$

Tabelle 1. **Anordnungsschema für die Einzelwerte und deren Quadrate; Zwischensummen und Hilfsgrößen für die zweifache Varianzanalyse**

i \ j	1	2	bis	j	bis	n_2	$\sum_j \sum_k x_{ijk}$	$\sum_j \sum_k x_{ijk}^2$	$\left(\sum_j \sum_k x_{ijk}\right)^2$	$\sum_j \left(\sum_k x_{ijk}\right)^2$
1	x_{111} x_{111}^2 bis x_{11k} x_{11k}^2 bis x_{11n_3} $x_{11n_3}^2$ A_{11} B_{11}	x_{121} x_{121}^2 bis x_{12k} x_{12k}^2 bis x_{12n_3} $x_{12n_3}^2$ A_{12} B_{12}	bis	x_{1j1} x_{1j1}^2 bis x_{1jk} x_{1jk}^2 bis x_{1jn_3} $x_{1jn_3}^2$ A_{1j} B_{1j}	bis	x_{1n_21} $x_{1n_21}^2$ bis x_{1n_2k} $x_{1n_2k}^2$ bis $x_{1n_2n_3}$ $x_{1n_2n_3}^2$ A_{1n_2} B_{1n_2}	$\sum_j A_{1j}$	$\sum_j B_{1j}$	$\left(\sum_j A_{1j}\right)^2$	$\sum_j A_{1j}^2$
2	x_{211} x_{211}^2 bis x_{21k} x_{21k}^2 bis x_{21n_3} $x_{21n_3}^2$ A_{21} B_{21}	x_{221} x_{221}^2 bis x_{22k} x_{22k}^2 bis x_{22n_3} $x_{22n_3}^2$ A_{22} B_{22}	bis	x_{2j1} x_{2j1}^2 bis x_{2jk} x_{2jk}^2 bis x_{2jn_3} $x_{2jn_3}^2$ A_{2j} B_{2j}	bis	x_{2n_21} $x_{2n_21}^2$ bis x_{2n_2k} $x_{2n_2k}^2$ bis $x_{2n_2n_3}$ $x_{2n_2n_3}^2$ A_{2n_2} B_{2n_2}	$\sum_j A_{2j}$	$\sum_j B_{2j}$	$\left(\sum_j A_{2j}\right)^2$	$\sum_j A_{2j}^2$
bis	bis	bis		bis		bis	bis	bis	bis	bis
i	x_{i11} x_{i11}^2 bis x_{i1k} x_{i1k}^2 bis x_{i1n_3} $x_{i1n_3}^2$ A_{i1} B_{i1}	x_{i21} x_{i21}^2 bis x_{i2k} x_{i2k}^2 bis x_{i2n_3} $x_{i2n_3}^2$ A_{i2} B_{i2}	bis	x_{ij1} x_{ij1}^2 bis x_{ijk} x_{ijk}^2 bis x_{ijn_3} $x_{ijn_3}^2$ A_{ij} B_{ij}	bis	x_{in_21} $x_{in_21}^2$ bis x_{in_2k} $x_{in_2k}^2$ bis $x_{in_2n_3}$ $x_{in_2n_3}^2$ A_{in_2} B_{in_2}	$\sum_j A_{ij}$	$\sum_j B_{ij}$	$\left(\sum_j A_{ij}\right)^2$	$\sum_j A_{ij}^2$
bis	bis	bis		bis		bis	bis	bis	bis	bis
n_1	x_{n_111} $x_{n_111}^2$ bis x_{n_11k} $x_{n_11k}^2$ bis $x_{n_11n_3}$ $x_{n_11n_3}^2$ A_{n_11} B_{n_11}	x_{n_121} $x_{n_121}^2$ bis x_{n_12k} $x_{n_12k}^2$ bis $x_{n_12n_3}$ $x_{n_12n_3}^2$ A_{n_12} B_{n_12}	bis	x_{n_1j1} $x_{n_1j1}^2$ bis x_{n_1jk} $x_{n_1jk}^2$ bis $x_{n_1jn_3}$ $x_{n_1jn_3}^2$ A_{n_1j} B_{n_1j}	bis	$x_{n_1n_21}$ $x_{n_1n_21}^2$ bis $x_{n_1n_2k}$ $x_{n_1n_2k}^2$ bis $x_{n_1n_2n_3}$ $x_{n_1n_2n_3}^2$ $A_{n_1n_2}$ $B_{n_1n_2}$	$\sum_j A_{n_1j}$	$\sum_j B_{n_1j}$	$\left(\sum_j A_{n_1j}\right)^2$	$\sum_j A_{n_1j}^2$
$\sum_i \sum_k x_{ijk}$	$\sum_i A_{i1}$	$\sum_i A_{i2}$	bis	$\sum_i A_{ij}$	bis	$\sum_i A_{in_2}$	A	↓	C	↓
$\sum_i \sum_k x_{ijk}^2$	$\sum_i B_{i1}$	$\sum_i B_{i2}$	bis	$\sum_i B_{ij}$	bis	$\sum_i B_{in_2}$	→	B		
$\left(\sum_i \sum_k x_{ijk}\right)^2$	$\left(\sum_i A_{i1}\right)^2$	$\left(\sum_i A_{i2}\right)^2$	bis	$\left(\sum_i A_{ij}\right)^2$	bis	$\left(\sum_i A_{in_2}\right)^2$	D			
$\sum_i \left(\sum_k x_{ijk}\right)^2$	$\sum_i A_{i1}^2$	$\sum_i A_{i2}^2$	bis	$\sum_i A_{ij}^2$	bis	$\sum_i A_{in_2}^2$	→			E

Tabelle 2. **Zerlegungstafel für die zweifache Varianzanalyse beim Modell mit Zufallskomponenten**

Schwankungen	Summe der quadrierten Abweichungen Q	Zahl der Freiheitsgrade f	Varianz $s^2 = \frac{Q}{f}$	Die Varianz ist Schätzwert für
zwischen den Zeilen	$Q_Z = n_2 \cdot n_3 \sum_{n_1} (\bar{x}_{i..} - \bar{x}_{...})^2 = \frac{C}{n_2 \cdot n_3} - \frac{A^2}{n_1 \cdot n_2 \cdot n_3}$	$f_Z = n_1 - 1$	s_Z^2	$\sigma_\varepsilon^2 + n_3 \sigma_\alpha^2 + n_2 n_3 \sigma_\xi^2$
zwischen den Spalten	$Q_S = n_1 \cdot n_3 \sum_{n_2} (\bar{x}_{.j.} - \bar{x}_{...})^2 = \frac{D}{n_1 \cdot n_3} - \frac{A^2}{n_1 \cdot n_2 \cdot n_3}$	$f_S = n_2 - 1$	s_S^2	$\sigma_\varepsilon^2 + n_3 \sigma_\alpha^2 + n_1 n_3 \sigma_\eta^2$
Wechselwirkung	$Q_{ZS} = n_3 \sum_{n_1} \sum_{n_2} (\bar{x}_{ij.} - \bar{x}_{i..} - \bar{x}_{.j.} + \bar{x}_{...})^2 = \frac{E}{n_3} - \frac{C}{n_2 \cdot n_3} - \frac{D}{n_1 \cdot n_3} + \frac{A^2}{n_1 \cdot n_2 \cdot n_3}$	$f_{ZS} = (n_1 - 1)(n_2 - 1)$	s_{ZS}^2	$\sigma_\varepsilon^2 + n_3 \sigma_\alpha^2$
innerhalb der Zellen	$Q_R = \sum_{n_1} \sum_{n_2} \sum_{n_3} (x_{ijk} - \bar{x}_{ij.})^2 = B - \frac{E}{n_3}$	$f_R = n_1 n_2 (n_3 - 1)$	s_R^2	σ_ε^2
total	$Q_{total} = \sum_{n_1} \sum_{n_2} \sum_{n_3} (x_{ijk} - \bar{x}_{...})^2 = B - \frac{A^2}{n_1 \cdot n_2 \cdot n_3}$	$f_{total} = n_1 \cdot n_2 \cdot n_3 - 1$		

Schätzwert für σ_ε^2 ist

$$\hat{\sigma}_\varepsilon^2 = s_R^2 \tag{28}$$

Falls einer oder mehrere der Schätzwerte $\hat{\sigma}_\xi^2$, $\hat{\sigma}_\eta^2$ und $\hat{\sigma}_\alpha^2$ negativ sind, werden die entsprechenden Varianzen durch Null geschätzt.

4.4 Testen von Hypothesen über die Modellparameter

Ausgehend von der Zerlegungstafel läßt sich mit dem F-Test prüfen, ob die Varianzen σ_ξ^2, σ_η^2 und σ_α^2 als von Null verschieden anzusehen sind. Damit sind drei statistische Tests notwendig, die nach dem gleichen Schema ablaufen.

Zunächst soll der Test der Hypothese über den Wechselwirkungseinfluß näher erläutert werden. Man stellt die Nullhypothese H_0 auf:

H_0: $\sigma_\alpha^2 = 0$, d. h. die Varian⁊ der Wechselwirkung ist nicht von Null verschieden.

Die Alternativhypothese H_1 lautet:

H_1: $\sigma_\alpha^2 \neq 0$, d. h. die Varianz der Wechselwirkung ist von Null verschieden.

Die Nullhypothese wird mit dem Prüfwert s_{ZS}^2/s_R^2 geprüft, der mit dem Tabellenwert $F_{f_{ZS};\, f_R;\, 1-\alpha}$ der F-Verteilung zum Signifikanzniveau α verglichen wird; die Tabellenwerte der F-Verteilung erhält man beispielsweise aus [1].

Ist $s_{ZS}^2/s_R^2 \leq F_{f_{ZS};\, f_R;\, 1-\alpha}$, wird die Nullhypothese nicht verworfen und die Varianz σ_α^2 als nicht von Null verschieden angesehen.

Ist $s_{ZS}^2/s_R^2 > F_{f_{ZS};\, f_R;\, 1-\alpha}$, wird die Nullhypothese zu Gunsten der Alternativhypothese verworfen, und die Varianz σ_α^2 wird als von Null verschieden betrachtet.

Der Test der Hypothese über den Zeileneinfluß und der Test der Hypothese über den Spalteneinfluß laufen nach dem gleichen Schema ab. Alle drei Tests sind in der Tabelle 3 zusammengestellt.

4.5 Vertrauensbereiche für die Modellparameter

Der Vertrauensbereich für den Mittelwert der Gesamtheit μ zum Vertrauensniveau $1-\alpha$ ergibt sich näherungsweise zu

$$\bar{x}_{...} - t_{f;\,1-\alpha/2} \cdot \sqrt{\frac{\hat{\sigma}_\xi^2}{n_1} + \frac{\hat{\sigma}_\eta^2}{n_2} + \frac{\hat{\sigma}_\alpha^2}{n_1 \cdot n_2} + \frac{\hat{\sigma}_\varepsilon^2}{n_1 \cdot n_2 \cdot n_3}} \leq \mu \leq \bar{x}_{...} + t_{f;\,1-\alpha/2} \cdot \sqrt{\frac{\hat{\sigma}_\xi^2}{n_1} + \frac{\hat{\sigma}_\eta^2}{n_2} + \frac{\hat{\sigma}_\alpha^2}{n_1 \cdot n_2} + \frac{\hat{\sigma}_\varepsilon^2}{n_1 \cdot n_2 \cdot n_3}} \tag{29}$$

Der Freiheitsgrad für den Tabellenwert der t-Verteilung ist der kleinere der beiden Werte f_Z oder f_S. Wird eine der Varianzen σ_ξ^2, σ_η^2 oder σ_α^2 als nicht von Null verschieden angesehen, entfällt in der Gleichung (29) der entsprechende Summand unter der Wurzel.

Der Vertrauensbereich für die Rest-Standardabweichung σ_ε ist

$$\varkappa_u \cdot s_R \leq \sigma_\varepsilon \leq \varkappa_o \cdot s_R \tag{30}$$

wobei die Faktoren für $\varkappa$ zum Freiheitsgrad f_R dem Schrifttum zu entnehmen sind. Vertrauensbereiche für die Standardabweichungen σ_ξ, σ_η und σ_α kann man nur näherungsweise angeben (siehe [1]).

4.6 Sonderfall: Modell ohne Wechselwirkung

Falls für ein bestimmtes Merkmal die Wechselwirkung bei der Zerlegung nach zwei gleichberechtigten Gesichtspunkten erfahrungsgemäß als nicht von Null verschieden anzusehen ist ($\alpha_{ij} = 0$ für alle i, j und daher $\sigma_\alpha^2 = 0$), genügt es oft, bei weiteren gleichartigen Untersuchungen nur eine Beobachtung je Zelle anzustellen ($n_3 = 1$).

In der Zerlegungstafel (Tabelle 2) verliert man zwar die Größen Q_R und f_R, da in diesem Falle $\sigma_\alpha^2 = 0$ und $n_3 = 1$ ist, jedoch erhält man aus der Summe Q_{ZS} und der Zahl der Freiheitsgrade f_{ZS} einen Schätzwert für σ_ε^2.

Das Modell mit Zufallskomponenten hat also nur vier Modellparameter, die wie folgt geschätzt werden:

μ wird geschätzt durch

$$\hat{\mu} = \bar{x}_{...} = \bar{x}_{..} = \frac{A}{n_1 \cdot n_2} \tag{31}$$

σ_ξ^2 wird geschätzt durch

$$\hat{\sigma}_\xi^2 = \frac{s_Z^2 - s_{ZS}^2}{n_2} \tag{32}$$

Tabelle 3. **Zusammenstellung der Tests für die verschiedenen Einflüsse zum Signifikanzniveau α; Modell mit Wechselwirkung**

Test für den Einfluß		
der Wechselwirkung		
H_0: $\sigma_\alpha^2 = 0$; H_1: $\sigma_\alpha^2 \neq 0$		
Prüfwert	s_{ZS}^2 / s_R^2	
Tabellenwert	$F_{f_{ZS}; f_R; 1-\alpha}$	
Vergleich	$s_{ZS}^2 / s_R^2 \leq F_{f_{ZS}; f_R; 1-\alpha}$	$s_{ZS}^2 / s_R^2 > F_{f_{ZS}; f_R; 1-\alpha}$
Ergebnis	$\sigma_\alpha^2 = 0$	$\sigma_\alpha^2 \neq 0$
der Zeilen		
H_0: $\sigma_\xi^2 = 0$; H_1: $\sigma_\xi^2 \neq 0$		
Prüfwert	s_Z^2 / s_{ZS}^2	
Tabellenwert	$F_{f_Z; f_{ZS}; 1-\alpha}$	
Vergleich	$s_Z^2 / s_{ZS}^2 \leq F_{f_Z; f_{ZS}; 1-\alpha}$	$s_Z^2 / s_{ZS}^2 > F_{f_Z; f_{ZS}; 1-\alpha}$
Ergebnis	$\sigma_\xi^2 = 0$	$\sigma_\xi^2 \neq 0$
der Spalten		
H_0: $\sigma_\eta^2 = 0$; H_1: $\sigma_\eta^2 \neq 0$		
Prüfwert	s_S^2 / s_{ZS}^2	
Tabellenwert	$F_{f_S; f_{ZS}; 1-\alpha}$	
Vergleich	$s_S^2 / s_{ZS}^2 \leq F_{f_S; f_{ZS}; 1-\alpha}$	$s_S^2 / s_{ZS}^2 > F_{f_S; f_{ZS}; 1-\alpha}$
Ergebnis	$\sigma_\eta^2 = 0$	$\sigma_\eta^2 \neq 0$
Die in den drei Zeilen „Ergebnis" stehenden Angaben sind wie folgt zu interpretieren: $\sigma_i^2 = 0$: diese Varianz wird als nicht von Null verschieden angesehen. $\sigma_i^2 \neq 0$: diese Varianz wird als von Null verschieden betrachtet.		

σ_η^2 wird geschätzt durch

$$\hat{\sigma}_\eta^2 = \frac{s_S^2 - s_{ZS}^2}{n_1} \tag{33}$$

σ_ε^2 wird geschätzt durch

$$\hat{\sigma}_\varepsilon^2 = s_{ZS}^2 \tag{34}$$

Der Test für den Einfluß der Wechselwirkung nach Tabelle 3 entfällt. Der Test für den Zeileneinfluß und der Test für den Spalteneinfluß werden nach Tabelle 3 durchgeführt.

Falls die Hypothesen $\sigma_\xi^2 = 0$ und $\sigma_\eta^2 = 0$ nicht verworfen werden, ist der Vertrauensbereich des Mittelwertes der Gesamtheit μ zum Vertrauensniveau $1-\alpha$:

$$\bar{x}_{..} - t_{f_{ZS}; 1-\alpha/2} \cdot \frac{s_{ZS}}{\sqrt{n_1 \cdot n_2}} \leq \mu \leq \bar{x}_{..} + t_{f_{ZS}; 1-\alpha/2} \cdot \frac{s_{ZS}}{\sqrt{n_1 \cdot n_2}} \tag{35}$$

Falls die obengenannten Hypothesen verworfen werden, gilt näherungsweise:

$$\bar{x}_{..} - t_{f; 1-\alpha/2} \cdot \sqrt{\frac{\hat{\sigma}_\xi^2}{n_1} + \frac{\hat{\sigma}_\eta^2}{n_2} + \frac{\hat{\sigma}_\varepsilon^2}{n_1 \cdot n_2}} \leq \mu \leq \bar{x}_{..} + t_{f; 1-\alpha/2} \cdot \sqrt{\frac{\hat{\sigma}_\xi^2}{n_1} + \frac{\hat{\sigma}_\eta^2}{n_2} + \frac{\hat{\sigma}_\varepsilon^2}{n_1 \cdot n_2}} \tag{36}$$

Der Freiheitsgrad für den Tabellenwert der t-Verteilung ist der kleinere der beiden Werte f_Z oder f_S.

Bezüglich der übrigen Vertrauensbereiche wird auf das Schrifttum verwiesen. [1], [2]

5 Stichprobenaufbau beim Modell mit Wechselwirkung

Beim Modell mit Wechselwirkung ist $\sigma_\alpha^2 \neq 0$.

Eine vorgegebene halbe absolute Weite des Vertrauensbereiches für den Mittelwert der Gesamtheit μ, d. h. ein Vertrauensbereich der Form $\bar{x}_{...} - W \leq \mu \leq \bar{x}_{...} + W$ wird bei außerdem vorgeschriebenem Vertrauensniveau $1-\alpha$ erreicht, wenn die unten berechneten Anzahlen n_1, n_2 und n_3 von Einheiten untersucht werden.

Aus dem vorgegebenen Wert W berechnet man zum Vertrauensniveau $1-\alpha$ die Varianz σ_0^2 nach

$$\sigma_0^2 = \left(\frac{W}{u_{1-\alpha/2}}\right)^2 \tag{37}$$

wobei $u_{1-\alpha/2}$ der Tabellenwert der standardisierten Normalverteilung bei zweiseitiger Abgrenzung ist.

5.1 Stichprobenaufbau bei vorgegebener Weite des Vertrauensbereiches für den Mittelwert der Gesamtheit; varianzbestimmte Stichprobe

Die Varianz s_G^2 für den Mittelwert der Stichprobe $\bar{x}_{...}$ ist

$$s_G^2 = \frac{\hat{\sigma}_\xi^2}{n_1} + \frac{\hat{\sigma}_\eta^2}{n_2} + \frac{\hat{\sigma}_\alpha^2}{n_1 \cdot n_2} + \frac{\hat{\sigma}_\varepsilon^2}{n_1 \cdot n_2 \cdot n_3} \tag{38}$$

Die Forderung lautet also $s_G^2 \leq \sigma_0^2$. Damit erhält man zunächst folgende im allgemeinen nicht-ganzzahligen Werte:

Fall a:

$$n'_{1a} = \frac{\hat{\sigma}_\xi^2}{\sigma_0^2} \qquad n'_{2a} = \frac{n_{1a+} \cdot \hat{\sigma}_\eta^2 + \hat{\sigma}_\alpha^2}{n_{1a+} \cdot \sigma_0^2 - \hat{\sigma}_\xi^2}$$
$$n'_{3a} = \frac{\hat{\sigma}_\varepsilon^2}{n_{1a+} \cdot n_{2a+} \cdot \sigma_0^2 - n_{2a+} \cdot \hat{\sigma}_\xi^2 - n_{1a+} \cdot \hat{\sigma}_\eta^2 - \hat{\sigma}_\alpha^2} \tag{39}$$

Dabei sind n_{1a+} und n_{2a+} die zur nächst größeren ganzen Zahl **auf**gerundeten Werte n'_{1a} und n'_{2a} oder die um 1 größeren Werte, falls n'_{1a} und/oder n'_{2a} ganzzahlig sein sollten. n'_{3a} wird zu n_{3a+} aufgerundet oder bleibt unverändert, falls n'_{3a} ganzzahlig ist.

Weitere Ausführungen zu dieser Rundungsempfehlung sind in Abschnitt 7 zusammengestellt.

Der Wert n_{1a+} darf nicht unterschritten werden, wenn die Bedingung $s_G^2 \leq \sigma_0^2$ erfüllt werden soll; zu diesem n_{1a+} gehören die Werte n_{2a+} und n_{3a+}.

Fall b:

$$n'_{2b} = \frac{\hat{\sigma}_\eta^2}{\sigma_0^2} \qquad n'_{1b} = \frac{n_{2b+} \cdot \hat{\sigma}_\xi^2 + \hat{\sigma}_\alpha^2}{n_{2b+} \cdot \sigma_0^2 - \hat{\sigma}_\eta^2}$$
$$n'_{3b} = \frac{\hat{\sigma}_\varepsilon^2}{n_{1b+} \cdot n_{2b+} \cdot \sigma_0^2 - n_{2b+} \cdot \hat{\sigma}_\xi^2 - n_{1b+} \cdot \hat{\sigma}_\eta^2 - \hat{\sigma}_\alpha^2} \tag{40}$$

Die Werte n'_{1b}, n'_{2b} und n'_{3b} werden analog zu Fall a **auf**gerundet. Der Wert n_{2b+} darf nicht unterschritten werden, wenn die Bedingung $s_G^2 \leq \sigma_0^2$ erfüllt werden soll; zu diesem n_{2b+} gehören die Werte n_{1b+} und n_{3b+}.

Setzt man $n_{3a} = 1$ im Fall a, dann erhält man zu dem Wert n_{1a+} das Wertetripel (n_{1a+}; n_{2a++}; 1), wobei n_{2a++} der Wert ist, der nicht überschritten zu werden braucht, um die Bedingung $s_G^2 \leq \sigma_0^2$ einzuhalten. Zunächst berechnet man:

$$n''_{2a} = \frac{\hat{\sigma}_\eta^2 + \dfrac{\hat{\sigma}_\alpha^2}{n_{1a+}} + \dfrac{\hat{\sigma}_\varepsilon^2}{n_{1a+}}}{\sigma_0^2 - \dfrac{\hat{\sigma}_\xi^2}{n_{1a+}}} = \frac{n_{1a+} \cdot \hat{\sigma}_\eta^2 + \hat{\sigma}_\alpha^2 + \hat{\sigma}_\varepsilon^2}{n_{1a+} \cdot \sigma_0^2 - \hat{\sigma}_\xi^2} \tag{41}$$

Diesen Wert rundet man zu n_{2a++} auf.

Für $n_{3b} = 1$ erhält man im Fall b zu dem Wert n_{2b+} das Wertetripel (n_{1b++}; n_{2b+}; 1), wobei n_{1b++} der Wert ist, der nicht überschritten zu werden braucht, um die Bedingung $s_G^2 \leq \sigma_0^2$ einzuhalten. Zunächst berechnet man:

$$n''_{1b} = \frac{\hat{\sigma}_\xi^2 + \dfrac{\hat{\sigma}_\alpha^2}{n_{2b+}} + \dfrac{\hat{\sigma}_\varepsilon^2}{n_{2b+}}}{\sigma_0^2 - \dfrac{\hat{\sigma}_\eta^2}{n_{2b+}}} = \frac{n_{2b+} \cdot \hat{\sigma}_\xi^2 + \hat{\sigma}_\alpha^2 + \hat{\sigma}_\varepsilon^2}{n_{2b+} \cdot \sigma_0^2 - \hat{\sigma}_\eta^2} \tag{42}$$

Diesen Wert rundet man zu n_{1b++} auf.

Die Bereiche für die Anzahl der Einheiten in den Zeilen, Spalten und Zellen sind damit:

$$\begin{aligned} &1 \leq n_{1a+} \leq n_1 \leq n_{1b++} \\ &1 \leq n_{2b+} \leq n_2 \leq n_{2a++} \\ &1 \leq n_3 \leq \max(n_{3a+};\ n_{3b+}) \end{aligned} \tag{43}$$

Die Obergrenze für n_3 wird durch den größeren der beiden Werte n_{3a+} und n_{3b+} gegeben. In beiden Fällen a und b erfüllt die Stichprobe mit den Werten n_{1+}, n_{2+} und n_{3+} die geforderte Bedingung; dabei ist n_{1+} die kleinstmögliche Anzahl für die Aufteilung nach dem Zeilengesichtspunkt, mit der die Bedingung $s_G^2 \leq \sigma_0^2$ erfüllbar ist. Zu **diesem** n_{1+} gehören **mindestens** die Anzahlen n_{2+} und n_{3+}. Der Stichprobenumfang $n_{1+} \cdot n_{2+} \cdot n_{3+}$ ist jedoch trotz des Mindestwertes n_{1+} nicht der kleinstmögliche. Man kann ihn verkleinern, wenn man bei unverändertem n_{1+} den kleineren der beiden Werte n_{2+} und n_{3+} etwas vergrößert und den anderen dieser Werte deutlich verkleinert.

Den gesamten Stichprobenumfang $n_{1+} \cdot n_{2+} \cdot n_{3+}$ kann man weiterhin durch Vergrößern von n_{1+} auf verschiedene Werte n_1 ($n_1 > n_{1+}$) verkleinern, wenn man die Anzahlen n_{2+} und n_{3+} beibehält oder einzeln oder beide **verkleinert** ($n_2 \leq n_{2+}$ und $n_3 \leq n_{3+}$).

Den kleinsten Stichprobenumfang erhält man, wenn man $n_3 = 1$ setzt und gleichzeitig den kleinstmöglichen Wert für n_1 oder n_2 wählt oder für n_1 oder n_2 einen Wert wählt, der nur wenig größer als der kleinstmögliche ist. Der kleinstmögliche Stichprobenumfang ist im allgemeinen jedoch nicht der kostengünstigste.

Beginnend mit (n_{1a+}; n_{2a+}; n_{3a+}) oder (n_{2b+}; n_{1b+}; n_{3b+}) werden die Wertetripel innerhalb der Bereiche nach Gleichung (43) variiert. Dabei werden der Stichprobenumfang $n_1 \cdot n_2 \cdot n_3$ sowie alle Wertetripel notiert, für die s_G^2 nur wenig kleiner als σ_0^2 ist.

Nach fallweise verschiedenen Gesichtspunkten wählt man aus den möglichen Wertetripeln ein Tripel aus.

Falls einer der zunächst als nicht-ganzzahlig berechneten Werte n'_1, n'_2 und n'_3 kleiner als 1 ist, ist nach Abschnitt 9 vorzugehen.

Beispiel 1:

Bei einer Untersuchung haben sich folgende Schätzwerte für die Varianzen ergeben:

$$\hat{\sigma}_\xi^2 = 64 \qquad \hat{\sigma}_\eta^2 = 36 \qquad \hat{\sigma}_\alpha^2 = 49 \qquad \hat{\sigma}_\varepsilon^2 = 225$$

Auf dem Vertrauensniveau $1-\alpha$ soll die Varianz $\sigma_0^2 = 30$ nicht überschritten werden. (Für dieses und die folgenden grundsätzlichen Beispiele bleibt die Einheit der Varianzen außer Betracht.)

Nach den in Abschnitt 5.1 angegebenen Gleichungen (39), (40), (41) und (42) berechnet man:

$n'_{1a} =$ 2,13 aufgerundet auf $n_{1a+} = 3$
$n'_{2a} =$ 6,04 aufgerundet auf $n_{2a+} = 7$
$n'_{3a} =$ 9,00 also $n_{3a+} = 9$
$n'_{2b} =$ 1,20 aufgerundet auf $n_{2b+} = 2$
$n'_{1b} =$ 7,38 aufgerundet auf $n_{1b+} = 8$
$n'_{3b} =$ 15,00 also $n_{3b+} = 15$
$n''_{2a} =$ 14,69 aufgerundet auf $n_{2a++} = 15$
$n''_{1b} =$ 16,75 aufgerundet auf $n_{1b++} = 17$

Die Bereiche, in denen n_1, n_2 und n_3 variiert werden können, sind damit in diesem Falle:

$$3 \leq n_1 \leq 17 \qquad 2 \leq n_2 \leq 15 \qquad 1 \leq n_3 \leq 15$$

In der Tabelle 4 sind **sämtliche** günstigen Kombinationen (n_1; n_2; n_3) für dieses Beispiel zusammengestellt, für die s_G^2 nur wenig kleiner als σ_0^2 ist. In diesem Falle wurde die Berechnung mit dem kleinsten Wert für n_{2+} begonnen.

Diese Kombinationen erhält man auf folgende Weise: Man beginnt mit dem Wertetripel (n_{1+}; n_{2+}; n_{3+}) = (8; 2; 15). $n_{2+} = 2$ ist die kleinstmögliche Anzahl der Spalten, mit der man die Bedingung $s_G^2 \leq \sigma_0^2$ einhalten kann; $n_1 = 17$ und $n_3 = 15$ sind die größten Werte, die man zur Einhaltung der Bedingung $s_G^2 \leq \sigma_0^2$ nicht zu überschreiten braucht. Weitere Wertetripel, für die s_G^2 möglichst wenig kleiner als σ_0^2 ist, erhält man, wenn man n_1 um mindestens 1 vergrößert und **gleichzeitig** n_3 um mindestens 1 verkleinert. Für $n_2 = 2$ ergibt sich als nächstes Wertetripel (9; 2; 6); dabei wurde $n_1 = 9$ als der um 1 vergrößerte vorhergehende Wert angesetzt, und aus der Gleichung (40)

Tabelle 4. **Wertetripel ($n_1; n_2; n_3$) und Varianz für den Mittelwert der Stichprobe s_G^2 für Beispiel 1**

n_1	n_2	n_3	$n_1 \cdot n_2 \cdot n_3$	s_G^2
8	2	15	240	30,00
9		6	108	29,92
10		4	80	29,66
11		3	66	29,45
13		2	52	29,13
17		1	34	29,82
5	3	8	120	29,94
6		3	54	29,56
7		2	42	28,83
9		1	27	29,26
4	4	8	128	29,82
5		2	40	29,88
7		1	28	27,93
4	5	3	60	29,40
5		2	50	26,46
6		1	30	27,00
4	6	2	48	28,73
5		1	30	27,93
3	7	9	189	30,00
4		2	56	26,91
5		1	35	25,77
3	8	5	120	29,75
4		1	32	29,06
3	9	3	81	29,93
4		1	36	27,61
3	11	2	66	29,50
4		1	44	25,50
3	15	1	45	29,82

wurde $n'_{3b} = 5{,}77$ berechnet, also aufgerundet $n_3 = 6$. Genau so verfährt man für $n_2 = 2$ mit den für n_1 nacheinander festgesetzten Werten 10 und 11. Für $n_1 = 12$ ist $n'_{3b} = 2{,}03$, also aufgerundet $n_3 = 3$. Dieses Tripel (12; 2; 3) ergibt gegenüber dem Tripel (11; 2; 3) eine Varianz s_G^2, die merklich kleiner als 30 ist, weil mit dem um 1 vergrößerten Wert n_1 nicht gleichzeitig n_3 um 1 kleiner wird. Deshalb wird das Wertetripel (12; 2; 3) weggelassen. Erst das Tripel (13; 2; 2) ergibt wieder einen Wert s_G^2, der etwas kleiner als 30 ist; gegenüber diesem Tripel werden (14; 2; 2), (15; 2; 2) und (16; 2; 2) weggelassen. Bei (17; 2; 1) erhält man die letzte günstige Kombination für $n_2 = 2$, weil n_3 nicht kleiner als 1 werden kann.

Weiter setzt man $n_2 = 3$ und berechnet aus der Gleichung (40) $n'_{1b} = 4{,}46$, also aufgerundet $n_1 = 5$; es folgt $n'_{3b} = 7{,}76$, das zu $n_3 = 8$ aufgerundet wird. Mit dem Wertetripel (5; 3; 8) beginnend rechnet man weiter wie oben angegeben. Beim Wertetripel (9; 3; 1) wird $n_3 = 1$, die weitere Vergrößerung von n_1 über $n_1 = 9$ hinaus ist ungünstig.

Bei $n_{2++} = 15$ erhält man das letzte günstige Wertetripel (3; 15; 1). Die Vergrößerung von n_2 über $n_2 = 15$ hinaus ist ungünstig.

Den kleinstmöglichen günstigen Stichprobenumfang $n_1 \cdot n_2 \cdot n_3 = 27$ erhält man mit dem Tripel (9; 3; 1). Nach von Fall zu Fall unterschiedlichen Gesichtspunkten wählt man eines dieser Wertetripel oder eines der in der Nähe dieser Tripel liegenden Wertetripel mit **größerem** Gesamtumfang $n_1 \cdot n_2 \cdot n_3$ für die zu ziehende Stichprobe aus. Wünscht man z.B. $n_1 = 10$ und $n_3 = 5$, dann muß $n_2 \geq 2$ sein. Für $n_2 = 1$ wird in diesem Falle $s_G^2 > \sigma_0^2$.

Wie dieses Beispiel zeigt, kann man durch mäßiges Vergrößern von n_2 über n_{2+} hinaus die Werte für n_1 und n_3 verändern, wobei sich in jedem Falle der Stichprobenumfang $n_1 \cdot n_2 \cdot n_3$ drastisch reduziert.

5.2 Stichprobenaufbau bei vorgegebener Weite des Vertrauensbereiches für den Mittelwert der Gesamtheit und minimalen Gesamtkosten; varianzbestimmte kostenminimale Stichprobe

In diesem Falle ist der Aufbau der varianzbestimmten kostenminimalen Stichprobe nur mit Hilfe eines aufwendigen Iterationsverfahrens oder näherungsweise zu berechnen. Die für die Näherungslösung notwendigen Voraussetzungen sind jedoch nicht einfach zu erfüllen. Deshalb soll das Problem in dieser Norm nicht behandelt werden. [3]

5.3 Stichprobenaufbau bei vorgegebenen Gesamtkosten; kostenbestimmte Stichprobe

Ist an Stelle der Varianz σ_0^2 ein oberer Grenzwert K_0 für die Gesamtkosten der Untersuchung vorgegeben, der nicht überschritten werden soll, kann man ausgehend von der in diesem Fall gültigen Gleichung für die Gesamtkosten der Untersuchung

$$K_G = n_1 \cdot c_\xi + n_2 \cdot c_\eta + n_1 \cdot n_2 \cdot n_3 \cdot c_\varepsilon \qquad (44)$$

ebenfalls den Stichprobenaufbau berechnen. Hierbei sind c_ξ und c_η die Kosten (in willkürlichen Einheiten) für die Bereitstellung einer Einheit in Zeilen- bzw. Spaltenrichtung und c_ε für die Bereitstellung einer Endprobe und deren Messung. Diese Kostengleichung ist von der Wechselwirkung unabhängig. Mit der Bedingung $K_G \leq K_0$ erhält man zunächst folgende im allgemeinen nicht-ganzzahlige Werte für die Anzahl der Zeilen n_1 und der Spalten n_2 sowie die Anzahl n_3 der Einzelwerte in jeder Zelle:

$$n'_1 = \frac{K_0 - c_\eta}{c_\xi + c_\varepsilon} \qquad n'_2 = \frac{K_0 - n_{1-} \cdot c_\xi}{c_\eta + n_{1-} \cdot c_\varepsilon}$$
$$n'_3 = \frac{K_0 - n_{1-} \cdot c_\xi - n_{2-} \cdot c_\eta}{n_{1-} \cdot n_{2-} \cdot c_\varepsilon} \qquad (45)$$

Dabei sind n_{1-} und n_{2-} die zur nächsten ganzen Zahl **ab**gerundeten Werte n'_1 und n'_2. Falls n'_1 und n'_2 ganzzahlig sind, bleiben sie **unverändert**. n'_3 wird zur nächsten ganzen Zahl n_{3-} **ab**gerundet, sofern es nicht ganzzahlig ist.

Die Stichprobe mit dem kleinsten Umfang ist diejenige, für die $n_1 = n_2 = n_3 = 1$ ist. Deshalb kann der vorgegebene Wert K_0 nicht beliebig klein gemacht werden, sondern er muß die Bedingung

$$K_0 \geq c_\xi + c_\eta + c_\varepsilon \qquad (46)$$

erfüllen.

Die hier angegebenen Beziehungen für n'_i sind bei $c_\xi > c_\eta > c_\varepsilon$ rechentechnisch günstiger als die fünf Sätze von anderen möglichen Gleichungen für die Werte n'_i. Alle sechs Sätze von Beziehungen ergeben dieselben Kombinationen für den Stichprobenumfang.

Die Obergrenze der Anzahl der Zeilen, der Spalten und der Einzelwerte innerhalb einer Zelle, die für $K_G \leq K_0$ nicht überschritten werden darf, ist:

$$n''_1 = n'_1 = \frac{K_0 - c_\eta}{c_\xi + c_\varepsilon} \qquad n''_2 = \frac{K_0 - c_\xi}{c_\eta + c_\varepsilon} \qquad n''_3 = \frac{K_0 - c_\xi - c_\eta}{c_\varepsilon} \qquad (47)$$

Diese Werte werden zu n_{1--}, n_{2--} und n_{3--} **ab**gerundet. Die Bereiche für die Anzahl der Einheiten in den Zeilen, Spalten und Zellen sind damit:

$$1 \leq n_1 \leq n_{1--} = n_{1-} \quad 1 \leq n_2 \leq n_{2--} \quad 1 \leq n_3 \leq n_{3--} \qquad (48)$$

Die günstigen Wertetripel $(n_1; n_2; n_3)$ für den Stichprobenumfang erhält man analog zu dem in Abschnitt 5.1 dargestellten Verfahren. Dabei sind jedoch folgende Unterschiede zu beachten:

a) Die zunächst berechneten Werte n_i' sind **ab**zurunden.

b) Falls ein n_i'-Wert ganzzahlig ist, bleibt er **unverändert**.

c) Den kleinstmöglichen Stichprobenumfang erhält man für $n_1 = n_2 = n_3 = 1$.

d) Es gibt für die Anzahl der Zeilen, Spalten und der Einzelwerte in einer Zelle die angegebenen oberen Grenzwerte n_i'', die nicht überschritten werden dürfen, wenn die Bedingung $K_G \leq K_0$ eingehalten werden soll.

e) Ausgehend von den abgerundeten Werten n_{i-}, die aus n_i' erhalten werden, kann man den Stichprobenumfang $n_1 \cdot n_2 \cdot n_3$ weiter **vergrößern**, wenn man n_1 verkleinert von n_{1-} bis hinab zu $n_1 = 1$ und dabei n_2 und n_3 einzeln oder beide vergrößert.

f) Den größten Stichprobenumfang erhält man für $n_1 = n_2 = 1$ und n_{3--} als abgerundeten Wert n_3''. Dieser größtmögliche Stichprobenumfang ergibt im allgemeinen nicht die kleinste erreichbare Varianz s_G^2.

Beginnend mit $(n_{1-}; n_{2-}; n_{3-})$ werden die Anzahlen der Einheiten in den Zeilen, Spalten und Zellen innerhalb der Bereiche nach Gleichung (48) variiert. Dabei werden der Stichprobenumfang $n_1 \cdot n_2 \cdot n_3$ sowie alle Wertetripel notiert, für die K_G nur wenig kleiner als K_0 ist.

Nach fallweise verschiedenen Gesichtspunkten wählt man aus den möglichen Wertetripeln ein Tripel aus.

Falls einer der zunächst als nicht-ganzzahlig berechneten Werte n_1', n_2' und n_3' kleiner als 2 ist, ist nach Abschnitt 9 vorzugehen.

Zur Berechnung der Zahlentripel, mit denen die Bedingung $K_G \leq K_0$ erfüllbar ist, benötigt man nur die vorgegebenen Gesamtkosten K_0 und die Einzelkosten c_i.

Beispiel 2:

Für eine Untersuchung gelten folgende Einzelkosten (in willkürlichen Einheiten):

$$c_\xi = 25 \qquad c_\eta = 5 \qquad c_\varepsilon = 1$$

Die Gesamtkosten der Untersuchung $K_0 = 170$ sollen nicht überschritten werden. Nach den in Abschnitt 5.3 angegebenen Gleichungen (45) und (47) berechnet man:

$n_1' =$ 6,35 abgerundet auf $n_{1-} =$ 6
$n_2' =$ 1,82 abgerundet auf $n_{2-} =$ 1
$n_3' =$ 2,50 abgerundet auf $n_{3-} =$ 2
$n_2'' =$ 24,17 abgerundet auf $n_{2--} =$ 24
$n_3'' =$ 140,00 also $n_{3--} = 140$

Die Bereiche, in denen n_1, n_2 und n_3 variiert werden können, sind damit in diesem Falle:

$$1 \leq n_1 \leq 6 \qquad 1 \leq n_2 \leq 24 \qquad 1 \leq n_3 \leq 140$$

In der Tabelle 5 sind sämtliche günstigen Kombinationen des Stichprobenumfanges $n_1 \cdot n_2 \cdot n_3$ angegeben sowie die dazugehörigen Gesamtkosten K_G.

Diese Kombinationen werden analog zu dem in Beispiel 1 angegebenen Verfahren unter Beachtung der in Abschnitt 5.3 aufgeführten Einzelheiten berechnet.

Nach von Fall zu Fall unterschiedlichen Gesichtspunkten wählt man eines der in der Tabelle angegebenen Wertetripel oder eines der in der Nähe dieser Werte liegenden Tripel mit **kleinerem** Gesamtumfang $n_1 \cdot n_2 \cdot n_3$ für die zu ziehende Stichprobe aus.

Tabelle 5. **Wertetripel** $(n_1; n_2; n_3)$ **und Gesamtkosten** K_G **für Beispiel 2**

n_1	n_2	n_3	$n_1 \cdot n_2 \cdot n_3$	K_G
6	1	2	12	167
5	4	1	20	165
	3	2	30	170
	2	3	30	165
	1	8	40	170
4	7	1	28	163
	5	2	40	165
	4	3	48	168
	3	4	48	163
	2	7	56	166
	1	16	64	169
3	11	1	33	163
	8	2	48	163
	6	3	54	159
	5	4	60	160
	4	6	72	167
	3	8	72	162
	2	14	84	169
	1	30	90	170
2	17	1	34	169
	13	2	52	167
	10	3	60	160
	9	4	72	167
	8	5	80	170
	7	6	84	169
	6	7	84	164
	5	9	90	165
	4	12	96	166
	3	17	102	167
	2	27	108	168
	1	57	114	169
1	24	1	24	169
	20	2	40	165
	18	3	54	169
	16	4	64	169
	14	5	70	165
	13	6	78	168
	12	7	84	169
	11	8	88	168
	10	9	90	165
	9	11	99	169
	8	13	104	169
	7	15	105	165
	6	19	114	169
	5	24	120	170
	4	31	124	169
	3	43	129	169
	2	67	134	169
	1	140	140	170

5.4 Stichprobenaufbau bei vorgegebenen Gesamtkosten und kleinster erreichbarer Weite des Vertrauensbereiches für den Mittelwert der Gesamtheit; kostenbestimmte varianzminimale Stichprobe

Analog zu Abschnitt 5.2, in dem die varianzbestimmte kostenminimale Stichprobe behandelt wird, ist der Aufbau der kostenbestimmten varianzminimalen Stichprobe nur mit Hilfe eines aufwendigen Iterationsverfahrens oder näherungsweise zu berechnen. Dieses Problem soll in dieser Norm nicht behandelt werden. [3]

6 Stichprobenaufbau beim Modell ohne Wechselwirkung

In diesem Fall liegt in der Gesamtheit keine Wechselwirkung vor, d. h. σ_α^2 ist Null.

6.1 Stichprobenaufbau bei vorgegebener Weite des Vertrauensbereiches für den Mittelwert der Gesamtheit; varianzbestimmte Stichprobe

Für die varianzbestimmte Stichprobe ist es hinreichend, $n_3 = 1$ zu wählen.

Die Varianz s_G^2 vereinfacht sich zu

$$s_G^2 = \frac{\hat{\sigma}_\xi^2}{n_1} + \frac{\hat{\sigma}_\eta^2}{n_2} + \frac{\hat{\sigma}_\varepsilon^2}{n_1 \cdot n_2} \tag{49}$$

Aus der Forderung $s_G^2 \leq \sigma_0^2$ erhält man zunächst folgende nicht-ganzzahligen Werte:

Fall a:

$$n'_{1a} = \frac{\hat{\sigma}_\xi^2}{\sigma_0^2} \qquad n'_{2a} = \frac{n_{1a+} \cdot \hat{\sigma}_\eta^2 + \hat{\sigma}_\varepsilon^2}{n_{1a+} \cdot \sigma_0^2 - \hat{\sigma}_\xi^2} \tag{50}$$

Fall b:

$$n'_{2b} = \frac{\hat{\sigma}_\eta^2}{\sigma_0^2} \qquad n'_{1b} = \frac{n_{2b+} \cdot \hat{\sigma}_\xi^2 + \hat{\sigma}_\varepsilon^2}{n_{2b+} \cdot \sigma_0^2 - \hat{\sigma}_\eta^2} \tag{51}$$

In beiden Fällen ist $n_3 = 1$. Dabei sind n_{1a+} und n_{2b+} die zur nächstgrößeren ganzen Zahl **auf**gerundeten Werte n'_{1a} und n'_{2b} oder die um 1 größeren Werte, falls n'_{1a} und n'_{2b} ganzzahlig sein sollten. Die Werte n'_{2a} und n'_{1b} werden ebenfalls aufgerundet auf n_{2a+} und n_{1b+}, sofern sie nicht ganzzahlig sind.

Im Fall a geht der Maximalwert n_{2a++}, der nicht überschritten zu werden braucht, um $s_G^2 \leq \sigma_0^2$ einzuhalten, aus Gleichung (41) hervor, wenn man dort $\hat{\sigma}_\alpha^2 = 0$ setzt. Da dieser Ausdruck für n''_{2a} gleich dem Ausdruck für n'_{2a} in Gleichung (50) ist, wird $n_{2a++} = n_{2a+}$.

Im Fall b geht der entsprechende Maximalwert n_{1b++} aus Gleichung (42) hervor, wenn man dort $\hat{\sigma}_\alpha^2 = 0$ setzt. Da dieser Ausdruck für n''_{1b} gleich dem Ausdruck für n'_{1b} in Gleichung (51) ist, wird $n_{1b++} = n_{1b+}$. Die Bereiche für die Anzahl der Einheiten in den Zeilen und Spalten sind damit:

$$1 \leq n_{1a+} \leq n_1 \leq n_{1b+} \qquad 1 \leq n_{2b+} \leq n_2 \leq n_{2a+} \qquad (n_3 = 1) \tag{52}$$

Den größeren der Werte n_{1+} und n_{2+} kann man im allgemeinen merklich verkleinern, wenn man den kleineren dieser Werte nur wenig vergrößert; dabei nimmt der Stichprobenumfang $n_1 \cdot n_2 \cdot n_3$ durchweg überproportional ab. Beginnend mit $(n_{1a+}; n_{2a+}; 1)$ oder $(n_{2b+}; n_{1b+}; 1)$ werden die Wertetripel innerhalb der Bereiche nach Gleichung (52) variiert. Dabei werden der Stichprobenumfang $n_1 \cdot n_2 \cdot n_3$ sowie alle Wertetripel notiert, für die s_G^2 nur wenig kleiner als σ_0^2 ist.

Nach fallweise verschiedenen Gesichtspunkten wählt man aus den möglichen Wertepaaren ein Paar aus.

Falls einer der zunächst als nicht-ganzzahlig berechneten Werte n'_i kleiner als 1 ist, ist nach Abschnitt 9 vorzugehen.

Beispiel 3:

Bei folgenden Schätzwerten für die Varianzen

$$\hat{\sigma}_\xi^2 = 64 \qquad \hat{\sigma}_\eta^2 = 36 \qquad (\hat{\sigma}_\alpha^2 = 0) \qquad \hat{\sigma}_\varepsilon^2 = 225$$

soll auf dem Vertrauensniveau $1-\alpha$ die Varianz $\sigma_0^2 = 30$ nicht überschritten werden. Wählt man $n_3 = 1$, erhält man aus den Gleichungen (50) und (51) folgende Werte:

$n'_{1a} = 2{,}13$ aufgerundet auf $n_{1a+} = 3$

$n'_{2a} = 12{,}81$ aufgerundet auf $n_{2a+} = 13$

$n'_{2b} = 1{,}20$ aufgerundet auf $n_{2b+} = 2$

$n'_{1b} = 14{,}71$ aufgerundet auf $n_{1b+} = 15$

Die Bereiche, in denen n_1 und n_2 variiert werden können, sind damit:

$$3 \leq n_1 \leq 15 \qquad 2 \leq n_2 \leq 13 \qquad (n_3 = 1)$$

Analog zu dem in Beispiel 1 dargestellten Verfahren ergeben sich die in Tabelle 6 aufgeführten günstigen Wertetripel $(n_1; n_2; 1)$, für die s_G^2 nur wenig kleiner ist als σ_0^2.

Tabelle 6. **Wertetripel $(n_1; n_2; 1)$ und Varianz für den Mittelwert der Stichprobe s_G^2 für Beispiel 3**

n_1	n_2	n_3	$n_1 \cdot n_2 \cdot n_3$	s_G^2
3	13	1	39	29,87
4	7		28	29,18
5	5		25	29,00
6	4		24	29,04
8	3		24	29,38
15	2		30	29,77

6.2 Stichprobenaufbau bei vorgegebener Weite des Vertrauensbereiches für den Mittelwert der Gesamtheit und minimalen Gesamtkosten; varianzbestimmte kostenminimale Stichprobe

Obwohl in diesem Falle in der Gesamtheit keine Wechselwirkung vorliegt, ist es nicht zweckmäßig, analog zu Abschnitt 6.1 von vornherein $n_3 = 1$ zu setzen. Hierdurch werden nämlich im allgemeinen die Gesamtkosten der Untersuchung größer als die bei $n_3 \neq 1$ erzielbaren minimalen Gesamtkosten.

Die varianzbestimmte kostenminimale Stichprobe umfaßt nunmehr folgende Anzahlen:

$$n'_1 = \frac{S}{\sigma_0^2} \cdot \frac{\hat{\sigma}_\xi}{\sqrt{c_\xi}} \qquad n'_2 = \frac{S}{\sigma_0^2} \cdot \frac{\hat{\sigma}_\eta}{\sqrt{c_\eta}}$$

$$n'_3 = \frac{\sigma_0^2}{S} \cdot \frac{\hat{\sigma}_\varepsilon}{\hat{\sigma}_\xi \cdot \hat{\sigma}_\eta} \cdot \sqrt{\frac{c_\xi \cdot c_\eta}{c_\varepsilon}} \tag{53}$$

mit

$$S = \hat{\sigma}_\xi \cdot \sqrt{c_\xi} + \hat{\sigma}_\eta \cdot \sqrt{c_\eta} + \hat{\sigma}_\varepsilon \cdot \sqrt{c_\varepsilon} \tag{54}$$

Diese Werte werden zur jeweils nächstgrößeren ganzen Zahl n_{1+}, n_{2+} und n_{3+} **auf**gerundet. Falls der berechnete Wert $n'_3 \leq 1$ ist, wird mit dem aufgerundeten Wert $n_{3+} = 1$ weitergerechnet.

Beginnend mit $(n_{1+}; n_{2+}; n_{3+})$ werden die Anzahlen der Einheiten in den Zeilen, Spalten und Zellen unter Benutzung der Gleichungen (39), (40), (41) und (42) in der Umgebung von $(n'_1; n'_2; n'_3)$ variiert. Dabei werden der Stichprobenumfang $n_1 \cdot n_2 \cdot n_3$ sowie alle Wertetripel notiert, für die s_G^2 nur wenig kleiner als σ_0^2 und K_G nur wenig größer als $K_{G\,min}$ ist. $K_{G\,min}$ erhält man aus Gleichung (44), wenn man für die Anzahl von Einheiten n'_1, n'_2 und n'_3 einsetzt.

Nach fallweise verschiedenen Gesichtspunkten wählt man aus den möglichen Wertetripeln ein Tripel aus.

Die Bereiche für die Anzahl der Einheiten in den Zeilen, Spalten und Zellen werden nach Gleichung (43) berechnet.

Falls einer der zunächst als nicht-ganzzahlig berechneten Werte n'_1, n'_2 und n'_3 kleiner als 1 ist, ist nach Abschnitt 9 vorzugehen.

Beispiel 4:

Für das Beispiel 3 mit den dort genannten Varianzen mögen die Kosten (in willkürlichen Einheiten) sein:

$$c_\xi = 25 \qquad c_\eta = 5 \qquad c_\varepsilon = 1$$

Mit der Gleichung (53) wird

$n'_1 = 3{,}65$ aufgerundet auf $n_{1+} = 4$

$n'_2 = 6{,}12$ aufgerundet auf $n_{2+} = 7$

$n'_3 = 1{,}53$ aufgerundet auf $n_{3+} = 2$

Für diese varianzbestimmte kostenminimale Stichprobe ist also $n_{3+} \neq 1$, obwohl $\sigma^2_\alpha = 0$ ist, wenn man den Einfluß der Rundung in Kauf nimmt.

Aus den Gleichungen (39) bis (42) berechnet man mit $\hat{\sigma}^2_\alpha = 0$:

$n'_{1a} = 2{,}13$ aufgerundet auf $n_{1a+} = 3$

$n'_{2a} = 4{,}15$ aufgerundet auf $n_{2a+} = 5$

$n'_{3a} = 10{,}23$ aufgerundet auf $n_{3a+} = 11$

$n'_{2b} = 1{,}20$ aufgerundet auf $n_{2b+} = 2$

$n'_{1b} = 5{,}33$ aufgerundet auf $n_{1b+} = 6$

$n'_{3b} = 14{,}06$ aufgerundet auf $n_{3b+} = 15$

$n''_{2a} = 12{,}81$ aufgerundet auf $n_{2a++} = 13$

$n''_{1b} = 14{,}71$ aufgerundet auf $n_{1b++} = 15$

Die Bereiche, in denen die Werte n_1, n_2 und n_3 variiert werden können, sind nach Gleichung (43):

$$3 \leq n_1 \leq 15 \qquad 2 \leq n_2 \leq 13 \qquad 1 \leq n_3 \leq 15$$

In Tabelle 7 sind die aus den Gleichungen (39) bis (42) mit $\hat{\sigma}^2_\alpha = 0$, aber $n_3 \neq 1$ errechneten in der Umgebung von $(n'_1; n'_2; n'_3)$ liegenden günstigen Wertetripel sowie die dazugehörigen Kosten K_G zusammengestellt.

Das theoretische Kostenminimum ist $K_{G\min} = 156{,}03$, wenn man von den nicht gerundeten Werten n'_i ausgeht. Die mit den gerundeten Werten $n_{i+} = (4; 7; 2)$ erhaltenen Kosten dagegen sind $K_{G+} = 191$; diese sind wegen des Aufrundungseinflusses deutlich größer als $K_{G\min}$.

Wie man erkennt, liegen in der Umgebung des durch Aufrundung erhaltenen Wertetripels (4; 7; 2) weitere Wertetripel, bei denen die Kosten wesentlich näher an dem theoretischen Minimum liegen. Mit den Wertetripeln (4; 7; 1), (4; 5; 2), (4; 4; 3) und (3; 9; 2) kann man den Einfluß der Aufrundung weitgehend ausgleichen. Außer diesen Tripeln sind in der Tabelle 7 fünf weitere Tripel enthalten, bei denen die Kosten kleiner als 191 sind.

Tabelle 7. **Wertetripel $(n_1; n_2; n_3)$ und Gesamtkosten K_G für Beispiel 4**

n_1	n_2	n_3	$n_1 \cdot n_2 \cdot n_3$	s^2_G	K_G
3,65	6,12	1,53	34,21	30,00	156,03
4	7	2	56	25,16	191
3	5	11	165	29,90	265
	6	5	90	29,83	195
	7	4	84	29,15	194
	8	3	72	28,96	187
	9	2	54	29,50	174
	13	1	39	29,87	179
4	3	10	120	29,88	235
	4	3	48	29,69	168
	5	2	40	28,83	165
	7	1	28	29,18	163
5	3	3	45	29,80	185
	4	2	40	27,43	185
	5	1	25	29,00	175

6.3 Stichprobenaufbau bei vorgegebenen Gesamtkosten; kostenbestimmte Stichprobe

In diesem Falle ist es hinreichend, $n_3 = 1$ zu wählen. Die Gesamtkosten der Untersuchung sind dann:

$$K_G = n_1 \cdot c_\xi + n_2 \cdot c_\eta + n_1 \cdot n_2 \cdot c_\varepsilon \tag{55}$$

Aus dieser Gleichung erhält man mit der Bedingung $K_G \leq K_0$ zunächst folgende nicht-ganzzahligen Werte für die Anzahl der Zeilen und die Anzahl der Spalten:

$$n'_1 = \frac{K_0 - c_\eta}{c_\xi + c_\varepsilon} \qquad n'_2 = \frac{K_0 - n_{1-} \cdot c_\xi}{c_\eta + n_{1-} \cdot c_\varepsilon} \tag{56}$$

Dabei ist n_{1-} der zur nächstkleineren ganzen Zahl **ab**gerundete Wert n'_1. Falls n'_1 ganzzahlig sein sollte, bleibt es unverändert. n'_2 wird zur nächstkleineren ganzen Zahl n_{2-} **ab**gerundet, sofern es nicht ganzzahlig ist.

Die Obergrenze der Anzahl der Zeilen, der Spalten und der Einzelwerte innerhalb einer Zelle, die für $K_G \leq K_0$ nicht überschritten werden darf, ist:

$$n''_1 = n'_1 = \frac{K_0 - c_\eta}{c_\xi + c_\varepsilon} \qquad n''_2 = \frac{K_0 - c_\xi}{c_\eta + c_\varepsilon} \tag{57}$$

Diese Werte werden auf n_{1--} und n_{2--} abgerundet. Die Bereiche für die Anzahl der Einheiten in den Zeilen, Spalten und Zellen sind damit:

$$1 \leq n_1 \leq n_{1--} = n_{1-} \qquad 1 \leq n_2 \leq n_{2--} \qquad (n_3 = 1) \tag{58}$$

Beginnend mit $(n_{1-}; n_{2-}; 1)$ wird die Anzahl der Einheiten in den Zeilen und Spalten innerhalb der Bereiche nach Gleichung (58) variiert. Dabei werden der Stichprobenumfang $n_1 \cdot n_2$ sowie alle Wertepaare notiert, für die K_G nur wenig kleiner als K_0 ist.

Falls einer der zunächst als nicht-ganzzahlig berechneten Werte n'_1 und n'_2 kleiner als 2 ist, ist nach Abschnitt 9 vorzugehen.

Nach fallweise verschiedenen Gesichtspunkten wählt man aus den möglichen Wertepaaren ein Paar aus.

Dieser Stichprobenaufbau ist der Sonderfall für $n_3 = 1$ des Stichprobenaufbaues nach Abschnitt 5.3.

6.4 Stichprobenaufbau bei vorgegebenen Gesamtkosten und kleinster erreichbarer Weite des Vertrauensbereiches für den Mittelwert der Gesamtheit; kostenbestimmte varianzminimale Stichprobe

Obwohl in diesem Falle keine Wechselwirkung vorliegt, d. h. $\sigma^2_\alpha = 0$, ist es nicht zweckmäßig, von vornherein $n_3 = 1$ zu setzen. Hierdurch wird nämlich im allgemeinen die Varianz s^2_G größer als die bei $n_3 \neq 1$ erreichbare Varianz.

Die Gesamtkosten der Untersuchung sind

$$K_G = n_1 \cdot c_\xi + n_2 \cdot c_\eta + n_1 \cdot n_2 \cdot n_3 \cdot c_\varepsilon \tag{59}$$

und die Varianz ist jetzt

$$s^2_G = \frac{\hat{\sigma}^2_\xi}{n_1} + \frac{\hat{\sigma}^2_\eta}{n_2} + \frac{\hat{\sigma}^2_\varepsilon}{n_1 \cdot n_2 \cdot n_3} \tag{60}$$

Für die Gesamtkosten gilt $K_G \leq K_0$. Die Varianz s^2_G für den Mittelwert der Stichprobe soll minimiert werden.

Mit Hilfe der Schätzwerte $\hat{\sigma}^2_\xi$, $\hat{\sigma}^2_\eta$ und $\hat{\sigma}^2_\varepsilon$ wird die Anzahl der auszuwählenden Einheiten in den Zeilen, Spalten und Zellen für die kostenbestimmte varianzminimale Stichprobe:

$$n_1' = \frac{K_0}{S} \cdot \frac{\hat{\sigma}_\xi}{\sqrt{c_\xi}} \qquad n_2' = \frac{K_0}{S} \cdot \frac{\hat{\sigma}_\eta}{\sqrt{c_\eta}}$$

$$n_3' = \frac{S}{K_0} \cdot \frac{\hat{\sigma}_\varepsilon}{\hat{\sigma}_\xi \cdot \hat{\sigma}_\eta} \cdot \sqrt{\frac{c_\xi \cdot c_\eta}{c_\varepsilon}} \qquad (61)$$

mit

$$S = \hat{\sigma}_\xi \cdot \sqrt{c_\xi} + \hat{\sigma}_\eta \cdot \sqrt{c_\eta} + \hat{\sigma}_\varepsilon \cdot \sqrt{c_\varepsilon} \qquad (62)$$

Diese Werte werden **ab**gerundet auf die jeweils nächstkleineren ganzen Zahlen n_{1-}, n_{2-} und n_{3-}. Falls einer der drei Werte ganzzahlig ist, bleibt er unverändert.

Beginnend mit $(n_{1-}; n_{2-}; n_{3-})$ wird die Anzahl der Einheiten in den Zeilen, Spalten und Zellen in der Umgebung von $(n_1'; n_2'; n_3')$ variiert. Dabei werden der Stichprobenumfang $n_1 \cdot n_2 \cdot n_3$ sowie alle Wertetripel notiert, für die K_G nur wenig kleiner als K_0 und s_G^2 nur wenig größer als $s_{G\,min}^2$ ist.

Falls einer der zunächst als nicht-ganzzahlig berechneten Werte n_1', n_2' und n_3' kleiner als 2 ist, ist nach Abschnitt 9 vorzugehen.

Nach fallweise verschiedenen Gesichtspunkten wählt man aus den möglichen Wertetripeln ein Tripel aus.

Beispiel 5:

Für das Beispiel 2 mit den dort genannten Einzelkosten c_i mögen die Schätzwerte für die Varianzen sein:

$$\hat{\sigma}_\xi^2 = 64 \qquad \hat{\sigma}_\eta^2 = 36 \qquad (\hat{\sigma}_\alpha^2 = 0) \qquad \hat{\sigma}_\varepsilon^2 = 225$$

Tabelle 8. **Wertetripel $(n_1; n_2; n_3)$ und Varianz s_G^2 für Beispiel 5**

n_1	n_2	n_3	$n_1 \cdot n_2 \cdot n_3$	K_G	s_G^2
3,976	6,667	1,406	37,270	170	27,53
3	6	1	18	123	39,83
6	1	2	12	167	65,42
5	4	1	20	165	33,05
	3	2	30	170	32,30
	2	3	30	165	38,30
	1	8	40	170	54,43
4	7	1	28	163	29,18
	5	2	40	165	28,83
	4	3	48	168	29,69
	3	4	48	163	32,69
	2	7	56	166	38,02
	1	16	64	169	55,52
3	11	1	33	163	31,42
	8	2	48	163	30,52
	6	3	54	159	31,50
	5	4	60	160	32,28
	4	6	72	167	33,46
	3	8	72	162	36,46
	2	14	84	169	42,01
	1	30	90	170	59,83
2	17	1	34	169	40,73
	13	2	52	167	39,10
	10	3	60	160	39,35
	9	4	72	167	39,13
	8	5	80	170	39,13
	7	6	84	169	39,82
	6	7	84	164	40,68
	5	9	90	165	41,70
	4	12	96	166	43,34

Die Gesamtkosten der Untersuchung $K_0 = 170$ sollen nicht überschritten werden. Nach den Gleichungen (61) und (47) berechnet man:

$n_1' =$ 3,976 abgerundet auf $n_{1-} =$ 3
$n_2' =$ 6,667 abgerundet auf $n_{2-} =$ 6
$n_3' =$ 1,406 abgerundet auf $n_{3-} =$ 1
$n_1'' =$ 6,346 abgerundet auf $n_{1--} =$ 6
$n_2'' =$ 24,167 abgerundet auf $n_{2--} =$ 24
$n_3'' =$ 140,00 also $n_{3--} =$ 140

Die Bereiche, in denen n_1, n_2 und n_3 variiert werden können, sind nach Gleichung (48):

$$1 \leq n_1 \leq 6 \quad 1 \leq n_2 \leq 24 \quad 1 \leq n_3 \leq 140$$

Geht man von den in Beispiel 2 angegebenen Wertetripeln in der Umgebung von $(n_1'; n_2'; n_3')$ aus, erhält man die in der Tabelle 8 aufgeführten Varianzen s_G^2.

Mit dem Wertetripel (4; 5; 2) kann man die rundungsbedingte Erhöhung der Varianz des zunächst berechneten Tripels (3; 6; 1) weitgehend ausgleichen. Daneben sind in der Tabelle zehn weitere Tripel enthalten, die eine deutlich kleinere Varianz s_G^2 ergeben als das Tripel (3; 6; 1). Bei sieben dieser Tripel ist $n_3 > 1$.

7 Rundungsempfehlungen

7.1 Stichprobenaufbau bei vorgegebener Weite des Vertrauensbereiches für den Mittelwert der Gesamtheit

Aus den Gleichungen (39) und (40) sowie (50) und (51) erhält man zunächst nicht-ganzzahlige Werte, die zu den nächstgrößeren ganzen Zahlen aufgerundet werden. Wegen der Eigenarten dieser Gleichungen kann sich dabei ein nicht realisierbar großer Stichprobenumfang ergeben. Falls die Rundung bei dem zuerst berechneten Wert (n_{1a}' oder n_{2b}') klein ist, der gerundete Wert (n_{1a+} oder n_{2b+}) also nur wenig größer ist als der zu rundende Wert, werden die beiden anschließend zu berechnenden Werte sehr groß. Ist weiter die Rundung bei dem an zweiter Stelle berechneten Wert (n_{2a}' oder n_{1b}') klein, wird der an dritter Stelle berechnete Wert (n_{3a}' oder n_{3b}') sehr groß.

Der Einfluß einer zu geringen Rundung kann vermieden werden, wenn man die zunächst nicht-ganzzahlig berechneten Werte wie folgt rundet:

bei der Aufteilung nach zwei gleichberechtigten Gesichtspunkten mit Wechselwirkung nach Abschnitt 5.1:

Fall a: Rundung von n_{1a}': $\dfrac{n_{1a+} - n_{1a}'}{n_{1a+}} \geq 0{,}2$ (63)

Rundung von n_{2a}': $(n_{2a+} - n_{2a}') \geq 0{,}5$ (64)

Fall b: Rundung von n_{2b}': $\dfrac{n_{2b+} - n_{2b}'}{n_{2b+}} \geq 0{,}2$ (65)

Rundung von n_{1b}': $(n_{1b+} - n_{1b}') \geq 0{,}5$ (66)

bei der Aufteilung nach zwei gleichberechtigten Gesichtspunkten ohne Wechselwirkung nach Abschnitt 6.1:

Fall a: Rundung von n_{1a}': $\dfrac{n_{1a+} - n_{1a}'}{n_{1a+}} \geq 0{,}2$ (67)

Fall b: Rundung von n_{2b}': $\dfrac{n_{2b+} - n_{2b}'}{n_{2b+}} \geq 0{,}2$ (68)

Auf jeden Fall ist es zweckmäßig, nach dem in Abschnitt 5.1 und in Beispiel 1 geschilderten Verfahren mehrere Wertetripel durch schrittweises Vergrößern von n_{1+} und n_{2+} zu berechnen.

7.2 Stichprobenaufbau bei vorgegebener Weite des Vertrauensbereiches für den Mittelwert der Gesamtheit und minimalen Gesamtkosten

Gemäß den Gleichungen (53) sind die nicht-ganzzahligen Werte n'_i aufzurunden. Wie das Beispiel 4 zeigt, können die Gesamtkosten, die man mit den aufgerundeten Werten n_{i+} erhält, wesentlich größer werden als das mit den nicht gerundeten Werten n'_i berechnete theoretische Minimum. Dieser Effekt tritt immer dann auf, wenn die Werte n'_i erheblich gerundet werden, also wenn

$$\frac{n_{i+} - n'_i}{n_{i+}} \geq 0{,}2 \qquad (i = 1, 2, 3) \qquad (69)$$

ist.

Die rundungsbedingte Erhöhung der Kosten kann man, wie Beispiel 4 zeigt, weitgehend ausgleichen, wenn man die Werte n'_i teilweise abrundet. Die varianzbestimmte kostenminimale Stichprobe mit ganzzahligen Werten n_i kann man durch die Berechnung mehrerer Wertetripel finden, die in der Umgebung des Tripels $(n'_1; n'_2; n'_3)$ liegen. Im allgemeinen gibt es mehrere Wertetripel, für die die Gesamtkosten K_G nur wenig größer sind als das theoretische Kostenminimum.

7.3 Stichprobenaufbau bei vorgegebenen Gesamtkosten

Aus den Gleichungen (45) und (56) für n'_i, die aus der Gleichung für die Gesamtkosten hergeleitet wurden, erhält man die günstigen Wertetripel für den Stichprobenumfang durch Abrunden, wobei die Werte n_i den Wert 1 nicht unterschreiten können und den Wert n''_i nicht überschreiten dürfen. Damit sind die möglichen Wertetripel zweiseitig eingegrenzt; Stichproben mit nicht realisierbar großem Umfang können also nicht entstehen. Da ein ganzzahlig berechneter Wert n'_i nicht abgerundet wird, sondern unverändert bleibt, ist jeder beliebige Rundungsbetrag (bis hin zum Betrag Null) zulässig.

7.4 Stichprobenaufbau bei vorgegebenen Gesamtkosten und kleinster erreichbarer Weite des Vertrauensbereiches für den Mittelwert der Gesamtheit

Aus den Gleichungen (61) für die Werte n'_i erhält man die kostenbestimmte varianzminimale Stichprobe. Da die Werte n'_i, sofern sie nicht ganzzahlig sind, abgerundet werden, um eine realisierbare Stichprobe zu erhalten, kann man sich durch Abrundung der Werte n'_i je nach dem Ausmaß der Rundung von der theoretischen minimalen Varianz entfernen. Wie das Beispiel 5 zeigt, kann man die rundungsbedingte Erhöhung der Varianz weitgehend ausgleichen, wenn man die Werte n'_i teilweise aufrundet. Ist $n'_i < 1$, wird stets auf 1 **auf**gerundet, da sonst in der Gleichung (60) eine Null im Nenner auftauchen würde. Die kostenbestimmte varianzminimale Stichprobe mit ganzzahligen Werten n_i kann man durch die Berechnung mehrerer Wertetripel finden, die in der Umgebung des Tripels $(n'_1; n'_2; n'_3)$ liegen. Im allgemeinen gibt es mehrere Wertetripel, für die die Varianz s_G^2 nur wenig größer ist als die theoretische Minimalvarianz.

8 Programmablaufpläne für die Berechnung des Stichprobenaufbaues

In den Bildern 1 bis 11 sind die Programmablaufpläne für die Berechnung des Stichprobenaufbaues bei zweifacher Aufteilung nach zwei gleichberechtigten Gesichtspunkten für die beiden Modelle (mit und ohne Wechselwirkung) dargestellt.

Bild 1 ist eine Übersicht über alle acht Fälle, von denen die sechs in dieser Norm behandelten Fälle in den Bildern 2 bis 7 in Einzelschritten dargestellt sind. Die Bilder 8 bis 11 enthalten die Unterprogramme A bis D, die jeweils in mehreren Programmablaufplänen benutzt werden.

9 Probenahme bei reduzierbarer Aufteilung

Falls bei der Untersuchung eines bestimmten Merkmals und dessen Auswertung mit Hilfe der zweifachen Varianzanalyse wiederholt festgestellt wird, daß eine der Varianzen σ_ξ^2 oder σ_η^2 als nicht von Null verschieden angesehen werden kann, erübrigt sich bei weiteren gleichartigen Untersuchungen dieses Merkmals die Aufteilung nach zwei Gesichtspunkten. Damit geht die Aufteilung nach einem verbleibenden Gesichtspunkt über in die einfache Aufteilung, die in DIN 53 803 Teil 1 ausführlich behandelt wird.

Bei der Berechnung des Stichprobenaufbaues bei vorgegebener Weite des Vertrauensbereiches für den Mittelwert der Gesamtheit werden in fast jedem Falle zunächst nicht-ganzzahlige Werte für n'_1, n'_2 und n'_3 erhalten, die auf die jeweils nächstgrößere ganze Zahl **auf**zurunden sind oder im Falle von n'_1 und n'_2 bei der Berechnung nach den Abschnitten 5.1 und 6.1 durch die nächstgrößere ganze Zahl zu ersetzen sind, falls für diese Werte eine ganze Zahl errechnet wird.

Bei der Berechnung des Stichprobenaufbaues bei vorgegebenen Gesamtkosten der Untersuchung werden in fast jedem Falle zunächst nicht-ganzzahlige Werte für n'_1, n'_2 und n'_3 erhalten, die jeweils auf die kleinere ganze Zahl **ab**zurunden sind, sofern sie nicht bereits ganzzahlig sind.

Es können folgende Fälle auftreten:

a) bei der Berechnung nach den Abschnitten 5.1 und 6.2:

$n'_1 < 1,\ n'_2 \geq 1,\ n'_3 > 1$ oder $n'_1 \geq 1,\ n'_2 < 1,\ n'_3 > 1$

bei der Berechnung nach Abschnitt 5.3:

$1 \leq n'_1 < 2, n'_2 \geq 2, n'_3 \geq 2$ oder $n'_1 \geq 2, 1 \leq n'_2 < 2, n'_3 \geq 2$

bei der Berechnung nach Abschnitt 6.1:

$n'_1 < 1,\ n'_2 \geq 1,\ (n_3 = 1)$ oder $n'_1 \geq 1,\ n'_2 < 1,\ (n_3 = 1)$

bei der Berechnung nach Abschnitt 6.3:

$1 \leq n'_1 < 2, n'_2 \geq 2, (n_3 = 1)$ oder $n'_1 \geq 2, 1 \leq n'_2 < 2, (n_3 = 1)$

bei der Berechnung nach Abschnitt 6.4:

$n'_1 < 2,\ n'_2 \geq 2,\ n'_3 \geq 2$ oder $n'_2 \geq 2,\ n'_2 < 2,\ n'_3 \geq 2$

Die Aufteilung nach zwei Gesichtspunkten ist nicht sachgerecht. Die einfache Aufteilung nach dem Gesichtspunkt, für den die berechnete Anzahl der Einheiten größer als 1 oder größer als 2 ist, ist hinreichend.

b) bei der Berechnung nach den Abschnitten 5.1 und 6.2:

$n'_1 \geq 1 \qquad n'_2 \geq 1 \qquad n'_3 \leq 1$

bei der Berechnung nach Abschnitt 5.3:

$n'_1 \geq 2 \qquad n'_2 \geq 2 \qquad 1 \leq n'_3 < 2$

bei der Berechnung nach Abschnitt 6.1:

$n'_1 \geq 1 \qquad n'_2 \geq 1 \qquad (n_3 = 1)$

bei der Berechnung nach Abschnitt 6.3:

$n'_1 \geq 2 \qquad n'_2 \geq 2 \qquad (n_3 = 1)$

bei der Berechnung nach Abschnitt 6.4:

$n'_1 \geq 2 \qquad n'_2 \geq 2 \qquad n'_3 < 2$

In diesem Falle sind bei der Aufteilung nach zwei gleichberechtigten Gesichtspunkten die Zellen einfach besetzt. In der Tabelle 2 sind die Zeilen „Wechselwirkung" und „innerhalb der Zellen" zusammenzufassen.

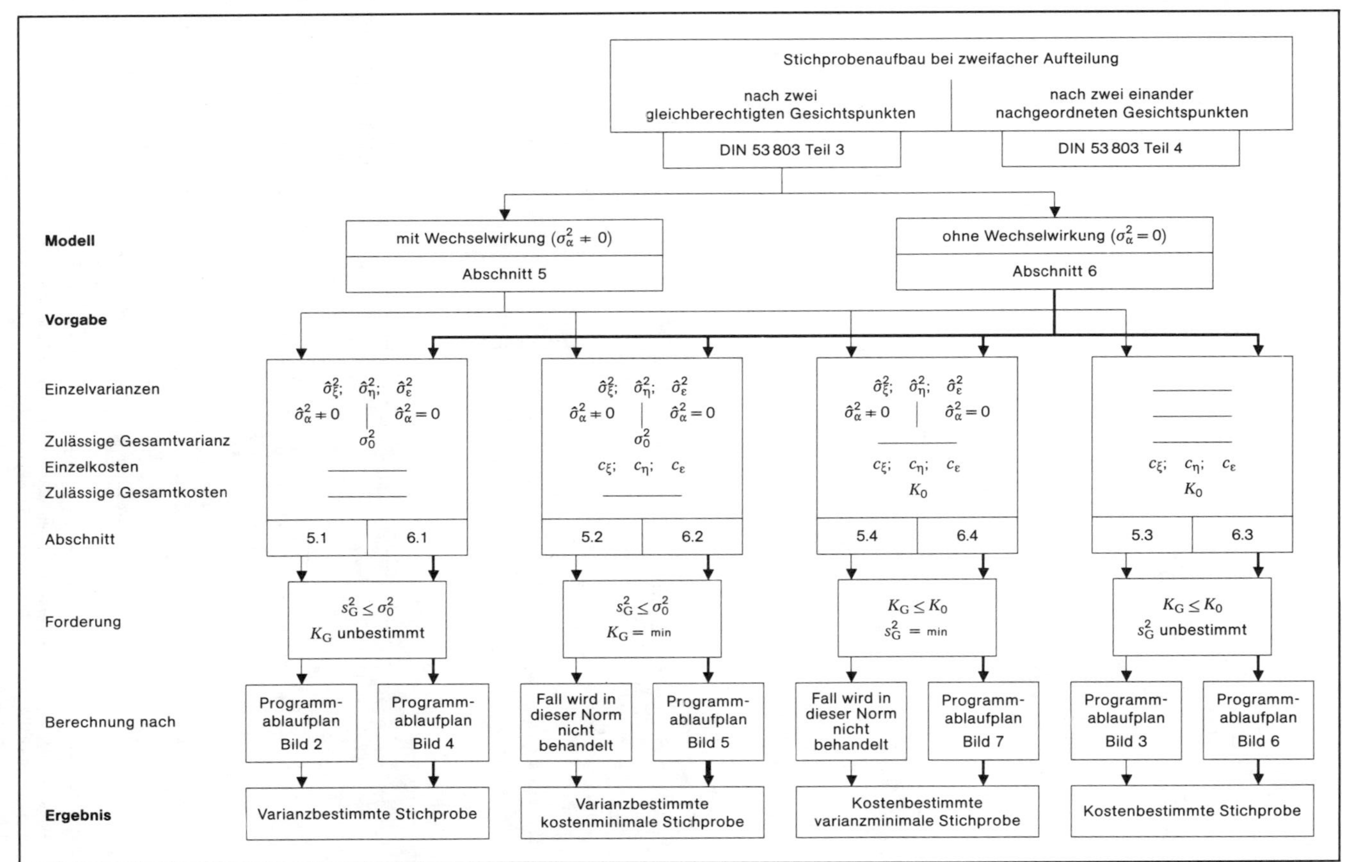

Bild 1. Übersicht über die Berechnung des Aufbaues aller Stichproben

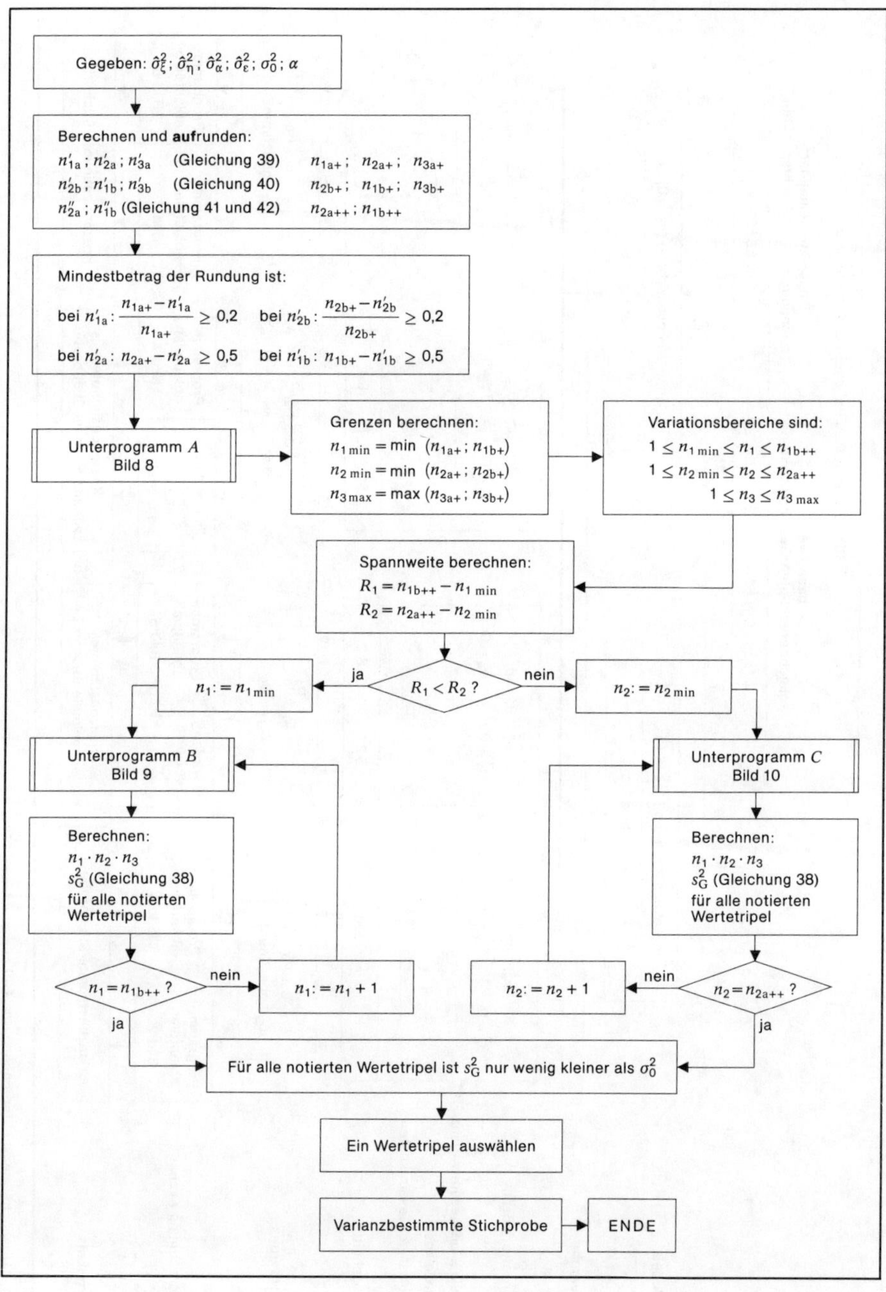

Bild 2. Programmablaufplan für die Berechnung des Aufbaues der varianzbestimmten Stichprobe (siehe Abschnitt 5.1)

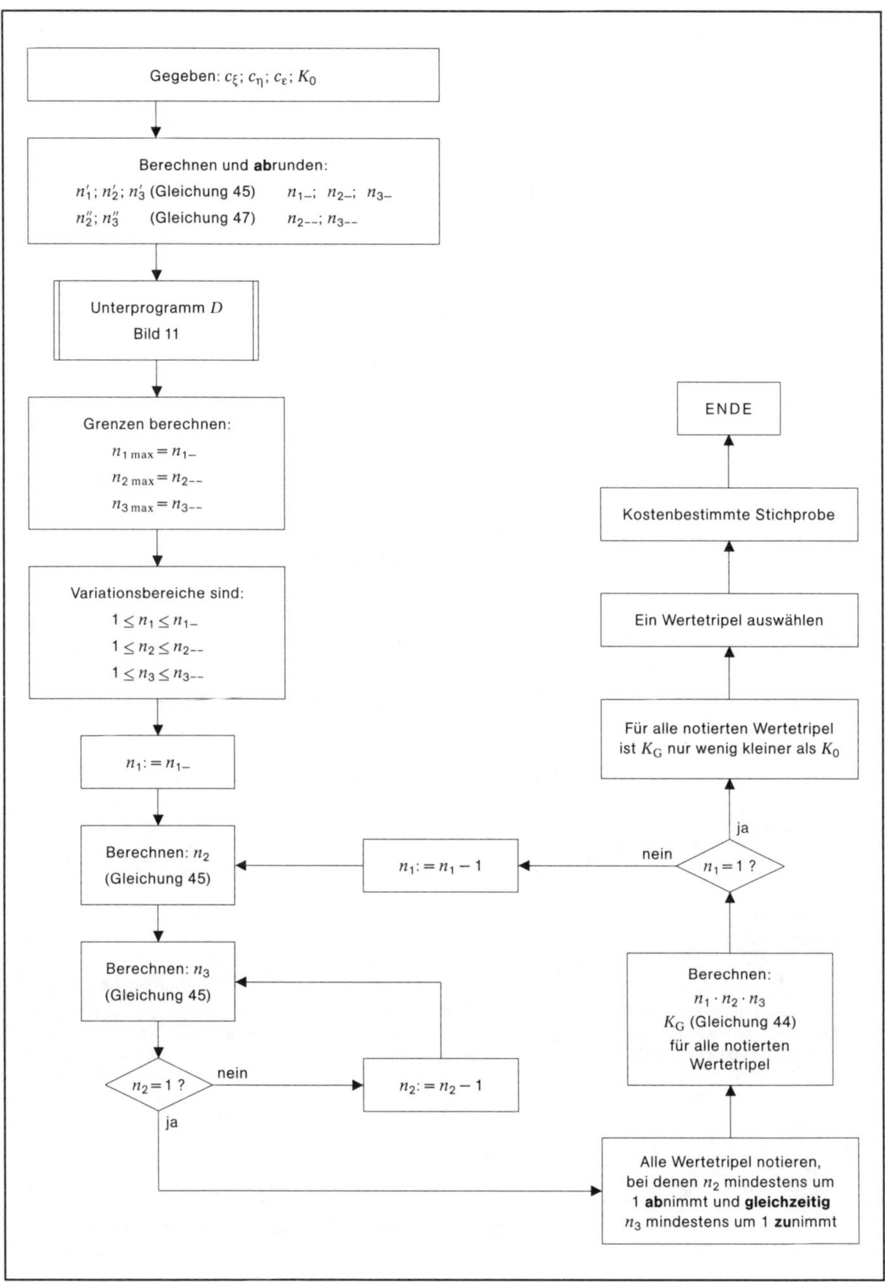

Bild 3. Programmablaufplan für die Berechnung des Aufbaues der kostenbestimmten Stichprobe (siehe Abschnitt 5.3)

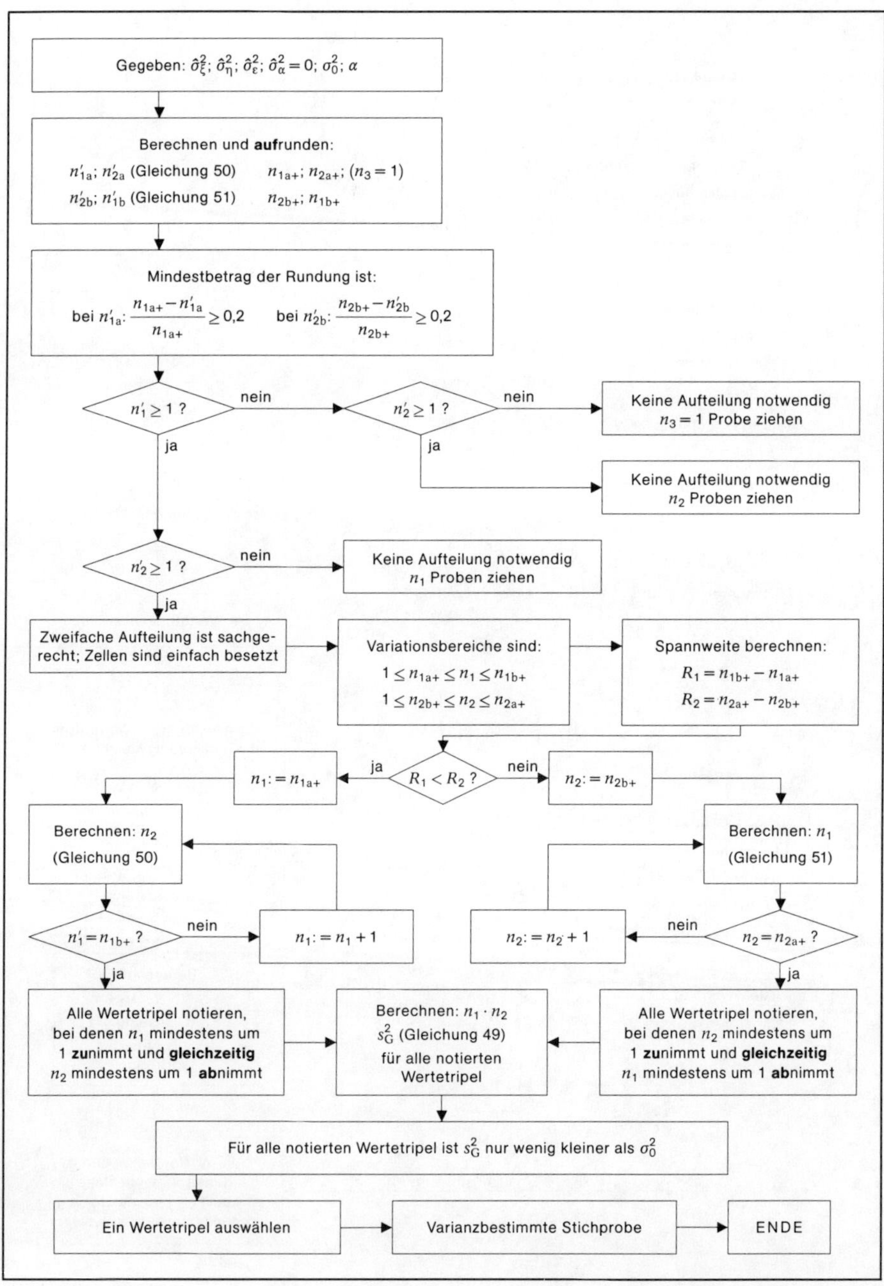

Bild 4. Programmablaufplan für die Berechnung des Aufbaues der varianzbestimmten Stichprobe (siehe Abschnitt 6.1)

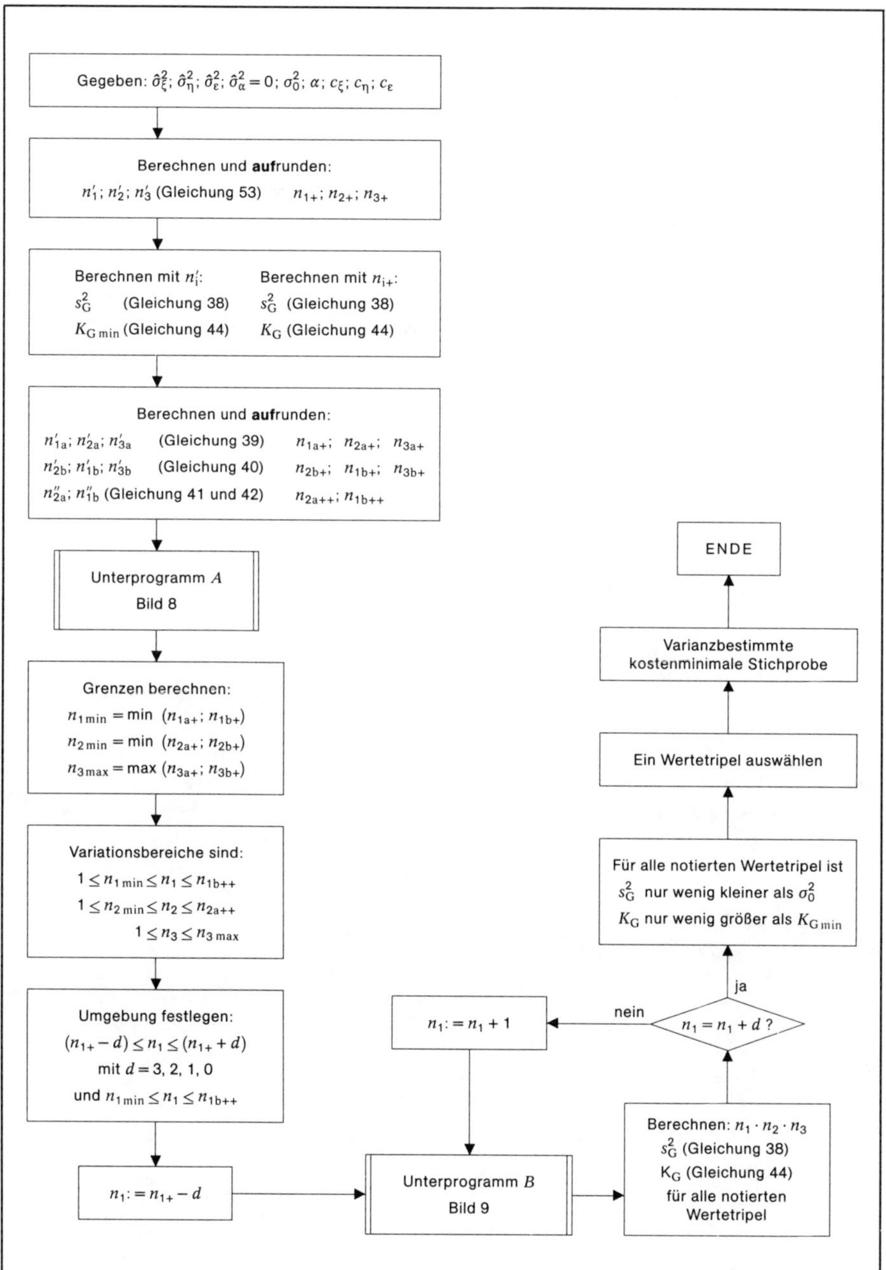

Bild 5. Programmablaufplan für die Berechnung des Aufbaues der varianzbestimmten kostenminimalen Stichprobe (siehe Abschnitt 6.2)

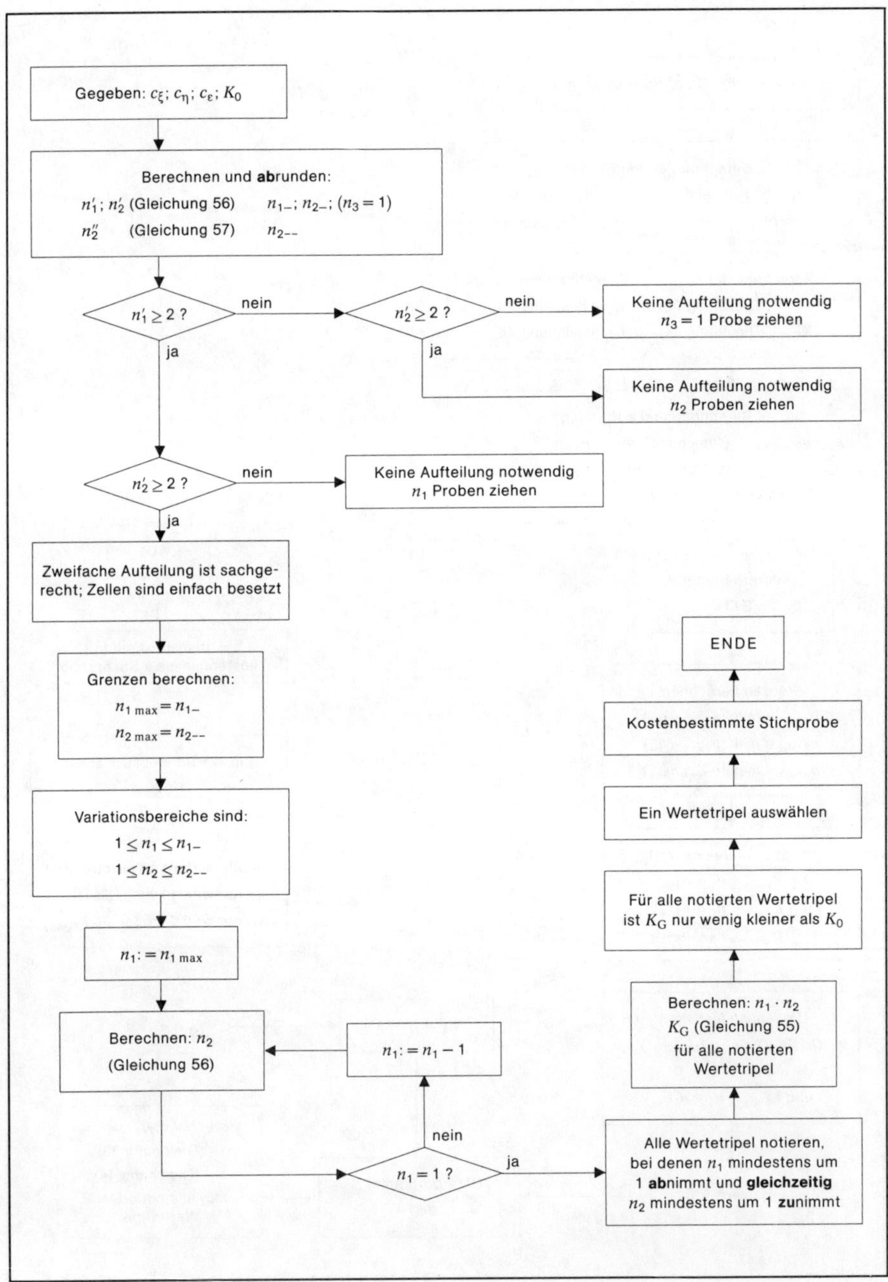

Bild 6. Programmablaufplan für die Berechnung des Aufbaues der kostenbestimmten Stichprobe (siehe Abschnitt 6.3)

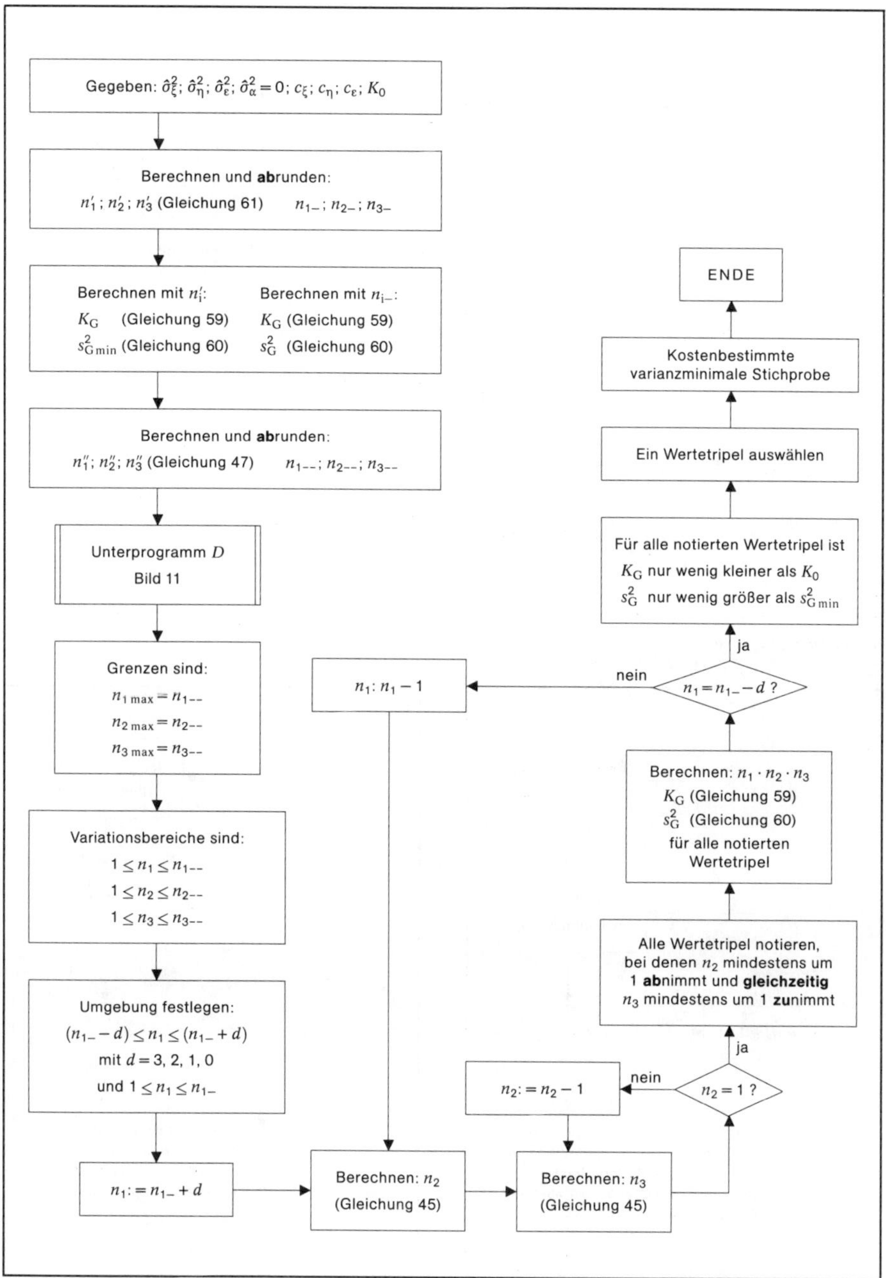

Bild 7. Programmablaufplan für die Berechnung des Aufbaues der kostenbestimmten varianzminimalen Stichprobe (siehe Abschnitt 6.4)

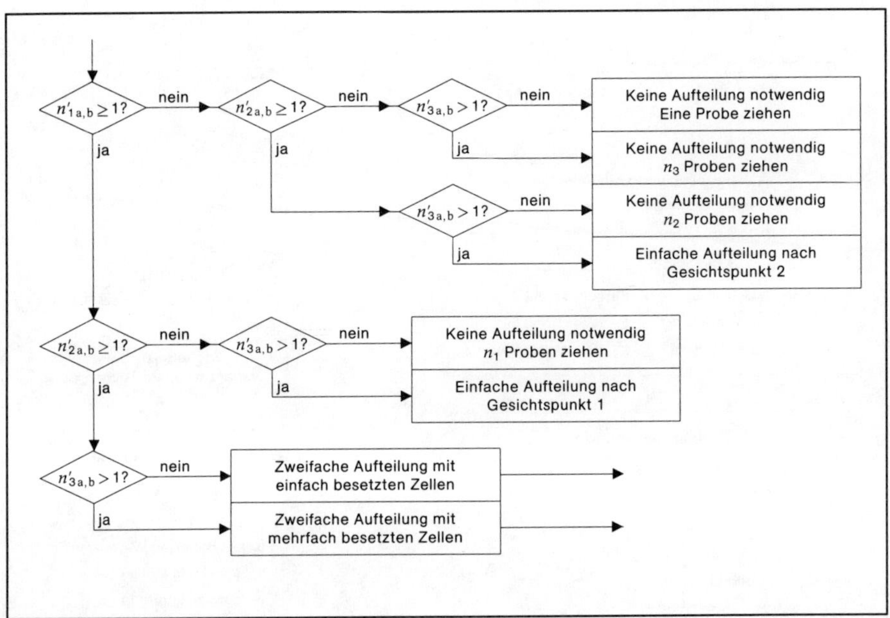

Bild 8. Unterprogramm A

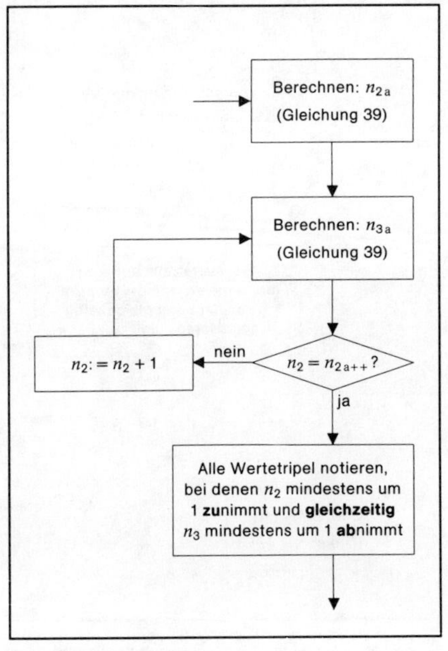

Bild 9. Unterprogramm B

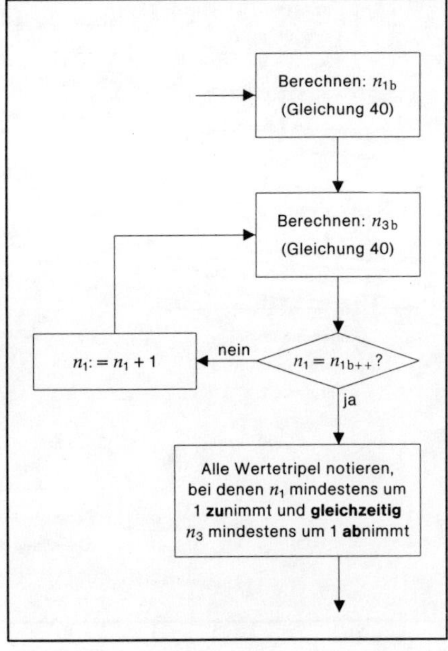

Bild 10. Unterprogramm C

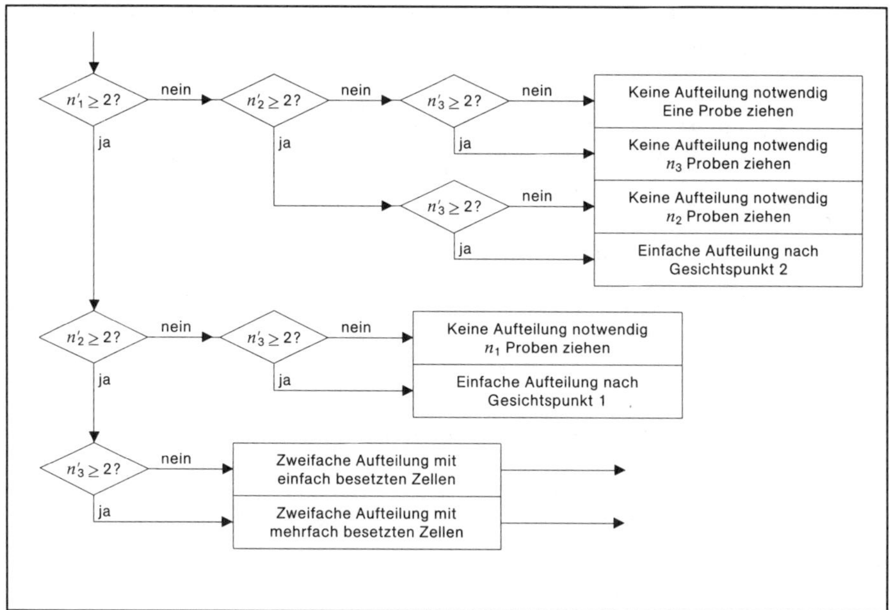

Bild 11. Unterprogramm D

c) bei der Berechnung nach den Abschnitten 5.1 und 6.2:

$n'_1 < 1 \quad n'_2 < 1 \quad n'_3 > 1$

bei der Berechnung nach Abschnitt 5.3:

$1 \leq n'_1 < 2 \quad 1 \leq n'_2 < 2 \quad n'_3 \geq 2$

bei der Berechnung nach Abschnitt 6.1:

$n'_1 < 1 \quad n'_2 < 1 \quad (n_3 = 1)$

bei der Berechnung nach Abschnitt 6.3:

$1 \leq n'_1 < 2 \quad 1 \leq n'_2 < 2 \quad (n_3 = 1)$

bei der Berechnung nach Abschnitt 6.4:

$n'_1 < 2 \quad n'_2 < 2 \quad n'_3 \geq 2$

Hier ist gar keine Aufteilung mehr notwendig. Es werden n_3 Proben gezogen und ausgewertet.

d) bei der Berechnung nach den Abschnitten 5.1 und 6.2:

$n'_1 \geq 1 \quad n'_2 \geq 1 \quad n'_3 > 1$

bei der Berechnung nach den Abschnitten 5.3 und 6.4:

$n'_1 \geq 2 \quad n'_2 \geq 2 \quad n'_3 \geq 2$

bei der Berechnung nach Abschnitt 6.1:

$n'_1 \geq 1 \quad n'_2 \geq 1 \quad (n_3 = 1)$

bei der Berechnung nach Abschnitt 6.3:

$n'_1 \geq 2 \quad n'_2 \geq 2 \quad (n_3 = 1)$

Die Aufteilung nach zwei Gesichtspunkten ist sachgerecht.

e) Die weiteren drei Fälle sind in den Unterdiagrammen A und D angegeben.

Anhang A

Beispiele aus der Textiltechnik

Alle Gleichungen sind Größengleichungen, siehe DIN 1313. Aus Gründen der Zweckmäßigkeit werden in den Beispielen die Einheiten ohne Verlust an Eindeutigkeit während der Rechnung weggelassen und erst bei den Ergebnissen wieder hinzugefügt.

A.1 Aufteilung nach zwei gleichberechtigten Gesichtspunkten; Modell mit Wechselwirkung; Durchführung der Varianzanalyse; Bestimmung von Schätzwerten für die Varianzen; Testen von Hypothesen über die Modellparameter; Vertrauensbereich für den Mittelwert der Gesamtheit; Luftdurchlässigkeit eines Papiermaschinenfilzes

An einem Abschnitt eines Papiermaschinenfilzes mit 4,10 m Breite und 2 m Länge wurde die Luftdurchlässigkeit nach DIN 53 887 gemessen. Die Meßstellen wurden wie folgt angeordnet: In Längsrichtung wurden vier jeweils 10 cm breite Streifen markiert, die voneinander etwa 0,8 m Abstand hatten; die äußeren Streifen waren etwa 0,8 m vom Längsrand entfernt. In Querrichtung wurden fünf jeweils etwa 10 cm breite Streifen markiert, die voneinander etwa 0,3 m Abstand hatten; die äußeren Streifen waren etwa 0,3 m vom Querrand entfernt. In diesem Raster von 4 · 5 Zel-

Tabelle A.1. **Anordnungsschema der Einzelwerte; Zwischensummen und Hilfsgrößen; Luftdurchlässigkeit eines Papiermaschinenfilzes**

i \ j	1		2		3		4		5		$\sum_j\sum_k x_{ijk}$	$\sum_j\sum_k x_{ijk}^2$	$\left(\sum_j\sum_k x_{ijk}\right)^2$	$\sum_j\left(\sum_k x_{ijk}\right)^2$
1	82	6 724	82	6 724	79	6 241	79	6 241	79	6 241				
	81	6 561	82	6 724	78	6 084	79	6 241	78	6 084				
	163	13 285	164	13 448	157	12 325	158	12 482	157	12 325	799	63 865	638 401	127 727
2	81	6 561	82	6 724	79	6 241	78	6 084	77	5 929				
	80	6 400	81	6 561	79	6 241	77	5 929	77	5 929				
	161	12 961	163	13 285	158	12 482	155	12 013	154	11 858	791	62 599	625 681	125 195
3	79	6 241	81	6 561	79	6 241	77	5 929	77	5 929				
	77	5 929	82	6 724	80	6 400	76	5 776	75	5 625				
	156	12 170	163	13 285	159	12 641	153	11 705	152	11 554	783	61 355	613 089	122 699
4	76	5 776	79	6 241	77	5 929	76	5 776	75	5 625				
	77	5 929	79	6 241	78	6 084	77	5 929	76	5 776				
	153	11 705	158	12 482	155	12 013	153	11 705	151	11 401	770	59 306	592 900	118 608
$\sum_i\sum_k x_{ijk}$	633		648		629		619		614		$A =$ 3 143	↓	$C =$ 2 470 071	↓
$\sum_i\sum_k x_{ijk}^2$	50 121		52 500		49 461		47 905		47 138		→	$B =$ 247 125		
$\left(\sum_i\sum_k x_{ijk}\right)^2$	400 689		419 904		395 641		383 161		376 996		$D =$ 1 976 391			
$\sum_i\left(\sum_k x_{ijk}\right)^2$	100 235		104 998		98 919		95 807		94 270		→			$E =$ 494 229

len wurden zwei Einzelwerte je Zelle gemessen, und zwar in einem zeitlichen Abstand von 24 Stunden voneinander. Dabei haben sich $4 \cdot 5 \cdot 2$ Einzelwerte ergeben; die Einheit für die Einzelwerte ist Liter je Minute (bei 20 cm^2 Meßfläche und 2 mbar Druckdifferenz).

In der Tabelle A.1 sind entsprechend Abschnitt 3 die Einzelwerte zusammengestellt. Zusätzlich sind nach Abschnitt 4.2 die benötigten Zwischensummen und Hilfsgrößen angegeben.

Tabelle A.2 zeigt entsprechend Abschnitt 4.3 die Zerlegungstafel für dieses Beispiel. Die Rechenkontrollen für die Summe der quadrierten Abweichungen und die Zahl der Freiheitsgrade sind erfüllt.

Als Ergebnis der Auswertung erhält man:

der Schätzwert für den Mittelwert der Luftdurchlässigkeit ist:

$$\hat{\mu} = \bar{x}_{\ldots} = \frac{A}{n_1 \cdot n_2 \cdot n_3} = 78{,}58 \text{ l/min}$$

die Schätzwerte für die Standardabweichungen σ_ξ, σ_η, σ_α und σ_ε sind:

$$\hat{\sigma}_\xi = \sqrt{\frac{s_Z^2 - s_{ZS}^2}{n_2 \cdot n_3}} = 1{,}1682 \frac{\text{l}}{\text{min}} \qquad \hat{\sigma}_\eta = \sqrt{\frac{s_S^2 - s_{ZS}^2}{n_1 \cdot n_3}} = 1{,}5916 \frac{\text{l}}{\text{min}}$$

$$\hat{\sigma}_\alpha = \sqrt{\frac{s_{ZS}^2 - s_R^2}{n_3}} = 0{,}7486 \frac{\text{l}}{\text{min}} \qquad \hat{\sigma}_\varepsilon = \sqrt{s_R^2} = 0{,}7246 \frac{\text{l}}{\text{min}}$$

Zum Testen von Hypothesen über die Varianzen σ_ξ^2, σ_η^2 und σ_α^2 bildet man nach Abschnitt 4.4 die Prüfwerte:

$$s_{ZS}^2/s_R^2 = 3{,}13 \qquad s_Z^2/s_{ZS}^2 = 9{,}29 \qquad s_S^2/s_{ZS}^2 = 13{,}31$$

Die Tabellenwerte der F-Verteilung zum Signifikanzniveau $\alpha = 0{,}01$ sind:

$$F_{f_{ZS};\, f_R;\, 1-\alpha} = F_{12;\,20;\,0{,}99} = 3{,}23$$

$$F_{f_Z;\, f_{ZS};\, 1-\alpha} = F_{3;\,12;\,0{,}99} = 5{,}95$$

$$F_{f_S;\, f_{ZS};\, 1-\alpha} = F_{4;\,12;\,0{,}99} = 5{,}41$$

Da $s_{ZS}^2/s_R^2 < F_{f_{ZS};\, f_R;\, 1-\alpha}$ ist, wird für die Varianz σ_α^2 die Nullhypothese nicht verworfen, d. h. die Varianz der Wechselwirkung wird als nicht von Null verschieden betrachtet. Da $s_Z^2/s_{ZS}^2 > F_{f_Z;\, f_{ZS};\, 1-\alpha}$ und $s_S^2/s_{ZS}^2 > F_{f_S;\, f_{ZS};\, 1-\alpha}$ sind, wird für die Varianzen σ_ξ^2 und σ_η^2 die Nullhypothese verworfen, d. h. die Varianz für den Zeileneinfluß σ_ξ^2 und die Varianz für den Spalteneinfluß σ_η^2 werden als von Null verschieden angesehen. Falls sich bei weiteren gleichartigen Untersuchungen das Ergebnis $\sigma_\alpha^2 = 0$ bestätigt, genügt es, für derartige Untersuchungen das Modell ohne Wechselwirkung zu benutzen.

Nach Gleichung (30) wird der Vertrauensbereich für den Mittelwert der Luftdurchlässigkeit zum Vertrauensniveau $1 - \alpha = 0{,}95$ (mit $\sigma_\alpha^2 = 0$) berechnet. Die Grenzen des Vertrauensbereiches mit $f = f_Z$ sind:

$$\bar{x}_{\ldots} \mp t_{f_Z;\, 1-\alpha/2} \cdot \sqrt{\frac{\hat{\sigma}_\xi^2}{n_1} + \frac{\hat{\sigma}_\eta^2}{n_2} + \frac{\hat{\sigma}_\varepsilon^2}{n_1 \cdot n_2}} = 78{,}58 \mp 3{,}182 \cdot \sqrt{0{,}8609} = 78{,}58 \mp 2{,}95$$

Der Vertrauensbereich für die Luftdurchlässigkeit ist:

$$75{,}63 \frac{\text{l}}{\text{min}} \le \mu \le 81{,}53 \frac{\text{l}}{\text{min}}$$

Wie dieses Beispiel zeigt, ist der vorliegende Papiermaschinenfilz hinsichtlich der Luftdurchlässigkeit auf dem Signifi-

Tabelle A.2. **Zerlegungstafel; Luftdurchlässigkeit eines Papiermaschinenfilzes**

Schwankungen	Summe der quadrierten Abweichungen Q	Zahl der Freiheitsgrade f	Varianz $s^2 = \frac{Q}{f}$
zwischen den Längsstreifen	$Q_Z = \frac{C}{n_2 \cdot n_3} - \frac{A^2}{n_1 \cdot n_2 \cdot n_3} = \frac{2\,470\,071}{10} - \frac{3143^2}{40} = 45{,}8750$	$f_Z = n_1 - 1 = 4 - 1 = 3$	$s_Z^2 = 15{,}2917$
zwischen den Querstreifen	$Q_S = \frac{D}{n_1 \cdot n_3} - \frac{A^2}{n_1 \cdot n_2 \cdot n_3} = \frac{1\,976\,391}{8} - \frac{3143^2}{40} = 87{,}6500$	$f_S = n_2 - 1 = 5 - 1 = 4$	$s_S^2 = 21{,}9125$
Wechselwirkung	$Q_{ZS} = \frac{E}{n_3} - \frac{C}{n_2 \cdot n_3} - \frac{D}{n_1 \cdot n_3} + \frac{A^2}{n_1 \cdot n_2 \cdot n_3} = \frac{494\,229}{2} - \frac{2\,470\,071}{10} - \frac{1\,976\,391}{8} + \frac{3143^2}{40} = 19{,}7500$	$f_{ZS} = (n_1 - 1)(n_2 - 1) = 3 \cdot 4 = 12$	$s_{ZS}^2 = 1{,}6458$
innerhalb der Zellen (Rest)	$Q_R = B - \frac{E}{n_3} = 247\,125 - \frac{494\,229}{2} = 10{,}5000$	$f_R = n_1 n_2 (n_3 - 1) = 4 \cdot 5 \cdot 1 = 20$	$s_R^2 = 0{,}5250$
total	$Q_{total} = B - \frac{A^2}{n_1 \cdot n_2 \cdot n_3} = 247\,125 - \frac{3143^2}{40} = 163{,}7750$	$f_{total} = n_1 n_2 n_3 - 1 = 4 \cdot 5 \cdot 2 - 1 = 39$	

kanzniveau $\alpha = 0{,}01$ inhomogen. Damit ist die in DIN 53 887 vorgesehene Zusammenfassung der Einzelwerte, d. h. die Voraussetzung homogenen Materials, unzulässig.

A.2 Stichprobenaufbau bei vorgegebener relativer Weite für den Vertrauensbereich der Gesamtheit; Modell ohne Wechselwirkung; varianzbestimmte kostenminimale Stichprobe; Luftdurchlässigkeit eines Papiermaschinenfilzes

Da nach dem Test in Abschnitt A.1 die Varianz σ_α^2 als nicht von Null verschieden angesehen werden kann, soll für dieses Beispiel das Modell ohne Wechselwirkung benutzt werden.

Als halbe relative Weite des Vertrauensbereiches für die Luftdurchlässigkeit wird maximal 2% zum Vertrauensniveau $1 - \alpha = 0{,}95$ vorgeschrieben; die halbe absolute Weite ist bei $\bar{x}_{...} = 78{,}58$ l/min also $W = 1{,}57$ l/min. Nach Gleichung (37) wird damit die maximale Standardabweichung:

$$\sigma_0 = \frac{W}{u_{1-\alpha/2}} = \frac{1{,}57}{u_{0{,}975}} = \frac{1{,}57}{1{,}960} = 0{,}801 \text{ l/min}$$

Geht man von den in Abschnitt A.1 gefundenen Schätzwerten

$$\hat{\sigma}_\xi = 1{,}17 \text{ l/min} \quad \hat{\sigma}_\eta = 1{,}59 \text{ l/min} \quad (\sigma_\alpha = 0) \quad \hat{\sigma}_\varepsilon = 0{,}725 \text{ l/min}$$

aus und setzt man als Einzelkosten (in willkürlichen Einheiten)

$$c_\xi = 20 \quad c_\eta = 20 \quad c_\varepsilon = 1$$

an, erhält man mit den Gleichungen (53) zunächst:

$$n_1' = 5{,}33 \quad n_2' = 7{,}24 \quad n_3' = 0{,}38$$

Tabelle A.3. **Standardabweichung s_G und Kosten K_G für Stichproben verschiedenen Aufbaues**

n_1	n_2	n_3	$n_1 \cdot n_2 \cdot n_3$	s_G l/min	K_G
5,33	7,24	0,38	14,664	0,801	266,06
6	8	1	48	0,745	328
3	14	3	126	0,801	466
	15	1	45	0,798	405
4	9	1	36	0,799	296
5	7	3	105	0,800	345
	8	1	40	0,776	300
6	7	1	42	0,776	302
7	6	1	42	0,793	302
11	5	1	55	0,800	375
157	4	1	628	0,801	3848

Nach der Kostengleichung (44) gehören zu diesen nicht gerundeten Werten die theoretischen minimalen Kosten $K_{G\,min} = 266{,}06$.

In der Tabelle A.3 sind einige Wertetripel in der Umgebung von $(n_1'; n_2'; n_3')$ zusammengestellt. Außerdem sind dort die zugehörigen Kosten K_G und die Standardabweichung s_G

angegeben; letztere wurde berechnet aus der Gleichung (39) mit $\hat{\sigma}_\alpha^2 = 0$.

Durch die Aufrundung entfernt man sich mit dem Wertetripel (6; 8; 1) deutlich von dem theoretischen Kostenminimum. Diesen Aufrundungseinfluß kann man teilweise ausgleichen bei dem Wertetripel (4; 9; 1). Da sich in diesem Falle $n_3 = 1$ durch Rechnung ergibt, obwohl von $n_3 \neq 1$ ausgegangen wurde, kann man unter den hier gemachten Voraussetzungen auf die zweite Messung der Luftdurchlässigkeit verzichten.

A.3 Stichprobenaufbau bei vorgegebenen Gesamtkosten und kleinster erreichbarer Weite des Vertrauensbereiches für den Mittelwert der Gesamtheit; Modell ohne Wechselwirkung; kostenbestimmte varianzminimale Stichprobe; Luftdurchlässigkeit eines Papiermaschinenfilzes

Für die in den Abschnitten A.1 und A.2 bereits untersuchte Luftdurchlässigkeit eines Papiermaschinenfilzes wurden folgende Schätzwerte für die Standardabweichungen gefunden:

zwischen den Längsstreifen $\hat{\sigma}_\xi = 1{,}17$ l/min
zwischen den Querstreifen $\hat{\sigma}_\eta = 1{,}59$ l/min
innerhalb einer Zelle $\hat{\sigma}_\varepsilon = 0{,}725$ l/min

Der Schätzwert für die mittlere Luftdurchlässigkeit war $\bar{x}_{...} = 78{,}58$ l/min. Die Standardabweichung für den Mittelwert der Stichprobe

$$s_G = \sqrt{\frac{\hat{\sigma}_\xi^2}{n_1} + \frac{\hat{\sigma}_\eta^2}{n_2} + \frac{\hat{\sigma}_\varepsilon^2}{n_1 \cdot n_2 \cdot n_3}}$$

soll bei vorgegebenen Einzelkosten und nicht zu überschreitenden Gesamtkosten minimiert werden.

Ausgehend von den Schätzwerten für die Standardabweichungen, von den Einzelkosten

$$c_\xi = 20 \qquad c_\eta = 20 \qquad c_\varepsilon = 1$$

und den nicht zu überschreitenden Gesamtkosten $K_0 = 450$ berechnet man nach den Gleichungen (61) zunächst:

$$n_1' = 9{,}01 \qquad n_2' = 12{,}24 \qquad n_3' = 0{,}226$$

Das hierzu gehörende theoretische Minimum für die Standardabweichung ist $s_{G\,min} = 0{,}616$ l/min.

In der Tabelle A.4 sind einige Wertetripel in der Umgebung von $(n_1'; n_2'; n_3')$ zusammengestellt, die mittels der Gleichungen (45) berechnet wurden und für die die Standardabweichung nur wenig größer ist als das theoretische Minimum. Das durch Abrunden bei n_1' und n_2' sowie durch Aufrunden bei n_3' entstehende Wertetripel (9; 12; 1) erfüllt die Bedingung $K_G \leq K_0 = 450$ nicht.

Das Minimum der Standardabweichung wird am besten erreicht beim Wertetripel (8; 10; 1); weitere Wertetripel mit nur wenig größerer Standardabweichung s_G sind (7; 11; 1), (9; 9; 1), (6; 12; 1), (10; 8; 1) und (5; 14; 1).

Wie die Tabelle A.4 weiter zeigt, wird durch die Vergrößerung von $n_3 = 1$ auf $n_3 = 2$ (bei gleichzeitiger Veränderung von n_1 und n_2, damit $K_G \leq K_0$ bleibt) die Standardabweichung s_G stets vergrößert. Damit ist bei den hier vorliegenden Ausgangsbedingungen die zweite Messung der Luftdurchlässigkeit in jeder Zelle nicht sachgerecht.

A.4 Stichprobenaufbau bei vorgegebener relativer Weite für den Vertrauensbereich der Gesamtheit; Modell ohne Wechselwirkung; varianzbestimmte Stichprobe; Knittererholungswinkel eines Gewebes

Für einen Dekostoff soll der Knittererholungswinkel in einer Richtung (Kettfäden geknickt) nach einem festgelegten Verfahren gemessen werden. Dazu werden n_1 Streifen parallel zu den Kettfäden gekennzeichnet und n_2 Streifen

Tabelle A.4. **Auswahl von Wertetripeln $(n_1; n_2; n_3)$ in der Umgebung von $(n_1'; n_2'; n_3')$, Kosten K_G und Standardabweichung s_G**

n_1	n_2	n_3	$n_1 \cdot n_2 \cdot n_3$	K_G	s_G l/min
9,01	12,24	0,226	24,92	449,9	0,616
9	12	1	108	528	0,606
20	1	1	20	440	1,620
11	7	1	77	437	0,702
	5	2	110	430	0,797
10	8	1	80	440	0,678
	6	2	120	440	0,750
9	9	1	81	441	0,663
	7	2	126	446	0,719
8	10	1	80	440	0,656
	8	2	128	448	0,709
7	11	1	77	437	0,657
	9	2	126	446	0,693
6	12	1	72	432	0,668
	10	2	120	440	0,697
5	14	1	70	450	0,680
	11	2	110	430	0,713
1	20	1	20	440	1,234
	19	2	38	438	1,231
	.				
	.				
	.				
	1	410	410	450	1,974

parallel zu den Schußfäden. Aus jeder Zelle werden n_3 Proben entnommen, die in Kettrichtung direkt hintereinander liegen und damit dieselben Kettfäden enthalten.

Aus einem Vorversuch wurden folgende Schätzwerte für die Standardabweichungen erhalten:

zwischen den Längsstreifen $\hat{\sigma}_\xi = 5{,}2°$
zwischen den Querstreifen $\hat{\sigma}_\eta = 5{,}5°$
innerhalb einer Zelle $\hat{\sigma}_\varepsilon = 5{,}5°$

Die Standardabweichung für die Wechselwirkung war auf Grund des F-Tests als von Null nicht verschieden anzusehen. Der mittlere Knittererholungswinkel war $\bar{x}_{...} = 116{,}2°$.

Als halbe relative Weite des Vertrauensbereiches für den Knittererholungswinkel des Dekostoffes wird maximal 5 % zum Vertrauensniveau $1 - \alpha = 0{,}95$ vorgeschrieben; die halbe absolute Weite ist bei $\bar{x}_{...} = 116{,}2°$, also $W = 5{,}81°$. Nach Gleichung (37) wird damit die maximale Standardabweichung:

$$\sigma_0 = \frac{W}{u_{1-\alpha/2}} = \frac{5{,}81}{u_{0{,}975}} = \frac{5{,}81}{1{,}96} = 2{,}96°$$

Mit den Gleichungen (50) und (51) erhält man damit zunächst:

$n_{1a}' = 3{,}09$ aufgerundet auf $n_{1a+} = 4$
$n_{2a}' = 18{,}89$ aufgerundet auf $n_{2a+} = 19$
$n_{2b}' = 3{,}45$ aufgerundet auf $n_{2b+} = 4$
$n_{1b}' = 28{,}86$ aufgerundet auf $n_{1b+} = 29$

Die Bereiche, in denen n_1 und n_2 variiert werden können, sind nach Gleichung (52) bei diesem Beispiel:

$$4 \leq n_1 \leq 29 \qquad 4 \leq n_2 \leq 19$$

Wegen $\sigma_\alpha = 0$ wird $n_3 = 1$ gesetzt.

In Tabelle A.5 sind sämtliche günstigen Wertetripel $(n_1; n_2; n_3)$ zusammengestellt, die die Bedingung $s_G \leq \sigma_0$ erfüllen. Die Rechnung wurde begonnen mit $n_{2b+} = 4$.

Damit sind mindestens $n_2 = 4$ Streifen parallel zu den Schußfäden zu wählen. In diesem Falle sind $n_1 = 29$ Streifen parallel zu den Kettfäden zu wählen. Aus jeder Zelle ist $n_3 = 1$ Probe zu entnehmen. Der Stichprobenumfang wird am kleinsten für die Wertetripel (6; 9; 1) und (9; 6; 1).

Tabelle A.5. **Wertetripel $(n_1; n_2; n_3)$, Stichprobenumfang $n_1 \cdot n_2 \cdot n_3$ und erreichbare Standardabweichung s_G**

n_1	n_2	n_3	$n_1 \cdot n_2 \cdot n_3$	s_G °
29	4	1	116	2,96
13	5		65	2,93
9	6		54	2,93
8	7		56	2,87
7	8		56	2,86
6	9		54	2,90
5	11		55	2,95
4	19		76	2,96

A.5 Stichprobenaufbau bei vorgegebenen Gesamtkosten; Modell ohne Wechselwirkung; kostenbestimmte Stichprobe; Knittererholungswinkel eines Gewebes

Analog zu dem in Abschnitt A.4 angegebenen Beispiel soll für die Messung des Knittererholungswinkels eines Gewebes der Stichprobenaufbau bei vorgegebenen Kosten berechnet werden. Für die Kosten (in willkürlichen Einheiten) werden angesetzt:

für die Bereitstellung eines Längsstreifens $c_\xi = 10$
für die Bereitstellung eines Querstreifens $c_\eta = 10$
für die Herstellung einer Einzelprobe und deren Messung $c_\varepsilon = 1$

Die Gesamtkosten der Untersuchung sollen den Betrag $K_0 = 160$ nicht überschreiten.

Tabelle A.6. **Wertetripel $(n_1; n_2; 1)$, Stichprobenumfang $n_1 \cdot n_2$ und Gesamtkosten K_G**

n_1	n_2	$n_1 \cdot n_2$	K_G
13	1	13	153
11	2	26	152
10	3	30	160
8	4	32	152
7	5	35	155
6	6	36	156
5	7	35	155
4	8	32	152
3	10	30	160
2	11	22	152
1	13	13	153

Mit den Gleichungen (56) und (57) erhält man zunächst:

$n'_1 = 13,64$ abgerundet auf $n_{1-} = 13$
$n'_2 = 1,30$ abgerundet auf $n_{2-} = 1$
$n''_2 = 13,64$ abgerundet auf $n_{2--} = 13$

Weiter wird $n_3 = 1$ gesetzt.

Die Bereiche, in denen n_1 und n_2 variiert werden können, sind nach Gleichung (58) bei diesem Beispiel:

$$1 \leq n_1 \leq 13 \qquad 1 \leq n_2 \leq 13 \qquad (n_3 = 1)$$

In Tabelle A.6 sind alle günstigen Wertetripel $(n_1; n_2; 1)$ sowie die Gesamtkosten zusammengestellt.

Damit sind maximal $n_1 = 13$ Streifen parallel zu den Kettfäden oder maximal $n_2 = 13$ Streifen parallel zu den Schußfäden zu wählen. In jeder Zelle ist $n_3 = 1$ Probe zu entnehmen. Aus der Tabelle A.6 wählt man nach von Fall zu Fall unterschiedlichen Gesichtspunkten ein Wertetripel aus.

A.6 Stichprobenaufbau bei vorgegebener relativer Weite für den Vertrauensbereich der Gesamtheit; Modell mit Wechselwirkung; varianzbestimmte Stichprobe; Rundversuch zur Messung der Höchstzugkraft eines Garns

Nach [2, Seite 436] wurde ein Rundversuch durchgeführt, bei dem $n_1 = 6$ Prüfstellen beteiligt waren. Jede Prüfstelle untersuchte $n_2 = 10$ Spulen eines vorgegebenen Garns mit jeweils $n_3 = 5$ Einzelwerten.

Als Schätzwerte für die Standardabweichung der Höchstzugkraft des Garns haben sich ergeben:

- zwischen den Prüfstellen $\hat{\sigma}_\xi = 8,0$ cN
- zwischen den Spulen $\hat{\sigma}_\eta = 6,6$ cN
- für die Wechselwirkung $\hat{\sigma}_\alpha = 7,4$ cN
- innerhalb der Spulen $\hat{\sigma}_\varepsilon = 15,2$ cN

Sämtliche Einflüsse waren auf dem Signifikanzniveau $\alpha = 0,05$ gesichert. Die mittlere Höchstzugkraft war $\bar{x}_{...} = 120$ cN.

Mit diesen Schätzwerten soll der Stichprobenaufbau berechnet werden, mit dem man die halbe relative Weite von 6% des Vertrauensbereiches für die mittlere Höchstzugkraft des vorgelegten Garns zum Vertrauensniveau $1-\alpha = 0,95$ einhalten kann.

Die halbe absolute Weite des Vertrauensbereiches ist in diesem Fall $W = 7,2$ cN. Nach Gleichung (37) darf die maximale Standardabweichung sein:

$$\sigma_0 = \frac{W}{u_{1-\alpha/2}} = \frac{W}{u_{0,975}} = \frac{7,2}{1,96} = 3,67 \text{ cN}$$

Nach den Gleichungen (39), (40), (41) und (42) berechnet man zunächst:

$n'_{1a} = 4,75$ aufgerundet auf $n_{1a+} = 5$
$n'_{2a} = 81,49$ aufgerundet auf $n_{2a+} = 82$
$n'_{3a} = 136,79$ aufgerundet auf $n_{3a+} = 137$
$n''_{2a} = 150,58$ aufgerundet auf $n_{2a++} = 151$
$n'_{2b} = 3,23$ aufgerundet auf $n_{2b+} = 4$
$n'_{1b} = 30,13$ aufgerundet auf $n_{1b+} = 31$
$n'_{3b} = 25,60$ aufgerundet auf $n_{3b+} = 26$
$n''_{1b} = 52,52$ aufgerundet auf $n_{1b++} = 53$

Die Bereiche, in denen n_1, n_2 und n_3 variiert werden können, sind damit bei diesem Beispiel:

$$5 \leq n_1 \leq 53 \qquad 4 \leq n_2 \leq 151 \qquad 1 \leq n_3 \leq 137$$

In der Tabelle A.7 sind sämtliche günstigen Wertetripel $(n_1; n_2; n_3)$ zusammengestellt; zusätzlich ist die erreichte Standardabweichung s_G angegeben.

Tabelle A.7. **Wertetripel (n_1; n_2; n_3), Stichprobenumfang $n_1 \cdot n_2 \cdot n_3$ und erreichte Standardabweichung s_G**

n_1	n_2	n_3	$n_1 \cdot n_2 \cdot n_3$	s_G cN
5	82	137	56 170	3,67
	83	46	19 090	3,67
	84	28	11 760	3,67
	85	20	8 500	3,67
	86	16	6 880	3,67
	87	13	5 655	3,67
	88	11	4 840	3,67
	89	10	4 450	3,67
	90	9	4 050	3,67
	91	8	3 640	3,67
	92	7	3 220	3,67
	94	6	2 820	3,67
	96	5	2 400	3,67
	99	4	1 980	3,67
	105	3	1 575	3,67
	117	2	1 170	3,67
	151	1	755	3,67
6	19	70	7 980	3,67
	20	12	1 440	3,67
	21	7	882	3,67
	22	5	660	3,67
	23	4	552	3,66
	24	3	432	3,67
	26	2	312	3,67
	33	1	198	3,67
7	12	63	5 292	3,67
	13	7	637	3,67
	14	4	392	3,67
	15	3	315	3,65
	16	2	224	3,66
	20	1	140	3,66
8	10	7	560	3,67
	11	3	264	3,67
	12	2	192	3,66
	15	1	120	3,64
9	8	22	1 584	3,67
	9	4	324	3,65
	10	2	180	3,66
	12	1	108	3,66
10	7	52	3 640	3,67
	8	4	320	3,64
	9	2	180	3,62
	11	1	110	3,60
11	7	5	385	3,65
	8	2	176	3,63
	10	1	110	3,57
12	6	28	2 016	3,67
	7	3	252	3,62
	8	2	192	3,54
	9	1	108	3,58
13	6	6	468	3,66
	7	2	182	3,61
	8	1	104	3,62
14	6	3	252	3,66
	7	2	196	3,54
	8	1	112	3,55

Tabelle A.7. (Fortsetzung)

n_1	n_2	n_3	$n_1 \cdot n_2 \cdot n_3$	s_G cN
15	6	2	180	3,66
	7	1	105	3,63
16	5	40	3 200	3,67
	6	2	192	3,61
	7	1	112	3,57
17	5	8	680	3,67
	6	2	204	3,56
	7	1	119	3,52
18	5	5	450	3,66
	6	1	108	3,67
19	5	3	285	3,67
	6	1	114	3,62
21	5	2	210	3,66
	6	1	126	3,55
26	5	1	130	3,66
31	4	26	3 224	3,67
	5	1	155	3,55
32	4	12	1 536	3,67
	5	1	160	3,54
33	4	8	1 056	3,67
	5	1	165	3,52
34	4	6	816	3,67
	5	1	170	3,50
35	4	5	700	3,67
	5	1	175	3,49
36	4	4	576	3,67
	5	1	180	3,48
38	4	3	456	3,67
	5	1	190	3,45
42	4	2	336	3,66
	5	1	210	3,41
53	4	1	212	3,67

An der Tabelle A.7 erkennt man folgendes: Der Stichprobenumfang wird bei sechs beteiligten Prüfstellen am kleinsten, wenn in jeder Prüfstelle für 33 Spulen je ein Einzelwert gemessen wird. Werden jeder der sechs Prüfstellen 10 Spulen vorgelegt, läßt sich die vorgeschriebene Weite für den Vertrauensbereich der Höchstzugkraft des Garns nicht erreichen. Sollen in jeder der sechs Prüfstellen von jeder Spule 5 Einzelwerte gemessen werden, sind in jeder Prüfstelle 22 Spulen zu untersuchen. Stehen nur 60 Spulen für diesen Rundversuch zur Verfügung, läßt sich die vorgeschriebene Weite für den Vertrauensbereich der Höchstzugkraft des Garns nicht erreichen; unter den hier vorliegenden Bedingungen werden mindestens 70 Spulen benötigt, wobei man das Wertetripel (10; 7; 52) wählen muß.

Anhang B

Formelzeichen

Formelzeichen	Bedeutung	
A	Summe aller Einzelwerte	
A_{ij}	Summe der Einzelwerte in der Zelle ij	
a_{ijk}	Einzelwert der Gesamtheit	
B	Summe aller quadrierten Einzelwerte	
B_{ij}	Summe der Quadrate der Einzelwerte in der Zelle ij	
C	Summe der Quadrate der Summe aller Einzelwerte innerhalb der Zeile i	
c_i	Kosten für die Bereitstellung einer Einheit für den Gesichtspunkt i	
c_ξ	Kosten für die Bereitstellung einer Einheit in Zeilenrichtung	
c_η	Kosten für die Bereitstellung einer Einheit in Spaltenrichtung	
c_ε	Kosten für die Bereitstellung einer Endprobe und deren Messung	
D	Summe der Quadrate der Summe aller Einzelwerte innerhalb der Spalte j	
E	Gesamtsumme der quadrierten Zellensummen	
F	Tabellenwert der F-Verteilung	
$F_{f_{ZS}; f_R; 1-\alpha}$	$(1-\alpha)$-Quantil, Tabellenwert der F-Verteilung für die Zahl der Freiheitsgrade f_{ZS} und f_R	
$F_{f_Z; f_{ZS}; 1-\alpha}$	$(1-\alpha)$-Quantil, Tabellenwert der F-Verteilung für die Zahl der Freiheitsgrade f_Z und f_{ZS}	
$F_{f_S; f_{ZS}; 1-\alpha}$	$(1-\alpha)$-Quantil, Tabellenwert der F-Verteilung für die Zahl der Freiheitsgrade f_S und f_{ZS}	
f	Zahl der Freiheitsgrade	
f_Z	Zahl der Freiheitsgrade zwischen den Zeilen	
f_S	Zahl der Freiheitsgrade zwischen den Spalten	
f_{ZS}	Zahl der Freiheitsgrade der Wechselwirkung	
f_R	Zahl der Freiheitsgrade innerhalb der Zellen	
f_{total}	Gesamtzahl der Freiheitsgrade	
H_0	Nullhypothese	
H_1	Alternativhypothese	
i	Index für die Zeilen	
j	Index für die Spalten	
k	Index für die Einzelwerte in den Zellen	
K_0	vorgegebene Gesamtkosten der Untersuchung	
K_G	Gesamtkosten der Untersuchung	
$K_{G\,min}$	theoretisches Minimum der Gesamtkosten der Untersuchung	
n_1	Anzahl der Zeilen	
n_2	Anzahl der Spalten	
n_3	Anzahl der Einheiten in einer Zelle	
n_i'	nicht-ganzzahlige Anzahl	der Zeilen, Spalten und Einheiten in einer Zelle
n_{i+}	aufgerundete Anzahl	
n_{i-}	abgerundete Anzahl	
n_i''	nicht-ganzzahlige Obergrenze der Anzahl	
n_{i++}	aufgerundete Obergrenze der Anzahl	
n_{i--}	abgerundete Obergrenze der Anzahl	
$n_{1a}', n_{2a}', n_{3a}'$	nicht-ganzzahlige Anzahl der Einheiten	für den Fall a der varianzbestimmten Stichprobe mit Wechselwirkung
$n_{1a+}, n_{2a+}, n_{3a+}$	aufgerundete Anzahl der Einheiten	
n_{2a}''	nicht-ganzzahlige Obergrenze der Anzahl der Spalten	
n_{2a++}	aufgerundete Obergrenze der Anzahl der Spalten	
$n_{1b}', n_{2b}', n_{3b}'$	nicht-ganzzahlige Anzahl der Einheiten	für den Fall b der varianzbestimmten Stichprobe mit Wechselwirkung
$n_{1b+}, n_{2b+}, n_{3b+}$	aufgerundete Anzahl der Einheiten	
n_{1b}''	nicht-ganzzahlige Obergrenze der Anzahl der Zeilen	
n_{1b++}	aufgerundete Obergrenze der Anzahl der Zeilen	
n_{1a}', n_{2a}'	nicht-ganzzahlige Anzahl der Einheiten	für die Fälle a und b der varianzbestimmten Stichprobe ohne Wechselwirkung
n_{1a+}, n_{2a+}	aufgerundete Anzahl der Einheiten	
n_{1b}', n_{2b}'	nicht-ganzzahlige Anzahl der Einheiten	
n_{1b+}, n_{2b+}	aufgerundete Anzahl der Einheiten	

n'_1, n'_2, n'_3	nicht-ganzzahlige Anzahl der Einheiten	für die varianzbestimmte kostenminimale Stichprobe mit und ohne Wechselwirkung
n_{1+}, n_{2+}, n_{3+}	aufgerundete Anzahl der Einheiten	
n'_1, n'_2, n'_3	nicht-ganzzahlige Anzahl der Einheiten	für die kostenbestimmte Stichprobe mit Wechselwirkung
n_{1-}, n_{2-}, n_{3-}	abgerundete Anzahl der Einheiten	
n''_1, n''_2, n''_3	nicht-ganzzahlige Obergrenze der Anzahl der Einheiten	
$n_{1--}, n_{2--}, n_{3--}$	abgerundete Obergrenze der Anzahl der Einheiten	
n'_1, n'_2	nicht-ganzzahlige Anzahl der Einheiten	für die kostenbestimmte Stichprobe ohne Wechselwirkung
n_{1-}, n_{2-}	abgerundete Anzahl der Einheiten	
n''_1, n''_2	nicht-ganzzahlige Obergrenze der Anzahl der Einheiten	
n_{1--}, n_{2--}	abgerundete Obergrenze der Anzahl der Einheiten	
n'_1, n'_2, n'_3	nicht-ganzzahlige Anzahl der Einheiten	für die kostenbestimmte varianzminimale Stichprobe mit und ohne Wechselwirkung
n_{1-}, n_{2-}, n_{3-}	abgerundete Anzahl der Einheiten	
Q	Summe der quadrierten Abweichungen	
Q_Z	Summe der quadrierten Abweichungen zwischen den Zeilen	
Q_S	Summe der quadrierten Abweichungen zwischen den Spalten	
Q_{ZS}	Summe der quadrierten Abweichungen der Wechselwirkung	
Q_R	Summe der quadrierten Abweichungen innerhalb der Zellen	
Q_{total}	Gesamtsumme der quadrierten Abweichungen	
s_G^2	Varianz für den Mittelwert der Stichprobe	
$s_{G\,min}^2$	theoretisches Minimum der Varianz für den Mittelwert der Stichprobe	
s_Z^2	Varianz zwischen den Zeilen der Stichprobe	
s_S^2	Varianz zwischen den Spalten der Stichprobe	
s_{ZS}^2	Varianz durch Wechselwirkung in der Stichprobe	
s_R^2	Restvarianz der Stichprobe	
$t_{f;\,1-\alpha/2}$	$(1-\alpha/2)$-Quantil, Tabellenwert der t-Verteilung für die Zahl der Freiheitsgrade f	
$t_{f_{ZS};\,1-\alpha/2}$	$(1-\alpha/2)$-Quantil, Tabellenwert der t-Verteilung für die Zahl der Freiheitsgrade f_{ZS}	
$u_{1-\alpha/2}$	$(1-\alpha/2)$-Quantil, Tabellenwert der standardisierten Normalverteilung	
W	vorgegebene halbe absolute Weite des Vertrauensbereiches für den Mittelwert der Gesamtheit	
x_{ijk}	Einzelwert k in der Zelle ij	
$\bar{x}_{..}$	Gesamtmittelwert der Stichprobe beim Modell ohne Wechselwirkung	
$\bar{x}_{...}$	Gesamtmittelwert der Stichprobe beim Modell mit Wechselwirkung	
$\bar{x}_{i..}$	Mittelwert in der Zeile i	
$\bar{x}_{.j.}$	Mittelwert in der Spalte j	
$\bar{x}_{ij.}$	Mittelwert in der Zelle ij	
α	Signifikanzniveau	
$1-\alpha$	Vertrauensniveau	
α_{ij}	Wechselwirkung in der Zelle ij	
ε_{ijk}	Zufallseinfluß beim Einzelwert k in der Zelle ij	
η_j	Einfluß der Spalte j	
$\varkappa_u, \varkappa_o$	Faktoren für die Berechnung der unteren und der oberen Grenze des Vertrauensbereiches für die Rest-Standardabweichung der Gesamtheit	
μ	Mittelwert der Gesamtheit	
$\hat{\mu}$	Schätzwert für den Mittelwert der Gesamtheit ($\hat{\mu}$ lies: mü Dach)	
ξ_i	Einfluß der Zeile i	
σ_0^2	vorgegebene Varianz für den Mittelwert der Gesamtheit	
σ_ξ^2	Varianz zwischen den Zeilen der Gesamtheit	
σ_η^2	Varianz zwischen den Spalten der Gesamtheit	
σ_α^2	Varianz durch Wechselwirkung in der Gesamtheit	
σ_ε^2	Restvarianz der Gesamtheit	
σ_ξ	Standardabweichung zwischen den Zeilen der Gesamtheit	
σ_η	Standardabweichung zwischen den Spalten der Gesamtheit	
σ_α	Standardabweichung durch Wechselwirkung in der Gesamtheit	

σ_ε	Rest-Standardabweichung der Gesamtheit
$\hat{\sigma}_\xi^2$	Schätzwert für die Varianz zwischen den Zeilen der Gesamtheit ($\hat{\sigma}$ lies: sigma Dach)
$\hat{\sigma}_\eta^2$	Schätzwert für die Varianz zwischen den Spalten der Gesamtheit
$\hat{\sigma}_\alpha^2$	Schätzwert für die Varianz durch Wechselwirkung in der Gesamtheit
$\hat{\sigma}_\varepsilon^2$	Schätzwert für die Restvarianz in der Gesamtheit

Zitierte Normen und andere Unterlagen

DIN 1313 Physikalische Größen und Gleichungen; Begriffe, Schreibweisen

DIN 53 803 Teil 1 Prüfung von Textilien; Probenahme; Statistische Grundlagen der Probenahme bei einfacher Aufteilung

DIN 53 803 Teil 2 Prüfung von Textilien; Probenahme; Praktische Durchführung

DIN 53 803 Teil 4 Probenahme; Statistische Grundlagen der Probenahme bei zweifacher Aufteilung nach zwei einander nachgeordneten Gesichtspunkten

DIN 53 804 Teil 1 Statistische Auswertungen; Meßbare (kontinuierliche) Merkmale

DIN 53 887 Prüfung von Textilien; Bestimmung der Luftdurchlässigkeit von textilen Flächengebilden

[1] U. Graf, H. J. Henning, K. Stange: Formeln und Tabellen der mathematischen Statistik. Berlin, Heidelberg, New York: Springer 1966

[2] U. Graf, H. J. Henning, P. Th. Wilrich: Statistische Methoden bei textilen Untersuchungen. Berlin, Heidelberg, New York: Springer 1974

[3] K. Stange: Die wirtschaftlichste Verteilung des Prüfaufwandes bei einem Modell mit Zufallskomponenten für die zweifache Zerlegung. Metrika **12** (1967), Seite 48 bis 67

Weitere Normen und andere Unterlagen

DIN 53 804 Teil 2 (z. Z. Entwurf) Statistische Auswertungen; Zählbare (diskrete) Merkmale

DIN 53 804 Teil 3 Statistische Auswertungen (Ordinalmerkmale)

DIN 53 804 Teil 4 (z. Z. Entwurf) Statistische Auswertungen; Attributmerkmale

H. Scheffé: The Analysis of Variance. New York, London: John Wiley 1959

Erläuterungen

Der Gemeinschaftsausschuß NMP/AQS 544 „Statistische Fragen in der Textilprüfung" hat im Zuge der Überarbeitung von DIN 53 803, Ausgabe Januar 1958, die vorliegende Norm erstellt.

Diese Norm und DIN 53 803 Teil 4 erweitern DIN 53 803 Teil 1, Ausgabe März 1979, um die Aufteilung nach zwei Gesichtspunkten, und zwar nach zwei gleichberechtigten Gesichtspunkten in dieser Norm und nach zwei einander nachgeordneten Gesichtspunkten in DIN 53 803 Teil 4.

Internationale Patentklassifikation

G 06 G 7 – 52

DK 620.113 : 311 : 519.2 : 677.07 : 001.4 Juni 1984

Probenahme
Statistische Grundlagen der Probenahme bei zweifacher Aufteilung nach zwei einander nachgeordneten Gesichtspunkten

DIN 53 803 Teil 4

Sampling; statistical basis; hierarchical classification

Échantillonnage; base statistique; classification hiérarchique

Inhalt

Fortsetzung Seite 2 bis 23

Normenausschuß Materialprüfung (NMP) im DIN Deutsches Institut für Normung e.V.
Ausschuß Qualitätssicherung und angewandte Statistik (AQS) im DIN

1 Grundlagen

In DIN 53 803 Teil 1 werden Verfahren zur Berechnung des Aufbaues und des Umfanges von Stichproben beschrieben, falls das zu prüfende Material in Gruppen zu unterteilen ist. Eine Unterteilung ist immer dann vorzunehmen, wenn Inhomogenitäten des Materials vorhanden sind oder vermutet werden.

Bei einer nach **einem** sachlichen Gesichtspunkt gewählten Einteilung in Gruppen ist eine einfache Aufteilung der Einheiten gegeben. Zur Auswertung werden Methoden der einfachen Varianzanalyse in DIN 53 803 Teil 1 herangezogen. Da in vielen Fällen eine einfache Aufteilung nicht ausreichend ist, wird man mehrfach aufteilen.

In dieser Norm und in DIN 53 803 Teil 3 wird der Aufbau und der Umfang von Stichproben behandelt, sofern man das zu untersuchende Material nach **zwei** sachlichen Gesichtspunkten unterteilt.

In dieser Norm wird die Unterteilung nach zwei **einander nachgeordneten** Gesichtspunkten behandelt (Schachtelmodell; Hierarchical classification), und zwar nur das Modell mit Zufallskomponenten. Zu Modellen mit systematischen Komponenten und gemischten Modellen wird auf die zitierten Unterlagen verwiesen. [1], [2]

Die Unterteilung in mehr als zwei Gruppen wird hier nicht behandelt. Falls eine weitergehende Unterteilung beabsichtigt ist, sollte man vorher überlegen, wieweit das sinnvoll ist und später befriedigend interpretiert werden kann.

Zum Verständnis dieser Norm wird die Kenntnis von DIN 53 803 Teil 1 und Teil 2 vorausgesetzt.

2 Begriffe

2.1 Begriffe für die Probenahme

Begriffe für die Probenahme nach DIN 53 803 Teil 1, Ausgabe März 1979, Abschnitt 1.2.1 bis Abschnitt 1.2.11.

2.2 Statistische Begriffe

Statistische Begriffe nach DIN 53 803 Teil 1, Ausgabe März 1979, Abschnitt 1.3.1 bis Abschnitt 1.3.18. Gegenüber der dortigen Kennzeichnungsweise wird in dieser Norm jeder Einzelwert mit drei Indices versehen. Sie kennzeichnen die Gruppe, zu der jeder Einzelwert gehört.

2.3 Weitere Begriffe

2.3.1 Schachtelmodell

Bei der Gruppeneinteilung einer Gesamtheit nach zwei einander nachgeordneten Gesichtspunkten in Einheiten erster, zweiter und dritter Stufe ist das Schachtelmodell mit drei Stufen ein statistisches Auswerteverfahren, das auf der Aufteilung der gesamten Summe der quadrierten Abweichungen (S.d.q.A.) in drei Anteile beruht:

- die S.d.q.A. innerhalb der ersten Stufe (übergeordneter Gesichtspunkt)
- die S.d.q.A. innerhalb der zweiten Stufe (nachgeordneter Gesichtspunkt)
- die S.d.q.A. innerhalb der dritten Stufe (Wiederholung)

Daraus ergeben sich drei Varianzen, und zwar:

- die Varianz in der ersten Stufe,
- die Varianz in der zweiten Stufe,
- die Varianz in der dritten Stufe.

Beim Schachtelmodell ist die Reihenfolge der Unterteilung zu beachten; die drei Stufen dürfen nicht miteinander vertauscht werden.

3 Anordnungsschema der Einzelwerte bei zweifacher Aufteilung

Die Einzelwerte werden nach dem Schema in Tabelle 1 (linker Teil) zusammengestellt. Das Schema enthält n_1 Zeilen ($i = 1, 2, 3 \ldots n_1$) entsprechend der Unterteilung nach dem übergeordneten Gesichtspunkt und n_2 Spalten ($j = 1, 2, 3 \ldots n_2$) entsprechend der Unterteilung nach dem nachgeordneten Gesichtspunkt. An den Schnittpunkten von Zeilen und Spalten stehen in jeder Zelle (gekennzeichnet durch das Indexpaar ij) n_3 Einzelwerte x_{ijk} ($k = 1, 2, 3 \ldots n_3$). Dabei wird in dieser Norm die Anzahl der Einzelwerte in jeder Zelle als gleich groß vorausgesetzt.

Aus Gründen der Zweckmäßigkeit trägt man in dieses oder ein separates Schema sogleich die Quadrate x_{ijk}^2 der Einzelwerte in gleicher Weise ein. Man bildet sodann innerhalb jeder Zelle die Zellensumme für die Einzelwerte

$$A_{ij} = \sum_{k=1}^{n_3} x_{ijk} \tag{1}$$

sowie die Quadrate der Einzelwerte

$$B_{ij} = \sum_{k=1}^{n_3} x_{ijk}^2 \tag{2}$$

Bis hierher ist der Gang der Rechnung unabhängig davon, ob man die Aufteilung nach zwei einander nachgeordneten oder zwei gleichberechtigten Gesichtspunkten wählt.

4 Statistische Auswertung bei zweifacher Aufteilung nach zwei einander nachgeordneten Gesichtspunkten

4.1 Modellvorstellung

Bei der Aufteilung nach zwei einander nachgeordneten Gesichtspunkten setzt sich jeder mögliche Einzelwert a_{ijk} der Gesamtheit aus mehreren Komponenten zusammen:

$$a_{ijk} = \mu + \alpha_i + \beta_{ij} + \gamma_{ijk} \tag{3}$$

Es ist

- μ der Mittelwert der Gesamtheit
- $\alpha_i = \mu_i - \mu$ die zufällige Abweichung des Mittelwertes μ_i der i-ten Einheit erster Stufe vom Mittelwert μ der Gesamtheit
- $\beta_{ij} = \mu_{ij} - \mu_i$ die zufällige Abweichung des Mittelwertes μ_{ij} der j-ten Einheit zweiter Stufe aus der i-ten Einheit erster Stufe von deren Mittelwert μ_i
- $\gamma_{ijk} = a_{ijk} - \mu_{ij}$ die zufällige Abweichung des Einzelwertes a_{ijk} aus der j-ten Einheit zweiter Stufe innerhalb der i-ten Einheit erster Stufe vom zugehörigen Mittelwert μ_{ij}

In jedem Fall bezeichnet der Index i die Einheiten erster Stufe, der Index j die Einheiten zweiter Stufe innerhalb einer Einheit erster Stufe und der Index k die Einheiten dritter Stufe innerhalb einer Einheit zweiter Stufe.

Für die Zufallskomponenten in den einzelnen Stufen gilt folgendes:

a) Der Mittelwert aller $\alpha_i = \mu_i - \mu$ ist Null; die Varianz der α_i wird mit σ_1^2 bezeichnet.

b) Der Mittelwert aller $\beta_{ij} = \mu_{ij} - \mu_i$ bei festem Wert i ist Null; die Varianzen der β_{ij} werden mit σ_{2i}^2 bezeichnet. Da man voraussetzt, daß die Varianzen in allen Einheiten einer Stufe übereinstimmen, gilt weiter:

$$\sigma_{2i}^2 = \sigma_2^2 \text{ für alle } i$$

c) Der Mittelwert aller $\gamma_{ijk} = a_{ijk} - \mu_{ij}$ bei festen Werten i und j ist Null; die Varianzen der γ_{ijk} werden mit σ_{3ij}^2 bezeichnet. Analog zur Voraussetzung unter Punkt b) gilt weiter:

$$\sigma_{3ij}^2 = \sigma_3^2 \text{ für alle } ij$$

Auf Grund dieser Modellvorstellung enthält also das Schachtelmodell mit drei Stufen vier unbekannte Parameter, nämlich einen Gesamtmittelwert μ und drei Varianzen σ_1^2, σ_2^2 und σ_3^2 für die einzelnen Stufen.

Die Zufallsgrößen α_i, β_{ij} und γ_{ijk} sind normalverteilt.

4.2 Auswertung

Analog zur Modellgleichung wird jeder Meßwert x_{ijk} in folgende Anteile zerlegt:

$$x_{ijk} = \bar{x}_{...} + (\bar{x}_{i..} - \bar{x}_{...}) + (\bar{x}_{ij.} - \bar{x}_{i..}) + (x_{ijk} - \bar{x}_{ij.}) \tag{4}$$

Dabei ist:

ein Einzelwert der Stichprobe:

$$x_{ijk}$$

der Gesamtmittelwert der Stichprobe:

$$\bar{x}_{...} = \frac{1}{n_1 \cdot n_2 \cdot n_3} \sum_{i=1}^{n_1} \sum_{j=1}^{n_2} \sum_{k=1}^{n_3} x_{ijk} \tag{5}$$

der Mittelwert aus den n_2 Einzelwerten der zweiten Stufe und den n_3 Einzelwerten der dritten Stufe, die zur Einheit i der ersten Stufe gehören:

$$\bar{x}_{i..} = \frac{1}{n_2 \cdot n_3} \sum_{j=1}^{n_2} \sum_{k=1}^{n_3} x_{ijk} \tag{6}$$

der Mittelwert aus den n_3 Einzelwerten der dritten Stufe, die zur Einheit j zweiter Stufe aus der Einheit i erster Stufe gehören:

$$\bar{x}_{ij.} = \frac{1}{n_3} \sum_{k=1}^{n_3} x_{ijk} \tag{7}$$

Ausgehend von dem Anordnungsschema im dick umrandeten Teil der Tabelle 1 für die Einzelwerte x_{ijk} (und die quadrierten Einzelwerte x_{ijk}^2) werden die folgenden auf dem rechten Rand eingetragenen Zwischensummen für jede der n_1 Zeilen gebildet:

Summe aller Einzelwerte innerhalb der Zeile i:

$$\sum_{j=1}^{n_2} A_{ij} = \sum_{j=1}^{n_2} \sum_{k=1}^{n_3} x_{ijk} \tag{8}$$

Summe aller quadrierten Einzelwerte innerhalb der Zeile i:

$$\sum_{j=1}^{n_2} B_{ij} = \sum_{j=1}^{n_2} \sum_{k=1}^{n_3} x_{ijk}^2 \tag{9}$$

Quadrat der Summe aller Einzelwerte innerhalb der Zeile i:

$$\left(\sum_{j=1}^{n_2} A_{ij}\right)^2 = \left(\sum_{j=1}^{n_2} \sum_{k=1}^{n_3} x_{ijk}\right)^2 \tag{10}$$

Zeilensumme der quadrierten Zellensummen:

$$\sum_{j=1}^{n_2} A_{ij}^2 = \sum_{j=1}^{n_2} \left(\sum_{k=1}^{n_3} x_{ijk}\right)^2 \tag{11}$$

Diese für jede Zeile i vorliegenden vier Zwischensummen werden jeweils über alle n_1 Zeilen zu den folgenden Hilfsgrößen summiert:

Summe aller Einzelwerte:

$$A = \sum_{i=1}^{n_1} \sum_{j=1}^{n_2} A_{ij} = \sum_{i=1}^{n_1} \sum_{j=1}^{n_2} \sum_{k=1}^{n_3} x_{ijk} \tag{12}$$

Summe aller quadrierten Einzelwerte:

$$B = \sum_{i=1}^{n_1} \sum_{j=1}^{n_2} B_{ij} = \sum_{i=1}^{n_1} \sum_{j=1}^{n_2} \sum_{k=1}^{n_3} x_{ijk}^2 \tag{13}$$

Summe der Quadrate der Summe aller Einzelwerte innerhalb der Zeilen i:

$$C = \sum_{i=1}^{n_1} \left(\sum_{j=1}^{n_2} A_{ij}\right)^2 = \sum_{i=1}^{n_1} \left(\sum_{j=1}^{n_2} \sum_{k=1}^{n_3} x_{ijk}\right)^2 \tag{14}$$

Gesamtsumme der quadrierten Zellensummen:

$$E = \sum_{i=1}^{n_1} \sum_{j=1}^{n_2} A_{ij}^2 = \sum_{i=1}^{n_1} \sum_{j=1}^{n_2} \left(\sum_{k=1}^{n_3} x_{ijk}\right)^2 \tag{15}$$

Die Zwischensummen und Hilfsgrößen dürfen nicht gerundet werden (siehe DIN 53803 Teil 1, Ausgabe März 1979, Abschnitt 4, und DIN 53804 Teil 1, Ausgabe September 1981, Abschnitt 4.3).

4.3 Schätzwerte für die Modellparameter

Mit Hilfe der Summe der quadrierten Abweichungen Q und der zugehörigen Zahl der Freiheitsgrade f wird die Zerlegungstafel aufgestellt (siehe Tabelle 2).

Die Summe Q_{total} läßt sich nach der Zerlegungstafel aus den Hilfsgrößen B und A berechnen; außerdem gilt jedoch die Beziehung:

$$Q_{total} = Q_1 + Q_2 + Q_3 \tag{16}$$

was zweckmäßig zur Kontrolle der Rechnung benutzt wird.

Analog gilt für die Zahl der Freiheitsgrade

$$f_{total} = n_1 \cdot n_2 \cdot n_3 - 1 = f_1 + f_2 + f_3 \tag{17}$$

wobei $n_1 \cdot n_2 \cdot n_3$ der gesamte Stichprobenumfang ist. Als Ergebnis der Auswertung erhält man:

Schätzwert für μ ist

$$\hat{\mu} = \bar{x}_{...} = \frac{A}{n_1 \cdot n_2 \cdot n_3} \tag{18}$$

Schätzwert für σ_1^2 ist

$$\hat{\sigma}_1^2 = \frac{s_1^2 - s_2^2}{n_2 \cdot n_3} \tag{19}$$

Schätzwert für σ_2^2 ist

$$\hat{\sigma}_2^2 = \frac{s_2^2 - s_3^2}{n_3} \tag{20}$$

Schätzwert für σ_3^2 ist

$$\hat{\sigma}_3^2 = s_3^2 \tag{21}$$

Falls $\hat{\sigma}_1^2$ oder $\hat{\sigma}_2^2$ negativ sind, werden σ_1^2 oder σ_2^2 durch Null geschätzt.

4.4 Testen von Hypothesen über die Modellparameter

Ausgehend von der Zerlegungstafel läßt sich mit dem F-Test prüfen, ob die Varianzen σ_1^2 und σ_2^2 als von Null verschieden anzusehen sind. Dazu stellt man die Nullhypothese H_0 für σ_2^2 auf:

H_0: $\sigma_2^2 = 0$, d. h. die Varianz in der zweiten Stufe ist nicht von Null verschieden.

Dieser Hypothese stellt man die Alternativhypothese H_1 entgegen:

H_1: $\sigma_2^2 \neq 0$, d. h. die Varianz in der zweiten Stufe ist von Null verschieden.

Die Nullhypothese wird mit dem Prüfwert s_2^2/s_3^2 geprüft, der mit dem Tabellenwert $F_{f_2;\, f_3;\, 1-\alpha}$ der F-Verteilung zum Signifikanzniveau α verglichen wird; die Tabellenwerte erhält man beispielsweise aus [1].

Ist $s_2^2/s_3^2 \leq F_{f_2;\, f_3;\, 1-\alpha}$, wird die Nullhypothese nicht verworfen und die Varianz σ_2^2 als nicht von Null verschieden angesehen. Ist $s_2^2/s_3^2 > F_{f_2;\, f_3;\, 1-\alpha}$, wird die Nullhypothese verworfen und die Varianz σ_2^2 als von Null verschieden betrachtet.

Tabelle 1. **Anordnungsschema für die Einzelwerte und deren Quadrate; Zwischensummen und Hilfsgrößen für das Schachtelmodell**

i \ j	1	2	bis	j	bis	n_2	$\sum_j \sum_k x_{ijk}$	$\sum_j \sum_k x^2_{ijk}$	$\left(\sum_j \sum_k x_{ijk}\right)^2$	$\sum_j \left(\sum_k x_{ijk}\right)^2$
1	x_{111} bis x_{11k} bis x_{11n_3} A_{11} x^2_{111} bis x^2_{11k} bis $x^2_{11n_3}$ B_{11}	x_{121} bis x_{12k} bis x_{12n_3} A_{12} x^2_{121} bis x^2_{12k} bis $x^2_{12n_3}$ B_{12}	bis	x_{1j1} bis x_{1jk} bis x_{1jn_3} A_{1j} x^2_{1j1} bis x^2_{1jk} bis $x^2_{1jn_3}$ B_{1j}	bis	x_{1n_21} bis x_{1n_2k} bis $x_{1n_2n_3}$ A_{1n_2} $x^2_{1n_21}$ bis $x^2_{1n_2k}$ bis $x^2_{1n_2n_3}$ B_{1n_2}	$\sum_j A_{1j}$	$\sum_j B_{1j}$	$\left(\sum_j A_{1j}\right)^2$	$\sum_j A^2_{1j}$
2	x_{211} bis x_{21k} bis x_{21n_3} A_{21} x^2_{211} bis x^2_{21k} bis $x^2_{21n_3}$ B_{21}	x_{221} bis x_{22k} bis x_{22n_3} A_{22} x^2_{221} bis x^2_{22k} bis $x^2_{22n_3}$ B_{22}	bis	x_{2j1} bis x_{2jk} bis x_{2jn_3} A_{2j} x^2_{2j1} bis x^2_{2jk} bis $x^2_{2jn_3}$ B_{2j}	bis	x_{2n_21} bis x_{2n_2k} bis $x_{2n_2n_3}$ A_{2n_2} $x^2_{2n_21}$ bis $x^2_{2n_2k}$ bis $x^2_{2n_2n_3}$ B_{2n_2}	$\sum_j A_{2j}$	$\sum_j B_{2j}$	$\left(\sum_j A_{2j}\right)^2$	$\sum_j A^2_{2j}$
bis	bis	bis		bis		bis	bis	bis	bis	bis
i	x_{i11} bis x_{i1k} bis x_{i1n_3} A_{i1} x^2_{i11} bis x^2_{i1k} bis $x^2_{i1n_3}$ B_{i1}	x_{i21} bis x_{i2k} bis x_{i2n_3} A_{i2} x^2_{i21} bis x^2_{i2k} bis $x^2_{i2n_3}$ B_{i2}	bis	x_{ij1} bis x_{ijk} bis x_{ijn_3} A_{ij} x^2_{ij1} bis x^2_{ijk} bis $x^2_{ijn_3}$ B_{ij}	bis	x_{in_21} bis x_{in_2k} bis $x_{in_2n_3}$ A_{in_2} $x^2_{in_21}$ bis $x^2_{in_2k}$ bis $x^2_{in_2n_3}$ B_{in_2}	$\sum_j A_{ij}$	$\sum_j B_{ij}$	$\left(\sum_j A_{ij}\right)^2$	$\sum_j A^2_{ij}$
bis	bis	bis		bis		bis	bis	bis	bis	bis
n_1	x_{n_111} bis x_{n_11k} bis $x_{n_11n_3}$ A_{n_11} $x^2_{n_111}$ bis $x^2_{n_11k}$ bis $x^2_{n_11n_3}$ B_{n_11}	x_{n_121} bis x_{n_12k} bis $x_{n_12n_3}$ A_{n_12} $x^2_{n_121}$ bis $x^2_{n_12k}$ bis $x^2_{n_12n_3}$ B_{n_12}	bis	x_{n_1j1} bis x_{n_1jk} bis $x_{n_1jn_3}$ A_{n_1j} $x^2_{n_1j1}$ bis $x^2_{n_1jk}$ bis $x^2_{n_1jn_3}$ B_{n_1j}	bis	$x_{n_1n_21}$ bis $x_{n_1n_2k}$ bis $x_{n_1n_2n_3}$ $A_{n_1n_2}$ $x^2_{n_1n_21}$ bis $x^2_{n_1n_2k}$ bis $x^2_{n_1n_2n_3}$ $B_{n_1n_2}$	$\sum_j A_{n_1j}$	$\sum_j B_{n_1j}$	$\left(\sum_j A_{n_1j}\right)^2$	$\sum_j A^2_{n_1j}$
							$\sum_i \sum_j A_{ij}$	$\sum_i \sum_j B_{ij}$	$\sum_i \left(\sum_j A_{ij}\right)^2$	$\sum_i \sum_j A^2_{ij}$
							$\sum_i \sum_j \sum_k x_{ijk}$	$\sum_i \sum_j \sum_k x^2_{ijk}$	$\sum_i \left(\sum_j \sum_k x_{ijk}\right)^2$	$\sum_i \sum_j \left(\sum_k x_{ijk}\right)^2$
							A	B	C	E

Tabelle 2. **Zerlegungstafel für das Schachtelmodell**

Schwankungen	Summe der quadrierten Abweichungen Q	Zahl der Freiheitsgrade f	Varianz $s^2 = \frac{Q}{f}$	Die Varianz ist Schätzwert für
in der ersten Stufe	$Q_1 = n_2 \cdot n_3 \cdot \sum_i (x_{i..} - x_{...})^2 = \frac{C}{n_2 \cdot n_3} - \frac{A^2}{n_1 \cdot n_2 \cdot n_3}$	$f_1 = n_1 - 1$	s_1^2	$\sigma_3^2 + n_3 \sigma_2^2 + n_2 n_3 \sigma_1^2$
in der zweiten Stufe	$Q_2 = n_3 \cdot \sum_i \sum_j (x_{ij.} - x_{i..})^2 = \frac{E}{n_3} - \frac{C}{n_2 \cdot n_3}$	$f_2 = n_1 \cdot (n_2 - 1)$	s_2^2	$\sigma_3^2 + n_3 \sigma_2^2$
in der dritten Stufe	$Q_3 = \sum_i \sum_j \sum_k (x_{ijk} - x_{ij.})^2 = B - \frac{E}{n_3}$	$f_3 = n_1 \cdot n_2 \cdot (n_3 - 1)$	s_3^2	σ_3^2
total	$Q_{total} = \sum_i \sum_j \sum_k (x_{ijk} - x_{...})^2 = B - \frac{A^2}{n_1 \cdot n_2 \cdot n_3}$	$f_{total} = n_1 \cdot n_2 \cdot n_3 - 1$		

Weiterhin stellt man die Nullhypothese H_0 für σ_1^2 auf:

H_0: $\sigma_1^2 = 0$, d.h. die Varianz in der ersten Stufe ist nicht von Null verschieden.

Die Alternativhypothese H_1 lautet:

H_1: $\sigma_1^2 \neq 0$, d.h. die Varianz in der ersten Stufe ist von Null verschieden.

In diesem Fall ist der Prüfwert s_1^2/s_2^2 zu berechnen und mit dem Tabellenwert $F_{f_1;\,f_2;\,1-\alpha}$ zu vergleichen. Die Nullhypothese wird verworfen, falls der Prüfwert größer als der Tabellenwert ist.

4.5 Vertrauensbereiche für die Modellparameter

Der Vertrauensbereich für den Mittelwert der Gesamtheit μ zum Vertrauensniveau $1 - \alpha$ ergibt sich zu:

$$\bar{x}_{...} - t_{f_1;\,1-\alpha/2} \cdot \frac{s_1}{\sqrt{n_1 \cdot n_2 \cdot n_3}} \leq \mu \leq \bar{x}_{...} + t_{f_1;\,1-\alpha/2} \cdot \frac{s_1}{\sqrt{n_1 \cdot n_2 \cdot n_3}} \quad (22)$$

wobei $t_{f_1;\,1-\alpha/2}$ der Tabellenwert der t-Verteilung bei zweiseitiger Abgrenzung ist [1].

Auch für die Varianzen σ_1^2, σ_2^2 und σ_3^2 lassen sich Vertrauensbereiche angeben [1].

5 Stichprobenaufbau

Eine vorgeschriebene halbe Weite des Vertrauensbereiches für den Mittelwert der Gesamtheit μ, d.h. ein Vertrauensbereich der Form $\bar{x}_{...} - W \leq \mu \leq \bar{x}_{...} + W$ wird bei außerdem vorgeschriebenem Vertrauensniveau $1 - \alpha$ erreicht, wenn die unten berechneten Anzahlen n_1, n_2 und n_3 von Einheiten in den drei Stufen untersucht werden.

Aus dem vorgegebenen Wert W berechnet man zum Vertrauensniveau $1 - \alpha$ die Varianz σ_0^2 nach der Gleichung:

$$\sigma_0^2 = \left(\frac{W}{u_{1-\alpha/2}} \right)^2 \quad (23)$$

wobei $u_{1-\alpha/2}$ der Tabellenwert der standardisierten Normalverteilung bei zweiseitiger Abgrenzung ist.

5.1 Stichprobenaufbau bei vorgegebener Weite des Vertrauensbereiches für den Mittelwert der Gesamtheit; varianzbestimmte Stichprobe

Die Varianz s_G^2 für den Mittelwert der Stichprobe $\bar{x}_{...}$ ist:

$$s_G^2 = \frac{\hat{\sigma}_1^2}{n_1} + \frac{\hat{\sigma}_2^2}{n_1 \cdot n_2} + \frac{\hat{\sigma}_3^2}{n_1 \cdot n_2 \cdot n_3} \quad (24)$$

Mit der Bedingung $s_G^2 \leq \sigma_0^2$ erhält man zunächst folgende nicht-ganzzahligen Werte:

$$n_1' = \frac{\hat{\sigma}_1^2}{\sigma_0^2} \quad n_2' = \frac{\hat{\sigma}_2^2}{n_{1+} \cdot \sigma_0^2 - \hat{\sigma}_1^2} \quad n_3' = \frac{\hat{\sigma}_3^2}{n_{1+} \cdot n_{2+} \cdot \sigma_0^2 - n_{2+} \cdot \hat{\sigma}_1^2 - \hat{\sigma}_2^2} \quad (25)$$

Dabei sind n_{1+} und n_{2+} die zur nächst größeren ganzen Zahl **auf**gerundeten Werte n_1' und n_2', oder die um 1 größeren Werte, falls n_1' und/oder n_2' ganzzahlig sind. n_3' wird zu n_{3+} aufgerundet oder bleibt unverändert, falls n_3' ganzzahlig ist. Weitere Ausführungen zu dieser Rundungsempfehlung siehe Abschnitt 6.

Die Forderung $s_G^2 \leq \sigma_0^2$ wird erfüllt durch die Anzahlen n_{1+}, n_{2+} und n_{3+} in den drei Stufen; dabei ist n_{1+} die kleinstmögliche Anzahl der Einheiten in der ersten Stufe, mit der die Bedingung $s_G^2 \leq \sigma_0^2$ erfüllbar ist. Zu **diesem** n_{1+} gehören **mindestens** die Anzahlen n_{2+} und n_{3+} in der zweiten und dritten Stufe. Der Stichprobenumfang $n_{1+} \cdot n_{2+} \cdot n_{3+}$ ist jedoch trotz des Mindestwertes n_{1+} in der ersten Stufe nicht der kleinstmögliche. Man kann ihn verkleinern, wenn man bei unverändertem n_{1+} den kleineren der beiden Werte n_{2+} und n_{3+} etwas vergrößert und den anderen dieser Werte deutlich verkleinert.

Den gesamten Stichprobenumfang $n_1 \cdot n_2 \cdot n_3$ kann man weiterhin durch Vergrößern von n_{1+} auf verschiedene Werte n_1 ($n_1 > n_{1+}$) verkleinern, wenn man die Anzahlen n_{2+} und n_{3+} beibehält oder einzeln oder beide **verkleinert** ($n_2 \leq n_{2+}$ und $n_3 \leq n_{3+}$).

Setzt man $n_3 = 1$ für $n_1 = n_{1+}$, erhält man die größte Anzahl n_{2++} von Einheiten in der zweiten Stufe, die nicht überschritten zu werden braucht, um die Bedingung $s_G^2 \leq \sigma_0^2$ einzuhalten. Zunächst erhält man:

$$n_2'' = \frac{\hat{\sigma}_2^2 + \hat{\sigma}_3^2}{n_{1+} \cdot \sigma_0^2 - \hat{\sigma}_1^2} \quad (26)$$

Dieser Wert wird auf die nächst größere ganze Zahl n_{2++} **auf**gerundet.

Den kleinsten Stichprobenumfang erhält man, wenn man $n_2 = 1$ und $n_3 = 1$ setzt. Die dazu gehörende Anzahl von Einheiten in der ersten Stufe erhält man aus der Beziehung $s_G^2 = \sigma_0^2$ mit $n_2 = n_3 = 1$ und $n_1 = n_1''$ zu

$$n_1'' = \frac{1}{\sigma_0^2} (\hat{\sigma}_1^2 + \hat{\sigma}_2^2 + \hat{\sigma}_3^2) \quad (27)$$

aus dem man durch Aufrundung den Wert n_{1++} erhält. Diese kleinstmögliche Anzahl n_{1++} ist im allgemeinen jedoch nicht die kostengünstigste. Der Stichprobenumfang $n_1 \cdot n_2 \cdot n_3$ liegt damit zwischen den Grenzen $n_{1+} \cdot n_{2+} \cdot n_{3+}$ und n_{1++}. Mit einer Anzahl von Einheiten in der ersten Stufe unterhalb n_{1+} kann man die Bedingung $s_G^2 \leq \sigma_0^2$ nicht mehr einhalten, mit einer Anzahl von Einheiten in der ersten Stufe oberhalb n_{1++} wird s_G^2 zunehmend kleiner gegenüber σ_0^2.

Die Bereiche für die Anzahl der Einheiten in den drei Stufen sind damit:

$$1 \leq n_{1+} \leq n_1 \leq n_{1++} \quad 1 \leq n_2 \leq n_{2++} \quad 1 \leq n_3 \leq n_{3+} \quad (28)$$

Beginnend mit $(n_{1+}; n_{2+}; n_{3+})$ werden die Wertetripel innerhalb dieser Bereiche variiert. Dabei werden der Stichprobenumfang $n_1 \cdot n_2 \cdot n_3$ sowie alle Wertetripel notiert, für die s_G^2 nur wenig kleiner als σ_0^2 ist.

Nach fallweise verschiedenen Gesichtspunkten wählt man aus den möglichen Zahlentripeln ein Tripel aus.

Falls einer der zunächst als nicht-ganzzahlig berechneten Werte n_1', n_2' und n_3' kleiner als 1 ist, ist nach Abschnitt 8 vorzugehen.

Beispiel 1:

Bei einer Untersuchung haben sich folgende Schätzwerte für die Varianzen ergeben:

$$\hat{\sigma}_1^2 = 25 \quad \hat{\sigma}_2^2 = 9 \quad \hat{\sigma}_3^2 = 64$$

Auf dem Vertrauensniveau $1 - \alpha$ soll die Varianz $\sigma_0^2 = 3$ nicht überschritten werden. (Für dieses und die folgenden grundsätzlichen Beispiele bleibt die Einheit der Varianzen außer Betracht.) Nach den Gleichungen (25), (26) und (27) berechnet man:

$n_1' = 8{,}3$ aufgerundet auf $n_{1+} = 9$

$n_2' = 4{,}5$ aufgerundet auf $n_{2+} = 5$

$n_3' = 64$ also $n_{3+} = 64$

$n_1'' = 32{,}7$ aufgerundet auf $n_{1++} = 33$

$n_2'' = 36{,}5$ aufgerundet auf $n_{2++} = 37$

Die Bereiche, in denen n_1, n_2 und n_3 variiert werden können, sind damit in diesem Falle:

$$9 \leq n_1 \leq 33 \quad 1 \leq n_2 \leq 37 \quad 1 \leq n_3 \leq 64$$

In der Tabelle 3 sind für dieses Beispiel **sämtliche** günstigen Kombinationen $(n_1; n_2; n_3)$ der Anzahl von Einheiten in den drei Stufen angegeben sowie die dazugehörende Varianz s_G^2 für den Mittelwert der Stichprobe.

Diese Kombinationen erhält man auf folgende Weise: Man beginnt mit dem Wertetripel $(n_{1+}; n_{2+}; n_{3+}) = (9; 5; 64)$. $n_{1+} = 9$ ist die kleinstmögliche Anzahl von Einheiten in der ersten Stufe, mit der man die Bedingung $s_G^2 \leq \sigma_0^2$ einhalten kann; zu **diesem** n_{1+} gehören $n_{2+} = 5$ und $n_{3+} = 64$ Einheiten in den anderen Stufen. Weitere Wertetripel, für die s_G^2 möglichst wenig kleiner als σ_0^2 ist, erhält man, wenn man n_2 um mindestens 1 vergrößert und **gleichzeitig** n_3 um mindestens 1 verkleinert. Für $n_1 = 9$ ergibt sich als nächstes das Wertetripel (9; 6; 22); dabei wurde $n_2 = 6$ als der um 1 vergrößerte vorhergehende Wert angesetzt, und aus der Gleichung (25) wurde $n_3' = 21{,}3$ berechnet, also aufgerundet $n_3 = 22$. Genau so verfährt man für $n_1 = 9$ mit den für n_2 nacheinander festgesetzten Werten 7 bis 11. Für $n_2 = 12$ ist $n_3' = 4{,}27$, also aufgerundet $n_3 = 5$. Dieses Tripel (9; 12; 5) ergibt gegenüber dem Tripel (9; 11; 5) eine Varianz s_G^2, die merklich kleiner als 3 ist, weil nicht gleichzeitig n_2 um mindestens 1 größer und n_3 um mindestens 1 kleiner wird. Deshalb wird das Wertetripel (9; 12; 5) weggelassen. Erst das Tripel (9; 13; 4) ergibt wieder einen Wert s_G^2, der etwas kleiner als 3 ist; gegenüber diesem Tripel werden (9; 14; 4) und (9; 15; 4) weggelassen. Bei (9; 16; 3), (9; 21; 2) und (9; 37; 1) erhält man die letzten drei

Tabelle 3. **Wertetripel** $(n_1; n_2; n_3)$ **und Varianz für den Mittelwert der Stichprobe** s_G^2

n_1	n_2	n_3	$n_1 \cdot n_2 \cdot n_3$	s_G^2
9	5	64	2880	3,000
	6	22	1188	2,998
	7	13	819	2,999
	8	10	720	2,992
	9	8	648	2,988
	10	6	540	2,996
	11	5	495	2,998
	13	4	468	2,991
	16	3	432	2,988
	21	2	378	2,994
	37	1	333	2,997
10	2	64	1280	3,000
	3	11	330	2,994
	4	6	240	2,992
	5	4	200	3,000
	7	3	210	2,933
	9	2	180	2,956
	15	1	150	2,987
11	2	10	220	2,973
	3	5	165	2,933
	4	3	132	2,962
	6	2	132	2,894
	10	1	110	2,936
12	1	32	384	3,000
	2	5	120	2,992
	3	3	108	2,926
	4	2	96	2,938
	7	1	84	2,952
13	1	13	169	2,994
	2	4	104	2,885
	3	2	78	2,974
	6	1	78	2,859
14	1	8	112	3,000
	2	3	84	2,869
	3	2	84	2,762
	5	1	70	2,829
15	1	6	90	2,978
	2	3	90	2,678
	3	2	90	2,578
	4	1	60	2,883
16	1	5	80	2,925
	2	2	64	2,844
	4	1	64	2,703
17	1	4	68	2,941
	2	2	68	2,677
	3	1	51	2,902
19	1	3	57	2,912
	2	2	76	2,395
	3	1	57	2,596
22	1	2	44	3,000
	2	1	44	2,796
33	1	1	33	2,970

günstigen Kombinationen für $n_1 = 9$, weil n_3 nicht kleiner als 1 werden kann.

Weiter setzt man $n_1 = 10$ und berechnet aus der Gleichung (25) $n_2' = 1{,}8$, das zu $n_2 = 2$ aufgerundet wird; es folgt $n_3' = 64$, also $n_3 = 64$. Mit diesem Wertetripel (10; 2; 64) beginnend rechnet man weiter wie oben angegeben. (Bei diesem Beispiel taucht zufällig $n_3 = 64$ für $n_1 = 9$ und für $n_1 = 10$ auf.) Beim Wertetripel (10; 15; 1) wird $n_3 = 1$, die weitere Vergrößerung von n_2 über $n_2 = 15$ hinaus ist ungünstig.

Bei $n_{1++} = 33$ erhält man das Wertetripel (33; 1; 1) und als Stichprobenumfang $n_1 \cdot n_2 \cdot n_3 = 33$, den für dieses Beispiel kleinstmöglichen Stichprobenumfang.

Nach von Fall zu Fall unterschiedlichen Gesichtspunkten wählt man eines der in der Tabelle 3 angegebenen Wertetripel oder eines der in der Nähe dieser Werte liegenden Tripel mit **größerem** Gesamtumfang $n_1 \cdot n_2 \cdot n_3$ für die zu ziehende Stichprobe aus. Wünscht man z.B. $n_1 = 10$ und $n_3 = 10$, dann muß $n_2 \geq 4$ gewählt werden; für $n_2 = 3$ wird in diesem Falle $s_G^2 > \sigma_0^2$.

Wie Beispiel 1 zeigt, kann man durch mäßiges Vergrößern von n_1 über n_{1+} hinaus die Werte für n_2 und n_3 verändern, wobei sich in jedem Falle der Stichprobenumfang $n_1 \cdot n_2 \cdot n_3$ drastisch reduziert.

5.2 Stichprobenaufbau bei vorgegebener Weite des Vertrauensbereiches für den Mittelwert der Gesamtheit und minimalen Gesamtkosten; varianzbestimmte kostenminimale Stichprobe

Es seien c_1 und c_2 die Kosten (in willkürlichen Einheiten) für die Bereitstellung einer Einheit in der ersten und in der zweiten Stufe, und c_3 die Kosten für die Entnahme und Herstellung einer Endprobe und ihre Messung. [3] Damit sind die Gesamtkosten der Untersuchung, die durch einen bestimmten Stichprobenumfang minimiert werden sollen:

$$K_G = n_1 \cdot c_1 + n_1 \cdot n_2 \cdot c_2 + n_1 \cdot n_2 \cdot n_3 \cdot c_3 \qquad (29)$$

Mit Hilfe der Varianzen $\hat{\sigma}_1^2$, $\hat{\sigma}_2^2$ und $\hat{\sigma}_3^2$ sowie der in Gleichung (23) genannten Varianz σ_0^2 wird die Anzahl der auszuwählenden Einheiten in den drei Stufen für die varianzbestimmte kostenminimale Stichprobe:

$$n_1^* = \frac{1}{\sigma_0^2} \cdot \frac{\hat{\sigma}_1}{\sqrt{c_1}} (\hat{\sigma}_1 \sqrt{c_1} + \hat{\sigma}_2 \sqrt{c_2} + \hat{\sigma}_3 \sqrt{c_3})$$
$$n_2^* = \frac{\hat{\sigma}_2}{\hat{\sigma}_1} \cdot \sqrt{\frac{c_1}{c_2}} \qquad n_3^* = \frac{\hat{\sigma}_3}{\hat{\sigma}_2} \cdot \sqrt{\frac{c_2}{c_3}} \qquad (30)$$

Die Werte n_1^*, n_2^* und n_3^* werden **auf**gerundet auf die nächst größeren ganzen Zahlen n_{1+}^*, n_{2+}^* und n_{3+}^*.

Beginnend mit $(n_{1+}^*; n_{2+}^*; n_{3+}^*)$ wird die Anzahl der Einheiten in den drei Stufen in der Umgebung von $(n_1^*; n_2^*; n_3^*)$ variiert. Dabei werden der Stichprobenumfang $n_1 \cdot n_2 \cdot n_3$ sowie alle Wertetripel notiert, für die s_G^2 nur wenig kleiner als σ_0^2 und K_G nur wenig größer als $K_{G\,min}$ ist. $K_{G\,min}$ erhält man aus Gleichung (29), wenn man für die Anzahl von Einheiten n_1^*, n_2^* und n_3^* einsetzt.

Nach fallweise verschiedenen Gesichtspunkten wählt man aus den möglichen Wertetripeln ein Tripel aus.

Falls einer der zunächst als nicht-ganzzahlig berechneten Werte kleiner als 1 ist, ist nach Abschnitt 8 vorzugehen.

Beispiel 2:

Für das Beispiel 1 mit den dort genannten Varianzen mögen die Kosten (in willkürlichen Einheiten) sein:

$c_1 = 18 \qquad c_2 = 6 \qquad c_3 = 1$

Mit den Gleichungen (30) wird jetzt:

$n_1^* = 14{,}36 \qquad n_2^* = 1{,}04 \qquad n_3^* = 6{,}53$

was aufgerundet wird zu

$n_{1+}^* = 15 \qquad n_{2+}^* = 2 \qquad n_{3+}^* = 7$

Da in diesem Falle $n_2^* \approx 1$ ist, ist zunächst zu entscheiden, ob unter diesen Ausgangsbedingungen die Aufteilung nach der zweiten Stufe überhaupt sinnvoll ist. Will man die Aufteilung nach der zweiten Stufe beibehalten, muß man in dieser Stufe eine erhebliche Rundung in Kauf nehmen. In der ersten und der dritten Stufe ist die Rundung in diesem Beispiel ebenfalls relativ groß. Damit entfernt man sich von dem theoretischen Kostenminimum $K_{G\,min} = 445{,}61$, das man aus den nicht gerundeten Werten n_1^*, n_2^* und n_3^* erhält.

In solchen Fällen kann man oft andere Wertetripel $(n_1; n_2; n_3)$ finden, die in der Nähe des Tripels $(n_1^*; n_2^*; n_3^*)$ liegen, für die s_G^2 nur wenig kleiner als σ_0^2 ist, und bei denen die Kosten näher am theoretischen Minimum liegen.

Tabelle 4. **Wertetripel $(n_1; n_2; n_3)$, Varianz s_G^2 und Gesamtkosten K_G**

n_1	n_2	n_3	$n_1 \cdot n_2 \cdot n_3$	s_G^2	K_G
14,36	1,04	6,53	97,5	3,000	445,6
15	2	7	210	2,271	660
11	2	10	220	2,973	550
	3	5	165	2,933	561
	4	3	132	2,962	594
	6	2	132	2,894	726
	10	1	110	2,936	968
12	1	32	384	3,000	672
	2	5	120	2,992	480
	3	3	108	2,926	540
	4	2	96	2,938	600
	7	1	84	2,952	804
13	1	13	169	2,994	481
	2	4	104	2,885	494
	3	2	78	2,974	546
	6	1	78	2,859	780
14	1	8	112	3,000	448
	2	3	84	2,869	504
	3	2	84	2,762	588
	5	1	70	2,829	742
15	1	6	90	2,978	450
	2	3	90	2,678	540
	3	2	90	2,578	630
	4	1	60	2,883	690
16	1	5	80	2,925	464
	2	2	64	2,844	544
	4	1	64	2,703	736

Geht man von den im Beispiel 1 angegebenen in der Umgebung von $(n_1^*; n_2^*; n_3^*)$ liegenden Wertetripeln aus, erhält man die in Tabelle 4 angegebenen Gesamtkosten K_G.

Mit den Wertetripeln (14; 1; 8), (15; 1; 6) und (16; 1; 5) kann man also die rundungsbedingte Erhöhung der Kosten des zunächst berechneten Tripels (15; 2; 7) weitgehend ausgleichen. Daneben gibt es etliche weitere Tripel, bei denen die Kosten kleiner sind als die des Tripels (15; 2; 7).

5.3 Stichprobenaufbau bei vorgegebenen Gesamtkosten; kostenbestimmte Stichprobe

Ist an Stelle der Varianz für den Mittelwert der Stichprobe ein oberer Grenzwert für die Gesamtkosten der Untersuchung vorgegeben, der nicht überschritten werden soll, kann man ausgehend von der Gleichung (29) für die Gesamtkosten der Untersuchung ebenfalls den Stichprobenaufbau berechnen. Mit der Bedingung $K_G \leq K_0$ erhält man zunächst folgende im allgemeinen nicht-ganzzahligen Werte für die Anzahl der Einheiten in den einzelnen Stufen:

$$n'_1 = \frac{K_0}{c_1 + c_2 + c_3} \qquad n'_2 = \frac{K_0 - n_{1-} \cdot c_1}{n_{1-} \cdot (c_2 + c_3)}$$
$$n'_3 = \frac{K_0 - n_{1-}(c_1 + n_{2-} \cdot c_2)}{n_{1-} \cdot n_{2-} \cdot c_3} \tag{31}$$

Dabei sind n_{1-} und n_{2-} die zur nächst kleineren ganzen Zahl **ab**gerundeten Werte n'_1 und n'_2. Falls n'_1 und n'_2 ganzzahlig sind, bleiben sie **unverändert**. n'_3 wird zur nächsten ganzen Zahl n_{3-} **ab**gerundet, sofern es nicht ganzzahlig ist.

Die Stichprobe mit dem kleinsten Umfang ist diejenige, für die $n_1 = n_2 = n_3 = 1$ ist. Deshalb kann der vorgegebene Wert K_0 nicht beliebig klein gewählt werden, sondern er muß die Bedingung $K_0 \geq c_1 + c_2 + c_3$ erfüllen.

Die hier angegebenen Beziehungen für n'_i sind bei $c_1 > c_2 > c_3$ rechentechnisch günstiger als die fünf Sätze von anderen möglichen Gleichungen für diese Werte n'_i. Alle sechs Sätze von Beziehungen ergeben dieselben Kombinationen für den Stichprobenumfang.

Die Obergrenze der Anzahl von Einheiten in den einzelnen Stufen, die für $K_G \leq K_0$ nicht überschritten werden darf, sind:

$$n''_1 = n'_1 = \frac{K_0}{c_1 + c_2 + c_3} \qquad n''_2 = \frac{K_0 - c_1}{c_2 + c_3} \qquad n''_3 = \frac{K_0 - c_1 - c_2}{c_3} \tag{32}$$

Diese Werte werden auf n_{1--}, n_{2--} und n_{3--} abgerundet.

Die Bereiche für die Anzahl der Einheiten in den drei Stufen sind (wegen $n'_1 = n''_1$):

$$1 \leq n_1 \leq n_{1--} = n_{1-} \quad 1 \leq n_2 \leq n_{2--} \quad 1 \leq n_3 \leq n_{3--} \tag{33}$$

Die günstigen Wertetripel (n_1; n_2; n_3) für den Stichprobenumfang erhält man analog zu dem in Abschnitt 5.1 dargestellten Verfahren. Dabei sind jedoch folgende Unterschiede zu beachten:

a) Die zunächst berechneten Werte n'_i sind **ab**zurunden.
b) Falls ein n'_i-Wert ganzzahlig ist, bleibt er **unverändert**.
c) Den kleinstmöglichen Stichprobenumfang erhält man für $n_1 = n_2 = n_3 = 1$.
d) Es gibt für die Anzahl der Einheiten in den einzelnen Stufen die angegebenen oberen Grenzwerte n''_i, die nicht überschritten werden dürfen, wenn die Bedingung $K_G \leq K_0$ eingehalten werden soll.
e) Ausgehend von den abgerundeten Werten n_{i-}, die aus n'_i erhalten werden, kann man den Stichprobenumfang $n_1 \cdot n_2 \cdot n_3$ weiter **vergrößern**, wenn man n_1 verkleinert von n_{1-} bis hinab zu $n_1 = 1$ und dabei n_2 und n_3 einzeln oder beide vergrößert.
f) Den größten Stichprobenumfang erhält man für $n_1 = n_2 = 1$ und n_{3--} als abgerundeten Wert n''_3. Dieser größtmögliche Stichprobenumfang ergibt im allgemeinen nicht die kleinstmögliche Varianz s^2_G der Stichprobe.

Beginnend mit (n_{1-}; n_{2-}; n_{3-}) wird die Anzahl der Einheiten in den drei Stufen innerhalb der Bereiche nach Gleichung (33) variiert. Dabei werden der Stichprobenumfang $n_1 \cdot n_2 \cdot n_3$ sowie alle Wertetripel notiert, für die K_G nur wenig kleiner als K_0 ist.

Nach fallweise verschiedenen Gesichtspunkten wählt man aus den möglichen Wertetripeln ein Tripel aus.

Falls einer der zunächst als nicht-ganzzahlig berechneten Werte n'_1, n'_2 und n'_3 kleiner als 2 ist, ist nach Abschnitt 8 vorzugehen.

Zur Berechnung der Zahlentripel, mit denen die Bedingung $K_G \leq K_0$ erfüllbar ist, benötigt man nur die vorgegebenen Gesamtkosten und die Einzelkosten c_i.

Beispiel 3:

Für eine Untersuchung gelten folgende Einzelkosten (in willkürlichen Einheiten):

$c_1 = 55 \quad c_2 = 20 \quad c_3 = 1$

Die Gesamtkosten der Untersuchung $K_0 = 450$ sollen nicht überschritten werden. Nach den Gleichungen (31) und (32) berechnet man:

$n'_1 =$ 5,921 abgerundet auf $n_{1-} = 5$
$n'_2 =$ 1,667 abgerundet auf $n_{2-} = 1$
$n'_3 =$ 15,000 also $n_{3-} = 15$
$n''_2 =$ 18,810 abgerundet auf $n_{2--} = 18$
$n''_3 =$ 375,000 also $n_{3--} = 375$

Tabelle 5. **Wertetripel (n_1; n_2; n_3) und Gesamtkosten K_G**

n_1	n_2	n_3	$n_1 \cdot n_2 \cdot n_3$	K_G
5	1	15	75	450
4	2	8	64	444
	1	37	148	448
3	4	3	36	441
	3	11	99	444
	2	27	162	447
	1	75	225	450
2	8	1	16	446
	7	4	56	446
	6	8	96	446
	5	14	140	450
	4	22	176	446
	3	36	216	446
	2	65	260	450
	1	150	300	450
1	18	1	18	433
	17	3	51	446
	16	4	64	439
	15	6	90	445
	14	8	112	447
	13	10	130	445
	12	12	144	439
	11	15	165	440
	10	19	190	445
	9	23	207	442
	8	29	232	447
	7	36	252	447
	6	45	270	445
	5	59	295	450
	4	78	312	447
	3	111	333	448
	2	177	354	449
	1	375	375	450

Die Bereiche, in denen n_1, n_2 und n_3 variiert werden können, sind damit in diesem Falle:

$1 \leq n_1 \leq 5 \qquad 1 \leq n_2 \leq 18 \qquad 1 \leq n_3 \leq 375$

In der Tabelle 5 sind für dieses Beispiel **sämtliche** günstigen Kombinationen des Stichprobenumfanges $n_1 \cdot n_2 \cdot n_3$ angegeben sowie die dazugehörigen Gesamtkosten K_G. Diese Kombinationen werden analog zu dem in Beispiel 1 angegebenen Verfahren unter Beachtung der in Abschnitt 5.3 angegebenen Unterschiede gegenüber Abschnitt 5.1 berechnet. Man beginnt mit dem Wertetripel $(n_{1-}; n_{2-}; n_{3-}) = (5; 1; 15)$. $n_{1-} = 5$ ist die größtmögliche Anzahl von Einheiten in der ersten Stufe, mit der die Bedingung $K_G \leq K_0$ eingehalten werden kann; zu **diesem** n_{1-} gehören $n_{2-} = 1$ und $n_{3-} = 15$.

Weitere Wertetripel, für die K_G möglichst wenig kleiner als K_0 ist, erhält man (da hier $n_{2-} = 1$), wenn man n_{1-} um mindestens 1 verkleinert und **gleichzeitig** n_{2-} um mindestens 1 vergrößert. $n_1 = 4$ wurde als der um 1 verkleinerte vorhergehende n_1-Wert gewählt, dazu wurde nach den oben aufgeführten Beziehungen $n_2 = 2$ und $n_3 = 8$ berechnet; das nächste Wertetripel ist also (4; 2; 8). Da jetzt $n_2 > 1$ ist, wird zunächst n_2 um 1 verkleinert und gleichzeitig n_3 um mindestens 1 vergrößert; es ergibt sich das Tripel (4; 1; 37). Die weiteren Tripel werden analog berechnet.

Mit dem Tripel (1; 1; 375) erhält man den für dieses Beispiel größtmöglichen Stichprobenumfang.

Nach von Fall zu Fall unterschiedlichen Gesichtspunkten wählt man eines der in der Tabelle 5 angegebenen Wertetripel oder eines der in der Nähe dieser Werte liegende Tripel mit **kleinerem** Gesamtumfang $n_1 \cdot n_2 \cdot n_3$ für die zu ziehende Stichprobe aus.

Wie dieses Beispiel zeigt, kann man durch mäßiges Verkleinern von n_1 unter n_{1-} hinab die Werte für n_2 und n_3 verändern, wobei sich in jedem Falle der Stichprobenumfang $n_1 \cdot n_2 \cdot n_3$ drastisch vergrößert.

5.4 Stichprobenaufbau bei vorgegebenen Gesamtkosten und kleinster erreichbarer Weite des Vertrauensbereiches für den Mittelwert der Gesamtheit; kostenbestimmte varianzminimale Stichprobe

Die Gesamtkosten der Untersuchung sind:

$$K_G = n_1 \cdot c_1 + n_1 \cdot n_2 \cdot c_2 + n_1 \cdot n_2 \cdot n_3 \cdot c_3 \quad (34)$$

und die Varianz für den Mittelwert der Stichprobe ist:

$$s_G^2 = \frac{\hat{\sigma}_1^2}{n_1} + \frac{\hat{\sigma}_2^2}{n_1 \cdot n_2} + \frac{\hat{\sigma}_3^2}{n_1 \cdot n_2 \cdot n_3} \quad (35)$$

Für die Gesamtkosten gilt $K_G \leq K_0$. Die Varianz s_G^2 für den Mittelwert der Stichprobe soll minimiert werden.

Mit Hilfe der Schätzwerte $\hat{\sigma}_1^2$, $\hat{\sigma}_2^2$ und $\hat{\sigma}_3^2$ wird die Anzahl der auszuwählenden Einheiten in den drei Stufen für die kostenbestimmte varianzminimale Stichprobe:

$$n_1^* = K_0 \cdot \frac{\hat{\sigma}_1}{\sqrt{c_1}} \cdot \frac{1}{\hat{\sigma}_1 \sqrt{c_1} + \hat{\sigma}_2 \sqrt{c_2} + \hat{\sigma}_3 \sqrt{c_3}}$$

$$n_2^* = \frac{\hat{\sigma}_2}{\hat{\sigma}_1} \cdot \sqrt{\frac{c_1}{c_2}} \qquad n_3^* = \frac{\hat{\sigma}_3}{\hat{\sigma}_2} \cdot \sqrt{\frac{c_2}{c_3}} \quad (36)$$

Diese Werte werden abgerundet zu der jeweils nächst kleineren ganzen Zahl n_{1-}^*, n_{2-}^* und n_{3-}^*. Falls einer der drei Werte ganzzahlig ist, bleibt er unverändert.

Beginnend mit $(n_{1-}^*; n_{2-}^*; n_{3-}^*)$ wird die Anzahl der Einheiten in den drei Stufen in der Umgebung von $(n_1^*; n_2^*; n_3^*)$ variiert. Dabei werden der Stichprobenumfang $n_1 \cdot n_2 \cdot n_3$ sowie alle Wertetripel notiert, für die K_G nur wenig kleiner als K_0 und s_G^2 nur wenig größer als $s_{G\,min}^2$ ist.

Falls einer der zunächst als nicht-ganzzahlig berechneten Werte n_1^*, n_2^* und n_3^* kleiner als 2 ist, ist nach Abschnitt 8 vorzugehen.

Nach fallweise verschiedenen Gesichtspunkten wählt man aus den möglichen Wertetripeln ein Tripel aus.

Beispiel 4:

Für das Beispiel 3 mit den dort genannten Einzelkosten c_i mögen die Schätzwerte der Varianzen sein:

$$\hat{\sigma}_1^2 = 25 \qquad \hat{\sigma}_2^2 = 64 \qquad \hat{\sigma}_3^2 = 9$$

Mit den Gleichungen (36) berechnet man:

$$n_1^* = 3{,}999 \text{ abgerundet auf } n_{1-}^* = 3$$
$$n_2^* = 2{,}653 \text{ abgerundet auf } n_{2-}^* = 2$$
$$n_3^* = 1{,}667 \text{ abgerundet auf } n_{3-}^* = 1$$

In diesem Fall ist die Rundung in allen drei Stufen relativ groß. Damit entfernt man sich von dem theoretischen Minimum der Varianz $s_{G\,min}^2 = 12{,}79$, das man aus den nicht gerundeten Werten n_1^*, n_2^* und n_3^* erhält.

Auch in diesem Falle kann man andere Wertetripel finden, die in der Nähe des Tripels $(n_1^*; n_2^*; n_3^*)$ liegen, für die K_G nur wenig kleiner als K_0 ist und bei denen die Varianz s_G^2 für den Mittelwert der Stichprobe näher am theoretischen Minimum $s_{G\,min}^2$ liegt.

Geht man von den in Beispiel 3 angegebenen Wertetripeln in der Umgebung von $(n_1^*; n_2^*; n_3^*)$ aus, erhält man die in Tabelle 6 angegebenen Varianzen s_G^2 für den Mittelwert der Stichprobe.

Mit dem Wertetripel (3; 4; 3) kann man die rundungsbedingte Erhöhung der Varianz des zunächst berechneten Tripels (3; 2; 1) weitgehend ausgleichen. Auch für die übrigen angegebenen Tripel ist die Varianz s_G^2 für den Mittelwert der Stichprobe kleiner als für das Tripel (3; 2; 1).

Tabelle 6. **Wertetripel $(n_1; n_2; n_3)$, Gesamtkosten K_G und Varianz s_G^2**

n_1	n_2	n_3	$n_1 \cdot n_2 \cdot n_3$	K_G	s_G^2
3,999	2,653	1,667	17,792	450	12,79
3	2	1	6	291	20,50
4	2	8	64	444	14,39
3	4	3	36	441	13,92
	3	11	99	444	15,54
2	8	1	16	446	17,06
	7	4	56	446	17,23
	6	8	96	446	17,93

6 Rundungsempfehlungen

6.1 Stichprobenaufbau bei vorgegebener Weite des Vertrauensbereiches für den Mittelwert der Gesamtheit

Aus den Gleichungen (25), die aus der Gleichung (24) für die Varianz s_G^2 hergeleitet wurden, erhält man zunächst nicht-ganzzahlige Werte, die zu den nächst größeren ganzzahligen Werten aufgerundet werden. Wegen der Eigenart dieser Formeln kann sich dabei ein nicht realisierbar großer Stichprobenumfang ergeben. Falls die Rundung bei dem zuerst berechneten Wert n_1' klein ist, der gerundete Wert n_{1+} also nur wenig größer ist als der zu rundende Wert, werden die beiden anschließend zu berechnenden Werte sehr groß. Ist weiter die Rundung bei dem an zweiter Stelle berechneten Wert n'_2 klein, wird der an dritter Stelle berechnete Wert n'_3 sehr groß.

Der Einfluß einer zu geringen Rundung kann vermieden werden, wenn man die zunächst nicht-ganzzahlig berechneten Werte wie folgt rundet:

Rundung von n'_1: $(n_{1+} - n'_1) \geq 0{,}4$

Rundung von n'_2: $(n_{2+} - n'_2) \geq 0{,}5$

Auf jeden Fall ist es zweckmäßig, nach dem in Abschnitt 5.1 und in Beispiel 1 geschilderten Verfahren mehrere Wertetripel durch schrittweises Vergrößern von n_{1+} und n_{2+} zu berechnen.

6.2 Stichprobenaufbau bei vorgegebener Weite des Vertrauensbereiches für den Mittelwert der Gesamtheit und minimalen Gesamtkosten

Nach den Gleichungen (30) sind die nicht-ganzzahligen Werte n^*_{i} aufzurunden. Wie die Beispiele 2 und 4 zeigen, können die Gesamtkosten, die man mit den aufgerundeten Werten $n^*_{\mathrm{i}+}$ erhält, wesentlich größer werden als das mit den nicht aufgerundeten Werten n^*_{i} berechnete theoretische Minimum. Dieser Effekt tritt immer dann auf, wenn die Werte n^*_{i} erheblich gerundet werden müssen, also wenn

$$\frac{n^*_{\mathrm{i}+} - n^*_{\mathrm{i}}}{n^*_{\mathrm{i}+}} \geq 0{,}2 \quad (i = 1, 2, 3) \tag{37}$$

ist.

Die rundungsbedingte Erhöhung der Kosten kann man, wie die Beispiele 2 und 4 zeigen, weitgehend ausgleichen, wenn man die Werte n^*_{i} teilweise abrundet. Die varianzbestimmte kostenminimale Stichprobe mit ganzzahligen Werten n_{i} kann man durch die Berechnung mehrerer Wertetripel finden, die in der Umgebung des Tripels $(n^*_1; n^*_2; n^*_3)$ liegen. Im allgemeinen gibt es mehrere Wertetripel, für die die Gesamtkosten K_{G} nur wenig größer sind als das theoretische Kostenminimum.

6.3 Stichprobenaufbau bei vorgegebenen Gesamtkosten

Aus den Gleichungen (31), die aus der Gleichung für die Gesamtkosten hergeleitet wurden, erhält man die günstigen Wertetripel für den Stichprobenumfang durch Abrunden, wobei die Werte n_{i} den Wert 1 nicht unterschreiten können und den Wert n''_{i} nicht überschreiten dürfen. Damit sind die möglichen Wertetripel zweiseitig eingegrenzt; Stichproben mit nicht realisierbar großem Umfang können also nicht entstehen. Da ein ganzzahlig berechneter Wert n'_{i} nicht abgerundet wird, sondern unverändert bleibt, ist jeder beliebige Rundungsbetrag (bis hin zum Betrag Null) zulässig.

6.4 Stichprobenaufbau bei vorgegebenen Gesamtkosten und kleinster erreichbarer Weite des Vertrauensbereiches für den Mittelwert der Gesamtheit

Aus den Gleichungen (36) erhält man die kostenbestimmte varianzminimale Stichprobe. Da die Werte n^*_{i}, sofern sie nicht ganzzahlig sind, abgerundet werden müssen, um eine realisierbare Stichprobe zu erhalten, kann man sich durch die Abrundung der Werte n^*_{i} je nach dem Ausmaß der Rundung von der theoretischen minimalen Varianz entfernen. Wie das Beispiel 4 zeigt, kann man die rundungsbedingte Erhöhung der Varianz weitgehend ausgleichen, wenn man die Werte n^*_{i} teilweise aufrundet. Ist $n^*_{\mathrm{i}} < 1$, wird stets auf 1 **auf**gerundet, da sonst in der Gleichung für die Varianz für den Mittelwert der Stichprobe eine Null im Nenner auftreten würde. Die kostenbestimmte varianzminimale Stichprobe mit ganzzahligen Werten n_{i} kann man durch die Berechnung mehrerer Wertetripel finden, die in der Umgebung des Tripels $(n^*_1; n^*_2; n^*_3)$ liegen. Im allgemeinen gibt es mehrere Tripel, für die die Varianz s^2_{G} nur wenig größer ist als die theoretische Minimalvarianz.

7 Programmablaufpläne für die Berechnung des Stichprobenaufbaues

In den Bildern 1 bis 7 sind die Programmablaufpläne für die Berechnung des Stichprobenaufbaues bei zweifacher Aufteilung nach zwei einander nachgeordneten Gesichtspunkten angegeben.

Bild 1 ist eine Übersicht über alle vier Fälle, die in den Bildern 2 bis 5 in Einzelschritten dargestellt sind. Die Bilder 6 und 7 enthalten Unterprogramme, die jeweils in mehreren Programmablaufplänen benutzt werden.

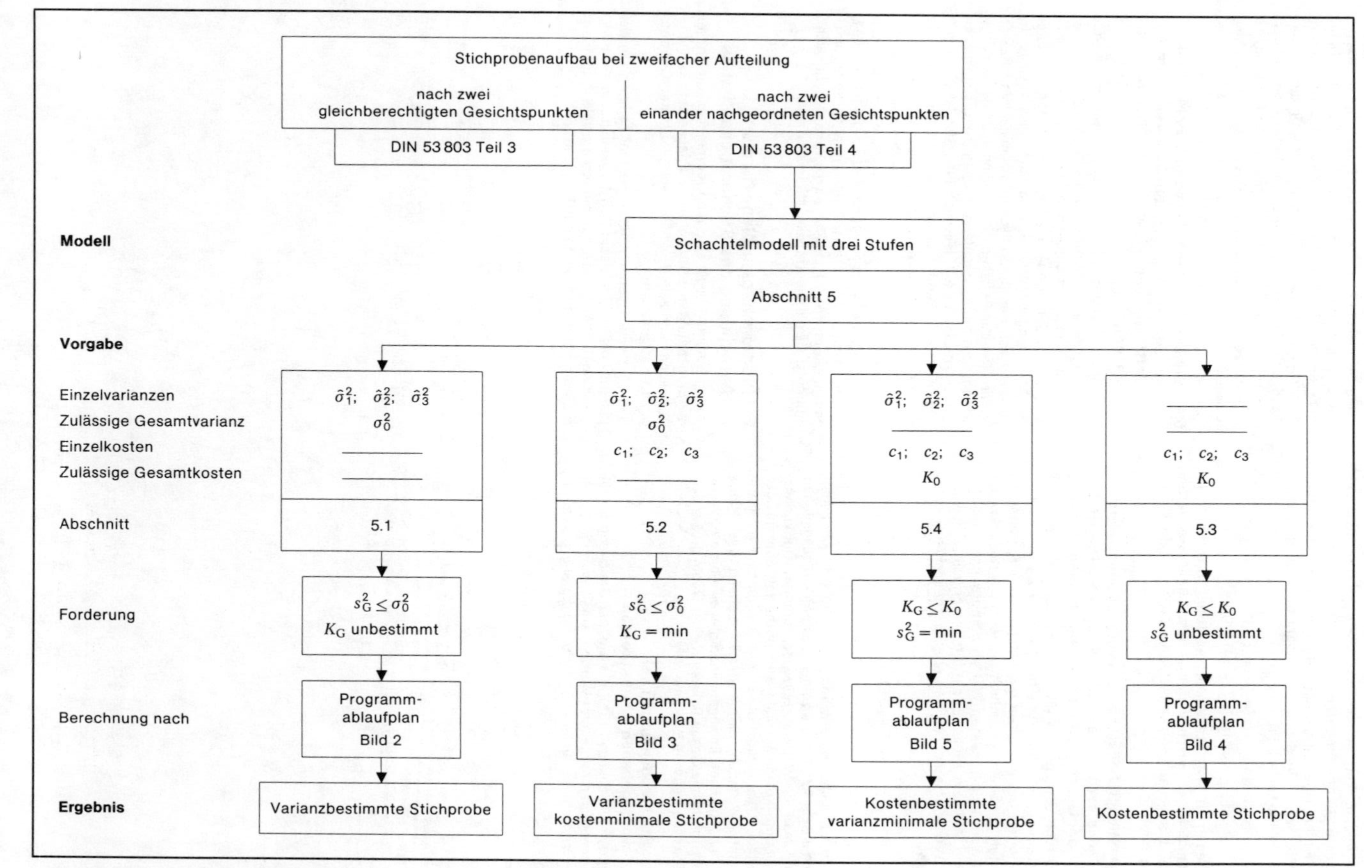

Bild 1. Übersicht über die Berechnung des Aufbaues aller Stichproben

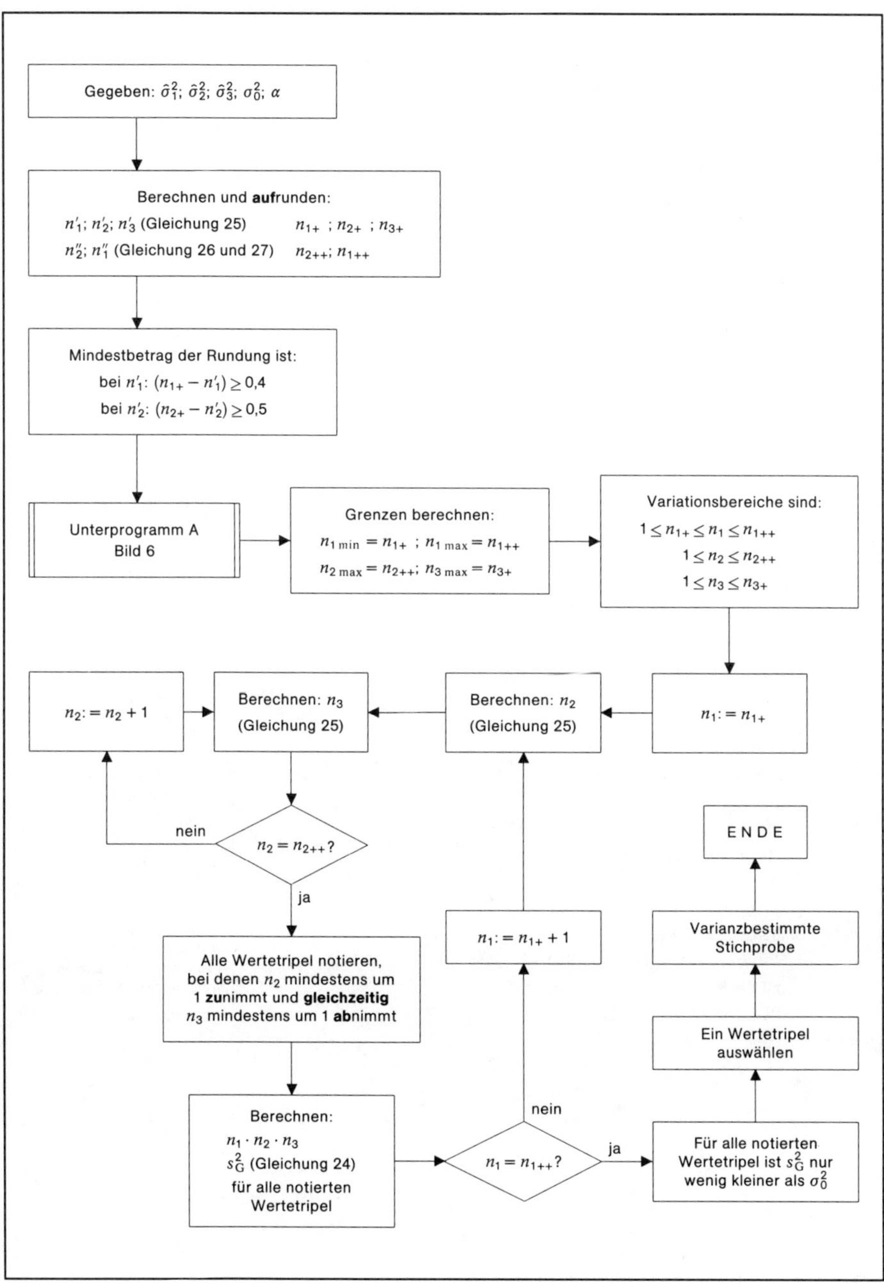

Bild 2. Programmablaufplan für die Berechnung des Aufbaues der varianzbestimmten Stichprobe (siehe Abschnitt 5.1)

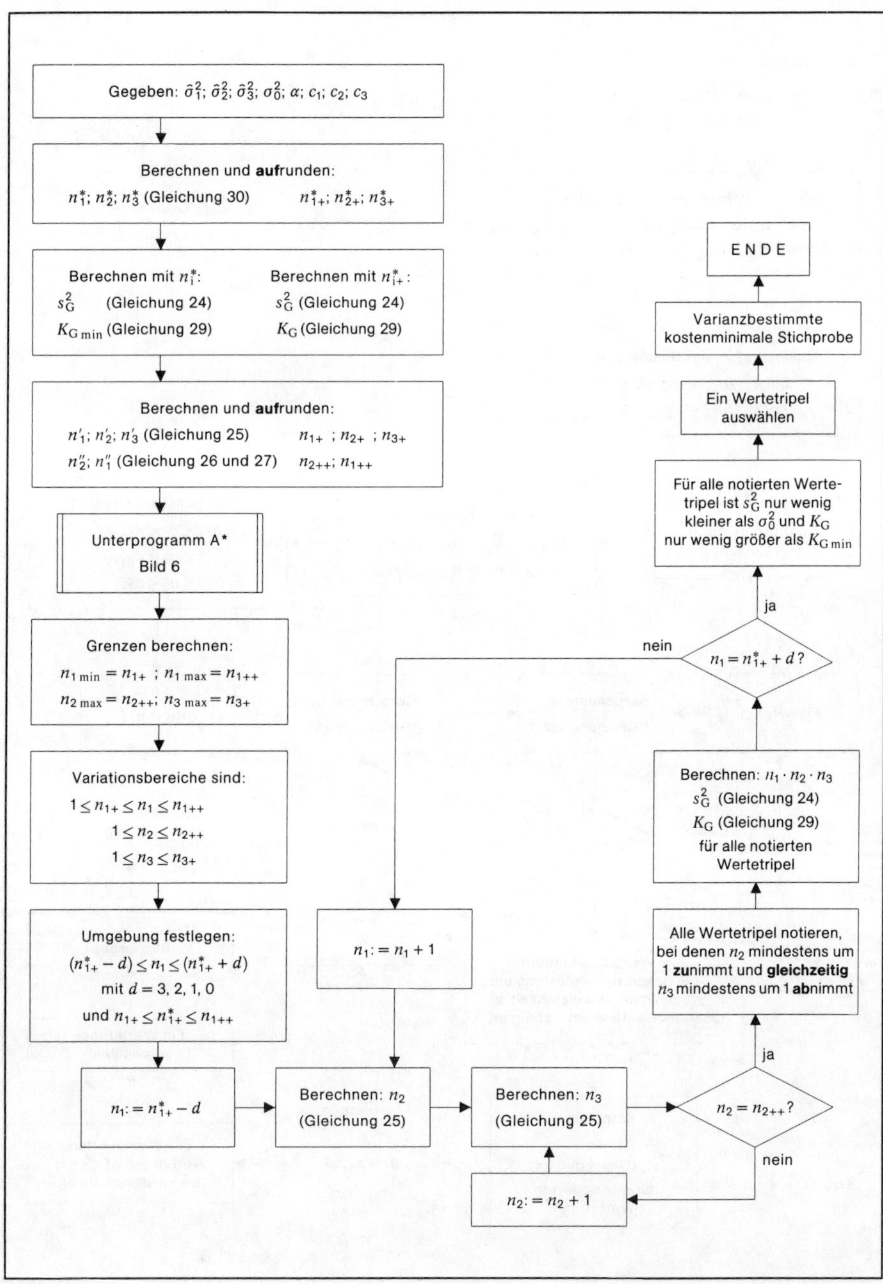

Bild 3. Programmablaufplan für die Berechnung des Aufbaues der varianzbestimmten kostenminimalen Stichprobe (siehe Abschnitt 5.2)

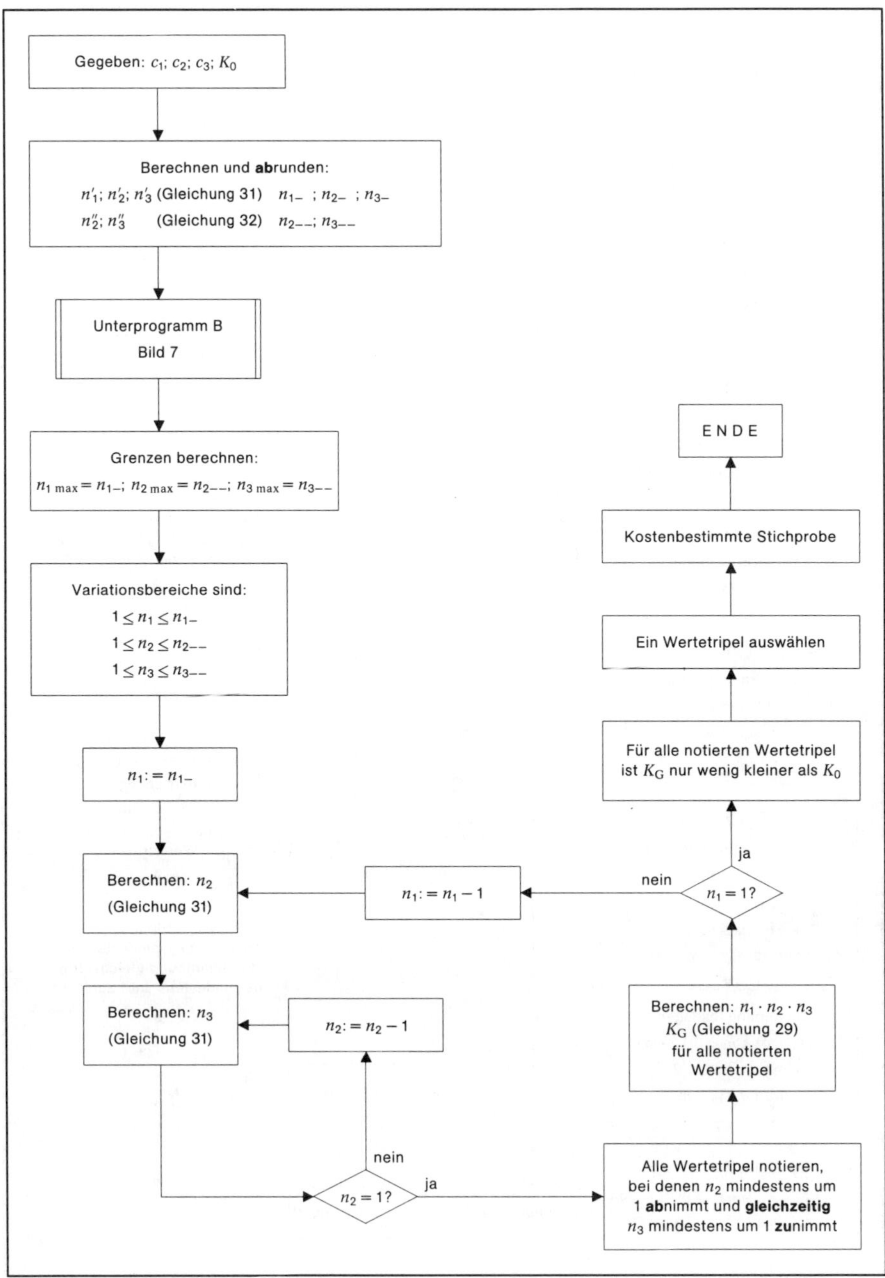

Bild 4. Programmablaufplan für die Berechnung des Aufbaues der kostenbestimmten Stichprobe (siehe Abschnitt 5.3)

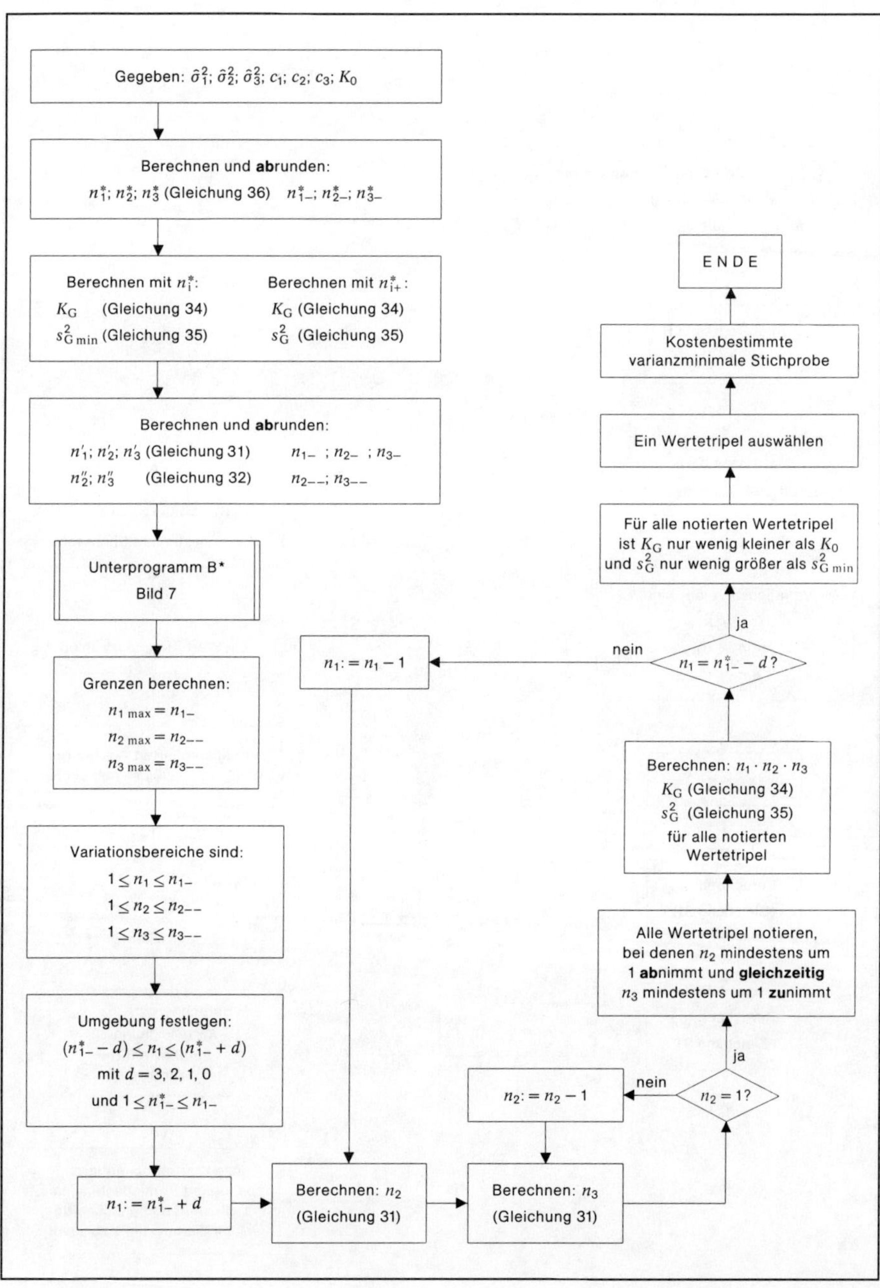

Bild 5. Programmablaufplan für die Berechnung des Aufbaues der kostenbestimmten varianzminimalen Stichprobe (siehe Abschnitt 5.4)

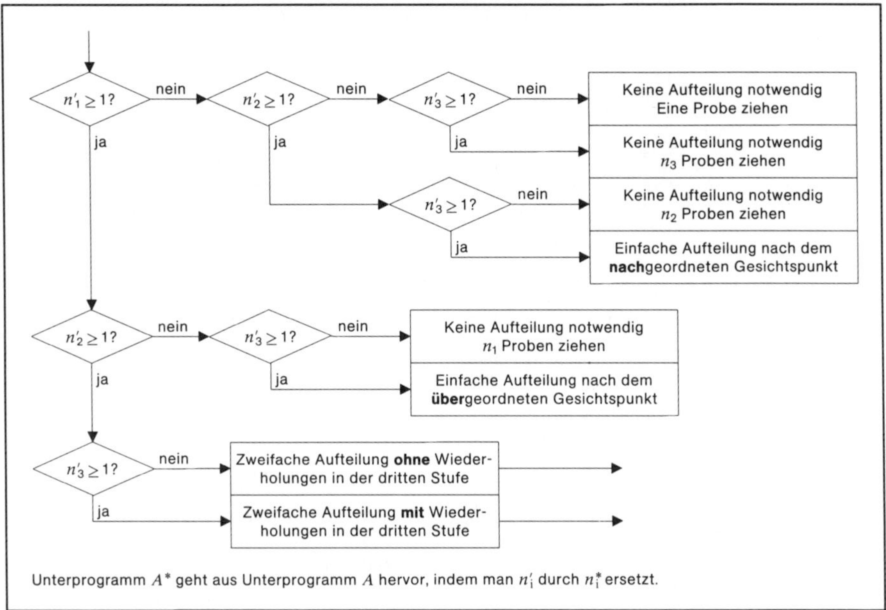

Unterprogramm A^* geht aus Unterprogramm A hervor, indem man n'_i durch n^*_i ersetzt.

Bild 6. Unterprogramme A und A^*

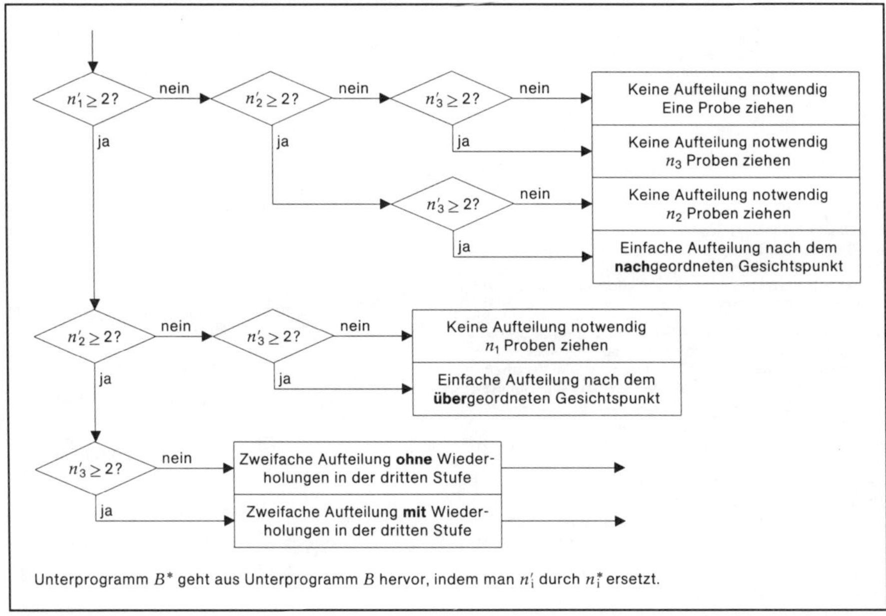

Unterprogramm B^* geht aus Unterprogramm B hervor, indem man n'_i durch n^*_i ersetzt.

Bild 7. Unterprogramme B und B^*

8 Probenahme bei reduzierbarer Aufteilung

Falls bei der Untersuchung eines bestimmten Merkmals und dessen Auswertung mit Hilfe der zweifachen Varianzanalyse wiederholt festgestellt wird, daß eine der Varianzen σ_1^2 oder σ_2^2 als nicht von Null verschieden angesehen werden kann, erübrigt sich bei weiteren gleichartigen Untersuchungen dieses Merkmals die Aufteilung nach zwei Gesichtspunkten. Damit geht die Aufteilung nach einem verbleibenden Gesichtspunkt über in die einfache Aufteilung, die in DIN 53803 Teil 1 ausführlich behandelt wird.

Bei der Berechnung des Stichprobenaufbaues bei vorgegebener Weite des Vertrauensbereiches für den Mittelwert der Gesamtheit werden in fast jedem Falle zunächst nicht-ganzzahlige Werte für n_1', n_2' und n_3' erhalten, die auf die jeweils nächst größere ganze Zahl **auf**zurunden sind, oder im Falle von n_1' und n_2' bei der Berechnung nach Abschnitt 5.1 durch die nächst größere ganze Zahl zu ersetzen sind, falls für diese Werte eine ganze Zahl errechnet wird.

Bei der Berechnung des Stichprobenaufbaues bei vorgegebenen Gesamtkosten der Untersuchung werden in fast jedem Falle zunächst nicht-ganzzahlige Werte für n_1', n_2' und n_3' erhalten, die jeweils auf die nächst kleinere ganze Zahl **ab**zurunden sind, sofern sie nicht bereits ganzzahlig sind.

Es können folgende Fälle auftreten:

a) bei Berechnung nach Abschnitt 5.1:
$n_1' < 1,\ n_2' \geq 1,\ n_3' > 1$ oder $n_1' \geq 1,\ n_2' < 1,\ n_3' > 1$
bei Berechnung nach Abschnitt 5.2:
$n_1^* < 1,\ n_2^* \geq 1,\ n_3^* > 1$ oder $n_1^* \geq 1,\ n_2^* < 1,\ n_3^* > 1$
bei Berechnung nach Abschnitt 5.3:
$1 \leq n_1' < 2,\ n_2' \geq 2,\ n_3' \geq 2$ oder $n_1' \geq 2,\ 1 \leq n_2' < 2,\ n_3' \geq 2$
bei Berechnung nach Abschnitt 5.4:
$n_1^* < 2,\ n_2^* \geq 2,\ n_3^* \geq 2$ oder $n_1^* \geq 2,\ n_2^* < 2,\ n_3^* \geq 2$
Die Aufteilung nach zwei Gesichtspunkten ist nicht sachgerecht. Die einfache Aufteilung nach dem Gesichtspunkt, für den die berechnete Probenanzahl größer als 1 ist, ist hinreichend.

b) bei Berechnung nach Abschnitt 5.1:
$n_1' \geq 1,\ n_2' \geq 1,\ n_3' \leq 1$
bei Berechnung nach Abschnitt 5.2:
$n_1^* \geq 1,\ n_2^* \geq 1,\ n_3^* \leq 1$
bei Berechnung nach Abschnitt 5.3:
$n_1' \geq 2,\ n_2' \geq 2,\ 1 \leq n_3' < 2$
bei Berechnung nach Abschnitt 5.4:
$n_1^* \geq 2,\ n_2^* \geq 2,\ n_3^* < 2$
In diesem Falle ergibt sich eine Aufteilung nach zwei einander nachgeordneten Gesichtspunkten ohne Wiederholungen in der dritten Stufe.

c) bei Berechnung nach Abschnitt 5.1:
$n_1' < 1,\ n_2' < 1,\ n_3' > 1$
bei Berechnung nach Abschnitt 5.2:
$n_1^* < 1,\ n_2^* < 1,\ n_3^* > 1$
bei Berechnung nach Abschnitt 5.3:
$1 \leq n_1' < 2,\ 1 \leq n_2' < 2,\ n_3' \geq 2$
bei Berechnung nach Abschnitt 5.4:
$n_1^* < 2,\ n_2^* < 2,\ n_3^* \geq 2$
Hier ist gar keine Aufteilung notwendig. Es werden n_3 Proben gezogen und ausgewertet.

d) bei Berechnung nach Abschnitt 5.1:
$n_1' \geq 1,\ n_2' \geq 1,\ n_3' > 1$
bei Berechnung nach Abschnitt 5.2:
$n_1^* \geq 1,\ n_2^* \geq 1,\ n_3^* > 1$
bei Berechnung nach Abschnitt 5.3:
$n_1' \geq 2,\ n_2' \geq 2,\ n_3' \geq 2$
bei Berechnung nach Abschnitt 5.4:
$n_1^* \geq 2,\ n_2^* \geq 2,\ n_3^* \geq 2$
Die Aufteilung nach zwei Gesichtspunkten ist sachgerecht.

e) Die weiteren drei Fälle sind in den Unterdiagrammen (Bild 6 und Bild 7) angegeben.

Anhang A

Beispiele aus der Textiltechnik

Alle Gleichungen sind Größengleichungen, siehe DIN 1313. Aus Gründen der Zweckmäßigkeit werden in den folgenden Beispielen die Einheiten ohne Verlust an Eindeutigkeit während der Rechnung weggelassen und erst bei den Ergebnissen wieder hinzugefügt.

A.1 Aufteilung nach zwei einander nachgeordneten Gesichtspunkten; Durchführung der Varianzanalyse; Bestimmung von Schätzwerten für die Varianzen; Testen von Hypothesen über die Modellparameter; Vertrauensbereich für den Mittelwert der Gesamtheit; Feinheit von Filamentgarn

Zur Bestimmung der Ist-Feinheit von Polyamid-Filamentgarn mit der Nennfeinheit 940 dtex f 140 wurden im Rahmen eines Betriebsversuchs aus der Partie 123, die 11 Tage lang auf 4 Streckmaschinen lief, an $n_1 = 4$ Tagen (am 1., 5., 7. und 10. Tag) jeweils $n_2 = 3$ Spulen von verschiedenen Maschinen und jeweils verschiedenen Streckpositionen zufällig entnommen. Für jede Spule wurde die Garnfeinheit nach einem festgelegten Verfahren dreimal gemessen ($n_3 = 3$).

In der Tabelle A.1 sind entsprechend Abschnitt 3 die Einzelwerte zusammengestellt; die Einheit der Einzelwerte ist dtex. Jeder Einzelwert wurde um 900 dtex vermindert. Außer den Einzelwerten sind gemäß Abschnitt 4.2 die benötigten Zwischensummen und Hilfsgrößen angegeben.

Die Tabelle A.2 zeigt entsprechend Abschnitt 4.3 die Zerlegungstafel für dieses Beispiel. Die Rechenkontrollen für die Summe der quadrierten Abweichungen und die Zahl der Freiheitsgrade sind erfüllt.

Als Ergebnis der Auswertung erhält man:

Der Schätzwert für den Mittelwert der Garnfeinheit in der Partie 123 ist:

$$\hat{\mu} = \bar{x}_{...} = \frac{A}{n_1 \cdot n_2 \cdot n_3} + 900\,\text{dtex} = 932{,}53\,\text{dtex}$$

Die Schätzwerte für die Standardabweichungen σ_1, σ_2 und σ_3 sind:

$$\hat{\sigma}_1 = \sqrt{\frac{s_1^2 - s_2^2}{n_2 \cdot n_3}} = 6{,}8004\,\text{dtex}$$

$$\hat{\sigma}_2 = \sqrt{\frac{s_2^2 - s_3^2}{n_3}} = 6{,}8109\,\text{dtex} \quad \hat{\sigma}_3 = \sqrt{s_3^2} = 4{,}5277\,\text{dtex}$$

Tabelle A.1. **Anordnungsschema der Einzelwerte; Zwischensummen und Hilfsgrößen; Feinheit von Filamentgarn in dtex; Einzelwerte um 900 dtex vermindert**

i \ j	1		2		3		$\sum_j \sum_k x_{ijk}$	$\sum_j \sum_k x_{ijk}^2$	$\left(\sum_j \sum_k x_{ijk}\right)^2$	$\sum_j \left(\sum_k x_{ijk}\right)^2$
1	20	400	33	1089	20	400				
	18	324	32	1024	20	400				
	22	484	30	900	10	100				
	60	1208	95	3013	50	900	205	5 121	42 025	15 125
2	48	2304	32	1024	53	2809				
	50	2500	20	400	46	2116				
	50	2500	36	1296	46	2116				
	148	7304	88	2720	145	7041	381	17 065	145 161	50 673
3	33	1089	28	784	36	1296				
	42	1764	33	1089	38	1444				
	33	1089	30	900	25	625				
	108	3942	91	2773	99	3365	298	10 080	88 804	29 746
4	32	1024	33	1089	32	1024				
	37	1369	38	1444	27	729				
	32	1024	33	1089	23	529				
	101	3417	104	3622	82	2282	287	9 321	82 369	27 741
							$\sum_i \sum_j A_{ij}$	$\sum_i \sum_j B_{ij}$	$\sum_i \left(\sum_j A_{ij}\right)^2$	$\sum_i \sum_j A_{ij}^2$
							$\sum_i \sum_j \sum_k x_{ijk}$	$\sum_i \sum_j \sum_k x_{ijk}^2$	$\sum_i \left(\sum_j \sum_k x_{ijk}\right)^2$	$\sum_i \sum_j \left(\sum_k x_{ijk}\right)^2$
							$A = 1171$	$B = 41\,587$	$C = 358\,359$	$E = 123\,285$

Tabelle A.2. **Zerlegungstafel; Feinheit von Filamentgarn**

Schwankungen	Summe der quadrierten Abweichungen Q	Zahl der Freiheitsgrade f	Varianz $s^2 = \frac{Q}{f}$
zwischen den Tagen	$Q_1 = \frac{C}{n_2\,n_3} - \frac{A^2}{n_1\,n_2\,n_3}$ $= \frac{358\,359}{9} - \frac{1171^2}{36} = 1727{,}6389$	$f_1 = n_1 - 1$ $= 4 - 1 = 3$	s_1^2 $= 575{,}8796$
zwischen den Spulen	$Q_2 = \frac{E}{n_3} - \frac{C}{n_2\,n_3}$ $= \frac{123\,285}{3} - \frac{358\,359}{9} = 1277{,}3333$	$f_2 = n_1\,(n_2 - 1)$ $= 4 \cdot 2 = 8$	s_2^2 $= 159{,}6667$
innerhalb der Spulen	$Q_3 = B - \frac{E}{n_3}$ $= 41\,587 - \frac{123\,285}{3} = 492{,}0000$	$f_3 = n_1\,n_2\,(n_3 - 1)$ $= 4 \cdot 3 \cdot 2 = 24$	s_3^2 $= 20{,}5000$
total	$Q_{total} = B - \frac{A^2}{n_1\,n_2\,n_3}$ $= 41\,587 - \frac{1171^2}{36} = 3496{,}9722$	$f_{total} = n_1\,n_2\,n_3 - 1$ $= 4 \cdot 3 \cdot 3 - 1 = 35$	

Zum Testen von Hypothesen über die Varianzen σ_1^2 und σ_2^2 bildet man nach Abschnitt 4.4 die Prüfwerte:

$$s_1^2/s_2^2 = 3{,}61 \qquad s_2^2/s_3^2 = 7{,}79$$

Die Tabellenwerte der F-Verteilung zum Signifikanzniveau $\alpha = 0{,}05$ sind:

$$F_{f_1;\,f_2;\,1-\alpha} = F_{3;\,8;\,0{,}95} = 4{,}07$$

$$F_{f_2;\,f_3;\,1-\alpha} = F_{8;\,24;\,0{,}95} = 2{,}36$$

Da $s_1^2/s_2^2 < F_{f_1;\,f_2;\,1-\alpha}$ ist, wird für die Varianz σ_1^2 die Nullhypothese nicht verworfen, d.h. die Varianz in der ersten Stufe wird als nicht vorhanden betrachtet. Da $s_2^2/s_3^2 > F_{f_2;\,f_3;\,1-\alpha}$ ist, wird für die Varianz σ_2^2 die Nullhypothese verworfen, d.h. die Varianz in der zweiten Stufe wird als von Null verschieden angesehen. Falls sich bei weiteren gleichartigen Untersuchungen das Ergebnis $\sigma_1^2 = 0$ bestätigt, läßt sich ein Einfluß des Tages der Probenahme nicht nachweisen; es verbleibt dann nur der Einfluß der Spulen. Damit erübrigt sich die zweifache Aufteilung nach Tagen und Spulen, und die einfache Aufteilung nach Spulen ist hinreichend. Diese einfache Aufteilung ist in DIN 53803 Teil 1 behandelt.

Nach Gleichung (22) wird der Vertrauensbereich für den Mittelwert der Garnfeinheit in der Partie 123 zum Vertrauensniveau $1 - \alpha = 0{,}95$ berechnet. Die Grenzen des Vertrauensbereiches sind:

$$\bar{x}_{\dots} \mp t_{f_1;\,1-\alpha/2} \cdot \sqrt{\frac{s_1^2}{n_1 \cdot n_2 \cdot n_3}} = 932{,}53 \mp 3{,}182 \cdot \sqrt{\frac{575{,}88}{36}} = 932{,}53 \mp 12{,}73$$

Der Vertrauensbereich ist:

$$919{,}8\,\text{dtex} \le \mu \le 945{,}3\,\text{dtex}$$

Die Nennfeinheit der Partie 123 wird also von den Grenzen des Vertrauensbereiches eingeschlossen.

A.2 Stichprobenaufbau bei vorgegebener relativer Weite für den Vertrauensbereich der Gesamtheit; varianzbestimmte Stichprobe; Feinheit von Filamentgarn

Obwohl nach dem Test in Abschnitt A.1 die Varianz σ_1^2 als nicht von Null verschieden angesehen werden kann, soll die zweifache Aufteilung zunächst beibehalten werden, und für das vorliegende Merkmal soll der Stichprobenaufbau bei zweifacher Aufteilung berechnet werden.

Als halbe relative Weite des Vertrauensbereiches für die mittlere Feinheit des Filamentgarns wird maximal 0,9 % zum Vertrauensniveau $1-\alpha = 0{,}95$ vorgeschrieben; die halbe absolute Weite ist bei $\bar{x}_{\dots} = 932{,}53$ dtex also $W = 8{,}39$ dtex. Nach Gleichung (23) wird damit die maximale Standardabweichung:

$$\sigma_0 = \frac{W}{u_{1-\alpha/2}} = \frac{8{,}39}{u_{0{,}975}} = \frac{8{,}39}{1{,}96} = 4{,}28\,\text{dtex}$$

Geht man von den in Abschnitt A.1 gefundenen Schätzwerten

$$\hat{\sigma}_1 = 6{,}8\,\text{dtex} \qquad \hat{\sigma}_2 = 6{,}8\,\text{dtex} \qquad \hat{\sigma}_3 = 4{,}5\,\text{dtex}$$

aus, erhält man mit den Gleichungen (25), (26) und (27):

$n_1' = 2{,}52$ aufgerundet auf $n_{1+} = 3$

$n_2' = 5{,}31$ aufgerundet auf $n_{2+} = 6$

$n_3' = 3{,}35$ aufgerundet auf $n_{3+} = 4$

$n_1'' = 6{,}15$ aufgerundet auf $n_{1++} = 7$

$n_2'' = 7{,}63$ aufgerundet auf $n_{2++} = 8$

Die Bereiche für die Anzahl der Einheiten in den drei Stufen sind in diesem Falle:

$$3 \le n_1 \le 7 \qquad 1 \le n_2 \le 8 \qquad 1 \le n_3 \le 4$$

Damit sind an mindestens $n_1 = 3$ Tagen jeweils $n_2 = 6$ Spulen zu ziehen, und für jede Spule sind $n_3 = 4$ Einzelwerte zu messen.

Andere Wertetripel ($n_1; n_2; n_3$), mit denen man die Forderung $s_G \le \sigma_0 = 4{,}28$ dtex bei $1-\alpha = 0{,}95$ erfüllen kann, sind in der Tabelle A.3 aufgeführt, aus denen man nach fallweise verschiedenen Gesichtspunkten ein Wertetripel für die weiteren Untersuchungen der Feinheit von Polyamid-Filamentgarn 940 dtex f 140 auswählt.

Tabelle A.3. **Wertetripel ($n_1; n_2; n_3$), Stichprobenumfang $n_1 \cdot n_2 \cdot n_3$ und erreichte Standardabweichung s_G**

n_1	n_2	n_3	$n_1 \cdot n_2 \cdot n_3$	s_G dtex
3	6	4	72	4,27
	7	2	42	4,25
	8	1	24	4,26
4	2	3	24	4,26
	3	1	12	4,14
5	2	1	10	3,99
6	1	2	12	4,14
	2	1	12	3,64
7	1	1	7	4,01

A.3 Stichprobenaufbau bei vorgegebener relativer Weite für den Vertrauensbereich der Gesamtheit und minimalen Gesamtkosten; varianzbestimmte kostenminimale Stichprobe; Feinheit von Filamentgarn

Ausgehend von den in Abschnitt A.2 bereits benutzten Standardabweichungen $\sigma_0 = 4{,}28$ dtex, $\hat{\sigma}_1 = 6{,}8$ dtex, $\hat{\sigma}_2 = 6{,}8$ dtex und $\hat{\sigma}_3 = 4{,}5$ dtex soll der Aufbau der varianzbestimmten kostenminimalen Stichprobe berechnet werden. Da es sich bei dem hier vorliegenden Beispiel um einen Betriebsversuch handelt, bei dem die Spulen entnommen werden können, bevor die Tagesproduktion verpackt ist, fallen für die Bereitstellung der Tagesproduktion als Einheiten erster Stufe nur geringe Kosten an; deshalb wird angesetzt $c_1 = 2$. Die Kosten für die Bereitstellung einer Spule, die als „verloren" betrachtet werden soll, seien $c_2 = 15$, und die Kosten für die Entnahme und Herstellung einer Endprobe und die Messung der Feinheit seien $c_3 = 1$.

Nach den Gleichungen (30) berechnet man:

$n_1^* = 10{,}62$ aufgerundet auf $n_{1+}^* = 11$

$n_2^* = 0{,}37$ aufgerundet auf $n_{2+}^* = 1$

$n_3^* = 2{,}56$ aufgerundet auf $n_{3+}^* = 3$

sofern man die Empfehlungen nach Abschnitt 8a nicht anwenden will. In diesem Falle hat man für n_2 eine relativ große Rundung in Kauf zu nehmen, wodurch sich die Kosten weit vom theoretischen Minimum entfernen. Die mit den nicht gerundeten Werten erreichbaren theoretischen minimalen Kosten sind $K_{G\,\min} = 90{,}24$.

In Tabelle A.4 sind weitere Wertetripel (n_1; n_2; n_3) in der Umgebung von (n_1^*; n_2^*; n_3^*) zusammengestellt, bei denen die Kosten näher am theoretischen Minimum liegen. Mit dem Wertetripel (6; 1; 2) wird das Kostenminimum annähernd erreicht. Mit diesem Tripel kann man die rundungsbedingte Erhöhung der Kosten bei dem zuerst berechneten Tripel (11; 1; 3) weitgehend ausgleichen.

Die für dieses Beispiel angesetzten Einzelkosten c_i ergeben eine Stichprobe (n_{1+}^*; n_{2+}^*; n_{3+}^*), die außerhalb des Bereiches liegt, der nach Abschnitt A.2 von den Stichproben bei vorgegebenen Varianzen $\hat{\sigma}_i^2$ überdeckt wird. Insofern sind die angesetzten Einzelkosten ungünstig im Vergleich zu den vorliegenden Varianzen.

Tabelle A.4. **Wertetripel $(n_1; n_2; n_3)$ in der Umgebung von $(n_1^*; n_2^*; n_3^*)$**

n_1	n_2	n_3	$n_1 \cdot n_2 \cdot n_3$	s_G dtex	K_G
10,62	0,37	2,56	10,06	4,26	90,24
11	1	3	33	3,00	220
3	6	4	72	4,27	348
	7	2	42	4,25	363
	8	1	24	4,26	390
4	2	3	24	4,26	152
	3	1	12	4,14	200
5	2	1	10	3,99	170
6	1	2	12	4,14	114
	2	1	12	3,64	204
7	1	1	7	4,01	126

A.4 Stichprobenaufbau bei vorgegebenen Gesamtkosten; kostenbestimmte Stichprobe; Rundversuch zur Messung der Dickenminderung einer Teppichware

Für eine vorgegebene Teppichware soll die Dickenminderung nach einem festgelegten Behandlungs- und Meßverfahren im Rundversuch ermittelt werden. Dazu wird die Teppichware in jeder der beteiligten Prüfstellen der vorgeschriebenen Behandlung auf dem festgelegten Gerät unterworfen. Bedingt durch die Bauart des Gerätes fallen bei jeder Behandlung auf dem Gerät zwei behandelte Teppichproben an, deren Dickenminderung gemessen wird.

Als Einzelkosten (in willkürlichen Einheiten) werden für diesen Rundversuch angesetzt:

$c_1 = 20$ als Kosten für die „Bereitstellung einer Prüfstelle"; dazu gehören z. B. der Transport eines Teppichabschnittes zur Prüfstelle, die Zusammenstellung des Protokolls in jeder Prüfstelle, der Schriftverkehr mit der den Rundversuch betreuenden Stelle;

$c_2 = 50$ als Kosten für eine Behandlung in einer Prüfstelle (im folgenden „ein Durchlauf" genannt); das sind die Kosten für die Vorbereitung von zwei zu behandelnden Proben und ihre Behandlung nach dem festgelegten Verfahren;

$c_3 = 1$ als Kosten für die Dickenmessung einer behandelten Probe nach dem festgelegten Meßverfahren.

Die Gesamtkosten des Rundversuchs innerhalb aller beteiligten Prüfstellen sollen $K_0 = 1600$ nicht überschreiten.

Da in diesem Falle die Anzahl der Proben je Durchlauf mit $n_3 = 2$ festgelegt ist, kann man nur noch die Anzahl n_1 der im Rahmen der festgelegten Gesamtkosten maximal zu beteiligenden Prüfstellen und die maximale Anzahl n_2 der Durchläufe in jeder Prüfstelle berechnen.

Nach den Gleichungen (31) und (32) erhält man zunächst:

$n'_1 =$ 22,54 abgerundet auf $n_{1-} = 22$

$n'_2 =$ 1,03 abgerundet auf $n_{2-} = 1$

$n'_3 =$ 2,73 abgerundet auf $n_{3-} = 2$

$n''_2 =$ 30,98 abgerundet auf $n_{2--} = 30$

$n''_3 = 1530$ also $n_{3--} = 1530$

Die Bereiche, in denen die Anzahl der Einheiten in den drei Stufen variiert werden kann, sind:

$1 \leq n_1 \leq 22 \quad 1 \leq n_2 \leq 30 \quad 1 \leq n_3 \leq 1530$

Die zu jedem Stichprobenumfang gehörenden Gesamtkosten werden nach Gleichung (29) berechnet.

In Tabelle A.5 ist eine Auswahl von Wertetripeln $(n_1; n_2; n_3)$ für kleine Werte von n_3 zusammengestellt, die die Bedingung $K_G \leq K_0 = 1600$ erfüllen.

Tabelle A.5. **Auswahl von Wertetripeln $(n_1; n_2; n_3)$ für kleine Werte von n_3, die die Bedingung $K_G \leq K_0 = 1600$ erfüllen**

n_1	n_2	n_3	$n_1 \cdot n_2 \cdot n_3$	K_G
22	1	2	44	1584
21	1	6	126	1596
13	2	1	26	1586
	1	53	689	1599
12	2	6	144	1584
	1	63	756	1596
9	3	2	54	1584
	2	28	504	1584
	1	107	963	1593
7	4	2	56	1596
	3	19	399	1589
5	5	10	250	1600
	4	25	500	1600
4	7	4	112	1592
	6	13	312	1592
3	10	1	30	1590
	9	7	189	1599
	8	14	336	1596
2	15	2	60	1600
	14	5	140	1580
	13	10	260	1600
1	30	2	60	1580
	29	4	116	1586
	. .			
	. .			
	. .			
	. .			
	. .			
	1	1530	1530	1600

Alle Wertetripel mit großen Werten für n_3 sind in dieser Tabelle fortgelassen worden.

Aus Tabelle A.5 entnimmt man die in Tabelle A.6 aufgeführten geeigneten Wertepaare $(n_1; n_2)$ für $n_3 = 2$. Danach können also maximal 22 Prüfstellen beteiligt werden, die jedoch jeweils nur einen Durchlauf machen können. Soll jede Prüfstelle z. B. drei Durchläufe machen, können maximal 9 Prüfstellen beteiligt werden. Werden 12 Durchläufe je Prüfstelle gewünscht, sind nur zwei Prüfstellen zulässig. Sind 7 Prüfstellen vorhanden, können in jeder Prüfstelle 4 Durchläufe gemacht werden. Nach fallweise verschiedenen Gesichtspunkten wählt man aus Tabelle A.6 ein geeignetes Wertepaar aus.

Tabelle A.6. **Geeignetes Wertepaar $(n_1; n_2)$ für n_3 = 2 Dickenmessungen**

Anzahl der Prüfstellen n_1	Anzahl der Durchläufe n_2
22 bis 13	1
12 bis 10	2
9 bis 8	3
7 bis 6	4
5	5
4	6 bis 7
3	8 bis 9
2	10 bis 15
1	16 bis 30

A.5 Stichprobenaufbau bei vorgegebenen Gesamtkosten und kleinster erreichbarer Weite des Vertrauensbereiches für den Mittelwert der Gesamtheit; kostenbestimmte varianzminimale Stichprobe; Rundversuch zur Messung der Dickenminderung einer Teppichware

Für die in Abschnitt A.4 untersuchte Dickenminderung einer Teppichware nach einem festgelegten Verfahren im Rahmen eines Rundversuchs wurden bei einem Vorversuch folgende Schätzwerte für die Standardabweichungen zwischen den Prüfstellen, zwischen den Durchläufen, innerhalb einer Prüfstelle und zwischen den beiden Einzelproben eines Durchlaufs erhalten:

$$\hat{\sigma}_1 = 0{,}31\,\text{mm} \qquad \hat{\sigma}_2 = 0{,}15\,\text{mm} \qquad \hat{\sigma}_3 = 0{,}09\,\text{mm}$$

Die mittlere Dickenminderung bei diesem Vorversuch war $\bar{x}_{\ldots} = 2{,}59$ mm. Die Standardabweichung für den Mittelwert der Stichprobe

$$s_G = \sqrt{\frac{\hat{\sigma}_1^2}{n_1} + \frac{\hat{\sigma}_2^2}{n_1 \cdot n_2} + \frac{\hat{\sigma}_3^2}{n_1 \cdot n_2 \cdot n_3}}$$

soll minimiert werden.

Ausgehend von diesen Schätzwerten für die Standardabweichungen und den in Abschnitt A.4 angegebenen Kosten c_1, c_2, c_3 und K_0 berechnet man nach den Gleichungen (36) als Anzahl der zu beteiligenden Prüfstellen, der Durchläufe je Prüfstelle und der Einzelproben je Durchlauf zunächst:

$$n_1^* = 43{,}72 \qquad n_2^* = 0{,}31 \qquad n_3^* = 4{,}24$$

Das hierzu gehörende theoretische Minimum für die Standardabweichung ist $s_{G\,min} = 0{,}0632$ mm.

Wie man hieran erkennt, läßt sich in diesem Falle durch Abrunden der Werte n_i^* keine realisierbare Stichprobe erhalten, da $n_2^* < 1$ ist. Wegen $n_{3-}^* = 4$, also $n_{3-}^* > 2$, ist bei diesem Beispiel die Bedingung $n_3 = 2$ mit der Minimumsforderung für die Standardabweichung nicht vereinbar, und das theoretische Minimum der Standardabweichung hat keine Bedeutung.

Berechnet man zu den nach Tabelle A.6 geeigneten Wertepaaren die erreichte Standardabweichung s_G, erhält man die Ergebnisse in Tabelle A.7. Wie hieran zu sehen ist, wird das theoretische Minimum für die Standardabweichung in keinem Falle erreicht.

Unter den hier vorliegenden Voraussetzungen ist die Aufteilung nach zwei Gesichtspunkten nicht sachgerecht, sondern nach Abschnitt 8 in eine Aufteilung nach einem Gesichtspunkt umzuwandeln.

Tabelle A.7. **Standardabweichung s_G für die geeigneten Wertepaare $(n_1; n_2)$ nach Tabelle A.5 (mit n_3 = 2)**

n_1	n_2	s_G mm
22 bis 13	1	0,0747 bis 0,0971
12 bis 10	2	0,0955 bis 0,1046
9 bis 8	3	0,1080 bis 0,1145
7 bis 6	4	0,1211 bis 0,1309
5	5	0,1424
4	6 bis 7	0,1585 bis 0,1580
3	8 bis 9	0,1820 bis 0,1817
2	10 bis 15	0,222 bis 0,221
1	16 bis 30	0,313 bis 0,311

Anhang B

Formelzeichen

A	Summe aller Einzelwerte	
A_{ij}	Summe der Einzelwerte in der Zelle ij	
a_{ijk}	Einzelwert der Gesamtheit	
B	Summe aller quadrierten Einzelwerte	
B_{ij}	Summe der Quadrate der Einzelwerte in der Zelle ij	
C	Summe der Quadrate der Summe aller Einzelwerte innerhalb der Zeile i	
c_i	Kosten für die Bereitstellung einer Einheit in der Stufe i	
c_1	Kosten für die Bereitstellung einer Einheit in der ersten Stufe	
c_2	Kosten für die Bereitstellung einer Einheit in der zweiten Stufe	
c_3	Kosten für die Bereitstellung einer Endprobe und deren Messung	
E	Gesamtsumme der quadrierten Zellensummen	
F	Tabellenwert der F-Verteilung	
$F_{f_1;f_2;1-\alpha}$	$(1-\alpha)$-Quantil, Tabellenwert der F-Verteilung für die Zahl der Freiheitsgrade f_1 und f_2	
$F_{f_2;f_3;1-\alpha}$	$(1-\alpha)$-Quantil, Tabellenwert der F-Verteilung für die Zahl der Freiheitsgrade f_2 und f_3	
f	Zahl der Freiheitsgrade	
f_1, f_2, f_3	Zahl der Freiheitsgrade in der ersten, zweiten und dritten Stufe	
f_{total}	Gesamtzahl der Freiheitsgrade	
H_0	Nullhypothese	
H_1	Alternativhypothese	
i, j, k	Index für die erste, zweite und dritte Stufe	
K_0	vorgegebene Gesamtkosten der Untersuchung	
K_G	Gesamtkosten der Untersuchung	
$K_{G\,min}$	theoretisches Minimum der Gesamtkosten der Untersuchung	
n_1, n_2, n_3	Anzahl der Einheiten in der ersten, zweiten und dritten Stufe	
n'_i	nicht-ganzzahlige Anzahl der Einheiten in der Stufe i	
n_{i+}	aufgerundete Anzahl der Einheiten in der Stufe i	
n_{i-}	abgerundete Anzahl der Einheiten in der Stufe i	
n''_i	nicht-ganzzahlige Obergrenze der Anzahl der Einheiten in der Stufe i	
n_{i++}	aufgerundete Obergrenze der Anzahl der Einheiten in der Stufe i	
n_{i--}	abgerundete Obergrenze der Anzahl der Einheiten in der Stufe i	
n'_1, n'_2, n'_3	nicht-ganzzahlige Anzahl der Einheiten	für die varianzbestimmte Stichprobe
n_{1+}, n_{2+}, n_{3+}	aufgerundete Anzahl der Einheiten	
n''_1, n''_2	nicht-ganzzahlige Obergrenze der Anzahl der Einheiten	
n_{1++}, n_{2++}	aufgerundete Obergrenze der Anzahl der Einheiten	
n^*_1, n^*_2, n^*_3	nicht-ganzzahlige Anzahl der Einheiten	für die varianzbestimmte kostenminimale Stichprobe
$n^*_{1+}, n^*_{2+}, n^*_{3+}$	aufgerundete Anzahl der Einheiten	
n'_1, n'_2, n'_3	nicht-ganzzahlige Anzahl der Einheiten	für die kostenbestimmte Stichprobe
n_{1-}, n_{2-}, n_{3-}	abgerundete Anzahl der Einheiten	
n''_2, n''_3	nicht-ganzzahlige Obergrenze der Anzahl der Einheiten	
n_{2--}, n_{3--}	abgerundete Obergrenze der Anzahl der Einheiten	
n^*_1, n^*_2, n^*_3	nicht-ganzzahlige Anzahl der Einheiten	für die kostenbestimmte varianzminimale Stichprobe
$n^*_{1-}, n^*_{2-}, n^*_{3-}$	abgerundete Anzahl der Einheiten	
Q	Summe der quadrierten Abweichungen	
Q_1, Q_2, Q_3	Summe der quadrierten Abweichungen in der ersten, zweiten und dritten Stufe	
Q_{total}	Gesamtsumme der quadrierten Abweichungen	
s^2_G	Varianz für den Mittelwert der Stichprobe	
$s^2_{G\,min}$	theoretisches Minimum der Varianz für den Mittelwert der Stichprobe	
s^2_1, s^2_2, s^2_3	Varianz in der ersten, zweiten und dritten Stufe der Stichprobe	
$t_{f_1;1-\alpha/2}$	$(1-\alpha/2)$-Quantil, Tabellenwert der t-Verteilung für die Zahl der Freiheitsgrade f	
$u_{1-\alpha/2}$	$(1-\alpha/2)$-Quantil, Tabellenwert der standardisierten Normalverteilung	
W	vorgegebene halbe absolute Weite des Vertrauensbereiches für den Mittelwert der Gesamtheit	
x_{ijk}	Einzelwert k in der Einheit j der zweiten Stufe in der Einheit i der ersten Stufe	
$\bar{x}_{...}$	Gesamtmittelwert der Stichprobe	
$\bar{x}_{i..}$	Mittelwert aus den Einzelwerten der zweiten und dritten Stufe	

$\bar{x}_{ij\cdot}$	Mittelwert aus den Einzelwerten der dritten Stufe
α	Signifikanzniveau
$1-\alpha$	Vertrauensniveau
α_i	Zufallsabweichung in der ersten Stufe
β_{ij}	Zufallsabweichung in der zweiten Stufe
γ_{ijk}	Zufallsabweichung in der dritten Stufe
μ	Mittelwert der Gesamtheit
$\hat{\mu}$	Schätzwert für den Mittelwert der Gesamtheit ($\hat{\mu}$ lies: mü Dach)
σ_0^2	vorgegebene Varianz für den Mittelwert der Gesamtheit
$\sigma_1^2, \sigma_2^2, \sigma_3^2$	Varianz in der ersten, zweiten und dritten Stufe der Gesamtheit
$\hat{\sigma}_1^2, \hat{\sigma}_2^2, \hat{\sigma}_3^2$	Schätzwert für die Varianz der ersten, zweiten und dritten Stufe der Gesamtheit ($\hat{\sigma}$ lies: sigma Dach)
$\sigma_1, \sigma_2, \sigma_3$	Standardabweichung in der ersten, zweiten und dritten Stufe der Gesamtheit
$\hat{\sigma}_1, \hat{\sigma}_2, \hat{\sigma}_3$	Schätzwert für die Standardabweichung in der ersten, zweiten und dritten Stufe der Gesamtheit

Zitierte Normen und andere Unterlagen

DIN 1313 Physikalische Größen und Gleichungen; Begriffe, Schreibweisen

DIN 53803 Teil 1 Prüfung von Textilien; Probenahme; Statistische Grundlagen der Probenahme bei einfacher Unterteilung

DIN 53803 Teil 2 Prüfung von Textilien; Probenahme; Praktische Durchführung

DIN 53803 Teil 3 Probenahme; Statistische Grundlagen der Probenahme bei zweifacher Aufteilung nach zwei gleichberechtigten Gesichtspunkten

DIN 53804 Teil 1 Statistische Auswertung an Stichproben; Meßbare (kontinuierliche) Merkmale

[1] U. Graf, H. J. Henning, K. Stange: Formeln und Tabellen der mathematischen Statistik. Berlin, Heidelberg, New York: Springer 1966

[2] U. Graf, H. J. Henning, P. Th. Wilrich: Statistische Methoden bei textilen Untersuchungen. Berlin, Heidelberg, New York: Springer 1974

[3] K. Stange: Die wirtschaftlichste Verteilung des Prüfaufwandes auf die zwei Stufen eines Modells mit unterschiedlicher Zahl und Varianz und unterschiedlichen Erhebungskosten der Einheiten zweiter Stufe. Metrika **9** (1965), Seite 195 bis 211

Weitere Normen und andere Unterlagen

DIN 53804 Teil 2 (z.Z. Entwurf) Statistische Auswertungen; Zählbare (diskrete) Merkmale

DIN 53804 Teil 3 Statistische Auswertung an Stichproben; Rangmerkmale (Ordinalmerkmale)

DIN 53804 Teil 4 (z.Z. Entwurf) Statistische Auswertungen; Attributmerkmale

H. Scheffé: The Analysis of Variance. New York, London: John Wiley 1959

Erläuterungen

Der Gemeinschaftsausschuß NMP/AQS 544 „Statistische Fragen in der Textilprüfung" hat im Zuge der Überarbeitung von DIN 53803, Ausgabe Januar 1958, die vorliegende Norm erstellt.

Diese Norm und DIN 53803 Teil 3 erweitern DIN 53803 Teil 1, Ausgabe März 1979, um die Aufteilung nach zwei Gesichtspunkten, und zwar nach zwei gleichberechtigten Gesichtspunkten in DIN 53803 Teil 3 und nach zwei einander nachgeordneten Gesichtspunkten in dieser Norm.

Mit dieser Norm ist die Überarbeitung abgeschlossen.

Internationale Patentklassifikation

G 06 G 7-52

DK 658.562 : 620.113.4 : 620.1(083) April 1993

Annahmestichprobenprüfung anhand der Anzahl fehlerhafter Einheiten oder Fehler (Attributprüfung)

Nach der annehmbaren Qualitätsgrenzlage (AQL) geordnete Stichprobenanweisungen für die Prüfung einer Serie von Losen anhand der Anzahl fehlerhafter Einheiten oder Fehler

Identisch mit ISO 2859-1 : 1989

ISO 2859

Teil 1

Sampling procedures for inspection by attributes; Sampling plans indexed by acceptable quality level (AQL) for lot-by-lot inspection; Identical with ISO 2859-1 : 1989

Règles d'échantillonnage pour les contrôles par attributs; Plans d'échantillonnage pour les contrôles lot par lot, indexés d'après le niveau de qualité acceptable (NQA); Identique à ISO 2859-1 : 1989

Ersatz für DIN 40080/04.79

Die Internationale Norm ISO 2859-1 : 1989-08-15, „Sampling procedures for inspection by attributes — Part 1: Sampling plans indexed by acceptable quality level (AQL) for lot-by-lot inspection", ist unverändert in diese Deutsche Norm übernommen worden. Sie stimmt sachlich überein mit IEC 410, Ausgabe 1973.

Nationales Vorwort

Diese Norm gehört zu den Normen der Reihe DIN ISO 2859. Ferner gehören dazu:

— DIN ISO 2859 Teil 0 (z.Z. Entwurf) „Annahmestichprobenprüfung anhand der Anzahl fehlerhafter Einheiten oder Fehler (Attributprüfung); Einführung in das ISO 2859-Stichprobensystem

— DIN ISO 2859 Teil 2 „Annahmestichprobenprüfung anhand der Anzahl fehlerhafter Einheiten oder Fehler (Attributprüfung); Nach der rückzuweisenden Qualitätsgrenzlage (LQ) geordnete Stichprobenanweisungen für die Prüfung einzelner Lose"

— DIN ISO 2859 Teil 3 „Annahmestichprobenprüfung anhand der Anzahl fehlerhafter Einheiten oder Fehler (Attributprüfung); Skip-lot-Verfahren"

Attributprüfung ist nach DIN 55350 Teil 31 eine Annahmestichprobenprüfung, bei der anhand der Anzahl der fehlerhaften Einheiten oder der Fehler in den einzelnen Stichproben die Annehmbarkeit des Prüfloses festgestellt wird.

DIN ISO 2859 Teil 1 ist identisch mit ISO 2859-1. Letztere ist eine redaktionelle Überarbeitung von ISO 2859 Ausgabe 1974 und stimmt damit inhaltlich überein. ISO 2859 Ausgabe 1974 beruht auf dem weltweit anerkannten amerikanischen MIL-Std-105-D (auch ABC-Std-105), der für die meisten nationalen Stichprobensysteme in West und Ost Grundlage war. Lediglich auf den militärischen Anwendungsfall bezogene Passagen und Beispiele des Textteiles wurden dem zivilen Gebrauch angepaßt. ISO 2859, Ausgabe 1974, ist identisch mit IEC 410, Ausgabe 1973, und mit DIN 40080, Ausgabe 1979. Das bedeutet, daß DIN ISO 2859 Teil 1 mit IEC 410, Ausgabe 1973, und DIN 40080, Ausgabe 1979, inhaltlich übereinstimmt.

In DIN ISO 2859 Teil 1 können zur Kennzeichnung der Qualitätslage eines Produktes zwei Maße herangezogen werden, diese sind:

1. Die Anzahl fehlerhafter Einheiten im Los bezogen auf die Anzahl aller Einheiten im Los. Dieser Wert ist immer größer oder gleich Null und kleiner oder gleich 1.
2. Die Anzahl der Fehler im Los bezogen auf die Anzahl aller Einheiten im Los, d.h. der arithmetische Mittelwert der Anzahl Fehler je Einheit. Dieser Wert ist immer größer oder gleich Null. Er kann auch größer als 1 sein, da Einheiten mit beliebig vielen Fehlern denkbar sind.

Bei dem Anwender der Norm liegt vor Beginn der Stichprobenprüfung die Entscheidung, welches der beiden Maße für die Qualitätslage den Prüfungen zugrunde liegen soll.

Die erwähnten Maße gehen durch Multiplikation mit 100 in die AQL-Zahlenwerte in DIN ISO 2859 Teil 1 über. Man erhält also den Anteil fehlerhafter Einheiten in Prozent, bzw. die Anzahl Fehler je 100 Einheiten. (Ebenso wären auch andere Umrechnungen möglich.)

Diese Zahlenwerte werden für die Angabe der AQL-Werte hinter die Abkürzung „AQL" ohne Zusatz des Symbols „%" gesetzt.

Beispiele:

1. Wenn der Anteil fehlerhafter Einheiten betrachtet wird, gilt:

   AQL 0,025 entspricht 0,025 % = 0,00025 = $2,5 \cdot 10^{-4}$.

2. Wenn die Anzahl Fehler je 100 Einheiten betrachtet wird, gilt:

   AQL 0,025 entspricht 0,025 Fehler je 100 Einheiten, d.h. 250 Fehler je 1 000 000 Einheiten.

Nach DIN 55350 Teil 12 wird ein Merkmalswert eines Nominalmerkmals auch Attribut genannt. In dieser Norm geht es um den Spezialfall des Alternativmerkmals mit den Merkmalswerten (Attributen) „fehlerhaft" und „nicht fehlerhaft".

Auch die übrige in dieser Norm verwendete Terminologie entspricht den Normen der Reihe DIN 55350.

Fortsetzung Seite 2 bis 72

Normenausschuß Qualitätsmanagement, Statistik und Zertifizierungsgrundlagen (NQSZ) im DIN Deutsches Institut für Normung e.V.
Deutsche Elektrotechnische Kommission im DIN und VDE (DKE)

DIN ISO 2859 Teil 1 enthält Stichprobenanweisungen, die nach der annehmbaren Qualitätsgrenzlage (AQL) geordnet sind. Lose, deren Qualitätslage gleich der AQL ist, haben — abhängig von der einzelnen Stichprobenanweisung — eine Rückweisewahrscheinlichkeit von 1 % bis etwa 12 %. Die Anwendung der Verfahren nach DIN ISO 2859 Teil 1 stellt also sicher, daß, wenn die Qualitätslage eines Loses die AQL nicht überschreitet, ein größter Wert der Rückweisewahrscheinlichkeit nicht überschritten wird. Diese Rückweisewahrscheinlichkeit ist vor allem für den Lieferer von Bedeutung. Die Rückweisewahrscheinlichkeit bei der AQL stellt das sogenannte Lieferantenrisiko dar. In der Operationscharakteristik einer Stichprobenanweisung ist also der Abszissenwert des Lieferantenrisikopunktes gleich der AQL und der Ordinatenwert gleich Eins minus Lieferantenrisiko (siehe Bild).

Wenn der Lieferer sichergehen will, daß ein hoher Anteil seiner Lose eine geringe Rückweisewahrscheinlichkeit hat (d.h., daß die Qualitätslage dieser Lose die AQL nicht übersteigt), muß die mittlere Qualitätslage seines Prozesses besser als die AQL sein, um die zufällige Streuung der Qualitätslage der Lose zu berücksichtigen.

DIN ISO 2859 Teil 1 ist vornehmlich für die Anwendung auf eine kontinuierliche Serie von Losen vorgesehen. Sie enthält Regeln für einen Verfahrenswechsel zwischen reduzierter, normaler und verschärfter Prüfung. Diese Regeln gewährleisten, daß die mittlere Qualitätslage der angenommenen Lose die AQL nicht überschreitet.

DIN ISO 2859 Teil 2 ist identisch mit ISO 2859-2. Zur Kennzeichnung der Qualitätslage wird in DIN ISO 2859 Teil 2 nur der Anteil fehlerhafter Einheiten herangezogen. Deshalb wird hinter der Abkürzung „LQ" und dem betreffenden Zahlenwert das Symbol „%" geschrieben.

BEISPIEL:
LQ 1,25 % entspricht 1,25 % fehlerhafter Einheiten.

DIN ISO 2859 Teil 2 enthält Stichprobenanweisungen, die nach der rückzuweisenden Qualitätsgrenzlage (LQ) geordnet sind. Lose, deren Qualitätslage gleich der LQ ist, haben — abhängig von der Stichprobenanweisung — eine Annahmewahrscheinlichkeit, die gewöhnlich kleiner als 10 %, in jedem Fall jedoch kleiner als 13 % ist. Die Anwendung der Verfahren nach DIN ISO 2859 Teil 2 stellt also sicher, daß, wenn die Qualitätslage eines Loses die LQ erreicht oder überschreitet, eine solche geringe Annahmewahrscheinlichkeit nicht überschritten wird. Diese Annahmewahrscheinlichkeit ist vor allem für den Abnehmer von Bedeutung. Die Annahmewahrscheinlichkeit für Lose, deren Qualitätslage gleich der LQ ist, stellt das sogenannte Abnehmerrisiko dar.

In der Operationscharakteristik jeder Stichprobenanweisung ist der Abszissenwert des Abnehmerrisikopunktes gleich der LQ und der Ordinatenwert gleich dem Abnehmerrisiko (siehe Bild).

Die Annahmewahrscheinlichkeit für ein Los, dessen Qualitätslage der LQ entspricht, ist wesentlich geringer als diejenige eines Loses, dessen Qualitätslage der AQL entspricht. Deshalb muß der Lieferer mit der mittleren Qualitätslage des Prozesses gegenüber der LQ wesentlich weiter vorhalten, als gegenüber der AQL, wenn er in beiden Fällen die gleiche Annahmewahrscheinlichkeit erreichen will (vorhalten heißt, daß die Qualitätslage besser ist als die LQ bzw. AQL).

DIN ISO 2859 Teil 2 ist für die Anwendung auf einzelne Lose vorgesehen und enthält deshalb keine Regeln für einen Verfahrenswechsel. Die Stichprobenanweisungen in DIN ISO 2859 Teil 2 sind eine Auswahl aus den in DIN ISO 2859 Teil 1 angegebenen Anweisungen.

DIN ISO 2859 Teil 3 ist identisch mit ISO 2859-3.

DIN ISO 2859 Teil 3 wird nur zusammen mit DIN ISO 2859 Teil 1 angewendet und greift ebenfalls auf eine Auswahl der in DIN ISO 2859 Teil 1 angegebenen Stichprobenanweisungen zurück. Voraussetzungen für die Anwendung sind — neben denen für die Anwendung von DIN ISO 2859 Teil 1 —, insbesondere, daß ausreichendes Vertrauen in das Qualitätssicherungssystem des Lieferers besteht und daß sich die Prüfung nicht auf Fehler bezieht, durch die Menschen oder besonders wertvolle Güter gefährdet werden können.

Ziel des Skip-lot-Stichprobenverfahrens ist es, durch den Verzicht auf die Prüfung eines Teils der vorgestellten

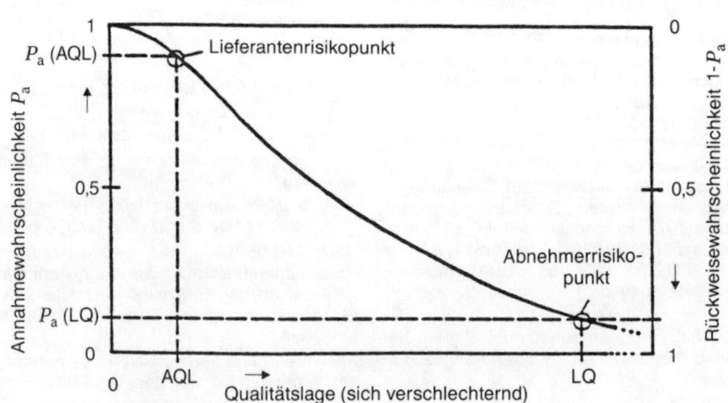

Operationscharakteristik einer Stichprobenanweisung
1-P_a (AQL) = α = Lieferantenrisiko
P_a (LQ) = β = Abnehmerrisiko

Lose den Gesamtprüfaufwand möglichst gering zu halten. Auch die reduzierte Prüfung und die Wahl eines geeigneten Prüfniveaus nach DIN ISO 2859 Teil 1 können eine Verringerung des Prüfaufwandes bewirken. Welche Lösung für den Lieferer und den Abnehmer die vorteilhafteste ist, ist im Einzelfall zu entscheiden.

HINWEIS:
Mit der Benennung „product or service" und ebenso mit der Benennung „product" allein sind in den Normen der Reihe ISO 2859 sowohl materielle als auch immaterielle Produkte gemeint. Zu letzteren gehören unter anderem auch Dienstleistungen. Alle diese Bedeutungen sind durch das in der deutschen Übersetzung verwendete Wort „Produkt" abgedeckt. Ein Los ist dann eine Menge eines Produktes, die unter Bedingungen entstanden ist, die als einheitlich angesehen werden (vergleiche DIN 55 350 Teil 31). Für die Annahmezahl bzw. die Rückweisezahl, für die in ISO 2859-1 die Symbole Ac bzw. Re benutzt werden, werden in der deutschen Übersetzung die Symbole c bzw. d verwendet.

DIN ISO 2859 Teil 1 ist keine Einführung in die Anwendung von Stichprobenverfahren und ihre praktische Handhabung. Eine solche findet man beispielsweise in der von der DGQ erarbeiteten Schrift DGQ-SAQ-ÖVQ Nr 16-01, 9. Auflage 1986, „Stichprobenprüfung anhand qualitativer Merkmale", zu beziehen bei der Beuth Verlag GmbH, Burggrafenstr. 6, 1000 Berlin 30. Diese Schrift nimmt Bezug auf die Norm DIN 40 080 und ist mit den Schwesterorganisationen der DGQ in der Schweiz und in Österreich abgestimmt.

Deutsche Übersetzung

Annahmestichprobenprüfung anhand der Anzahl fehlerhafter Einheiten oder Fehler (Attributprüfung)

Teil 1: Nach der annehmbaren Qualitätsgrenzlage geordnete Stichprobenanweisungen für die Prüfung einer Serie von Losen anhand der Anzahl fehlerhafter Einheiten oder Fehler

Vorwort

Die ISO (Internationale Organisation für Normung) ist die weltweite Vereinigung nationaler Normungsinstitute (ISO-Mitgliedskörperschaften). Die Erarbeitung Internationaler Normen obliegt den Technischen Komitees der ISO. Jede Mitgliedskörperschaft, die sich für ein Thema interessiert, für das ein Technisches Komitee eingesetzt wurde, ist berechtigt, in diesem Komitee mitzuarbeiten. Internationale (staatliche und nichtstaatliche) Organisationen, die mit der ISO in Verbindung stehen, sind an den Arbeiten ebenfalls beteiligt. Die ISO arbeitet in allen Angelegenheiten der elektrotechnischen Normung eng mit der Internationalen Elektrotechnischen Kommission (IEC) zusammen.

Die von den Technischen Komitees verabschiedeten Entwürfe zu Internationalen Normen werden den Mitgliedskörperschaften zunächst zur Annahme vorgelegt, bevor sie vom Rat der ISO als Internationale Normen bestätigt werden. Sie werden nach den Verfahrensregeln der ISO angenommen, wenn mindestens 75% der abstimmenden Mitgliedskörperschaften zugestimmt haben.

Die Internationale Norm ISO 2859-1 ist vom technischen Komitee ISO/TC 69 „Anwendung statistischer Verfahren" erarbeitet worden.

Diese erste Ausgabe von ISO 2859-1 ist eine Überarbeitung von ISO 2859 : 1974 und ersetzt letztere.

Die Normenreihe ISO 2859 wird aus den folgenden Normen bestehen mit dem Obertitel „Annahmestichprobenprüfung anhand der Anzahl fehlerhafter Einheiten oder Fehler (Attributprüfung)":

— Teil 0: Einführung in das Stichprobensystem nach ISO 2859

— Teil 1: Nach der annehmbaren Qualitätsgrenzlage (AQL) geordnete Stichprobenanweisungen für die Prüfung einer Serie von Losen anhand der Anzahl fehlerhafter Einheiten oder Fehler

— Teil 2: Nach der rückzuweisenden Qualitätsgrenzlage (LQ) geordnete Stichprobenanweisungen für die Prüfung einzelner Lose anhand der Anzahl fehlerhafter Einheiten

— Teil 3: Skip-lot-Verfahren

Anhang A dieser Norm hat nur informativen Charakter.

Inhalt

1 Anwendungsbereich und Zweck

Dieser Teil von ISO 2859 enthält Stichprobenanweisungen und Verfahren für die Prüfung von diskreten Einheiten anhand der Anzahl fehlerhafter Einheiten oder Fehler je 100 Einheiten. Die Stichprobenanweisungen sind nach der annehmbaren Qualitätsgrenzlage (AQL) geordnet.

Zweck dieser Norm ist es, einen Lieferer durch den wirtschaftlichen und psychologischen Druck einer Los-Rückweisung zu veranlassen, die mittlere Qualitätslage gleich der oder besser als die vorgegebene AQL zu halten. Gleichzeitig wird eine obere Schranke für das Abnehmerrisiko, d.h. die Wahrscheinlichkeit der Annahme eines gelegentlichen schlechten Loses, gewährleistet.

Dieser Teil von ISO 2859 ist nicht dafür gedacht, die Qualitätslage **einzelner** Lose zu schätzen oder diese auszusondern.

Die in diesem Teil von ISO 2859 dargelegten Stichprobenanweisungen sind anwendbar, jedoch nicht beschränkt, auf die Prüfung von:

a) Endprodukten
b) Bauelementen und Rohmaterialien
c) Arbeitsausführungen
d) im Prozeß befindlichen Materialen
e) im Lager befindlichen Zulieferungen
f) Instandhaltungsarbeiten
g) Daten oder Aufzeichnungen
h) Verwaltungsvorgängen.

Die Stichprobenanweisungen sind in erster Linie für die Anwendung auf eine kontinuierliche Serie von Losen vorgesehen, die ausreichend umfangreich ist, um die Anwendung der Regeln für den Verfahrenswechsel zu ermöglichen, welche folgendes gewährleisten:

— einen automatischen Schutz des Abnehmers für den Fall, daß eine Verschlechterung der Qualitätslage entdeckt wird (Übergang zu verschärfter Prüfung oder Aussetzen der Prüfung)
— einen Anreiz zur Verringerung der Prüfkosten (abhängig von der Entscheidung der zuständigen Stelle) für den Fall, daß beständig eine gute Qualitätslage erreicht wird (Wechsel zu reduzierter Prüfung).

Die Stichprobenanweisungen dürfen auch für die Prüfung einzelner Lose verwendet werden, aber in diesem Fall wird dem Benutzer dringend geraten, die Operationscharakteristiken heranzuziehen, um eine Stichprobenanweisung zu finden, die den gewünschten Schutz bietet (siehe 12.6). In diesem Fall wird der Benutzer auch auf die nach der rückzuweisenden Qualitätsgrenzlage (LQ) geordneten Stichprobenanweisungen in ISO 2859-2 verwiesen.

2 Verweisungen auf andere Normen

Die unten angegebene Norm enthält Festlegungen, die — durch Verweis in dem vorliegenden Text — auch Festlegungen in diesem Teil von ISO 2859 darstellen. Zum Zeitpunkt der Veröffentlichung von ISO 2859-1 war die unten angegebene Ausgabe von ISO 3534 gültig. Alle Normen werden von Zeit zu Zeit überarbeitet und Partner von Vereinbarungen, die sich auf ISO 2859-1 stützen, sind aufgefordert zu prüfen, ob die jeweils neueste Ausgabe der unten angegebenen Norm angewendet werden kann. Die Mitglieder der IEC und der ISO haben aktuelle Verzeichnisse der gültigen Internationalen Normen.

ISO 3534 : 1977 Statistics — Vocabulary and symbols*)

3 Begriffe

Die Begriffe und Definitionen in dieser Internationalen Norm stimmen mit denen in ISO 3534 überein.

3.1 Mangel: Ein Wert eines Qualitätsmerkmals, der dazu führt, daß ein Produkt nicht die vorausgesetzte Gebrauchstauglichkeit hat.

3.2 Fehler: Ein Wert eines Qualitätsmerkmals, der dazu führt, daß ein Produkt nicht die festgelegten Erfordernisse erfüllt. Fehler werden allgemein nach dem Grad ihrer Schwere klassifiziert, wie z.B.:

Klasse A: Fehler, denen die höchste Bedeutung für das Produkt zugemessen wird. Bei der Annahme-Stichprobenprüfung werden diesen Fehlern sehr kleine AQL-Werte zugeordnet.

Klasse B: Fehler, denen der nächstniedrigere Grad an Bedeutung zugemessen wird. Diesen Fehlern können folglich höhere AQL-Werte zugeordnet werden als solchen in Klasse A und kleinere Werte als solchen in Klasse C, falls eine dritte Klasse existiert, und so weiter.

Anmerkung 1: Die Bezeichnung Mangel ist für Fehler vorbehalten, die zu einer Nichterfüllung vorausgesetzter Erfordernisse durch das Produkt führen.

Anmerkung 2: Der Anwender dieser Norm wird darauf aufmerksam gemacht, daß die Vergrößerung der Anzahl von Merkmalen und Fehlerklassen im allgemeinen die Annahmewahrscheinlichkeit des Produkts vermindert.

Anmerkung 3: Die Anzahl der Klassen, die Zuordnung zu den Klassen und die Wahl der AQL für jede Klasse sollte für die Qualitätsforderung in der jeweiligen Situation angemessen sein.

3.3 Fehlerhafte Einheit: Eine Einheit eines Produktes, die mindestens einen Fehler aufweist.

Fehlerhafte Einheiten werden allgemein wie im folgenden Beispiel klassifiziert:

Klasse A: Einheit, die einen oder mehrere Fehler der Klasse A aufweist. Sie kann außerdem Fehler der Klasse B und/oder niedrigerer Klassen aufweisen.

Klasse B: Einheit, die einen oder mehrere Fehler der Klasse B aufweist. Sie kann außerdem Fehler niedrigerer Klassen aufweisen, jedoch keinen der Klasse A.

3.4 Anteil fehlerhafter Einheiten in %: Der Anteil fehlerhafter Einheiten in % einer gegebenen Menge von Einheiten ist 100 mal die Anzahl fehlerhafter Einheiten geteilt durch die Gesamtzahl der Einheiten, d.h.:

$$\text{Anteil fehlerhafter Einheiten in \%} = \frac{\text{Anzahl fehlerhafter Einheiten}}{\text{Gesamtzahl der Einheiten}} \cdot 100$$

Anmerkung: Die Stichprobenanweisungen für die Attributprüfung beziehen sich auf den Anteil von Einheiten in % eines Produktes in einem Los, die von einer festgelegten Forderung abweichen, oder auf die Anzahl solcher Abweichungen. In diesem Teil von ISO 2859 werden die Begriffe „Anteil fehlerhafter Einheiten in %“ (3.4) und „Fehler je 100 Einheiten“ (3.5) benutzt, weil sie wahrscheinlich die meistverbreiteten Kriterien für die Stichprobenprüfung darstellen.

---

*) Nationale Fußnote: Die folgenden einschlägigen deutschen Normen sind sachlich übereinstimmend:
DIN 55350 Teil 11
DIN 55350 Teil 12
DIN 55350 Teil 14
DIN 55350 Teil 31

3.5 Fehler pro 100 Einheiten: Die Anzahl der Fehler pro 100 Einheiten einer gegebenen Menge von Einheiten ist 100 mal die Anzahl der darin auftretenden Fehler, (Auch mehrere Fehler sind in einer Einheit möglich[1]) geteilt durch die Gesamtzahl der Einheiten, d.h.:

$$\text{Fehler pro 100 Einheiten} = \frac{\text{Anzahl der Fehler}}{\text{Gesamtzahl der Einheiten}} \cdot 100$$

3.6 Annehmbare Qualitätsgrenzlage (AQL):

Qualitätslage, die, wenn eine kontinuierliche Serie von Losen betrachtet wird, im Zusammenhang mit Stichprobenprüfungen die Grenze einer zufriedenstellenden mittleren Qualitätslage ist (siehe Abschnitt 5).

3.7 Stichprobenanweisung: Eine Anweisung, die die Anzahl der aus jedem Los zu prüfenden Einheiten (Stichprobenumfang oder Serie von Stichprobenumfängen) und die Kriterien für die Feststellung der Annehmbarkeit des Prüfloses (Annahme- und Rückweisezahlen) angibt.

Anmerkung: Im Sinne dieses Teils von ISO 2859 sollte ein Unterschied zwischen Stichprobenanweisung (3.7), Stichprobenplan (3.8) und Stichprobensystem (3.9) gemacht werden.

3.8 Stichprobenplan: Eine Zusammenstellung von Stichprobenanweisungen mit Regeln für den Verfahrenswechsel (9.3).

3.9 Stichprobensystem: Eine Zusammenstellung von Stichprobenanweisungen oder Stichprobenplänen. Dieser Teil von ISO 2859 ist ein Stichprobensystem, welches nach den Losumfängen, Prüfniveaus und AQL's geordnet ist. Ein Stichprobensystem für LQ- Stichprobenanweisungen ist in ISO 2859-2 gegeben.

3.10 Zuständige Stelle: Ein allgemeiner Ausdruck, der benutzt wird, um die Neutralität dieses Teils von ISO 2859 (vornehmlich für den Zweck von Spezifikationen) zu wahren, unabhängig davon, ob er von der ersten, zweiten oder dritten Partei angezogen wird.

Anmerkung 1: Die zuständige Stelle kann z. B. sein:

a) die Qualitätssicherungsabteilung in der Organisation des Lieferers (erste Partei)

b) die Einkaufsabteilung des Abnehmers (zweite Partei)

c) eine unabhängige Zertifizierungsstelle (dritte Partei)

d) jede der Parteien a), b) und c), abhängig von der Funktion (siehe Anmerkung 2), wie sie in einer schriftlichen Vereinbarung zwischen zweien der drei Parteien, z.B. Lieferer und Abnehmer, beschrieben ist.

Anmerkung 2: Die Pflichten und die Funktion der zuständigen Stelle sind in diesem Teil von ISO 2859 dargestellt (siehe 5.2, 6.2, 7, 9.1, 9.3.3, 9.4, 10.1, 10.3).

3.11 Prüfung: Der Vorgang, bei dem durch Messen, Untersuchen, Vergleichen mit Hilfe von Lehren oder durch andere Verfahren die Beschaffenheit der Einheit (siehe 3.14) mit der Qualitätsforderung verglichen wird.

3.12 Erstprüfung: Die erste Prüfung an einer bestimmten Einheit im Unterschied zu der Prüfung einer Einheit, die nach einer früheren Rückweisung erneut zur Prüfung vorgestellt wird.

3.13 Attributprüfung: Prüfung — hinsichtlich vorgegebenen Erfordernisses oder einer Menge vorgegebener Erfordernisse —, bei der entweder die Einheit lediglich als fehlerhaft oder nicht fehlerhaft eingestuft wird oder die Fehler der Einheit gezählt werden.

3.14 Einheit des Produktes: Der materielle oder immaterielle Gegenstand, der betrachtet wird, um ihn als fehlerhaft oder nicht fehlerhaft einzustufen bzw. die Fehler zu zählen. Eine Einheit kann eine einzelne Sache, ein Paar, eine Menge, eine Länge, ein Flächeninhalt, ein Vorgang oder ein Volumen sein. Sie kann ein Teil eines Endproduktes oder das Endprodukt selber sein. Die Einheit eines Produktes kann das gleiche sein wie die Einheit des Einkaufs, der Lieferung, der Fertigung oder des Versandes, oder sie kann sich davon unterscheiden.

3.15 Prüflos (Los): Zusammenstellung von Einheiten, aus denen eine Stichprobe zu ziehen und zu prüfen ist, um die Erfüllung der Annahmekriterien festzustellen, und die sich von einer Zusammenstellung von Einheiten unterscheiden kann, die als Los für andere Zwecke bezeichnet wird (z.B. Fertigung, Versand, usw.) (siehe Abschnitt 6).

Anmerkung: Im Folgenden auch als Los bezeichnet.

3.16 Losumfang: Anzahl der Einheiten im Los.

3.17 Stichprobe: Die Stichprobe besteht aus einer oder mehreren dem Los entnommenen Einheiten, die zufällig ohne Beachtung ihrer Qualität ausgewählt werden. Die Anzahl der Einheiten in der Stichprobe ist der Stichprobenumfang.

3.18 Rückzuweisende Qualitätsgrenzlage (LQ):

Bei Betrachtung eines einzelnen Loses diejenige Qualitätslage, bei der in der Stichprobenprüfung ein Los eine geringe Annahmewahrscheinlichkeit hat.

Anmerkung: Bei einem bestimmten Stichprobensystem (siehe ISO 2859-2) liegt die Annahmewahrscheinlichkeit in einem bestimmten Bereich.[2]

4 Maß für die Fehlerhaftigkeit

Die Fehlerhaftigkeit wird in Form des Anteils fehlerhafter Einheiten in % (siehe 3.4) oder Fehler je 100 Einheiten (siehe 3.5) ausgedrückt. Die Tabellen setzen voraus, daß die Fehler zufällig und statistisch unabhängig auftreten. Es kann Gründe für die Annahme geben, daß ein Fehler in einer Situation auftritt, die wahrscheinlich noch weitere Fehler hervorruft. Wenn das der Fall ist, könnte es besser sein, die Einheiten nur als fehlerhaft oder nicht fehlerhaft einzustufen und mehrfache Fehler nur einfach zu bewerten.

---

[1]) Nationale Fußnote: Alle Fehler sind zu bewerten, unabhängig davon, ob mehrere Fehler an einer Einheit auftreten.

[2]) Nationale Fußnote: Dies gilt, wenn die Qualitätslage dem nominellen Wert entspricht (hier LQ), der für die Ordnung der Stichprobenanweisung benutzt wird.

5 Annehmbare Qualitätsgrenzlage (AQL)

5.1 Anwendung

Die AQL wird zusammen mit dem Kennbuchstaben für den Stichprobenumfang dazu benutzt, um die in diesem Teil von ISO 2859 angegebenen Stichprobenanweisungen und Stichprobenpläne (siehe 10.2) zu ordnen.

Wenn ein bestimmer AQL-Wert einer bestimmten Fehlerart oder einer Gruppe von Fehlerarten zugeordnet ist, zeigt er damit an, daß nach diesem Stichprobenplan die überwiegende Mehrheit der vorgestellten Lose angenommen wird, sofern die Qualitätslage dieser Lose (Anteil fehlerhafter Einheiten oder Fehler je 100 Einheiten) nicht größer als der ausgewiesene AQL-Wert ist. D. h. die AQL ist derjenige festgelegte Wert des Anteils fehlerhafter Einheiten (oder Fehler je 100 Einheiten) in den vorgestellten Losen, bei dem diese durch den zugehörigen Stichprobenplan in den meisten Fällen angenommen werden. Die angegebenen Stichprobenanweisungen sind so angelegt, daß die Annahmewahrscheinlichkeit bei der festgelegten AQL von dem Stichprobenumfang abhängt, wobei sie im allgemeinen bei größeren Stichprobenumfängen höher ist als bei kleineren.

Die AQL ist ein Parameter des Stichprobenplans und sollte nicht mit der mittleren Qualitätslage verwechselt werden, welche die Qualitätslage des Prozesses beschreibt. Es wird davon ausgegangen, daß die mittlere Qualitätslage kleiner oder gleich der AQL ist, um zu häufige Rückweisungen unter dem Stichprobensystem zu vermeiden.

Achtung: Die Festlegung eines AQL-Wertes bedeutet nicht, daß der Lieferer das Recht hat, wissentlich auch nur eine einzige fehlerhafte Einheit zu liefern.

5.2 Festlegung der AQL's

Die anzuwendende AQL muß in dem Vertrag oder nach Maßgabe der zuständigen Stelle festgelegt werden. Entsprechend den Definitionen in 3.2 können verschiedene AQL's für Gruppen gemeinsam beurteilter Fehler oder für einzeln beurteilte Fehler festgelegt werden. Die Zuordnung zu Gruppen sollte für die Qualitätsforderung in der jeweiligen Situation angemessen sein. Zusätzlich zu AQL's für einzeln beurteilte Fehler oder Untergruppen innerhalb einer Gruppe von Fehlern kann eine AQL für die gemeinsame Beurteilung der Gruppe von Fehlern festgelegt werden. AQL-Werte von bis zu 10 können entweder als Anteil fehlerhafter Einheiten in % oder als Fehler je 100 Einheiten aufgefaßt werden; AQL's über 10 beziehen sich nur auf Fehler je 100 Einheiten.

5.3 AQL-Vorzugswerte

Die in den Tabellen enthaltenen AQL-Werte werden als Vorzugswerte bezeichnet. Wenn für ein Produkt ein anderer als ein Vorzugswert festgelegt wird, können diese Tabellen nicht angewendet werden.

6 Vorstellung eines Produktes zur Stichprobenprüfung

6.1 Zusammenstellung der Lose

Die Einheiten müssen zu identifizierbaren Losen oder Unterlosen oder in einer anders festgelegten Art und Weise zusammengestellt werden (siehe 6.2). Jedes Los muß, soweit praktizierbar, aus Einheiten derselben Art, desselben Anspruchsniveaus und derselben Klasse, Größe und Zusammensetzung bestehen, die im wesentlichen unter denselben Bedingungen und zur selben Zeit produziert wurden.

6.2 Vorstellung der Lose

Die Bildung von Losen, der Losumfang und die Art, in der jedes Los durch den Lieferer vorgestellt und gekennzeichnet werden muß, muß von der zuständigen Stelle oder nach ihrer Maßgabe festgelegt oder genehmigt werden. Falls erforderlich, muß der Lieferer folgendes bereitstellen: Einen angemessenen und geeigneten Lagerraum für jedes Los, das für eine richtige Kennzeichnung und Vorstellung erforderliche Gerät sowie Personal für alle im Zusammenhang mit der Stichprobenentnahme erforderlichen Hantierungen mit dem Produkt.

7 Annahme und Rückweisung

7.1 Annehmbarkeit von Losen

Die Annehmbarkeit eines Loses wird durch die Anwendung einer zu der AQL gehörigen Stichprobenanweisung oder von zu den AQL's gehörigen Stichprobenanweisungen festgestellt.

In diesem Zusammenhang wird die Bezeichnung „Unannehmbarkeit" benutzt, wenn es um den Ausgang des Prüfverfahrens geht. Die Bezeichnung „Rückweisung" wird benutzt, wenn es um Konsequenzen geht, die der Abnehmer ziehen kann, wie z.B. bei „Rückweisezahl".

Die zuständige Stelle muß entscheiden, wie mit unannehmbaren Losen zu verfahren ist. Solche Lose können verschrottet, 100% geprüft (mit oder ohne Ersetzen fehlerhafter Einheiten), nachgearbeitet, anhand genauerer Gebrauchskriterien neu bewertet, bis zum Erhalt weiterer Information zurückgehalten oder anders behandelt werden.

7.2 Fehlerhafte Einheiten

Das Recht bleibt vorbehalten, jede bei der Prüfung als fehlerhaft erkannte Einheit rückzuweisen, gleichgültig, ob diese zur Stichprobe gehört oder nicht, auch dann, wenn das Los insgesamt angenommen wird. Rückgewiesene Einheiten können instandgesetzt oder nachgearbeitet und mit Genehmigung der zuständigen Stelle in der von ihr bezeichneten Weise erneut zur Prüfung vorgestellt werden.

7.3 Besondere Vorkehrungen bei festgelegten Fehlerarten

Da sich die meisten Annahme-Stichprobenprüfungen auf mehr als ein Qualitätsmerkmal erstrecken, und da sich letztere in ihrer Bedeutung hinsichtlich der Qualität und/oder wirtschaftlichen Auswirkungen unterscheiden können, ist es oft wünschenswert, die Arten der Fehler nach 3.2 in vereinbarte Klassen einzustufen. Die Zuordnung einer jeden Fehlerart zu einer Klasse hängt von einer Vereinbarung über die jeweilig anzuwendende Stichprobenprüfung ab. Im allgemeinen besteht der Sinn einer Fehlerklassifizierung darin, für Klassen mit unterschiedlichen AQL's die Anwendung von Stichprobenanweisungen mit demselben gemeinsamen Stichprobenumfang aber mit unterschiedlichen Annahmezahlen zu ermöglichen, wie es z.B. in den Tabellen II, III und IV der Fall ist.

Je nach Entscheidung der zuständigen Stelle, kann es erforderlich sein, jede Einheit des Loses bezüglich festgelegter Fehlerklassen zu prüfen. Es ist das Recht vorbehalten, jede Einheit, die zur Prüfung in festgelegten Fehlerklassen vorgestellt wird, zu prüfen und das Los sofort rückzuweisen, wenn ein Fehler in einer solchen Klasse gefunden wird. Es ist auch das Recht vorbehalten, an jedem vorgestellten Los bezüglich festgelegter Fehlerklassen eine Stichprobenprüfung durchzuführen und jedes Los zurückzuweisen, wenn in einer daraus entnommenen Stichprobe ein oder mehrere Fehler dieser Klassen gefunden werden.

7.4 Wiedervorgestellte Lose

Alle Parteien müssen sofort benachrichtigt werden, wenn ein unannehmbares Los gefunden wird. Solche Lose dürfen nicht wieder zur Prüfung vorgestellt werden bevor alle Einheiten erneut geprüft worden sind und der Lieferer davon überzeugt ist, daß alle fehlerhaften Einheiten entfernt oder alle Fehler beseitigt wurden. Die zuständige Stelle muß bestimmen, ob bei der erneuten Prüfung normal oder verschärft zu prüfen ist und ob dabei alle Fehlerarten/Fehlerklassen zu untersuchen sind oder nur diejenigen, durch die ursprünglich die Rückweisung ausgelöst wurde.

8 Die Probenahme

8.1 Repräsentative geschichtete Probenahme

Wo es sinnvoll ist, müssen die Stichprobeneinheiten anteilig entsprechend den Umfängen der Unterlose oder der Schichten der Lose entnommen werden, welche nach sinnvollen Kriterien zu definieren sind. Bei geschichteter Probenahme müssen die Einheiten innerhalb jeder Schicht des Loses zufällig entnommen werden.

8.2 Zeitpunkt der Probenahme

Die Einheiten der Stichprobe können während der Produktion des Loses entnommen werden oder, nachdem alle Einheiten des Loses zusammengestellt sind. In beiden Fällen müssen sie zufällig ausgewählt werden.

8.3 Probenahme bei Doppel- oder Mehrfach-Stichprobenprüfung

Bei Doppel- oder Mehrfach-Stichprobenprüfung muß jede Stichprobe dem ganzen Los entnommen werden.

9 Normale, verschärfte und reduzierte Prüfung

9.1 Beginn der Prüfung

Sofern nichts anderes von der zuständigen Stelle bestimmt ist, muß mit normaler Prüfung begonnen werden.

9.2 Fortführung der Prüfung

Normale, verschärfte oder reduzierte Prüfung muß bei aufeinanderfolgenden Losen unverändert fortgeführt werden, solange die Regeln für den Verfahrenswechsel (siehe 9.3) keine Änderung vorschreiben. Die Regeln für den Verfahrenswechsel müssen auf jede Fehlerklasse getrennt angewendet werden.

9.3 Regeln für den Verfahrenswechsel

(siehe Bild 1)

9.3.1 Wechsel von normal nach verschärft

Wenn normal geprüft wird, muß auf verschärfte Prüfung übergegangen werden, wenn von 5 oder weniger aufeinanderfolgenden Losen 2 in der Erstprüfung als unannehmbar beurteilt werden (d.h., daß wiedervorgestellte Lose bei diesem Verfahren nicht mitgezählt werden).

9.3.2 Wechsel von verschärft nach normal

Wenn verschärft geprüft wird, muß auf normale Prüfung übergegangen werden, wenn 5 aufeinanderfolgende Lose in der Erstprüfung als annehmbar beurteilt wurden.

9.3.3 Wechsel von normal nach reduziert

Wenn normal geprüft wird, muß auf reduzierte Prüfung übergegangen werden, wenn alle folgenden Bedingungen erfüllt sind:

a) Die vorhergehenden 10 Lose (oder mehr entsprechend der Anmerkung zu Tabelle VIII) sind zur normalen Prüfung vorgestellt worden und alle wurden in der Erstprüfung als annehmbar beurteilt.

b) Die Gesamtzahl fehlerhafter Einheiten (oder Fehler) in den Stichproben der 10 vorhergehenden Lose (oder mehr Lose wie unter Bedingung a) festgelegt) ist kleiner oder gleich dem betreffenden in Tabelle VIII angegebenen Grenzwert. Bei Doppel- oder Mehrfach-Stichprobenprüfung sollten alle Stichproben herangezogen werden, nicht nur die „ersten".

c) Die Produktion läuft gleichmäßig.

d) Die zuständige Stelle sieht den Wechsel zu reduzierter Prüfung als erwünscht an.

9.3.4 Wechsel von reduziert nach normal

Wenn reduziert geprüft wird, muß zu normaler Prüfung übergegangen werden, wenn mindestens einer der folgenden Fälle bei der Erstprüfung eintritt:

a) ein Los ist unannehmbar;

b) ein Los wird nach dem in Abschnitt 11.1.4 beschriebenen Verfahren als annehmbar beurteilt;

c) die Produktion wird unregelmäßig oder verzögert;

d) andere Umstände rechtfertigen den Übergang zu normaler Prüfung.

9.4 Aussetzen der Prüfung

Wenn bei verschärfter Erstprüfung insgesamt 5 Lose aus einer Reihe aufeinanderfolgender Lose als unannehmbar beurteilt werden, muß das Verfahren der Annahme-Stichprobenprüfung nach dieser Internationalen Norm ausgesetzt werden. Die Prüfung nach dieser Internationalen Norm darf nicht wieder aufgenommen werden, bevor der Lieferer Maßnahmen ergriffen hat, um die Qualitätslage des vorgestellten Produktes zu verbessern. Die zuständige Stelle muß davon überzeugt sein, daß diese Maßnahmen voraussichtlich wirksam sind. Es muß dann verschärft geprüft werden, so, als ob Abschnitt 9.3.1 zur Anwendung gekommen wäre.

10 Stichprobenanweisungen

10.1 Prüfniveau

Das für die jeweilige Anwendung erforderliche Prüfniveau muß von der zuständigen Stelle vorgegeben werden. Dadurch ist es ihr möglich, in manchen Fällen ein größeres Trennvermögen als in anderen Fällen zu verlangen. Auf jedem Prüfniveau müssen nach Abschnitt 9 die Regeln für den Verfahrenswechsel angewendet werden, um normale, verschärfte oder reduzierte Prüfung in Kraft zu setzen. Die Wahl des Prüfniveaus ist von diesen drei Arten der Prüfung unabhängig. Für übliche Anwendungen sind in Tabelle I drei Prüfniveaus, I, II und III vorgesehen. Sofern nichts anderes festgelegt ist, muß Prüfniveau II benutzt werden. Prüfniveau I kann benutzt werden, wenn ein geringes Trennvermögen ausreicht, und Prüfniveau III, wenn ein größeres Trennvermögen benötigt wird. Ferner sind in Tabelle I vier Sonder-Prüfniveaus, S-1, S-2, S-3 und S-4 vorgegeben, die benutzt werden können, wenn relativ kleine Stichprobenumfänge erforderlich sind und große Risiken bei der Probenahme in Kauf genommen werden können oder müssen.

Bei der Wahl eines der Prüfniveaus S-1 bis S-4 muß man besonders darauf achten, AQL's zu vermeiden, die zu diesen Prüfniveaus nicht passen. Mit anderen Worten besteht der Zweck der Sonder-Prüfniveaus darin, den Stichprobenumfang gering zu halten, wo es nötig ist. Z. B. gehen die Kennbuchstaben für den Stichprobenumfang bei S-1 nicht weiter als bis D, der im allgemeinen einem Stichprobenumfang von 8 entspricht. Es ist jedoch nutzlos, S-1 bei AQL 0,10 festzulegen, bei der der kleinste Stichprobenumfang 125 beträgt.

Der Umfang der Information über die Qualitätslage eines Loses, die man durch die Prüfung von dem Los entnommenen Stichproben gewinnt, hängt von dem absoluten Stichprobenumfang ab, nicht jedoch von dem Verhältnis des Stichprobenumfangs zu dem Losumfang, sofern der Losumfang groß im Verhältnis zu dem Stichprobenumfang ist. Ungeachtet dessen gibt es drei Gründe, den Stichprobenumfang abhängig von dem Losumfang zu verändern:

a) je größer das Los ist, um so wichtiger ist es, eine richtige Entscheidung zu treffen;
b) bei einem großen Losumfang kann man sich einen Stichprobenumfang erlauben, der bei einem kleinen Los unwirtschaftlich wäre;
c) eine wirkliche Zufallsauswahl ist verhältnismäßig mehr zeitaufwendig, wenn die Stichprobe einen zu kleinen Anteil des Loses darstellt.

10.2 Kennbuchstaben für den Stichprobenumfang

Die Stichprobenumfänge werden durch Kennbuchstaben bezeichnet. Tabelle I muß benutzt werden, um den zutreffenden Kennbuchstaben für den Stichprobenumfang in Abhängigkeit von dem jeweiligen Losumfang und dem festgelegten Prüfniveau zu finden.

10.3 Auffinden der Stichprobenanweisung

Anhand der AQL und des Kennbuchstabens für den Stichprobenumfang muß die Stichprobenanweisung einer der Tabellen II, III oder IV entnommen werden. Wenn für eine bestimmte Kombination von AQL und Kennbuchstaben keine Stichprobenanweisung existiert, verweisen die Tabellen den Benutzer auf einen anderen Kennbuchstaben. Dann ist der gültige Stichprobenumfang durch den neuen und nicht durch den ursprünglichen Kennbuchstaben gegeben. Wenn dieses Verfahren zu unterschiedlichen Stichprobenumfängen für verschiedene Fehlerklassen führt, kann für alle Klassen der größte Stichprobenumfang angewendet werden, wenn ein solches Vorgehen festgelegt oder von der zuständigen Stelle genehmigt ist.
Alternativ zu einer Einfach-Stichprobenanweisung mit der Annahmezahl 0, kann (soweit vorhanden) die Stichprobenanweisung für dieselbe AQL mit der Annahmezahl 1 und mit ihrem dementsprechend höheren Stichprobenumfang angewendet werden, wenn ein solches Vorgehen festgelegt oder von der zuständigen Stelle genehmigt ist.

10.4 Arten von Stichprobenanweisungen

Drei Arten von Stichprobenanweisungen — einfach, doppel und mehrfach — sind in Tabellen II, III bzw. IV aufgeführt. Wenn für eine gegebene AQL und den feststehenden Kennbuchstaben für den Stichprobenumfang mehrere Arten von Stichprobenanweisungen existieren, kann jede von ihnen angewendet werden. Eine Entscheidung über die Art der Stichprobenanweisung — einfach, doppel oder mehrfach, soweit für die gegebene AQL und den festgelegten Kennbuchstaben vorhanden — basiert gewöhnlich auf der Abwägung des verwaltungsmäßigen Aufwandes und des mittleren Stichprobenumfangs der in Betracht stehenden Stichprobenanweisungen. Bei den in diesem Teil von ISO 2859 angegebenen Stichprobenanweisungen ist der mittlere Stichprobenumfang bei Mehrfach-Stichprobenanweisungen kleiner als bei Doppel-Stichprobenanweisungen (außer in dem Fall, der einer Einfach-Stichprobenanweisung mit der Annahmezahl 1 entspricht); diese beiden Stichprobenumfänge sind gewöhnlich kleiner als der Stichprobenumfang bei Einfach-Stichprobenanweisungen (siehe Tabelle IX).

Gewöhnlich sind der Verwaltungsaufwand und die Kosten pro Einheit der Stichprobe bei Einfach-Stichprobenanweisungen geringer als bei Doppel- oder Mehrfach-Stichprobenanweisungen.

11 Feststellung der Annehmbarkeit

11.1 Prüfung auf den Anteil fehlerhafter Einheiten in %

Um die Annehmbarkeit eines Loses bei der Prüfung auf den Anteil fehlerhafter Einheiten festzustellen, muß die zutreffende Stichprobenanweisung entsprechend den Abschnitten 11.1.1, 11.1.2, 11.1.3 und 11.1.4 angewendet werden.

11.1.1 Einfach-Stichprobenanweisung

Alle Einheiten der durch die Stichprobenanweisung festgelegten Stichprobe müssen geprüft werden[3]). Wenn die Anzahl der in der Stichprobe gefundenen fehlerhaften Einheiten kleiner oder gleich der Annahmezahl ist, muß das Los als annehmbar beurteilt werden. Wenn die Anzahl der fehlerhaften Einheiten gleich der oder größer als die Rückweisezahl ist, muß das Los als unannehmbar beurteilt werden.

11.1.2 Doppel-Stichprobenanweisung

Zuerst müssen alle Einheiten der ersten durch die Stichprobenanweisung festgelegten Stichprobe geprüft werden[3]). Wenn die Anzahl der in der ersten Stichprobe gefundenen fehlerhaften Einheiten kleiner oder gleich der ersten Annahmezahl ist, muß das Los als annehmbar beurteilt werden. Wenn diese Anzahl fehlerhafter Einheiten gleich der oder größer als die erste Rückweisezahl ist, muß das Los als unannehmbar beurteilt werden.

Wenn die Anzahl der in der ersten Stichprobe gefundenen fehlerhaften Einheiten zwischen der 1. Annahmezahl und der 1. Rückweisezahl liegt, muß eine zweite Stichprobe des durch die Stichprobenanweisung festgelegten Umfangs geprüft werden. Die Anzahlen der in der ersten und in der zweiten Stichprobe gefundenen fehlerhaften Einheiten müssen zusammengezählt werden. Wenn diese Summe kleiner oder gleich der 2. Annahmezahl ist, muß das Los als annehmbar beurteilt werden. Wenn die Summe größer als oder gleich der 2. Rückweisezahl ist, muß das Los als unannehmbar beurteilt werden.

11.1.3 Mehrfach-Stichprobenanweisung

Das Verfahren der Mehrfach-Stichprobenprüfung entspricht sinngemäß dem Verfahren in Abschnitt 11.1.2. In diesem Teil von ISO 2859 sind 7 Stufen vorgesehen, so daß eine Entscheidung spätestens in der 7. Stufe erreicht wird.

---

[3]) Nationale Fußnote: Dieser Satz ist in der deutschen Übersetzung präzisiert worden.

11.1.4 Sonderverfahren bei reduzierter Prüfung

Wenn reduziert geprüft wird, kann a) bei Einfach-Stichprobenprüfung die Stichprobe eine Anzahl fehlerhafter Einheiten aufweisen, die zwischen der Annahmezahl und der Rückweisezahl liegt, oder b) bei Doppel-Stichprobenprüfung kann die kumulierte Stichprobe nach der zweiten Stufe eine Anzahl fehlerhafter Einheiten aufweisen, die zwischen der 2. Annahmezahl und der 2. Rückweisezahl liegt, oder c) bei Mehrfach-Stichprobenprüfung kann die kumulierte Stichprobe der 7. Stufe eine Anzahl fehlerhafter Einheiten aufweisen, die zwischen der 7. Annahmezahl und der 7. Rückweisezahl liegt[3]).

Wenn einer dieser Fälle eintritt, wird das Los als annehmbar beurteilt, aber mit dem nächsten Los wird zu normaler Prüfung übergegangen (siehe Abschnitt 9.3.4 b)).

11.2 Prüfung auf die Anzahl von Fehlern je 100 Einheiten

Um die Annehmbarkeit eines Loses bei der Prüfung auf die Anzahl von Fehlern je 100 Einheiten festzustellen, muß das für die Prüfung auf den Anteil fehlerhafter Einheiten in % festgelegte Verfahren angewendet werden, wobei „Anteil fehlerhafter Einheiten in %“ durch „Anzahl von Fehlern je 100 Einheiten“ ersetzt werden muß.

12 Weitere Angaben

12.1 Operationscharakteristiken

Die Operationscharakteristiken für normale und verschärfte Prüfung in Tabelle X geben für die verschiedenen Stichprobenanweisungen den Erwartungswert des Anteils annehmbarer Lose in % für eine gegebene Qualitätslage an. Die Kurven der Operationscharakteristiken für die uneingeschränkte Annahme bei der reduzierten Prüfung (d.h., wenn die Anzahl fehlerhafter Einheiten bzw. Fehler kleiner oder gleich der Annahmezahl ist) entsprechen denen für normale Prüfung bei dem Stichprobenumfang (den Stichprobenumfängen) und der Annahmezahl (den Annahmezahlen) für reduzierte Prüfung. Die angegebenen Kurven gelten für Einfach-Stichprobenprüfung; die Kurven für Doppel- und Mehrfach-Stichprobenprüfung decken sich praktisch mit diesen. Die Operationscharakteristiken für AQL's größer als 10 beruhen auf der Poisson-Verteilung und sind für die Prüfung auf Fehler je 100 Einheiten anwendbar; die Operationscharakteristiken für AQL's bis 10 und Stichprobenumfänge bis 80 beruhen auf der Binominal-Verteilung und sind für die Prüfung auf den Anteil fehlerhafter Einheiten in % anwendbar; die Operationscharakteristiken für AQL's bis 10 und Stichprobenumfänge über 80 beruhen auf der Poisson-Verteilung und sind sowohl für die Prüfung auf die Anzahl der Fehler je 100 Einheiten als auch auf den Anteil fehlerhafter Einheiten in % anwendbar (die Poisson-Verteilung ist unter diesen Bedingungen eine hinreichende Näherung für die Binominal-Verteilung).

Für ausgewählte Annahmewahrscheinlichkeiten, P_a in %, sind die Werte zu allen gezeigten Kurven auch tabellarisch angegeben. Zusätzlich sind Tabellenwerte für verschärfte Prüfung und für die Prüfung auf die Anzahl der Fehler je 100 Einheiten bei AQL's bis 10,0 und Stichprobenumfänge bis 80 angegeben.

12.2 Mittlere Qualitätslage

Wenn die Prüfungen nicht abgebrochen werden, kann die mittlere Qualitätslage durch den mittleren Anteil fehlerhafter Einheiten in % oder die mittlere Anzahl der Fehler je 100 Einheiten (je nachdem was zutrifft) in den Stichproben des Produktes geschätzt werden, das von dem Lieferer zur Erstprüfung vorgestellt wurde. Bei Doppel- oder Mehrfach-Stichprobenprüfung dürfen nur die jeweils ersten Stichproben für diese Schätzung herangezogen werden.

12.3 Durchschlupf (AOQ)

Der AOQ ist der Erwartungswert der Qualitätslage aller annehmbaren und aller zunächst unannehmbaren Lose, nachdem letztere wirksam zu 100% geprüft und alle fehlerhaften Einheiten durch fehlerfreie ersetzt wurden.

12.4 Maximaler Durchschlupf (AOQL)

Der AOQL ist das Maximum des Durchschlupfs (AOQ) bei einer Stichprobenanweisung für alle möglichen vorgestellten Qualitätslagen. Näherungswerte des AOQL sind in Tabelle V-A für jede der Einfach-Stichprobenanweisungen bei normaler Prüfung und in Tabelle V-B für jede der Einfach-Stichprobenanweisungen bei verschärfter Prüfung angegeben.

12.5 Kurven für den mittleren Stichprobenumfang

Tabelle IX enthält für jede Annahmezahl Kurven für den mittleren Stichprobenumfang für Doppel- und Mehrfachstichprobenprüfung bezogen auf den Stichprobenumfang bei Einfach-Stichprobenprüfung. Diese Kurven zeigen die Erwartungswerte der (bezogenen) mittleren Stichprobenumfänge für die verschiedenen Stichprobenanweisungen in Abhängigkeit von der mittleren Qualitätslage. Die Kurven gelten unter der Annahme, daß die Prüfung nicht abgebrochen wird.

12.6 Absicherung gegenüber einer rückzuweisenden Qualitätsgrenzlage

12.6.1 Anwendung einzelner Stichprobenanweisungen

Dieser Teil von ISO 2859 ist als System zur Anwendung verschärfter, normaler und reduzierter Prüfung auf eine fortlaufende Serie von Losen gedacht, um einen Schutz des Abnehmers zu erreichen, während der Lieferer sicher sein kann, daß, wenn die Qualitätslage eines Loses gleich der AQL oder besser ist, dieses in den meisten Fällen angenommen wird.

Manchmal werden einzelne Stichprobenanweisungen dieses Teils von ISO 2859 herausgegriffen und ohne Regeln für den Verfahrenswechsel angewendet. Beispielsweise mag ein Abnehmer diese Stichprobenanweisungen nur zum Zweck der Prüfung der Qualitätslage der Lose verwenden. Das ist nicht der vorgegebene Einsatz des Stichprobensystems in diesem Teil von ISO 2859, und eine derartige Verwendung sollte nicht als „Prüfung nach ISO 2859-1“ bezeichnet werden. Bei einer solchen Anwendung stellt dieser Teil von ISO 2859 nur eine Ansammlung einzelner nach der AQL geordneter Stichprobenanweisungen dar. Die Operationscharakteristiken und andere Kenngrößen der Stichprobenanweisung müssen dann im Einzelfall anhand der angegebenen Tabellen beurteilt werden.

12.6.2 Tabellen zur rückzuweisenden Qualitätsgrenzlage

Wenn man es mit einem einzelnen Los zu tun hat, kann es wünschenswert sein, die Auswahl von Stichprobenanweisungen mit einer festgelegten AQL auf solche zu beschränken, die mindestens einen definierten Schutz gegenüber einer rückzuweisenden Qualitätsgrenzlage

---

[3]) Nationale Fußnote: Dieser Satz ist in der deutschen Übersetzung präzisiert worden.

bieten. Diese Stichprobenanweisungen können durch die Wahl einer rückzuweisenden Qualitätsgrenzlage (LQ) und des damit verbundenen Abnehmerrisikos bestimmt werden. Für die Definition der rückzuweisenden Qualitätsgrenzlage siehe Abschnitt 3.18.

Die Tabellen VI und VII geben für verschiedene Stichprobenanweisungen den Anteil fehlerhafter Einheiten in Prozent und die Anzahl von Fehlern je 100 Einheiten an, bei dem/der die Annahmewahrscheinlichkeit 10% bzw. 5% beträgt. Für einzelne Lose mit einem Anteil fehlerhafter Einheiten in Prozent oder einer Anzahl von Fehlern je 100 Einheiten gleich der festgelegten LQ liegt die Annahmewahrscheinlichkeit bei den in Tabelle VI angegebenen Stichprobenanweisungen unter 10% und bei den in Tabelle VII angegebenen Stichprobenanweisungen unter 5%.

Wenn es einen Grund dafür gibt, einen Höchstwert des Anteils fehlerhafter Einheiten oder die Anzahl Fehler je 100 Einheiten in einem Los nicht zu überschreiten, können die Tabellen VI und VII nützlich sein, um entsprechend der AQL und dem Prüfniveau, die für die Prüfung einer Serie von Losen festgelegt sind, einen Mindestwert des Stichprobenumfanges zu bestimmen. Beispiel: Wenn für einzelne Lose eine LQ von 5% mit einer zugehörigen Annahmewahrscheinlichkeit von höchstens 10% gewünscht wird und wenn AQL 1 für die Prüfung einer Serie von Losen festgelegt ist, zeigt Tabelle VI bzw. VII, daß der Mindestwert des Stichprobenumfanges durch den Kennbuchstaben L bestimmt ist. ISO 2859-2 enthält weitere Einzelheiten über das Verfahren der Stichprobenprüfung einzelner Lose.

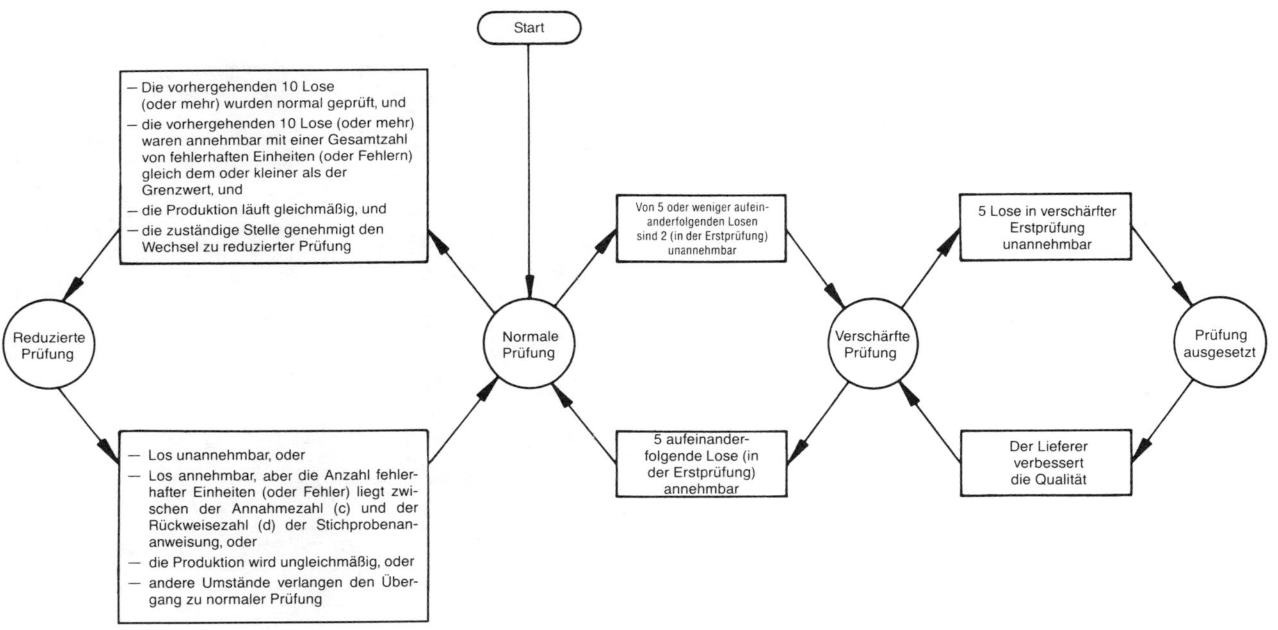

Bild 1. **Flußdiagramm der Regeln für den Verfahrenswechsel** (siehe Abschnitt 9.3)

Tabelle I **Kennbuchstaben für den Stichprobenumfang** (siehe Abschnitte 10.1 und 10.2)

Losumfang	Besondere Prüfniveaus				Allgemeine Prüfniveaus		
	S-1	S-2	S-3	S-4	I	II	III
2 bis 8	A	A	A	A	A	A	B
9 bis 15	A	A	A	A	A	B	C
16 bis 25	A	A	B	B	B	C	D
26 bis 50	A	B	B	C	C	D	E
51 bis 90	B	B	C	C	C	E	F
91 bis 150	B	B	C	D	D	F	G
151 bis 280	B	C	D	E	E	G	H
281 bis 500	B	C	D	E	F	H	J
501 bis 1200	C	C	E	F	G	J	K
1201 bis 3200	C	D	E	G	H	K	L
3201 bis 10000	C	D	F	G	J	L	M
10001 bis 35000	C	D	F	H	K	M	N
35001 bis 150000	D	E	G	J	L	N	P
150001 bis 500000	D	E	G	J	M	P	Q
500001 und darüber	D	E	H	K	N	Q	R

Tabelle II-A **Einfach-Stichprobenanweisungen für normale Prüfung (Leittabelle)** (siehe Abschnitte 10.3 und 10.4)

Kennbuchstabe für den Stichprobenumfang	Stichproben-umfang	Annehmbare Qualitätsgrenzlagen (normale Prüfung)																									
		0,010	0,015	0,025	0,040	0,065	0,10	0,15	0,25	0,40	0,65	1,0	1,5	2,5	4,0	6,5	10	15	25	40	65	100	150	250	400	650	1 000
		c d	*c d*	*c d*	*c d*	*c d*	*c d*	*c d*	*c d*	*c d*	*c d*	*c d*	*c d*	*c d*	*c d*	*c d*	*c d*	*c d*	*c d*	*c d*	*c d*	*c d*	*c d*	*c d*	*c d*	*c d*	*c d*
A	2	↓	↓	↓	↓	↓	↓	↓	↓	↓	↓	↓	↓	↓	↓	0 1	↓	↓	1 2	2 3	3 4	5 6	7 8	10 11	14 15	21 22	30 31
B	3	↓	↓	↓	↓	↓	↓	↓	↓	↓	↓	↓	↓	↓	0 1	↑	↓	1 2	2 3	3 4	5 6	7 8	10 11	14 15	21 22	30 31	44 45
C	5	↓	↓	↓	↓	↓	↓	↓	↓	↓	↓	↓	↓	0 1	↑	↓	1 2	2 3	3 4	5 6	7 8	10 11	14 15	21 22	30 31	44 45	↑
D	8	↓	↓	↓	↓	↓	↓	↓	↓	↓	↓	↓	0 1	↑	↓	1 2	2 3	3 4	5 6	7 8	10 11	14 15	21 22	30 31	44 45	↑	↑
E	13	↓	↓	↓	↓	↓	↓	↓	↓	↓	↓	0 1	↑	↓	1 2	2 3	3 4	5 6	7 8	10 11	14 15	21 22	30 31	44 45	↑	↑	↑
F	20	↓	↓	↓	↓	↓	↓	↓	↓	↓	0 1	↑	↓	1 2	2 3	3 4	5 6	7 8	10 11	14 15	21 22	↑	↑	↑	↑	↑	↑
G	32	↓	↓	↓	↓	↓	↓	↓	↓	0 1	↑	↓	1 2	2 3	3 4	5 6	7 8	10 11	14 15	21 22	↑	↑	↑	↑	↑	↑	↑
H	50	↓	↓	↓	↓	↓	↓	↓	0 1	↑	↓	1 2	2 3	3 4	5 6	7 8	10 11	14 15	21 22	↑	↑	↑	↑	↑	↑	↑	↑
J	80	↓	↓	↓	↓	↓	↓	0 1	↑	↓	1 2	2 3	3 4	5 6	7 8	10 11	14 15	21 22	↑	↑	↑	↑	↑	↑	↑	↑	↑
K	125	↓	↓	↓	↓	↓	0 1	↑	↓	1 2	2 3	3 4	5 6	7 8	10 11	14 15	21 22	↑	↑	↑	↑	↑	↑	↑	↑	↑	↑
L	200	↓	↓	↓	↓	0 1	↑	↓	1 2	2 3	3 4	5 6	7 8	10 11	14 15	21 22	↑	↑	↑	↑	↑	↑	↑	↑	↑	↑	↑
M	315	↓	↓	↓	0 1	↑	↓	1 2	2 3	3 4	5 6	7 8	10 11	14 15	21 22	↑	↑	↑	↑	↑	↑	↑	↑	↑	↑	↑	↑
N	500	↓	↓	0 1	↑	↓	1 2	2 3	3 4	5 6	7 8	10 11	14 15	21 22	↑	↑	↑	↑	↑	↑	↑	↑	↑	↑	↑	↑	↑
P	800	↓	0 1	↑	↓	1 2	2 3	3 4	5 6	7 8	10 11	14 15	21 22	↑	↑	↑	↑	↑	↑	↑	↑	↑	↑	↑	↑	↑	↑
Q	1 250	0 1	↑	↓	1 2	2 3	3 4	5 6	7 8	10 11	14 15	21 22	↑	↑	↑	↑	↑	↑	↑	↑	↑	↑	↑	↑	↑	↑	↑
R	2 000	↑	↑	1 2	2 3	3 4	5 6	7 8	10 11	14 15	21 22	↑	↑	↑	↑	↑	↑	↑	↑	↑	↑	↑	↑	↑	↑	↑	↑

↓ = Verwende die erste Stichprobenanweisung unter dem Pfeil. Wenn der Stichprobenumfang größer oder gleich dem Losumfang ist, prüfe 100%.

↑ = Verwende die erste Stichprobenanweisung über dem Pfeil.

c = Annahmezahl

d = Rückweisezahl

Einfach
Normal

Tabelle II-B **Einfach-Stichprobenanweisungen für verschärfte Prüfung (Leittabelle)** (siehe Abschnitte 10.3 und 10.4)

Kennbuchstabe für den Stichprobenumfang	Stichprobenumfang	Annehmbare Qualitätsgrenzlagen (verschärfte Prüfung)																									
		0,010	0,015	0,025	0,040	0,065	0,10	0,15	0,25	0,40	0,65	1,0	1,5	2,5	4,0	6,5	10	15	25	40	65	100	150	250	400	650	1 000
		c d	*c d*	*c d*	*c d*	*c d*	*c d*	*c d*	*c d*	*c d*	*c d*	*c d*	*c d*	*c d*	*c d*	*c d*	*c d*	*c d*	*c d*	*c d*	*c d*	*c d*	*c d*	*c d*	*c d*	*c d*	*c d*
A	2	↓	↓	↓	↓	↓	↓	↓	↓	↓	↓	↓	↓	↓	↓	↓	↓	↓	↓	1 2	2 3	3 4	5 6	8 9	12 13	18 19	27 28
B	3	↓	↓	↓	↓	↓	↓	↓	↓	↓	↓	↓	↓	↓	↓	0 1	↓	↓	1 2	2 3	3 4	5 6	8 9	12 13	18 19	27 28	41 42
C	5	↓	↓	↓	↓	↓	↓	↓	↓	↓	↓	↓	↓	↓	0 1	↓	↓	1 2	2 3	3 4	5 6	8 9	12 13	18 19	27 28	41 42	↑
D	8	↓	↓	↓	↓	↓	↓	↓	↓	↓	↓	↓	↓	0 1	↓	↓	1 2	2 3	3 4	5 6	8 9	12 13	18 19	27 28	41 42	↑	↑
E	13	↓	↓	↓	↓	↓	↓	↓	↓	↓	↓	↓	0 1	↓	↓	1 2	2 3	3 4	5 6	8 9	12 13	18 19	27 28	41 42	↑	↑	↑
F	20	↓	↓	↓	↓	↓	↓	↓	↓	↓	↓	0 1	↓	↓	1 2	2 3	3 4	5 6	8 9	12 13	18 19	↑	↑	↑	↑	↑	↑
G	32	↓	↓	↓	↓	↓	↓	↓	↓	↓	0 1	↓	↓	1 2	2 3	3 4	5 6	8 9	12 13	18 19	↑	↑	↑	↑	↑	↑	↑
H	50	↓	↓	↓	↓	↓	↓	↓	↓	0 1	↓	↓	1 2	2 3	3 4	5 6	8 9	12 13	18 19	↑	↑	↑	↑	↑	↑	↑	↑
J	80	↓	↓	↓	↓	↓	↓	↓	0 1	↓	↓	1 2	2 3	3 4	5 6	8 9	12 13	18 19	↑	↑	↑	↑	↑	↑	↑	↑	↑
K	125	↓	↓	↓	↓	↓	↓	0 1	↓	↓	1 2	2 3	3 4	5 6	8 9	12 13	18 19	↑	↑	↑	↑	↑	↑	↑	↑	↑	↑
L	200	↓	↓	↓	↓	↓	0 1	↓	↓	1 2	2 3	3 4	5 6	8 9	12 13	18 19	↑	↑	↑	↑	↑	↑	↑	↑	↑	↑	↑
M	315	↓	↓	↓	↓	0 1	↓	↓	1 2	2 3	3 4	5 6	8 9	12 13	18 19	↑	↑	↑	↑	↑	↑	↑	↑	↑	↑	↑	↑
N	500	↓	↓	↓	0 1	↓	↓	1 2	2 3	3 4	5 6	8 9	12 13	18 19	↑	↑	↑	↑	↑	↑	↑	↑	↑	↑	↑	↑	↑
P	800	↓	↓	0 1	↓	↓	1 2	2 3	3 4	5 6	8 9	12 13	18 19	↑	↑	↑	↑	↑	↑	↑	↑	↑	↑	↑	↑	↑	↑
Q	1 250	↓	0 1	↓	↓	1 2	2 3	3 4	5 6	8 9	12 13	18 19	↑	↑	↑	↑	↑	↑	↑	↑	↑	↑	↑	↑	↑	↑	↑
R	2 000	0 1	↑	↓	1 2	2 3	3 4	5 6	8 9	12 13	18 19	↑	↑	↑	↑	↑	↑	↑	↑	↑	↑	↑	↑	↑	↑	↑	↑
S[1])	3 150			1 2																							

↓ = Verwende die erste Stichprobenanweisung unter dem Pfeil. Wenn der Stichprobenumfang größer oder gleich dem Losumfang ist, prüfe 100%.

↑ = Verwende die erste Stichprobenanweisung über dem Pfeil.

c = Annahmezahl

d = Rückweisezahl

[1]) Nationale Fußnote: In der Zeile „S" gibt es neben dem ausgefüllten Tabellenfeld im ISO-Original auch leere Tabellenfelder, die keine Bedeutung haben. Sie sind hier weggelassen worden, um Mißverständnisse zu vermeiden

Einfach verschärft

Tabelle II-C **Einfach-Stichprobenanweisungen für reduzierte Prüfung (Leittabelle)** (siehe Abschnitte 10.3 und 10.4)

Kennbuchstabe für den Stichprobenumfang	Stichproben-umfang	Annehmbare Qualitätsgrenzlagen (reduzierte Prüfung) †																									
		0,010	0,015	0,025	0,040	0,065	0,10	0,15	0,25	0,40	0,65	1,0	1,5	2,5	4,0	6,5	10	15	25	40	65	100	150	250	400	650	1 000
		c d	c d	c d	c d	c d	c d	c d	c d	c d	c d	c d	c d	c d	c d	c d	c d	c d	c d	c d	c d	c d	c d	c d	c d	c d	c d
A	2	↓	↓	↓	↓	↓	↓	↓	↓	↓	↓	↓	↓	↓	↓	0 1	↓	↓	1 2	2 3	3 4	5 6	7 8	10 11	14 15	21 22	30 31
B	2	↓	↓	↓	↓	↓	↓	↓	↓	↓	↓	↓	↓	↓	0 1	↑	↓	0 2	1 3	2 4	3 5	5 6	7 8	10 11	14 15	21 22	30 31
C	2	↓	↓	↓	↓	↓	↓	↓	↓	↓	↓	↓	↓	0 1	↑	↓	0 2	1 3	1 4	2 5	3 6	5 8	7 10	10 13	14 17	21 24	↑
D	3	↓	↓	↓	↓	↓	↓	↓	↓	↓	↓	↓	0 1	↑	↓	0 2	1 3	1 4	2 5	3 6	5 8	7 10	10 13	14 17	21 24	↑	↑
E	5	↓	↓	↓	↓	↓	↓	↓	↓	↓	↓	0 1	↑	↓	0 2	1 3	1 4	2 5	3 6	5 8	7 10	10 13	14 17	21 24	↑	↑	↑
F	8	↓	↓	↓	↓	↓	↓	↓	↓	↓	0 1	↑	↓	0 2	1 3	1 4	2 5	3 6	5 8	7 10	10 13	↑	↑	↑	↑	↑	↑
G	13	↓	↓	↓	↓	↓	↓	↓	↓	0 1	↑	↓	0 2	1 3	1 4	2 5	3 6	5 8	7 10	10 13	↑	↑	↑	↑	↑	↑	↑
H	20	↓	↓	↓	↓	↓	↓	↓	0 1	↑	↓	0 2	1 3	1 4	2 5	3 6	5 8	7 10	10 13	↑	↑	↑	↑	↑	↑	↑	↑
J	32	↓	↓	↓	↓	↓	↓	0 1	↑	↓	0 2	1 3	1 4	2 5	3 6	5 8	7 10	10 13	↑	↑	↑	↑	↑	↑	↑	↑	↑
K	50	↓	↓	↓	↓	↓	0 1	↑	↓	0 2	1 3	1 4	2 5	3 6	5 8	7 10	10 13	↑	↑	↑	↑	↑	↑	↑	↑	↑	↑
L	80	↓	↓	↓	↓	0 1	↑	↓	0 2	1 3	1 4	2 5	3 6	5 8	7 10	10 13	↑	↑	↑	↑	↑	↑	↑	↑	↑	↑	↑
M	125	↓	↓	↓	0 1	↑	↓	0 2	1 3	1 4	2 5	3 6	5 8	7 10	10 13	↑	↑	↑	↑	↑	↑	↑	↑	↑	↑	↑	↑
N	200	↓	↓	0 1	↑	↓	0 2	1 3	1 4	2 5	3 6	5 8	7 10	10 13	↑	↑	↑	↑	↑	↑	↑	↑	↑	↑	↑	↑	↑
P	315	↓	0 1	↑	↓	0 2	1 3	1 4	2 5	3 6	5 8	7 10	10 13	↑	↑	↑	↑	↑	↑	↑	↑	↑	↑	↑	↑	↑	↑
Q	500	0 1	↑	↓	0 2	1 3	1 4	2 5	3 6	5 8	7 10	10 13	↑	↑	↑	↑	↑	↑	↑	↑	↑	↑	↑	↑	↑	↑	↑
R	800	↑	↑	0 2	1 3	1 4	2 5	3 6	5 8	7 10	10 13	↑	↑	↑	↑	↑	↑	↑	↑	↑	↑	↑	↑	↑	↑	↑	↑

↓ = Verwende die erste Stichprobenanweisung unter dem Pfeil. Wenn der Stichprobenumfang größer oder gleich dem Losumfang ist, prüfe 100%.

↑ = Verwende die erste Stichprobenanweisung über dem Pfeil.

c = Annahmezahl

d = Rückweisezahl

† = Wenn die Annahmezahl überschritten, aber die Rückweisezahl noch nicht erreicht wurde, nimm das Los an, gehe aber auf normale Prüfung zurück (siehe Abschnitt 11.1.4).

Einfach reduziert

Tabelle III-A **Doppel-Stichprobenanweisungen für normale Prüfung (Leittabelle)** (siehe Abschnitte 10.3 und 10.4)

Kennbuchstabe für den Stichprobenumfang	Stichprobe	Stichproben-umfang	Kumulativer Stich-probenumfang	Annehmbare Qualitätsgrenzlagen (normale Prüfung)																									
				0,010	0,015	0,025	0,040	0,065	0,10	0,15	0,25	0,40	0,65	1,0	1,5	2,5	4,0	6,5	10	15	25	40	65	100	150	250	400	650	1 000
				c d	c d	c d	c d	c d	c d	c d	c d	c d	c d	c d	c d	c d	c d	c d	c d	c d	c d	c d	c d	c d	c d	c d	c d	c d	c d
A				↓	↓	↓	↓	↓	↓	↓	↓	↓	↓	↓	↓	↓	↓	•	↓	↓	•	•	•	•	•	•	•	•	•
B	erste	2	2	↓	↓	↓	↓	↓	↓	↓	↓	↓	↓	↓	↓	↓	•	↑	↓	0 2	0 3	1 4	2 5	3 7	5 9	7 11	11 16	17 22	25 31
	zweite	2	4																	1 2	3 4	4 5	6 7	8 9	12 13	18 19	26 27	37 38	56 57
C	erste	3	3	↓	↓	↓	↓	↓	↓	↓	↓	↓	↓	↓	↓	•	↑	↓	0 2	0 3	1 4	2 5	3 7	5 9	7 11	11 16	17 22	25 31	↑
	zweite	3	6																1 2	3 4	4 5	6 7	8 9	12 13	18 19	26 27	37 38	56 57	
D	erste	5	5	↓	↓	↓	↓	↓	↓	↓	↓	↓	↓	↓	•	↑	↓	0 2	0 3	1 4	2 5	3 7	5 9	7 11	11 16	17 22	25 31	↑	↑
	zweite	5	10															1 2	3 4	4 5	6 7	8 9	12 13	18 19	26 27	37 38	56 57		
E	erste	8	8	↓	↓	↓	↓	↓	↓	↓	↓	↓	↓	•	↑	↓	0 2	0 3	1 4	2 5	3 7	5 9	7 11	11 16	17 22	25 31	↑	↑	↑
	zweite	8	16														1 2	3 4	4 5	6 7	8 9	12 13	18 19	26 27	37 38	56 57			
F	erste	13	13	↓	↓	↓	↓	↓	↓	↓	↓	↓	•	↑	↓	0 2	0 3	1 4	2 5	3 7	5 9	7 11	11 16	↑	↑	↑	↑	↑	↑
	zweite	13	26													1 2	3 4	4 5	6 7	8 9	12 13	18 19	26 27						
G	erste	20	20	↓	↓	↓	↓	↓	↓	↓	↓	•	↑	↓	0 2	0 3	1 4	2 5	3 7	5 9	7 11	11 16	↑	↑	↑	↑	↑	↑	↑
	zweite	20	40												1 2	3 4	4 5	6 7	8 9	12 13	18 19	26 27							
H	erste	32	32	↓	↓	↓	↓	↓	↓	↓	•	↑	↓	0 2	0 3	1 4	2 5	3 7	5 9	7 11	11 16	↑	↑	↑	↑	↑	↑	↑	↑
	zweite	32	64											1 2	3 4	4 5	6 7	8 9	12 13	18 19	26 27								
J	erste	50	50	↓	↓	↓	↓	↓	↓	•	↑	↓	0 2	0 3	1 4	2 5	3 7	5 9	7 11	11 16	↑	↑	↑	↑	↑	↑	↑	↑	↑
	zweite	50	100										1 2	3 4	4 5	6 7	8 9	12 13	18 19	26 27									
K	erste	80	80	↓	↓	↓	↓	↓	•	↑	↓	0 2	0 3	1 4	2 5	3 7	5 9	7 11	11 16	↑	↑	↑	↑	↑	↑	↑	↑	↑	↑
	zweite	80	160									1 2	3 4	4 5	6 7	8 9	12 13	18 19	26 27										
L	erste	125	125	↓	↓	↓	↓	•	↑	↓	0 2	0 3	1 4	2 5	3 7	5 9	7 11	11 16	↑	↑	↑	↑	↑	↑	↑	↑	↑	↑	↑
	zweite	125	250								1 2	3 4	4 5	6 7	8 9	12 13	18 19	26 27											
M	erste	200	200	↓	↓	↓	•	↑	↓	0 2	0 3	1 4	2 5	3 7	5 9	7 11	11 16	↑	↑	↑	↑	↑	↑	↑	↑	↑	↑	↑	↑
	zweite	200	400							1 2	3 4	4 5	6 7	8 9	12 13	18 19	26 27												
N	erste	315	315	↓	↓	•	↑	↓	0 2	0 3	1 4	2 5	3 7	5 9	7 11	11 16	↑	↑	↑	↑	↑	↑	↑	↑	↑	↑	↑	↑	↑
	zweite	315	630						1 2	3 4	4 5	6 7	8 9	12 13	18 19	26 27													
P	erste	500	500	↓	•	↑	↓	0 2	0 3	1 4	2 5	3 7	5 9	7 11	11 16	↑	↑	↑	↑	↑	↑	↑	↑	↑	↑	↑	↑	↑	↑
	zweite	500	1 000					1 2	3 4	4 5	6 7	8 9	12 13	18 19	26 27														
Q	erste	800	800	•	↑	↓	0 2	0 3	1 4	2 5	3 7	5 9	7 11	11 16	↑	↑	↑	↑	↑	↑	↑	↑	↑	↑	↑	↑	↑	↑	↑
	zweite	800	1 600				1 2	3 4	4 5	6 7	8 9	12 13	18 19	26 27															
R	erste	1 250	1 250	↑	↑	0 2	0 3	1 4	2 5	3 7	5 9	7 11	11 16	↑	↑	↑	↑	↑	↑	↑	↑	↑	↑	↑	↑	↑	↑	↑	↑
	zweite	1 250	2 500			1 2	3 4	4 5	6 7	8 9	12 13	18 19	26 27																

↓ = Verwende die erste Stichprobenanweisung unter dem Pfeil. Wenn der Stichprobenumfang größer oder gleich dem Losumfang ist, prüfe 100%.

↑ = Verwende die erste Stichprobenanweisung über dem Pfeil.

c = Annahmezahl

d = Rückweisezahl

* = Verwende die entsprechende Einfach-Stichprobenanweisung (oder auch, soweit vorhanden, die Doppel-Stichprobenanweisung darunter).

Doppel normal

Tabelle III-B **Doppel-Stichprobenanweisungen für verschärfte Prüfung (Leittabelle)** siehe Abschnitte 10.3 und 10.4)

Kennbuchstabe für den Stichprobenumfang	Stichprobe	Stichproben-umfang	Kumulativer Stichproben-umfang	Annehmbare Qualitätsgrenzlagen (verschärfte Prüfung)																									
				0,010	0,015	0,025	0,040	0,065	0,10	0,15	0,25	0,40	0,65	1,0	1,5	2,5	4,0	6,5	10	15	25	40	65	100	150	250	400	650	1 000
				c d	*c d*	*c d*	*c d*	*c d*	*c d*	*c d*	*c d*	*c d*	*c d*	*c d*	*c d*	*c d*	*c d*	*c d*	*c d*	*c d*	*c d*	*c d*	*c d*	*c d*	*c d*	*c d*	*c d*	*c d*	*c d*
A				↓	↓	↓	↓	↓	↓	↓	↓	↓	↓	↓	↓	↓	↓	↓	↓	↓	↓	•	•	•	•	•	•	•	•
B	erste	2	2	↓	↓	↓	↓	↓	↓	↓	↓	↓	↓	↓	↓	↓	↓	•	↓	↓	0 2	0 3	1 4	2 5	3 7	6 10	9 14	15 20	23 29
	zweite	2	4																		1 2	3 4	4 5	6 7	11 12	15 16	23 24	34 35	52 53
C	erste	3	3	↓	↓	↓	↓	↓	↓	↓	↓	↓	↓	↓	↓	↓	•	↓	↓	0 2	0 3	1 4	2 5	3 7	6 10	9 14	15 20	23 29	↑
	zweite	3	6																	1 2	3 4	4 5	6 7	11 12	15 16	23 24	34 35	52 53	
D	erste	5	5	↓	↓	↓	↓	↓	↓	↓	↓	↓	↓	↓	↓	•	↓	↓	0 2	0 3	1 4	2 5	3 7	6 10	9 14	15 20	23 29	↑	↑
	zweite	5	10																1 2	3 4	4 5	6 7	11 12	15 16	23 24	34 35	52 53		
E	erste	8	8	↓	↓	↓	↓	↓	↓	↓	↓	↓	↓	↓	•	↓	↓	0 2	0 3	1 4	2 5	3 7	6 10	9 14	15 20	23 29	↑	↑	↑
	zweite	8	16															1 2	3 4	4 5	6 7	11 12	15 16	23 24	34 35	52 53			
F	erste	13	13	↓	↓	↓	↓	↓	↓	↓	↓	↓	↓	•	↓	↓	0 2	0 3	1 4	2 5	3 7	6 10	9 14	↑	↑	↑	↑	↑	↑
	zweite	13	26														1 2	3 4	4 5	6 7	11 12	15 16	23 24						
G	erste	20	20	↓	↓	↓	↓	↓	↓	↓	↓	↓	•	↓	↓	0 2	0 3	1 4	2 5	3 7	6 10	9 14	↑	↑	↑	↑	↑	↑	↑
	zweite	20	40												1 2	3 4	4 5	6 7	11 12	15 16	23 24								
H	erste	32	32	↓	↓	↓	↓	↓	↓	↓	↓	•	↓	↓	0 2	0 3	1 4	2 5	3 7	6 10	9 14	↑	↑	↑	↑	↑	↑	↑	↑
	zweite	32	64											1 2	3 4	4 5	6 7	11 12	15 16	23 24									
J	erste	50	50	↓	↓	↓	↓	↓	↓	↓	•	↓	↓	0 2	0 3	1 4	2 5	3 7	6 10	9 14	↑	↑	↑	↑	↑	↑	↑	↑	↑
	zweite	50	100										1 2	3 4	4 5	6 7	11 12	15 16	23 24										
K	erste	80	80	↓	↓	↓	↓	↓	↓	•	↓	↓	0 2	0 3	1 4	2 5	3 7	6 10	9 14	↑	↑	↑	↑	↑	↑	↑	↑	↑	↑
	zweite	80	160									1 2	3 4	4 5	6 7	11 12	15 16	23 24											
L	erste	125	125	↓	↓	↓	↓	↓	•	↓	↓	0 2	0 3	1 4	2 5	3 7	6 10	9 14	↑	↑	↑	↑	↑	↑	↑	↑	↑	↑	↑
	zweite	125	250									1 2	3 4	4 5	6 7	11 12	15 16	23 24											
M	erste	200	200	↓	↓	↓	↓	•	↓	↓	0 2	0 3	1 4	2 5	3 7	6 10	9 14	↑	↑	↑	↑	↑	↑	↑	↑	↑	↑	↑	↑
	zweite	200	400								1 2	3 4	4 5	6 7	11 12	15 16	23 24												
N	erste	315	315	↓	↓	↓	•	↓	↓	0 2	0 3	1 4	2 5	3 7	6 10	9 14	↑	↑	↑	↑	↑	↑	↑	↑	↑	↑	↑	↑	↑
	zweite	315	630							1 2	3 4	4 5	6 7	11 12	15 16	23 24													
P	erste	500	500	↓	↓	•	↓	↓	0 2	0 3	1 4	2 5	3 7	6 10	9 14	↑	↑	↑	↑	↑	↑	↑	↑	↑	↑	↑	↑	↑	↑
	zweite	500	1 000						1 2	3 4	4 5	6 7	11 12	15 16	23 24														
Q	erste	800	800	↓	•	↓	↓	0 2	0 3	1 4	2 5	3 7	6 10	9 14	↑	↑	↑	↑	↑	↑	↑	↑	↑	↑	↑	↑	↑	↑	↑
	zweite	800	1 600					1 2	3 4	4 5	6 7	11 12	15 16	23 24															
R	erste	1 250	1 250	•	↑	↓	0 2	0 3	1 4	2 5	3 7	6 10	9 14	↑	↑	↑	↑	↑	↑	↑	↑	↑	↑	↑	↑	↑	↑	↑	↑
	zweite	1 250	2 500				1 2	3 4	4 5	6 7	11 12	15 16	23 24																
S[1])	erste	2 000	2 000			0 2																							
	zweite	2 000	4 000			1 2																							

↓ = Verwende die erste Stichprobenanweisung unter dem Pfeil. Wenn der Stichprobenumfang größer oder gleich dem Losumfang ist, prüfe 100%.

↑ = Verwende die erste Stichprobenanweisung über dem Pfeil.

c = Annahmezahl

d = Rückweisezahl

• = Verwende die entsprechende Einfach-Stichprobenanweisung (oder auch, soweit vorhanden, die Doppel-Stichprobenanweisung darunter).

[1]) Fußnote siehe Seite 16

Doppel verschärft

Doppel reduziert

Tabelle III-C **Doppel-Stichprobenanweisungen für reduzierte Prüfung (Leittabelle)** (siehe Abschnitte 10.3 und 10.4)

Kennbuchstabe für den Stichprobenumfang	Stichprobe	Stichprobenumfang	Kumulativer Stichprobenumfang	Annehmbare Qualitätsgrenzlagen (reduzierte Prüfung) †																									
				0,010	0,015	0,025	0,040	0,065	0,10	0,15	0,25	0,40	0,65	1,0	1,5	2,5	4,0	6,5	10	15	25	40	65	100	150	250	400	650	1 000
				c d	*c d*	*c d*	*c d*	*c d*	*c d*	*c d*	*c d*	*c d*	*c d*	*c d*	*c d*	*c d*	*c d*	*c d*	*c d*	*c d*	*c d*	*c d*	*c d*	*c d*	*c d*	*c d*	*c d*	*c d*	*c d*
A B C				↓	↓	↓	↓	↓	↓	↓	↓	↓	↓	↓	↓	↓ ↓ •	↓ • ↑	• ↑ ↑	↓ ↓ •	↓ • •	• • •	• • •	• • •	• • •	• • •	• • •	• • •	• • •	• • ↑
D	erste zweite	2 2	2 4	↓	↓	↓	↓	↓	↓	↓	↓	↓	↓	↓	•	↑	↓	0 2 0 2	0 3 0 4	0 4 1 5	0 4 3 6	1 5 4 7	2 7 6 9	3 8 8 12	5 10 12 16	7 12 18 22	11 17 26 30	↑	↑
E	erste zweite	3 3	3 6	↓	↓	↓	↓	↓	↓	↓	↓	↓	↓	•	↑	↓	0 2 0 2	0 3 0 4	0 4 1 5	0 4 3 6	1 5 4 7	2 7 6 9	3 8 8 12	5 10 12 16	7 12 18 22	11 17 26 30	↑	↑	↑
F	erste zweite	5 5	5 10	↓	↓	↓	↓	↓	↓	↓	↓	↓	•	↑	↓	0 2 0 2	0 3 0 4	0 4 1 5	0 4 3 6	1 5 4 7	2 7 6 9	3 8 8 12	5 10 12 16	↑	↑	↑	↑	↑	↑
G	erste zweite	8 8	8 16	↓	↓	↓	↓	↓	↓	↓	↓	•	↑	↓	0 2 0 2	0 3 0 4	0 4 1 5	0 4 3 6	1 5 4 7	2 7 6 9	3 8 8 12	5 10 12 16	↑	↑	↑	↑	↑	↑	↑
H	erste zweite	13 13	13 26	↓	↓	↓	↓	↓	↓	↓	•	↑	↓	0 2 0 2	0 3 0 4	0 4 1 5	0 4 3 6	1 5 4 7	2 7 6 9	3 8 8 12	5 10 12 16	↑	↑	↑	↑	↑	↑	↑	↑
J	erste zweite	20 20	20 40	↓	↓	↓	↓	↓	↓	•	↑	↓	0 2 0 2	0 3 0 4	0 4 1 5	0 4 3 6	1 5 4 7	2 7 6 9	3 8 8 12	5 10 12 16	↑	↑	↑	↑	↑	↑	↑	↑	↑
K	erste zweite	32 32	32 64	↓	↓	↓	↓	↓	•	↑	↓	0 2 0 2	0 3 0 4	0 4 1 5	0 4 3 6	1 5 4 7	2 7 6 9	3 8 8 12	5 10 12 16	↑	↑	↑	↑	↑	↑	↑	↑	↑	↑
L	erste zweite	50 50	50 100	↓	↓	↓	↓	•	↑	↓	0 2 0 2	0 3 0 4	0 4 1 5	0 4 3 6	1 5 4 7	2 7 6 9	3 8 8 12	5 10 12 16	↑	↑	↑	↑	↑	↑	↑	↑	↑	↑	↑
M	erste zweite	80 80	80 160	↓	↓	↓	•	↑	↓	0 2 0 2	0 3 0 4	0 4 1 5	0 4 3 6	1 5 4 7	2 7 6 9	3 8 8 12	5 10 12 16	↑	↑	↑	↑	↑	↑	↑	↑	↑	↑	↑	↑
N	erste zweite	125 125	125 250	↓	↓	•	↑	↓	0 2 0 2	0 3 0 4	0 4 1 5	0 4 3 6	1 5 4 7	2 7 6 9	3 8 8 12	5 10 12 16	↑	↑	↑	↑	↑	↑	↑	↑	↑	↑	↑	↑	↑
P	erste zweite	200 200	200 400	↓	•	↑	↓	0 2 0 2	0 3 0 4	0 4 1 5	0 4 3 6	1 5 4 7	2 7 6 9	3 8 8 12	5 10 12 16	↑	↑	↑	↑	↑	↑	↑	↑	↑	↑	↑	↑	↑	↑
Q	erste zweite	315 315	315 630	•	↑	↓	0 2 0 2	0 3 0 4	0 4 1 5	0 4 3 6	1 5 4 7	2 7 6 9	3 8 8 12	5 10 12 16	↑	↑	↑	↑	↑	↑	↑	↑	↑	↑	↑	↑	↑	↑	↑
R	erste zweite	500 500	500 1 000	↑	↑	0 2 0 2	0 3 0 4	0 4 1 5	0 4 3 6	1 5 4 7	2 7 6 9	3 8 8 12	5 10 12 16	↑	↑	↑	↑	↑	↑	↑	↑	↑	↑	↑	↑	↑	↑	↑	↑

↓ = Verwende die erste Stichprobenanweisung unter dem Pfeil. Wenn der Stichprobenumfang größer oder gleich dem Losumfang ist, prüfe 100%.

↑ = Verwende die erste Stichprobenanweisung über dem Pfeil.

c = Annahmezahl

d = Rückweisezahl

• = Verwende die entsprechende Einfach-Stichprobenanweisung (oder auch, soweit vorhanden, die Doppel-Stichprobenanweisung darunter).

† = Wenn nach der zweiten Stichprobe die Annahmezahl überschritten, aber die Rückweisezahl noch nicht erreicht wurde, nimm das Los an, gehe aber auf normale Prüfung zurück (siehe Abschnitt 11.1.4).

Tabelle IV-A **Mehrfach-Stichprobenanweisungen für normale Prüfung (Leittabelle)** (siehe Abschnitte 10.3 und 10.4)

Kennbuchstabe für den Stichprobenumfang	Stichprobe	Stichprobenumfang	Kumulativer Stichprobenumfang	Annehmbare Qualitätsgrenzlagen (normale Prüfung)																									
				0,010	0,015	0,025	0,040	0,065	0,10	0,15	0,25	0,40	0,65	1,0	1,5	2,5	4,0	6,5	10	15	25	40	65	100	150	250	400	650	1 000
				c d	*c d*	*c d*	*c d*	*c d*	*c d*	*c d*	*c d*	*c d*	*c d*	*c d*	*c d*	*c d*	*c d*	*c d*	*c d*	*c d*	*c d*	*c d*	*c d*	*c d*	*c d*	*c d*	*c d*	*c d*	*c d*
A				↓	↓	↓	↓	↓	↓	↓	↓	↓	↓	↓	↓	↓	↓	•	↓	↓	•	•	•	•	•	•	•	•	•
B																	•	↑		+ +	+ +	+ +	+ +	+ +	+ +	+ +	+ +	+ +	+ +
C																•	↑	↓	+ +	+ +	+ +	+ +	+ +	+ +	+ +	+ +	+ +	+ +	↑
D	erste	2	2												•	↑	↓	# 2	# 2	# 3	# 4	0 4	0 5	1 7	2 9	4 12	6 16	↑	
	zweite	2	4															# 2	0 3	0 3	1 5	1 6	3 8	4 10	7 14	11 19	17 27		
	dritte	2	6															0 2	0 3	1 4	2 6	3 8	6 10	8 13	13 19	19 27	29 39		
	vierte	2	8															0 3	1 4	2 5	3 7	5 10	8 13	12 17	19 25	27 34	40 49		
	fünfte	2	10															1 3	2 4	3 6	5 8	7 11	11 15	17 20	25 29	36 40	53 58		
	sechste	2	12															1 3	3 5	4 6	7 9	10 12	14 17	21 23	31 33	45 47	65 68		
	siebte	2	14															2 3	4 5	6 7	9 10	13 14	18 19	25 26	37 38	53 54	77 78		
E	erste	3	3											•	↑	↓	# 2	# 2	# 3	# 4	0 4	0 5	1 7	2 9	4 12	6 16	↑		
	zweite	3	6														# 2	0 3	0 3	1 5	1 6	3 8	4 10	7 14	11 19	17 27			
	dritte	3	9														0 2	0 3	1 4	2 6	3 8	6 10	8 13	13 19	19 27	29 39			
	vierte	3	12														0 3	1 4	2 5	3 7	5 10	8 13	12 17	19 25	27 34	40 49			
	fünfte	3	15														1 3	2 4	3 6	5 8	7 11	11 15	17 20	25 29	36 40	53 58			
	sechste	3	18														1 3	3 5	4 6	7 9	10 12	14 17	21 23	31 33	45 47	65 68			
	siebte	3	21														2 3	4 5	6 7	9 10	13 14	18 19	25 26	37 38	53 54	77 78			
F	erste	5	5										•	↑	↓	# 2	# 2	# 3	# 4	0 4	0 5	1 7	2 9	↑	↑	↑			
	zweite	5	10													# 2	0 3	0 3	1 5	1 6	3 8	4 10	7 14						
	dritte	5	15													0 2	0 3	1 4	2 6	3 8	6 10	8 13	13 19						
	vierte	5	20													0 3	1 4	2 5	3 7	5 10	8 13	12 17	19 25						
	fünfte	5	25													1 3	2 4	3 6	5 8	7 11	11 15	17 20	25 29						
	sechste	5	30													1 3	3 5	4 6	7 9	10 12	14 17	21 23	31 33						
	siebte	5	35													2 3	4 5	6 7	9 10	13 14	18 19	25 26	37 38						
G	erste	8	8									•	↑	↓	# 2	# 2	# 3	# 4	0 4	0 5	1 7	2 9	↑						
	zweite	8	16												# 2	0 3	0 3	1 5	1 6	3 8	4 10	7 14							
	dritte	8	24												0 2	0 3	1 4	2 6	3 8	6 10	8 13	13 19							
	vierte	8	32												0 3	1 4	2 5	3 7	5 10	8 13	12 17	19 25							
	fünfte	8	40												1 3	2 4	3 6	5 8	7 11	11 15	17 20	25 29							
	sechste	8	48												1 3	3 5	4 6	7 9	10 12	14 17	21 23	31 33							
	siebte	8	56												2 3	4 5	6 7	9 10	13 14	18 19	25 26	37 38							

↓ = Verwende die erste Stichprobenanweisung unter dem Pfeil (erforderlichenfalls siehe Fortsetzung auf der folgenden Seite). Wenn der Stichprobenumfang größer oder gleich dem Losumfang ist, prüfe 100%.

↑ = Verwende die erste Stichprobenanweisung über dem Pfeil.

c = Annahmezahl

d = Rückweisezahl

• = Verwende die entsprechende Einfach-Stichprobenanweisung (oder auch, soweit vorhanden, die Mehrfach-Stichprobenanweisung darunter).

+ + = Verwende die entsprechende Doppel-Stichprobenanweisung (oder auch, soweit vorhanden, die Mehrfach-Stichprobenanweisung darunter).

= Bei diesem Stichprobenumfang ist eine Annahme nicht zulässig.

Mehrfach normal

Tabelle IV-A (Fortsetzung)

Kennbuchstabe für den Stichprobenumfang	Stichprobe	Stichprobenumfang	Kumulativer Stichprobenumfang	Annehmbare Qualitätsgrenzlagen (normale Prüfung)																									
				0,010	0,015	0,025	0,040	0,065	0,10	0,15	0,25	0,40	0,65	1,0	1,5	2,5	4,0	6,5	10	15	25	40	65	100	150	250	400	650	1 000
				c d	c d	c d	c d	c d	c d	c d	c d	c d	c d	c d	c d	c d	c d	c d	c d	c d	c d	c d	c d	c d	c d	c d	c d	c d	c d
H	erste	13	13	↓	↓	↓	↓	↓	↓	↓	•	↑	↓	# 2	# 2	# 3	# 4	0 4	0 5	1 7	2 9	↑	↑	↑	↑	↑	↑	↑	↑
	zweite	13	26											# 2	0 3	0 3	1 5	1 6	3 8	4 10	7 14								
	dritte	13	39											0 2	0 3	1 4	2 6	3 8	6 10	8 13	13 19								
	vierte	13	52											0 3	1 4	2 5	3 7	5 10	8 13	12 17	19 25								
	fünfte	13	65											1 3	2 4	3 6	5 8	7 11	11 15	17 20	25 29								
	sechste	13	78											1 3	3 5	4 6	7 9	10 12	14 17	21 23	31 33								
	siebte	13	91											2 3	4 5	6 7	9 10	13 14	18 19	25 26	37 38								
J	erste	20	20							•	↑	↓	# 2	# 2	# 3	# 4	0 4	0 5	1 7	2 9	↑								
	zweite	20	40										# 2	0 3	0 3	1 5	1 6	3 8	4 10	7 14									
	dritte	20	60										0 2	0 3	1 4	2 6	3 8	6 10	8 13	13 19									
	vierte	20	80										0 3	1 4	2 5	3 7	5 10	8 13	12 17	19 25									
	fünfte	20	100										1 3	2 4	3 6	5 8	7 11	11 15	17 20	25 29									
	sechste	20	120										1 3	3 5	4 6	7 9	10 12	14 17	21 23	31 33									
	siebte	20	140										2 3	4 5	6 7	9 10	13 14	18 19	25 26	37 38									
K	erste	32	32						•	↑	↓	# 2	# 2	# 3	# 4	0 4	0 5	1 7	2 9	↑									
	zweite	32	64									# 2	0 3	0 3	1 5	1 6	3 8	4 10	7 14										
	dritte	32	96									0 2	0 3	1 4	2 6	3 8	6 10	8 13	13 19										
	vierte	32	128									0 3	1 4	2 5	3 7	5 10	8 13	12 17	19 25										
	fünfte	32	160									1 3	2 4	3 6	5 8	7 11	11 15	17 20	25 29										
	sechste	32	192									1 3	3 5	4 6	7 9	10 12	14 17	21 23	31 33										
	siebte	32	224									2 3	4 5	6 7	9 10	13 14	18 19	25 26	37 38										
L	erste	50	50					•	↑	↓	# 2	# 2	# 3	# 4	0 4	0 5	1 7	2 9	↑										
	zweite	50	100								# 2	0 3	0 3	1 5	1 6	3 8	4 10	7 14											
	dritte	50	150								0 2	0 3	1 4	2 6	3 8	6 10	8 13	13 19											
	vierte	50	200								0 3	1 4	2 5	3 7	5 10	8 13	12 17	19 25											
	fünfte	50	250								1 3	2 4	3 6	5 8	7 11	11 15	17 20	25 29											
	sechste	50	300								1 3	3 5	4 6	7 9	10 12	14 17	21 23	31 33											
	siebte	50	350								2 3	4 5	6 7	9 10	13 14	18 19	25 26	37 38											
M	erste	80	80				•	↑	↓	# 2	# 2	# 3	# 4	0 4	0 5	1 7	2 9	↑											
	zweite	80	160							# 2	0 3	0 3	1 5	1 6	3 8	4 10	7 14												
	dritte	80	240							0 2	0 3	1 4	2 6	3 8	6 10	8 13	13 19												
	vierte	80	320							0 3	1 4	2 5	3 7	5 10	8 13	12 17	19 25												
	fünfte	80	400							1 3	2 4	3 6	5 8	7 11	11 15	17 20	25 29												
	sechste	80	480							1 3	3 5	4 6	7 9	10 12	14 17	21 23	31 33												
	siebte	80	560							2 3	4 5	6 7	9 10	13 14	18 19	25 26	37 38												

↓ = Verwende die erste Stichprobenanweisung unter dem Pfeil (erforderlichenfalls siehe Fortsetzung auf der folgenden Seite). Wenn der Stichprobenumfang größer oder gleich dem Losumfang ist, prüfe 100%.

↑ = Verwende die erste Stichprobenanweisung über dem Pfeil.

c = Annahmezahl

d = Rückweisezahl

• = Verwende die entsprechende Einfach-Stichprobenanweisung (oder auch, soweit vorhanden, die Mehrfach-Stichprobenanweisung darunter).

= Bei diesem Stichprobenumfang ist eine Annahme nicht zulässig.

Mehrfach normal

Tabelle IV-A (Tabellenende)

Kennbuchstabe für den Stichprobenumfang	Stichprobe	Stichproben-umfang	Kumulativer Stichproben-umfang	Annehmbare Qualitätsgrenzlagen (normale Prüfung)																									
				0,010	0,015	0,025	0,040	0,065	0,10	0,15	0,25	0,40	0,65	1,0	1,5	2,5	4,0	6,5	10	15	25	40	65	100	150	250	400	650	1 000
				c d	c d	c d	c d	c d	c d	c d	c d	c d	c d	c d	c d	c d	c d	c d	c d	c d	c d	c d	c d	c d	c d	c d	c d	c d	c d
N	erste	125	125	↓	↓	•	↑	↓	# 2	# 2	# 3	# 4	0 4	0 5	1 7	2 9	↑	↑	↑	↑	↑	↑	↑	↑	↑	↑	↑	↑	↑
	zweite	125	250						# 2	0 3	0 3	1 5	1 6	3 8	4 10	7 14													
	dritte	125	375						0 2	0 3	1 4	2 6	3 8	6 10	8 13	13 19													
	vierte	125	500						0 3	1 4	2 5	3 7	5 10	8 13	12 17	19 25													
	fünfte	125	625						1 3	2 4	3 6	5 8	7 11	11 15	17 20	25 29													
	sechste	125	750						1 3	3 5	4 6	7 9	10 12	14 17	21 23	31 33													
	siebte	125	875						2 3	4 5	6 7	9 10	13 14	18 19	25 26	37 38													
P	erste	200	200		•	↑	↓	# 2	# 2	# 3	# 4	0 4	0 5	1 7	2 9	↑													
	zweite	200	400					# 2	0 3	0 3	1 5	1 6	3 8	4 10	7 14														
	dritte	200	600					0 2	0 3	1 4	2 6	3 8	6 10	8 13	13 19														
	vierte	200	800					0 3	1 4	2 5	3 7	5 10	8 13	12 17	19 25														
	fünfte	200	1 000					1 3	2 4	3 6	5 8	7 11	11 15	17 20	25 29														
	sechste	200	1 200					1 3	3 5	4 6	7 9	10 12	14 17	21 23	31 33														
	siebte	200	1 400					2 3	4 5	6 7	9 10	13 14	18 19	25 26	37 38														
Q	erste	315	315	•	↑	↓	# 2	# 2	# 3	# 4	0 4	0 5	1 7	2 9	↑														
	zweite	315	630				# 2	0 3	0 3	1 5	1 6	3 8	4 10	7 14															
	dritte	315	945				0 2	0 3	1 4	2 6	3 8	6 10	8 13	13 19															
	vierte	315	1 260				0 3	1 4	2 5	3 7	5 10	8 13	12 17	19 25															
	fünfte	315	1 575				1 3	2 4	3 6	5 8	7 11	11 15	17 20	25 29															
	sechste	315	1 890				1 3	3 5	4 6	7 9	10 12	14 17	21 23	31 33															
	siebte	315	2 205				2 3	4 5	6 7	9 10	13 14	18 19	25 26	37 38															
R	erste	500	500	↑		# 2	# 2	# 3	# 4	0 4	0 5	1 7	2 9	↑															
	zweite	500	1 000			# 2	0 3	0 3	1 5	1 6	3 8	4 10	7 14																
	dritte	500	1 500			0 2	0 3	1 4	2 6	3 8	6 10	8 13	13 19																
	vierte	500	2 000			0 3	1 4	2 5	3 7	5 10	8 13	12 17	19 25																
	fünfte	500	2 500			1 3	2 4	3 6	5 8	7 11	11 15	17 20	25 29																
	sechste	500	3 000			1 3	3 5	4 6	7 9	10 12	14 17	21 23	31 33																
	siebte	500	3 500			2 3	4 5	6 7	9 10	13 14	18 19	25 26	37 38																

↓ = Verwende die erste Stichprobenanweisung unter dem Pfeil. Wenn der Stichprobenumfang größer oder gleich dem Losumfang ist, prüfe 100%.

↑ = Verwende die erste Stichprobenanweisung über dem Pfeil.

c = Annahmezahl

d = Rückweisezahl

• = Verwende die entsprechende Einfach-Stichprobenanweisung (oder auch, soweit vorhanden, die Mehrfach-Stichprobenanweisung darunter).

= Bei diesem Stichprobenumfang ist eine Annahme nicht zulässig.

Mehrfach normal

Tabelle IV-B **Mehrfach-Stichprobenanweisungen für verschärfte Prüfung (Leittabelle)** (siehe Abschnitte 10.3 und 10.4)

Kennbuchstabe für den Stichprobenumfang	Stichprobe	Stichprobenumfang	Kumulativer Stichprobenumfang	Annehmbare Qualitätsgrenzlagen (verschärfte Prüfung)																									
				0,010	0,015	0,025	0,040	0,065	0,10	0,15	0,25	0,40	0,65	1,0	1,5	2,5	4,0	6,5	10	15	25	40	65	100	150	250	400	650	1 000
				c d	*c d*	*c d*	*c d*	*c d*	*c d*	*c d*	*c d*	*c d*	*c d*	*c d*	*c d*	*c d*	*c d*	*c d*	*c d*	*c d*	*c d*	*c d*	*c d*	*c d*	*c d*	*c d*	*c d*	*c d*	*c d*
A				↓	↓	↓	↓	↓	↓	↓	↓	↓	↓	↓	↓	↓	↓	↓	↓	↓	↓	•	•	•	•	•	•	•	•
B																		•			+ +	+ +	+ +	+ +	+ +	+ +	+ +	+ +	+ +
C																	•	↓		+ +	+ +	+ +	+ +	+ +	+ +	+ +	+ +	+ +	↑
D	erste	2	2	↓	↓	↓	↓	↓	↓	↓	↓	↓	↓	↓	↓	•	↓	↓	# 2	# 2	# 3	# 4	0 4	0 6	1 8	3 10	6 15	↑	↑
	zweite	2	4																# 2	0 3	0 3	1 5	2 7	3 9	6 12	10 17	16 25		
	dritte	2	6																0 2	0 3	1 4	2 6	4 9	7 12	11 17	17 24	26 36		
	vierte	2	8																0 3	1 4	2 5	3 7	6 11	10 15	16 22	24 31	37 46		
	fünfte	2	10																1 3	2 4	3 6	5 8	9 12	14 17	22 25	32 37	49 55		
	sechste	2	12																1 3	3 5	4 6	7 9	12 14	18 20	27 29	40 43	61 64		
	siebte	2	14																2 3	4 5	6 7	9 10	14 15	21 22	32 33	48 49	72 73		
E	erste	3	3	↓	↓	↓	↓	↓	↓	↓	↓	↓	↓	↓	•	↓	↓	# 2	# 2	# 3	# 4	0 4	0 6	1 8	3 10	6 15	↑	↑	↑
	zweite	3	6															# 2	0 3	0 3	1 5	2 7	3 9	6 12	10 17	16 25			
	dritte	3	9															0 2	0 3	1 4	2 6	4 9	7 12	11 17	17 24	26 36			
	vierte	3	12															0 3	1 4	2 5	3 7	6 11	10 15	16 22	24 31	37 46			
	fünfte	3	15															1 3	2 4	3 6	5 8	9 12	14 17	22 25	32 37	49 55			
	sechste	3	18															1 3	3 5	4 6	7 9	12 14	18 20	27 29	40 43	61 64			
	siebte	3	21															2 3	4 5	6 7	9 10	14 15	21 22	32 33	48 49	72 73			
F	erste	5	5	↓	↓	↓	↓	↓	↓	↓	↓	↓	↓	•	↓	↓	# 2	# 2	# 3	# 4	0 4	0 6	1 8	↑	↑	↑	↑	↑	↑
	zweite	5	10														# 2	0 3	0 3	1 5	2 7	3 9	6 12						
	dritte	5	15														0 2	0 3	1 4	2 6	4 9	7 12	11 17						
	vierte	5	20														0 3	1 4	2 5	3 7	6 11	10 15	16 22						
	fünfte	5	25														1 3	2 4	3 6	5 8	9 12	14 17	22 25						
	sechste	5	30														1 3	3 5	4 6	7 9	12 14	18 20	27 29						
	siebte	5	35														2 3	4 5	6 7	9 10	14 15	21 22	32 33						
G	erste	8	8	↓	↓	↓	↓	↓	↓	↓	↓	↓	•	↓	↓	# 2	# 2	# 3	# 4	0 4	0 6	1 8	↑	↑	↑	↑	↑	↑	↑
	zweite	8	16													# 2	0 3	0 3	1 5	2 7	3 9	6 12							
	dritte	8	24													0 2	0 3	1 4	2 6	4 9	7 12	11 17							
	vierte	8	32													0 3	1 4	2 5	3 7	6 11	10 15	16 22							
	fünfte	8	40													1 3	2 4	3 6	5 8	9 12	14 17	22 25							
	sechste	8	48													1 3	3 5	4 6	7 9	12 14	18 20	27 29							
	siebte	8	56													2 3	4 5	6 7	9 10	14 15	21 22	32 33							

↓ = Verwende die erste Stichprobenanweisung unter dem Pfeil (erforderlichenfalls siehe Fortsetzung auf der folgenden Seite). Wenn der Stichprobenumfang größer oder gleich dem Losumfang ist, prüfe 100%.

↑ = Verwende die erste Stichprobenanweisung über dem Pfeil.

c = Annahmezahl

d = Rückweisezahl

• = Verwende die entsprechende Einfach-Stichprobenanweisung (oder auch, soweit vorhanden, die Mehrfach-Stichprobenanweisung darunter).

+ + = Verwende die entsprechende Doppel-Stichprobenanweisung (oder auch, soweit vorhanden, die Mehrfach-Stichprobenanweisung darunter).

= Bei diesem Stichprobenumfang ist die Annahme nicht zulässig.

Mehrfach verschärft

Tabelle IV-B (Fortsetzung)

Kennbuchstabe für den Stichprobenumfang	Stichprobe	Stichproben-umfang	Kumulativer Stichproben-umfang	Annehmbare Qualitätsgrenzlagen (verschärfte Prüfung)																									
				0,010	0,015	0,025	0,040	0,065	0,10	0,15	0,25	0,40	0,65	1,0	1,5	2,5	4,0	6,5	10	15	25	40	65	100	150	250	400	650	1 000
				c d	c d	c d	c d	c d	c d	c d	c d	c d	c d	c d	c d	c d	c d	c d	c d	c d	c d	c d	c d	c d	c d	c d	c d	c d	c d
H	erste	13	13	⇩	⇩	⇩	⇩	⇩	⇩	⇩	⇩	•	⇩	⇩	# 2	# 2	# 3	# 4	0 4	0 6	1 8	⇧	⇧	⇧	⇧	⇧	⇧	⇧	⇧
	zweite	13	26												# 2	0 3	0 3	1 5	2 7	3 9	6 12								
	dritte	13	39												0 2	0 3	1 4	2 6	4 9	7 12	11 17								
	vierte	13	52												0 3	1 4	2 5	3 7	6 11	10 15	16 22								
	fünfte	13	65												1 3	2 4	3 6	5 8	9 12	14 17	22 25								
	sechste	13	78												1 3	3 5	4 6	7 9	12 14	18 20	27 29								
	siebte	13	91												2 3	4 5	6 7	9 10	14 15	21 22	32 33								
J	erste	20	20	⇩	⇩	⇩	⇩	⇩	⇩	⇩	•	⇩	⇩	# 2	# 2	# 3	# 4	0 4	0 6	1 8	⇧	⇧	⇧	⇧	⇧	⇧	⇧	⇧	⇧
	zweite	20	40											# 2	0 3	0 3	1 5	2 7	3 9	6 12									
	dritte	20	60											0 2	0 3	1 4	2 6	4 9	7 12	11 17									
	vierte	20	80											0 3	1 4	2 5	3 7	6 11	10 15	16 22									
	fünfte	20	100											1 3	2 4	3 6	5 8	9 12	14 17	22 25									
	sechste	20	120											1 3	3 5	4 6	7 9	12 14	18 20	27 29									
	siebte	20	140											2 3	4 5	6 7	9 10	14 15	21 22	32 33									
K	erste	32	32	⇩	⇩	⇩	⇩	⇩	⇩	•	⇩	⇩	# 2	# 2	# 3	# 4	0 4	0 6	1 8	⇧	⇧	⇧	⇧	⇧	⇧	⇧	⇧	⇧	⇧
	zweite	32	64										# 2	0 3	0 3	1 5	2 7	3 9	6 12										
	dritte	32	96										0 2	0 3	1 4	2 6	4 9	7 12	11 17										
	vierte	32	128										0 3	1 4	2 5	3 7	6 11	10 15	16 22										
	fünfte	32	160										1 3	2 4	3 6	5 8	9 12	14 17	22 25										
	sechste	32	192										1 3	3 5	4 6	7 9	12 14	18 20	27 29										
	siebte	32	224										2 3	4 5	6 7	9 10	14 15	21 22	32 33										
L	erste	50	50	⇩	⇩	⇩	⇩	⇩	•	⇩	⇩	# 2	# 2	# 3	# 4	0 4	0 6	1 8	⇧	⇧	⇧	⇧	⇧	⇧	⇧	⇧	⇧	⇧	⇧
	zweite	50	100									# 2	0 3	0 3	1 5	2 7	3 9	6 12											
	dritte	50	150									0 2	0 3	1 4	2 6	4 9	7 12	11 17											
	vierte	50	200									0 3	1 4	2 5	3 7	6 11	10 15	16 22											
	fünfte	50	250									1 3	2 4	3 6	5 8	9 12	14 17	22 25											
	sechste	50	300									1 3	3 5	4 6	7 9	12 14	18 20	27 29											
	siebte	50	350									2 3	4 5	6 7	9 10	14 15	21 22	32 33											
M	erste	80	80	⇩	⇩	⇩	⇩	•	⇩	⇩	# 2	# 2	# 3	# 4	0 4	0 6	1 8	⇧	⇧	⇧	⇧	⇧	⇧	⇧	⇧	⇧	⇧	⇧	⇧
	zweite	80	160								# 2	0 3	0 3	1 5	2 7	3 9	6 12												
	dritte	80	240								0 2	0 3	1 4	2 6	4 9	7 12	11 17												
	vierte	80	320								0 3	1 4	2 5	3 7	6 11	10 15	16 22												
	fünfte	80	400								1 3	2 4	3 6	5 8	9 12	14 17	22 25												
	sechste	80	480								1 3	3 5	4 6	7 9	12 14	18 20	27 29												
	siebte	80	560								2 3	4 5	6 7	9 10	14 15	21 22	32 33												

⇩ = Verwende die erste Stichprobenanweisung unter dem Pfeil (erforderlichenfalls siehe Fortsetzung auf der folgenden Seite). Wenn der Stichprobenumfang größer oder gleich dem Losumfang ist, prüfe 100%.

⇧ = Verwende die erste Stichprobenanweisung über dem Pfeil (erforderlichenfalls siehe vorhergehende Seite).

c = Annahmezahl

d = Rückweisezahl

• = Verwende die entsprechende Einfach-Stichprobenanweisung (oder auch, soweit vorhanden, die Mehrfach-Stichprobenanweisung darunter).

= Bei diesem Stichprobenumfang ist eine Annahme nicht zulässig.

Mehrfach verschärft

Mehrfach verschärft

Tabelle IV-B (Tabellenende)

Kennbuchstabe für den Stichprobenumfang	Stichprobe	Stichproben-umfang	Kumulativer Stichproben-umfang	Annehmbare Qualitätsgrenzlagen (verschärfte Prüfung)																									
				0,010	0,015	0,025	0,040	0,065	0,10	0,15	0,25	0,40	0,65	1,0	1,5	2,5	4,0	6,5	10	15	25	40	65	100	150	250	400	650	1 000
				c d	*c d*	*c d*	*c d*	*c d*	*c d*	*c d*	*c d*	*c d*	*c d*	*c d*	*c d*	*c d*	*c d*	*c d*	*c d*	*c d*	*c d*	*c d*	*c d*	*c d*	*c d*	*c d*	*c d*	*c d*	*c d*
N	erste	125	125	↓	↓	↓	•	↓	↓	# 2	# 2	# 3	# 4	0 4	0 6	1 8	↑	↑	↑	↑	↑	↑	↑	↑	↑	↑	↑	↑	↑
	zweite	125	250							# 2	0 3	0 3	1 5	2 7	3 9	6 12													
	dritte	125	375							0 2	0 3	1 4	2 6	4 9	7 12	11 17													
	vierte	125	500							0 3	1 4	2 5	3 7	6 11	10 15	16 22													
	fünfte	125	625							1 3	2 4	3 6	5 8	9 12	14 17	22 25													
	sechste	125	750							1 3	3 5	4 6	7 9	12 14	18 20	27 29													
	siebte	125	875							2 3	4 5	6 7	9 10	14 15	21 22	32 33													
P	erste	200	200			•	↓		# 2	# 2	# 3	# 4	0 4	0 6	1 8	↑													
	zweite	200	400						# 2	0 3	0 3	1 5	2 7	3 9	6 12														
	dritte	200	600						0 2	0 3	1 4	2 6	4 9	7 12	11 17														
	vierte	200	800						0 3	1 4	2 5	3 7	6 11	10 15	16 22														
	fünfte	200	1 000						1 3	2 4	3 6	5 8	9 12	14 17	22 25														
	sechste	200	1 200						1 3	3 5	4 6	7 9	12 14	18 20	27 29														
	siebte	200	1 400						2 3	4 5	6 7	9 10	14 15	21 22	32 33														
Q	erste	315	315		•	↓		# 2	# 2	# 3	# 4	0 4	0 6	1 8	↑														
	zweite	315	630					# 2	0 3	0 3	1 5	2 7	3 9	6 12															
	dritte	315	945					0 2	0 3	1 4	2 6	4 9	7 12	11 17															
	vierte	315	1 260					0 3	1 4	2 5	3 7	6 11	10 15	16 22															
	fünfte	315	1 575					1 3	2 4	3 6	5 8	9 12	14 17	22 25															
	sechste	315	1 890					1 3	3 5	4 6	7 9	12 14	18 20	27 29															
	siebte	315	2 205					2 3	4 5	6 7	9 10	14 15	21 22	32 33															
R	erste	500	500	•	↑		# 2	# 2	# 3	# 4	0 4	0 6	1 8	↑															
	zweite	500	1 000				# 2	0 3	0 3	1 5	2 7	3 9	6 12																
	dritte	500	1 500				0 2	0 3	1 4	2 6	4 9	7 12	11 17																
	vierte	500	2 000				0 3	1 4	2 5	3 7	6 11	10 15	16 22																
	fünfte	500	2 500				1 3	2 4	3 6	5 8	9 12	14 17	22 25																
	sechste	500	3 000				1 3	3 5	4 6	7 9	12 14	18 20	27 29																
	siebte	500	3 500				2 3	4 5	6 7	9 10	14 15	21 22	32 33																
S[1])	erste	800	800			# 2																							
	zweite	800	1 600			# 2																							
	dritte	800	2 400			0 2																							
	vierte	800	3 200			0 3																							
	fünfte	800	4 000			1 3																							
	sechste	800	4 800			1 3																							
	siebte	800	5 600			2 3																							

↓ = Verwende die erste Stichprobenanweisung unter dem Pfeil. Wenn der Stichprobenumfang größer oder gleich dem Losumfang ist, prüfe 100%.

↑ = Verwende die erste Stichprobenanweisung über dem Pfeil (erforderlichenfalls siehe vorhergehende Seite).

c = Annahmezahl

d = Rückweisezahl

• = Verwende die entsprechende Einfach-Stichprobenanweisung (oder auch, soweit vorhanden, die Mehrfach-Stichprobenanweisung darunter).

= Bei diesem Stichprobenumfang ist die Annahme nicht zulässig.

[1]) Fußnote siehe Seite 16

Tabelle IV-C **Mehrfach-Stichprobenanweisungen für reduzierte Prüfung (Leittabelle)** (siehe Abschnitte 10.3 und 10.4)

Kennbuchstabe für den Stichprobenumfang	Stichprobe	Stichprobenumfang	Kumulativer Stichprobenumfang	Annehmbare Qualitätsgrenzlagen (reduzierte Prüfung) †																									
				0,010	0,015	0,025	0,040	0,065	0,10	0,15	0,25	0,40	0,65	1,0	1,5	2,5	4,0	6,5	10	15	25	40	65	100	150	250	400	650	1 000
				c d	c d	c d	c d	c d	c d	c d	c d	c d	c d	c d	c d	c d	c d	c d	c d	c d	c d	c d	c d	c d	c d	c d	c d	c d	c d
A				↓	↓	↓	↓	↓	↓	↓	↓	↓	↓	↓	↓	↓	↓	•	↓	↓	•	•	•	•	•	•	•	•	•
B																	•	↑		•	•	•	•	•	•	•	•	•	•
C																•	↑	↓	•	•	•	•	•	•	•	•	•	•	↑
D															•	↑	↓	+ +	+ +	+ +	+ +	+ +	+ +	+ +	+ +	+ +	+ +	↑	
E														•	↑	↓	+ +	+ +	+ +	+ +	+ +	+ +	+ +	+ +	+ +	+ +	↑		
F	erste	2	2										•	↑	↓	# 2	# 2	# 3	# 3	# 4	# 4	0 5	0 6	↑	↑	↑			
	zweite	2	4													# 2	# 3	# 3	0 4	0 5	1 6	1 7	3 9						
	dritte	2	6													0 2	0 3	0 4	0 5	1 6	2 8	3 9	6 12						
	vierte	2	8													0 3	0 4	0 5	1 6	2 7	3 10	5 12	8 15						
	fünfte	2	10													0 3	0 4	1 6	2 7	3 8	5 11	7 13	11 17						
	sechste	2	12													0 3	1 5	1 6	3 7	4 9	7 12	10 15	14 20						
	siebte	2	14													1 3	1 5	2 7	4 8	6 10	9 14	13 17	18 22						
G	erste	3	3									•	↑	↓	# 2	# 2	# 3	# 3	# 4	# 4	0 5	0 6	↑						
	zweite	3	6												# 2	# 3	# 3	0 4	0 5	1 6	1 7	3 9							
	dritte	3	9												0 2	0 3	0 4	0 5	1 6	2 8	3 9	6 12							
	vierte	3	12												0 3	0 4	0 5	1 6	2 7	3 10	5 12	8 15							
	fünfte	3	15												0 3	0 4	1 6	2 7	3 8	5 11	7 13	11 17							
	sechste	3	18												0 3	1 5	1 6	3 7	4 9	7 12	10 15	14 20							
	siebte	3	21												1 3	1 5	2 7	4 8	6 10	9 14	13 17	18 22							
H	erste	5	5								•	↑	↓	# 2	# 2	# 3	# 3	# 4	# 4	0 5	0 6	↑							
	zweite	5	10											# 2	# 3	# 3	0 4	0 5	1 6	1 7	3 9								
	dritte	5	15											0 2	0 3	0 4	0 5	1 6	2 8	3 9	6 12								
	vierte	5	20											0 3	0 4	0 5	1 6	2 7	3 10	5 12	8 15								
	fünfte	5	25											0 3	0 4	1 6	2 7	3 8	5 11	7 13	11 17								
	sechste	5	30											0 3	1 5	1 6	3 7	4 9	7 12	10 15	14 20								
	siebte	5	35											1 3	1 5	2 7	4 8	6 10	9 14	13 17	18 22								
J	erste	8	8							•	↑	↓	# 2	# 2	# 3	# 3	# 4	# 4	0 5	0 6	↑								
	zweite	8	16										# 2	# 3	# 3	0 4	0 5	1 6	1 7	3 9									
	dritte	8	24										0 2	0 3	0 4	0 5	1 6	2 8	3 9	6 12									
	vierte	8	32										0 3	0 4	0 5	1 6	2 7	3 10	5 12	8 15									
	fünfte	8	40										0 3	0 4	1 6	2 7	3 8	5 11	7 13	11 17									
	sechste	8	48										0 3	1 5	1 6	3 7	4 9	7 12	10 15	14 20									
	siebte	8	56										1 3	1 5	2 7	4 8	6 10	9 14	13 17	18 22									

↓ = Verwende die erste Stichprobenanweisung unter dem Pfeil (erforderlichenfalls siehe Fortsetzung auf der folgenden Seite). Wenn der Stichprobenumfang größer oder gleich dem Losumfang ist, prüfe 100%.
↑ = Verwende die erste Stichprobenanweisung über dem Pfeil.
c = Annahmezahl
d = Rückweisezahl
• = Verwende die entsprechende Einfach-Stichprobenanweisung (oder auch, soweit vorhanden, die Mehrfach-Stichprobenanweisung darunter).
+ + = Verwende die entsprechende Doppel-Stichprobenanweisung (oder auch, soweit vorhanden, die Mehrfach-Stichprobenanweisung darunter).
# = Bei diesem Stichprobenumfang ist die Annahme nicht zulässig.
† = Wenn nach der letzten Stichprobe die Annahmezahl überschritten, aber die Rückweisezahl noch nicht erreicht wurde, nimm das Los an, gehe aber auf normale Prüfung zurück (siehe Abschnitt 11.1.4).

Tabelle IV-C (Fortsetzung)

Kennbuchstabe für den Stichprobenumfang	Stichprobe	Stichprobenumfang	Kumulativer Stichprobenumfang	Annehmbare Qualitätsgrenzlagen (reduzierte Prüfung)†																									
				0,010	0,015	0,025	0,040	0,065	0,10	0,15	0,25	0,40	0,65	1,0	1,5	2,5	4,0	6,5	10	15	25	40	65	100	150	250	400	650	1 000
				c d	c d	c d	c d	c d	c d	c d	c d	c d	c d	c d	c d	c d	c d	c d	c d	c d	c d	c d	c d	c d	c d	c d	c d	c d	c d
K	erste	13	13	↓	↓	↓	↓	↓	*	↑	↓	# 2	# 2	# 3	# 3	# 4	# 4	0 5	0 6	↑	↑	↑	↑	↑	↑	↑	↑	↑	↑
	zweite	13	26									# 2	# 3	# 3	0 4	0 5	1 6	1 7	3 9										
	dritte	13	39									0 2	0 3	0 4	0 5	1 6	2 8	3 9	6 12										
	vierte	13	52									0 3	0 4	0 5	1 6	2 7	3 10	5 12	8 15										
	fünfte	13	65									0 3	0 4	1 6	2 7	3 8	5 11	7 13	11 17										
	sechste	13	78									0 3	1 5	1 6	3 7	4 9	7 12	10 15	14 20										
	siebte	13	91									1 3	1 5	2 7	4 8	6 10	9 14	13 17	18 22										
L	erste	20	20					*	↑	↓	# 2	# 2	# 3	# 3	# 4	# 4	0 5	0 6	↑										
	zweite	20	40								# 2	# 3	# 3	0 4	0 5	1 6	1 7	3 9											
	dritte	20	60								0 2	0 3	0 4	0 5	1 6	2 8	3 9	6 12											
	vierte	20	80								0 3	0 4	0 5	1 6	2 7	3 10	5 12	8 15											
	fünfte	20	100								0 3	0 4	1 6	2 7	3 8	5 11	7 13	11 17											
	sechste	20	120								0 3	1 5	1 6	3 7	4 9	7 12	10 15	14 20											
	siebte	20	140								1 3	1 5	2 7	4 8	6 10	9 14	13 17	18 22											
M	erste	32	32				*	↑	↓	# 2	# 2	# 3	# 3	# 4	# 4	0 5	0 6	↑											
	zweite	32	64							# 2	# 3	# 3	0 4	0 5	1 6	1 7	3 9												
	dritte	32	96							0 2	0 3	0 4	0 5	1 6	2 8	3 9	6 12												
	vierte	32	128							0 3	0 4	0 5	1 6	2 7	3 10	5 12	8 15												
	fünfte	32	160							0 3	0 4	1 6	2 7	3 8	5 11	7 13	11 17												
	sechste	32	192							0 3	1 5	1 6	3 7	4 9	7 12	10 15	14 20												
	siebte	32	224							1 3	1 5	2 7	4 8	6 10	9 14	13 17	18 22												
N	erste	50	50			*	↑	↓	# 2	# 2	# 3	# 3	# 4	# 4	0 5	0 6	↑												
	zweite	50	100						# 2	# 3	# 3	0 4	0 5	1 6	1 7	3 9													
	dritte	50	150						0 2	0 3	0 4	0 5	1 6	2 8	3 9	6 12													
	vierte	50	200						0 3	0 4	0 5	1 6	2 7	3 10	5 12	8 15													
	fünfte	50	250						0 3	0 4	1 6	2 7	3 8	5 11	7 13	11 17													
	sechste	50	300						0 3	1 5	1 6	3 7	4 9	7 12	10 15	14 20													
	siebte	50	350						1 3	1 5	2 7	4 8	6 10	9 14	13 17	18 22													

↓ = Verwende die erste Stichprobenanweisung unter dem Pfeil (erforderlichenfalls siehe Fortsetzung auf der folgenden Seite). Wenn der Stichprobenumfang größer oder gleich dem Losumfang ist, prüfe 100%.

↑ = Verwende die erste Stichprobenanweisung über dem Pfeil (erforderlichenfalls siehe vorhergehende Seite).

c = Annahmezahl

d = Rückweisezahl

* = Verwende die entsprechende Einfach-Stichprobenanweisung (oder auch, soweit vorhanden, die Mehrfach-Stichprobenanweisung darunter).

= Bei diesem Stichprobenumfang ist die Annahme nicht zulässig.

† = Wenn nach der letzten Stichprobe die Annahmezahl überschritten, aber die Rückweisezahl noch nicht erreicht wurde, nimm das Los an, gehe aber auf normale Prüfung zurück (siehe Abschnitt 11.1.4).

Mehrfach reduziert

Tabelle IV-C (Tabellenende)

Kennbuchstabe für den Stichprobenumfang	Stichprobe	Stichproben-umfang	Kumulativer Stichproben-umfang	Annehmbare Qualitätsgrenzlagen (reduzierte Prüfung) †																									
				0,010	0,015	0,025	0,040	0,065	0,10	0,15	0,25	0,40	0,65	1,0	1,5	2,5	4,0	6,5	10	15	25	40	65	100	150	250	400	650	1 000
				c d	c d	c d	c d	c d	c d	c d	c d	c d	c d	c d	c d	c d	c d	c d	c d	c d	c d	c d	c d	c d	c d	c d	c d	c d	c d
P	erste	80	80	↓	•	↑	↓	# 2	# 2	# 3	# 3	# 4	# 4	0 5	0 6	↑	↑	↑	↑	↑	↑	↑	↑	↑	↑	↑	↑	↑	↑
	zweite	80	160					# 2	# 3	# 3	0 4	0 5	1 6	1 7	3 9														
	dritte	80	240					0 2	0 3	0 4	0 5	1 6	2 8	3 9	6 12														
	vierte	80	320					0 3	0 4	0 5	1 6	2 7	3 10	5 12	8 15														
	fünfte	80	400					0 3	0 4	1 6	2 7	3 8	5 11	7 13	11 17														
	sechste	80	480					0 3	1 5	1 6	3 7	4 9	7 12	10 15	14 20														
	siebte	80	560					1 3	1 5	2 7	4 8	6 10	9 14	13 17	18 22														
Q	erste	125	125	•	↑	↓	# 2	# 2	# 3	# 3	# 4	# 4	0 5	0 6	↑														
	zweite	125	250				# 2	# 3	# 3	0 4	0 5	1 6	1 7	3 9															
	dritte	125	375				0 2	0 3	0 4	0 5	1 6	2 8	3 9	6 12															
	vierte	125	500				0 3	0 4	0 5	1 6	2 7	3 10	5 12	8 15															
	fünfte	125	625				0 3	0 4	1 6	2 7	3 8	5 11	7 13	11 17															
	sechste	125	750				0 3	1 5	1 6	3 7	4 9	7 12	10 15	14 20															
	siebte	125	875				1 3	1 5	2 7	4 8	6 10	9 14	13 17	18 22															
R	erste	200	200	↑		# 2	# 2	# 3	# 3	# 4	# 4	0 5	0 6	↑															
	zweite	200	400			# 2	# 3	# 3	0 4	0 5	1 6	1 7	3 9																
	dritte	200	600			0 2	0 3	0 4	0 5	1 6	2 8	3 9	6 12																
	vierte	200	800			0 3	0 4	0 5	1 6	2 7	3 10	5 12	8 15																
	fünfte	200	1 000			0 3	0 4	1 6	2 7	3 8	5 11	7 13	11 17																
	sechste	200	1 200			0 3	1 5	1 6	3 7	4 9	7 12	10 15	14 20																
	siebte	200	1 400			1 3	1 5	2 7	4 8	6 10	9 14	13 17	18 22																

↓ = Verwende die erste Stichprobenanweisung unter dem Pfeil. Wenn der Stichprobenumfang größer oder gleich dem Losumfang ist, prüfe 100%.

↑ = Verwende die erste Stichprobenanweisung über dem Pfeil (erforderlichenfalls siehe vorhergehende Seite).

c = Annahmezahl

d = Rückweisezahl

• = Verwende die entsprechende Einfach-Stichprobenanweisung (oder auch, soweit vorhanden, die Mehrfach-Stichprobenanweisung darunter).

= Bei diesem Stichprobenumfang ist die Annahme nicht zulässig.

† = Wenn nach der letzten Stichprobe die Annahmezahl überschritten, aber die Rückweisezahl noch nicht erreicht wurde, nimm das Los an, gehe aber auf normale Prüfung zurück (siehe Abschnitt 11.1.4).

Mehrfach reduziert

Tabelle V-A **Näherungswerte für den maximalen Durchschlupf bei normaler Prüfung (Einfach-Stichprobenprüfung)** (siehe Abschnitt 12.4)

Kennbuchstabe für den Stichprobenumfang	Stichproben-umfang	Annehmbare Qualitätsgrenzlage																									
		0,010	0,015	0,025	0,040	0,065	0,10	0,15	0,25	0,40	0,65	1,0	1,5	2,5	4,0	6,5	10	15	25	40	65	100	150	250	400	650	1000
A	2															18			42	69	97	160	220	330	470	730	1 100
B	3														12			28	46	65	110	150	220	310	490	720	1 100
C	5													7,4			17	27	39	63	90	130	190	290	430	660	
D	8												4,6			11	17	24	40	56	82	120	180	270	410		
E	13											2,8			6,5	11	15	24	34	50	72	110	170	250			
F	20										1,8			4,2	6,9	9,7	16	22	33	47	73						
G	32									1,2			2,6	4,3	6,1	9,9	14	21	29	46							
H	50								0,74			1,7	2,7	3,9	6,3	9,0	13	19	29								
J	80							0,46			1,1	1,7	2,4	4,0	5,6	8,2	12	18									
K	125						0,29			0,67	1,1	1,6	2,5	3,6	5,2	7,5	12										
L	200					0,18			0,42	0,69	0,97	1,6	2,2	3,3	4,7	7,3											
M	315				0,12			0,27	0,44	0,62	1,00	1,4	2,1	3,0	4,7												
N	500			0,074			0,17	0,27	0,39	0,63	0,90	1,3	1,9	2,9													
P	800		0,046			0,11	0,17	0,24	0,40	0,56	0,82	1,2	1,8														
Q	1 250	0,029			0,067	0,11	0,16	0,25	0,36	0,52	0,75	1,2															
R	2 000			0,042	0,069	0,097	0,16	0,22	0,33	0,47	0,73																

AOQL
Normal

Tabelle V-B **Näherungswerte für den maximalen Durchschlupf bei verschärfter Prüfung (Einfach-Stichprobenprüfung)** (siehe Abschnitt 12.4)

Kennbuchstabe für den Stichprobenumfang	Stichproben-umfang	Annehmbare Qualitätsgrenzlage																									
		0,010	0,015	0,025	0,040	0,065	0,10	0,15	0,25	0,40	0,65	1,0	1,5	2,5	4,0	6,5	10	15	25	40	65	100	150	250	400	650	1000
A	2																			42	69	97	160	260	400	620	970
B	3															12			28	46	65	110	170	270	410	650	1 100
C	5														7,4			17	27	39	63	100	160	250	390	610	
D	8													4,6			11	17	24	40	64	99	160	240	380		
E	13												2,8			6,5	11	15	24	40	61	95	150	240			
F	20											1,8			4,2	6,9	9,7	16	26	40	62						
G	32										1,2			2,6	4,3	6,1	9,9	16	25	39							
H	50									0,74			1,7	2,7	3,9	6,3	10	16	25								
J	80								0,46			1,1	1,7	2,4	4,0	6,4	9,9	16									
K	125							0,29			0,67	1,1	1,6	2,5	4,1	6,4	9,9										
L	200						0,18			0,42	0,69	0,97	1,6	2,6	4,0	6,2											
M	315					0,12			0,27	0,44	0,62	1,0	1,6	2,5	3,9												
N	500				0,074			0,17	0,27	0,39	0,63	1,0	1,6	2,5													
P	800			0,046			0,11	0,17	0,24	0,40	0,64	0,99	1,6														
Q	1 250		0,029			0,067	0,11	0,16	0,25	0,41	0,64	0,99															
R	2 000	0,018			0,042	0,069	0,097	0,16	0,26	0,40	0,62																
S	3 150			0,027																							

AOQL verschärft

Tabelle VI-A **Rückzuweisende Qualitätsgrenzlage (als Anteil fehlerhafter Einheiten in %), bei der die Annahmewahrscheinlichkeit, P_a, 10 % beträgt (normale Prüfung, Einfach-Stichprobenprüfung)** (siehe Abschnitt 12.6)

Kennbuchstabe für den Stichprobenumfang	Stichprobenumfang	Annehmbare Qualitätsgrenzlage															
		0,010	0,015	0,025	0,040	0,065	0,10	0,15	0,25	0,40	0,65	1,0	1,5	2,5	4,0	6,5	10
A	2															68	
B	3														54		
C	5													37			58
D	8												25			41	54
E	13											16			27	36	44
F	20										11			18	25	30	42
G	32									6,9			12	16	20	27	34
H	50								4,5			7,6	10	13	18	22	29
J	80							2,8			4,8	6,5	8,2	11	14	19	24
K	125						1,8			3,1	4,3	5,4	7,4	9,4	12	16	23
L	200					1,2			2,0	2,7	3,3	4,6	5,9	7,7	10	14	
M	315				0,73			1,2	1,7	2,1	2,9	3,7	4,9	6,4	9,0		
N	500			0,46			0,78	1,1	1,3	1,9	2,4	3,1	4,0	5,6			
P	800		0,29			0,49	0,67	0,84	1,2	1,5	1,9	2,5	3,5				
Q	1 250	0,18			0,31	0,43	0,53	0,74	0,94	1,2	1,6	2,3					
R	2 000			0,20	0,27	0,33	0,46	0,59	0,77	1,0	1,4						

LQ (fehlerhafte) 10 %

Tabelle VI-B **Rückzuweisende Qualitätsgrenzlage (als Fehler je 100 Einheiten), bei der die Annahmewahrscheinlichkeit, P_a, 10 % beträgt (normale Prüfung, Einfach-Stichprobenprüfung)** (siehe Abschnitt 12.6)

Kennbuchstabe für den Stichprobenumfang	Stichprobenumfang	Annehmbare Qualitätsgrenzlage																									
		0,010	0,015	0,025	0,040	0,065	0,10	0,15	0,25	0,40	0,65	1,0	1,5	2,5	4,0	6,5	10	15	25	40	65	100	150	250	400	650	1000
A	2															120			200	270	330	460	590	770	1 000	1 400	1 900
B	3														77			130	180	220	310	390	510	670	940	1 300	1 800
C	5													46			78	110	130	190	240	310	400	560	770	1 100	
D	8												29			49	67	84	120	150	190	250	350	480	670		
E	13											18			30	41	51	71	91	120	160	220	300	410			
F	20										12			20	27	33	46	59	77	100	140						
G	32									7,2			12	17	21	29	37	48	63	88							
H	50								4,6			7,8	11	13	19	24	31	40	56								
J	80							2,9			4,9	6,7	8,4	12	15	19	25	35									
K	125						1,8			3,1	4,3	5,4	7,4	9,4	12	16	23										
L	200					1,2			2,0	2,7	3,3	4,6	5,9	7,7	10	14											
M	315				0,73			1,2	1,7	2,1	2,9	3,7	4,9	6,4	9,0												
N	500			0,46			0,78	1,1	1,3	1,9	2,4	3,1	4,0	5,6													
P	800		0,29			0,49	0,67	0,84	1,2	1,5	1,9	2,5	3,5														
Q	1 250	0,18			0,31	0,43	0,53	0,74	0,94	1,2	1,6	2,3															
R	2 000			0,20	0,27	0,33	0,46	0,59	0,77	1,0	1,4																

LQ (Fehler)
10 %

Tabelle VII-A **Rückzuweisende Qualitätsgrenzlage (als Anteil fehlerhafter Einheiten in %), bei der die Annahmewahrscheinlichkeit, P_a, 5 % beträgt (normale Prüfung, Einfach-Stichprobenprüfung)** (siehe Abschnitt 12.6)

Kennbuchstabe für den Stichprobenumfang	Stichprobenumfang	Annehmbare Qualitätsgrenzlage															
		0,010	0,015	0,025	0,040	0,065	0,10	0,15	0,25	0,40	0,65	1,0	1,5	2,5	4,0	6,5	10
A	2															78	
B	3														63		
C	5													45			66
D	8												31			47	60
E	13											21			32	41	50
F	20										14			22	28	34	46
G	32									8,9			14	18	23	30	37
H	50								5,8			9,1	12	15	20	25	32
J	80							3,7			5,8	7,7	9,4	13	16	20	26
K	125						2,4			3,8	5,0	6,2	8,4	11	14	18	24
L	200					1,5			2,4	3,2	3,9	5,3	6,6	8,5	11	15	
M	315				0,95			1,5	2,0	2,5	3,3	4,2	5,4	7,0	9,6		
N	500			0,60			0,95	1,3	1,6	2,1	2,6	3,4	4,4	6,1			
P	800		0,38			0,59	0,79	0,97	1,3	1,6	2,1	2,7	3,8				
Q	1 250	0,24			0,38	0,50	0,62	0,84	1,1	1,4	1,8	2,4					
R	2 000			0,24	0,32	0,39	0,53	0,66	0,85	1,1	1,5						

Tabelle VII-B **Rückzuweisende Qualitätsgrenzlage (als Fehler je 100 Einheiten), bei der die Annahmewahrscheinlichkeit, P_a, 5 % beträgt (normale Prüfung, Einfach-Stichprobenprüfung)** (siehe Abschnitt 12.6)

Kennbuchstabe für den Stichprobenumfang	Stichprobenumfang	Annehmbare Qualitätsgrenzlage																									
		0,010	0,015	0,025	0,040	0,065	0,10	0,15	0,25	0,40	0,65	1,0	1,5	2,5	4,0	6,5	10	15	25	40	65	100	150	250	400	650	1000
A	2															150			240	320	390	530	660	850	1 100	1 500	2 000
B	3														100			160	210	260	350	440	570	730	1 000	1 400	1 900
C	5													60			95	130	160	210	260	340	440	610	810	1 100	
D	8												38			59	79	97	130	160	210	270	380	510	710		
E	13											23			37	48	60	81	100	130	170	230	310	440			
F	20										15			24	32	39	53	66	85	110	150						
G	32									9,4			15	20	24	33	41	53	68	95							
H	50								6,0			9,5	13	16	21	26	34	44	61								
J	80							3,8			5,9	7,9	9,7	13	16	21	27	38									
K	125						2,4			3,8	5,0	6,2	8,4	11	14	18	24										
L	200					1,5			2,4	3,2	3,9	5,3	6,6	8,5	11	15											
M	315				0,95			1,5	2,0	2,5	3,3	4,2	5,4	7,0	9,6												
N	500			0,60			0,95	1,3	1,6	2,1	2,6	3,4	4,4	6,1													
P	800		0,38			0,59	0,79	0,97	1,3	1,6	2,1	2,7	3,8														
Q	1 250	0,24			0,38	0,50	0,62	0,84	1,1	1,4	1,8	2,4															
R	2 000			0,24	0,32	0,39	0,53	0,66	0,85	1,1	1,5																

LQ (Fehler) 5 %

Tabelle VIII **Grenzzahlen für den Übergang zu reduzierter Prüfung** (siehe Abschnitt 9.3.3)

Anzahl der Stichprobeneinheiten aus den letzten 10 Losen	Annehmbare Qualitätsgrenzlage																								
	0,010	0,015	0,025	0,040	0,065	0,10	0,15	0,25	0,40	0,65	1,0	1,5	2,5	4,0	6,5	10	15	25	40	65	100	150	250	400	650	1000
20 – 29	*	*	*	*	*	*	*	*	*	*	*	*	*	*	*	0	0	2	4	8	14	22	40	68	115	181
30 – 49	*	*	*	*	*	*	*	*	*	*	*	*	*	*	0	0	1	3	7	13	22	36	63	105	177	277
50 – 79	*	*	*	*	*	*	*	*	*	*	*	*	*	0	0	2	3	7	14	25	40	63	110	181	301	
80 – 129	*	*	*	*	*	*	*	*	*	*	*	*	0	0	2	4	7	14	24	42	68	105	181	297		
130 – 199	*	*	*	*	*	*	*	*	*	*	*	0	0	2	4	8	13	25	42	72	115	177	301	490		
200 – 319	*	*	*	*	*	*	*	*	*	*	0	0	2	4	8	14	22	40	68	115	181	277	471			
320 – 499	*	*	*	*	*	*	*	*	*	0	0	1	4	8	14	24	39	68	113	189						
500 – 799	*	*	*	*	*	*	*	*	0	0	2	3	7	14	25	40	63	110	181							
800 – 1 249	*	*	*	*	*	*	*	0	0	2	4	7	14	24	42	68	105	181								
1 250 – 1 999	*	*	*	*	*	*	0	0	2	4	7	13	24	40	69	110	169									
2 000 – 3 149	*	*	*	*	*	0	0	2	4	8	14	22	40	68	115	181										
3 150 – 4 999	*	*	*	*	0	0	1	4	8	14	24	38	67	111	186											
5 000 – 7 999	*	*	*	0	0	2	3	7	14	25	40	63	110	181												
8 000 – 12 499	*	*	0	0	2	4	7	14	24	42	68	105	181													
12 500 – 19 999	*	0	0	2	4	7	13	24	40	69	110	169														
20 000 – 31 499	0	0	2	4	8	14	22	40	68	115	181															
mehr als 31 449	0	1	4	8	14	24	38	67	111	186																

* In diesem Fall reicht die Anzahl der Stichprobeneinheiten aus den letzten 10 Losen bei dieser AQL nicht für die reduzierte Prüfung aus. Es können dann mehr als 10 Lose für die Berechnung herangezogen werden. Hierbei muß vorgesehen werden, daß die Lose, die genommen werden, die jüngsten in der Folge sind, daß sie alle normal geprüft wurden und daß keines bei der Erstprüfung zurückgewiesen wurde.

Tabelle IX **Diagramme der mittleren Stichprobenumfänge bei Doppel- und Mehrfach-Stichprobenanweisungen** (normale und verschärfte Prüfung)

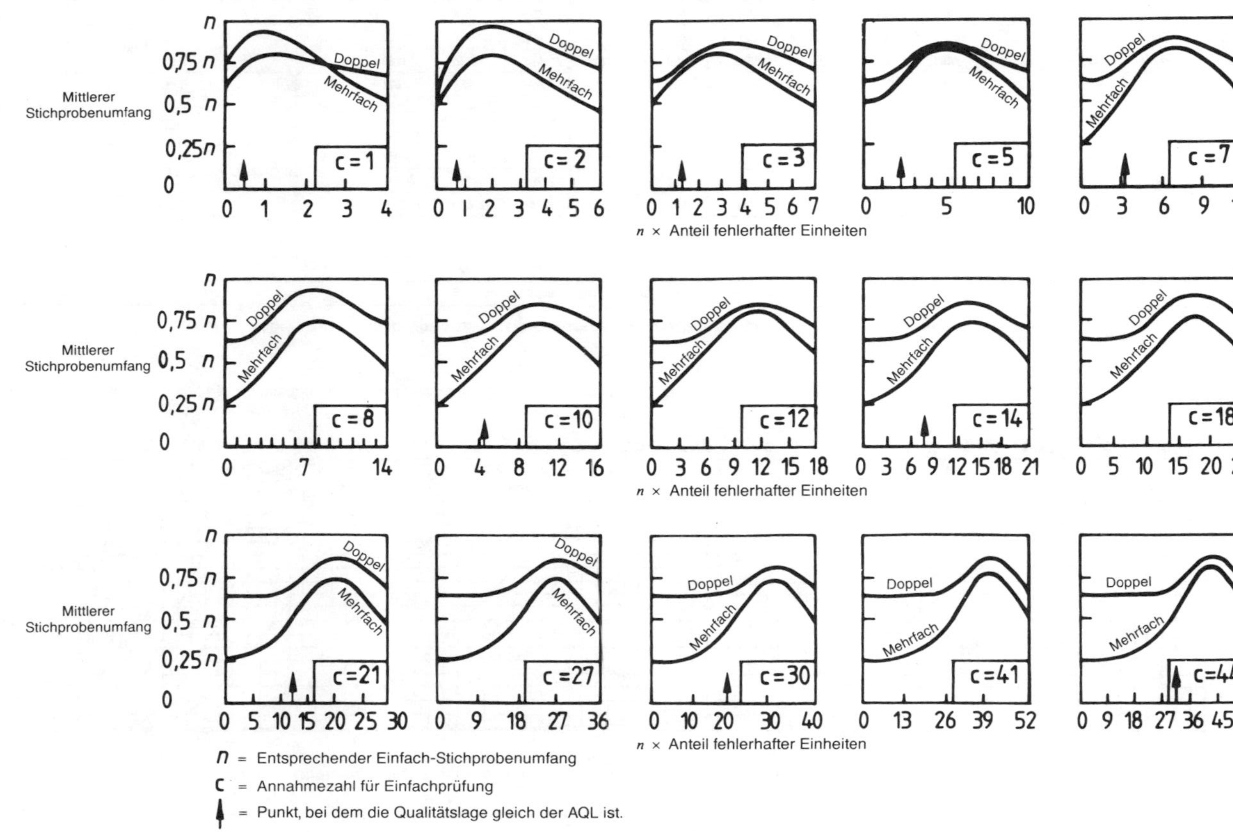

n = Entsprechender Einfach-Stichprobenumfang

c = Annahmezahl für Einfachprüfung

▲ = Punkt, bei dem die Qualitätslage gleich der AQL ist.

Mittlerer Stichprobenumfang

Tabelle X-A **Tabellen für den Kennbuchstaben A** (Einzeltabellen)

Diagramm A **Operationscharakteristiken für Einfach-Stichprobenanweisungen**
(Die Charakteristiken für Doppel- und Mehrfachprüfung stimmen damit praktisch ausreichend genau überein)

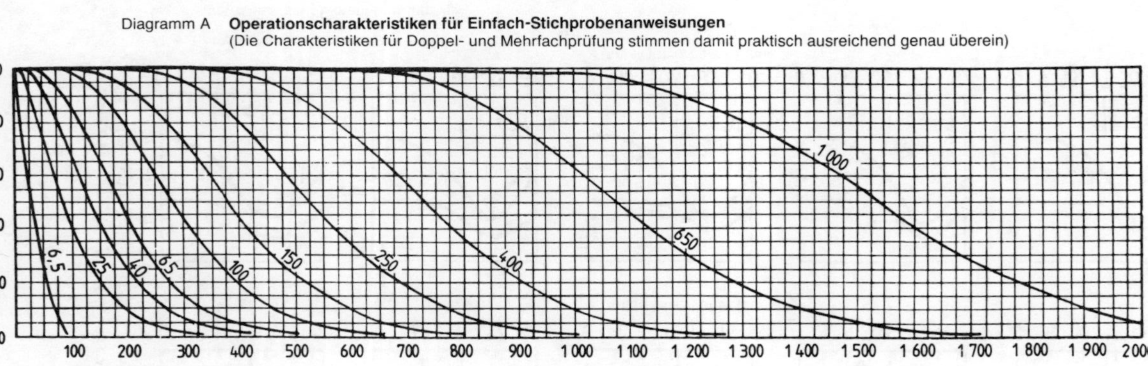

Qualitätslage des vorgestellten Produktes
Anmerkung: Die Zahlen bei den Kurven bedeuten die AQL-Werte für normale Prüfung.

Tabelle X-A-1 **Tabellenwerte der Operationscharakteristiken für Einfach-Stichprobenanweisungen**

P_a	Annehmbare Qualitätsgrenzlagen (normale Prüfung)														
	6,5	6,5	25	40	65	100	150	X	250	X	400	X	650	X	1 000
	p (als Anteil fehlerhafter Einheiten in %)	p (als Fehler je hundert Einheiten)													
99,0	0,501	0,503	7,43	21,8	41,2	89,3	145	175	239	305	374	517	629	859	977
95,0	2,53	2,56	17,8	40,9	68,3	131	199	235	308	384	462	622	745	995	1 122
90,0	5,13	5,27	26,6	55,1	87,2	158	233	272	351	432	515	684	812	1 073	1 206
75,0	13,4	14,4	48,1	86,4	127	211	298	342	431	521	612	795	934	1 214	1 354
50,0	29,3	34,7	83,9	134	184	284	383	433	533	633	733	933	1 083	1 383	1 533
25,0	50,0	69,3	135	196	255	371	484	540	651	761	870	1 087	1 248	1 568	1 728
10,0	68,4	115	194	266	334	464	589	650	770	889	1 006	1 238	1 409	1 748	1 916
5,0	77,6	150	237	315	388	526	657	722	848	972	1 094	1 335	1 512	1 862	2 035
1,0	90,0	230	332	420	502	655	800	870	1 007	1 141	1 272	1 529	1 718	2 088	2 270
		X	40	65	100	150	X	250	X	400	X	650	X	1 000	X
	Annehmbare Qualitätsgrenzlagen (verschärfte Prüfung)														

Anmerkung: Für die Berechnungen wurde die Binomialverteilung bei Anteil fehlerhafter Einheiten in %, die Poisson-Verteilung bei Fehler je 100 Einheiten verwendet.

Tabelle X-A-2 **Stichprobenanweisungen für den Kennbuchstaben A**

Art der Stich-proben-anweisung	Kumulativer Stich-proben-umfang	Annehmbare Qualitätsgrenzlagen (normale Prüfung)																		Kumulativer Stich-proben-umfang
		weniger als 6,5	6,5		10	15	25	40	65	100	150		250		400		650		1 000	
		c d	*c d*	*c d*	*c d*	*c d*	*c d*	*c d*	*c d*	*c d*	*c d*	*c d*	*c d*	*c d*	*c d*	*c d*	*c d*	*c d*	*c d*	
Einfach	2	▽	0 1				1 2	2 3	3 4	5 6	7 8	8 9	10 11	12 13	14 15	18 19	21 22	27 28	30 31	2
Doppel		▽	*	Verwende Kennbuch-stabe D	Verwende Kennbuch-stabe C	Verwende Kennbuch-stabe B	(*)	(*)	(*)	(*)	(*)	(*)	(*)	(*)	(*)	(*)	(*)	(*)	(*)	
Mehrfach		▽	*				*	*	*	*	*	*	*	*	*	*	*	*	*	
		weniger als 10		10	15	25	40	65	100	150		250		400		650		1 000		
		Annehmbare Qualitätsgrenzlagen (verschärfte Prüfung)																		

▽ = Verwende den nächstfolgenden Kennbuchstaben, für den Annahme- und Rückweisezahlen vorhanden sind.
c = Annahmezahl
d = Rückweisezahl
* = Verwende die Einfach-Stichprobenanweisung darüber (oder auch den Kennbuchstaben D).
(*) = Verwende Einfach-Stichprobenprüfung (oder auch den Kennbuchstaben B).

A

Tabelle X-B **Tabellen für den Kennbuchstaben B (Einzeltabellen)**

Diagramm B Operationscharakteristiken für Einfach-Stichprobenanweisungen
(Die Charakteristiken für Doppel- und Mehrfachprüfung stimmen damit praktisch ausreichend genau überein)

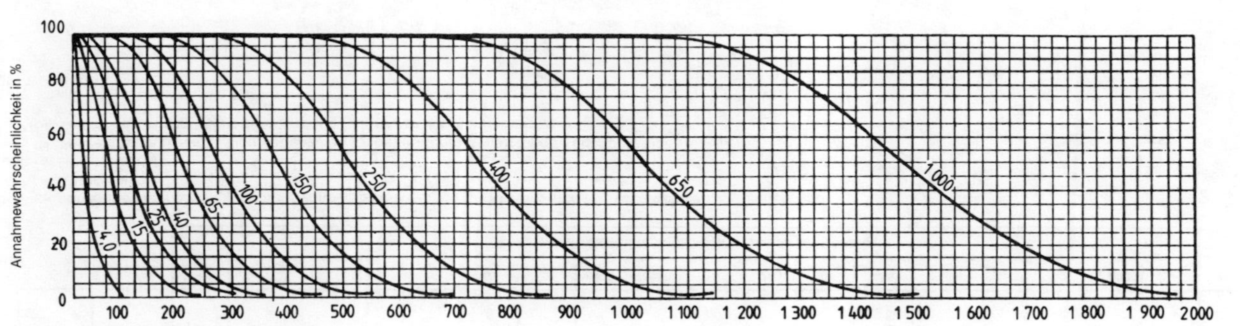

Qualitätslage des vorgestellten Produktes
Anmerkung: Die Zahlen bei den Kurven bedeuten die AQL-Werte für normale Prüfung.

Tabelle X-B-1 **Tabellenwerte der Operationscharakteristiken für Einfach-Stichprobenanweisungen**

P_a	Annehmbare Qualitätsgrenzlagen (normale Prüfung)																
	4,0	4,0	15	25	40	65	100		150		250		400		650		1 000
	p (als Anteil fehlerhafter Einheiten in %)	p (als Fehler je hundert Einheiten)															
99,0	0,334	0,335	4,95	14,5	27,4	59,5	96,9	117	159	203	249	345	419	572	651	947	1 029
95,0	1,70	1,71	11,8	27,3	45,5	87,1	133	157	206	256	308	415	496	663	748	1 065	1 152
90,0	3,45	3,51	17,7	36,7	58,2	105	155	181	234	288	343	456	541	716	804	1 131	1 222
75,0	9,14	9,59	32,0	57,6	84,5	141	199	228	287	347	408	530	623	809	903	1 249	1 344
50,0	20,6	23,1	55,9	89,1	122	189	256	289	356	422	489	622	722	922	1 022	1 389	1 489
25,0	37,0	46,2	89,8	131	170	247	323	360	434	507	580	724	832	1 045	1 152	1 539	1 644
10,0	53,6	76,8	130	177	223	309	392	433	514	593	671	825	939	1 165	1 277	1 683	1 793
5,0	63,2	99,9	158	210	258	350	438	481	565	648	730	890	1 008	1 241	1 356	1 773	1 886
1,0	78,5	154	221	280	335	437	533	580	671	761	848	1 019	1 145	1 392	1 513	1 951	2 069
	6,5	6,5	25	40	65	100		150		250		400		650		1 000	
	Annehmbare Qualitätsgrenzlagen (verschärfte Prüfung)																

Anmerkung: Für die Berechnungen wurde die Binomialverteilung bei Anteil fehlerhafter Einheiten in %, die Poisson-Verteilung bei Fehler je 100 Einheiten verwendet.

Tabelle X-B-2 **Stichprobenanweisungen für den Kennbuchstaben B**

Art der Stich-proben-anweisung	Kumulativer Stich-proben-umfang	Annehmbare Qualitätsgrenzlagen (normale Prüfung)																				Kumulativer Stich-proben-umfang
		weniger als 4,0	4,0	6,5	☒	10	15	25	40	65	100	☒	150	☒	250	☒	400	☒	650	☒	1 000	
		c d	*c d*	*c d*	*c d*	*c d*	*c d*	*c d*	*c d*	*c d*	*c d*	*c d*	*c d*	*c d*	*c d*	*c d*	*c d*	*c d*	*c d*	*c d*	*c d*	
Einfach	3	▽	0 1	Verwende Kennbuchstabe A	Verwende Kennbuchstabe D	Verwende Kennbuchstabe C	1 2	2 3	3 4	5 6	7 8	8 9	10 11	12 13	14 15	18 19	21 22	27 28	30 31	41 42	44 45	3
Doppel	2	▽	*				0 2	0 3	1 4	2 5	3 7	3 7	5 9	6 10	7 11	9 14	11 16	15 20	17 22	23 29	25 31	2
	4						1 2	3 4	4 5	6 7	8 9	11 12	12 13	15 16	18 19	23 24	26 27	34 35	37 38	52 53	56 57	4
Mehrfach		▽	*				+ +	+ +	+ +	+ +	+ +	+ +	+ +	+ +	+ +	+ +	+ +	+ +	+ +	+ +	+ +	
		weniger als 6,5	6,5	☒	10	15	25	40	65	100	☒	150	☒	250	☒	400	☒	650	☒	1 000	☒	
		Annehmbare Qualitätsgrenzlagen (verschärfte Prüfung)																				

▽ = Verwende den nächstfolgenden Kennbuchstaben, für den Annahme- und Rückweisezahlen vorhanden sind.
c = Annahmezahl
d = Rückweisezahl
* = Verwende die Einfach-Stichprobenanweisung darüber (oder auch den Kennbuchstaben E).
+ + = Verwende Doppel-Stichprobenanweisung darüber (oder auch den Kennbuchstaben D).

B

Tabelle X-C **Tabellen für den Kennbuchstaben C (Einzeltabellen)**

Diagramm C Operationscharakteristiken für Einfach-Stichprobenanweisungen
(Die Charakteristiken für Doppel- und Mehrfachprüfung stimmen damit praktisch ausreichend genau überein)

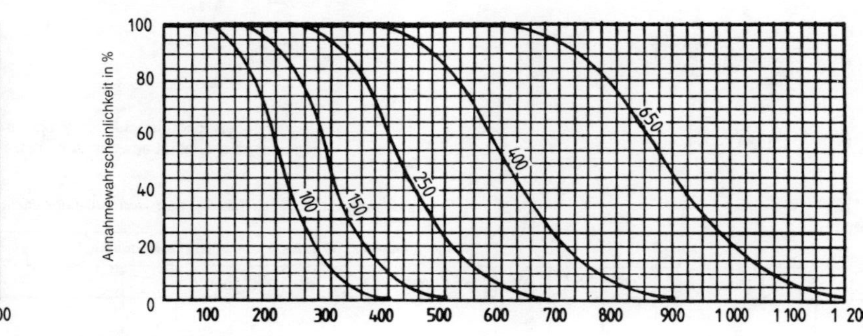

Qualitätslage des vorgestellten Produktes
Anmerkung: Die Zahlen bei den Kurven bedeuten die AQL-Werte für normale Prüfung.

Tabelle X-C-1 **Tabellenwerte der Operationscharakteristiken für Einfach-Stichprobenanweisungen**

P_a	Annehmbare Qualitätsgrenzlagen (normale Prüfung)																	
	2,5	10	2,5	10	15	25	40	65	X	100	X	150	X	250	X	400	X	650
	p (als Anteil fehlerhafter Einheiten in %)		*p* (als Fehler je hundert Einheiten)															
99,0	0,201	3,27	0,201	2,97	8,72	16,5	37,5	58,1	70,1	95,4	122	150	207	251	343	391	568	618
95,0	1,02	7,64	1,03	7,11	16,4	27,3	52,3	79,6	93,9	123	154	185	249	298	398	449	639	691
90,0	2,09	11,2	2,11	10,6	22,0	34,9	63,0	93,1	109	140	173	206	273	325	429	482	679	733
75,0	5,59	19,4	5,75	19,2	34,5	50,7	84,4	119	137	172	208	245	318	374	485	542	749	806
50,0	12,9	31,4	13,9	33,6	53,5	73,4	113	153	173	213	253	293	373	433	553	613	833	893
25,0	24,2	45,4	27,7	53,9	78,4	102	148	194	216	260	304	348	435	499	627	691	923	986
10,0	36,9	58,4	46,1	77,8	106	134	185	235	260	308	356	403	495	564	699	766	1 010	1 076
5,0	45,1	65,7	59,9	94,9	126	155	210	263	289	339	389	438	534	605	745	814	1 064	1 131
1,0	60,2	77,8	92,1	133	168	201	262	320	348	403	456	509	612	687	835	908	1 171	1 241
	4,0	X	4,0	15	25	40	65	X	100	X	150	X	250	X	400	X	650	X
	Annehmbare Qualitätsgrenzlagen (verschärfte Prüfung)																	

Anmerkung: Für die Berechnungen wurde die Binomialverteilung bei Anteil fehlerhafter Einheiten in %, die Poisson-Verteilung bei Fehler je 100 Einheiten verwendet.

Tabelle X-C-2 **Stichprobenanweisungen für den Kennbuchstaben C**

Art der Stich-proben-anweisung	Kumulativer Stich-proben-umfang	Annehmbare Qualitätsgrenzlagen (normale Prüfung)																					Kumulativer Stich-proben-umfang
		weniger als 2,5	2,5	4,0	X	6,5	10	15	25	40	65	X	100	X	150	X	250	X	400	X	650	1 000	
		c d	*c d*	*c d*	*c d*	*c d*	*c d*	*c d*	*c d*	*c d*	*c d*	*c d*	*c d*	*c d*	*c d*	*c d*	*c d*	*c d*	*c d*	*c d*	*c d*	*c d*	
Einfach	5	▽	0 1	Verwende Kennbuchstabe B	Verwende Kennbuchstabe E	Verwende Kennbuchstabe D	1 2	2 3	3 4	5 6	7 8	8 9	10 11	12 13	14 15	18 19	21 22	27 28	30 31	41 42	44 45	Verwende Buchstabe B	5
Doppel	3	▽	•				0 2	0 3	1 4	2 5	3 7	3 7	5 9	6 10	7 11	9 14	11 16	15 20	17 22	23 29	25 31		3
	6						1 2	3 4	4 5	6 7	8 9	11 12	12 13	15 16	18 19	23 24	26 27	34 35	37 38	52 53	56 57		6
Mehrfach		▽	•				+ +	+ +	+ +	+ +	+ +	+ +	+ +	+ +	+ +	+ +	+ +	+ +	+ +	+ +	+ +		
		weniger als 4,0	4,0	X	6,5	10	15	25	40	65	X	100	X	150	X	250	X	400	X	650	X	1 000	
		Annehmbare Qualitätsgrenzlagen (verschärfte Prüfung)																					

▽ = Verwende den nächstfolgenden Kennbuchstaben, für den Annahme- und Rückweisezahlen vorhanden sind.
c = Annahmezahl
d = Rückweisezahl
• = Verwende die Einfach-Stichprobenanweisung darüber (oder auch den Kennbuchstaben F).
+ + = Verwende Doppel-Stichprobenanweisung darüber (oder auch den Kennbuchstaben D).

C

D

Tabelle X-D **Tabellen für den Kennbuchstaben D (Einzeltabellen)**

Diagramm D Operationscharakteristiken für Einfach-Stichprobenanweisungen
(Die Charakteristiken für Doppel- und Mehrfachprüfung stimmen damit praktisch ausreichend genau überein)

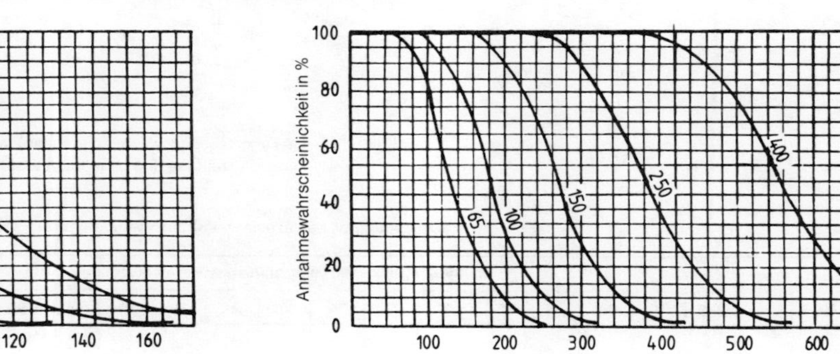

Qualitätslage des vorgestellten Produktes
Anmerkung: Die Zahlen bei den Kurven bedeuten die AQL-Werte für normale Prüfung.

Tabelle X-D-1 **Tabellenwerte der Operationscharakteristiken für Einfach-Stichprobenanweisungen**

P_a	Annehmbare Qualitätsgrenzlagen (normale Prüfung)																	
	1,5	6,5	10	1,5	6,5	10	15	25	40		65		100		150		250		400
	p (als Anteil fehlerhafter Einheiten in %)			p (als Fehler je hundert Einheiten)															
99,0	0,126	1,97	6,08	0,126	1,86	5,45	10,3	22,3	36,3	43,8	59,6	76,2	93,5	129	157	215	244	355	386
95,0	0,639	4,64	11,1	0,641	4,44	10,2	17,1	32,7	49,8	58,7	77,1	96,1	116	156	186	249	281	399	432
90,0	1,31	6,86	14,7	1,32	6,65	13,8	21,8	39,4	58,2	67,9	87,8	108	129	171	203	268	301	424	458
75,0	3,53	12,1	22,1	3,60	12,0	21,6	31,7	52,7	74,5	85,5	108	130	153	199	234	303	339	468	504
50,0	8,30	20,1	32,1	8,66	21,0	33,4	45,9	70,9	95,9	108	133	158	183	233	271	346	383	521	558
25,0	15,9	30,3	43,3	17,3	33,7	49,0	63,9	92,8	121	135	163	190	217	272	312	392	432	577	617
10,0	25,0	40,6	53,8	28,8	48,6	66,5	83,5	116	147	162	193	222	252	309	352	437	479	631	672
5,0	31,2	47,1	60,0	37,4	59,3	78,7	96,9	131	164	180	212	243	274	334	378	465	509	665	707
1,0	43,8	59,0	70,7	57,6	83,0	105	126	164	200	218	252	285	318	382	429	522	568	732	776
	2,5	10		2,5	10	15	25	40		65		100		150		250		400	
	Annehmbare Qualitätsgrenzlagen (verschärfte Prüfung)																		

Anmerkung: Für die Berechnungen wurde die Binomialverteilung bei Anteil fehlerhafter Einheiten in %, die Poisson-Verteilung bei Fehler je 100 Einheiten verwendet.

Tabelle X-D-2 **Stichprobenanweisungen für den Kennbuchstaben D**

Art der Stich-proben-anweisung	Kumulativer Stich-proben-umfang	Annehmbare Qualitätsgrenzlagen (normale Prüfung)																					Kumulativer Stich-proben-umfang
		weniger als 1,5	1,5	2,5		4,0	6,5	10	15	25	40		65		100		150		250		400	höher als 400	
		c d	c d	c d	c d	c d	c d	c d	c d	c d	c d	c d	c d	c d	c d	c d	c d	c d	c d	c d	c d	c d	
Einfach	8	▽	0 1				1 2	2 3	3 4	5 6	7 8	8 9	10 11	12 13	14 15	18 19	21 22	27 28	30 31	41 42	44 45	△	8
Doppel	5	▽	*				0 2	0 3	1 4	2 5	3 7	3 7	5 9	6 10	7 11	9 14	11 16	15 20	17 22	23 29	25 31	△	5
	10						1 2	3 4	4 5	6 7	8 9	11 12	12 13	15 16	18 19	23 24	26 27	34 35	37 38	52 53	56 57		10
Mehrfach	2	▽	*	Verwende Kennbuch-stabe C	Verwende Kennbuch-stabe F	Verwende Kennbuch-stabe E	# 2	# 2	# 3	# 4	0 4	0 4	0 5	0 6	1 7	1 8	2 9	3 10	4 12	6 15	6 16	△	2
	4						# 2	0 3	0 3	1 5	1 6	2 7	3 8	3 9	4 10	6 12	7 14	10 17	11 19	16 25	17 27		4
	6						0 2	0 3	1 4	2 6	3 8	4 9	6 10	7 12	8 13	11 17	13 19	17 24	19 27	26 36	29 39		6
	8						0 3	1 4	2 5	3 7	5 10	6 11	8 13	10 15	12 17	16 22	19 25	24 31	27 34	37 46	40 49		8
	10						1 3	2 4	3 6	5 8	7 11	9 12	11 15	14 17	17 20	22 25	25 29	32 37	36 40	49 55	53 58		10
	12						1 3	3 5	4 6	7 9	10 12	12 14	14 17	18 20	21 23	27 29	31 33	40 43	45 47	61 64	65 68		12
	14						2 3	4 5	6 7	9 10	13 14	14 15	18 19	21 22	25 26	32 33	37 38	48 49	53 54	72 73	77 78		14
		weniger als 2,5	2,5		4,0	6,5	10	15	25	40		65		100		150		250		400		höher als 400	
		Annehmbare Qualitätsgrenzlagen (verschärfte Prüfung)																					

△ = Verwende den nächsten vorangehenden Kennbuchstaben, für den Annahme- und Rückweisezahlen vorhanden sind.
▽ = Verwende den nächstfolgenden Kennbuchstaben, für den Annahme- und Rückweisezahlen vorhanden sind.
c = Annahmezahl
d = Rückweisezahl
* = Verwende die Einfach-Stichprobenanweisung darüber (oder auch den Kennbuchstaben G).
\# = Die Annahme ist bei diesem Stichprobenumfang nicht zulässig.

D

Tabelle X-E **Tabellen für den Kennbuchstaben E (Einzeltabellen)**

Diagramm B Operationscharakteristiken für Einfach-Stichprobenanweisungen
(Die Charakteristiken für Doppel- und Mehrfachprüfung stimmen damit praktisch ausreichend genau überein)

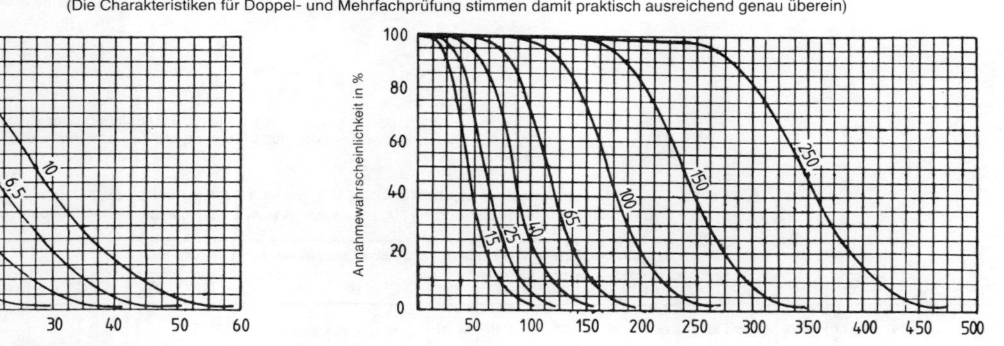

Qualitätslage des vorgestellten Produktes
Anmerkung: Die Zahlen bei den Kurven bedeuten die AQL-Werte für normale Prüfung.

Tabelle X-E-1 **Tabellenwerte der Operationscharakteristiken für Einzel-Stichprobenanweisungen**

P_a	Annehmbare Qualitätsgrenzlagen (normale Prüfung)																			
	1,0	4,0	6,5	10	1,0	4,0	6,5	10	15	25	X	40	X	65	X	100	X	150	X	250
	p (als Anteil fehlerhafter Einheiten in %)				p (als Fehler je hundert Einheiten)															
99,0	0,077	1,18	3,58	6,95	0,077	1,15	3,35	6,33	13,7	22,4	27,0	36,7	46,9	57,5	79,6	96,7	132	150	219	238
95,0	0,394	2,81	6,60	11,3	0,395	2,73	6,29	10,5	20,1	30,6	36,1	47,5	59,2	71,1	95,7	115	153	173	246	266
90,0	0,807	4,17	8,80	14,2	0,810	4,09	8,48	13,4	24,2	35,8	41,8	54,0	66,5	79,2	105	125	165	185	261	282
75,0	2,19	7,41	13,4	19,9	2,21	7,39	13,3	19,5	32,5	45,8	52,6	66,3	80,2	94,1	122	144	187	208	288	310
50,0	5,19	12,6	20,0	27,5	5,33	12,9	20,6	28,2	43,6	59,0	66,7	82,1	97,4	113	144	167	213	236	321	344
25,0	10,1	19,4	28,0	36,1	10,7	20,7	30,2	39,3	57,1	74,5	83,1	100	117	134	167	192	241	266	355	379
10,0	16,2	26,8	36,0	44,4	17,7	29,9	40,9	51,4	71,3	90,5	100	119	137	155	190	217	269	295	388	414
5,0	20,6	31,6	41,0	49,5	23,0	36,5	48,4	59,6	80,9	101	111	130	150	168	205	233	286	313	409	435
1,0	29,8	41,3	50,6	58,8	35,4	51,1	64,7	77,3	101	123	134	155	176	196	235	264	321	349	450	477
	1,5	6,5	10	X	1,5	6,5	10	15	25	X	40	X	65	X	100	X	150	X	250	X
	Annehmbare Qualitätsgrenzlagen (verschärfte Prüfung)																			

Anmerkung: Für die Berechnungen wurde die Binomialverteilung bei Anteil fehlerhafter Einheiten in %, die Poisson-Verteilung bei Fehler je 100 Einheiten verwendet.

Tabelle X-E-2 **Stichprobenanweisungen für den Kennbuchstaben E**

Art der Stichprobenanweisung	Kumulativer Stichprobenumfang	Annehmbare Qualitätsgrenzlagen (normale Prüfung)																					Kumulativer Stichprobenumfang
		weniger als 1,0	1,0	1,5	X	2,5	4,0	6,5	10	15	25	X	40	X	65	X	100	X	150	X	250	höher als 250	
		c d	c d	c d	c d	c d	c d	c d	c d	c d	c d	c d	c d	c d	c d	c d	c d	c d	c d	c d	c d	c d	
Einfach	13	▽	0 1				1 2	2 3	3 4	5 6	7 8	8 9	10 11	12 13	14 15	18 19	21 22	27 28	30 31	41 42	44 45	Δ	13
Doppel	8	▽	*				0 2	0 3	1 4	2 5	3 7	3 7	5 9	6 10	7 11	9 14	11 16	15 20	17 22	23 29	25 31	Δ	8
	16						1 2	3 4	4 5	6 7	8 9	11 12	12 13	15 16	18 19	23 24	26 27	34 35	37 38	52 53	56 57		16
Mehrfach	3	▽	*	Verwende Kennbuchstabe D	Verwende Kennbuchstabe G	Verwende Kennbuchstabe F	# 2	# 2	# 3	# 4	0 4	0 4	0 5	0 6	1 7	1 8	2 9	3 10	4 12	6 15	6 16	Δ	3
	6						# 2	0 3	0 3	1 5	1 6	2 7	3 8	3 9	4 10	6 12	7 14	10 17	11 19	16 25	17 27		6
	9						0 2	0 3	1 4	2 6	3 8	4 9	6 10	7 12	8 13	11 17	13 19	17 24	19 27	26 36	29 39		9
	12						0 3	1 4	2 5	3 7	5 10	6 11	8 13	10 15	12 17	16 22	19 25	24 31	27 34	37 46	40 49		12
	15						1 3	2 4	3 6	5 8	7 11	9 12	11 15	14 17	17 20	22 25	25 29	32 37	36 40	49 55	53 58		15
	18						1 3	3 5	4 6	7 9	10 12	12 14	14 17	18 20	21 23	27 29	31 33	40 43	45 47	61 64	65 68		18
	21						2 3	4 5	6 7	9 10	13 14	14 15	18 19	21 22	25 26	32 33	37 38	48 49	53 54	72 73	77 78		21
		weniger als 1,5	1,5	X	2,5	4,0	6,5	10	15	25	X	40	X	65	X	100	X	150	X	250	X	höher als 250	
		Annehmbare Qualitätsgrenzlagen (verschärfte Prüfung)																					

Δ = Verwende den nächsten vorangehenden Kennbuchstaben, für den Annahme- und Rückweisezahlen vorhanden sind.
▽ = Verwende den nächstfolgenden Kennbuchstaben, für den Annahme- und Rückweisezahlen vorhanden sind.
c = Annahmezahl
d = Rückweisezahl
* = Verwende die Einfach-Stichprobenanweisung darüber (oder auch den Kennbuchstaben H).
# = Die Annahme ist bei diesem Stichprobenumfang nicht zulässig.

E

Tabelle X-F **Tabellen für den Kennbuchstaben F (Einzeltabellen)**

Diagramm F Operationscharakteristiken für Einfach-Stichprobenanweisungen
(Die Charakteristiken für Doppel- und Mehrfachprüfung stimmen damit praktisch ausreichend genau überein)

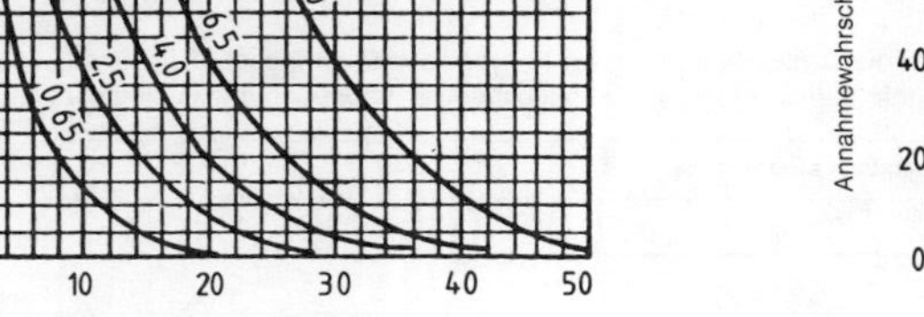

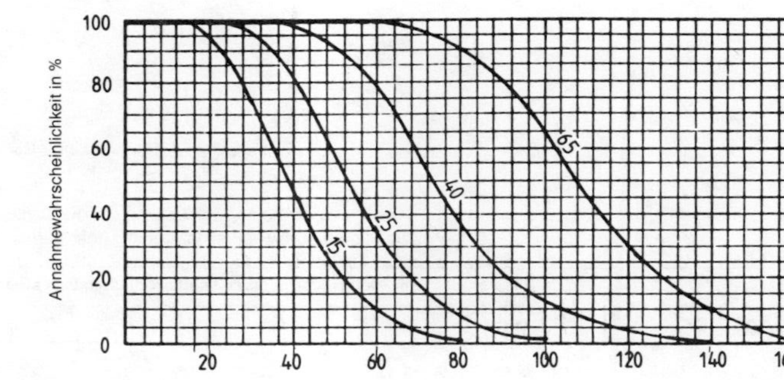

Qualitätslage des vorgestellten Produktes
Anmerkung: Die Zahlen bei den Kurven bedeuten die AQL-Werte für normale Prüfung.

Tabelle X-F-1 **Tabellenwerte der Operationscharakteristiken für Einzel-Stichprobenanweisungen**

P_a	Annehmbare Qualitätsgrenzlagen (normale Prüfung)																
	0,65	2,5	4,0	6,5	10	0,65	2,5	4,0	6,5	10	15		25		40		65
	p (als Anteil fehlerhafter Einheiten in %)					p (als Fehler je hundert Einheiten)											
99,0	0,050 2	0,759	2,27	4,36	9,75	0,050 3	0,743	2,18	4,12	8,93	14,5	17,5	23,9	30,5	37,4	51,7	62,9
95,0	0,256	1,81	4,22	7,14	14,0	0,256	1,78	4,09	6,83	13,1	19,9	23,5	30,8	38,4	46,2	62,2	74,5
90,0	0,525	2,69	5,64	9,03	16,6	0,527	2,66	5,51	8,72	15,8	23,3	27,2	35,1	43,2	51,5	68,4	81,2
75,0	1,43	4,81	8,70	12,8	21,6	1,44	4,81	8,64	12,7	21,1	29,8	34,2	43,1	52,1	61,2	79,5	93,4
50,0	3,41	8,25	13,1	18,1	27,9	3,47	8,39	13,4	18,4	28,4	30,3	43,3	53,3	63,3	73,3	93,3	108
25,0	6,70	12,9	18,7	24,2	34,8	6,93	13,5	19,6	25,5	37,1	48,4	54,0	65,1	76,1	87,0	109	125
10,0	10,9	18,1	24,5	30,4	41,5	11,5	19,4	26,6	33,4	46,4	58,9	65,0	77,0	88,9	101	124	141
5,0	13,9	21,6	28,3	34,4	45,6	15,0	23,7	31,5	38,8	52,6	65,7	72,2	84,8	97,2	109	133	151
1,0	20,6	28,9	35,8	42,1	53,2	23,0	33,2	42,0	50,2	65,5	80,0	87,0	101	114	127	153	172
	1,0	4,0	6,5	10		1,0	4,0	6,5	10	15		25		40		65	
	Annehmbare Qualitätsgrenzlagen (verschärfte Prüfung)																

Anmerkung: Für die Berechnungen wurde die Binomialverteilung bei Anteil fehlerhafter Einheiten in %, die Poisson-Verteilung bei Fehler je 100 Einheiten verwendet.

F

Tabelle X-F-2 **Stichprobenanweisungen für den Kennbuchstaben F**

Art der Stich-proben-anweisung	Kumulativer Stich-proben-umfang	Annehmbare Qualitätsgrenzlagen (normale Prüfung)																	Kumulativer Stich-proben-umfang
		weniger als 0,65	0,65	1,0	X	1,5	2,5	4,0	6,5	10	15	X	25	X	40	X	65	höher als 65	
		c d	c d	c d	c d	c d	c d	c d	c d	c d	c d	c d	c d	c d	c d	c d	c d	c d	
Einfach	20	▽	0 1	Verwende Kennbuch-stabe E	Verwende Kennbuch-stabe H	Verwende Kennbuch-stabe G	1 2	2 3	3 4	5 6	7 8	8 9	10 11	12 13	14 15	18 19	21 22	△	20
Doppel	13	▽	*				0 2	0 3	1 4	2 5	3 7	3 7	5 9	6 10	7 11	9 14	11 16	△	13
	26						1 2	3 4	4 5	6 7	8 9	11 12	12 13	15 16	18 19	23 24	26 27		26
Mehrfach	5	▽	*				# 2	# 2	# 3	# 4	0 4	0 4	0 5	0 6	1 7	1 8	2 9	△	5
	10						# 2	0 3	0 3	1 5	1 6	2 7	3 8	3 9	4 10	6 12	7 14		10
	15						0 2	0 3	1 4	2 6	3 8	4 9	6 10	7 12	8 13	11 17	13 19		15
	20						0 3	1 4	2 5	3 7	5 10	6 11	8 13	10 15	12 17	16 22	19 25		20
	25						1 3	2 4	3 6	5 8	7 11	9 12	11 15	14 17	17 20	22 25	25 29		25
	30						1 3	3 5	4 6	7 9	10 12	12 14	14 17	18 20	21 23	27 29	31 33		30
	35						2 3	4 5	6 7	9 10	13 14	14 15	18 19	21 22	25 26	32 33	37 38		35
		weniger als 1,0	1,0	X	1,5	2,5	4,0	6,5	10	15	X	25	X	40	X	65	X	höher als 65	
		Annehmbare Qualitätsgrenzlagen (verschärfte Prüfung)																	

△ = Verwende den nächsten vorangehenden Kennbuchstaben, für den Annahme- und Rückweisezahlen vorhanden sind.
▽ = Verwende den nächstfolgenden Kennbuchstaben, für den Annahme- und Rückweisezahlen vorhanden sind.
c = Annahmezahl
d = Rückweisezahl
* = Verwende die Einfach-Stichprobenanweisung darüber (oder auch den Kennbuchstaben J).
\# = Die Annahme ist bei diesem Stichprobenumfang nicht zulässig.

F

Tabelle X-G **Tabellen für den Kennbuchstaben G (Einzeltabellen)**

Diagramm G Operationscharakteristiken für Einfach-Stichprobenanweisungen
(Die Charakteristiken für Doppel- und Mehrfachprüfung stimmen damit praktisch ausreichend genau überein)

Annahmewahrscheinlichkeit in %

0,40 1,5 2,5 4,0 6,5 10

Qualitätslage des vorgestellten Produktes
Anmerkung: Die Zahlen bei den Kurven bedeuten die AQL-Werte für normale Prüfung.

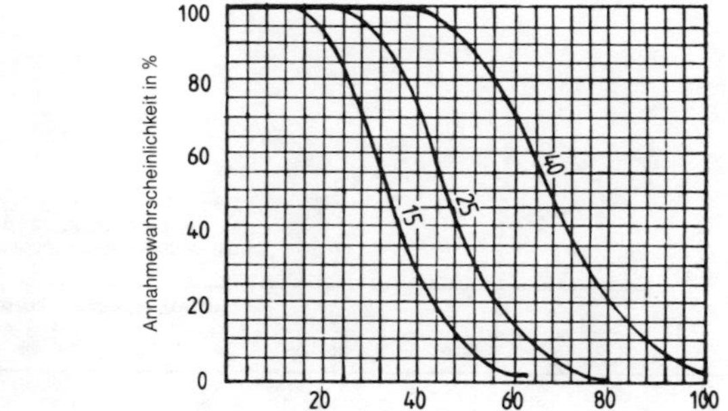

Tabelle X-G-1 **Tabellenwerte der Operationscharakteristiken für Einzel-Stichprobenanweisungen**

P_a	Annehmbare Qualitätsgrenzlagen (normale Prüfung)																	
	0,40	1,5	2,5	4,0	6,5	10	0,40	1,5	2,5	4,0	6,5	10	X	15	X	25	X	40
	p (als Anteil fehlerhafter Einheiten in %)						p (als Fehler je hundert Einheiten)											
99,0	0,031 4	0,471	1,40	2,67	5,88	9,73	0,031 4	0,464	1,36	2,57	5,58	9,08	11,0	14,9	19,1	23,4	32,3	39,3
95,0	0,160	1,12	2,60	4,38	8,50	13,1	0,160	1,11	2,56	4,27	8,17	12,4	14,7	19,3	24,0	28,9	38,9	46,5
90,0	0,329	1,67	3,49	5,56	10,2	15,1	0,329	1,66	3,44	5,45	9,85	14,6	17,0	21,9	27,0	32,2	42,7	50,8
75,0	0,895	3,01	5,42	7,98	13,4	19,0	0,899	3,00	5,40	7,92	13,2	18,6	21,4	26,9	32,6	38,2	49,7	58,4
50,0	2,14	5,19	8,27	11,4	17,5	23,7	2,17	5,24	8,36	11,5	17,7	24,0	27,1	33,3	39,6	45,8	58,3	67,7
25,0	4,24	8,19	11,9	15,4	22,3	29,0	4,33	8,41	12,3	16,0	23,2	30,3	33,8	40,7	47,6	54,4	67,9	78,0
10,0	6,94	11,6	15,8	19,7	27,1	34,0	7,20	12,2	16,6	20,9	29,0	36,8	40,6	48,1	55,6	62,9	77,4	88,1
5,0	8,94	14,0	18,4	22,5	30,1	37,2	9,36	14,8	19,7	24,2	32,9	41,1	45,1	53,0	60,8	68,4	83,4	94,5
1,0	13,4	19,0	23,8	28,1	36,0	43,2	14,4	20,7	26,3	31,4	41,0	50,0	54,4	63,0	71,3	79,5	95,6	107
	0,65	2,5	4,0	6,5	10	X	0,65	2,5	4,0	6,5	10	X	15	X	25	X	40	X
	Annehmbare Qualitätsgrenzlagen (verschärfte Prüfung)																	

Anmerkung: Für die Berechnungen wurde die Binomialverteilung bei Anteil fehlerhafter Einheiten in %, die Poisson-Verteilung bei Fehler je 100 Einheiten verwendet.

Tabelle X-G-2 **Stichprobenanweisungen für den Kennbuchstaben G**

Art der Stich-proben-anweisung	Kumulativer Stich-proben-umfang	Annehmbare Qualitätsgrenzlagen (normale Prüfung)																	Kumulativer Stich-proben-umfang
		weniger als 0,40	0,40	0,65	X	1,0	1,5	2,5	4,0	6,5	10	X	15	X	25	X	40	höher als 40	
		c d	*c d*	*c d*	*c d*	*c d*	*c d*	*c d*	*c d*	*c d*	*c d*	*c d*	*c d*	*c d*	*c d*	*c d*	*c d*	*c d*	
Einfach	32	▽	0 1				1 2	2 3	3 4	5 6	7 8	8 9	10 11	12 13	14 15	18 19	21 22	△	32
Doppel	20	▽	•				0 2	0 3	1 4	2 5	3 7	3 7	5 9	6 10	7 11	9 14	11 16	△	20
	40						1 2	3 4	4 5	6 7	8 9	11 12	12 13	15 16	18 19	23 24	26 27		40
Mehrfach	8	▽	•	Verwende Kennbuchstabe F	Verwende Kennbuchstabe J	Verwende Kennbuchstabe H	# 2	# 2	# 3	# 4	0 4	0 4	0 5	0 6	1 7	1 8	2 9	△	8
	16						# 2	0 3	0 3	1 5	1 6	2 7	3 8	3 9	4 10	6 12	7 14		16
	24						0 2	0 3	1 4	2 6	3 8	4 9	6 10	7 12	8 13	11 17	13 19		24
	32						0 3	1 4	2 5	3 7	5 10	6 11	8 13	10 15	12 17	16 22	19 25		32
	40						1 3	2 4	3 6	5 8	7 11	9 12	11 15	14 17	17 20	22 25	25 29		40
	48						1 3	3 5	4 6	7 9	10 12	12 14	14 17	18 20	21 23	27 29	31 33		48
	56						2 3	4 5	6 7	9 10	13 14	14 15	18 19	21 22	25 26	32 33	37 38		56
		weniger als 0,65	0,65	X	1,0	1,5	2,5	4,0	6,5	10	X	15	X	25	X	40	X	höher als 40	
		Annehmbare Qualitätsgrenzlagen (verschärfte Prüfung)																	

△ = Verwende den nächsten vorangehenden Kennbuchstaben, für den Annahme- und Rückweisezahlen vorhanden sind.
▽ = Verwende den nächstfolgenden Kennbuchstaben, für den Annahme- und Rückweisezahlen vorhanden sind.
c = Annahmezahl
d = Rückweisezahl
• = Verwende die Einfach-Stichprobenanweisung darüber (oder auch den Kennbuchstaben K).
= Die Annahme ist bei diesem Stichprobenumfang nicht zulässig.

G

Tabelle X-H **Tabellen für den Kennbuchstaben H (Einzeltabellen)**

Diagramm H Operationscharakteristiken für Einfach-Stichprobenanweisungen
(Die Charakteristiken für Doppel- und Mehrfachprüfung stimmen damit praktisch ausreichend genau überein)

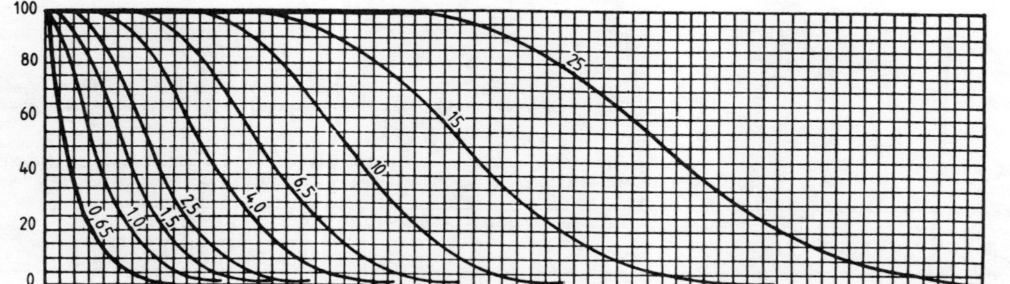

Qualitätslage des vorgestellten Produktes
Anmerkung: Die Zahlen bei den Kurven bedeuten die AQL-Werte für normale Prüfung.

Tabelle X-H-1 **Tabellenwerte der Operationscharakteristiken für Einzel-Stichprobenanweisungen**

P_a	**Annehmbare Qualitätsgrenzlagen (normale Prüfung)**																			
	0,25	1,0	1,5	2,5	4,0	6,5	X	10	0,25	1,0	1,5	2,5	4,0	6,5	X	10	X	15	X	25
	p (als Anteil fehlerhafter Einheiten in %)								*p* (als Fehler je hundert Einheiten)											
99,0	0,020 1	0,300	0,886	1,68	3,69	6,07	7,36	10,1	0,020 1	0,297	0,872	1,65	3,57	5,81	7,01	9,54	12,2	15,0	20,7	25,1
95,0	0,103	0,715	1,66	2,78	5,36	8,22	9,72	12,9	0,103	0,711	1,64	2,73	5,23	7,96	9,39	12,3	15,4	18,5	24,9	29,8
90,0	0,210	1,07	2,22	3,53	6,43	9,54	11,2	14,5	0,211	1,06	2,20	3,49	6,30	9,31	10,9	14,0	17,3	20,6	27,3	32,5
75,0	0,574	1,92	3,46	5,10	8,51	12,0	13,8	17,5	0,575	1,92	3,45	5,07	8,44	11,9	13,7	17,2	20,8	24,5	31,8	37,4
50,0	1,38	3,33	5,31	7,29	11,3	15,2	17,2	21,2	1,39	3,36	5,35	7,34	11,3	15,3	17,3	21,3	25,3	29,3	37,3	43,3
25,0	2,73	5,29	7,69	10,0	14,5	18,8	21,0	25,2	2,77	5,39	7,84	10,2	14,8	19,4	21,6	26,0	30,4	34,8	43,5	49,9
10,0	4,50	7,56	10,3	12,9	17,8	22,4	24,7	29,1	4,61	7,78	10,6	13,4	18,5	23,5	26,0	30,8	35,6	40,3	49,5	56,4
5,0	5,82	9,14	12,1	14,8	19,9	24,7	27,0	31,6	5,99	9,49	12,6	15,5	21,0	26,3	28,9	33,9	38,9	43,8	53,4	60,5
1,0	8,00	12,6	15,8	18,7	24,2	29,2	31,7	36,3	9,21	13,3	16,8	20,1	26,2	32,0	34,8	40,3	45,6	50,9	61,2	68,7
	0,40	1,5	2,5	4,0	6,5	X	10	X	0,40	1,5	2,5	4,0	6,5	X	10	X	15	X	25	X
	Annehmbare Qualitätsgrenzlagen (verschärfte Prüfung)																			

Anmerkung: Für die Berechnungen wurde die Binomialverteilung bei Anteil fehlerhafter Einheiten in %, die Poisson-Verteilung bei Fehler je 100 Einheiten verwendet.

Tabelle X-H-2 **Stichprobenanweisungen für den Kennbuchstaben H**

Art der Stich-proben-anweisung	Kumulativer Stich-proben-umfang	Annehmbare Qualitätsgrenzlagen (normale Prüfung)																	Kumulativer Stich-proben-umfang
		weniger als 0,25	0,25	0,40	X	0,65	1,0	1,5	2,5	4,0	6,5	X	10	X	15	X	25	höher als 25	
		c d	c d	c d	c d	c d	c d	c d	c d	c d	c d	c d	c d	c d	c d	c d	c d	c d	
Einfach	50	▽	0 1				1 2	2 3	3 4	5 6	7 8	8 9	10 11	12 13	14 15	18 19	21 22	△	50
Doppel	32	▽	•				0 2	0 3	1 4	2 5	3 7	3 7	5 9	6 10	7 11	9 14	11 16	△	32
	64						1 2	3 4	4 5	6 7	8 9	11 12	12 13	15 16	18 19	23 24	26 27		64
Mehrfach	13	▽	•	Verwende Kennbuchstabe G	Verwende Kennbuchstabe K	Verwende Kennbuchstabe J	# 2	# 2	# 3	# 4	0 4	0 4	0 5	0 6	1 7	1 8	2 9	△	13
	26						# 2	0 3	0 3	1 5	1 6	2 7	3 8	3 9	4 10	6 12	7 14		26
	39						0 2	0 3	1 4	2 6	3 8	4 9	6 10	7 12	8 13	11 17	13 19		39
	52						0 3	1 4	2 5	3 7	5 10	6 11	8 13	10 15	12 17	16 22	19 25		52
	65						1 3	2 4	3 6	5 8	7 11	9 12	11 15	14 17	17 20	22 25	25 29		65
	78						1 3	3 5	4 6	7 9	10 12	12 14	14 17	18 20	21 23	27 29	31 33		78
	91						2 3	4 5	6 7	9 10	13 14	14 15	18 19	21 22	25 26	32 33	37 38		91
		weniger als 0,40	0,40	X	0,65	1,0	1,5	2,5	4,0	6,5	X	10	X	15	X	25	X	höher als 25	
		Annehmbare Qualitätsgrenzlagen (verschärfte Prüfung)																	

△ = Verwende den nächsten vorangehenden Kennbuchstaben, für den Annahme- und Rückweisezahlen vorhanden sind.
▽ = Verwende den nächstfolgenden Kennbuchstaben, für den Annahme- und Rückweisezahlen vorhanden sind.
c = Annahmezahl
d = Rückweisezahl
• = Verwende die Einfach-Stichprobenanweisung darüber (oder auch den Kennbuchstaben L).
= Die Annahme ist bei diesem Stichprobenumfang nicht zulässig.

J

Tabelle X-J **Tabellen für den Kennbuchstaben J (Einzeltabellen)**

Diagramm J Operationscharakteristiken für Einfach-Stichprobenanweisungen
(Die Charakteristiken für Doppel- und Mehrfachprüfung stimmen damit praktisch ausreichend genau überein)

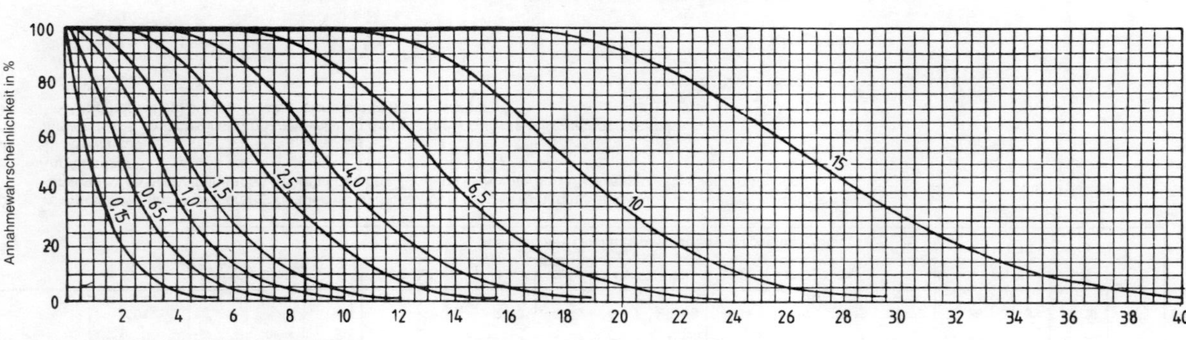

Qualitätslage des vorgestellten Produktes
Anmerkung: Die Zahlen bei den Kurven bedeuten die AQL-Werte für normale Prüfung.

Tabelle X-J-1 **Tabellenwerte der Operationscharakteristiken für Einzel-Stichprobenanweisungen**

P_a	**Annehmbare Qualitätsgrenzlagen (normale Prüfung)**																					
	0,015	0,65	1,0	1,5	2,5	4,0		6,5		10	0,15	0,65	1,0	1,5	2,5	4,0		6,5		10		15
	p (als Anteil fehlerhafter Einheiten in %)										*p* (als Fehler je hundert Einheiten)											
99,0	0,012 6	0,187	0,55	1,04	2,28	3,73	4,51	6,17	7,93	9,76	0,012 6	0,186	0,545	1,03	2,23	3,63	4,38	5,96	7,62	9,35	12,9	15,7
95,0	0,064 1	0,446	1,03	1,73	3,32	5,07	6,00	7,91	9,89	11,9	0,064 1	0,444	1,02	1,71	3,27	4,98	5,87	7,71	9,61	11,6	15,6	18,6
90,0	0,132	0,667	1,39	2,20	3,99	5,91	6,90	8,95	11,0	13,2	0,132	0,665	1,38	2,18	3,94	5,82	6,79	8,78	10,8	12,9	17,1	20,3
75,0	0,359	1,20	2,16	3,18	5,30	7,50	8,61	10,9	13,2	15,5	0,360	1,20	2,16	3,17	5,27	7,45	8,55	10,8	13,0	15,3	19,9	23,4
50,0	0,863	2,09	3,33	4,57	7,06	9,55	10,8	13,3	15,8	18,3	0,866	2,10	3,34	4,59	7,09	9,59	10,8	13,3	15,8	18,3	23,3	27,1
25,0	1,72	3,33	4,84	6,30	9,14	11,9	13,3	16,0	18,6	21,3	1,73	3,37	4,90	6,39	9,28	12,1	13,5	16,3	19,0	21,7	27,2	31,2
10,0	2,84	4,78	6,52	8,16	11,3	14,3	15,7	18,6	21,4	24,2	2,88	4,86	6,65	8,35	11,6	14,7	16,2	19,3	22,2	25,2	30,9	35,2
5,0	3,68	5,79	7,66	9,41	12,7	15,8	17,3	20,3	23,2	26,0	3,74	5,93	7,87	9,69	13,1	16,4	18,0	21,2	24,3	27,4	33,4	37,8
1,0	5,59	8,01	10,1	12,0	15,6	18,9	20,5	23,6	26,6	29,5	5,76	8,30	10,5	12,6	16,4	20,0	21,8	25,2	28,5	31,8	38,2	42,9
	0,25	1,0	1,5	2,5	4,0		6,5		10		0,25	1,0	1,5	2,5	4,0		6,5		10		15	
	Annehmbare Qualitätsgrenzlagen (verschärfte Prüfung)																					

Anmerkung: Für die Berechnungen wurde die Binomialverteilung bei Anteil fehlerhafter Einheiten in %, die Poisson-Verteilung bei Fehler je 100 Einheiten verwendet.

Tabelle X-J-2 **Stichprobenanweisungen für den Kennbuchstaben J**

Art der Stich-proben-anweisung	Kumulativer Stich-proben-umfang	**Annehmbare Qualitätsgrenzlagen (normale Prüfung)**																	Kumulativer Stich-proben-umfang
		weniger als 0,15	0,15	0,25		0,40	0,65	1,0	1,5	2,5	4,0		6,5		10		15	höher als 15	
		c d	c d	c d	c d	c d	c d	c d	c d	c d	c d	c d	c d	c d	c d	c d	c d	c d	
Einfach	80	▽	0 1				1 2	2 3	3 4	5 6	7 8	8 9	10 11	12 13	14 15	18 19	21 22	△	80
Doppel	50	▽	*				0 2	0 3	1 4	2 5	3 7	3 7	5 9	6 10	7 11	9 14	11 16	△	50
	100						1 2	3 4	4 5	6 7	8 9	11 12	12 13	15 16	18 19	23 24	26 27		100
Mehrfach	20	▽	*	Verwende Kennbuchstabe H	Verwende Kennbuchstabe L	Verwende Kennbuchstabe K	# 2	# 2	# 3	# 4	0 4	0 4	0 5	0 6	1 7	1 8	2 9	△	20
	40						# 2	0 3	0 3	1 5	1 6	2 7	3 8	3 9	4 10	6 12	7 14		40
	60						0 2	0 3	1 4	2 6	3 8	4 9	6 10	7 12	8 13	11 17	13 19		60
	80						0 3	1 4	2 5	3 7	5 10	6 11	8 13	10 15	12 17	16 22	19 25		80
	100						1 3	2 4	3 6	5 8	7 11	9 12	11 15	14 17	17 20	22 25	25 29		100
	120						1 3	3 5	4 6	7 9	10 12	12 14	14 17	18 20	21 23	27 29	31 33		120
	140						2 3	4 5	6 7	9 10	13 14	14 15	18 19	21 22	25 26	32 33	37 38		140
		weniger als 0,25	0,25		0,40	0,65	1,0	1,5	2,5	4,0		6,5		10		15		höher als 15	
		Annehmbare Qualitätsgrenzlagen (verschärfte Prüfung)																	

△ = Verwende den nächsten vorangehenden Kennbuchstaben, für den Annahme- und Rückweisezahlen vorhanden sind.
▽ = Verwende den nächstfolgenden Kennbuchstaben, für den Annahme- und Rückweisezahlen vorhanden sind.
c = Annahmezahl
d = Rückweisezahl
* = Verwende die Einfach-Stichprobenanweisung darüber (oder auch den Kennbuchstaben M).
# = Die Annahme ist bei diesem Stichprobenumfang nicht zulässig.

J

Tabelle X-K **Tabellen für den Kennbuchstaben K (Einzeltabellen)**

Diagramm K Operationscharakteristiken für Einfach-Stichprobenanweisungen
(Die Charakteristiken für Doppel- und Mehrfachprüfung stimmen damit praktisch ausreichend genau überein)

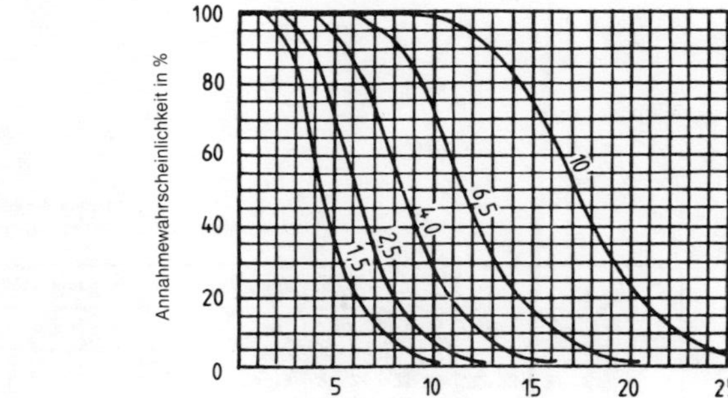

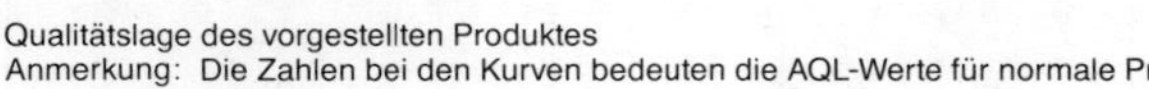

Qualitätslage des vorgestellten Produktes
Anmerkung: Die Zahlen bei den Kurven bedeuten die AQL-Werte für normale Prüfung.

Tabelle X-K-1 **Tabellenwerte der Operationscharakteristiken für Einzel-Stichprobenanweisungen**

P_a	Annehmbare Qualitätsgrenzlagen (normale Prüfung)											
	0,10	0,40	0,65	1,0	1,5	2,5	X	4,0	X	6,5	X	10
	p (als Anteil fehlerhafter Einheiten in % oder als Fehler je hundert Einheiten)											
99,0	0,008 04	0,119	0,349	0,659	1,43	2,32	2,81	3,82	4,88	5,98	8,28	10,1
95,0	0,041 0	0,284	0,654	1,09	2,09	3,18	3,76	4,94	6,15	7,40	9,95	11,9
90,0	0,084 3	0,425	0,882	1,40	2,52	3,72	4,35	5,62	6,92	8,24	10,9	13,0
75,0	0,230	0,769	1,38	2,03	3,38	4,76	5,47	6,90	8,34	9,79	12,7	14,9
50,0	0,555	1,34	2,14	2,94	4,54	6,14	6,94	8,53	10,1	11,7	14,9	17,3
25,0	1,11	2,15	3,14	4,09	5,94	7,75	8,64	10,4	12,2	13,9	17,4	20,0
10,0	1,84	3,11	4,26	5,34	7,42	9,42	10,4	12,3	14,2	16,1	19,8	22,5
5,0	2,40	3,80	5,04	6,20	8,41	10,5	11,5	13,6	15,6	17,5	21,4	24,2
1,0	3,68	5,31	6,72	8,04	10,5	12,8	13,9	16,1	18,3	20,4	24,5	27,5
	0,15	0,65	1,0	1,5	2,5	X	4,0	X	6,5	X	10	X
	Annehmbare Qualitätsgrenzlagen (verschärfte Prüfung)											

Anmerkung: Alle Werte in obiger Tabelle beruhen auf der Poisson-Verteilung als Näherung für die Binomialverteilung.

Tabelle X-K-2 **Stichprobenanweisungen für den Kennbuchstaben K**

Art der Stich-proben-anweisung	Kumulativer Stich-proben-umfang	Annehmbare Qualitätsgrenzlagen (normale Prüfung)																	Kumulativer Stich-proben-umfang
		weniger als 0,10	0,10	0,15	X	0,25	0,40	0,65	1,0	1,5	2,5	X	4,0	X	6,5	X	10	höher als 10	
		c d	c d	c d	c d	c d	c d	c d	c d	c d	c d	c d	c d	c d	c d	c d	c d	c d	
Einfach	125	▽	0 1				1 2	2 3	3 4	5 6	7 8	8 9	10 11	12 13	14 15	18 19	21 22	△	125
Doppel	80	▽	•				0 2	0 3	1 4	2 5	3 7	3 7	5 9	6 10	7 11	9 14	11 16	△	80
	160						1 2	3 4	4 5	6 7	8 9	11 12	12 13	15 16	18 19	23 24	26 27		160
Mehrfach	32	▽	•	Verwende Kennbuchstabe J	Verwende Kennbuchstabe M	Verwende Kennbuchstabe L	# 2	# 2	# 3	# 4	0 4	0 4	0 5	0 6	1 7	1 8	2 9	△	32
	64						# 2	0 3	0 3	1 5	1 6	2 7	3 8	3 9	4 10	6 12	7 14		64
	96						0 2	0 3	1 4	2 6	3 8	4 9	6 10	7 12	8 13	11 17	13 19		96
	128						0 3	1 4	2 5	3 7	5 10	6 11	8 13	10 15	12 17	16 22	19 25		128
	160						1 3	2 4	3 6	5 8	7 11	9 12	11 15	14 17	17 20	22 25	25 29		160
	192						1 3	3 5	4 6	7 9	10 12	12 14	14 17	18 20	21 23	27 29	31 33		192
	224						2 3	4 5	6 7	9 10	13 14	14 15	18 19	21 22	25 26	32 33	37 38		224
		weniger als 0,15	0,15	X	0,25	0,40	0,65	1,0	1,5	2,5	X	4,0	X	6,5	X	10	X	höher als 10	
		Annehmbare Qualitätsgrenzlagen (verschärfte Prüfung)																	

△ = Verwende den nächsten vorangehenden Kennbuchstaben, für den Annahme- und Rückweisezahlen vorhanden sind.
▽ = Verwende den nächstfolgenden Kennbuchstaben, für den Annahme- und Rückweisezahlen vorhanden sind.
c = Annahmezahl
d = Rückweisezahl
• = Verwende die Einfach-Stichprobenanweisung darüber (oder auch den Kennbuchstaben N).
= Die Annahme ist bei diesem Stichprobenumfang nicht zulässig.

K

Tabelle X-L **Tabellen für den Kennbuchstaben L (Einzeltabellen)**

Diagramm L Operationscharakteristiken für Einfach-Stichprobenanweisungen
(Die Charakteristiken für Doppel- und Mehrfachprüfung stimmen damit praktisch ausreichend genau überein)

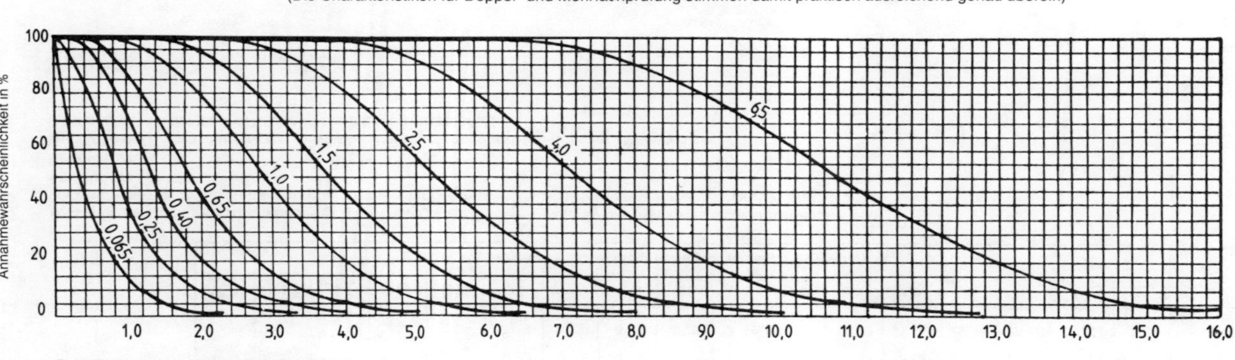

Qualitätslage des vorgestellten Produktes
Anmerkung: Die Zahlen bei den Kurven bedeuten die AQL-Werte für normale Prüfung.

Tabelle X-L-1 **Tabellenwerte der Operationscharakteristiken für Einfach-Stichprobenanweisungen**

P_a	Annehmbare Qualitätsgrenzlagen (normale Prüfung)											
	0,065	0,25	0,40	0,65	1,0	1,5	X	2,5	X	4,0	X	6,5
	p (als Anteil fehlerhafter Einheiten in % oder als Fehler je hundert Einheiten)											
99,0	0,005 03	0,074 3	0,218	0,412	0,893	1,45	1,75	2,39	3,05	3,74	5,17	6,29
95,0	0,025 6	0,178	0,409	0,683	1,31	1,99	2,35	3,08	3,84	4,62	6,22	7,45
90,0	0,052 7	0,266	0,551	0,872	1,58	2,33	2,72	3,51	4,32	5,15	6,84	8,12
75,0	0,144	0,481	0,864	1,27	2,11	2,98	3,42	4,31	5,21	6,12	7,95	9,34
50,0	0,347	0,839	1,34	1,84	2,84	3,83	4,33	5,33	6,33	7,33	9,33	10,8
25,0	0,693	1,35	1,96	2,55	3,71	4,84	5,40	6,51	7,61	8,70	10,9	12,5
10,0	1,15	1,94	2,66	3,34	4,64	5,89	6,50	7,70	8,89	10,1	12,4	14,1
5,0	1,50	2,37	3,15	3,88	5,26	6,57	7,22	8,48	9,72	10,9	13,3	15,1
1,0	2,30	3,32	4,20	5,02	6,55	8,00	8,70	10,1	11,4	12,7	15,3	17,2
	0,10	0,40	0,65	1,0	1,5	X	2,5	X	4,0	X	6,5	X
	Annehmbare Qualitätsgrenzlagen (verschärfte Prüfung)											

Anmerkung: Alle Werte in obiger Tabelle beruhen auf der Poisson-Verteilung als Näherung für die Binomialverteilung.

Tabelle X-L-2 **Stichprobenanweisungen für den Kennbuchstaben L**

Art der Stich-proben-anweisung	Kumulativer Stich-proben-umfang	Annehmbare Qualitätsgrenzlagen (normale Prüfung)																	Kumulativer Stich-proben-umfang
		weniger als 0,065	0,065	0,10	X	0,15	0,25	0,40	0,65	1,0	1,5	X	2,5	X	4,0	X	6,5	höher als 6,5	
		c d	*c d*	*c d*	*c d*	*c d*	*c d*	*c d*	*c d*	*c d*	*c d*	*c d*	*c d*	*c d*	*c d*	*c d*	*c d*	*c d*	
Einfach	200	▽	0 1				1 2	2 3	3 4	5 6	7 8	8 9	10 11	12 13	14 15	18 19	21 22	△	200
Doppel	125	▽	•				0 2	0 3	1 4	2 5	3 7	3 7	5 9	6 10	7 11	9 14	11 16	△	125
	250						1 2	3 4	4 5	6 7	8 9	11 12	12 13	15 16	18 19	23 24	26 27		250
Mehrfach	50	▽	•	Verwende Kennbuch-stabe K	Verwende Kennbuch-stabe N	Verwende Kennbuch-stabe M	# 2	# 2	# 3	# 4	0 4	0 4	0 5	0 6	1 7	1 8	2 9	△	50
	100						# 2	0 3	0 3	1 5	1 6	2 7	3 8	3 9	4 10	6 12	7 14		100
	150						0 2	0 3	1 4	2 6	3 8	4 9	6 10	7 12	8 13	11 17	13 19		150
	200						0 3	1 4	2 5	3 7	5 10	6 11	8 13	10 15	12 17	16 22	19 25		200
	250						1 3	2 4	3 6	5 8	7 11	9 12	11 15	14 17	17 20	22 25	25 29		250
	300						1 3	3 5	4 6	7 9	10 12	12 14	14 17	18 20	21 23	27 29	31 33		300
	350						2 3	4 5	6 7	9 10	13 14	14 15	18 19	21 22	25 26	32 33	37 38		350
		weniger als 0,10	0,10	X	0,15	0,25	0,40	0,65	1,0	1,5	X	2,5	X	4,0	X	6,5	X	höher als 6,5	
		Annehmbare Qualitätsgrenzlagen (verschärfte Prüfung)																	

△ = Verwende den nächsten vorangehenden Kennbuchstaben, für den Annahme- und Rückweisezahlen vorhanden sind.
▽ = Verwende den nächstfolgenden Kennbuchstaben, für den Annahme- und Rückweisezahlen vorhanden sind.
c = Annahmezahl
d = Rückweisezahl
• = Verwende die Einfach-Stichprobenanweisung darüber (oder auch den Kennbuchstaben P).
= Die Annahme ist bei diesem Stichprobenumfang nicht zulässig.

Tabelle X-M **Tabellen für den Kennbuchstaben M (Einzeltabellen)**

Diagramm M Operationscharakteristiken für Einfach-Stichprobenanweisungen
(Die Charakteristiken für Doppel- und Mehrfachprüfung stimmen damit praktisch ausreichend genau überein)

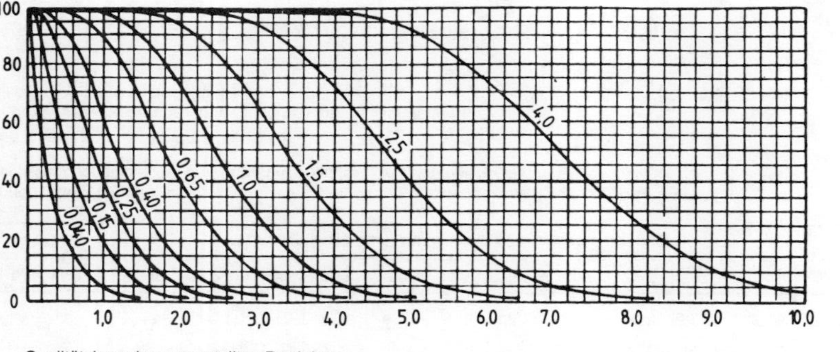

Qualitätslage des vorgestellten Produktes
Anmerkung: Die Zahlen bei den Kurven bedeuten die AQL-Werte für normale Prüfung.

Tabelle X-M-1 **Tabellenwerte der Operationscharakteristiken für Einfach-Stichprobenanweisungen**

P_a	**Annehmbare Qualitätsgrenzlagen (normale Prüfung)**											
	0,040	0,15	0,25	0,40	0,65	1,0	X	1,5	X	2,5	X	4,0
	p (als Anteil fehlerhafter Einheiten in % oder als Fehler je hundert Einheiten)											
99,0	0,003 19	0,047 2	0,138	0,261	0,567	0,923	1,11	1,51	1,94	2,37	3,28	3,99
95,0	0,016 3	0,113	0,260	0,434	0,830	1,26	1,49	1,96	2,44	2,94	3,95	4,73
90,0	0,033 5	0,169	0,350	0,554	1,00	1,48	1,72	2,23	2,74	3,27	4,34	5,16
75,0	0,091 3	0,305	0,548	0,805	1,34	1,89	2,17	2,74	3,31	3,89	5,05	5,93
50,0	0,220	0,533	0,849	1,17	1,80	2,43	2,75	3,39	4,02	4,66	5,93	6,88
25,0	0,440	0,855	1,24	1,62	2,36	3,07	3,43	4,13	4,83	5,52	6,90	7,92
10,0	0,731	1,23	1,69	2,12	2,94	3,74	4,13	4,89	5,64	6,39	7,86	8,95
5,0	0,951	1,51	2,00	2,46	3,34	4,17	4,58	5,38	6,17	6,95	8,47	9,60
1,0	1,46	2,11	2,67	3,19	4,16	5,08	5,52	6,40	7,24	8,08	9,71	10,9
	0,065	0,25	0,40	0,65	1,0	X	1,5	X	2,5	X	4,0	X
	Annehmbare Qualitätsgrenzlagen (verschärfte Prüfung)											

Anmerkung: Alle Werte in obiger Tabelle beruhen auf der Poisson-Verteilung als Näherung für die Binomialverteilung.

Tabelle X-M-2 **Stichprobenanweisungen für den Kennbuchstaben M**

Art der Stich-proben-anweisung	Kumulativer Stich-proben-umfang	Annehmbare Qualitätsgrenzlagen (normale Prüfung)																	Kumulativer Stich-proben-umfang
		weniger als 0,040	0,040	0,065	X	0,10	0,15	0,25	0,40	0,65	1,0	X	1,5	X	2,5	X	4,0	höher als 4,0	
		c d	*c d*	*c d*	*c d*	*c d*	*c d*	*c d*	*c d*	*c d*	*c d*	*c d*	*c d*	*c d*	*c d*	*c d*	*c d*	*c d*	
Einfach	315	▽	0 1				1 2	2 3	3 4	5 6	7 8	8 9	10 11	12 13	14 15	18 19	21 22	△	315
Doppel	200	▽	*				0 2	0 3	1 4	2 5	3 7	3 7	5 9	6 10	7 11	9 14	11 16	△	200
	400						1 2	3 4	4 5	6 7	8 9	11 12	12 13	15 16	18 19	23 24	26 27		400
Mehrfach	80	▽	*	Verwende Kennbuch-stabe L	Verwende Kennbuch-stabe P	Verwende Kennbuch-stabe N	# 2	# 2	# 3	# 4	0 4	0 4	0 5	0 6	1 7	1 8	2 9	△	80
	160						# 2	0 3	0 3	1 5	1 6	2 7	3 8	3 9	4 10	6 12	7 14		160
	240						0 2	0 3	1 4	2 6	3 8	4 9	6 10	7 12	8 13	11 17	13 19		240
	320						0 3	1 4	2 5	3 7	5 10	6 11	8 13	10 15	12 17	16 22	19 25		320
	400						1 3	2 4	3 6	5 8	7 11	9 12	11 15	14 17	17 20	22 25	25 29		400
	480						1 3	3 5	4 6	7 9	10 12	12 14	14 17	18 20	21 23	27 29	31 33		480
	560						2 3	4 5	6 7	9 10	13 14	14 15	18 19	21 22	25 26	32 33	37 38		560
		weniger als 0,065	0,065	X	0,10	0,15	0,25	0,40	0,65	1,0	X	1,5	X	2,5	X	4,0	X	höher als 4,0	
		Annehmbare Qualitätsgrenzlagen (verschärfte Prüfung)																	

△ = Verwende den nächsten vorangehenden Kennbuchstaben, für den Annahme- und Rückweisezahlen vorhanden sind.
▽ = Verwende den nächstfolgenden Kennbuchstaben, für den Annahme- und Rückweisezahlen vorhanden sind.
c = Annahmezahl
d = Rückweisezahl
* = Verwende die Einfach-Stichprobenanweisung darüber (oder auch den Kennbuchstaben Q).
# = Die Annahme ist bei diesem Stichprobenumfang nicht zulässig.

Tabelle X-N **Tabellen für den Kennbuchstaben N (Einzeltabellen)**

Diagramm N Operationscharakteristiken für Einfach-Stichprobenanweisungen
(Die Charakteristiken für Doppel- und Mehrfachprüfung stimmen damit praktisch ausreichend genau überein)

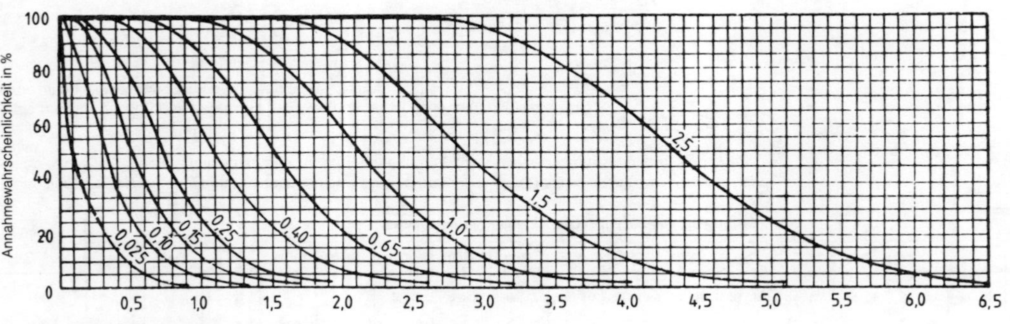

Qualitätslage des vorgestellten Produktes
Anmerkung: Die Zahlen bei den Kurven bedeuten die AQL-Werte für normale Prüfung.

Tabelle X-N-1 **Tabellenwerte der Operationscharakteristiken für Einfach-Stichprobenanweisungen**

P_a	Annehmbare Qualitätsgrenzlagen (normale Prüfung)											
	0,025	0,10	0,15	0,25	0,40	0,65	X	1,0	X	1,5	X	2,5
	p (als Anteil fehlerhafter Einheiten in % oder als Fehler je hundert Einheiten)											
99,0	0,002 01	0,029 7	0,087 2	0,165	0,357	0,581	0,701	0,954	1,22	1,50	2,07	2,51
95,0	0,010 3	0,071 1	0,164	0,273	0,523	0,796	0,939	1,23	1,54	1,85	2,49	2,98
90,0	0,021 1	0,106	0,220	0,349	0,630	0,931	1,09	1,40	1,73	2,06	2,73	3,25
75,0	0,057 5	0,192	0,345	0,507	0,844	1,19	1,37	1,72	2,08	2,45	3,18	3,74
50,0	0,139	0,336	0,535	0,734	1,13	1,53	1,73	2,13	2,53	2,93	3,73	4,33
25,0	0,277	0,539	0,784	1,02	1,48	1,94	2,16	2,60	3,04	3,48	4,35	4,99
10,0	0,461	0,778	1,06	1,34	1,85	2,35	2,60	3,08	3,56	4,03	4,95	5,64
5,0	0,599	0,949	1,26	1,55	2,10	2,63	2,89	3,39	3,89	4,38	5,34	6,05
1,0	0,921	1,33	1,68	2,01	2,62	3,20	3,48	4,03	4,56	5,09	6,12	6,87
	0,040	0,15	0,25	0,40	0,65	X	1,0	X	1,5	X	2,5	X
	Annehmbare Qualitätsgrenzlagen (verschärfte Prüfung)											

Anmerkung: Alle Werte in obiger Tabelle beruhen auf der Poisson-Verteilung als Näherung für die Binomialverteilung.

Tabelle X-N-2 **Stichprobenanweisungen für den Kennbuchstaben N**

Art der Stichprobenanweisung	Kumulativer Stichprobenumfang	Annehmbare Qualitätsgrenzlagen (normale Prüfung)																	Kumulativer Stichprobenumfang
		weniger als 0,025	0,025	0,040	X	0,065	0,10	0,15	0,25	0,40	0,65	X	1,0	X	1,5	X	2,5	höher als 2,5	
		c d	*c d*	*c d*	*c d*	*c d*	*c d*	*c d*	*c d*	*c d*	*c d*	*c d*	*c d*	*c d*	*c d*	*c d*	*c d*	*c d*	
Einfach	500	▽	0 1				1 2	2 3	3 4	5 6	7 8	8 9	10 11	12 13	14 15	18 19	21 22	△	500
Doppel	315	▽	*				0 2	0 3	1 4	2 5	3 7	3 7	5 9	6 10	7 11	9 14	11 16	△	315
	630						1 2	3 4	4 5	6 7	8 9	11 12	12 13	15 16	18 19	23 24	26 27		630
Mehrfach	125	▽	*	Verwende Kennbuchstabe M	Verwende Kennbuchstabe Q	Verwende Kennbuchstabe P	# 2	# 2	# 3	# 4	0 4	0 4	0 5	0 6	1 7	1 8	2 9	△	125
	250						# 2	0 3	0 3	1 5	1 6	2 7	3 8	3 9	4 10	6 12	7 14		250
	375						0 2	0 3	1 4	2 6	3 8	4 9	6 10	7 12	8 13	11 17	13 19		375
	500						0 3	1 4	2 5	3 7	5 10	6 11	8 13	10 15	12 17	16 22	19 25		500
	625						1 3	2 4	3 6	5 8	7 11	9 12	11 15	14 17	17 20	22 25	25 29		625
	750						1 3	3 5	4 6	7 9	10 12	12 14	14 17	18 20	21 23	27 29	31 33		750
	875						2 3	4 5	6 7	9 10	13 14	14 15	18 19	21 22	25 26	32 33	37 38		875
		weniger als 0,040	0,040	X	0,065	0,10	0,15	0,25	0,40	0,65	X	1,0	X	1,5	X	2,5	X	höher als 2,5	
		Annehmbare Qualitätsgrenzlagen (verschärfte Prüfung)																	

△ = Verwende den nächsten vorangehenden Kennbuchstaben, für den Annahme- und Rückweisezahlen vorhanden sind.
▽ = Verwende den nächstfolgenden Kennbuchstaben, für den Annahme- und Rückweisezahlen vorhanden sind.
c = Annahmezahl
d = Rückweisezahl
* = Verwende die Einfach-Stichprobenanweisung darüber (oder auch den Kennbuchstaben R).
# = Die Annahme ist bei diesem Stichprobenumfang nicht zulässig.

Tabelle X-P **Tabellen für den Kennbuchstaben P (Einzeltabellen)**

Diagramm P Operationscharakteristiken für Einfach-Stichprobenanweisungen
(Die Charakteristiken für Doppel- und Mehrfachprüfung stimmen damit praktisch ausreichend genau überein)

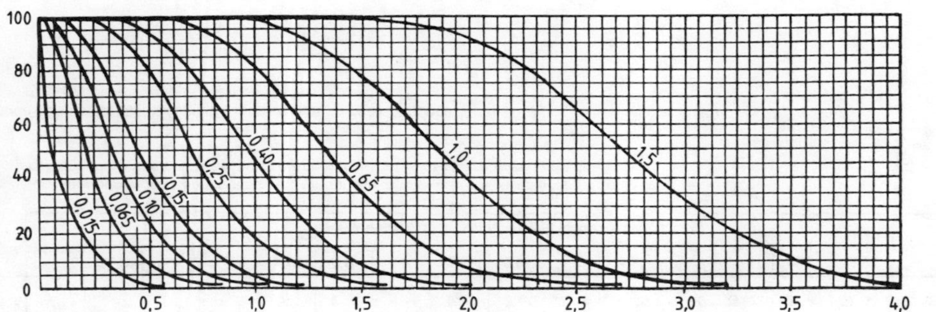

Qualitätslage des vorgestellten Produktes
Anmerkung: Die Zahlen bei den Kurven bedeuten die AQL-Werte für normale Prüfung.

Tabelle X-P-1 **Tabellenwerte der Operationscharakteristiken für Einfach-Stichprobenanweisungen**

P_a	**Annehmbare Qualitätsgrenzlagen (normale Prüfung)**											
	0,015	0,065	0,10	0,15	0,25	0,40	⊠	0,65	⊠	1,0	⊠	1,5
	p (als Anteil fehlerhafter Einheiten in % oder als Fehler je hundert Einheiten)											
99,0	0,001 26	0,018 6	0,054 5	0,103	0,223	0,363	0,438	0,596	0,762	0,935	1,29	1,57
95,0	0,006 41	0,044 4	0,102	0,171	0,327	0,498	0,587	0,771	0,961	1,16	1,56	1,86
90,0	0,013 2	0,066 5	0,138	0,218	0,394	0,582	0,679	0,878	1,08	1,29	1,71	2,03
75,0	0,036 0	0,120	0,216	0,317	0,527	0,745	0,855	1,08	1,30	1,53	1,99	2,34
50,0	0,086 6	0,210	0,334	0,459	0,709	0,959	1,08	1,33	1,58	1,83	2,33	2,71
25,0	0,173	0,337	0,490	0,639	0,928	1,21	1,35	1,63	1,90	2,17	2,72	3,12
10,0	0,288	0,486	0,665	0,835	1,16	1,47	1,62	1,93	2,22	2,52	3,09	3,52
5,0	0,374	0,593	0,787	0,969	1,31	1,64	1,80	2,12	2,43	2,74	3,34	3,78
1,0	0,576	0,830	1,05	1,26	1,64	2,00	2,18	2,52	2,85	3,18	3,82	4,29
	0,025	0,10	0,15	0,25	0,40	⊠	0,65	⊠	1,0	⊠	1,5	⊠
	Annehmbare Qualitätsgrenzlagen (verschärfte Prüfung)											

Anmerkung: Alle Werte in obiger Tabelle beruhen auf der Poisson-Verteilung als Näherung für die Binomialverteilung.

Tabelle X-P-2 **Stichprobenanweisungen für den Kennbuchstaben P**

Art der Stich-proben-anweisung	Kumulativer Stich-proben-umfang	Annehmbare Qualitätsgrenzlagen (normale Prüfung)																	Kumulativer Stich-proben-umfang
		0,010	0,015	0,025	X	0,040	0,065	0,10	0,15	0,25	0,40	X	0,65	X	1,0	X	1,5	höher als 1,5	
		c d	c d	c d	c d	c d	c d	c d	c d	c d	c d	c d	c d	c d	c d	c d	c d	c d	
Einfach	800	▽	0 1				1 2	2 3	3 4	5 6	7 8	8 9	10 11	12 13	14 15	18 19	21 22	△	800
Doppel	500	▽	•				0 2	0 3	1 4	2 5	3 7	3 7	5 9	6 10	7 11	9 14	11 16	△	500
	1 000						1 2	3 4	4 5	6 7	8 9	11 12	12 13	15 16	18 19	23 24	26 27		1 000
Mehrfach	200	▽	•	Verwende Kennbuchstabe N	Verwende Kennbuchstabe R	Verwende Kennbuchstabe Q	# 2	# 2	# 3	# 4	0 4	0 4	0 5	0 6	1 7	1 8	2 9	△	200
	400						# 2	0 3	0 3	1 5	1 6	2 7	3 8	3 9	4 10	6 12	7 14		400
	600						0 2	0 3	1 4	2 6	3 8	4 9	6 10	7 12	8 13	11 17	13 19		600
	800						0 3	1 4	2 5	3 7	5 10	6 11	8 13	10 15	12 17	16 22	19 25		800
	1 000						1 3	2 4	3 6	5 8	7 11	9 12	11 15	14 17	17 20	22 25	25 29		1 000
	1 200						1 3	3 5	4 6	7 9	10 12	12 14	14 17	18 20	21 23	27 29	31 33		1 200
	1 400						2 3	4 5	6 7	9 10	13 14	14 15	18 19	21 22	25 26	32 33	37 38		1 400
		weniger als 0,025	0,025	X	0,040	0,065	0,10	0,15	0,25	0,40	X	0,65	X	1,0	X	1,5	X	höher als 1,5	
		Annehmbare Qualitätsgrenzlagen (verschärfte Prüfung)																	

△ = Verwende den nächsten vorangehenden Kennbuchstaben, für den Annahme- und Rückweisezahlen vorhanden sind.
▽ = Verwende den nächstfolgenden Kennbuchstaben, für den Annahme- und Rückweisezahlen vorhanden sind.
c = Annahmezahl
d = Rückweisezahl
• = Verwende die Einfach-Stichprobenanweisung darüber.
= Die Annahme ist bei diesem Stichprobenumfang nicht zulässig.

Tabelle X-Q **Tabellen für den Kennbuchstaben Q (Einzeltabellen)**

Diagramm Q Operationscharakteristiken für Einfach-Stichprobenanweisungen
(Die Charakteristiken für Doppel- und Mehrfachprüfung stimmen damit praktisch ausreichend genau überein)

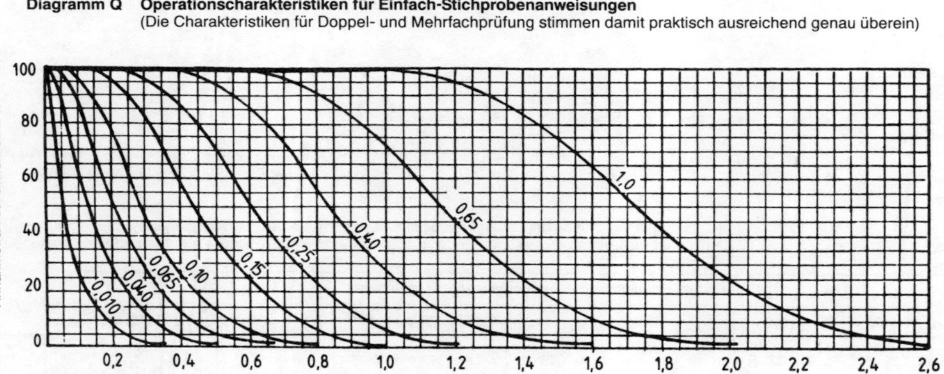

Qualitätslage des vorgestellten Produktes
Anmerkung: Die Zahlen bei den Kurven bedeuten die AQL-Werte für normale Prüfung.

Tabelle X-Q-1 **Tabellenwerte der Operationscharakteristiken für Einfach-Stichprobenanweisungen**

P_a	Annehmbare Qualitätsgrenzlagen (normale Prüfung)											
	0,010	0,040	0,065	0,10	0,15	0,25	⊠	0,40	⊠	0,65	⊠	1,0
	p (als Anteil fehlerhafter Einheiten in % oder als Fehler je hundert Einheiten)											
99,0	0,000 804	0,011 9	0,034 9	0,065 9	0,143	0,232	0,281	0,382	0,488	0,598	0,828	1,01
95,0	0,004 10	0,028 4	0,065 4	0,109	0,209	0,318	0,376	0,494	0,615	0,740	0,995	1,19
90,0	0,008 43	0,042 5	0,088 2	0,140	0,252	0,372	0,435	0,562	0,692	0,824	1,09	1,30
75,0	0,023 0	0,076 9	0,138	0,203	0,338	0,476	0,547	0,690	0,834	0,979	1,27	1,49
50,0	0,055 5	0,134	0,214	0,294	0,454	0,614	0,694	0,853	1,01	1,17	1,49	1,73
25,0	0,111	0,215	0,314	0,409	0,594	0,775	0,864	1,04	1,22	1,39	1,74	2,00
10,0	0,184	0,311	0,426	0,534	0,742	0,942	1,04	1,23	1,42	1,61	1,98	2,25
5,0	0,240	0,380	0,504	0,620	0,841	1,05	1,15	1,36	1,56	1,75	2,14	2,42
1,0	0,368	0,531	0,672	0,804	1,05	1,28	1,39	1,61	1,83	2,04	2,45	2,75
	0,015	0,065	0,10	0,15	0,25	⊠	0,40	⊠	0,65	⊠	1,0	⊠
	Annehmbare Qualitätsgrenzlagen (verschärfte Prüfung)											

Anmerkung: Alle Werte in obiger Tabelle beruhen auf der Poisson-Verteilung als Näherung für die Binomialverteilung.

Tabelle X-Q-2 **Stichprobenanweisungen für den Kennbuchstaben Q**

Art der Stichprobenanweisung	Kumulativer Stichprobenumfang	Annehmbare Qualitätsgrenzlagen (normale Prüfung)																	Kumulativer Stichprobenumfang
		X	0,010	0,015	X	0,025	0,040	0,065	0,10	0,15	0,25	X	0,40	X	0,65	X	1,0	höher als 1,0	
		c d	c d	c d	c d	c d	c d	c d	c d	c d	c d	c d	c d	c d	c d	c d	c d	c d	
Einfach	1 250		0 1				1 2	2 3	3 4	5 6	7 8	8 9	10 11	12 13	14 15	18 19	21 22	Δ	1 250
Doppel	800		*				0 2	0 3	1 4	2 5	3 7	3 7	5 9	6 10	7 11	9 14	11 16	Δ	800
	1 600						1 2	3 4	4 5	6 7	8 9	11 12	12 13	15 16	18 19	23 24	26 27		1 600
Mehrfach	315	Verwende Kennbuchstabe R	*	Verwende Kennbuchstabe P	Verwende Kennbuchstabe S	Verwende Kennbuchstabe R	# 2	# 2	# 3	# 4	0 4	0 4	0 5	0 6	1 7	1 8	2 9	Δ	315
	630						# 2	0 3	0 3	1 5	1 6	2 7	3 8	3 9	4 10	6 12	7 14		630
	945						0 2	0 3	1 4	2 6	3 8	4 9	6 10	7 12	8 13	11 17	13 19		945
	1 260						0 3	1 4	2 5	3 7	5 10	6 11	8 13	10 15	12 17	16 22	19 25		1 260
	1 575						1 3	2 4	3 6	5 8	7 11	9 12	11 15	14 17	17 20	22 25	25 29		1 575
	1 890						1 3	3 5	4 6	7 9	10 12	12 14	14 17	18 20	21 23	27 29	31 33		1 890
	2 205						2 3	4 5	6 7	9 10	13 14	14 15	18 19	21 22	25 26	32 33	37 38		2 205
		0,010	0,015	X	0,025	0,040	0,065	0,10	0,15	0,25	X	0,40	X	0,65	X	1,0	X	höher als 1,0	
		Annehmbare Qualitätsgrenzlagen (verschärfte Prüfung)																	

Δ = Verwende den nächsten vorangehenden Kennbuchstaben, für den Annahme- und Rückweisezahlen vorhanden sind.
c = Annahmezahl
d = Rückweisezahl
* = Verwende die Einfach-Stichprobenanweisung darüber.
\# = Die Annahme ist bei diesem Stichprobenumfang nicht zulässig.

R

Tabelle X-R **Tabellen für den Kennbuchstaben R (Einzeltabellen)**

Diagramm R Operationscharakteristiken für Einfach-Stichprobenanweisungen
(Die Charakteristiken für Doppel- und Mehrfachprüfung stimmen damit praktisch ausreichend genau überein)

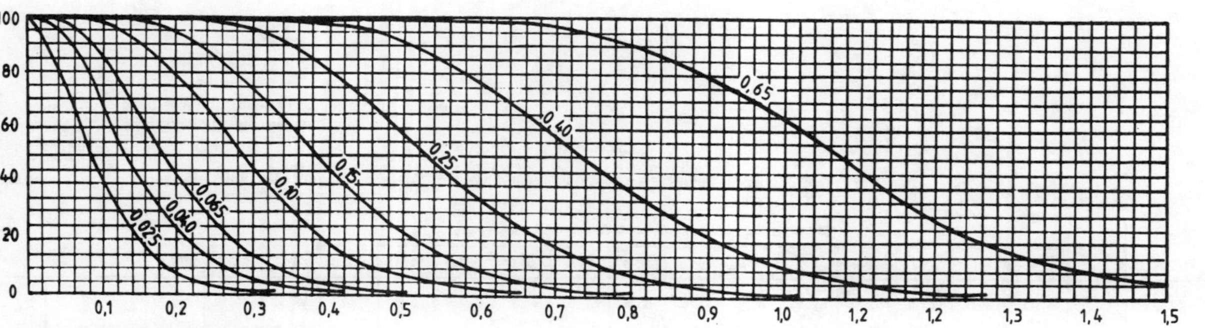

Qualitätslage des vorgestellten Produktes
Anmerkung: Die Zahlen bei den Kurven bedeuten die AQL-Werte für normale Prüfung.

Tabelle X-R-1 **Tabellenwerte der Operationscharakteristiken für Einfach-Stichprobenanweisungen**

P_a	**Annehmbare Qualitätsgrenzlagen (normale Prüfung)**										
	0,025	0,040	0,065	0,10	0,15	X	0,25	X	0,40	X	0,65
	p (als Anteil fehlerhafter Einheiten in % oder als Fehler je hundert Einheiten)										
99,0	0,007 43	0,021 8	0,041 2	0,089 2	0,145	0,175	0,239	0,305	0,374	0,517	0,629
95,0	0,017 8	0,040 9	0,068 3	0,131	0,199	0,235	0,309	0,304	0,462	0,622	0,745
90,0	0,026 6	0,055 1	0,087 2	0,158	0,233	0,272	0,351	0,432	0,515	0,684	0,812
75,0	0,048 1	0,086 4	0,127	0,211	0,298	0,342	0,431	0,521	0,612	0,795	0,934
50,0	0,083 9	0,134	0,181	0,284	0,383	0,433	0,533	0,633	0,733	0,933	1,08
25,0	0,135	0,196	0,255	0,371	0,484	0,540	0,651	0,761	0,870	1,09	1,25
10,0	0,194	0,266	0,334	0,464	0,589	0,650	0,770	0,889	1,01	1,24	1,41
5,0	0,237	0,315	0,388	0,526	0,657	0,722	0,848	0,972	1,09	1,33	1,51
1,0	0,332	0,420	0,502	0,655	0,800	0,870	1,02	1,14	1,27	1,53	1,72
	0,040	0,065	0,10	0,15	X	0,25	X	0,40	X	0,65	X
	Annehmbare Qualitätsgrenzlagen (verschärfte Prüfung)										

Anmerkung: Alle Werte in obiger Tabelle beruhen auf der Poisson-Verteilung als Näherung für die Binomialverteilung.

Tabelle X-R-2 **Stichprobenanweisungen für den Kennbuchstaben R**

Art der Stich-proben-anweisung	Kumulativer Stich-proben-umfang	Annehmbare Qualitätsgrenzlagen (normale Prüfung)																Kumulativer Stich-proben-umfang
		╳	0,010	0,015	╳	0,025	0,040	0,065	0,10	0,15	╳	0,25	╳	0,40	╳	0,65	höher als 0,65	
		c d	*c d*	*c d*	*c d*	*c d*	*c d*	*c d*	*c d*	*c d*	*c d*	*c d*	*c d*	*c d*	*c d*	*c d*	*c d*	
Einfach	2 000	0 1				1 2	2 3	3 4	5 6	7 8	8 9	10 11	12 13	14 15	18 19	21 22	Δ	2 000
Doppel	1 250	•				0 2	0 3	1 4	2 5	3 7	3 7	5 9	6 10	7 11	9 14	11 16	Δ	1 250
	2 500					1 2	3 4	4 5	6 7	8 9	11 12	12 13	15 16	18 19	23 24	26 27		2 500
Mehrfach	500	•	Verwende Kennbuch-stabe Q	Verwende Kennbuch-stabe P	Verwende Kennbuch-stabe S	# 2	# 2	# 3	# 4	0 4	0 4	0 5	0 6	1 7	1 8	2 9	Δ	500
	1 000					# 2	0 3	0 3	1 5	1 6	2 7	3 8	3 9	4 10	6 12	7 14		1 000
	1 500					0 2	0 3	1 4	2 6	3 8	4 9	6 10	7 12	8 13	11 17	13 19		1 500
	2 000					0 3	1 4	2 5	3 7	5 10	6 11	8 13	10 15	12 17	16 22	19 25		2 000
	2 500					1 3	2 4	3 6	5 8	7 11	9 12	11 15	14 17	17 20	22 25	25 29		2 500
	3 000					1 3	3 5	4 6	7 9	10 12	12 14	14 17	18 20	21 23	27 29	31 33		3 000
	3 500					2 3	4 5	6 7	9 10	13 14	14 15	18 19	21 22	25 26	32 33	37 38		3 500
		0,010	0,015	╳	0,025	0,040	0,065	0,10	0,15	╳	0,25	╳	0,40	╳	0,65	╳	höher als 0,65	
		Annehmbare Qualitätsgrenzlagen (verschärfte Prüfung)																

Δ = Verwende den nächsten vorangehenden Kennbuchstaben, für den Annahme- und Rückweisezahlen vorhanden sind.
c = Annahmezahl
d = Rückweisezahl
• = Verwende die Einfach-Stichprobenanweisung darüber
= Die Annahme ist bei diesem Stichprobenumfang nicht zulässig.

R

Tabelle X-S **Tabelle (Stichprobenanweisungen) für den Kennbuchstaben S**

Art der Stichprobenanweisung	**Kumulativer Stichprobenumfang**	**Annehmbare Qualitätsgrenzlage (normale Prüfung)**	
		c	d
Einfach	3 150	1	2
Doppel	2 000	0	2
	4 000	1	2
Mehrfach	800	#	2
	1 600	#	2
	2 400	0	2
	3 200	0	3
	4 000	1	3
	4 800	1	3
	5 600	2	3
		0,025	
		Annehmbare Qualitätsgrenzlage (verschärfte Prüfung)	

c = Annahmezahl
d = Rückweisezahl
= Die Annahme ist bei diesem Stichprobenumfang nicht zulässig.

S

Anhang A

(nicht Bestandteil der Norm)

Alphabetisches Stichwortverzeichnis

Ende der deutschen Übersetzung

Zitierte Normen

— in der deutschen Übersetzung:

ISO 2859-0	Sampling procedures for inspection by attributes — Part 0: Introduction to the ISO 2859 Attribute Sampling System
ISO 2859-2	Sampling procedures for inspection by attributes — Part 2: Sampling plans indexed by limiting quality (LQ) for isolated lot inspection
ISO 2859-3	(z.Z. im Druck) Sampling procedures for inspection by attributes — Part 3: Skip lot sampling procedures
ISO 3534	Statistics — Vocabulary and symbols

— in nationalen Zusätzen:

DIN 55 350 Teil 11	Begriffe der Qualitätssicherung und Statistik; Grundbegriffe der Qualitätssicherung
DIN 55 350 Teil 12	Begriffe der Qualitätssicherung und Statistik; Merkmalsbezogene Begriffe
DIN 55 350 Teil 14	Begriffe der Qualitätssicherung und Statistik; Begriffe der Probenahme
DIN 55 350 Teil 31	Begriffe der Qualitätssicherung und Statistik; Begriffe der Annahmestichprobenprüfung

Weitere Normen

DIN ISO 2859 Teil 0	(z.Z. Entwurf) Annahmestichprobenprüfung anhand der Anzahl fehlerhafter Einheiten oder Fehler (Attributprüfung); Einführung in das ISO 2859-Stichprobensystem
DIN ISO 2859 Teil 2	Annahmestichprobenprüfung anhand der Anzahl fehlerhafter Einheiten oder Fehler (Attributprüfung); Nach der rückzuweisenden Qualitätsgrenzlage (LQ) geordnete Stichprobenanweisungen für die Prüfung einzelner Lose anhand der Anzahl fehlerhafter Einheiten
DIN ISO 2859 Teil 3	(z.Z. Entwurf) Annahmestichprobenprüfung anhand der Anzahl fehlerhafter Einheiten oder Fehler (Attributprüfung); Skip-lot-Verfahren
IEC 410	Sampling plans and procedures for inspection by attributes
ISO/DIS 3534-1	Statistics — Vocabulary and symbols — Part 1: Probability and general statistical terms
ISO/DIS 3534-2.2	Statistics — Vocabulary and symbols — Part 2: Statistical quality control

Frühere Ausgaben

DIN 40 080: 11.73, 04.79

Änderungen

Gegenüber DIN 40 080/04.79 wurden folgende Änderungen vorgenommen:

a) Die redaktionellen Änderungen, welche ISO 2859-1 : 1989 gegenüber ISO 2859 : 1974 erfahren hat, wurden in der deutschen Übersetzung nachvollzogen.

b) Die Terminologie wurde der nationalen und der internationalen Entwicklung angepaßt.

Internationale Patentklassifikation

G 07 C 3/14
G 01 N 1/00

DK 658.562 : 620.113.4 : 620.1(083)

April 1993

Annahmestichprobenprüfung anhand der Anzahl fehlerhafter Einheiten oder Fehler (Attributprüfung)

Nach der rückzuweisenden Qualitätsgrenzlage (LQ) geordnete Stichprobenanweisungen für die Prüfung einzelner Lose anhand der Anzahl fehlerhafter Einheiten

Identisch mit ISO 2859-2 : 1985

ISO 2859
Teil 2

Sampling procedures for inspection by attributes; Sampling plans indexed by limiting quality (LQ) for isolated lot inspection; Identical with ISO 2859-2 : 1985

Règles d'échantillonnage pour les contrôles par attributs; Plans d'échantillonnage pour les contrôles de lots isolés, indexés d'après la qualité limite (QL); Identique à ISO 2859-2 : 1985

Die Internationale Norm ISO 2859-2 : 1985-09-01, „Sampling procedures for inspection by attributes — Part 2: Sampling plans indexed by limiting quality (LQ) for isolated lot inspection", ist unverändert in diese Deutsche Norm übernommen worden.

Nationales Vorwort

Diese Norm gehört zu der Normenreihe DIN ISO 2859. Ferner gehören dazu:

- DIN ISO 2859 Teil 0 (z.Z. Entwurf) „Annahmestichprobenprüfung anhand der Anzahl fehlerhafter Einheiten oder Fehler (Attributprüfung); Einführung in das ISO-2859-Stichprobensystem
- DIN ISO 2859 Teil 1 „Annahmestichprobenprüfung anhand der Anzahl fehlerhafter Einheiten oder Fehler (Attributprüfung); Nach der annehmbaren Qualitätsgrenzlage (AQL) geordnete Stichprobenanweisungen für die Prüfung einer Serie von Losen" (inhaltlich übereinstimmend mit DIN 40 080)
- DIN ISO 2859 Teil 3 „Annahmestichprobenprüfung anhand der Anzahl fehlerhafter Einheiten oder Fehler (Attributprüfung); Skip-lot-Verfahren"

Attributprüfung ist nach DIN 55 350 Teil 31 eine Annahmestichprobenprüfung, bei der anhand der Anzahl der fehlerhaften Einheiten oder der Fehler in den einzelnen Stichproben die Annehmbarkeit des Prüfloses festgestellt wird.

DIN ISO 2859 Teil 1 ist identisch mit ISO 2859-1. Letztere ist eine redaktionelle Überarbeitung von ISO 2859 Ausgabe 1974 und stimmt damit inhaltlich überein. ISO 2859 Ausgabe 1974 beruht auf dem weltweit anerkannten amerikanischen MIL-Std-105-D (auch ABC-Std-105), der für die meisten nationalen Stichprobensysteme in West und Ost Grundlage war. Lediglich auf den militärischen Anwendungsfall bezogene Passagen und Beispiele des Textteiles wurden dem zivilen Gebrauch angepaßt. ISO 2859, Ausgabe 1974, ist identisch mit IEC 410, Ausgabe 1973, und mit DIN 40 080, Ausgabe 1979. Das bedeutet, daß DIN ISO 2859 Teil 1 mit IEC 410, Ausgabe 1973, und DIN 40 080, Ausgabe 1979, inhaltlich übereinstimmt.

In DIN ISO 2859 Teil 1 können zur Kennzeichnung der Qualitätslage eines Produktes zwei Maße herangezogen werden; diese sind:

1. Die Anzahl fehlerhafter Einheiten im Los bezogen auf die Anzahl aller Einheiten im Los. Dieser Wert ist immer größer oder gleich Null und kleiner oder gleich 1.
2. Die Anzahl der Fehler im Los bezogen auf die Anzahl aller Einheiten im Los, d.h. der arithmetische Mittelwert der Anzahl Fehler je Einheit. Dieser Wert ist immer größer oder gleich Null. Er kann auch größer als 1 sein, da Einheiten mit beliebig vielen Fehlern denkbar sind.

Bei dem Anwender der Norm liegt vor Beginn der Stichprobenprüfung die Entscheidung, welches der beiden Maße für die Qualitätslage den Prüfungen zugrunde liegen soll.

Die erwähnten Maße gehen durch Multiplikation mit 100 in die AQL-Zahlenwerte in DIN ISO 2859 Teil 1 über. Man erhält also den Anteil fehlerhafter Einheiten in Prozent, bzw. die Anzahl Fehler je 100 Einheiten. (Ebenso wären auch andere Umrechnungen möglich.)

Diese Zahlenwerte werden für die Angabe der AQL-Werte hinter die Abkürzung „AQL" ohne Zusatz des Symbols „%" gesetzt.

BEISPIELE:

1. Wenn der Anteil fehlerhafter Einheiten betrachtet wird, gilt: AQL 0,025 entspricht 0,025 % = 0,00025 = $2{,}5 \cdot 10^{-4}$.
2. Wenn die Anzahl Fehler je 100 Einheiten betrachtet wird, gilt: AQL 0,025 entspricht 0,025 Fehler je 100 Einheiten, d.h. 250 Fehler je 1 000 000 Einheiten.

Nach DIN 55 350 Teil 12 wird ein Merkmalswert eines Nominalmerkmals auch Attribut genannt. In dieser Norm geht es um den Spezialfall des Alternativmerkmals mit den Merkmalswerten (Attributen) „fehlerhaft" und „nicht fehlerhaft".

Auch die übrige in dieser Norm verwendete Terminologie entspricht den Normen der Reihe DIN 55 350.

DIN ISO 2859 Teil 1 enthält Stichprobenanweisungen, die nach der annehmbaren Qualitätsgrenzlage (AQL) geordnet sind. Lose, deren Qualitätslage gleich der AQL ist, haben — abhängig von der einzelnen Stichprobenanweisung — eine Rückweisewahrscheinlichkeit von 1 % bis etwa 12 %. Die Anwendung der Verfahren nach DIN ISO 2859 Teil 1 stellt also sicher, daß, wenn die Qualitätslage eines Loses die AQL nicht überschreitet, ein

Fortsetzung Seite 2 bis 24

Normenausschuß Qualitätsmanagement, Statistik und Zertifizierungsgrundlagen (NQSZ)
im DIN Deutsches Institut für Normung e.V.

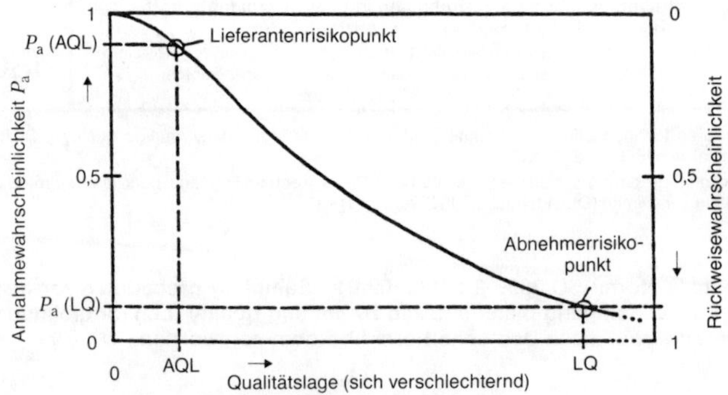

Operationscharakteristik einer Stichprobenanweisung

$1-P_a$(AQL) = α = Lieferantenrisiko

P_a(LQ) = Abnehmerrisiko

größter Wert der Rückweisewahrscheinlichkeit nicht überschritten wird. Diese Rückweisewahrscheinlichkeit ist vor allem für den Lieferer von Bedeutung. Die Rückweisewahrscheinlichkeit bei der AQL stellt das sogenannte Lieferantenrisiko dar. In der Operationscharakteristik einer Stichprobenanweisung ist also der Abszissenwert des Lieferantenrisikopunktes gleich der AQL und der Ordinatenwert gleich Eins minus Lieferantenrisiko (siehe Bild).

Wenn der Lieferer sichergehen will, daß ein hoher Anteil seiner Lose eine geringe Rückweisewahrscheinlichkeit hat (d. h., daß die Qualitätslage dieser Lose die AQL nicht übersteigt), muß die mittlere Qualitätslage seines Prozesses besser als die AQL sein, um die zufällige Streuung der Qualitätslage der Lose zu berücksichtigen.

DIN ISO 2859 Teil 1 ist vornehmlich für die Anwendung auf eine kontinuierliche Serie von Losen vorgesehen. Sie enthält Regeln für einen Verfahrenswechsel zwischen reduzierter, normaler und verschärfter Prüfung. Diese Regeln gewährleisten, daß die mittlere Qualitätslage der angenommenen Lose die AQL nicht überschreitet.

DIN ISO 2859 Teil 2 ist identisch mit ISO 2859-2. Zur Kennzeichnung der Qualitätslage wird in DIN ISO 2859 Teil 2 nur der Anteil fehlerhafter Einheiten herangezogen. Deshalb wird hinter der Abkürzung „LQ" und dem betreffenden Zahlenwert das Symbol „%" geschrieben.

BEISPIEL:
LQ 1,25 % entspricht 1,25 % fehlerhafter Einheiten.

DIN ISO 2859 Teil 2 enthält Stichprobenanweisungen, die nach der rückzuweisenden Qualitätsgrenzlage (LQ) geordnet sind. Lose, deren Qualitätslage gleich der LQ ist, haben — abhängig von der Stichprobenanweisung — eine Annahmewahrscheinlichkeit, die gewöhnlich kleiner als 10 %, in jedem Fall jedoch kleiner als 13 % ist. Die Anwendung der Verfahren nach DIN ISO 2859 Teil 2 stellt also sicher, daß, wenn die Qualitätslage eines Loses die LQ erreicht oder überschreitet, eine solche geringe Annahmewahrscheinlichkeit nicht überschritten wird.

Diese Annahmewahrscheinlichkeit ist vor allem für den Abnehmer von Bedeutung. Die Annahmewahrscheinlichkeit für Lose, deren Qualitätslage gleich der LQ ist, stellt das sogenannte Abnehmerrisiko dar.

In der Operationscharakteristik jeder Stichprobenanweisung ist der Abszissenwert des Abnehmerrisikopunktes gleich der LQ und der Ordinatenwert gleich dem Abnehmerrisiko (siehe Bild).

Die Annahmewahrscheinlichkeit für ein Los, dessen Qualitätslage der LQ entspricht, ist wesentlich geringer als diejenige eines Loses, dessen Qualitätslage der AQL entspricht. Deshalb muß der Lieferer mit der mittleren Qualitätslage des Prozesses gegenüber der LQ wesentlich weiter vorhalten, als gegenüber der AQL, wenn er in beiden Fällen die gleiche Annahmewahrscheinlichkeit erreichen will (vorhalten heißt, daß die Qualitätslage besser ist als die LQ bzw. AQL).

DIN ISO 2859 Teil 2 ist für die Anwendung auf einzelne Lose vorgesehen und enthält deshalb keine Regeln für einen Verfahrenswechsel. Die Stichprobenanweisungen in DIN ISO 2859 Teil 2 sind eine Auswahl aus den in DIN ISO 2859 Teil 1 angegebenen Anweisungen.

DIN ISO 2859 Teil 3 ist identisch mit ISO 2859-3.

DIN ISO 2859 Teil 3 wird nur zusammen mit DIN ISO 2859 Teil 1 angewendet und greift ebenfalls auf eine Auswahl der in DIN ISO 2859 Teil 1 angegebenen Stichprobenanweisungen zurück. Voraussetzungen für die Anwendung sind — neben denen für die Anwendung von DIN ISO 2859 Teil 1 —, insbesondere, daß ausreichendes Vertrauen in das Qualitätssicherungssystem des Lieferers besteht und daß sich die Prüfung nicht auf Fehler bezieht, durch die Menschen oder besonders wertvolle Güter gefährdet werden können.

Ziel des Skip-lot-Stichprobenverfahrens ist es, durch den Verzicht auf die Prüfung eines Teils der vorgestellten Lose den Gesamtprüfaufwand möglichst gering zu halten. Auch die reduzierte Prüfung und die Wahl eines geeigneten Prüfniveaus nach DIN ISO 2859 Teil 1 können eine Verringerung des Prüfaufwandes bewirken. Welche Lösung für den Lieferer und den Abnehmer die vorteilhafteste ist, ist im Einzelfall zu entscheiden.

HINWEIS:
Mit der Benennung „product or service" und ebenso mit der Benennung „product" allein sind in den Normen der Reihe ISO 2859 sowohl materielle als auch immaterielle Produkte gemeint. Zu letzteren gehören unter anderem auch Dienstleistungen. Alle diese Bedeutungen sind durch das in der deutschen Übersetzung verwendete Wort „Produkt" abgedeckt. Ein Los ist dann eine Menge eines Produktes, die unter Bedingungen entstanden ist, die als einheitlich angesehen werden (vergleiche DIN 55350 Teil 31). Für die Annahmezahl bzw. die Rückweisezahl, für die in ISO 2859-2 die Symbole Ac bzw. Re benutzt werden, werden in der deutschen Übersetzung die Symbole c bzw. d verwendet.

Deutsche Übersetzung

Annahmestichprobenprüfung anhand der Anzahl fehlerhafter Einheiten oder Fehler (Attributprüfung)

Teil 2: Nach der rückzuweisenden Qualitätsgrenzlage (LQ) geordnete Stichprobenanweisungen für die Prüfung einzelner Lose anhand der Anzahl fehlerhafter Einheiten

Vorwort

Die ISO (Internationale Organisation für Normung) ist die weltweite Vereinigung nationaler Normungsinstitute (ISO-Mitgliedskörperschaften). Die Erarbeitung Internationaler Normen obliegt den Technischen Komitees der ISO. Jede Mitgliedskörperschaft, die sich für ein Thema interessiert, für das ein Technisches Komitee eingesetzt wurde, ist berechtigt, in diesem Komitee mitzuarbeiten. Internationale (staatliche und nichtstaatliche) Organisationen, die mit der ISO in Verbindung stehen, sind an den Arbeiten ebenfalls beteiligt.

Die von den Technischen Komitees verabschiedeten Entwürfe zu Internationalen Normen werden den Mitgliedskörperschaften zunächst zur Annahme vorgelegt, bevor sie vom Rat der ISO als Internationale Normen bestätigt werden. Sie werden nach den Verfahrensregeln der ISO angenommen, wenn mindestens 75% der abstimmenden Mitgliedskörperschaften zugestimmt haben.

Die Internationale Norm ISO 2859-2 ist von dem Technischen Komitee TC 69 der ISO „Applications of statistical methods" erstellt worden. Sie ersetzt einen Teil der ersten Ausgabe von ISO 2859 aus dem Jahr 1974.

Anmerkung: ISO 2859-2 war ursprünglich als ISO/DIS 7362 herausgegeben worden.

Inhalt

0 Einleitung

0.1 Allgemeines

ISO 2859 umfaßt vier Teile:

Teil 0: Allgemeine Einführung

Teil 1: Nach der annehmbaren Qualitätsgrenzlage (AQL) geordnete Stichprobenanweisungen für die Prüfung einer Serie von Losen anhand der Anzahl fehlerhafter Einheiten oder Fehler

Teil 2: Nach der rückzuweisenden Qualitätsgrenzlage (LQ) geordneten Stichprobenanweisungen für die Prüfung einzelner Lose anhand der Anzahl fehlerhafter Einheiten

Teil 3: Skip-lot-Verfahren

Die nach der AQL, welche als annehmbare Qualitätsgrenzlage definiert ist, geordneten Stichprobenanweisungen in ISO 2859-1 sind **vor allem** zur Beurteilung einer kontinuierlichen Serie von Losen vorgesehen. Dadurch ist es möglich, **Regeln für einen Verfahrenswechsel** anzuwenden, die nicht nur dem Abnehmer Schutz bieten (durch den Wechsel zu verschärfter Prüfung und, wenn nötig, durch Abbruch der Stichprobenprüfung) sondern die auch in Form einer Senkung der Prüfkosten (durch den Wechsel zu reduzierter Prüfung bei durchweg guter Qualitätslage) einen Anreiz für den Hersteller mit sich bringen. Es gibt jedoch kaum Zweifel, daß heutzutage in der Industrie in vielen Fällen aus einer Reihe von Gründen oder Vorwänden heraus, die nicht alle zutreffend sein müssen, die Regeln für einen Verfahrenswechsel **nicht** angewendet werden:

a) Einzelne Stichprobenanweisungen aus ISO 2859-1 werden isoliert benutzt, obwohl die „AQL-Sicherheit" nach wie vor beansprucht wird; oder die AQL wird neu festgelegt, um für **„sogenannte** einzigartige Produkte" geeignet zu sein.

b) „Unsere Industrie ... unser Produkt ist **besonderer** Art, deshalb braucht die Norm ISO 2859-1 auf uns nicht zuzutreffen."

c) Die Produktion hat Unterbrechungen (sie ist nicht kontinuierlich).

d) Die Produktion erfolgt an verschiedenen Stellen und in unterschiedlichen Mengen, d. h. in „auftragsbezogenen Losen".

e) Die Einkäufe stammen von Zwischenhändlern. Es sind keine Informationen über ihre Herkunft verfügbar.

f) Die Lose sind „klein" (die Anwendung der hypergeometrischen Verteilung ist erforderlich).

g) Es handelt sich um einzelne Lose.

h) Die Lose werden erneut vorgestellt, nachdem sie zunächst rückgewiesen worden waren.

Konsequenterweise kann es in einigen der obigen Fälle nötig sein, den Schutz des Abnehmers durch andere Verfahren zu erreichen oder zu beurteilen. Der vorliegende Teil von ISO 2859 benutzt die rückzuweisende Qualitätsgrenzlage, um den Schutz des Abnehmers zu beurteilen.

Es sollte jedoch daran erinnert werden, daß frühere Informationen über das Qualitätssicherungssystem des Lieferers und dessen Wirksamkeit eine wesentliche Rolle bei der Entscheidung spielen können, ob ein einzelnes Los anzunehmen ist oder nicht.

0.2 Ziele

In dem Bemühen, die etwas unterschiedlichen Wünsche nach Hilfestellung miteinander in Einklang zu bringen, welche in den letzten Jahren von Ausschüssen aus internationalen Normungs-Organisationen, die verschiedene Produkt-Sparten vertreten, vorgebracht wurden, ist dieser Teil von ISO 2859 nach den folgenden Prinzipien erstellt worden:

a) Die neuen LQ-Stichprobenanweisungen können in einfacher Weise in die existierenden AQL-Stichprobenanweisungen in ISO 2859-1 eingegliedert werden.

b) Die LQ-Einteilung beruht auf einer bevorzugten Reihe von LQ-Werten, die nicht mit der bevorzugten Reihe von AQL-Werten verwechselt werden kann.

c) Die fünf grundlegenden, mit einer einzelnen Stichprobenanweisung verbundenen Zahlen, d.h. der Losumfang, der Stichprobenumfang, die Annahmezahl, die AQL (oder die mit einer Wahrscheinlichkeit von 0,95[1]) angenommene Qualitätslage) und die LQ, erscheinen immer, wenn es möglich ist, in derselben Tabelle.

0.3 Zusammenfassung

Die mit der Annahmestichprobenprüfung verbundenen Probleme schließen das eindeutige Definieren der Kriterien ein, die zur Beurteilung des Folgenden herangezogen werden: einzelne Einheiten, die als Massenware geliefert werden; die von dem Herstellungsprozeß erwartete Qualitätslage; das Trennvermögen der Stichprobenanweisungen; und das anzuwendende Verfahren, wenn ein Los nicht angenommen wird. Vor allem ist es jedoch notwendig, den Stichprobenplan so zu gestalten, daß er ohne weiteres in einer Vereinbarung angeführt werden kann. Die Stichprobenanweisungen in diesem Teil von ISO 2859 machen weitestmöglichen Gebrauch von den bestehenden, in ISO 2859-1 angegebenen Stichprobenanweisungen. Durch die Angabe einer vernünftigen Reihe von nach der rückzuweisenden Qualitätsgrenzlage (LQ) geordneten Stichprobenanweisungen kann der Abschnitt 12.6 von ISO 2859-1 (siehe 1.1) direkt zur Anwendung gebracht werden.

1 Zweck und Anwendungsbereich

1.1 Zweck

ISO 2859-2 legt LQ-Stichprobenanweisungen und -verfahren für die Prüfung anhand qualitativer Merkmale fest, die mit ISO 2859-1 kompatibel sind und die angewendet werden können, wenn die Regeln für den Verfahrenswechsel in ISO 2859-1 nicht zur Anwendung kommen, z.B. wenn einzelne Lose vorliegen.

Die Stichprobenanweisungen in ISO 2859-2 sind anhand einer Vorzugsreihe von rückzuweisenden Qualitätsgrenzlagen (LQ) geordnet, wobei das Abnehmerrisiko gewöhnlich unter 10%, in jedem Fall jedoch unter 13% liegt. Dieses Verfahren der Einteilung läßt es zu, daß das in Unterabschnitt 12.6 von ISO 2859-1 erwähnte „ad hoc"-Verfahren[2]) als genormtes Verfahren eingeführt wird.

Anmerkung: Die Stichprobenanweisungen in ISO 2859-1 sind nach einer Vorzugsreihe von AQL-Werten und nach Prüfniveaus geordnet. Bei der Prüfung einer kontinuierlichen Serie von Losen ist durch die Anwendung der Regeln für den Verfahrenswechsel gewährleistet, daß die mittlere Qualitätslage des Prozesses in dieser Serie von Losen unterhalb der vorgegebenen AQL gehalten wird. Die rückzuweisende Qualitätsgrenzlage hat nicht diese gleiche direkte Beziehung zu der mittleren Qualitätslage des Prozesses (siehe 3.5.1).

1.2 Anwendungsbereich

In ISO 2859-2 sind alternative Verfahren festgelegt, um zwei häufig in der Praxis anzutreffende Situationen abzudecken:

a) **Verfahren A** ist anzuwenden, wenn sowohl der Lieferer als auch der Abnehmer das Los als Einzellos ansehen. Die Tabellen basieren für das Abnehmersowie auch für das Lieferantenrisiko auf einer Zufallsprobenahme aus Losen begrenzten Umfangs. **Dieses Verfahren muß angewendet werden, wenn nicht ausdrücklich die Anwendung des Verfahrens B verlangt wird.**

b) **Verfahren B** ist anzuwenden, wenn der Lieferer das Los als Teil einer kontinuierlichen Serie, der Abnehmer es dagegen als Einzellos ansieht. Die Tabellen basieren auf der Zufallsprobenahme aus einem Los begrenzten Umfangs für das Abnehmerrisiko bei der rückzuweisenden Qualitätsgrenzlage, dagegen auf der Zufallsprobenahme aus einem Prozeß für das Lieferantenrisiko und für die tabellierten Werte der Operationscharakteristiken (OC). Die verwendeten Stichprobenanweisungen sind eine Auswahl aus den in ISO 2859-1 enthaltenen, so daß ein Hersteller dieselben Verfahren beibehalten kann, unabhängig davon, ob Kunden einzelne Lose oder kontinuierliche Serien erhalten. Dieses Verfahren B ist dazu geeignet, in Produktnormen oder Spezifikationen aufgenommen zu werden, die Stichprobenklauseln enthalten. **Der Hersteller wird besonders an der Gesamtheit seiner Produktion interessiert sein, der einzelne Abnehmer dagegen nur an dem speziellen, von ihm entgegenzunehmenden Los.**

---

[1]) Nationale Fußnote:

a) In der Regel ist die Annahmewahrscheinlichkeit nicht exakt sondern angenähert 95%.

b) Wahrscheinlichkeiten lassen sich auch in %-Schreibweise ausdrücken. Es gilt z.B. 0,95 = 95%.

[2]) ISO 2859-1, Abschnitt 12.6.2, erklärt: „Wenn man es mit einem einzelnen Los zu tun hat, kann es wünschenswert sein, die Auswahl von Stichprobenanweisungen mit einer festgelegten AQL auf solche zu beschränken, die mindestens einen definierten Schutz gegenüber einer rückzuweisenden Qualitätsgrenzlage bieten. Diese Stichprobenanweisungen können durch die Wahl einer rückzuweisenden Qualitätsgrenzlage (LQ) und des damit verbundenen Abnehmerrisikos bestimmt werden. ... Die Tabellen VI und VII geben für verschiedene Stichprobenanweisungen den Anteil fehlerhafter Einheiten in Prozent und die Anzahl von Fehlern je 100 Einheiten an, bei dem/der die Annahmewahrscheinlichkeit 10% bzw. 5% beträgt." ISO 2859-2 führt bevorzugte Werte für die LQ ein und läßt es zu, daß das Abnehmerrisiko in der oben beschriebenen Weise schwankt.

2 Begriffe

Die in ISO 2859-1 gegebenen Definitionen sind anzuwenden.

3 Wahl der Stichprobenanweisung

3.1 Festlegung einer Stichprobenanweisung

Wenn in einem Vertrag oder einer Spezifikation auf ISO 2859-2 verwiesen wird, muß das anzuwendende Verfahren festgelegt werden (d.h. entweder A oder B). Wenn es keinen Verweis auf eines der beiden Verfahren gibt, muß Verfahren A angewendet werden.

3.2 Wahl des Stichprobenverfahrens

Das Verfahren A beruht zwar auf der hypergeometrischen Verteilung der Stichprobenergebnisse, jedoch wird diese Verteilung bei Stichprobenanweisungen mit einer Annahmezahl größer als Null in Verfahren A gut durch die Binomialverteilung angenähert. Daher sind die OC-Kurven für diese Stichprobenanweisungen gut durch die tabellierte Ausführung derselben Anweisungen in Verfahren B angenähert. Verfahren A benutzt jedoch auch Anweisungen mit der Annahmezahl Null und mit Stichprobenumfängen, die auf der hypergeometrischen Verteilung der Stichprobenergebnisse beruhen, wogegen das Verfahren B Anweisungen mit der Annahmezahl Null ausschließt und sie durch eine 100%-Prüfung ersetzt.

Die Wahl des Verfahrens ist bestimmt durch die Einstellung gegenüber Stichprobenanweisungen mit der Annahmezahl Null. Das Verfahren A benutzt diese Anweisungen, wobei es den Stichprobenumfang mit dem Losumfang durch die hypergeometrische Verteilung verknüpft, bis die vorgesehene Anweisung derjenigen Anweisung mit der Annahmezahl Null in ISO 2859-1 entspricht, die mit der betreffenden rückzuweisenden Qualitätsgrenzlage korrespondiert. Danach gründet sich das Fortschreiten des Stichprobenumfangs und der Annahmezahl mit dem Losumfang auf die in ISO 2859-1 behandelten Prüfniveaus. Die Wirkungsweise des Verfahrens A insgesamt ähnelt der des Prüfniveaus II bei rückzuweisenden Qualitätsgrenzlagen unterhalb von 8% und der des Prüfniveaus I bei rückzuweisenden Qualitätsgrenzlagen oberhalb von 8%; bei LQ = 8% liegt die Wirkungsweise zwischen der des Prüfniveaus I und der des Prüfniveaus II.

Das Verfahren B ermöglicht eine größere Flexibilität in der Wahl der Prüfniveaus. Die tabellierten Operationscharakteristiken basieren auf der Wahrscheinlichkeit, eine fehlerhafte Einheit zu produzieren, so daß sie für kleine Auswahlsätze annähernd korrekt sind. Bei wachsenden Auswahlsätzen geben jedoch die Kurven (und Tabellen) der Operationscharakteristiken zu geringe Schätzwerte für die Annahmewahrscheinlichkeit einer guten Qualitätslage und für die Rückweisewahrscheinlichkeit einer schlechten Qualitätslage an. Für zu kleine Lose erfordert das Verfahren B eine 100%-Prüfung.

Beide Verfahren betrachten die rückzuweisende Qualitätsgrenzlage (LQ) als den Anteil fehlerhafter Einheiten in % in den vorgestellten Losen. Die Annahmewahrscheinlichkeit bei dieser rückzuweisenden Qualitätsgrenzlage ist in Tabelle D1 für Verfahren A, und in den Tabellen B1 bis B10 für das Verfahren B angegeben. Verfahren B ist als das geeignete Verfahren angezeigt, wenn der Hersteller eine kontinuierliche Serie von Losen produziert, unabhängig davon, ob diese an denselben Abnehmer gehen oder nicht. Wenn es sich um ein einzelnes Los handelt, ist Verfahren A das geeignete und muß angewendet werden, wenn Stichprobenanweisungen mit der Annahmezahl Null als Teil des Stichprobenplans erforderlich sind.

3.3 Verfahren A (Tabelle A ist zu benutzen)

Eine Stichprobenanweisung ist durch den Losumfang und die rückzuweisende Qualitätsgrenzlage (LQ) bestimmt.

Mit dem vorgegebenen Losumfang und der ebenfalls vorgegebenen rückzuweisenden Qualitätsgrenzlage als kennzeichnende Werte sind der Stichprobenumfang (n) und die Annahmezahl (c) der Tabelle A zu entnehmen.

Ungeachtet der Tatsache, daß das hauptsächliche Ordnungskriterium für diese Tabelle die rückzuweisende Qualitätsgrenzlage (LQ) ist, braucht der Hersteller/Lieferer einen Anhaltspunkt für die erforderliche Qualitätslage, wenn er erreichen will, daß Lose eine hohe Annahmewahrscheinlichkeit haben. Informationen über den Lieferantenrisikopunkt gibt Tabelle D1. Angaben der Annahmewahrscheinlichkeit relativ guter Lose bei Anwendung von Stichprobenanweisungen mit der Annahmezahl Null werden in Tabelle D2 gemacht.

3.4 Verfahren B (Tabelle B ist zu benutzen)

Eine Stichprobenanweisung ist durch den Losumfang, die rückzuweisende Qualitätsgrenzlage (LQ) und das Prüfniveau bestimmt (wenn nicht anders vorgegeben, muß auf Niveau II geprüft werden).

Anhand der vorgegebenen rückzuweisenden Qualitätsgrenzlage wird aus den Tabellen B1 bis B10 die zutreffende Tabelle ausgewählt. Innerhalb jeder Tabelle zeigen der vorgegebene Losumfang und das vorgegebene Prüfniveau den zutreffenden Stichprobenumfang (n) und die Annahmezahl (c) an. Ungeachtet der Tatsache, daß das hauptsächliche Ordnungskriterium für die Tabellen die rückzuweisende Qualitätsgrenzlage (LQ) ist, braucht der Hersteller/Lieferer einen Anhaltspunkt für die erforderliche Qualitätslage, wenn Lose eine hohe Annahmewahrscheinlichkeit haben sollen. Jede Tabelle macht Angaben über die entsprechende AQL und über Einzelheiten der Operationscharakteristiken. Die Operationscharakteristiken sind nach den in ISO 2859-1 benutzten Kennbuchstaben für den Stichprobenumfang und nach der Annahmezahl geordnet.

Die unter den Tabellen B1 bis B10 angegebenen Kurven der Operationscharakteristiken basieren auf der Poisson/Binomial-Verteilung; die tatsächliche Operationscharakteristik trennt schärfer als diese Kurven, und zwar durch eine größere Annahmewahrscheinlichkeit, wenn die angegebene Wahrscheinlichkeit $\geq 0{,}9$ ist, und durch eine kleinere Annahmewahrscheinlichkeit, wenn die angegebene Wahrscheinlichkeit $< 0{,}1$ ist.

3.5 Wahl der Parameter für die Stichprobenverfahren

3.5.1 Rückzuweisende Qualitätsgrenzlage (LQ)

Anders als die AQL, welche dem Hersteller einen Anhaltspunkt für diejenige Qualitätslage gibt, die er vorstellen muß, damit er in den meisten Fällen die Annahmekriterien (Festlegung der Stichprobenanweisung) erfüllen kann[3]), gibt die rückzuweisende Qualitätsgrenzlage dem Abnehmer keinen zuverlässigen Anhaltspunkt hinsichtlich der wahren Qualität der angenommenen Lose. Aus diesem Grunde sollte die rückzuweisende Qualitätsgrenzlage realistischerweise mindestens dreimal so hoch wie die gewünschte Qualitätslage gewählt werden.

[3]) Nationale Fußnote: Die Qualitätslenkung hat das Ziel, die mittlere Qualitätslage **unterhalb** der AQL zu halten.

Das ermöglicht es dem Hersteller/Lieferer, Lose mit der gewünschten Qualität zu liefern und dabei eine angemessene Annahmewahrscheinlichkeit der vorgestellten Lose zu haben, zumindest bei den Annahmezahlen 3, 5, 10 und 18. Bei Stichprobenanweisungen mit der Annahmezahl 1 müssen die Lose eine bessere Qualitätslage als LQ_{10} haben, und bei Stichprobenanweisungen mit der Annahmezahl Null müssen die Lose fehlerfrei oder annähernd fehlerfrei sein, bevor die Annahmewahrscheinlichkeit auf 0,95 oder höher steigt.

Die Werte der rückzuweisenden Qualitätsgrenzlage sind auf eine Auswahl von bevorzugten Werten beschränkt, und die Stichprobenanweisungen sind für den Gebrauch mit diesen bevorzugten Werten vorgesehen. Falls diese Anweisungen in Fällen eingeführt werden, in denen eine nicht-genormte rückzuweisende Qualitätsgrenzlage bereits vorgegeben ist, sollte derjenige bevorzugte Wert von LQ der Stichprobenanweisung zugrunde gelegt werden, der mit demjenigen in Spalte 4 der Tabelle C aufgeführten Intervall korrespondiert, welches den nicht-genormten Wert (L) einschließt. Die Spalten 2 und 3 der Tabelle C machen Angaben über die dem Abnehmerrisiko entsprechenden Qualitätslagen (Consumers Risk Quality, CRQ), die in den Tabellen B1 bis B10 für Abnehmerrisiken von 10% bzw. 5% zu finden sind.

Beispiel:

> Die rückzuweisende Qualitätsgrenzlage war früher auf 3,5% festgesetzt. Dieses ist kein bevorzugter Wert, und in den Tabellen muß unter der nominellen rückzuweisenden Qualitätsgrenzlage LQ = 3,15% nachgeschlagen werden, da 3,5% in dem Intervall $2{,}5\,\% \leq LQ < 4{,}0\,\%$ liegt.

3.5.2 Prüfniveau

In den Verfahren der ISO 2859-1 wächst der Schutz für den Abnehmer mit wachsendem Stichprobenumfang. In ISO 2859-2 wird der Schutz des Abnehmers annähernd konstant gehalten, und die Wirkung eines wachsenden Stichprobenumfangs besteht darin, dem Lieferer größeren Spielraum hinsichtlich der zulässigen mittleren Qualitätslage des Prozesses zu ermöglichen. Wenn der Abnehmer mit dem Schutz, der ihm durch die nominelle rückzuweisende Qualitätsgrenzlage gegenüber dem gelegentlichen Auftreten eines schlechten Loses geboten wird, zufrieden ist, dann ist das Prüfniveau in erster Linie für den Lieferer von Interesse, besonders wenn die Kosten der Stichprobenprüfung von ihm getragen werden. Eine mittlere Qualitätslage des Prozesses, die sicher unter der rückzuweisenden Qualitätsgrenzlage liegt (also eine bessere Qualitätslage), würde die Anwendung kleinerer Stichprobenumfänge gestatten. Umgekehrt sind höhere Prüfniveaus nicht notwendigerweise vorteilhaft, wenn der Abnehmer eher an der tatsächlichen Qualitätslage als an der rückzuweisenden Qualitätsgrenzlage interessiert ist oder wenn er die Kosten der Stichprobenprüfung trägt. Trotzdem ist das in ISO 2859-1 angegebene Prüfniveau III auch bei rückzuweisenden Qualitätsgrenzlagen oberhalb von 5% in ISO 2859-2 übernommen worden.[4]) Wenn die Stichprobenumfänge klein gehalten werden sollen und andere Überlegungen zweitrangig sind, bewirkt die Vorgabe des Prüfniveaus S-2, daß ein fester Stichprobenumfang für alle Losumfänge festgelegt wird, welcher nur von der rückzuweisenden Qualitätsgrenzlage abhängt.

4 Regeln für die Annahme und Rückweisung

4.1 Probenahme

Wenn die Stichprobenanweisung nach Abschnitt 3 festgelegt ist, müssen die Stichprobeneinheiten durch eine Zufallsprobenahme dem Los entnommen und alle Einheiten der Stichprobe geprüft werden.

4.2 Annahme

Wenn die in der Stichprobe festgestellte Anzahl fehlerhafter Einheiten bzw. die Anzahl der Fehler kleiner oder gleich der in der Stichprobenanweisung vorgegebenen Annahmezahl (*c*) ist, muß das Los angenommen werden.

4.3 Fehlerhafte Einheiten

Ungeachtet der Tatsache, daß das Los angenommen wurde, hat der Abnehmer das Recht, jegliche fehlerhaften Einheiten, die während der Prüfung gefunden wurden, rückzuweisen, unabhängig davon, ob sie Teil der Stichprobe sind oder nicht.

4.4 Rückweisung und Wiedervorstellung

Wenn die in der Stichprobe festgestellte Anzahl fehlerhafter Einheiten größer als die Annahmezahl (*c*) ist, ist das Los rückzuweisen. Ein rückgewiesenes Los darf nicht wieder zur Prüfung vorgestellt werden, wenn nicht:

a) die **zuständige Stelle** zustimmt und

b) alle Einheiten des Loses erneut geprüft und alle fehlerhaften Einheiten entfernt oder durch fehlerfreie Einheiten ersetzt oder die Fehler beseitigt wurden.

Wenn die **zuständige Stelle** der Wiedervorstellung eines rückgewiesenen Loses zustimmt, muß sie das anzuwendende Verfahren der Annahmestichprobenprüfung festlegen (d.h. die LQ und/oder das Prüfniveau), und sie muß bestimmen, ob die erneute Prüfung alle Arten oder Klassen von Fehlern oder nur solche, die die ursprüngliche Rückweisung verursacht haben, umfassen muß.

5 Doppel- und Mehrfachstichprobenanweisungen

Die Tabellen D3 und D4 legen den Stichprobenumfang und die Annahmebedingungen für die Doppel- und Mehrfachstichprobenanweisungen in ISO 2859-1 entsprechend den Einfachstichprobenanweisungen in den Tabellen B1 bis B10 fest. Die Kennbuchstaben für den Stichprobenumfang stimmen mit denen in ISO 2859-1 überein, und die Annahmekennziffer ist die Annahmezahl der zugehörigen Einfachstichprobenanweisungen. Da die Verfahren A und B ähnliche Operationscharakteristiken für Stichprobenanweisungen mit von Null verschiedenen Annahmezahlen haben, können die Doppel- und Mehrfachstichprobenanweisungen auch benutzt werden, um im Verfahren A die entsprechenden Einfachstichprobenanweisungen zu ersetzen. Hinsichtlich der Funktionsweise dieser Doppel- und Mehrfachstichprobenanweisungen wird der Benutzer auf die Abschnitte 11.1.2 und 11.1.3 in ISO 2859-1 verwiesen.

6 Erläuternde Beispiele zur Anwendung dieses Teils der ISO 2859

6.1 Ein Abnehmer möchte Verpackungseinheiten mit jeweils 10 Schrauben beziehen, um sie den Bausätzen für Bücherschränke, die er zu verkaufen plant, beizulegen. Obwohl er Verpackungseinheiten bevorzugt, die genau jeweils 10 Schrauben enthalten, kann er 1% der Packungen mit weniger Schrauben hinnehmen, will es jedoch nicht riskieren, einen wesentlich höheren Prozentsatz fehlerhafter Packungen anzunehmen. Er plant, 5000 Bausätze in Losen zu 1250 herzustellen.

---

[4]) Nationale Fußnote: Der vorstehende Satz ist in der deutschen Übersetzung redaktionell berichtigt worden, weil es in ISO 2859-2 versehentlich falsch heißt: „Das in ISO 2859-1 angegebene Prüfniveau III ist bei rückzuweisenden Qualitätsgrenzlagen oberhalb von 5 % in ISO 2859-2 nicht übernommen worden."

Der Lieferer willigt ein, Verfahren A mit der nominellen rückzuweisenden Qualitätsgrenzlage 3,15% anzuwenden. Für Lose mit einem Umfang von 1250 weist die ausgewählte Stichprobenanweisung n = 125, c = 1 aus.

Der Lieferer bietet an, die für alle 5000 Bausätze benötigten Packungen als ein einzelnes Los zu liefern. Die neue Stichprobenanweisung hat n = 200, c = 3.

Das einzelne Los erfordert anteilig weniger geprüfte Verpackungseinheiten, und trotzdem bietet die Stichprobenanweisung immer noch eine hohe Rückweisewahrscheinlichkeit für eine so schlechte Qualitätslage wie 3,15%, wobei allerdings die Annahmewahrscheinlichkeit für ein Los der Qualitätslage 1% von 0,64 auf 0,86 vergrößert wird.

6.2 Derselbe Abnehmer möchte die hölzernen Teile seines Bücherschrank-Bausatzes als kunststoffbeschichtete Spanholzplatten in genormten Maßen beziehen. Der Lieferer stellt diese Platten als Teil seiner regulären Produktion her und betrachtet die für jedes Los von 1250 Bausätzen benötigten 7500 Platten als einzelne Lose in dem allgemeinen Lieferfluß zu den Heimwerkergeschäften. Wie die Qualitätsprüfungen zeigen, treten Kratzer in der Kunststoffbeschichtung mit einer Wahrscheinlichkeit von 0,025 auf. Der Abnehmer kann einige Platten mit Kratzern hinnehmen, da diese während des Herstellungsprozesses des Bausatzes entdeckt und aussortiert werden können, stellt jedoch fest, daß es Probleme während des Herstellungsprozesses mit sich bringen würde, wenn 5% der Platten Kratzer aufweisen würden.

Der Abnehmer und der Lieferer kommen überein, daß das Verfahren B geeignet sei und wählen die nominelle rückzuweisende Qualitätsgrenzlage 5,0% und das Prüfniveau S-4. Die Parameter der Stichprobenanweisungen für einen Losumfang von 7500 sind n = 80, c = 1. Bei dieser Stichprobenanweisung und der aktuellen mittleren Qualitätslage ist die Annahmewahrscheinlichkeit geringer als 0,5. Ein rückgewiesenes Los muß vor der Verarbeitung zu 100% geprüft werden, und die hohe Rückweisewahrscheinlichkeit bringt unerwünscht hohe Prüfkosten mit sich.

Prüfniveau III hätte eine Stichprobenanweisung mit n = 315 und c = 10 vorgesehen. Die aktuelle mittlere Qualitätslage der Lose würde zu einer Annahmewahrscheinlichkeit oberhalb von 0,80 führen. Ein Lieferer mit einer besseren mittleren Qualitätslage, z.B. 1%, würde eine ähnliche Annahmewahrscheinlichkeit auf dem Prüfniveau S-4 erreichen. Das verdeutlicht die Fähigkeit besserer Lieferer, mit kleineren Stichprobenumfängen zu arbeiten und dennoch das Kriterium derselben rückzuweisenden Qualitätsgrenzlage zu erfüllen.

7 Kompatibilität mit ISO 2859-1

7.1 Allgemeines

Mit den der Stichprobenprüfung anhand qualitativer Merkmale innewohnenden wahrscheinlichkeitstheoretischen Einschränkungen bieten die nach der LQ geordneten und in Tabelle A sowie den Tabellen B genormten Stichprobenanweisungen eine vernünftige Auswahl aus den bestehenden nach der AQL geordneten Stichprobenanweisungen von ISO 2859-1. Im Interesse der Kompatibilität sind auch die Klassen des Losumfanges aus ISO 2859-1 sowie ähnliche Regeln für die Annahme und für die Rückweisung beibehalten worden. Wesentliche Abweichungen sind in 7.2 und 7.3 genannt.

7.2 Verfahren A (siehe Tabelle A)

Für einzelne Lose mit einem relativ großen Verhältnis von Stichprobenumfang zu Losumfang ist es notwendig, die hypergeometrische Verteilung anzuwenden. Konsequenterweise gibt es zusätzlich 39 (c = 0) Stichprobenanweisungen in Tabelle A, für die Daten der Operationscharakteristiken in Tabelle D 2 angegeben sind. Die übrigen 80 Stichprobenanweisungen in Tabelle A sind aus ISO 2859-1 übernommen worden.

7.3 Verfahren B (siehe Tabellen B)

Alle Stichprobenanweisungen in den Tabellen B sind für die vorgegebene rückzuweisende Qualitätsgrenzlage aus ISO 2859-1 ausgewählt worden, wobei ein gleitendes Abnehmerrisiko (gewöhnlich unterhalb von 10%) zugrundegelegt wurde. Die Prüfniveaus nach ISO 2859-1 sind ebenfalls übernommen (siehe 3.5.2), aber Stichprobenanweisungen mit der Annahmezahl Null sind nicht in die Tabellen B aufgenommen worden, weil Tabelle A benutzt werden kann, wenn solche Anweisungen als notwendig angesehen werden.

Tabelle A **Einfach-Stichprobenanweisungen, geordnet nach der rückzuweisenden Qualitätsgrenzlage (LQ) (Verfahren A)**

Losumfang		Rückzuweisende Qualitätsgrenzlage in Prozent (LQ)									
		0,5	0,8	1,25	2,0	3,15	5,0	8,0	12,5	20	32
16 bis 25	*n*	→	→	→	→	→	25[1]	17[1]	13	9	6
	c						0	0	0	0	0
26 bis 50	*n*	→	→	→	50[1]	50[1]	28[1]	22	15	10	6
	c				0	0	0	0	0	0	0
51 bis 90	*n*	→	→	90[1]	50	44	34	24	16	10	8
	c			0	0	0	0	0	0	0	0
91 bis 150	*n*	→	150[1]	90	80	55	38	26	18	13	13
	c		0	0	0	0	0	0	0	0	1
151 bis 280	*n*	200[1]	170[1]	130	95	65	42	28	20	20	13
	c	0	0	0	0	0	0	0	0	1	1
281 bis 500	*n*	280	220	155	105	80	50	32	32	20	20
	c	0	0	0	0	0	0	0	1	1	3
501 bis 1 200	*n*	380	255	170	125	125	80	50	32	32	32
	c	0	0	0	0	1	1	1	1	3	5
1 201 bis 3 200	*n*	430	280	200	200	125	125	80	50	50	50
	c	0	0	0	1	1	3	3	3	5	10
3 201 bis 10 000	*n*	450	315	315	200	200	200	125	80	80	80
	c	0	0	1	1	3	5	5	5	10	18
10 001 bis 35 000	*n*	500	500	315	315	315	315	200	125	125	80
	c	0	1	1	3	5	10	10	10	18	18
35 001 bis 150 000	*n*	800	500	500	500	500	500	315	200	125	80
	c	1	1	3	5	10	18	18	18	18	18
150 001 bis 500 000	*n*	800	800	800	800	800	500	315	200	125	80
	c	1	3	5	10	18	18	18	18	18	18
> 500 000	*n*	1 250	1 250	1 250	1 250	800	500	315	200	125	80
	c	3	5	10	18	18	18	18	18	18	18

[1]) Wenn *n* den Losumfang überschreitet, ist eine 100%-Prüfung mit der Annahmezahl Null auszuführen.

→ Bei dieser rückzuweisenden Qualitätsgrenzlage wäre weniger als eine fehlerhafte Einheit in dem Los. Die erste angegebene Stichprobenanweisung für eine höhere rückzuweisende Qualitätsgrenzlage ist zu verwenden.

Tabelle B1 **Einfach-Stichprobenanweisungen für die rückzuweisende Qualitätsgrenzlage 0,5 %**

Zuordnung von Losumfängen und Prüfniveaus					ISO 2859-1 Einfach-Stichprobenanweisung (normale Prüfung)			Kennbuchstabe für den Stichprobenumfang	Tabellierte Werte der vorgestellten Qualitätslage in Abhängigkeit von der gewünschten Annahmewahrscheinlichkeit[1]) (Qualitätslage als Anteil fehlerhafter Einheiten in Prozent)					Annahmewahrscheinlichkeiten bei der rückzuweisenden Qualitätsgrenzlage[2])	
S-1 bis S-3	S-4	I	II	III	AQL	n	c		0,95	0,90	0,50	0,10	0,05	max.	min.
> 800[3)]	> 800[3)]	> 800[3)]	801[3)] bis 500 000	801[3)] bis 150 000	0,065	800	1	P	0,044 4	0,066 5	0,210	0,486	0,593	0,091	0,000
			> 500 000	150 001 bis 500 000	0,10	1 250	3	Q	0,109	0,140	0,294	0,534	0,620	0,129	0,129
				> 500 000	0,10	2 000	5	R	0,131	0,158	0,284	0,464	0,526	0,066	0,066

[1]) Wahrscheinlichkeit auf Basis der Poisson-Verteilung angenähert berechnet.

[2]) Die exakten, auf Basis der hypergeometrischen Verteilung berechneten Annahmewahrscheinlichkeiten hängen vom Losumfang ab. Für jede Stichprobenanweisung sind der größte und der kleinste Wert bei zugelassenen Losumfängen angegeben.

[3]) Bei weniger als 801 Einheiten in einem Los ist eine 100%-Prüfung auszuführen.

Diagramme der Operationscharakteristiken für Einfach-Stichprobenanweisungen

(Die Kurven sind durch die Kennbuchstaben für den Stichprobenumfang gekennzeichnet.)

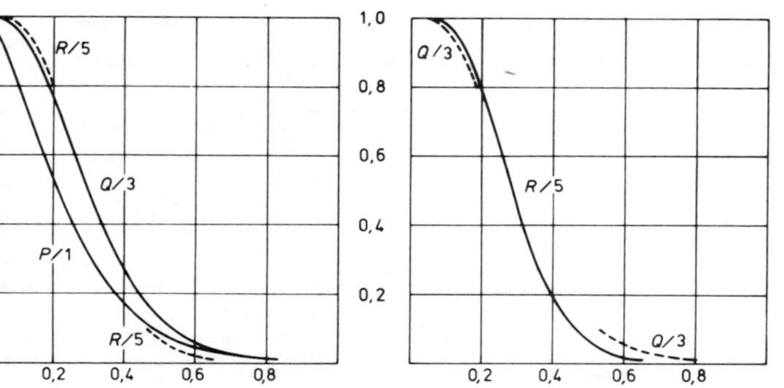

Tabelle B2 **Einfach-Stichprobenanweisungen für die rückzuweisende Qualitätsgrenzlage 0,8 %**

Zuordnung von Losumfängen und Prüfniveaus					ISO 2859-1 Einfach-Stichprobenanweisung (normale Prüfung)			Kennbuchstabe für den Stichprobenumfang	Tabellierte Werte der vorgestellten Qualitätslage in Abhängigkeit von der gewünschten Annahmewahrscheinlichkeit[1]) (Qualitätslage als Anteil fehlerhafter Einheiten in Prozent)					Annahmewahrscheinlichkeiten bei der rückzuweisenden Qualitätsgrenzlage[2])	
S-1 bis S-3	S-4	I	II	III	AQL	n	c		0,95	0,90	0,50	0,10	0,05	max.	min.
> 500[3])	> 500[3])	501[3]) bis 500 000	501[3]) bis 150 000	501[3]) bis 35 000	0,1	500	1	N	0,071	0,106	0,336	0,778	0,949	0,091	0,000
		> 500 000	150 001 bis 500 000	35 001 bis 150 000	0,15	800	3	P	0,171	0,218	0,459	0,835	0,969	0,118	0,115
			> 500 000	> 150 000	0,15	1 250	5	Q	0,209	0,252	0,454	0,742	0,841	0,066	0,066

[1]) Wahrscheinlichkeit auf Basis der Poisson-Verteilung angenähert berechnet.

[2]) Die exakten, auf Basis der hypergeometrischen Verteilung berechneten Annahmewahrscheinlichkeiten hängen vom Losumfang ab. Für jede Stichprobenanweisung sind der größte und der kleinste Wert bei zugelassenen Losumfängen angegeben.

[3]) Bei weniger als 501 Einheiten in einem Los ist eine 100%-Prüfung auszuführen.

Diagramme der Operationscharakteristiken für Einfach-Stichprobenanweisungen

(Die Kurven sind durch die Kennbuchstaben für den Stichprobenumfang gekennzeichnet.)

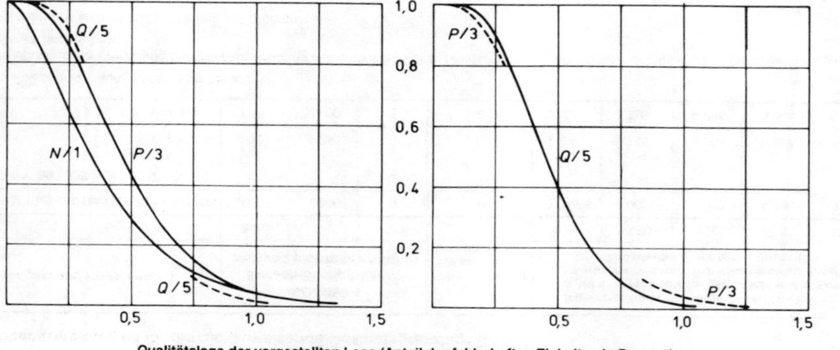

Tabelle B3 **Einfach-Stichprobenanweisungen für die rückzuweisende Qualitätsgrenzlage 1,25 %**

Zuordnung von Losumfängen und Prüfniveaus					ISO 2859-1 Einfach-Stichprobenanweisung (normale Prüfung)			Kennbuchstabe für den Stichprobenumfang	Tabellierte Werte der vorgestellten Qualitätslage in Abhängigkeit von der gewünschten Annahmewahrscheinlichkeit[1]) (Qualitätslage als Anteil fehlerhafter Einheiten in Prozent)					Annahmewahrscheinlichkeiten bei der rückzuweisenden Qualitätsgrenzlage[2])	
S-1 bis S-3	S-4	I	II	III	AQL	n	c		0,95	0,90	0,50	0,10	0,05	max.	min.
> 315[3])	> 315[3])	316[3]) bis 500 000	316[3]) bis 35 000	316[3]) bis 10 000	0,15	315	1	M	0,112	0,168	0,532	1,23	1,51	0,095	0,000
		> 500 000	35 001 bis 150 000	10 001 bis 35 000	0,25	500	3	N	0,273	0,349	0,734	1,34	1,55	0,129	0,122
			150 001 bis 500 000	35 001 bis 150 000	0,25	800	5	P	0,327	0,394	0,709	1,16	1,31	0,066	0,064
			> 500 000	> 150 000	0,40	1 250	10	Q	0,494	0,562	0,853	1,23	1,36	0,089	0,089

[1]) Wahrscheinlichkeit auf Basis der Poisson-Verteilung angenähert berechnet.

[2]) Die exakten, auf Basis der hypergeometrischen Verteilung berechneten Annahmewahrscheinlichkeiten hängen vom Losumfang ab. Für jede Stichprobenanweisung sind der größte und der kleinste Wert bei zugelassenen Losumfängen angegeben.

[3]) Bei weniger als 316 Einheiten in einem Los ist eine 100%-Prüfung auszuführen.

Diagramme der Operationscharakteristiken für Einfach-Stichprobenanweisungen

(Die Kurven sind durch die Kennbuchstaben für den Stichprobenumfang gekennzeichnet.)

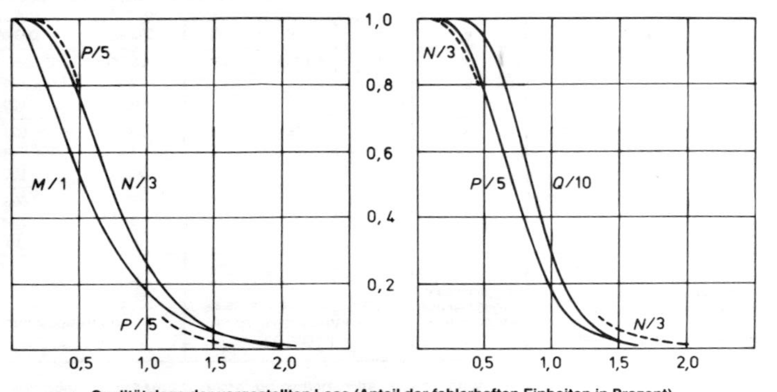

Tabelle B4 **Einfach-Stichprobenanweisungen für die rückzuweisende Qualitätsgrenzlage 2,00 %**

Zuordnung von Losumfängen und Prüfniveaus					ISO 2859-1 Einfach-Stichprobenanweisung (normale Prüfung)			Kennbuchstabe für den Stichprobenumfang	Tabellierte Werte der vorgestellten Qualitätslage in Abhängigkeit von der gewünschten Annahmewahrscheinlichkeit[1]) (Qualitätslage als Anteil fehlerhafter Einheiten in Prozent)					Annahmewahrscheinlichkeiten bei der rückzuweisenden Qualitätsgrenzlage[2])	
S-1 bis S-3	S-4	I	II	III	AQL	n	c		0,95	0,90	0,50	0,10	0,05	max.	min.
> 200[3)]	> 200[3)]	201[3)] bis 150 000	201[3)] bis 10 000	201[3)] bis 3 200	0,25	200	1	L	0,178	0,266	0,839	1,95	2,37	0,089	0,000
		150 001 bis 500 000	10 001 bis 35 000	3 201 bis 10 000	0,40	315	3	M	0,433	0,533	1,17	2,12	2,46	0,124	0,111
		> 500 000	35 001 bis 150 000	10 001 bis 35 000	0,40	500	5	N	0,523	0,630	1,13	1,86	2,10	0,065	0,061
			> 150 000	> 35 000	0,65	800	10	P	0,771	0,878	1,33	1,93	2,12	0,075	0,073

[1]) Wahrscheinlichkeit auf Basis der Poisson-Verteilung angenähert berechnet.

[2]) Die exakten, auf Basis der hypergeometrischen Verteilung berechneten Annahmewahrscheinlichkeiten hängen vom Losumfang ab. Für jede Stichprobenanweisung sind der größte und der kleinste Wert bei zugelassenen Losumfängen angegeben.

[3]) Bei weniger als 201 Einheiten in einem Los ist eine 100%-Prüfung auszuführen.

Diagramme der Operationscharakteristiken für Einfach-Stichprobenanweisungen

(Die Kurven sind durch die Kennbuchstaben für den Stichprobenumfang gekennzeichnet.)

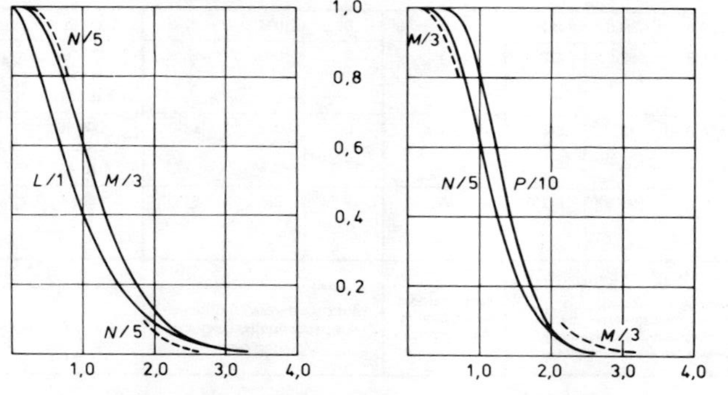

Tabelle B5 **Einfach-Stichprobenanweisungen für die rückzuweisende Qualitätsgrenzlage 3,15 %**

Zuordnung von Losumfängen und Prüfniveaus					ISO 2859-1 Einfach-Stichprobenanweisung (normale Prüfung)			Kennbuchstabe für den Stichprobenumfang	Tabellierte Werte der vorgestellten Qualitätslage in Abhängigkeit von der gewünschten Annahmewahrscheinlichkeit[1]) (Qualitätslage als Anteil fehlerhafter Einheiten in Prozent)					Annahmewahrscheinlichkeiten bei der rückzuweisenden Qualitätsgrenzlage[2])	
S-1 bis S-3	S-4	I	II	III	AQL	n	c		0,95	0,90	0,50	0,10	0,05	max.	min.
> 125[3])	> 125[3])	126[3]) bis 35 000	126[3]) bis 3 200	126[3]) bis 1 200	0,40	125	1	K	0,284	0,426	1,34	3,11	3,80	0,093	0,000
		35 001 bis 150 000	3 201 bis 10 000	1 201 bis 3 200	0,65	200	3	L	0,683	0,873	1,84	3,34	3,88	0,122	0,101
		> 150 000	10 001 bis 35 000	3 201 bis 10 000	0,65	315	5	M	0,829	1,00	1,80	2,94	3,34	0,067	0,058
			> 35 000	> 10 000	1,00	500	10	N	1,231	1,40	2,13	3,08	3,39	0,083	0,078

[1]) Wahrscheinlichkeit auf Basis der Poisson-Verteilung angenähert berechnet.

[2]) Die exakten, auf Basis der hypergeometrischen Verteilung berechneten Annahmewahrscheinlichkeiten hängen vom Losumfang ab. Für jede Stichprobenanweisung sind der größte und der kleinste Wert bei zugelassenen Losumfängen angegeben.

[3]) Bei weniger als 126 Einheiten in einem Los ist eine 100%-Prüfung auszuführen.

Diagramme der Operationscharakteristiken für Einfach-Stichprobenanweisungen

(Die Kurven sind durch die Kennbuchstaben für den Stichprobenumfang gekennzeichnet.)

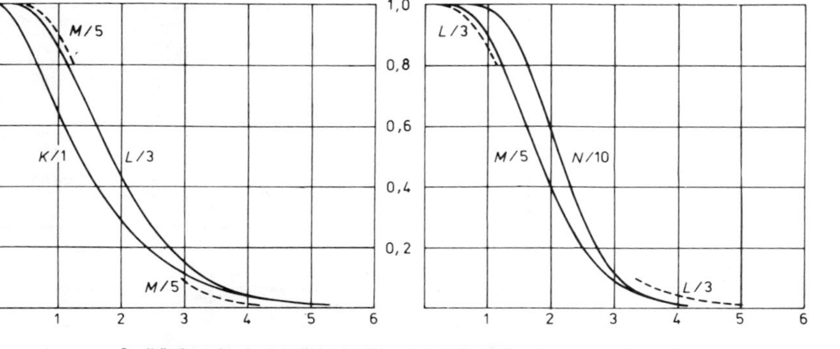

Tabelle B6 **Einfach-Stichprobenanweisungen für die rückzuweisende Qualitätsgrenzlage 5,0 %**

Zuordnung von Losumfängen und Prüfniveaus					ISO 2859-1 Einfach-Stichprobenanweisung (normale Prüfung)			Kennbuchstabe für den Stichprobenumfang	Tabellierte Werte der vorgestellten Qualitätslage in Abhängigkeit von der gewünschten Annahmewahrscheinlichkeit[1]) (Qualitätslage als Anteil fehlerhafter Einheiten in Prozent)					Annahmewahrscheinlichkeiten bei der rückzuweisenden Qualitätsgrenzlage[2])	
S-1 bis S-3	S-4	I	II	III	AQL	*n*	*c*		0,95	0,90	0,50	0,10	0,05	max.	min.
> 80[3])	81[3]) bis 500 000	81[3]) bis 10 000	81[3]) bis 1 200	81[3]) bis 500	0,65	80	1	J	0,444	0,666	2,09	4,78	5,80	0,086	0,000
	> 500 000	10 001 bis 35 000	1 201 bis 3 200	501 bis 1 200	1,0	125	3	K	1,09	1,40	2,94	5,35	6,20	0,124	0,092
		35 001 bis 150 000	3 201 bis 10 000	1 201 bis 3 200	1,0	200	5	L	1,31	1,58	2,84	4,64	5,26	0,062	0,048
		> 150 000	> 10 000	> 3 200	1,5	315	10	M	1,96	2,23	3,39	4,89	5,38	0,081	0,072

[1]) Wahrscheinlichkeit für die Fälle der Kennbuchstaben K, L und M auf Basis der Poisson-Verteilung angenähert berechnet. Binomialverteilung für den Kennbuchstaben J.

[2]) Die exakten, auf Basis der hypergeometrischen Verteilung berechneten Annahmewahrscheinlichkeiten hängen vom Losumfang ab. Für jede Stichprobenanweisung sind der größte und der kleinste Wert bei zugelassenen Losumfängen angegeben.

[3]) Bei weniger als 81 Einheiten in einem Los ist eine 100%-Prüfung auszuführen.

Diagramme der Operationscharakteristiken für Einfach-Stichprobenanweisungen

(Die Kurven sind durch die Kennbuchstaben für den Stichprobenumfang gekennzeichnet.)

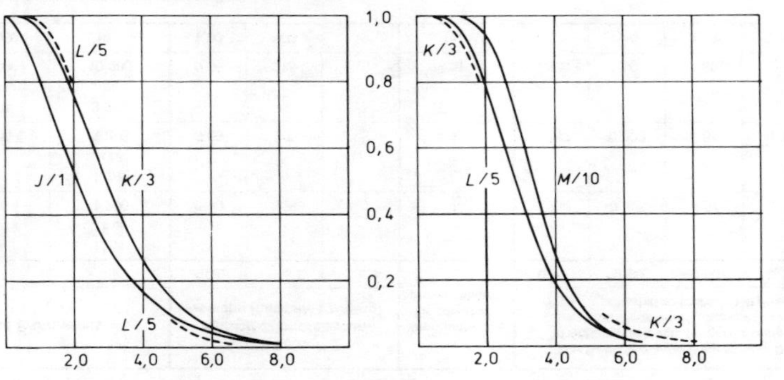

Tabelle B7 **Einfach-Stichprobenanweisungen für die rückzuweisende Qualitätsgrenzlage 8,0 %**

Zuordnung von Losumfängen und Prüfniveaus					ISO 2859-1 Einfach-Stichprobenanweisung (normale Prüfung)			Kennbuchstabe für den Stichprobenumfang	Tabellierte Werte der vorgestellten Qualitätslage in Abhängigkeit von der gewünschten Annahmewahrscheinlichkeit[1]) (Qualitätslage als Anteil fehlerhafter Einheiten in Prozent)					Annahmewahrscheinlichkeiten bei der rückzuweisenden Qualitätsgrenzlage[2])	
S-1 bis S-3	S-4	I	II	III	AQL	n	c		0,95	0,90	0,50	0,10	0,05	max.	min.
> 50[3)]	> 50[3)]	51[3)] bis 35 000	51[3)] bis 3 200	51[3)] bis 500	1,0	50	1	H	0,712	1,07	3,33	7,56	9,13	0,083	0,000
		35 001 bis 500 000	3 201 bis 10 000	501 bis 1 200	1,5	80	3	J	1,73	2,20	4,57	8,16	9,39	0,109	0,090
		> 500 000	10 001 bis 35 000	1 201 bis 3 200	1,5	125	5	K	2,09	2,52	4,54	7,42	8,41	0,059	0,051
			> 35 000	> 3 200	2,5	200	10	L	3,09	3,51	5,33	7,70	8,48	0,069	0,064

[1]) Wahrscheinlichkeit für die Fälle der Kennbuchstaben K und L auf Basis der Poisson-Verteilung angenähert berechnet. Binomialverteilung für die Kennbuchstaben H und J.

[2]) Die exakten, auf Basis der hypergeometrischen Verteilung berechneten Annahmewahrscheinlichkeiten hängen vom Losumfang ab. Für jede Stichprobenanweisung sind der größte und der kleinste Wert bei zugelassenen Losumfängen angegeben.

[3]) Bei weniger als 51 Einheiten in einem Los ist eine 100%-Prüfung auszuführen.

Diagramme der Operationscharakteristiken für Einfach-Stichprobenanweisungen

(Die Kurven sind durch die Kennbuchstaben für den Stichprobenumfang gekennzeichnet.)

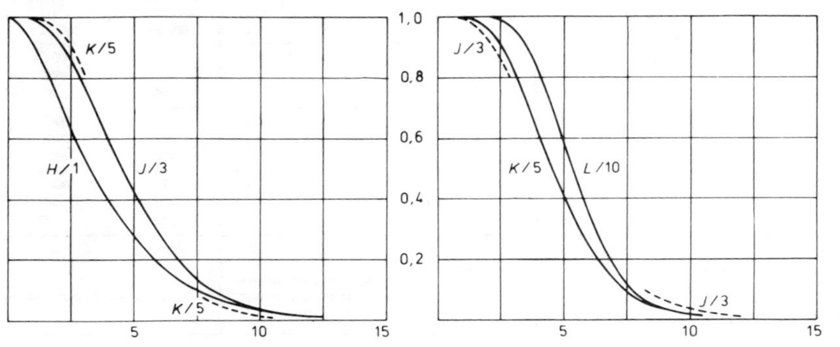

Tabelle B8 **Einfach-Stichprobenanweisungen für die rückzuweisende Qualitätsgrenzlage 12,5 %**

Zuordnung von Losumfängen und Prüfniveaus					ISO 2859-1 Einfach-Stichprobenanweisung (normale Prüfung)			Kennbuchstabe für den Stichprobenumfang	Tabellierte Werte der vorgestellten Qualitätslage in Abhängigkeit von der gewünschten Annahmewahrscheinlichkeit¹) (Qualitätslage als Anteil fehlerhafter Einheiten in Prozent)					Annahmewahrscheinlichkeiten bei der rückzuweisenden Qualitätsgrenzlage²)	
S-1 bis S-3	S-4	I	II	III	AQL	n	c		0,95	0,90	0,50	0,10	0,05	max.	min.
> 32³⁾	33³⁾ bis 500 000	33³⁾ bis 10 000	33³⁾ bis 1 200	33³⁾ bis 280	1,5	32	1	G	1,13	1,67	5,19	11,6	14,0	0,078	0,000
	> 500 000	10 001 bis 35 000	1 201 bis 3 200	281 bis 500	2,5	50	3	H	2,77	3,54	7,30	12,9	14,8	0,114	0,094
		35 001 bis 500 000	3 201 bis 10 000	501 bis 1 200	2,5	80	5	J	3,32	3,98	7,06	11,3	12,7	0,055	0,043
		> 500 000	> 10 000	> 1 200	4,0	125	10	K	4,94	5,62	8,53	12,3	13,6	0,077	0,070

¹) Wahrscheinlichkeit für den Fall des Kennbuchstaben K auf Basis der Poisson-Verteilung angenähert berechnet. Binomialverteilung für die Kennbuchstaben G, H und J.

²) Die exakten, auf Basis der hypergeometrischen Verteilung berechneten Annahmewahrscheinlichkeiten hängen vom Losumfang ab. Für jede Stichprobenanweisung sind der größte und der kleinste Wert bei zugelassenen Losumfängen angegeben.

³) Bei weniger als 33 Einheiten in einem Los ist eine 100%-Prüfung auszuführen.

Diagramme der Operationscharakteristiken für Einfach-Stichprobenanweisungen

(Die Kurven sind durch die Kennbuchstaben für den Stichprobenumfang gekennzeichnet.)

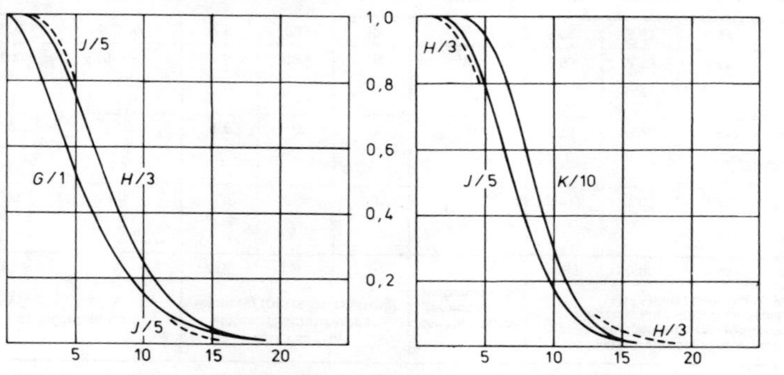

Tabelle B9 **Einfach-Stichprobenanweisungen für die rückzuweisende Qualitätsgrenzlage 20,0 %**

Zuordnung von Losumfängen und Prüfniveaus					ISO 2859-1 Einfach-Stichprobenanweisung (normale Prüfung)			Kennbuchstabe für den Stichprobenumfang	Tabellierte Werte der vorgestellten Qualitätslage in Abhängigkeit von der gewünschten Annahmewahrscheinlichkeit[1]) (Qualitätslage als Anteil fehlerhafter Einheiten in Prozent)					Annahmewahrscheinlichkeiten bei der rückzuweisenden Qualitätsgrenzlage[2])	
S-1 bis S-3	S-4	I	II	III	AQL	n	c		0,95	0,90	0,50	0,10	0,05	max.	min.
> 20[3)]	21[3)] bis 35 000	21[3)] bis 1 200	21[3)] bis 500	21[3)] bis 150	2,5	20	1	F	1,80	2,69	8,25	18,1	21,6	0,069	0,000
	35 001 bis 500 000	1 201 bis 10 000	501 bis 1 200	151 bis 280	4,0	32	3	G	4,39	5,56	11,4	19,7	22,5	0,093	0,072
	> 500 000	10 001 bis 35 000	1 201 bis 3 200	281 bis 500	4,0	50	5	H	5,34	6,42	11,3	17,8	19,9	0,048	0,037
		> 35 000	> 3 200	> 500	6,5	80	10	J	7,91	8,95	13,3	18,6	20,3	0,056	0,049

[1]) Wahrscheinlichkeit auf Basis der Binomialverteilung berechnet.

[2]) Die exakten, auf Basis der hypergeometrischen Verteilung berechneten Annahmewahrscheinlichkeiten hängen vom Losumfang ab. Für jede Stichprobenanweisung sind der größte und der kleinste Wert bei zugelassenen Losumfängen angegeben.

[3]) Bei weniger als 21 Einheiten in einem Los ist eine 100%-Prüfung auszuführen.

Diagramme der Operationscharakteristiken für Einfach-Stichprobenanweisungen

(Die Kurven sind durch die Kennbuchstaben für den Stichprobenumfang gekennzeichnet.)

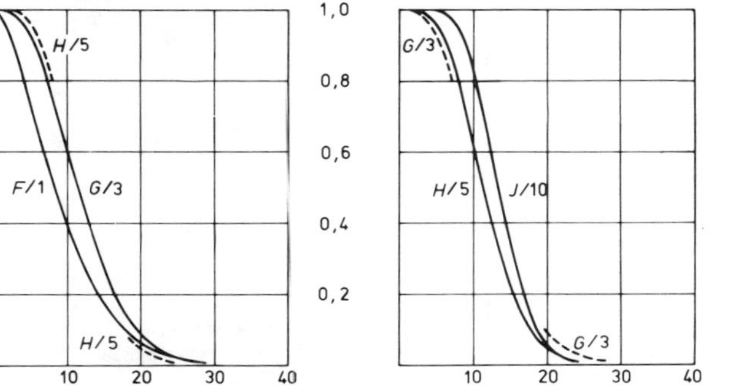

Qualitätslage der vorgestellten Lose (Anteil der fehlerhaften Einheiten in Prozent)

Tabelle B10 **Einfach-Stichprobenanweisungen für die rückzuweisende Qualitätsgrenzlage 32,0 %**

Zuordnung von Losumfängen und Prüfniveaus					ISO 2859-1 Einfach-Stichprobenanweisung (normale Prüfung)			Kennbuchstabe für den Stichprobenumfang	Tabellierte Werte der vorgestellten Qualitätslage in Abhängigkeit von der gewünschten Annahmewahrscheinlichkeit[1]) (Qualitätslage als Anteil fehlerhafter Einheiten in Prozent)					Annahmewahrscheinlichkeiten bei der rückzuweisenden Qualitätsgrenzlage[2])	
S-1 bis S-3	S-4	I	II	III	AQL	*n*	*c*		0,95	0,90	0,50	0,10	0,05	max.	min.
> 13[3])	14[3]) bis 3 200	14[3]) bis 500	14[3]) bis 280	14[3]) bis 90	4,0	13	1	E	2,81	4,16	12,6	26,8	31,6	0,047	0,000
	3 201 bis 35 000	501 bis 1 200	281 bis 500	91 bis 150	6,5	20	3	F	7,13	9,03	18,1	30,4	34,4	0,077	0,062
	35 001 bis 500 000	1 201 bis 10 000	501 bis 1 200	151 bis 280	6,5	32	5	G	8,5	10,2	17,5	27,1	30,1	0,031	0,022
	> 500 000	> 10 000	> 1 200	> 280	10,0	50	10	H	12,9	14,5	21,2	29,1	31,6	0,044	0,042

[1]) Wahrscheinlichkeit auf Basis der Binomialverteilung berechnet.

[2]) Die exakten, auf Basis der hypergeometrischen Verteilung berechneten Annahmewahrscheinlichkeiten hängen vom Losumfang ab. Für jede Stichprobenanweisung sind der größte und der kleinste Wert bei zugelassenen Losumfängen angegeben.

[3]) Bei weniger als 14 Einheiten in einem Los ist eine 100%-Prüfung auszuführen.

Diagramme der Operationscharakteristiken für Einfach-Stichprobenanweisungen

(Die Kurven sind durch die Kennbuchstaben für den Stichprobenumfang gekennzeichnet.)

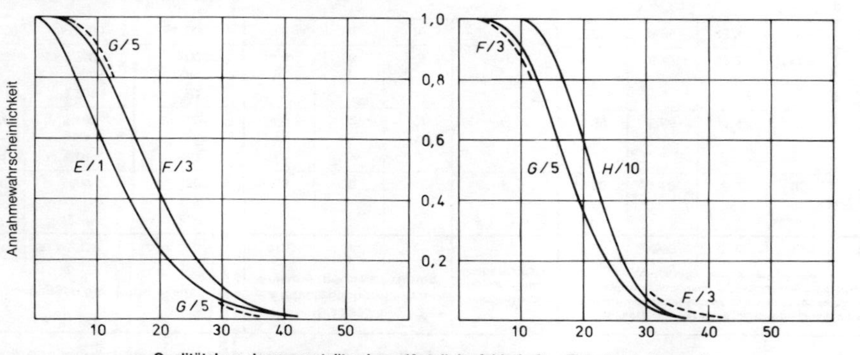

Tabelle C **Zusammenhang zwischen der rückzuweisenden Qualitätsgrenzlage (LQ) und der dem Abnehmerrisiko entsprechenden Qualitätslage (CRQ)**

Bevorzugte Werte der rückzuweisenden Qualitätsgrenzlage (LQ) %	Entsprechender Bereich der CRQ in den Tabellen B1 bis B10 (bei 10 % Abnehmerrisiko)	Entsprechender Bereich der CRQ in den Tabellen B1 bis B10 (bei 5 % Abnehmerrisiko)	Entsprechendes Intervall[1]) der nicht-genormten Werte der rückzuweisenden Qualitätsgrenzlage (L)
0,5	0,46 < CRQ < 0,54	0,52 < CRQ < 0,62	0,4 < L < 0,65
0,8	0,74 < CRQ < 0,84	0,84 < CRQ < 0,97	0,65 < L < 1,0
1,25	1,16 < CRQ < 1,34	1,31 < CRQ < 1,55	1,0 < L < 1,6
2,0	1,86 < CRQ < 2,12	2,10 < CRQ < 2,46	1,6 < L < 2,5
3,15	2,94 < CRQ < 3,34	3,34 < CRQ < 3,88	2,5 < L < 4,0
5,0	4,64 < CRQ < 5,35	5,26 < CRQ < 6,20	4,0 < L < 6,5
8,0	7,42 < CRQ < 8,16	8,41 < CRQ < 9,39	6,5 < L < 10,0
12,5	11,3 < CRQ < 12,9	12,7 < CRQ < 14,8	10,0 < L < 15,0
20,0	17,8 < CRQ < 19,7	19,9 < CRQ < 22,5	15,0 < L < 25,5
32,0	26,8 < CRQ < 30,4	30,1 < CRQ < 34,4	25,0 < L < 40,0

[1]) Die in dieser Norm angegebenen Stichprobenanweisungen sind auf die Qualitätsgrenzlagen aus der bevorzugten Serie anzuwenden. Wenn diese Stichprobenanweisungen in Fällen, in denen bereits eine nicht-genormte rückzuweisende Qualitätsgrenzlage festgelegt ist, eingeführt werden, sollen sie zusammen mit demjenigen bevorzugten Wert (LQ) benutzt werden, der dem Intervall entspricht, welches den Wert der nicht-genormten rückzuweisenden Qualitätsgrenzlage (L) enthält.

Tabelle D1 **Übersicht über die Wirkungsweise der Stichprobenanweisungen des Verfahrens A**

Stichprobenumfang/Annahmezahl (n/c)	**Annahmewahrscheinlichkeit bei der rückzuweisenden Qualitätsgrenzlage**[1]) P_a(LQ)
Anteil fehlerhafter Einheiten in Prozent, p	**Annahmewahrscheinlichkeit bei der Qualitätslage** p, $P_a(p)$

Jedes Fach der Tabelle gibt das Abnehmerrisiko P_a(LQ) und den Lieferanten- Risikopunkt (p, $P_a(p)$), an.

Los-umfang	Rückzuweisende Qualitätsgrenzlage in Prozent									
	0,5	0,8	1,25	2,0	3,15	5,0	8,0	12,5	20,0	32,0
16 bis 25						alle Einheiten prüfen	17/0 0,094 0 1,0	13/0 0,082 0 1,0	9/0 0,082 0 1,0	6/0 0,070 0 1,0
26 bis 50				alle Einheiten prüfen	alle Einheiten prüfen	28/0 0,085 0 1,0	22/0 0,089 0 1,0	15/0 0,090 0 1,0	10/0 0,083 0 1,0	6/0 0,085 0 1,0
51 bis 90			alle Einheiten prüfen	50/0 [2]) 0 1,0	44/0 0,094 0 1,0	34/0 0,103 0 1,0	24/0 0,098 0 1,0	16/0 0,094 0 1,0	10/0 0,094 0 1,0	8/0 0,040 1,0 1,0
91 bis 150		alle Einheiten prüfen	90/0 [2]) 0 1,0	80/0 0,099 0 1,0	55/0 0,100 0 1,0	38/0 0,103 0 1,0	26/0 0,092 0 1,0	18/0 0,077 0 1,0	13/0 0,048 0 1,0	13/1 0,041 2,67 0,96
151 bis 280	alle Einheiten prüfen	170/0 0,102 0 1,0	130/0 0,095 0 1,0	95/0 0,089 0 1,0	65/0 0,090 0 1,0	42/0 0,097 0 1,0	28/0 0,086 0 1,0	20/0 0,062 0 1,0	20/1 0,062 1,79 0,96	13/1 0,044 2,86 0,95
281 bis 500	280/0 0,089 0 1,0	220/0 0,097 0 1,0	155/0 0,095 0 1,0	105/0 0,092 0 1,0	80/0 0,061 0 1,0	50/0 0,067 0 1,0	32/0 0,068 0 1,0	32/1 0,071 1,00 0,97	20/1 0,065 1,80 0,95	20/3 0,072 7,20 0,95
501 bis 1 200	380/0 0,101 0 1,0	255/0 0,098 0 1,0	170/0 0,100 0 1,0	125/0 0,069 0 1,0	125/1 0,081 0,250 0,97	80/1 0,079 0,417 0,96	50/1 0,078 0,667 0,96	32/1 0,075 1,08 0,95	32/3 0,090 4,42 0,95	32/5 0,029 8,50 0,95
1 201 bis 3 200	430/0 0,099 0 1,0	280/0 0,095 0 1,0	200/0 0,074 0 1,0	200/1 0,083 0,188 0,95	125/1 0,088 0,281 0,95	125/3 0,119 1,13 0,95	80/3 0,106 1,75 0,95	50/3 0,112 2,78 0,95	50/5 0,047 5,38 0,95	50/10 0,042 12,9 0,95
3 201 bis 10 000	450/0 0,099 0,010 0,96	315/0 0,076 0,010 0,97	315/1 0,091 0,110 0,96	200/1 0,087 0,180 0,95	200/3 0,120 0,690 0,95	200/5 0,061 1,32 0,95	125/5 0,058 2,12 0,95	80/5 0,055 3,32 0,95	80/10 0,056 7,92 0,95	80/18 0,041 16,1 0,95
10 001 bis 35 000	500/0 0,080 0,009 0,96	500/1 0,089 0,071 0,95	315/1 0,094 0,111 0,95	315/3 0,123 0,437 0,95	315/5 0,066 0,834 0,95	315/10 0,080 1,97 0,95	200/10 0,069 3,99 0,95	125/10 0,077 5,01 0,95	125/18 0,069 10,2 0,95	80/18 0,041 16,1 0,95
35 001 bis 150 000	800/1 0,090 0,044 0,95	500/1 0,090 0,071 0,95	500/3 0,128 0,273 0,95	500/5 0,065 0,524 0,95	500/10 0,083 1,23 0,95	500/18 0,086 2,50 0,95	315/18 0,077 3,99 0,95	200/18 0,078 6,31 0,95	125/18 0,069 10,2 0,95	80/18 0,041 16,1 0,95
150 001 bis 500 000	800/1 0,091 0,044 0,95	800/3 0,118 0,170 0,95	800/5 0,060 0,328 0,95	800/10 0,075 0,771 0,95	800/18 0,082 1,56 0,95	500/18 0,086 2,50 0,95	315/18 0,077 3,99 0,95	200/18 0,078 6,31 0,95	125/18 0,069 10,2 0,95	80/18 0,041 16,1 0,95
> 500 000	1 250/3 0,129 0,109 0,95	1 250/5 0,066 0,209 0,95	1 250/10 0,089 0,494 0,95	1 250/18 0,090 1,00 0,95	800/18 0,082 1,56 0,95	500/18 0,086 2,50 0,95	315/18 0,077 3,99 0,95	200/18 0,078 6,31 0,95	125/18 0,069 10,2 0,95	80/18 0,041 16,1 0,95

[1]) Die angegebene Annahmewahrscheinlichkeit ist für Lose, die die rückzuweisende Qualitätsgrenzlage aufweisen, das Maximum in der Klasse der Losumfänge und für Lose mit p Prozent fehlerhafter Einheiten das Minimum. Diese Wahrscheinlichkeiten basieren auf der hypergeometrischen Verteilung. Der Lieferanten- Risikopunkt ist (p, $P_a(p)$) der Abnehmerrisikopunkt ist (LQ,P_a(LQ)).

[2]) In dieser Klasse der Losumfänge kann kein Los die rückzuweisende Qualitätsgrenzlage aufweisen, weil es eine gebrochene Anzahl fehlerhafter Einheiten haben müßte.

Tabelle D2 **Ausgewählte Daten für die Operationscharakteristiken von Stichprobenanweisungen mit der Annahmezahl Null auf der Basis der hypergeometrischen Verteilung.**

Aus einem Los, welches R fehlerhafte Einheiten enthält, wird eine Stichprobe des Umfanges n gezogen. Das Los wird angenommen, wenn sich in der Stichprobe keine fehlerhaften Einheiten befinden (c=0)[5]). Die Annahmewahrscheinlichkeit für das Los (P_a) ist im Folgenden für den kleinsten und den größten Losumfang in der Klasse der Losumfänge und für die verschiedenen Stichprobenanweisungen „n/0" angegeben (halbfett gedruckt).

Rückzuweisende Qualitätsgrenzlage (LQ)

0,5			0,8			1,25			2,0			8,0			12,5			20,0			32,0		
380/0			**255/0**			**170/0**			**125/0**			**17/0**			**13/0**			**9/0**			**6/0**		
Losumfang	501	1 200	Losumfang	501	1 200	Losumfang	501	1 200	Losumfang	501	1 200	Losumfang	16	25	Losumfang	16	25	Losumfang	16	25	Losumfang	16	25
R	P_a	P_a	R	P_a	P_a	R	P_a	P_a	R	P_a	P_a	R	P_a	P_a	R	P_a	P_a	R	P_a	P_a	R	P_a	P_a
0	1,00	1,00	0	1,00	1,00	0	1,00	1,00	0	1,00	1,00	0		1,00	0	1,00	1,00	0	1,00	1,00	0	1,00	1,00
1	0,24	0,68	1	0,49	0,79	1	0,66	0,86	1	0,75	0,90	1		0,32	1	0,19	0,48	1	0,44	0,64	1	0,63	0,76
2	0,06	0,47	2	0,24	0,62	2	0,44	0,74	2	0,56	0,80	2		0,09	2	0,03	0,22	2	0,18	0,40	2	0,38	0,57
3	0,01	0,32	3	0,12	0,49	3	0,29	0,63	3	0,42	0,72	3		0,02	3	0,00	0,10	3	0,06	0,24	3	0,21	0,42
4	0,00	0,22	4	0,06	0,38	6	0,08	0,40	8	0,10	0,41	4		0,01	4	0,00	0,04	4	0,02	0,14	4	0,12	0,31
5	0,00	0,15	5	0,03	0,30	7	0,05	0,34	10	0,05	0,33	5		0,00	5	0,00	0,01	5	0,00	0,08	5	0,06	0,22
6	0,00	0,10	10	0,00	0,09	15	0,00	0,10	20	0,00	0,11	6		0,00	6	0,00	0,01	6	0,00	0,05	7	0,01	0,10
8	0,00	0,05	13	0,00	0,04	19	0,00	0,05	27	0,00	0,05	7		0,00	7	0,00	0,00	7	0,00	0,02	9	0,00	0,05

0,5			0,8			1,25			5,0			8,0			12,5			20,0			32,0		
430/0			**280/0**			**200/0**			**28/0**			**22/0**			**15/0**			**10/0**			**6/0**		
Losumfang	1 201	3 200	Losumfang	1 201	3 200	Losumfang	1 201	3 200	Losumfang	26	50	Losumfang	26	50	Losumfang	26	50	Losumfang	26	50	Losumfang	26	50
R	P_a	P_a	R	P_a	P_a	R	P_a	P_a	R	P_a	P_a	R	P_a	P_a	R	P_a	P_a	R	P_a	P_a	R	P_a	P_a
0	1,00	1,00	0	1,00	1,00	0	1,00	1,00	0		1,00	0	1,00	1,00	0	1,00	1,00	0	1,00	1,00	0	1,00	1,00
1	0,64	0,87	1	0,77	0,91	1	0,83	0,94	1		0,44	1	0,15	0,56	1	0,42	0,70	1	0,62	0,80	1	0,77	0,88
2	0,41	0,75	2	0,59	0,83	2	0,69	0,88	2		0,19	2	0,02	0,31	2	0,17	0,49	2	0,37	0,64	2	0,58	0,77
3	0,26	0,65	3	0,45	0,76	3	0,58	0,82	3		0,08	3	0,00	0,17	3	0,06	0,33	3	0,22	0,50	3	0,44	0,68
5	0,11	0,49	9	0,09	0,44	13	0,09	0,43	4		0,03	4	0,00	0,09	4	0,02	0,23	4	0,12	0,40	7	0,12	0,38
7	0,04	0,36	11	0,05	0,36	16	0,05	0,36	5		0,01	5	0,00	0,05	5	0,01	0,15	6	0,03	0,24	9	0,05	0,28
16	0,00	0,10	25	0,00	0,10	35	0,00	0,10	6		0,00	6	0,00	0,02	6	0,00	0,10	9	0,00	0,11	15	0,00	0,10
21	0,00	0,05	33	0,00	0,05	46	0,00	0,05	7		0,00	7	0,00	0,01	8	0,00	0,04	12	0,00	0,05	19	0,00	0,05

0,5			0,8			2,0			3,15			5,0			8,0			12,5			20,0			32,0		
450/0			**315/0**			**50/0**			**44/0**			**34/0**			**24/0**			**16/0**			**10/0**			**8/0**		
Losumfang	3 201	10 000	Losumfang	3 201	10 000	Losumfang	51	90	Losumfang	51	90	Losumfang	51	90	Losumfang	51	90	Losumfang	51	90	Losumfang	51	90	Losumfang	51	90
R	P_a	P_a	R	P_a	P_a	R	P_a	P_a	R	P_a	P_a	R	P_a	P_a	R	P_a	P_a	R	P_a	P_a	R	P_a	P_a	R	P_a	P_a
0	1,00	1,00	0	1,00	1,00	0	1,00	1,00	0	1,00	1,00	0	1,00	1,00	0	1,00	1,00	0	1,00	1,00	0	1,00	1,00	0	1,00	1,00
1	0,86	0,96	1	0,90	0,97	1	0,02	0,44	1	0,14	0,51	1	0,33	0,62	1	0,53	0,73	1	0,69	0,82	1	0,80	0,89	1	0,84	0,91
2	0,74	0,91	2	0,81	0,94	2	0,00	0,19	2	0,02	0,26	2	0,11	0,38	2	0,28	0,54	2	0,47	0,67	2	0,64	0,79	2	0,71	0,83
3	0,63	0,87	3	0,73	0,91	3	0,00	0,08	3	0,00	0,13	3	0,03	0,24	3	0,14	0,39	3	0,31	0,55	3	0,51	0,70	3	0,59	0,75
15	0,10	0,50	22	0,10	0,49	4	0,00	0,04	4	0,00	0,06	4	0,01	0,14	4	0,07	0,28	6	0,09	0,30	10	0,09	0,29	12	0,10	0,30
20	0,05	0,40	29	0,05	0,39	5	0,00	0,01	5	0,00	0,03	5	0,00	0,09	5	0,03	0,20	8	0,04	0,19	12	0,05	0,22	15	0,05	0,22
50	0,00	0,10	72	0,00	0,10	6	0,00	0,01	6	0,00	0,02	6	0,00	0,05	7	0,01	0,10	11	0,01	0,10	18	0,01	0,09	22	0,01	0,10
65	0,00	0,05	93	0,00	0,05	7	0,00	0,00	7	0,00	0,01	7	0,00	0,03	9	0,00	0,05	14	0,00	0,05	22	0,00	0,05	27	0,00	0,05

0,5			1,25			2,0			3,15			5,0			8,0			12,5			20,0		
500/0			**90/0**			**80/0**			**55/0**			**38/0**			**26/0**			**18/0**			**13/0**		
Losumfang	10 001	35 000	Losumfang	91	150	Losumfang	91	150	Losumfang	91	150	Losumfang	91	150	Losumfang	91	150	Losumfang	91	150	Losumfang	91	150
R	P_a	P_a	R	P_a	P_a	R	P_a	P_a	R	P_a	P_a	R	P_a	P_a	R	P_a	P_a	R	P_a	P_a	R	P_a	P_a
0	1,00	1,00	0	1,00	1,00	0	1,00	1,00	0	1,00	1,00	0	1,00	1,00	0	1,00	1,00	0	1,00	1,00	0	1,00	1,00
1	0,95	0,99	1	0,01	0,40	1	0,12	0,47	1	0,40	0,63	1	0,58	0,75	1	0,71	0,83	1	0,80	0,88	1	0,86	0,91
2	0,90	0,97	2	0,00	0,16	2	0,01	0,22	2	0,15	0,40	2	0,34	0,56	2	0,51	0,68	2	0,64	0,77	2	0,73	0,83
3	0,86	0,96	3	0,00	0,06	3	0,00	0,10	3	0,06	0,25	3	0,19	0,41	3	0,36	0,56	3	0,51	0,68	3	0,63	0,76
45	0,10	0,52	4	0,00	0,02	4	0,00	0,05	4	0,02	0,16	4	0,11	0,31	7	0,09	0,26	10	0,10	0,27	14	0,10	0,26
58	0,05	0,43	5	0,00	0,01	5	0,00	0,02	5	0,01	0,10	5	0,06	0,23	8	0,06	0,21	13	0,04	0,18	17	0,05	0,20
160	0,00	0,10	6	0,00	0,00	6	0,00	0,01	6	0,00	0,06	8	0,01	0,09	12	0,01	0,09	17	0,02	0,10	23	0,02	0,10
208	0,00	0,05	7	0,00	0,00	7	0,00	0,00	7	0,00	0,04	10	0,00	0,05	15	0,00	0,05	22	0,00	0,05	30	0,00	0,05

0,8			1,25			2,0			3,15			5,0			8,0			12,5		
170/0			**130/0**			**95/0**			**65/0**			**42/0**			**28/0**			**20/0**		
Losumfang	151	280	Losumfang	151	280	Losumfang	151	280	Losumfang	151	280	Losumfang	151	280	Losumfang	151	280	Losumfang	151	280
R	P_a	P_a	R	P_a	P_a	R	P_a	P_a	R	P_a	P_a	R	P_a	P_a	R	P_a	P_a	R	P_a	P_a
0		1,00	0	1,00	1,00	0	1,00	1,00	0	1,00	1,00	0	1,00	1,00	0	1,00	1,00	0	1,00	1,00
1		0,39	1	0,14	0,54	1	0,37	0,66	1	0,57	0,77	1	0,72	0,85	1	0,81	0,90	1	0,87	0,93
2		0,15	2	0,02	0,29	2	0,14	0,44	2	0,32	0,59	2	0,52	0,72	2	0,66	0,81	2	0,75	0,86
3		0,06	3	0,00	0,15	3	0,05	0,29	3	0,18	0,45	3	0,37	0,61	3	0,54	0,73	3	0,65	0,80
4		0,02	4	0,00	0,08	4	0,02	0,19	4	0,10	0,35	7	0,10	0,32	11	0,10	0,31	15	0,11	0,32
5		0,01	5	0,00	0,04	5	0,01	0,12	5	0,06	0,26	9	0,05	0,23	14	0,05	0,22	20	0,05	0,22
6		0,00	6	0,00	0,02	6	0,00	0,08	9	0,01	0,09	14	0,01	0,10	21	0,01	0,10	29	0,01	0,10
7		0,00	7	0,00	0,01	7	0,00	0,05	11	0,00	0,05	18	0,00	0,05	27	0,00	0,05	38	0,00	0,05

0,5			0,8			1,25			2,0			3,15			5,0			8,0		
280/0			**220/0**			**155/0**			**105/0**			**80/0**			**50/0**			**32/0**		
Losumfang	281	500	Losumfang	281	500	Losumfang	281	500	Losumfang	281	500	Losumfang	281	500	Losumfang	281	500	Losumfang	281	500
R	P_a	P_a	R	P_a	P_a	R	P_a	P_a	R	P_a	P_a	R	P_a	P_a	R	P_a	P_a	R	P_a	P_a
0	1,00	1,00	0	1,00	1,00	0	1,00	1,00	0	1,00	1,00	0	1,00	1,00	0	1,00	1,00	0	1,00	1,00
1	0,00	0,44	1	0,22	0,56	1	0,45	0,69	1	0,63	0,79	1	0,72	0,84	1	0,82	0,90	1	0,89	0,94
2	0,00	0,19	2	0,05	0,31	2	0,20	0,48	2	0,39	0,62	2	0,51	0,71	2	0,68	0,81	2	0,78	0,88
3	0,00	0,08	3	0,01	0,17	3	0,09	0,33	3	0,24	0,49	3	0,36	0,59	3	0,55	0,73	3	0,69	0,82
4	0,00	0,04	4	0,00	0,10	4	0,04	0,23	5	0,09	0,31	7	0,09	0,29	12	0,09	0,28	18	0,11	0,30
5	0,00	0,02	5	0,00	0,05	5	0,02	0,15	6	0,06	0,24	9	0,05	0,21	15	0,05	0,20	24	0,05	0,20
6	0,00	0,01	6	0,00	0,03	6	0,01	0,11	10	0,01	0,09	13	0,01	0,10	21	0,01	0,10	33	0,01	0,10
7	0,00	0,00	7	0,00	0,02	8	0,00	0,05	13	0,00	0,04	17	0,00	0,05	28	0,00	0,05	43	0,00	0,05

[5]) Nationale Fußnote: Der vorstehende Satz ist in der deutschen Übersetzung redaktionell berichtigt worden, weil es in ISO 2859-2 versehentlich falsch heißt: „Das Los wird angenommen, wenn sich in der Stichprobe fehlerhafte Einheiten befinden."

Tabelle D3 **Entsprechende Stichprobenumfänge für Einfach-, Doppel- und Mehrfach-Stichprobenanweisungen**

Typ der Stichprobenanweisung		Kennbuchstabe für den Stichprobenumfang und Stichprobenumfang[1]) in Übereinstimmung mit ISO 2859-1											
		E	**F**	**G**	**H**	**J**	**K**	**L**	**M**	**N**	**P**	**Q**	**R**
Einfach		13	20	32	50	80	125	200	315	500	800	1 250	2 000
Doppel	erste	8	13	20	32	50	80	125	200	315	500	800	1 250
	zweite	16	26	40	64	100	160	250	400	630	1 000	1 600	2 500
Mehrfach	erste	3	5	8	13	20	32	50	80	125	200	315	500
	zweite	6	10	16	26	40	64	100	160	250	400	630	1 000
	dritte	9	15	24	39	60	96	150	240	375	600	945	1 500
	vierte	12	20	32	52	80	128	200	320	500	800	1 260	2 000
	fünfte	15	25	40	65	100	160	250	400	625	1 000	1 575	2 500
	sechste	18	30	48	78	120	192	300	480	750	1 200	1 890	3 000
	siebte	21	35	56	91	140	224	350	560	875	1 400	2 205	3 500

[1]) Für Doppel- und Mehrfach-Stichprobenanweisungen sind die Einträge der Tabelle die kumulativen Stichprobenumfänge. In jedem der aufeinanderfolgenden Stadien der Probenahme wird eine neue Stichprobe genommen, die den gleichen Umfang hat wie die in der ersten Stufe genommene. Diese Stichprobe wird mit den Stichproben der vorhergehenden Stadien zusammengefaßt, und die vereinigte Stichprobe wird dann anhand des Kriteriums in Tabelle D4 beurteilt.

Tabelle D4 **Entsprechende Annahmezahlen für Einfach-, Doppel- und MehrfachStichprobenanweisungen**

Typ der Stichprobenanweisung	Angenäherter relativer Stichprobenumfang in jeder Phase[1]) n	Annahmezahlen und Rückweisezahlen für die kumulative Stichprobe									
		1		**3**		**5**		**10**		**18**[2])	
		c	d	c	d	c	d	c	d	c	d
Einfach	1	1	2	3	4	5	6	10	11	18	19
Doppel	0,63	0	2	1	4	2	5	5	9	9	14
	0,63	1	2	4	5	6	7	12	13	23	24
Mehrfach	0,25	[3])	2	[3])	3	[3])	4	0	5	1	8
	0,25	[3])	2	0	3	1	5	3	8	6	12
	0,25	0	2	1	4	2	6	6	10	11	17
	0,25	0	3	2	5	3	7	8	13	16	22
	0,25	1	3	3	6	5	8	11	15	22	25
	0,25	1	3	4	6	7	9	14	17	27	29
	0,25	2	3	6	7	9	10	18	19	32	33
Trennvermögen (Verfahren B) = $\frac{\text{Qualitätslage bei } P_a = 0{,}1}{\text{Qualitätslage bei } P_a = 0{,}95}$		10,9		4,89		3,55		2,50		[2])	
Annahmewahrscheinlichkeit bei AQL Verfahren (B)		0,91		0,96		0,98		0,98		[2])	

[1]) Diese relativen Stichprobenumfänge sind nur Näherungen. Die exakten (absoluten) Werte sind in Tabelle D3 für jeden Kennbuchstaben für den Stichprobenumfang angegeben.

[2]) Diese Annahmezahl findet nur in Verfahren A Verwendung.

[3]) Aufgrund der geprüften Stichproben ist die Annahme des Loses nicht zulässig.

Tabelle D5 **Zusammenhang zwischen Losumfängen, AQL-Werten in ISO 2859-1 und LQ-Werten (Prüfniveaus I und II, Verfahren B)**

Losumfang	Zu benutzender Kennbuchstabe[1])	Stichprobenumfang	AQL-Werte in ISO 2859-1 entsprechend den rückzuweisenden Qualitätsgrenzlagen (LQ)[2]) Rückzuweisende Qualitätsgrenzlage (LQ) 0,5	0,8	1,25	2,0	3,15	5,0	8,0	12,5	20,0	32,0
2 bis 90	E	13	↓	↓	↓	↓	↓	↓	↓	↓	↓	↓
91 bis 150	E	13	↓	↓	↓	↓	↓	↓	↓	↓	↓	4,0
151 bis 280	F	20	↓	↓	↓	↓	↓	↓	↓	↓	2,5	6,5
281 bis 500	G	32	↓	↓	↓	↓	↓	↓	↓	1,5	4,0	6,5
501 bis 1 200	H	50	↓	↓	↓	↓	↓	↓	1,0	2,5	4,0	10,0
1 201 bis 3 200	J	80	↓	↓	↓	↓	↓	0,65	1,5	2,5	6,5	↑
3 201 bis 10 000	K	125	↓	↓	↓	↓	0,40	1,0	1,5	4,0	↑	↑
10 001 bis 35 000	L	200	↓	↓	↓	0,25	0,65	1,0	2,5	↑	↑	↑
35 001 bis 150 000	M	315	↓	↓	0,15	0,40	0,65	1,5	↑	↑	↑	↑
150 001 bis 500 000	N	500[6])	↓	0,10	0,25	0,40	1,0	↑	↑	↑	↑	↑
> 500 000	P	800	0,065	0,15	0,25	0,65	↑	↑	↑	↑	↑	↑
	Q	1 250	0,10	0,15	0,40	↑	↑	↑	↑	↑	↑	↑
	R	2 000	0,10	↑	↑	↑	↑	↑	↑	↑	↑	↑

[1]) Die Beziehung zwischen dem Losumfang und dem Stichprobenumfang hängt von dem Prüfniveau ab. Der zu wählende Kennbuchstabe für den Stichprobenumfang wird entsprechend dem gegebenen Prüfniveau durch die Spitze des Pfeiles angezeigt, gewöhnlich eine Zeile nach oben für Niveau I und eine Zeile nach unten für Niveau II.

[2]) Wenn für den gewählten Kennbuchstaben und den LQ-Wert in der Tabelle kein AQL-Wert angegeben ist und wenn der Pfeil abwärts zeigt, ist der Stichprobenumfang zu vergrößern; wenn der Pfeil aufwärts zeigt, ist der Stichprobenumfang zu verkleinern. Der zu wählende Stichprobenumfang und AQL-Wert entsprechen dem Tabelleneintrag an der Spitze des Pfeiles. Wenn der Stichprobenumfang größer als der Losumfang ist, müssen alle Einheiten des Loses geprüft werden.

[6]) Nationale Fußnote: Der Stichprobenumfang ist in der deutschen Übersetzung redaktionell berichtigt worden, weil es in ISO 2859-2 versehentlich falsch heißt „1500".

Tabelle D6 **Zusammenhang zwischen Losumfängen und Kennbuchstaben für den Stichprobenumfang (Prüfniveaus S-1 bis S-4 und I bis III, Verfahren B)**

Losumfang	Besondere Prüfniveaus S-1 und S-2	S-3	S-4	Allgemeine Prüfniveaus I	II	III
2 bis 90	E	E	E	E	E	F
91 bis 150	E	E	E	E	F	G
151 bis 280	E	E	E	E	G	H
281 bis 500	E	E	E	F	H	J
501 bis 1 200	E	E	F	G	J	K
1 201 bis 3 200	E	E	G	H	K	L
3 201 bis 10 000	E	F	G	J	L	M
10 001 bis 35 000	E	F	H	K	M	N
35 001 bis 150 000	E	G	J	L	N	P
150 001 bis 500 000	E	G	J	M	P	Q
> 500 000	E	H	K	N	Q	R

Anmerkung: Der Kennbuchstabe für den Stichprobenumfang gibt die zutreffende Zeile in Tabelle D5 an; er gibt nicht immer direkt den zu wählenden Stichprobenumfang an, weil dieser von der rückzuweisenden Qualitätsgrenzlage abhängen kann. Beispielsweise ergeben die Prüfniveaus S-1 uns S-2 Stichprobenumfänge, die nicht von dem Losumfang abhängen, durchaus aber von der rückzuweisenden Qualitätsgrenzlage, und zwar im Bereich von 13 bis 800.

Ende der deutschen Übersetzung

225/14*

Zitierte Normen

ISO 2859-0	(z. Z. ISO/DIS) Sampling procedures for inspection by attributes; Part 0: Introduction to the ISO 2859 attribute sampling system
ISO 2859-1	Sampling procedures for inspection by attributes; Part 1: Sampling plans indexed by acceptable quality level (AQL) for lot-by-lot inspection
ISO 2859-3	Sampling procedures for inspection by attributes; Part 3: Skip-lot sampling procedures

Weitere Normen

DIN 55350 Teil 11	Begriffe der Qualitätssicherung und Statistik; Grundbegriffe der Qualitätssicherung
DIN 55350 Teil 12	Begriffe der Qualitätssicherung und Statistik; Merkmalsbezogene Begriffe
DIN 55350 Teil 31	Begriffe der Qualitätssicherung und Statistik; Begriffe der Annahmestichprobenprüfung
DIN ISO 2859 Teil 0	Annahmestichprobenprüfung anhand der Anzahl fehlerhafter Einheiten oder Fehler; Einführung in das ISO-2859-Stichprobensystem
DIN ISO 2859 Teil 1	Annahmestichprobenprüfung anhand der Anzahl fehlerhafter Einheiten oder Fehler (Attributprüfung); Teil 1: Nach der annehmbaren Qualitätsgrenzlage (AQL) geordnete Stichprobenanweisungen für die Prüfung einer Serie von Losen
DIN ISO 2859 Teil 3	(z. Z. Entwurf) Annahmestichprobenprüfung anhand der Anzahl fehlerhafter Einheiten oder Fehler (Attributprüfung); Teil 3: Skip-lot-Verfahren

Internationale Patentklassifikation

G 07 C 3/14
G 01 N 1/00

DK 658.562:620.113.4:620.1(083)

Entwurf Mai 1989

Annahmestichprobenprüfung anhand der Anzahl fehlerhafter Einheiten oder Fehler (Attributprüfung)

Skip-lot-Verfahren

DIN ISO 2859 Teil 3

Sampling procedures for inspection by attributes; Skip-lot sampling procedures

Einsprüche bis 31. Aug 1989

Anwendungswarnvermerk auf der letzten Seite beachten!

Die vorgesehene Fassung der Internationalen Norm ISO 2859 Part 3 (1988 zur Norm verabschiedet) "Sampling procedures for inspection by attributes; Skip-lot sampling procedures" ist unverändert in diesen deutschen Norm-Entwurf übernommen worden.

Nationales Vorwort

Dieser Norm-Entwurf gehört zu den Normen der Reihe DIN ISO 2859. Ferner gehören dazu:

- ISO 2859 Teil 0: Annahmestichprobenprüfung anhand der Anzahl fehlerhafter Einheiten oder Fehler (Attributprüfung); Allgemeine Einführung (z. Z. wird an der Herausgabe eines Entwurfes gearbeitet)

- DIN ISO 2859 Teil 1: Annahmestichprobenprüfung anhand der Anzahl fehlerhafter Einheiten oder Fehler (Attributprüfung); Nach der annehmbaren Qualitätsgrenzlage (AQL) geordnete Stichprobeanweisungen für die Prüfung einer Serie von Losen (z. Z. Entwurf) (inhaltlich übereinstimmend mit DIN 40 080)

- DIN ISO 2859 Teil 2: Annahmestichprobenprüfung anhand der Anzahl fehlerhafter Einheiten oder Fehler (Attributprüfung); Nach der rückzuweisenden Qualitätsgrenzlage (LQ) geordnete Stichprobenanweisungen für die Prüfung einzelner Lose (z. Z. Entwurf)

Skip-lot ist ein Sonderverfahren der Stichprobenprüfung (vergl. Abschnitt 3). Grundsätzlich sind Skip-lot-Verfahren sowohl für Attribut- als auch für Variablenprüfungen denkbar. Diese Norm ist jedoch nur für die Attributprüfung in Verbindung mit Norm-Entwurf DIN ISO 2859 Teil 1 anwendbar und greift auf die dort angegebenen Stichprobenanweisungen zurück.

Voraussetzung für die Anwendung ist unter anderem, daß ausreichendes Vertrauen in das Qualitätssicherungssystem des Lieferers besteht und daß sich die Prüfung nicht auf Fehler bezieht, durch die Menschen oder besonders wertvolle Güter gefährdet werden können.

Ziel des Skip-lot-Stichprobenverfahrens ist es, durch den Verzicht auf die Prüfung eines Teils der vorgestellten Lose den Gesamtprüfaufwand möglichst gering zu halten. Auch die reduzierte Prüfung und die Wahl eines geeigneten Prüfniveaus nach Norm-Entwurf DIN ISO 2859 Teil 1 können eine Verringerung des Prüfaufwandes bewirken. Welche Lösung für den Lieferer und den Abnehmer die vorteilhafteste ist, ist im Einzelfall zu entscheiden.

Fortsetzung Seite 2 bis 24

Ausschuß Qualitätssicherung und angewandte Statistik (AQS) im DIN Deutsches Institut für Normung e.V.

Zu der deutschen Übersetzung sei angemerkt:
Mit der Benennung "product or service" und ebenso mit der Benennung "product" allein sind in den Normen der Reihe ISO 2859 sowohl materielle als auch immaterielle Produkte gemeint. Zu letzteren gehören unter anderem auch Dienstleistungen. Alle diese Bedeutungen sind durch das in der deutschen Übersetzung verwendete Wort "Produkt" abgedeckt. Ein Los ist dann eine Menge eines Produktes, die unter Bedingungen entstanden ist, die als einheitlich angesehen werden (vergleiche DIN 55 350 Teil 31).

Deutsche Übersetzung

Annahmestichprobenprüfung anhand der Anzahl fehlerhafter Einheiten oder Fehler (Attributprüfung) Teil 3: Skip-lot-Verfahren

Vorwort

Die ISO (Internationale Organisation für Normung) ist die weltweite Vereinigung nationaler Normungsinstitute (ISO-Mitgliedskörperschaften). Die Erarbeitung Internationaler Normen obliegt den Technischen Komitees der ISO. Jede Mitgliedskörperschaft, die sich für ein Thema interessiert, für das ein Technisches Komitee eingesetzt wurde, ist berechtigt, in diesem Komitee mitzuarbeiten. Internationale (staatliche und nichtstaatliche) Organisationen, die mit der ISO in Verbindung stehen, sind an den Arbeiten ebenfalls beteiligt.

Die von den Technischen Komitees verabschiedeten Entwürfe zu Internationalen Normen werden den Mitgliedskörperschaften zunächst zur Annahme vorgelegt, bevor sie vom Rat der ISO als Internationale Normen bestätigt werden. Sie werden nach den Verfahrensregeln der ISO angenommen, wenn mindestens 75 % der abstimmenden Mitgliedskörperschaften zugestimmt haben.

Die Internationale Norm ISO 2859/3 ist von dem Technischen Komitee TC 69 der ISO "Applications of statistical methods" erstellt worden.

Die Anwender dieser Norm werden darauf hingewiesen, daß alle internationalen Normen von Zeit zu Zeit überarbeitet werden und daß sich jeder Verweis auf eine internationale Norm auf die letzte Ausgabe bezieht, sofern nichts anderes angegeben ist.

INHALT

1.0 Einleitung

Diese Norm ist nur zusammen mit ISO 2859/1 anzuwenden. Dabei gibt es zwei Einschränkungen[1]) für die Anwendung der Verfahren nach ISO 2859/1 in Verbindung mit der vorliegenden Norm:

1) Mehrfach-Stichprobenanweisungen dürfen nicht in den Prüfstufen 2 und 3 der vorliegenden Norm verwendet werden und

2) es wird dringend empfohlen, Stichprobenanweisungen mit der Annahmezahl null nicht in den Prüfstufen 2 und 3 der vorliegenden Norm zu verwenden.

1.1 Zweck

Der Zweck dieser Norm ist es, Verfahren[2]) zur Verringerung des Prüfaufwandes an solchen Produkten vorzustellen, die von Lieferern angeboten werden, welche ihre Fähigkeit demonstriert haben, eine wirksame Qualitätssicherung für alle Qualitätsmerkmale auszuüben. Ferner müssen diese Lieferer fortwährend Einheiten erstellen, die die Qualitätsforderung erfüllen. Prüfungen können bei dem Lieferer oder bei dem Abnehmer oder an Schnittstellen zwischen Produktionsschritten stattfinden. Die Skip-lot-Verfahren sind dafür vorgesehen, zusammen mit den Attribut-Stichprobenanweisungen nach ISO 2859/1 angewendet zu werden.

1.2 Anwendungsbereich

Wenn es von dem Abnehmer vorgesehen wird, kann auf diese Norm in einem Beschaffungsvertrag, einer Spezifikation, einer Prüfanweisung oder in anderen vertraglichen Dokumenten Bezug genommen werden. Die zuständige sachverständige Stelle und die Prüfstelle müssen in einem dieser Dokumente bestimmt werden. Die Prüfstelle kann durch die zuständige sachverständige Stelle oder durch eine für die Ausführung der Prüfungen abgestellte Organisation verkörpert werden.

Diese Norm legt allgemeine Skip-lot-Verfahren für die Attributprüfung fest. Jedoch hat jedes Produkt sein eigenes Umfeld und eigene Merkmale. Um der Tatsache Rechnung zu tragen, daß der Lieferer und die zuständige sachverständige Stelle sinnvolle Randbedingungen für den jeweiligen Fall des Produktes und dessen Umfeld festlegen sollten, sind in dieser Norm Optionen vorgesehen. Alle aus dieser Anpassung resultierenden Entscheidungen sollten schriftlich niedergelegt werden. Anhang A gibt eine Übersicht über die Optionen.

---

[1]) Nationale Fußnote: Darüber hinaus darf ein Skip-lot-Verfahren nicht auf Fehler angewendet werden, die Menschen oder besonders wertvolle Güter gefährden können.

[2]) Die in dieser Norm beschriebenen Skip-lot-Verfahren sollten von Dodge's Skip-lot-Verfahren unterschieden werden. Für eine Diskussion der Verfahren nach Dodge siehe die in Abschnitt 9 gegebenen Literaturhinweise Dodge (1955), Dodge and Perry (1971) und Schilling (1982).

Die in dieser Norm beschriebenen Verfahren sind auf die Prüfung folgender Einheiten anwendbar, ohne sich jedoch darauf zu beschränken:

a) Endprodukte wie z. B. vollständige Geräte oder Baugruppen

b) Bauelemente oder Rohmaterial

c) Dienstleistungen

d) Material in der Fertigung

e) Zulieferungen im Lager

f) Daten oder Aufzeichnungen

g) Verwaltungsvorgänge

Die Verfahren dieser Norm dürfen nur auf eine kontinuierliche Serie von Losen angewendet werden und nicht auf einzelne Lose. Es wird davon ausgegangen, daß alle Lose einer Serie eine ähnliche Qualitätslage haben, und es sollte Anlaß für die Annahme vorhanden sein, daß die nichtgeprüften Lose dieselbe Qualitätslage wie die geprüften Lose haben.

Diese Norm ist nur für Merkmale anwendbar, die anhand der Anzahl fehlerhafter Einheiten oder Fehler (Attributprüfung) geprüft werden, so wie es in ISO 2859/1 beschrieben ist. Ihre Anwendung unterscheidet sich von derjenigen der reduzierten Prüfung in ISO 2859/1. Hinsichtlich der gleichzeitigen Prüfung mehrerer Merkmale folgen die Skip-lot-Verfahren denselben Prinzipien wie ISO 2859/1.

Anmerkung 1: Reduzierte Prüfung ist eines der Verfahren von ISO 2859/1; es erlaubt kleinere Stichprobenumfänge als sie bei normaler Prüfung verwendet werden.

Anmerkung 2: Reduzierte Prüfung darf angewendet werden, während sich das Produkt in losweiser Prüfung befindet, nicht jedoch während der Skip-lot-Stichprobenprüfung oder während des Aussetzens des Skip-lot-Verfahrens (siehe Abschnitte 5.4 und 5.5).

Anmerkung 3: Das Skip-lot-Verfahren kann anstatt der reduzierten Prüfung angewendet werden, wenn es kostengünstiger ist (siehe Abschnitt 7.0).

2 Verweisungen auf andere Normen und andere Unterlagen

Grundlegende Definitionen sind in folgenden Normen gegeben:

1. ISO/DIS 2859/1, "Sampling Procedures for Inspection by Attributes - Part 1: Sampling Plans Indexed by Acceptable Quality Level (AQL) for Lot by Lot Inspection."[3])

2. ISO 3534, "Statistitics - Vocabulary and Symbols."

[3]) Nationale Fußnote: Entspricht DIN ISO 2859 Teil 1 (z. Z. Entwurf)

3. ISO 9001, "Quality systems - Model for quality assurance in design/development, production, installation and servicing"[4])

4. ISO 9002, "Quality systems - Model for quality assurance in production and installation"[5])

5. ISO 9003, "Quality systems - Model for quality assurance in final inspection and test"[6])

Die statistischen Eigenschaften der in der vorliegenden Norm angegebenen Skip-lot-Verfahren sind in folgenden Veröffentlichungen dargelegt:

Burton S. Liebesman and Bernard Saperstein, "A Proposed Attribute Skip-Lot Sampling Program," Journal of Quality Technology, Vo. 15, no 3., July 1983, pp 130-140 .

3 Begriffe

Die Begriffe stimmen mit denen in ISO 2859/1, ISO 3534 und ISO/DIS 3534/2 überein.

Skip-lot-Stichprobenprüfung ist ein Verfahren der Stichprobenprüfung, bei dem einige Lose in einer Serie von Losen ohne Prüfung angenommen werden, falls die Stichprobenergebnisse aus einer festgelegten Anzahl unmittelbar vorangegangener Lose festgelegte Kriterien erfüllen[7]). (ISO/DIS 3534/2)

Anmerkung: Die Prüflose werden zufällig unter Einhaltung eines festgelegten Anteils aus der Gesamtzahl der Lose ausgewählt. Dieser Anteil heißt Prüffrequenz. Z. B. bedeutet eine Prüffrequenz von einem Los aus zweien, daß der Langzeit-Mittelwert des Anteils geprüfter Lose 50 % beträgt.

Losweise Prüfung ist die Prüfung eines Produkts, das in einer Serie von Losen vorgestellt wird (ISO/DIS 3534/2). Dabei wird jedem Los eine Stichprobe entnommen und nach den in ISO 2859/1 beschriebenen Attribut-Stichprobenverfahren geprüft.

Überwiegend kontinuierliche Produktion ist eine Produktion mit einem stetigen Ausstoß. Die Produktion ist als überwiegend kontinuierlich anzusehen, wenn mindestens ein Los des Produktes mit einer zwischen Lieferer und der zuständigen sachverständigen Stelle vereinbarten Produktionshäufigkeit zur Prüfung vorgestellt wird.[8]) Wenn keine Produktionshäufigkeit festgelegt ist, muß mindestens

---

[4]) Nationale Fußnote: Entspricht DIN ISO 9001 "Qualitätssicherungssysteme; Qualitätssicherungs-Nachweisstufe für Entwicklung und Konstruktion, Produktion, Montage und Kundendienst"

[5]) Nationale Fußnote: Entspricht DIN ISO 9002 "Qualitätssicherungssysteme; Qualitätssicherungs-Nachweisstufe für Produktion und Montage"

[6]) Nationale Fußnote: Entspricht DIN ISO 9003 "Qualitätssicherungssysteme; Qualitätssicherungs-Nachweisstufe für Endprüfungen"

[7]) Die "festgelegten" Kriterien werden in dieser Norm definiert

[8]) Option: siehe Anhang A, Nr. 1

1 Los pro Monat vorgestellt werden. Produkte, die an andere Abnehmer gehen oder die ähnlicher Art sind, müssen bei der Bewertung "Überwiegend kontinuierlich" berücksichtigt werden sofern sie nicht durch den Lieferer und durch die zuständige sachverständige Stelle ausgeschlossen sind.[9])

Weitere wichtige Definitionen entnehme man ISO 2859/1, ISO 3534 und ISO/DIS 3534/2.

4.0 Lieferer- und Produktqualifizierung

4.1 Qualifizierung des Lieferers

Der Lieferer:

A muß ein dokumentiertes Qualitässicherungssystem u. a. für die Produktion und den Entwurf eingeführt haben und aufrechterhalten (siehe ISO 9001) Es wird davon ausgegangen, daß dieses System die Prüfung eines jeden Loses durch den Lieferer und die Aufzeichnung der Prüfergebnisse gewährleistet.

B muß ein System eingerichtet haben, welches Änderungen der Qualitätslagen erkennen und korrigieren kann und welches Änderungen des Prozesses, die die Qualität beeinträchtigen können, überwacht. Das für die Anwendung des Systems verantwortliche Personal des Lieferers muß die anzuwendenden Normen und Systeme sowie die zu befolgenden Verfahren vollständig verstanden haben.

B darf keine organisatorische Änderung durchgeführt oder erfahren haben, die die Qualität beeinträchtigen könnte.

4.2 Qualifizierung des Produktes

Das Produkt muß alle folgenden Forderungen erfüllen:

A Es muß einem bewährten Entwurf entsprechen.

B Es muß während einer zwischen dem Lieferer und der zuständigen sachverständigen Stelle vereinbarten Zeit überwiegend kontinuierlich produziert worden sein.[10]) Wenn keine Zeit festgelegt ist, muß diese 6 Monate betragen. Wenn die Produktion bis zur Freigabe eines Musters angehalten wird, darf nur die Zeit nach der Freigabe und Wiederaufnahme der Produktion gewertet werden.

Anmerkung: Überwiegend kontinuierliche Produktion wird als stabilisierender Faktor in einem Erstellungs- oder Montageprozeß angesehen.

C Es muß während der Qualifizierung in normaler oder reduzierter Prüfung oder einer Kombination aus beidem auf den allgemeinen Prüfniveaus I, II oder III (siehe ISO 2859/1) gewesen sein. Ein Produkt, das irgendwann während der Qualifizierung in verschärfter Prüfung war, kommt für das Skip-lot-Verfahren nicht in Frage.

D Die Qualitätslage muß während einer zwischen dem Lieferer und der zuständigen sachverständigen Stelle vereinbarten Zeitspanne gleich der AQL oder besser

---

[9]) Option: siehe Anhang A, Nr. 2
[10]) Option: siehe Anhang A, Nr. 3

gewesen sein (siehe ISO 2859/1)[11]). Wenn keine Zeitspanne festgelegt ist, muß diese 6 Monate betragen.

E Es muß ferner die folgenden Forderungen erfüllen:

1) Mindestens die 10 unmittelbar vorangehenden Lose müssen angenommen worden sein[12]).

2) 10 unmittelbar vorangehende Lose müssen das betreffende Kriterium der Tabelle I erfüllen.

3) Jedes der beiden letzten Lose muß das betreffende Kriterium der Tabelle II erfüllen. Dieses Kriterium wird bei Doppel- oder Mehrfach-Stichprobenprüfungen[13]) nur auf die erste Stichprobe angewendet.

4.3 Beispiel für die Qualifizierung eines Produktes

Es sei als Beispiel angenommen, ein Lieferer von Kondensatoren erfülle die Forderungen in Abschnitt 4.2 A, B, C und D. Ferner sei angenommen: daß das Produkt mit einer AQL von 0,65 % geprüft wird; daß die letzten zehn aufeinanderfolgenden Lose mit einem Gesamt-Stichprobenumfang von 1400 Einheiten angenommen wurden; und daß in diesen 10 Losen insgesamt 4 fehlerhafte Einheiten gefunden wurden. Aus jedem der beiden letzten Lose sei eine Stichprobe des Umfangs von 125 Einheiten genommen worden in der sich jeweils eine fehlerhafte Einheit fand. Das Kriterium der Tabelle I ist erfüllt, da dort der Mindestwert des kumulativen Stichprobenumfangs für 4 fehlerhafte Einheiten bei AQL 0,65 1306 Einheiten beträgt. Das Kriterium der Tabelle II ist für jedes der letzten beiden Lose erfüllt, da die Annahmezahl für einen Stichprobenumfang von 125 Einheiten 1 beträgt. Folglich sind die Kondensatoren für das Skip-lot-Verfahren qualifiziert.

5.0 Skip-lot-Verfahren

Ein Produkt, das die Qualifizierungskriterien der Abschnitte 4.1 und 4.2 erfüllt, ist für die Skip-lot-Stichprobenprüfung zugelassen. Die Struktur des Skip-lot-Verfahrens ist in Bild 1 dargestellt. Darin gibt es 3 grundlegende Prüfstufen.

1) Prüfstufe 1: Losweise Prüfung;

2) Prüfstufe 2: Skip-lot-Stichprobenprüfung; und

3) Prüfstufe 3: Aussetzen des Skip-lot-Verfahrens.

Das Prüfverfahren beginnt mit Prüfstufe 1, losweise Prüfung. Wenn der Lieferer und das Produkt für die Skip-lot-Stichprobenprüfung qualifiziert sind (siehe

---

[11]) Option: siehe Anhang A, Nr. 4

[12]) Wenn das Kriterium für den kumulativen Stichprobenumfang nach Tabelle I nicht innerhalb von 10 Losen erfüllt wurde, müssen auch dementsprechend mehr als 10 Lose angenommen worden sein.

[13]) Mehrfach-Stichprobenprüfung ist während der Qualifizierung (Prüfstufe 1) erlaubt.

Abschnitte 4.1 und 4.2), wechselt das Verfahren nach Prüfstufe 2. Die Skip-lot-Stichprobenprüfung kann vorübergehend aussetzen (siehe Abschnitt 5.5), was zu einem Wechsel nach Prüfstufe 3 führt. In Prüfstufe 3 kann das Produkt unter erleichterten Bedingungen wiederqualifizieren, was zu einem Wechsel des Verfahrens zurück zu Prüfstufe 2 führt (siehe Abschnitt 5.6). Andererseits kann das Produkt in Prüfstufe 2 oder 3 auch vom Skip-lot-Verfahren disqualifiziert werden. Im letzten Fall wechselt das Verfahren nach Prüfstufe 1 und das Produkt muß erneut alle Kriterien der Abschnitte 4.1 und 4.2 erfüllen, um für das Skip-lot-Verfahren qualifiziert zu sein.

5.1 Ermittlung der Start-Prüffrequenz

Bild 2 ist eine Übersicht der für die Ermittlung der Start-Prüffrequenz benutzten Algorithmen. Für diese Ermittlung müssen Daten der letzten 10 oder mehr Lose verwertet werden. Diese Daten bestehen aus einer fortlaufenden Aufzeichnung der Anzahl der geprüften Einheiten und der in jeder Stichprobe gefundenen Anzahl von fehlerhaften Einheiten oder Fehlern. Wenn die Stichprobenumfänge nicht groß genug sind, um den in Tabelle I angegebenen Mindestwert des kumulativen Stichprobenumfangs zu erreichen, sind mehr als 10 Lose nötig, um die in den nächsten Absätzen aufgestellten Kriterien zu erfüllen.

Genormte Start-Prüffrequenzen sind:

a) 1 Prüflos aus 2 vorgestellten Losen

b) 1 Prüflos aus 3 vorgestellten Losen

c) 1 Prüflos aus 4 vorgestellten Losen

Wenn mehr als 20 Lose benötigt werden, um Qualifizierung für das Skip-lot-Verfahren zu erreichen, muß eine Prüffrequenz von 1 aus 2 gewählt werden.

Wenn 20 oder weniger Lose für die Qualifizierung benötigt werden und wenn diese alle die Kriterien der Tabelle II erfüllen, muß eine Start-Prüffrequenz von 1 aus 4 gewählt werden.

Wenn 20 oder weniger Lose für die Qualifizierung benötigt werden, aber eines oder mehr dieser Lose nicht die Kriterien der Tabelle II erfüllt, muß eine Start-Prüffrequenz von 1 aus 3 gewählt werden.[1*])

Die Start-Prüffrequenz muß von der zuständigen sachverständigen Stelle genehmigt werden.

5.2 Beispiele für die Ermittlung der Start-Prüffrequenz

Das Beispiel aus Abschnitt 4.3 wird aufgegriffen und es werden 3 Fälle betrachtet.

In Fall a) sei angenommen, das Produkt sei mit den ersten 10 Losen mit Losumfängen von 1250 bis 9500 qualifiziert. Stichprobenumfänge für diese Lose sind

---

[1*]) Nationale Fußnote: In jedem Fall müssen die beiden letzten Lose das Kriterium der Tabelle II erfüllen, wenn Qualifizierung erreicht werden soll.

entweder 125 oder 200 und die Anzahl der fehlerhaften Einheiten in den einzelnen Stichproben ist jeweils 1 oder null. Folglich erfüllen alle 10 Lose das Kriterium der Tabelle II bei einer AQL von 0,65, was zu einer Start-Prüffrequenz von 1 aus 4 führt.

In Fall b) sei angenommen, daß die Stichprobe des Umfangs 125 aus dem ersten Los 2 fehlerhafte Einheiten enthält. Folglich ist das Kriterium der Tabelle II für dieses Los nicht erfüllt. Weiterhin sei angenommen, daß das Produkt mit den ersten 10 Losen für das Skip-lot-Verfahren qualifiziert sei. Damit ergibt sich die Start-Prüffrequenz 1 aus 3.

In Fall c) sei angenommen, daß die Lose 3 und 11 rückgewiesen werden, daß aber dennoch das Produkt mit Los 21 qualifiziert sei. Dann ist die Start-Prüffrequenz 1 aus 2, weil mehr als 20 Lose für die Qualifizierung benötigt wurden.

5.3 Verringerung der Prüffrequenz

Die genormten Prüffrequenzen sind:

1) 1 Prüflos aus 2 vorgestellten Losen

2) 1 Prüflos aus 3 vorgestellten Losen

3) 1 Prüflos aus 4 vorgestellten Losen, und

4) 1 Prüflos aus 5 vorgestellten Losen

Die Prüffrequenz 1 aus 5 kommt nicht als Start-Prüffrequenz in Frage.

Die Prüffrequenz darf um eine Stufe erniedrigt werden (z. B. von 1 aus 3 zu 1 aus 4), wenn alle folgenden Bedingungen erfüllt sind:

1) Die vorangehenden 10 oder mehr geprüften Lose - nach dem letzten Wechsel der Prüffrequenz - sind in der Prüfstufe 2 (Skip-lot) angenommen worden und erfüllen das Kriterium der Tabelle I; und

2) die Stichprobenergebnisse jedes der letzten beiden geprüften Lose erfüllen die Kriterien der Tabelle II. Wenn eine Doppel-Stichprobenanweisung angewendet wird, darf nur die erste Stichprobe für die obigen Überlegungen herangezogen werden. Der Wechsel der Prüffrequenz muß von der zuständigen sachverständigen Stelle genehmigt werden.[15])

Das Beispiel der Abschnitte 4.3 und 5.2 wird wieder aufgegriffen. Es sei angenommen, daß Fall a) mit einer Start-Prüffrequenz von 1 aus 4 vorliegt. Die nächsten 10 Lose seien mit einem kumulativen Stichprobenumfang von 1625 Einheiten und 5 fehlerhaften Einheiten angenommen. Damit ist das Kriterium der Tabelle I erfüllt, da der Mindestwert des kumulativen Stichprobenumfanges bei 5 fehlerhaften Einheiten und einer AQL von 0,65 1508 beträgt. Weiterhin sei vorausgesetzt, die Stichprobenumfänge der letzten beiden Lose seien 125 bzw. 200 und jede Stichprobe habe eine fehlerhafte Einheit enthalten. Dann erfüllen diese Lose das Kriterium der Tabelle II und die Prüffrequenz kann zu 1 aus 5 geändert werden.

---

[15]) Eine naheliegende, von der zuständigen sachverständigen Stelle zu erwägende Ausweitung des Skip-lot-Verfahrens ist eher die Annahme aller Lose ohne regelmäßige Prüfung, als eine Prüffrequenz 1 aus f mit f>5.

5.4 Verfahren zur Auswahl der Prüflose (Prüfstufen 2 und 3)

Die in der Prüfstufe 2 (Skip-lot-Stichprobenprüfung) zu prüfenden Lose müssen in Übereinstimmung mit einem eingeführten Verfahren zufällig (siehe Anhang B) ausgewählt werden. Es sollte jedoch mindestens ein Los innerhalb einer von dem Lieferer und der zuständigen sachverständigen Stelle gemeinsam festgelegten Zeitspanne geprüft werden.[1*]) Wenn keine Zeitspanne festgelegt ist, muß sie 2 Monate betragen. Der Mittelwert des Umfangs der auf den Prüfstufen 2 und 3 vorgestellten Lose sollte ungefähr der gleiche sein, wie der Mittelwert des Umfangs der Lose während des Qualifizierungsvorganges. Die in ISO 2859/1 definierte normale Prüfung auf einem der allgemeinen Prüfniveaus I, II oder III muß angewendet werden.

Auf der Prüfstufe 2 müssen die Prüflose mit einer der gewünschten Prüffrequenz entsprechenden Wahrscheinlichkeit ausgewählt werden. Es ist wichtig, daß der Lieferer nicht weiß, welche Lose geprüft werden, bis die Lose der Prüfstelle vorgestellt worden sind.

Es wird vorausgesetzt, daß das Qualitätssicherungssystem des Lieferers die Prüfung jedes produzierten Loses und die Aufzeichnung der Prüfergebnisse gewährleistet. Diese Ergebnisse müssen für alle produzierten Lose (einschließlich derer, die nicht von der Prüfstelle geprüft werden) der Prüfstelle zugänglich gemacht werden.

Für jedes auf der Prüfstufe 2 oder 3 geprüfte Los muß in einer Skip-lot-Kladde eine fortlaufende Aufzeichnung der Anzahl der geprüften Einheiten und der Anzahl der in jeder Stichprobe gefundenen fehlerhaften Einheiten oder Fehler geführt werden.

Annahme oder Rückweisung von Losen, die der Lieferer als fehlerhaft gekennzeichnet hat (anstatt sie zur Annahmeprüfung vorzustellen), darf den Skip-lot-Status nicht beeinträchtigen. Beispielsweise kann die zuständige sachverständige Stelle einwilligen, ein Los als fehlerhaft ohne Prüfung anzunehmen, um Terminerfordernissen nachzukommen. Ein solches Los muß für die Verfahren dieser Norm ignoriert werden. Wird jedoch ein Los von der Prüfstelle geprüft und dann durch die zuständige sachverständigen Stelle angenommen, obwohl es fehlerhaft ist, müssen die Prüfergebnisse verwertet werden.

5.5 Verfahren zum Aussetzen der Skip-lot-Stichprobenprüfung

Wenn das letzte Prüfergebnis nicht das Kriterium der Tabelle II erfüllt, muß die Skip-lot-Stichprobenprüfung ausgesetzt und die losweise Prüfung auf einem der normalen Prüfniveaus I, II oder III ausgeführt werden. Wenn eine Doppel-Stichprobenanweisung angewendet wird, darf in diesen Überlegungen nur die jeweils erste Stichprobe berücksichtigt werden.

5.6 Wiederqualifizierung

Wenn die Skip-lot-Stichprobenprüfung wegen eines in Abschnitt 5.5 genannten Ergebnisses ausgesetzt wurde, darf sie wieder aufgenommen werden, wenn vier aufeinanderfolgende Lose in der Prüfstufe 3 angenommen wurden (außer wiedervorgestellten Losen), und wenn die Kriterien der Tabelle II von den letzten beiden

[1*]) Option: Siehe Anhang A, Nr 5

aufeinanderfolgenden Losen erfüllt werden. Wenn eine Doppel-Stichprobenanweisung angewendet wird, darf in diesen Überlegungen nur die jeweils erste Stichprobe berücksichtigt werden. Wenn die Prüffrequenz vor dem Aussetzen der Skip-lot-Stichprobenprüfung nicht 1 aus 2 war, muß sie auf die nächsthöhere Stufe geändert werden (z. B. von 1 aus 4 nach 1 aus 3). Anderenfalls muß die Prüffrequenz von 1 aus 2 wiederaufgenommen werden.

Das Beispiel der Abschnitte 4.3, 5.2 und 5.3 wird wieder aufgegriffen. Es sei angenommen, daß, nachdem die Prüffrequenz 1 aus 5 erreicht wurde, ein Los nicht angenommen wird. Dann wird die Skip-lot-Stichprobenprüfung ausgesetzt, da rückgewiesene Lose nicht das Kriterium der Tabelle II (siehe Abschnitt 5.5) erfüllen. Nun werde angenommen, daß die ersten 4 in der Prüfstufe 3 geprüften Lose angenommen werden, daß die letzten beiden Stichprobenumfänge 125 waren und daß dabei eine fehlerhafte Einheit gefunden wurde. Dann wird das Produkt für die Skip-lot-Stichprobenprüfung bei einer Prüffrequenz 1 aus 4 wiederqualifiziert.

5.7 Disqualifizierung

Das Produkt muß von der Skip-lot-Stichprobenprüfung disqualifiziert werden und losweise Prüfung muß wiederaufgenommen werden, wenn:

A. ein Los auf der Prüfstufe 3 nicht angenommen wird; oder

B. Wiederqualifizierung nicht innerhalb von 10 Losen erreicht wird; oder

C. während einer von dem Lieferer und der zuständigen sachverständigen Stelle vereinbarten Zeitspanne keine Produktion stattfindet[17])
(Wenn keine Zeitspanne vereinbart ist, muß sie 2 Monate betragen); oder

D. der Lieferer wesentlich von den niedergeschriebenen und genehmigten Qualitätssicherungsverfahren abweicht oder eine andere Bestimmung der Abschnitte 4.1 und 4.2 nicht erfüllt; oder

E. die zuständige sachverständige Stelle es für notwendig erachtet, zu einer losweisen Prüfung zurückzukehren (z. B. ist eine Reklamation eines Kunden eingegangen und als berechtigt eingestuft worden, und man sieht sie als wichtig hinsichtlich der Qualität des Produktes an; oder das Skip-lot-Verfahren wechselt mehr als einmal zwischen den Prüfstufen 2 und 3 innerhalb einer kurzen Zeitspanne).

Der Grund/die Gründe für eine Disqualifizierung muß/müssen dokumentiert werden.

Wenn aufgrund eines der oben angegebenen Ereignisse die losweise Prüfung wiederaufgenommen wird, müssen für eine erneute Qualifizierung die Kriterien der Abschnitte 4.1 und 4.2 angewendet werden.

Das Beispiel der Abschnitte 4.3 , 5.2, 5.3 und 5.6 sei wieder aufgegriffen. Es sei angenommen, daß in Prüfstufe 3 die ersten 3 Lose angeonmmen werden, das 4. jedoch nicht. Dann wechselt das Verfahren zurück zu Prüfstufe 1.

---

[17]) Option: siehe Anhang A, Nr 6

6 Pflichten des Lieferers

Der Lieferer muß die Prüfstelle über alle Änderungen der Produktions- oder Prüfverfahren unterrichten und ebenso über Änderungen von Werkzeugen, Lehren, Material für die Produktion des Produktes oder jeglicher Änderung der Spezifikationen.

Der Lieferer muß die Prüfstelle sofort unterrichten, wenn er ein fehlerhaftes Los findet und wenn nach den eingeführten Verfahren dessen Aussonderung erforderlich ist. In Übereinstimmung mit eingeführten Verfahren muß das Los bis zur Freigabe durch die zuständige sachverständigen Stelle zurückgehalten werden. Lose, die nach diesem Verfahren angenommen werden, müssen für das Skip-lot-Verfahren unbeachtet bleiben, statt sie durch die Prüfstelle zu prüfen (siehe Abschnitt 5.4).

Der Lieferer muß die Prüfstelle benachrichtigen, wenn ein Produkt erstmalig oder mit einer neuen Listen-Nummer, Zeichnungs-Nummer oder nach einer neuen Spezifikation produziert wird.

Der Lieferer muß der Prüfstelle die Prüfdaten sämtlicher versandter Lose zugänglich machen, unabhängig davon, ob letztere durch die Prüfstelle geprüft werden oder nicht.

Der Lieferer muß der Prüfstelle eine Liste zur Verfügung stellen, die folgende Angaben enthält: die Spezifikationsnummern; Listen- oder Zeichnungsnummern; Vertrags- oder Bestellnummern; Kunde; Bestimmungsort und versandte Mengen.

Für Lose, die ohne Prüfung von der Prüfstelle freigegeben werden, muß der Lieferer die Versanddaten aufzeichnen und die Sendung markieren, um anzuzeigen, daß das Produkt nach Skip-lot-Verfahren ohne Prüfung durch die Prüfstelle versandt wurde.

7 Pflichten der Prüfstelle und der zuständigen sachverständigen Stelle

Die Prüfstelle muß alle Einflüsse, die aus der Produktion und der Prüfung sowie aus dem Ausfall von Produkten herrühren, bewerten, um festzustellen, ob die Skip-lot-Stichprobenprüfung kostengünstiger ist als die in ISO 2859/1 festgelegte reduzierte Prüfung. Siehe Anhang C für eine Diskussion der Einflußfaktoren, welche die Skip-lot-Stichprobenprüfung gegenüber der reduzierten Prüfung favorisieren. Wenn festgestellt wird, daß das Skip-lot-Verfahren kostengünstiger ist und daß die Forderungen der Abschnitte 4.1 und 4.2 erfüllt sind, muß die Prüfstelle die zuständige sachverständigen Stelle schriftlich darüber informieren und das Produkt für das Skip-lot-Verfahren empfehlen. Dabei müssen folgende Informationen gegeben werden:

A. Die Qualitätsgeschichte;

B. Die Zeitspanne, während der das Produkt bisher produziert wurde;

C. Eine Dokumentation des aktuellen Qualitätssicherungsverfahrens des Lieferers und seiner Fähigkeit, diesem Verfahren zu folgen. Besondere Aufmerksamkeit muß der Bewertung von Prüfverfahren des Lieferers und seiner Qualitätsfähigkeit gewidmet sein;

D. Die für die Einführung der Skip-lot-Stichprobenprüfung erforderlichen Daten;

E. Die erforderliche Start-Prüffrequenz.

Die zuständige sachverständigen Stelle muß den letztendlichen Einsatz des Produktes und dessen Sicherheitsaspekte überwachen und feststellen, daß es für die Skip-lot-Stichprobenprüfung qualifiziert bzw. nicht qualifiziert ist. Die zuständige sachverständigen Stelle muß die ihr zugänglich gemachten Informationen prüfen und feststellen, ob der Lieferer hinsichtlich aller Qualitätselemente eine angemessene Qualitätsfähigkeit hat oder nicht (siehe Abschnitt 4.1). Sie muß ferner den Zeitpunkt für den Beginn der Skip-lot-Stichprobenprüfung festlegen.

Die Prüstelle muß in Zeitabständen, die von dem Lieferer und der zuständigen sachverständigen Stelle vereinbart wurden, das Qualitätssicherungssystem des Lieferers prüfen.[18]) Wenn kein Zeitabstand festgelegt ist, muß die Prüfung in Abständen von 6 Monaten stattfinden. Der Sinn dieser Prüfung ist, festzustellen, daß der Lieferer nach wie vor in der Lage ist, die Verfahren der Qualitätssicherung zu verstehen und zu befolgen. Wenn Unzulänglichkeiten bestehen, muß die zuständige sachverständige Stelle auf organisatorischem Wege informiert werden. Sie muß entscheiden, ob die Skip-lot-Stichprobenprüfung ausgesetzt wird oder nicht.

In regelmäßigen Abständen müssen durch die Prüfstelle Prüfungen des laufenden Prozesses ausgeführt werden.

8 Wirkungsweise der Skip-lot-Verfahren

Die Skip-lot-Verfahren sind mit der Maßgabe entworfen worden, Schutz gegen die Annahme einer wesentlichen Menge fehlerhafter Einheiten zu bieten. Sie sind unter der Voraussetzung entwickelt worden, daß die mittlere Qualitätslage gleich der oder besser als die halbe AQL sein muß, um eine Qualifizierung für die Skip-lot-Stichprobenprüfung zu ermöglichen. Die statistische Wirkungsweise der Verfahren ist in den nächsten 4 Absätzen beschrieben. Diese Wirkungsweise schließt Stichprobenanweisungen mit der Annahmezahl null aus.

Wenn die Qualitätslage gleich der oder schlechter als die AQL ist, ist die Wahrscheinlichkeit einer Qualifizierung für die Skip-lot-Stichprobenprüfung innerhalb der ersten 10 Lose nicht größer als 7,5 %. Bei einer solchen Qualitätslage ist der Erwartungswert der Anzahl der Lose, die bis zur Qualifizierung geprüft werden müssen, wesentlich höher, als wenn die Qualitätslage der halben AQL entspricht. Für einen gegebenen Wert der AQL ist der Erwartungswert der Anzahl der Lose, die geprüft werden müssen, bevor die Prüffrequenz um eine Stufe erniedrigt werden kann, derselbe, wie der Erwartungswert der Anzahl der Lose, die bis zur Qualifizierung geprüft werden müssen.

Wenn das Skip-lot-Verfahren in Prüfstufe 2 (Skip-lot-Stichprobenprüfung) ist, und wenn die Qualitätslage der doppelten AQL entspricht, werden (im Mittel) 4 oder weniger zusätzliche Lose geprüft, bevor die Skip-lot-Stichprobenprüfung ausgesetzt wird. Wenn der wahre Anteil fehlerhafter Einheiten bzw. die wahre Anzahl von Fehlern der halben AQL entspricht, werden (im Mittel) 15 oder mehr Lose geprüft, bevor die Skip-lot-Stichprobenprüfung aussetzt.

Wenn die Qualitätslage gleich der oder besser als die halbe AQL ist, beträgt auf der Prüfstufe 3 (Aussetzen der Skip-lot-Stichprobenprüfung) die Wahrscheinlichkeit einer Wiederqualifikation für die Skip-lot-Stichprobenprüfung mindestens 90 %; wenn die Annahmezahl mindestens 2 ist, beträgt die Wahrscheinlich-

---

[18]) Option: siehe Anhang A, Nr 7

keit mindestens 97 %. Wenn die Qualitätslage gleich der doppelten AQL oder schlechter ist, ist auf der Prüfstufe 3 die Wahrscheinlichkeit einer Wiederqualifikation für die Skip-lot-Stichprobenprüfung geringer als 30 %. Wenn die Qualitätslage der dreifachen AQL entspricht, beträgt die Wahrscheinlichkeit 10 % oder weniger.

Die Operationscharakteristiken der Stichprobenanweisungen bei normaler Prüfung (siehe ISO 2859/1) sind für die Prüfung aller in den Prüfstufen 2 und 3 ausgewählten einzelnen Lose zutreffend. Der Erwartungswert des Anteils angenommener Lose ist sehr gut durch die Operationscharakteristiken der betreffenden Stichprobenanweisungen bei normaler Prüfung angenähert. Eine eingehende Diskussion des Anteils angenommener Lose und anderer Gesichtspunkte entnehme man Liebesmann und Saperstein, angeführt in Abschnitt 2.

9 Weiteres Schrifttum

Die von Dodge und Perry definierten Skip-lot-Verfahren sind detailliert in folgendem Schrifttum beschrieben:

1. H.F. Dodge, "Skip-Lot Sampling Plans," Industrial Quality Control, Vol. 11, No. 5, February 1955, pp. 3-5.

2. H.F. Dodge and R.L. Perry, "A System of Skip-Lot Plans for Lot by Lot Inspections," 1971 ASQC Technical Conference Transactions, pp. 469-477.

3. E.G. Schilling, Acceptance Sampling in Quality Control, Marcel Dekker, Inc., New York, 1982, pp. 443-451.

Die folgende Aufzählung gibt weitere Hinweise auf Schrifttum zu Skip-lot-Verfahren:

1. A.G. Bloom, "Ratio/Skip Lot Sampling, A New Approach to Government Product Verfication," 1968 ASQC Technical Conference Transactions," pp. 53-59.

2. H.F. Dodge, "Notes on the Evolution of Acceptance Sampling Plans, Part IV," Journal of Quality Technology, Vol. 2, No. 1, January 1970.

3. J.I.S. Hsu, "A Cost Model for Skip-Lot Destructive Sampling," IEEE Transactions on Reliability, Vol. R-26, No. 1, April 1977.

4. R.L. Perry, "A System of Skip-Lot Sampling plans for Skip-Lot Inspection," Ph.D. Thesis, Rutgers the State University, 1970, University Microfilms, Ann Arbor, Michigan.

5. R.L. Perry, "Skip-Lot Sampling Plans," Journal of Quality Technology, Vol. 5, No. 3, Juliy 1973, pp. 123-130.

6. R.L. Perry, "Two-Level Skip-Lot Sampling Plans - Operating Characteristic Properties," Journal of Quality Technology, Vol. 5, October 1973, pp. 160-166.

7. K.S. Stephens, "How to Perform Skip-Lot and Chain Sampling", ASQC, Milwaukee, WI, 1982.

Tabelle I. Mindestwert des kumulativen Stichprobenumfangs, bei dem mit der Skip-lot-Stichprobenprüfung begonnen werden kann

Fehler oder fehlerhafte Einheiten	AQL (Anteil fehlerhafter Einheiten in %[19]) oder Fehler pro 100 Einheiten)												
	0,1	0,15	0,25	0,40	0,65	1,0	1,5	2,5	4,0	6,5	10,0	15,0	25,0
0	2600	1740	1040	650	400	260	174	104	65	40	26	17	10
1	4250	2840	1700	1070	654	425	284	170	107	65	43	28	17
2	5740	3830	2300	1440	883	574	383	230	144	88	57	38	23
3	7140	4760	2860	1790	1098	714	476	286	179	110	71	48	29
4	8490	5660	3400	2120	1306	849	566	340	212	131	85	57	34
5	9800	6530	3920	2450	1508	980	653	392	245	151	98	65	39
6	11090	7390	4440	2770	1706	1109	739	444	277	171	111	74	44
7	12360	8240	4940	3090	1902	1236	824	494	309	190	124	82	49
8	13610	9070	5440	3400	2094	1361	907	544	340	209	136	91	54
9	14850	9900	5940	3710	2285	1485	990	594	371	229	149	99	59
10	16080	10720	6430	4020	2474	1608	1072	643	402	247	161	107	64
11	17290	11530	6920	4320	2660	1729	1153	692	432	266	173	115	69
12	18500	12330	7400	4630	2846	1850	1233	740	463	285	185	123	74
13	19700	13130	7880	4930	3031	1970	1313	788	493	303	197	131	79
14	20890	13930	8360	5220	3214	2089	1393	836	522	321	209	139	84
15	22080	14720	8830	5520	3397	2208	1472	883	552	340	221	147	88
16	23260	15500	9300	5820	3578	2326	1550	930	582	358	233	155	93
17	24430	16290	9770	6110	3758	2443	1629	977	611	376	244	163	98
18	25600	17070	10240	6400	3938	2560	1707	1024	640	394	256	171	102
19	26760	17840	10700	6690	4117	2676	1784	1070	669	412	268	178	107
20	27930	18620	11170	6980	4297	2793	1862	1117	698	430	279	186	112
[20])a =	1170	780	470	290	180	117	78	47	29	18	12	8	5

[19]) Auf den Anteil fehlerhafter Einheiten in % dürfen nur AQL-Werte kleiner oder gleich 10 angewendet werden.

[20]) Für jeden zusätzlichen Fehler bzw. jede zusätzliche fehlerhafte Einheit addiere man a zu demjenigen Mindestwert für den kumulativen Stichprobenumfang, der für 20 Fehler bzw. fehlerhafte Einheiten angegeben ist. Beispielsweise seien bei einer AQL von 1,0 % 22 Fehler bzw. fehlerhafte Einheiten festgestellt worden. Dann wird der Mindestwert des kumulativen Stichprobenumfangs wie folgt berechnet:

$$(2 \times 117) + 2793 = 3027$$

Tabelle II. **Annahmezahlen bei denen die Skip-lot-Stichprobenprüfung begonnen oder fortgesetzt werden kann (Kriterium für einzelne Lose)**

Stichproben-umfang	AQL (Anteil fehlerhafter Einheiten in %[21]) oder Fehler pro 100 Einheiten)												
	0,1	0,15	0,25	0,4	0,65	1,0	1,5	2,5	4,0	6,5	10,0	15,0	25,0
2	-	-	-	-	-	-	-	-	-	0	-	0	1
3	-	-	-	-	-	-	-	-	0	-	0	1	1
5	-	-	-	-	-	-	-	0	-	0	1	1	2
8	-	-	-	-	-	-	0	-	0	1	1	2	3
13	-	-	-	-	-	0	-	0	1	1	2	3	5
20	-	-	-	-	0	-	0	1	1	2	3	5	7
32	-	-	-	0	-	0	1	1	2	3	5	7	11
50	-	-	0	-	0	1	1	2	3	5	7	11	17
80	-	0	-	0	1	1	2	3	5	7	11	17	-
125	0	-	0	1	1	2	3	5	7	11	17	-	-
200	-	0	1	1	2	3	5	7	11	17	-	-	-
315	0	1	1	2	3	5	7	11	17	-	-	-	-
500	1	1	2	3	5	7	11	17	-	-	-	-	-
800	1	2	3	5	7	11	17	-	-	-	-	-	-
1250	2	3	5	7	11	17	-	-	-	-	-	-	-
2000	3	5	7	11	17	-	-	-	-	-	-	-	-

[21]) Auf den Anteil fehlerhafter Einheiten in % dürfen nur AQL-Werte kleiner oder gleich 10 angewendet werden.

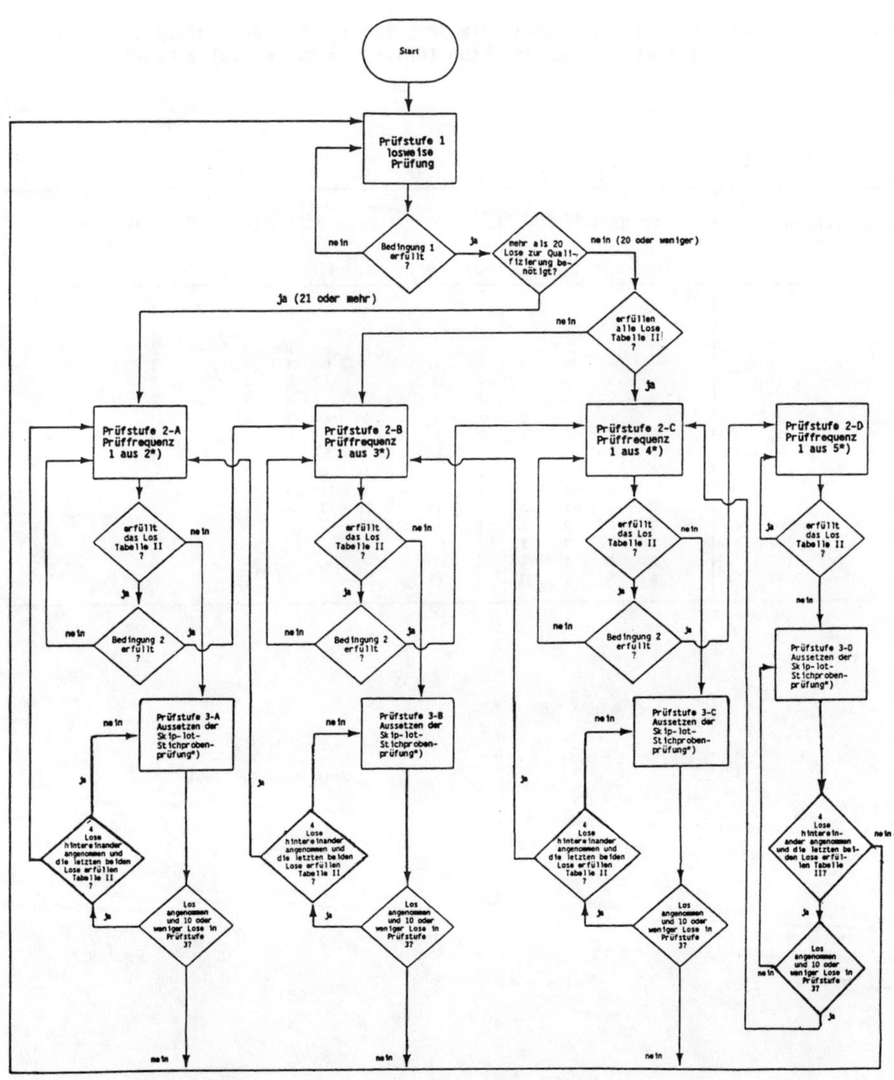

*) Das Verfahren kehrt jederzeit aus der Prüfstufe 2 bzw. 3 nach Prüfstufe 1 zurück, wenn die Bedingung 3 erfüllt ist.

Bild 1. Struktur des Skip-lot-Verfahrens (Fortsetzung auf der nächsten Seite)

Fortsetzung des Bildes 1

Bedingung 1	Bedingung 2	Bedingung 3
Qualifizierung des Lieferers Verfahren 4.1, A, B und C Qualifizierung des Produktes Verfahren 4.2, A, B, C und D Unmittelbar vorangehende 10 oder mehr) Lose angenommen - kumulative Ergebnisse erfüllen Tabelle I - Jedes der letzten beiden Lose erfüllt Tabelle II Genehmigung durch die zuständige sachverständige Stelle	Unmittelbar vorangehende 10 (oder mehr) Lose angenommen - kumulative Ergebnisse erfüllen Tabelle I - Jedes der letzten beiden Lose erfüllt Tabelle II Genehmigung durch die zuständige sachverständige Stelle	Wenn eines der folgenden Ereignisse eintritt, muß nach Prüfstufe 1 zurückgekehrt werden: Keine Produktion während einer vereinbarten Zeitspanne, oder Der Lieferer erfüllt nicht die Forderungen der Abschnitte 4.1 und 4.2 oder die in Anhang A, Nr 1 bis 6, aufgestellten Bedingungen, oder Die zuständige sachverständige Stelle sieht es als notwendig an, zu losweiser Prüfung zurückzukehren.

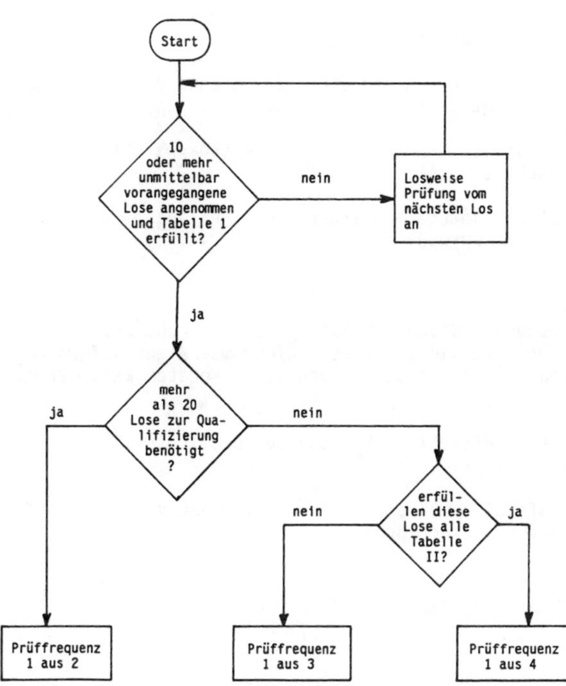

Bild 2. Ermittlung der Start-Prüffrequenz

Anhang A

Zusammenstellung der Optionen für Randbedingungen in ISO 2859/3

1. Im wesentlichen kontinuierliche Produktion - Produktionshäufigkeit (Abschnitt 3.0):

   Mindestens ein Los muß in Abständen von .....Monaten zur Prüfung vorgestellt werden.

2. Im wesentlichen kontinuierliche Produktion - Miteinbeziehung von Produkten ähnlicher Art, die an andere Empfänger gegangen sind (Abschnitt 3.0):

   Produkte ähnlicher Art, die an andere Empfänger gegangen sind, müssen/dürfen nicht bei der Beurteilung "Im wesentlichen kontinuierliche Produktion" berücksichtigt werden (eine der unterstrichenen Formulierungen ist zu streichen).

3. Qualifizierung des Produktes - Im wesentlichen zusammenhängende Produktionszeitspanne (Abschnitt 4.2):

   Das Produkt muß während einer Zeitspanne von .... Monaten im wesentlichen kontinuierlich produziert worden sein.

4. Qualifizierung des Produktes - Aufrechterhaltung einer Qualitätslage gleich der AQL oder besser (Abschnitt 4.2).

   Das Produkt muß während einer Zeitspanne von ..... Monaten mit einer Qualitätslage gleich der AQL oder besser produziert worden sein.

5. Anzahl der Prüflose - Höchstwert der Zeitspanne zwischen den Prüfungen zweier Lose (Abschnitt 5.4):

   Mindestens ein Los muß innerhalb einer jeden Zeitspanne von ..... Monaten geprüft werden.

6. Disqualifizierung - Zeiten ohne Produktion

   Das Produkt muß von der Skip-lot-Stichprobenprüfung disqualifiziert werden und die losweise Prüfung muß wiederaufgenommen werden, wenn während einer Zeitspanne von ..... Monaten keine Produktion stattfindet.

7. Pflichten der Prüfstelle - Prüfung des Qualitätssicherungssystems des Lieferers (Abschnitt 7.0):

   Die Prüfstelle muß einmal in ..... Monaten das Qualitätssicherungssystem des Lieferers prüfen.

Anhang B

Verfahren zur zufälligen Auswahl der Prüflose bei festgelegten Prüffrequenzen

B 1.0 Genormte Prüffrequenzen

Die genormten Prüffrequenzen sind:

a) 1 aus 2

b) 1 aus 3

c) 1 aus 4

d) 1 aus 5

B 2.0 Auswahl der Prüflose bei einer Prüffrequenz von 1 aus 2 mittels eines sechsseitigen Würfels

Wenn ein Los zur Prüfung vorgestellt wird, würfle man mit einem sechsseitigen Würfel und prüfe das Los, wenn der Würfel eine ungerade Zahl zeigt; anderenfalls nehme man das Los ohne Prüfung an.

B 2.1 Auswahl der Prüflose bei einer Prüffrequenz von 1 aus 3 mittels eines sechsseitigen Würfels

Wenn ein Los zur Prüfung vorgestellt wird, würfle man mit einem sechsseitigen Würfel und prüfe das Los, wenn der Würfel eine 1 oder eine 2 zeigt; anderenfalls nehme man das Los ohne Prüfung an.

B 2.2 Auswahl der Prüflose bei einer Prüffrequenz von 1 aus 4 mittels eines sechsseitigen Würfels

Wenn ein Los zur Prüfung vorgestellt wird, würfle man mit einem sechsseitigen Würfel und prüfe das Los, wenn der Würfel eine 1 zeigt; wenn er eine, 2, 3 oder 4 zeigt, nehme man das Los ohne Prüfung an; wenn er eine 5 oder 6 zeigt, würfle man erneut und wiederhole das Entscheidungsverfahren, bis eine der Zahlen von 1 bis 4 erscheint.

B 2.3 Auswahl der Prüflose bei einer Prüffrequenz von 1 aus 5 mittels eines sechsseitigen Würfels

Wenn ein Los zur Prüfung vorgestellt wird, würfle man mit einem sechsseitigen Würfel und prüfe das Los, wenn der Würfel eine 1 zeigt; wenn er eine 2, 3, 4 oder 5 zeigt, nehme man das Los ohne Prüfung an; wenn er eine 6 zeigt, würfle man erneut und wiederhole das Entscheidungsverfahren, bis eine der Zahlen von 1 bis 5 erscheint.

B 3.0 Auswahl der Prüflose bei Prüffrequenzen von 1 aus k unter Benutzung von Zufallszahlen-Tabellen

Es gibt sowohl eine Reihe von veröffentlichten Tabellen mit Zufallszahlen als auch eine Auswahl von Computerprogrammen zur Erzeugung von Zufallszahlen. Es sei angenommen, daß diese Zufallszahlen in Gruppen aus jeweils 5 Dezimalstellen im Bereich von 00000 bis 99999 zur Verfügung stehen. Bei einer Prüffrequenz von 1 aus k teile man die jeweils nächste Zufallszahl durch k und prüfe das Los, wenn der Rest 1 ist. Dieses Auswahlverfahren eignet sich unter anderem für k = 2, 3, 4, 5.

Wenn Tabellen mit Zufallszahlen verwendet werden, schließe man die gerade benutzte Zufallszahl von weiterer Benutzung aus.

Anhang C

Kriterien für die Entscheidung zwischen Skip-lot-Verfahren (ISO 2859/3) und reduzierter Prüfung (ISO 2859/1)

Es gibt drei Hauptkriterien, um zwischen Skip-lot-Stichprobenprüfung und reduzierter Prüfung zu entscheiden. Sie sind:

a) Die Beziehung zwischen Lieferer und Abnehmer,

b) das Verhältnis der fixen Prüfkosten zu den Kosten für die Prüfung jeder einzelnen Einheit, und

c) die Annahmezahl der bei der losweisen Prüfung verwendeten Stichprobenanweisung.

Das erste Kriterium, die Beziehung zwischen Lieferer und Abnehmer, bedeutet, daß ein umfassendes Verstehen des Skip-lot-Verfahrens und ein gegenseitiges Vertrauen zwischen den Parteien nötig sind, wenn man sich für das Skip-lot-Verfahren entscheidet. Das ist wichtig, weil manche Lose ohne Prüfung zur Verwendung kommen. Wenn der Lieferer nicht verantwortungsvoll handelt, können die Kosten für beide Seiten sehr hoch sein.

Das zweite Kriterium, das Verhältnis der fixen Prüfkosten zu den Kosten für die Prüfung jeder einzelnen Einheit, ist wirtschaftlicher Natur. Fixkosten können Kosten für die Prüfmittel, Reisekosten für den/die Prüfer/Prüferin, Lagerkosten und Versicherungskosten beinhalten. Wenn die Fixkosten die durch die Reduzierung der Anzahl der geprüften Einheiten erzielten Einsparungen übersteigen, werden Skip-lot-Verfahren bevorzugt.

Schließlich gibt es das Kriterium der Annahmezahl der bei der losweisen Prüfung verwendeten Sichprobenanweisung in den Prüfstufen 2 und 3. Wie in Abschnitt 1.0 dargelegt, sind Stichprobenanweisungen mit der Annahmezahl null nicht empfohlen, weil die statistischen Eigenschaften solcher Stichprobenanweisungen nicht immer befriedigend sind. Wenn sie beispielsweise in der Prüfstufe 2 (Skip-lot) angewendet werden und die Qualitätslage der doppelten AQL entspricht, beträgt die Anzahl der Lose, die geprüft werden, bevor die Skip-lot-Stichprobenprüfung aussetzt, (im Mittel) 4; dagegen ist diese Anzahl (im Mittel) etwa 16, wenn die Qualitätslage der halben AQL entspricht. Diese Werte sind 2 bzw. 40 bei fast allen anderen Annahmezahlen. Ferner beträgt, wenn während des Aussetzens der Stichprobenprüfung (Prüfstufe 3) die Qualitätslage der halben AQL entspricht, die Wahrscheinlichkeit einer Rückkehr zu Prüfstufe 2 bei Stichprobenanweisungen mit der Annahmezahl null nur 78 %; wenn dagegen die Qualitätslage der doppelten AQL entspricht, ist die Wahrscheinlichkeit 37 %. Es zeigt sich also, daß bei diesen Stichprobenanweisungen bei schlechten Qualitätslagen das Aussetzen der Skip-lot-Stichprobenprüfung nicht so schnell eintritt wie bei fast allen Anweisungen mit Annahmezahlen größer als null. Ferner ist bei schlechten Qualitätslagen in Prüfstufe 3 (Aussetzen der Skip-lot-Stichprobenprüfung) die Wahrscheinlichkeit, nach Prüfstufe 2 (Skip-lot) zurückzukehren, viel höher als bei allen anderen Stichprobenanweisunggen; gleichzeitig ist bei sehr guten Qualitätslagen die Wahrscheinlichkeit der Disqualifizierung viel höher als bei allen anderen Stichprobenanweisungen.

Wenn, wie empfohlen, in den Prüfstufen 2 und 3 Stichprobenanweisungen mit Annahmezahlen größer als null verwendet werden, kann die reduzierte Prüfung vorteilhafter sein als die Skip-lot-Stichprobenprüfung. In der von dem Entscheidungsträger durchgeführte Analyse sollte die Differenz zwischen den Stichprobenumfängen bei Stichprobenanweisungen mit Annahmezahlen größer als null und den Stichprobenumfängen bei reduzierter Prüfung mit berücksichtigt werden.

ENDE DER DEUTSCHEN ÜBERSETZUNG

Zitierte Normen

ISO 2859-1	Sampling procedures and tables for inspection by attributes
ISO 3534	Statistics - Vocabulary and symbols
ISO 9001	Quality systems; Model for quality assurance in design/development, production, installation and servicing
ISO 9002	Quality systems; Model for quality assurance in production and installation
ISO 9003	Quality systems; Model for quality assurance in final inspection and test
ISO/DIS 3534-2	Statistics - Vocabulary and symbols - Part 2: Statistical quality control

Weitere Normen

DIN 55 350 Teil 11	Begriffe der Qualitätssicherung und Statistik; Grundbegriffe der Qualitätssicherung
DIN 55 350 Teil 12	Begriffe der Qualitätssicherung und Statistik; Merkmalsbezogene Begriffe
DIN 55 350 Teil 31	Begriffe der Qualitätssicherung und Statistik; Begriffe der Annahmestichprobenprüfung
DIN ISO 2859 Teil 1	(z. Z. Entwurf) Annahmestichprobenprüfung anhand der Anzahl fehlerhafter Einheiten oder Fehler (Attributprüfung); Nach der annehmbaren Qualitätsgrenzlage geordnete Stichprobenanweisungen für die Prüfung einer Serie von Losen
DIN ISO 2859 Teil 2	(z. Z. Entwurf) Annahmestichprobenprüfung anhand der Anzahl fehlerhafter Einheiten oder Fehler (Attributprüfung); Nach der rückzuweisenden Qualitätsgrenzlage (LQ) geordnete Stichprobenanweisungen für die Prüfung einzelner Lose
DIN ISO 9001	Qualitätssicherungssysteme; Qualitätssicherungs-Nachweisstufe für Entwicklung und Konstruktion, Produktion, Montage und Kundendienst
DIN ISO 9002	Qualitätssicherungssysteme; Qualitätssicherungs-Nachweisstufe für Produktion und Montage
DIN ISO 9003	Qualitätssicherungssysteme; Qualitätssicherungs-Nachweisstufe für Endprüfungen

Anwendungswarnvermerk

Dieser Norm-Entwurf wird der Öffentlichkeit zur Prüfung und Stellungnahme vorgelegt. Weil die beabsichtigte Norm von der vorliegenden Fassung abweichen kann, ist die Anwendung dieses Entwurfes besonders zu vereinbaren.

Stellungnahmen werden erbeten an den Ausschuß Qualitätssicherung und angewandte Statistik (AQS) im DIN Deutsches Institut für Normung e.V., Burggrafenstraße 6, 1000 Berlin 30.

DK 519.253 : 620.113.4 : 658.562 August 1992

Verfahren und Tabellen für Stichprobenprüfung auf den Anteil fehlerhafter Einheiten in Prozent anhand quantitativer Merkmale (Variablenprüfung) Identisch mit ISO 3951 : 1989	DIN ISO 3951

Sampling procedures and charts for inspection by variables for percent nonconforming
Identical with ISO 3951 : 1989

Règles et tables d'échantillonnage pour les contrôles par mesures des pourcentages de non conformes
Identique avec ISO 3951 : 1989

Die Internationale Norm ISO 3951 : 1989-09-15 „Sampling procedures and charts for inspection by variables for percent nonconforming" ist unverändert in diese Deutsche Norm übernommen worden.

Nationales Vorwort

Diese Norm beschäftigt sich, wie auch die Normen der Reihe DIN ISO 2859, mit der Prüfung des Anteils fehlerhafter Einheiten in der Grundgesamtheit. Die Grundgesamtheit ist in DIN ISO 2859 Teil 1, DIN ISO 2859 Teil 3 und DIN ISO 3951 eine kontinuierliche Serie von Losen. Bei DIN ISO 2859 Teil 2 ist die Grundgesamtheit jeweils ein einzelnes zur Prüfung vorgestelltes Los.

In der Normenreihe DIN ISO 2859 wird die Anzahl von Fehlern je 100 Einheiten alternativ zu dem Anteil fehlerhafter Einheiten betrachtet. In DIN ISO 3951 ist diese Unterscheidung nicht möglich. Zur Kennzeichnung der annehmbaren Qualitätsgrenzlage wird in DIN ISO 3951 der Anteil fehlerhafter Einheiten in Prozent hinter die Abkürzung AQL geschrieben, gefolgt von dem Symbol %. Letzteres kann, wenn Mißverständnisse ausgeschlossen sind, weggelassen werden. Beispiel: AQL 1 % oder AQL 1 bedeuten eine annehmbare Qualitätsgrenzlage von 1 % fehlerhafter Einheiten.

Das Ergebnis der Prüfung schlägt sich in jedem Fall in der Feststellung nieder, ein zur Prüfung vorgestelltes Los anzunehmen oder rückzuweisen. Grundlage der Feststellung ist jeweils eine Kenngröße (sind zwei Kenngrößen), die aus den Ermittlungsergebnissen berechnet wird (werden), welche an den Einheiten einer dem Los entnommenen Stichprobe gewonnen wurden.

Bei den Normen der Reihe DIN ISO 2859 ist jedes Ermittlungsergebnis der Wert eines Alternativmerkmals mit den beiden möglichen Werten „fehlerhaft" und „nicht fehlerhaft". Die Kenngröße ist die Anzahl fehlerhafter Einheiten oder die Anzahl Fehler je 100 Einheiten in der Stichprobe.

Bei DIN ISO 3951 ist jedes Ermittlungsergebnis der Wert eines kontinuierlichen — normalverteilten — Merkmals. Die Kenngrößen sind zum einen der Mittelwert der Ermittlungsergebnisse und zum anderen ein Maß für deren Streuung. Letzteres kann die Standardabweichung der Grundgesamtheit σ, die Stichprobenstandardabweichung s oder ein nach einem festgelegten Verfahren berechnetes Spannweitenmaß sein. Jeweils beide Kenngrößen gehen in die Entscheidung über die Annahme des Loses ein.

Da der Informationsinhalt des Wertes eines kontinuierlichen Merkmals größer ist als der des Wertes eines Alternativmerkmals, kommt man in DIN ISO 3951 meist mit kleineren Stichprobenumfängen aus als in den Normen der Reihe DIN ISO 2859. Andererseits ist bei kontinuierlichen Merkmalen die Ermittlung des Merkmalswertes im allgemeinen aufwendiger als bei Alternativmerkmalen, und die Voraussetzung der Normalverteilung des Merkmals ist keineswegs immer gegeben. Daher ist von Fall zu Fall zu entscheiden, welches Verfahren vorzuziehen ist.

Zu der deutschen Übersetzung sei angemerkt:

Mit „product or service" und ebenso mit der Benennung „product" allein sind in ISO 3951 sowohl materielle als auch immaterielle Produkte gemeint. Zu letzteren gehören unter anderem auch Dienstleistungen. Alle diese Bedeutungen sind durch das in der deutschen Übersetzung verwendete Wort „Produkt" abgedeckt. Ein Los ist dann eine Menge eines Produktes, die unter Bedingungen entstanden ist, die als einheitlich angesehen werden (nach DIN 55 350 Teil 31).

Fortsetzung Seite 2 bis 101

Normenausschuß Qualitätsmanagement, Statistik und Zertifizierungsgrundlagen (NQSZ)
im DIN Deutsches Institut für Normung e.V.

Deutsche Übersetzung

Verfahren und Tabellen für Stichprobenprüfung auf den Anteil fehlerhafter Einheiten in Prozent anhand quantitativer Merkmale

Vorwort

Die ISO (Internationale Organisation für Normung) ist die weltweite Vereinigung nationaler Normungsinstitute (ISO-Mitgliedskörperschaften). Die Erarbeitung Internationaler Normen obliegt den Technischen Komitees der ISO. Jede Mitgliedskörperschaft, die sich für ein Thema interessiert, für das ein Technisches Komitee eingesetzt wurde, ist berechtigt, in diesem Komitee mitzuarbeiten. Internationale (staatliche und nichtstaatliche) Organisationen, die mit der ISO in Verbindung stehen, sind an den Arbeiten ebenfalls beteiligt. Die ISO arbeitet in allen Angelegenheiten der elektrotechnischen Normung eng mit der Internationalen Elektrotechnischen Kommission (IEC) zusammen.

Die von den Technischen Komitees verabschiedeten Entwürfe zu Internationalen Normen werden den Mitgliedskörperschaften zunächst zur Annahme vorgelegt, bevor sie vom Rat der ISO als Internationale Normen bestätigt werden. Sie werden nach den Verfahrensregeln der ISO angenommen, wenn mindestens 75 % der abstimmenden Mitgliedskörperschaften zugestimmt haben.

Die Internationale Norm ISO 3951 ist von dem Technischen Komitee 69 der ISO „Applications of statistical methods" erstellt worden.

Diese zweite Ausgabe ist eine Überarbeitung der ersten (ISO 3951-1981) und ersetzt sie.

Die grundsätzlichen technischen Änderungen gegenüber der ersten Ausgabe sind:

a) Es wird zwischen dem Höchstwert für die Standardabweichung des Prozesses (MPSD) bei der „σ"-Methode und dem Höchstwert für die Stichproben-Standardabweichung (MSSD) bei der „s"-Methode unterschieden.

b) Alle Annahmekurven der „σ"-Methode werden durch den zutreffenden Höchstwert für die Standardabweichung des Prozesses begrenzt.

c) Die Begriffe sind in Übereinstimmung gebracht worden mit ISO 2859 und ISO 3534.

Die Anwender dieser Norm werden darauf hingewiesen, daß alle internationalen Normen von Zeit zu Zeit überarbeitet werden und daß sich jeder Verweis auf eine internationale Norm auf die letzte Ausgabe bezieht, sofern nichts anderes angegeben ist.

Inhalt

Hauptabschnitt 4: Tabellen und Diagramme

Tabellen

Diagramme

Anhänge:

Hauptabschnitt 1: Allgemeines

1 Anwendungsbereich und Zweck

1.1 Zweck

1.1.1 Diese Norm enthält Stichprobenanweisungen und -verfahren für Prüfungen anhand quantitativer Merkmale (Variablenprüfung). Sie ergänzt ISO 2859 „Sampling procedures and tables for inspection by attributes". Wenn es von der zuständigen Stelle vorgesehen ist, darf sowohl auf diese Norm als auch auf ISO 2859 in einer Produkt- oder Prozeß-Spezifikation, einem Vertrag, Prüfplänen oder anderen Unterlagen Bezug genommen werden. Die darin getroffenen Bestimmungen sind maßgeblich. In einer der oben genannten Unterlagen ist die zuständige Stelle anzugeben.

1.1.2 Es ist das Ziel der in dieser Norm festgelegten Methoden, sicherzustellen, daß Lose von annehmbarer Qualitätslage eine hohe Annahmewahrscheinlichkeit haben und daß die Wahrscheinlichkeit, ein Los minderer Qualitätslage rückzuweisen, so hoch wie möglich ist.

1.1.3 Wie auch in ISO 2859, wird der Anteil fehlerhafter Einheiten in den Losen dazu benutzt, die Qualitätslage dieser Lose und des betrachteten Produktionsprozesses zu beschreiben.

1.2 Anwendungsbereich

Diese internationale Norm wurde in erster Linie für die Anwendung unter folgenden Voraussetzungen erstellt:

a) Das Prüfverfahren ist auf eine **kontinuierliche Serie von Losen** diskreter Produkte, die alle von einem einzigen Hersteller und aus einem einzigen Produktionsprozeß stammen, anzuwenden. Handelt es sich um mehr als einen Hersteller, so ist die Norm auf jeden einzelnen gesondert anzuwenden.

b) Es wird nur ein **einziges Qualitatsmerkmal,** x, der Produkte betrachtet; dieses Merkmal muß auf einer **kontinuierlichen Skala meßbar** sein. Ist mehr als ein solches Merkmal von Bedeutung, dann muß die Norm auf jedes Merkmal gesondert angewendet werden.

c) Die Produktion erfolgt in beherrschten Prozessen und das Qualitätsmerkmal x ist normalverteilt oder seine Verteilung gut durch eine Normalverteilung approximierbar.

d) In einem Vertrag oder einer Norm sind ein Höchstwert, U, oder ein Mindestwert, L, oder beide definiert; eine Einheit wird als fehlerhaft eingestuft, wenn der Meßwert des Qualitätsmerkmals, x, eine der folgenden Ungleichungen erfüllt:

$$x > U, \quad (1)$$
$$x < L, \quad (2)$$
$$\text{entweder } x > U \text{ oder } x < L \quad (3)$$

Im Falle der Ungleichungen (1) und (2) spricht man von **einfachen Grenzwerten** und im Fall (3) von **doppelten Grenzwerten.** Im letzteren Fall wird darüber hinaus zwischen getrennten oder verbundenen doppelten Grenzwerten unterschieden, je nachdem, ob die annehmbare Qualitätsgrenzlage (AQL) für jeden Grenzwert getrennt oder für beide Grenzwerte gemeinsam angegeben wird (siehe Abschnitt 4).

2 Verweisungen auf andere Normen

ISO 2854 Statistical interpretation of data — Techniques of estimation and tests relating to means and variances.

ISO 2859 Sampling procedures and tables for inspection by attributes.

ISO 3534 Statistics — Vocabulary and symbols.

ISO 5479 Normality tests[1])

ISO 5725 Precision of test methods — Determination of repeatability and reproducibility for a standard test method by interlaboratory tests

3 Begriffe und Formelzeichen

3.1 Begriffe

Für die Zwecke dieser internationalen Norm gelten die in ISO 3534 und ISO 2859 enthaltenen Begriffe zusammen mit den folgenden:

3.1.1 Variablenprüfung (inspection by variables, contrôle par mesures): Verfahren, bei dem an jeder Einheit aus einer Grundgesamtheit oder aus einer Stichprobe, die aus dieser Grundgesamtheit gezogen wurde, ein quantitatives Merkmal gemessen wird.

3.1.2 Annahmeprüfung anhand quantitativer Merkmale (acceptance sampling by variables, acceptation de l'échantillonnage par mesures): Annahmeverfahren, bei dem ein festgelegtes Merkmal an den Einheiten einer Stichprobe gemessen wird, um aufgrund der Meßergebnisse statistisch die Annehmbarkeit eines Loses festzustellen.

3.1.3 Annehmbare Qualitätsgrenzlage (AQL) (acceptable quality level (AQL), niveau de qualité acceptable (NQA)): Qualitätslage, die, wenn eine kontinuierliche Serie von Losen betrachtet wird, im Zusammenhang mit Stichprobenprüfungen die Grenze einer zufriedenstellenden mittleren Qualitätslage ist (siehe Abschnitt 4).

3.1.4 Rückzuweisende Qualitätsgrenzlage (LQ) (limiting quality, qualité limite): Qualitätslage, die, wenn ein einzelnes Los betrachtet wird, im Zusammenhang mit Stichprobenprüfungen zu einer geringen Annahmewahrscheinlichkeit führt. (In dieser Internationalen Norm: 10%) (siehe Abschnitt 12.1).

3.1.5 Fehler (nonconformity, nonconformité). Nichterfüllung einer vorgegebenen Forderung durch ein Qualitätsmerkmal einer Einheit, wobei die Bewertung nicht wesentlich von dem Fortschreiten der Zeit abhängt.

Fehler werden im allgemeinen nach dem Grad ihrer Bedeutung klassifiziert, wie z. B.:

Klasse A: Solche Fehler, denen die höchste Bedeutung für das Produkt zugeschrieben wird. In der Annahmestichprobenprüfung werden solchen Fehlern sehr kleine AQL-Werte zugeordnet.

Klasse B: Solche Fehler, denen der nächstniedrigere Grad an Bedeutung zugeschrieben wird. Diesen Fehlern kann folglich ein höherer AQL-Wert zugeordnet werden, als Fehlern der Klasse A und ein kleinerer AQL-Wert, als Fehlern der Klasse C, falls eine dritte Klasse existiert, usw.

Die Anzahl von Klassen und die Zuordnung zu den Klassen sollte für die Qualitätsforderung in der jeweiligen speziellen Situation angemessen sein.

3.1.6 Fehlerhafte Einheit (defective, défecteux): Einheit eines Produkts, die mindestens einen Fehler enthält.

3.1.7 „s"-Methode (‚s' method, méthode ‚s'): Verfahren zur Feststellung der Annehmbarkeit eines Loses, bei dem die Stichprobenstandardabweichung verwendet wird (siehe Abschnitt 14).

[1]) Nationale Fußnote: Z. Z. Entwurf

3.1.8 „σ"-Methode (‚σ' method, méthode ‚σ'): Verfahren zur Feststellung der Annehmbarkeit eines Loses, bei dem die Kenntnis der Standardabweichung des Prozesses verwendet wird (siehe Abschnitt 15).

3.1.9 „R"-Methode (‚R' method, méthode ‚R'): Verfahren zur Feststellung der Annehmbarkeit eines Loses, bei dem ein Schätzwert für die Standardabweichung des Prozesses herangezogen wird, der sich auf den Mittelwert der Spannweiten gründet, die an den zu Untergruppen zusammengefaßten Einheiten einer Stichprobe gemessen werden (siehe Anhang C).

3.1.10 Grenzwert (specification limit, limite de spécification): Der äußerste für ein Merkmal zugelassene (größte oder kleinste) Wert.

3.1.11 Mindestwert (L) (lower specification limit (L), limite inférieure de spécification): Der kleinste für eine einzelne Einheit eines Produkts zugelassene Merkmalswert.

3.1.12 Höchstwert (U) (upper specification limit (U), limite supérieure de spécification): Der größte für eine einzelne Einheit eines Produkts zugelassene Merkmalswert.

3.1.13 Einfacher Grenzwert (single specification limit, limite unique de spécification): Begriff, der verwendet wird, wenn nur ein Grenzwert festgelegt ist.

3.1.14 Getrennte doppelte Grenzwerte (separate double specification limits, limites de spécification doubles séparées): Begriff, der verwendet wird, wenn sowohl ein Höchstwert als auch ein Mindestwert festgelegt ist und auf jeden Grenzwert gesondert eigene AQL-Werte angewendet werden (siehe 4.3).

3.1.15 Verbundene doppelte Grenzwerte (combined double specification limit, limite de spécification double combinée): Begriff der verwendet wird, wenn sowohl ein Höchstwert als auch ein Mindestwert festgelegt und nur eine AQL gegeben ist, die sich auf die Summe der Anteile fehlerhafter Einheiten in Prozent bezüglich beider Grenzwerte bezieht (siehe 4.3).

3.1.16 Annahmefaktor (k) (acceptability constant, constante d'acceptabilité): Eine Konstante, die von dem vorgegebenen Wert der annehmbaren Qualitätsgrenzlage und dem Stichprobenumfang abhängt (siehe 14.2 und 15.2 oder Abschnitt C.5 in Anhang C).

3.1.17 Qualitätszahl (Q) (quality statistic, statistique de qualité): Eine Funktion des Grenzwertes, des Stichprobenmittelwertes und der Standardabweichung. Über die Annahme des Loses wird aufgrund des Vergleichs von Q mit dem Annahmefaktor k entschieden (siehe 14.2 und 15.2 oder Abschnitt C.5 in Anhang C).

3.1.18 Untere Qualitätszahl (Q_L) (lower quality statistic, statistique de qualité correspondant à la limite inférieur): Eine Funktion des Mindestwertes, des Stichprobenmittelwertes und der Standardabweichung. Über die Annahme des Loses wird aufgrund des Vergleichs von Q_L mit dem Annahmefaktor k entschieden (siehe 14.2).

3.1.19 Obere Qualitätszahl (Q_U) (upper quality statistic, statistique de qualité correspondant à la limite supérieur): Eine Funktion des Höchstwertes, des Stichprobenmittelwertes und der Standardabweichung. Über die Annahme des Loses wird aufgrund des Vergleichs von Q_U mit dem Annahmefaktor k entschieden (siehe 14.2).

3.1.20 Höchstwert für die Stichprobenstandardabweichung (MSSD) (maximum sample standard deviation): Der unter festgelegten Bedingungen größte zugelassene Wert der Stichprobenstandardabweichung (siehe 14.4 und B.8.3 in Anhang B).

3.1.21 Höchstwert für die Standardabweichung des Prozesses (MPSD) (maximum process standard deviation): Der unter festgelegten Bedingungen größte zugelassene Wert der Standardabweichung des Prozesses (siehe 15.3 und B.5.2 in Anhang B).

3.1.22 Regeln für Verfahrenswechsel (switching rules, régles de modification du contrôle): Regeln für den Übergang von einer Stichprobenanweisung zu einer anderen innerhalb eines Stichprobenplans auf der Grundlage von Nachweisen über die vorangegangene Entwicklung der Qualitätslage (siehe Abschnitt 19).

3.2 Formelzeichen

Die verwendeten Formelzeichen haben die folgende Bedeutung:

f_s ein in Tabelle IV-s enthaltener Faktor, der eine Beziehung zwischen dem Höchstwert für die Stichprobenstandardabweichung und der Differenz zwischen U und L herstellt.

f_σ ein in Tabelle IV-σ enthaltener Faktor, der eine Beziehung zwischen dem Höchstwert für die Standardabweichung des Prozesses und der Differenz zwischen U und L herstellt.

k der Annahmefaktor, wenn die „s"-Methode, die „σ"-Methode oder die „R"-Methode angewendet wird.

K der Annahmefaktor, wenn sowohl μ als auch σ bekannt sind

L Mindestwert (als Index einer Variablen bezeichnet L den Wert dieser Variablen bei L)

U Höchstwert (als Index einer Variablen bezeichnet U den Wert dieser Variablen bei U)

n Stichprobenumfang (Anzahl der Einheiten in einer Stichprobe)

N Losumfang (Anzahl der Einheiten in einem Los)

P_a Annahmewahrscheinlichkeit

Q Qualitätszahl

Q_L untere Qualitätszahl

Q_U obere Qualitätszahl

s Stichprobenstandardabweichung (aus der Stichprobe gewonnener Schätzwert für die Standardabweichung des Prozesses)

$$s = \sqrt{\frac{\sum_{i=1}^{n} (x_i - \bar{x})^2}{n-1}}$$ (siehe auch Anhang A)

x an einer in der Stichprobe enthaltenen Einheit gemessener Merkmalswert

$\bar{x}$ Mittelwert aller Werte x in einer Stichprobe von n Einheiten

$\bar{x}_L$ unterer Annahmewert

$\bar{x}_U$ oberer Annahmewert

μ Erwartungswert des Prozesses

σ Standardabweichung des Prozesses (σ^2, das Quadrat der Standardabweichung, heißt Varianz)

$\sum$ „Summe der" (zum Beispiel $\sum x$ = Summe der x-Werte)

$\sum_{i=1}^{n} x_i$ Summe aller x-Werte, wobei i die natürlichen Zahlen von 1 bis n durchläuft

$>$ „größer als" (zum Beispiel bedeutet $a > b$, daß a größer als b ist)

$\geq$ „größer als oder gleich" (zum Beispiel bedeutet $a \geq b$, daß a größer als oder gleich b ist)

$<$ „kleiner als" (zum Beispiel bedeutet $a < b$, daß a kleiner als b ist)

$\leq$ „kleiner als oder gleich" (zum Beispiel bedeutet $a \leq b$, daß a kleiner als oder gleich b ist)

3.3 Literaturhinweise

Eine Zusammenstellung von Unterlagen, die bei der Ausarbeitung dieser Norm herangezogen wurden, ist im Anhang E enthalten.

4 Die annehmbare Qualitätsgrenzlage (AQL)

4.1 Begriff

Qualitätslage, die, wenn eine kontinuierliche Serie von Losen betrachtet wird, im Zusammenhang mit Stichprobenprüfungen die Grenze einer zufriedenstellenden mittleren Qualitätslage ist.

4.2 Anwendung

Die AQL wird in Verbindung mit dem Kennbuchstaben für den Stichprobenumfang als Ordnungskriterium für die in dieser Norm angegebenen Stichprobenanweisungen benutzt.

4.3 Festlegung von AQL-Werten

Der anzuwendende AQL-Wert wird in der Produktspezifikation oder von der zuständigen Stelle festgelegt. Ist sowohl ein Höchstwert als auch ein Mindestwert vorgegeben, so können einerseits für die beiden Grenzwerte AQL-Werte gesondert festgelegt werden; man spricht in diesem Fall von „getrennten doppelten Grenzwerten". Andererseits kann aber auch ein gemeinsamer AQL-Wert festgelegt werden, der sich auf den Gesamtanteil fehlerhafter Einheiten in Prozent bezüglich des Höchstwertes und des Mindestwertes bezieht. In diesem Fall spricht man von „verbundenen doppelten Grenzwerten".

4.4 Bevorzugte AQL-Werte

Die elf in dieser Internationalen Norm angegebenen AQL-Werte, die im Bereich von 0,10 % bis 10 % liegen, werden bevorzugte AQL-Werte genannt. Wenn für ein Produkt ein anderer als ein bevorzugter AQL-Wert festgelegt wird, kann diese Norm nicht angewendet werden (siehe 12.2).

Zwei weitere AQL-Werte, 0,065 % und 15 %, sind angegeben, um die Auswahl von Stichprobenanweisungen soweit zu ergänzen, wie es für die Anwendung der Regeln für den Verfahrenswechsel nötig ist (siehe Abschnitte 19 und 21). Stichprobenanweisungen und Kurven für AQL-Werte von 0,065 % oder 15 % werden nur angewendet, wenn bei normaler Prüfung die AQL 0,10 % bzw. 10 % ist und wenn die Regeln für den Verfahrenswechsel entsprechend zur Anwendung kommen.

4.5 Hinweis

Aus der oben angegebenen Definition der AQL folgt, daß der gewünschte Schutz nur gewährleistet ist, wenn zur Prüfung eine kontinuierliche Serie von Losen zur Verfügung steht.

4.6 Einschränkung

Die Festlegung von AQL-Werten bedeutet nicht, daß der Lieferer das Recht hat, wissentlich auch nur eine einzige fehlerhafte Einheit zu liefern.

5 Regeln für den Verfahrenswechsel bei normaler, verschärfter und reduzierter Prüfung

5.1 Um den Hersteller davon abzuhalten, den Prozeß bei einer mittleren Qualitätslage arbeiten zu lassen, die die AQL überschreitet, schreibt diese Internationale Norm den Wechsel zu verschärfter Prüfung vor, wenn die Ergebnisse der Prüfung Hinweise darauf geben, daß die mittlere Qualitätslage die AQL überschreitet. Veranlaßt auch verschärfte Prüfung den Hersteller nicht rechtzeitig, seinen Produktionsprozeß zu verbessern, so legt die Norm fest, die Stichprobenprüfung gänzlich abzubrechen.

5.2 Folglich sind verschärfte Prüfung und Regeln für den Abbruch integrale Bestandteile und damit obligatorische Verfahren dieser Norm, wenn die mit der AQL verbundene Sicherheit aufrechterhalten werden muß.

5.3 Diese Norm bietet auch die Möglichkeit, zu reduzierter Prüfung überzugehen, wenn die Ergebnisse der Prüfung Hinweise darauf geben, daß die mittlere Qualitätslage stabil ist und verläßlich auf einem Niveau unterhalb der AQL liegt. Ein solches Vorgehen ist jedoch nicht Pflicht (d.h., es ist der zuständigen Stelle freigestellt).

5.4 Liefern die Qualitätsregelkarten (siehe 18.1) ausreichende Hinweise darauf, daß der Prozeß beherrscht ist, sollte man in Erwägung ziehen, zur σ-Methode überzugehen. Wenn sich das als vorteilhaft herausstellt, muß der Wert von s, der sich als stabil erwiesen hat, als σ verwendet werden.

5.5 Hat es sich als notwendig erwiesen, eine Stichprobenprüfung abzubrechen, so darf mit der Prüfung nicht wieder begonnen werden, bevor der Hersteller Maßnahmen ergriffen hat, um die Qualität des gelieferten Produktes zu verbessern.

5.6 Einzelheiten zu den Regeln für Verfahrenswechsel finden sich in Abschnitt 19 und 20.

6 Beziehung zu ISO 2859

6.1 Gemeinsamkeiten

a) Diese Norm stellt eine Ergänzung zu ISO 2859 dar. Den beiden Normen liegt eine gemeinsame Grundidee zugrunde, und die in ihnen beschriebenen Verfahren und verwendeten Begriffe sind, soweit das möglich ist, identisch.

b) Beide Normen verwenden die AQL, um die Stichprobenanweisungen zu ordnen; die in dieser Norm verwendeten bevorzugten AQL-Werte sind identisch mit denen in ISO 2859 und überdecken denselben Wertebereich (von 0,1 % bis 10 %).

c) In beiden Normen bestimmen Losumfang und Prüfniveau den Kennbuchstaben für den Stichprobenumfang (wobei dem Prüfniveau II im Falle des Fehlens anderweitiger Anweisungen der Vorzug gegeben wird). Entsprechend der gewählten Methode („s"-Methode, „σ"-Methode, „R"-Methode) kann man dann aus allgemeinen Tabellen anhand des Kennbuchstabens und der AQL den Umfang der zu ziehenden Stichprobe und das Annahmekriterium entnehmen. Die Normen enthalten getrennte Tabellen für normale, verschärfte und reduzierte Prüfung.

d) Die Regeln für den Verfahrenswechsel sind im wesentlichen gleich.

e) Die Einteilung der Fehler in Klassen A, B, usw. anhand des Grades ihrer Bedeutung bleibt unverändert.

6.2 Unterschiede

a) **Feststellung hinsichtlich der Annehmbarkeit:** Das Annahmekriterium in einer Stichprobenanweisung für Attributprüfung nach ISO 2859 basiert auf der Anzahl der in der Stichprobe gefundenen fehlerhaften Einheiten oder Fehler. Dagegen beruht das Annahmekriterium bei der Variablenprüfung auf der Beziehung zwischen den durch den Mittelwert und die Standardabweichung gegebenen Schätzwerten für Lage und Streuung der im Los verteilten Meßwerte einerseits und den gegebenen Grenzwerten andererseits. In dieser Norm werden zwei Methoden betrachtet: die „s"-Methode, die anzuwenden ist, wenn die Standardabweichung des Prozesses unbekannt ist und die „σ"-Methode, die anzuwenden ist, wenn σ als bekannt angesehen wird. Eine dritte Methode, die als „R"-Methode bezeichnet wird, ist in Anhang C beschrieben. Im Falle eines einzigen Grenzwertes oder zweier getrennter Grenzwerte kann man die Annehmbarkeit mit Hilfe einer Formel beurteilen (siehe Abschnitt 14.2 und 15.2), man erhält sie allerdings einfacher mit Hilfe einer graphischen Methode (siehe Abschnitt 14.3). Für den Fall zweier verbundener Grenzwerte liefert diese Norm (nur) eine graphische Methode (siehe Abschnitt 14.3 und 15.3).

b) **Normalverteilung**: ISO 2859 enthält keinerlei Forderungen an die Wahrscheinlichkeitsverteilung der Merkmale; in dieser Norm dagegen ist eine Voraussetzung für die volle Wirksamkeit einer Stichprobenanweisung, daß die Meßwerte entweder normalverteilt sind oder daß ihre Verteilung gut durch eine Normalverteilung approximiert werden kann.

c) **Operationscharakteristiken (OC-Kurven)**: Während man eine einzelne Stichprobenanweisung für Variablenprüfung so konstruieren könnte, daß ihre OC-Kurve weitgehend der der Stichprobenanweisung für Attributprüfung entsprechen würde, wäre es nicht möglich, völlige Übereinstimmung aller OC-Kurven in dieser Norm mit den entsprechenden OC-Kurven in ISO 2859 (d.h. denen, die demselben Kennbuchstaben und derselben AQL zugeordnet sind) zu erreichen, ohne bei einem gegebenen Kennbuchstaben für den Stichprobenumfang den Stichprobenumfang mit wachsender AQL zu vergrößern. Bei der „s"-Methode wird der Stichprobenumfang bei einem gegebenen Losumfang über den vollen Bereich der AQL-Werte konstant gehalten; bei der „σ"-Methode ist dieses Prinzip aufgegeben worden, um die Operationscharakteristiken der „s"-Methode und der „σ"-Methode sowohl bei der AQL als auch bei der rückzuweisenden Qualitätsgrenzlage so gut wie möglich in Übereinstimmung zu bringen.

d) **Annahmewahrscheinlichkeit bei der AQL**: Die Wahrscheinlicheit, daß ein Los, dessen Qualitätslage genau gleich der AQL ist, angenommen wird, nimmt mit dem Stichprobenumfang zu und folgt ähnlichen, wenn auch nicht identischen, Stufen wie in ISO 2859.

e) **Stichprobenumfänge**: Die Stichprobenumfänge bei Variablenprüfung, die zu gegebenem Kennbuchstaben gehören, sind in der Regel kleiner als die zu demselben Kennbuchstaben gehörenden Stichprobenumfänge bei Attributprüfung.

f) **Doppel-Stichprobenanweisungen**: Diese Norm enthält keine Doppel-Stichprobenanweisungen.

g) **Maximaler Durchschlupf** (AOQL): Bei zerstörender oder bei aufwendiger Prüfung, wenn also 100%-Prüfung und Nachbesserung rückgewiesener Lose nicht möglich sind, kann das Konzept des maximalen Durchschlupfs keine Anwendung finden. Da Stichprobenpläne für die Variablenprüfung gewöhnlich unter solchen Umständen angewendet werden, wurden in diese Internationale Norm keine Tabellen für die AOQL aufgenommen.

7 Nicht-kontinuierliche Produktion und Operationscharakteristiken

7.1 Nicht-kontinuierliche Produktion

a) Das in dieser Norm enthaltene Stichprobensystem ist nicht für die Anwendung unter Voraussetzungen gedacht, die von den in 1.2 festgelegten abweichen; also zum Beispiel, wenn man es nur mit einem einzelnen Los oder einer begrenzten Anzahl von Losen zu tun hat, weil dabei verschärfte Prüfung und die Regel für den Abbruch der Prüfung nicht angewandt werden können.

b) Unter solchen Umständen hat das Konzept der AQL keine Gültigkeit mehr, da sich das Interesse des Abnehmers dann auf die Qualitätslage der begrenzten Anzahl vorgestellter Lose richtet und er nichts mehr damit zu tun hat, Prüfungen hinsichtlich der Qualitätslage des Herstellungsprozesses auszuführen. Die AQL ist dann weiterhin ein Maß für diejenige vorgestellte Qualitätslage, die eine hohe Annahmewahrscheinlichkeit hat. Sie kann daher weiterhin als eine Kenngröße einer Stichprobenanweisung benutzt werden (siehe Abschnitt 12).

7.2 Operationscharakteristik

a) Der Schutz, der einem Abnehmer durch eine einzelne Stichprobenanweisung dieser Internationalen Norm geboten wird, kann anhand der Kurven der entsprechenden Operationscharakteristiken (OC) beurteilt werden, die in den Diagrammen V-B bis V-P und in den Tabellen V-B-1 bis V-P-1 dargestellt sind. Beides sollte bei der Auswahl einer Stichprobenanweisung beachtet werden.

b) Die OC-Kurven gelten für normale Prüfung bei Anwendung der „s"-Methode für einen einfachen Grenzwert. Sie stellen jedoch eine gute Näherung für den Fall eines verbundenen doppelten Grenzwertes dar.

c) Wenn der Stichprobenumfang nicht klein ist, stellen die OC-Kurven ebenfalls eine gute Näherung dar für OC-Kurven von Stichprobenanweisungen aus der „σ"-Methode (und der „R"-Methode) mit demselben Kennbuchstaben für den Stichprobenumfang und mit derselben AQL.

d) Es sind keine separaten OC-Kurven für verschärfte oder reduzierte Prüfung angegeben, aber diese können aus den für normale Prüfung geltenden entnommen werden (siehe Tabellen VI-A und VI-B).

Hauptabschnitt 2: Auswahl einer Stichprobenanweisung

8 Planung

Die Auswahl der am besten geeigneten Stichprobenanweisung für Variablenprüfung, sofern sie existiert, erfordert Erfahrung, Urteilsvermögen und Grundkenntnisse sowohl in Statistik als auch hinsichtlich des zu prüfenden Produktes. Dieses Kapitel dieser Internationalen Norm dient dem Zweck, denjenigen, die für die Festlegung der Stichprobenanweisungen verantwortlich sind, Empfehlungen für Überlegungen zu geben, die erstens bei der Entscheidung angestellt werden sollten, ob eine Variablenprüfung angebracht ist, sowie zweitens bei der Auswahlentscheidung, die man bei der Wahl einer geeigneten Standardstichprobenanweisung treffen muß.

9 Entscheidung zwischen Variablen- und Attributprüfung

Die erste anzustellende Überlegung ist, ob es wünschenswerter ist, anhand von kontinuierlichen Merkmalen (Variablenprüfung) zu prüfen oder anhand von Alternativmerkmalen (Attributprüfung). Dabei sollten die folgenden Punkte bedacht werden:

a) Aus ökonomischen Gründen muß man die Gesamtkosten einer relativ einfachen Prüfung einer größeren Anzahl von Einheiten anhand von Alternativmerkmalen (Attributprüfung) mit den Kosten eines im allgemeinen ausgefeilteren Verfahrens vergleichen, das bei einer Prüfung anhand von kontinuierlichen Merkmalen (Variablenprüfung) erforderlich ist und das in der Regel mehr Aufwand an Zeit und Geld je Einheit verlangt.

b) Gemessen an den Kenntnissen, die man gewinnt, liegt der Vorteil bei der Variablenprüfung, da die präziseren Informationen, die man erhält, einen Hinweis darauf geben, wie gut das Produkt ist. Außerdem wird man früher gewarnt, wenn sich die Qualitätslage zu verschlechtern beginnt.

c) Ein Stichprobensystem für Attributprüfung kann leichter verstanden und eher akzeptiert werden. So mag es zum Beispiel zuerst schwierig sein zu akzeptieren, daß ein Los bei einer Variablenprüfung aufgrund von Messungen rückgewiesen wird, die in einer Stichprobe gemacht wurden, welche keine fehlerhafte Einheit enthielt (siehe das Beispiel in 14.4).

d) Ein Vergleich der Stichprobenumfänge, wie sie für dieselbe AQL von Standardstichprobenanweisungen für die Attributprüfung (d.h. in ISO 2859) und von Standardstichprobenanweisungen in dieser Norm festgelegt werden, enthält Tabelle 1-B. Man sieht, daß die kleinsten Stichprobenumfänge für die „σ"-Methode benötigt werden, die man anwendet, wenn die Standardabweichung des Prozesses bekannt ist.

e) Variablenprüfung ist insbesondere in Verbindung mit der Verwendung von Qualitätsregelkarten geeignet.

f) Variablenprüfung ist von erheblichem Vorteil, wenn der Prüfprozeß teuer ist, oder bei zerstörender Prüfung.

g) Ein Stichprobensystem für Variablenprüfung wird mit zunehmender Anzahl der an einer Einheit vorzunehmenden Messungen weniger geeignet, da jedes Merkmal für sich betrachtet werden muß. Es kann daher von Vorteil sein, wenn man auf die Mehrzahl der Merkmale die Attributprüfung und auf ein oder zwei bedeutendere Merkmale (wie etwa Tragfähigkeitstest, Sicherheits- und Zuverlässigkeitserfordernisse) die Variablenprüfung anwendet.

h) Diese Norm ist nur anwendbar, wenn es Gründe für die Annahme gibt, daß die Meßwerte normalverteilt sind. Gibt es irgendwelche Zweifel darüber, sollte die zuständige Stelle um Rat gefragt werden.

Anmerkung 1: Tests auf Abweichungen von der Normalverteilung behandelt Hauptabschnitt 2 von ISO 2854, die Beispiele für graphische Methoden angibt, um zu testen, ob die Daten hinreichend gut normalverteilt sind. Damit kann man diese Voraussetzung für die Anwendung der Variablenprüfung nachweisen.

Anmerkung 2: ISO 5479[1]) macht nähere Angaben über Tests auf Abweichungen von der Normalverteilung

10 Wahl der Methode

Hat man sich für Variablenprüfung entschieden, so ist die nächste Frage, welche Methode verwendet werden sollte: die „s"-Methode oder die „σ"-Methode (oder die „R"-Methode).

Hinsichtlich des Stichprobenumfangs ist die „σ"-Methode am ökonomischsten; jedoch muß zuvor der Wert für σ festgestellt werden.

Gemessen am Stichprobenumfang hat die „s"-Methode leichte Vorteile gegenüber der „R"-Methode; die Berechnung von s erfordert mehr Rechenaufwand, jedoch sind das Ausmaß und die Schwierigkeiten der Berechnung eher scheinbar als tatsächlich vorhanden, insbesondere dann, wenn ein elektronischer Rechner zur Verfügung steht. Verfahren zur Berechnung von s finden sich in Anhang A.

Bei der „R"-Methode (dargestellt in Anhang C) sind die Berechnungen einfach, sie erfordert jedoch bei sonst gleicher AQL einen etwas größeren Stichprobenumfang. Außerdem hat die „R"-Methode die unerwünschte Eigenschaft, daß bei Stichprobenumfängen von 10 oder mehr die Annehmbarkeit eines Loses davon abhängen kann, wie die Stichprobe in Untergruppen aufgeteilt wird.

Zuerst wird man mit der „s"-Methode (oder der „R"-Methode) beginnen müssen. Ist die Qualität jedoch zufriedenstellend, dann erlauben es die Regeln für den Verfahrenswechsel der zuständigen Stelle, mit reduzierter Prüfung zu beginnen und kleinere Stichprobenumfänge heranzuziehen.

Ist der Prozeß beherrscht und werden die Lose weiterhin angenommen, so lautet die nächste Frage, ob es ökonomisch ist, zur „σ"-Methode überzugehen.

Der Stichprobenumfang ist dann im allgemeinen kleiner und die Annahmekriterien werden einfacher (siehe die Abschnitte 15.2 und 15.3). Andererseits wird es zum Zweck von Aufzeichnungen und, um die Qualitätsregelkarten auf dem laufenden zu halten, trotzdem nötig sein, s zu berechnen (siehe Abschnitt 18).

11 Wahl des Prüfniveaus und der AQL

In Standardstichprobenanweisungen bestimmt das Prüfniveau zusammen mit dem Losumfang und der AQL den Umfang der zu ziehenden Stichprobe und die Prüfschärfe. Die entsprechende OC-Kurve, die sich in einer der Tabellen V-B bis V-P findet, gibt die Größe des Risikos an, das mit einer solchen Stichprobenanweisung verbunden ist.

Die Auswahl des Prüfniveaus und der AQL wird von einer Reihe von Faktoren bestimmt, ist aber hauptsächlich eine Frage der Abwägung zwischen den gesamten Prüfkosten und den Folgen, die fehlerhafte, in die Verwendung gelangende Einheiten verursachen.

Es ist üblich, Prüfniveau II zu verwenden, wenn nicht besondere Umstände dafür sprechen, daß ein anderes Prüfniveau geeigneter ist.

12 Wahl einer Stichprobenanweisung

12.1 Standardstichprobenanweisung

Das Standardverfahren kann nur dann angewendet werden, wenn die Produktion der Lose kontinuierlich ist.

Das Standardverfahren mit seinen halbautomatischen Schritten vom Losumfang zum Stichprobenumfang, bei dem man Prüfniveau II wählt und mit der „s"-Methode beginnt, hat sich in der Praxis als ein Verfahren erwiesen, das zu brauchbaren Stichprobenanweisungen führt. Dabei wird jedoch angenommen, daß in der Prioritätenliste an erster Stelle die AQL, an zweiter der Stichprobenumfang und an letzter die rückzuweisende Qualitätsgrenzlage steht.

Dieses System ist akzeptabel, weil der Abnehmer durch die Regeln für den Verfahrenswechsel (siehe Abschnitt 19) geschützt wird, die die Prüfschärfe schnell heraufsetzen und die Prüfung schließlich ganz beenden, wenn die mittlere Qualitätslage schlechter als die AQL ist.

Anmerkung: Es sei daran erinnert, daß die rückzuweisende Qualitätsgrenzlage diejenige Qualitätslage ist, bei der ein zur Prüfung vorgestelltes Los eine Annahmewahrscheinlichkeit von 10% haben würde[2]). Das tatsächliche Risiko des Abnehmers hängt folglich auch von der Wahrscheinlichkeit ab, mit der Produkte von so schlechter Qualität zur Prüfung vorgestellt werden.

Sollte jedoch unter bestimmten Umständen die rückzuweisende Qualitätsgrenzlage eine höhere Priorität haben als der Stichprobenumfang (zum Beispiel, wenn nur eine begrenzte Anzahl von Losen hergestellt wird), dann darf eine geeignete Stichprobenanweisung in dieser Norm mit Hilfe von Diagramm A ausgewählt werden. Der Schnittpunkt zwischen einer vertikalen Geraden durch den zweckmäßigen Wert für die rückzuweisende Qualitätsgrenzlage und einer horizontalen Geraden durch die gewünschte Qualitätslage mit einer Annahmewahrscheinlichkeit von 95% (näherungsweise gleich der AQL) liegt auf oder unter einer ansteigenden Kurve, die den Kennbuchstaben für den Stichprobenumfang einer Standardstichprobenanweisung trägt, welche die festgelegten Erfordernisse erfüllt. Dessen sollte man sich anhand der in Tabelle V dargestellten OC-Kurve für den genannten Kennbuchstaben und die AQL vergewissern.

Schneiden sich die Geraden in einem Punkt oberhalb der mit P markierten Linie (siehe Diagramm A), so würde das beispielsweise einen Stichprobenumfang von über 200 bei der „s"-Methode erfordern, wofür es in dieser Norm keine Stichprobenanweisung gibt.

12.2 Spezielle Stichprobenanweisungen

Sind Standardstichprobenanweisungen nicht verwendbar, so muß man sich eine spezielle Stichprobenanweisung

---

1) Siehe Seite 4

2) Nationale Fußnote: Die Festlegung auf 10% ist nicht Bestandteil der Definition der rückzuweisenden Qualitätsgrenzlage, sondern gilt in dieser Norm (siehe 3.1.4).

zusammenstellen. Dabei geht es um die Entscheidung, welche Kombination aus AQL, rückzuweisender Qualitätsgrenzlage und Stichprobenumfang am geeignetsten ist, wobei man sich daran erinnere, daß diese drei Größen nicht unabhängig voneinander sind; denn, hat man zwei von ihnen gewählt, so liegt die dritte fest.

Anmerkung: Diese Wahl ist nicht völlig frei: Die Tatsache, daß der Stichprobenumfang notwendigerweise eine ganze Zahl sein muß, bringt einige Einschränkungen mit sich. Ist eine spezielle Stichprobenanweisung notwendig, so sollte sie nur unter Hinzuziehung eines in der Qualitätssicherung erfahrenen Statistikers festgelegt werden.

Hauptabschnitt 3: Ausführung von Stichprobenanweisungen für Variablenprüfung

13 Vorbereitende Handlungen

Vor Beginn einer Variablenprüfung versichere man sich,

a) daß die Verteilung als normal und die Produktion als kontinuierlich angesehen werden kann.

b) ob anfangs die „s"-(oder „R"-)Methode verwendet werden muß oder ob die Standardabweichung stabil und bekannt ist und folglich die „σ"-Methode verwendet werden sollte.

c) daß das zu verwendende Prüfniveau festgelegt worden ist. Ist keines festgelegt, so muß Prüfniveau II verwendet werden.

d) daß die AQL festgelegt worden ist und daß ihr Wert einer von den bevorzugten AQL-Werten aus dieser Internationalen Norm ist. Ist letzteres nicht der Fall, so sind die Tabellen nicht anwendbar.

e) ob, wenn doppelte Grenzwerte beachtet werden müssen, die Grenzwerte getrennt oder verbunden sind, und wenn es sich um getrennte Grenzwerte handelt, ob die AQL-Werte für jeden Grenzwert festgelegt sind.

14 Standardverfahren für die „s"-Methode

14.1 Wie man eine Stichprobenanweisung auffindet

Das Verfahren zur Auffindung einer Stichprobenanweisung ist wie folgt:

a) Für das gegebene Prüfniveau (normalerweise II) und für den gegebenen Losumfang entnehme man aus Tabelle I-A den entsprechenden Kennbuchstaben für den Stichprobenumfang.

b) Für diesen Kennbuchstaben und die AQL entnehme man aus Tabelle II-A den Stichprobenumfang n und den Annahmefaktor k.

c) Man ziehe eine Zufallsstichprobe dieses Umfangs, messe das Merkmal x an jeder Einheit und berechne dann den Stichprobenmittelwert $\bar{x}$ sowie die Stichprobenstandardabweichung s (siehe Anhang A). Liegt $\bar{x}$ oberhalb des Höchstwertes oder unterhalb des Mindestwertes, so kann das Los ohne Berechnung von s als nicht annehmbar beurteilt werden. Zum Zweck von Aufzeichnungen kann es dennoch erforderlich sein, s zu berechnen.

14.2 Annahmekriterien für einfache und getrennte doppelte Grenzwerte

Sind einfache oder getrennte doppelte Grenzwerte gegeben, so berechne man die Qualitätszahl

$$Q_U = \frac{U - \bar{x}}{s} \text{ und/oder } Q_L = \frac{\bar{x} - L}{s}.$$

je nachdem, was zutrifft,

und vergleiche die Qualitätszahl (Q_U und/oder Q_L) mit dem Annahmefaktor k, den man für normale Prüfung der Tabelle II-A entnimmt. Ist die betreffende Qualitätszahl größer oder gleich dem Annahmefaktor, so ist das Los annehmbar; ist sie kleiner, ist es nicht annehmbar.

Das heißt, wenn nur der Höchstwert gegeben ist, so ist das Los

annehmbar, wenn $Q_U \geq k$
nicht annehmbar, wenn $Q_U < k$

oder, wenn nur der Mindestwert gegeben ist, so ist das Los

annehmbar, wenn $Q_L \geq k$
nicht annehmbar, wenn $Q_L < k$.

Wenn sowohl U als auch L gegeben sind (wobei die k-Werte verschieden sind, wenn die AQL für den Höchstwert und den Mindestwert verschieden ist), so ist das Los

annehmbar, wenn $Q_L \geq k_L$ und $Q_U \geq k_U$
nicht annehmbar, wenn $Q_L < k_L$ oder $Q_U < k_U$

Beispiel:

Der Höchstwert der Arbeitstemperatur eines bestimmten Gerätes sei mit 60 °C angegeben. Die Produktion wird geprüft in Losen von 100 Einheiten. Prüfniveau II und normale Prüfung mit AQL 2,5 % ist anzuwenden. Aus Tabelle I-A entnimmt man den Kennbuchstaben F; aus Tabelle II-A sieht man, daß ein Stichprobenumfang von 10 erforderlich ist und der Annahmefaktor k gleich 1,41 ist. Als Meßwerte haben sich ergeben: 53 °C, 57 °C, 49 °C, 58 °C, 59 °C, 54 °C, 58 °C, 56 °C, 55 °C, 50 °C. Es ist die Erfüllung des Annahmekriteriums zu prüfen.

Benötigte Information	**Erhaltener Wert**
Stichprobenumfang: n	10
Stichprobenmittelwert $\bar{x}$: $\Sigma x / n$	54,9 °C
Stichproben-standard-abweichung s: $\sqrt{\Sigma(x - \bar{x})^2 / (n-1)}$ (Siehe A.1., Anhang A).	3,414 °C
Höchstwert: U	60 °C
$Q_U = (U - \bar{x}) / s$	1,494
Annahmefaktor: k (siehe Tabelle II-A)	1,41
Annahmekriterium: Prüfung: $Q_U \geq k$	1,494 > 1,41

Das Los erfüllt das Annahmekriterium und ist folglich annehmbar.

14.3 Graphisches Verfahren für einen einfachen Grenzwert

Wenn ein graphisches Kriterium erwünscht ist, zeichne man die Linie

$\bar{x} = U - ks$ (für einen Höchstwert) oder
$\bar{x} = L + ks$ (für einen Mindestwert),

je nachdem, was zutreffend ist, auf Millimeterpapier mit $\bar{x}$ auf der senkrechten Achse und s auf der waagerechten Achse. Wenn auf Einhaltung eines Höchstwertes geprüft wird, ist der Annahmebereich der Bereich unterhalb der Linie[3]). Wenn auf Einhaltung eines Mindestwertes geprüft wird, ist der Annahmebereich der Bereich oberhalb der Linie[3]). Mit den Werten für s und $\bar{x}$, die aus den an einer Stichprobe gemessenen Werten berechnet wurden, zeichne man den Punkt $(s, \bar{x})$ ein. Wenn dieser Punkt in dem Annahmebereich liegt, ist das Los annehmbar; anderenfalls nicht annehmbar.

Beispiel:

Unter Verwendung der Zahlen des Beispiels in Abschnitt 14.2 nehme man Punkt $U = 60$ auf der (senkrechten) $\bar{x}$-Achse und zeichne durch diesen Punkt eine Gerade mit dem Anstieg $-k$ (da $k = 1{,}41$ ist, bedeutet das, daß die Gerade durch die Punkte ($s = 1$, $\bar{x} = 58{,}59$), ($s = 2$, $\bar{x} = 57{,}18$), ($s = 3$, $\bar{x} = 55{,}77$) usw. geht). Man wähle aus diesen Punkten einen geeigneten aus und ziehe durch ihn und den Punkt ($s = 0$, $\bar{x} = 60$), d.h. ($s = 0$, $\bar{x} = U$), eine Gerade. Der Annahmebereich ist dann der Bereich unter dieser Linie[3]). Die errechneten Werte für s bzw. $\bar{x}$ sind 3,414 bzw. 54,9. Trägt man den Punkt $(s, \bar{x})$ ein, so sieht man aus Bild 1, daß er gerade noch im Annahmebereich liegt und folglich das Los annehmbar ist.

Das Diagramm kann vor Beginn der Stichprobenprüfung einer Serie von Losen vorbereitet werden. Dann wird für jedes Los der Punkt $(s, \bar{x})$ eingetragen und entschieden, ob das Los annehmbar ist oder nicht.

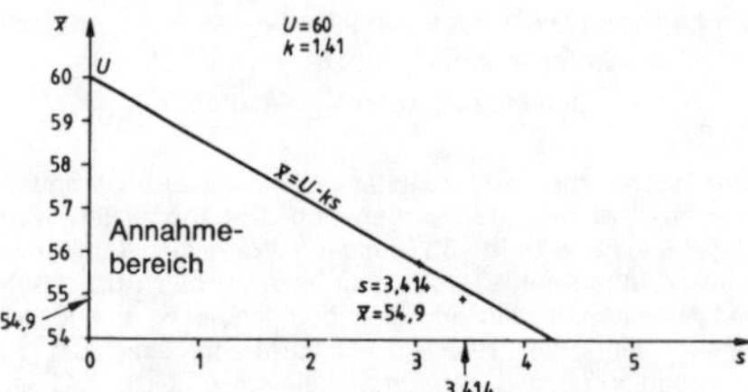

Bild 1. Beispiel für die Anwendung einer Annahmekarte für einen einfachen Grenzwert: „s"-Methode

14.4 Rechnerisches Verfahren für einfache oder getrennte doppelte Grenzwerte

Beispiel:

Für einen bestimmten pyrotechnischen Verzögerungszünder sind ein Mindestwert der Verzögerungsdauer von 4,0 s und ein Höchstwert von 9,0 s festgelegt. Die Produktion wird an Losen mit einem Umfang von jeweils 1000 Einheiten auf Prüfniveau II mit normaler Prüfung geprüft. Für den Mindestwert gilt AQL 0,1 % und für den Höchstwert AQL 2,5 %. Tabelle I-A zeigt, daß der Kennbuchstabe für den Stichprobenumfang J ist; Tabelle 1-B weist für die „s"-Methode einen Stichprobenumfang von 35 aus; schließlich liefert Tabelle II-A den oberen und unteren Annahmefaktor $k_U = 1{,}57$ und $k_L = 2{,}54$. Die Verzögerungsdauern in Sekunden seien die folgenden:

6,95	6,04	6,68	6,63	6,65
6,40	6,44	6,34	6,04	6,15
6,44	7,15	6,70	6,59	6,51
6,35	7,17	6,83	6,25	6,96
6,80	5,84	6,15	6,25	6,57
6,52	6,59	6,86	6,57	6,91
6,29	6,63	6,70	6,67	6,67

Die Erfüllung der Annahmekriterien ist zu prüfen.

Benötigte Information	**Erhaltener Wert**
Stichprobenumfang: n	35 s
Stichprobenmittelwert $\bar{x}$: $\Sigma x / n$	6,55 s
Stichproben-standard-abweichung s: $\sqrt{\Sigma(x_i - \bar{x}^2)/(n-1)}$ (Siehe A.1., Anhang A).	0,31 s
Höchstwert: U	9,0 s
$Q_U = (U - \bar{x})/s$	7,90
Annahmefaktor: k_L (siehe Tabelle II-A)	1,57
Mindestwert: L	4,0 s
$Q_L = (\bar{x} - L)/s$	8,23
Annahmefaktor: k_L (siehe Tabelle II-A)	2,54
Annahmekriterien: Prüfung: $Q_U \geq k_U$ und $Q_L \geq k_L$	7,90 > 1,57 und 8,23 > 2,54

Das Los erfüllt die Annahmekriterien und ist annehmbar.

14.5 Graphisches Verfahren für getrennte doppelte Grenzwerte

Wenn ein graphisches Verfahren für getrennte doppelte Grenzwerte gewünscht wird, zeichne man die Linien

$\bar{x} = U - k_U\ s$ (für den Höchstwert) und

$\bar{x} = L + k_L\ s$ (für den Mindestwert)

auf Millimeterpapier mit $\bar{x}$ auf der senkrechten Achse und s auf der waagerechten Achse. Mit den Werten für s und $\bar{x}$, die aus den an der Stichprobe gemessenen Werten berechnet wurden, zeichne man den Punkt $(s, \bar{x})$ ein. Wenn dieser Punkt im Annahmebereich liegt, ist das Los annehmbar, anderenfalls nicht annehmbar.

Beispiel:

Ausgehend von den Werten in dem Beispiel des Abschnittes 14.4 markiere man den Punkt $U = 9{,}0$ auf der $\bar{x}$ (senkrechten) Achse und lege durch diesen Punkt eine Gerade mit der Steigung $-k_U$ (da $k_U = 1{,}57$ ist, bedeutet das, daß die Gerade durch den Punkt ($s = 1$, $\bar{x} = 7{,}43$) verläuft). Man markiere ferner den Punkt $L = 4{,}0$ auf der $\bar{x}$-Achse und lege durch diesen Punkt eine Gerade mit der Steigung $+k_L$ (da $k_L = 2{,}54$ ist, bedeutet das, daß die Gerade durch den Punkt ($s = 1$, $\bar{x} = 6{,}54$) verläuft). Der Annahmebereich ist nun der durch die beiden Geraden und die $\bar{x}$-Achse begrenzte Bereich[4]). Die berechneten Werte für s und $\bar{x}$ sind 0,31 s und 6,55 s. Wenn man den Punkt ($s = 0{,}31$ s, $\bar{x} = 6{,}55$ s) so wie in Bild 2 dargestellt einträgt, zeigt sich, daß er sicher im Annahmebereich liegt und daß das Los annehmbar ist.

14.6 Annahmekriterien für verbundene doppelte Grenzwerte

Sind verbundene doppelte Grenzwerte gegeben, so muß man eine graphische Methode anwenden; es sei denn, s ist größer als der Höchstwert für die Stichprobenstandardabweichung, den man aus Tabelle IV-s erhält. In letzterem Fall wird das Los sofort als nicht annehmbar beurteilt.

---

[3]) Nationale Fußnote: Der Annahmebereich schließt die Linie selbst mit ein.

[4]) Nationale Fußnote: Der Annahmebereich ist der durch die beiden Geraden und die $\bar{x}$-Achse begrenzte Bereich; er schließt die beiden Geraden mit ein..

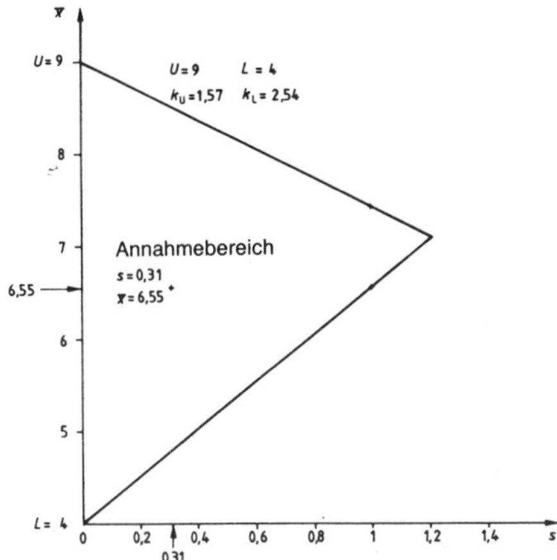

Bild 2. Beispiel für die Anwendung einer Annahmekarte für getrennte doppelte Grenzwerte: „s"-Methode

Man nehme aus der „s"-Serie dasjenige Diagramm, das dem betreffenden Kennbuchstaben zugeordnet ist und wähle diejenige Kurve aus, die zu der für die beiden Grenzwerte festgelegten AQL gehört.

Dann berechne man die Werte

$$\frac{s}{U-L} \quad \text{und} \quad \frac{\bar{x}-L}{U-L}$$

und zeichne einen diesen beiden Werten entsprechenden Punkt in das Diagramm (oder eine Kopie davon) ein. Liegt der Punkt innerhalb des Annahmebereiches, ist das Los annehmbar, anderenfalls nicht annehmbar.

Aus Gründen der Einfachheit wird empfohlen, vor Beginn der eigentlichen Prüfarbeiten die Annahmekurven für normale und verschärfte Prüfung auf Millimeterpapier zu kopieren (oder nachzuzeichnen). Ein spezielles dafür benötigtes Millimeterpapier ist in Anhang D enthalten. Die Maßstäbe sind so zu wählen, daß s und $\bar{x}$ direkt eingezeichnet werden können (das heißt anstelle von 1,0 steht der Höchstwert und anstelle von 0 der Mindestwert auf der $\bar{x}$-Achse).

Dann werden die aus der Stichprobe für s und $\bar{x}$ ermittelten Werte in das Diagramm eingezeichnet, und wenn der Punkt innerhalb des Annahmebereiches liegt, ist das Los annehmbar, anderenfalls nicht annehmbar.

Anmerkung: Für die Kennbuchstaben für den Stichprobenumfang B und C (das heißt für Stichprobenumfänge von 3 und 4) wird der Annahmebereich von 4 Geraden begrenzt: der $\bar{x}$-Achse, der Geraden $\bar{x} = U - ks$, einer Geraden parallel zur $\bar{x}$-Achse durch den MSSD (siehe Tabelle IV-s) und der Geraden $\bar{x} = L + ks$. Den Wert für k entnimmt man der Tabelle II-A, II-D oder II-C.

Beispiel:

Der Mindestwert der Arbeitstemperatur für ein bestimmtes Gerät sei mit 60,0 °C und der Höchstwert mit 70,0 °C festgelegt worden. Die Prüfung wurde an Losen mit einem Umfang von jeweils 96 Einheiten ausgeführt. Prüfniveau II, normale Prüfung und AQL 1,5 % sind anzuwenden. Aus Tabelle I-A entnimmt man den Kennbuchstaben für den Stichprobenumfang F; aus Tabelle I-B sieht man, daß ein Stichprobenumfang von 10 erforderlich ist und aus Tabelle IV-s folgt, daß der Wert von f_s für den Höchstwert für die Stichprobenstandardabweichung gleich 0,276 ist. Man hat die folgenden Meßwerte erhalten: 63,5 °C; 62,0 °C; 65,2 °C; 61,7 °C; 69,0 °C; 67,1 °C; 60,0 °C; 66,4 °C; 62,8 °C; 68,0 °C.

Die Erfüllung der Annahmekriterien ist zu prüfen.

Benötigte Information	**Erhaltener Wert**
Stichprobenumfang: n	10
Stichprobenmittelwert $\bar{x}$: $\Sigma x / n$	64,57
Stichproben-standard-abweichung s: $\sqrt{\Sigma(x-\bar{x})^2/(n-1)}$ (Siehe A.1.2, Anhang A).	3,01
Wert für f_s für den MSSD (Tabelle IV-s)	0,276
MSSD = $f_s(U - L)$	2,76

Die betreffende Annahmekurve wird dem Diagramm s-F entnommen.

Wenn, wie in Bild 3, die Maßstäbe den tatsächlichen Meßwerten angepaßt worden sind, so zeichne man den Punkt (s = 3,01, $\bar{x}$ = 64,57) ein. Dieser liegt außerhalb des Annahmebereiches und folglich ist das Los nicht annehmbar. Es hätte schon als nicht annehmbar beurteilt werden können, als man sah, daß s größer als der MSSD war.

Wenn die Maßstäbe in dem Diagramm nicht den tatsächlichen Meßwerten angepaßt worden sind, sind die folgenden zusätzlichen Berechnungen nötig.

Standardisierter Mittelwert:

$$(\bar{x} - L)/(U - L) = (64{,}57 - 60)/(70 - 60) = 0{,}457$$

Standardisiertes s:

$$s/(U - L) = 3{,}01/(70 - 60) = 0{,}301$$

Der Punkt (0,301, 0,457) wird in Bild 3 eingezeichnet.

Da er außerhalb der Annahmekurve für AQL 1,5 % liegt, ist das Los nicht annehmbar.

Anmerkung: Dieses Los ist nicht annehmbar, obwohl die Meßwerte aller **untersuchten** Einheiten zwischen den Grenzwerten liegen.

15 Standardverfahren für die „σ"-Methode

15.1 Wahl einer Stichprobenanweisung

Diese Methode darf nur angewendet werden, wenn es schlüssige Belege dafür gibt, daß die Standardabweichung des Prozesses als konstant angesehen und gleich σ gesetzt werden kann.

Aus Tabelle I-A entnehme man den Kennbuchstaben für den Stichprobenumfang, dann entnehme man bei normaler Prüfung aus Tabelle III-A für diesen Kennbuchstaben und die vorgegebene AQL den Stichprobenumfang n und den Annahmefaktor k.

Dann ziehe man eine Stichprobe dieses Umfangs, messe das zu prüfende Merkmal x an allen Einheiten der Stichprobe und berechne den Mittelwert $\bar{x}$.

15.2 Annahmekriterien für einfache oder getrennte doppelte Grenzwerte

Man kann ein Annahmekriterium dadurch erhalten, daß man dasselbe Verfahren wie bei der „s"-Methode anwendet, jedoch die dort jeweils für die einzelnen Stichproben ermittelten s durch die gegebene Standardabweichung des Prozesses σ ersetzt und dann die so berechneten Werte von Q mit dem Wert des aus Tabelle III-A entnommenen Annahmefaktors k vergleicht.

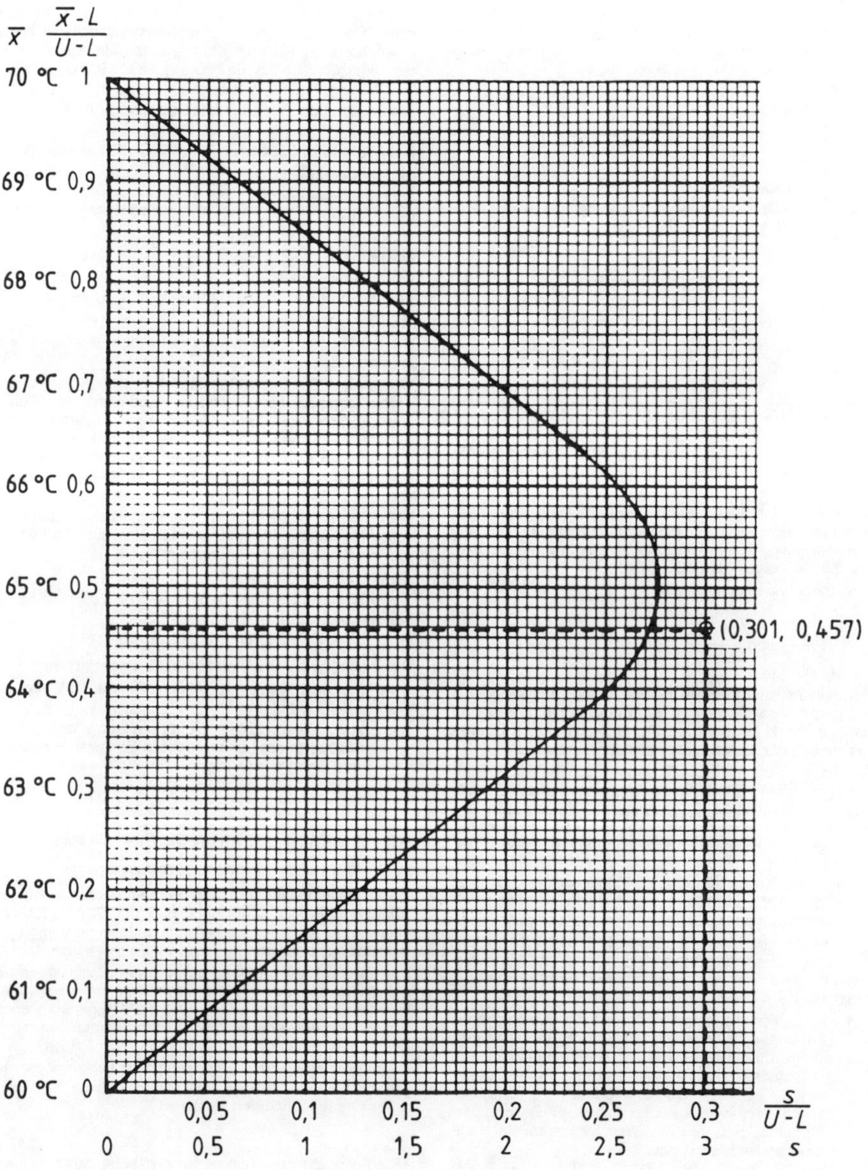

Bild 3. Annahmekurve für den Kennbuchstaben F, AQL 1,5 %, MSSD = 2,76: „s"-Methode"

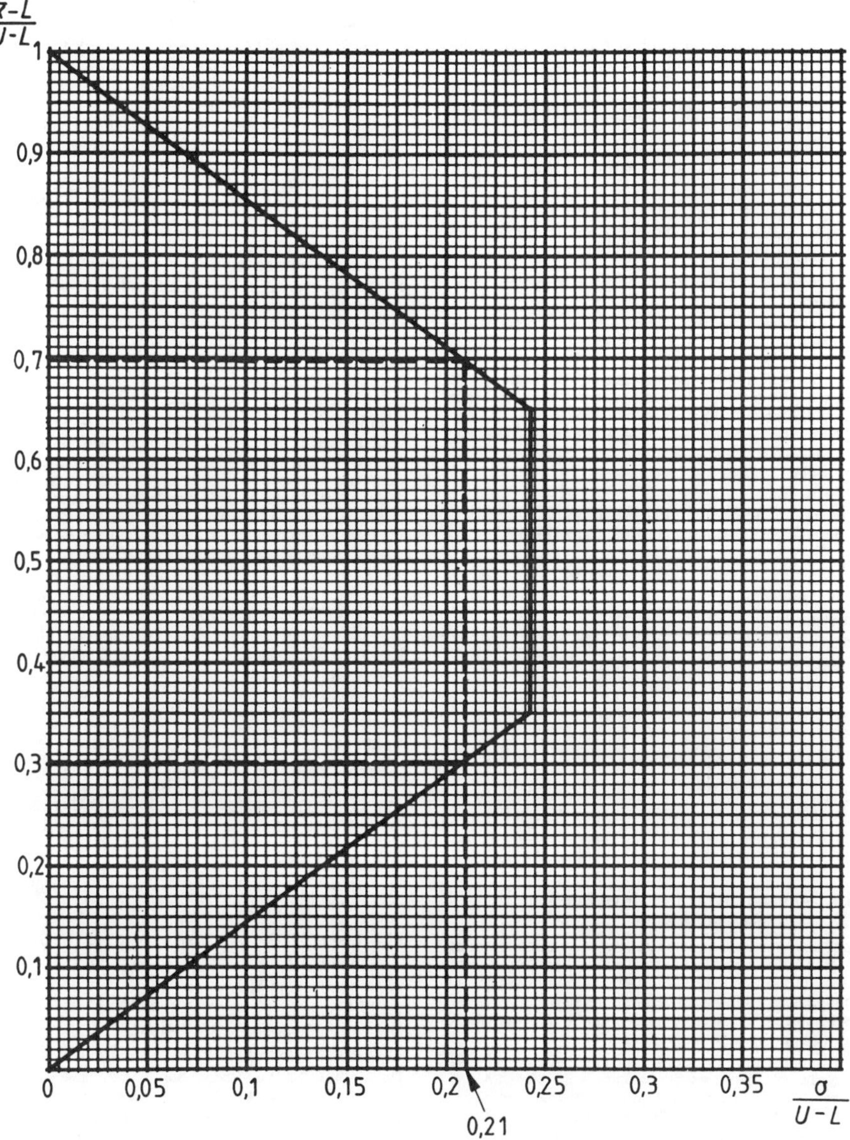

Bild 4. Beispiel für die Anwendung einer Annahmekurve für einen verbundenen, doppelten Grenzwert: „σ"-Methode

Jedoch wird das Annahmekriterium für den Höchstwert, $Q_U = (U - \bar{x})/\sigma \geq k_U$, hier in der Form $\bar{x} \leq U - k_U\sigma$ benutzt.

Da U, k_U und σ alle von vornherein bekannt sind, sollte der Annahmewert $\bar{x}_U = U - k_U\sigma$ schon vor Beginn der Prüfung bestimmt werden.

Als Annahmekriterium für einen Höchstwert erhält man dann:

annehmbar, wenn $\bar{x} \leq \bar{x}_U = U - k_U\sigma$

nicht annehmbar, wenn $\bar{x} > \bar{x}_U = U - k_U\sigma$

Entsprechend ist das Los bei einem Mindestwert

annehmbar, wenn $\bar{x} \geq \bar{x}_L = L + k_L\sigma$

nicht annehmbar, wenn $\bar{x} < \bar{x}_L = L + k_L\sigma$

Sind zwei getrennte Grenzwerte gegeben, ist das Los

annehmbar, wenn $\bar{x} \leq \bar{x}_U$ und $\bar{x} \geq \bar{x}_L$

nicht annehmbar, wenn $\bar{x} > \bar{x}_U$ oder $\bar{x} < \bar{x}_L$

Beispiel[5]):

Der Mindestwert der Streckgrenze für bestimmte Stahlgußwaren sei 400 N/mm². Ein Los von 500 Einheiten soll geprüft werden. Prüfniveau II bei normaler Prüfung mit AQL 1,5 % soll angewendet werden. σ sei bekannt und gleich 21 N/mm². Aus Tabelle I-A ersieht man, daß der Kennbuchstabe I ist, und dann aus Tabelle III-A, daß der Stichprobenumfang n bei AQL 1,5 % gleich 10 sowie der Annahmefaktor k gleich 1,70 ist. Die Einheiten in der Stichprobe haben die folgenden Streckgrenzen in N/mm²:

431; 417; 469; 407; 452; 427; 421; 476; 400; 445.

Die Erfüllung des Annahmekriteriums ist zu prüfen.

Benötigte Information	Erhaltener Wert
Annahmefaktor: k	1,70
Bekanntes σ:	21 N/mm²
Produkt: $k \cdot \sigma$	35,70 N/mm²
Mindestwert: L	400 N/mm²
Annahmewert: $L + k\sigma = \bar{x}_L$	435,70 N/mm²
Summe der Meßwerte: Σx	4345 N/mm²
Stichprobenumfang: n	10
Stichprobenmittelwert: $\bar{x}$	434,5 N/mm²
Annahmekriterium:	
Prüfung: $\bar{x} \geq \bar{x}_L$	434,5 N/mm²
	< 435,7 N/mm²

Der Stichprobenmittelwert erfüllt das Annahmekriterium nicht und folglich ist das Los nicht annehmbar.

15.3 Annahmekriterium für verbundene doppelte Grenzwerte

Wenn verbundene doppelte Grenzwerte gegeben sind, ist ein graphisches Verfahren anzuwenden (sofern σ nicht größer als der aus Tabelle IV-σ entnommene Wert MPSD ist; in diesem Fall wird das Los sofort als nicht annehmbar eingestuft, ohne daß eine Stichprobe gezogen wird). Das folgende Verfahren wird empfohlen:

a) Für den Losumfang und das gegebene Prüfniveau suche man den Kennbuchstaben aus Tabelle I-A und mit diesem Kennbuchstaben und der AQL den Stichprobenumfang aus Tabelle I-B heraus.

b) Aus dem dem Kennbuchstaben zugeordneten Diagramm in der SIGMA (σ) Serie wähle man die Annahmekurve der für diese Stichprobenanweisung gegebenen AQL aus.

c) Man berechne $\sigma/(U - L)$ und ziehe eine vertikale Gerade durch diesen Abszissenwert.

d) Schneidet diese Gerade die Annahmekurve (siehe Anmerkung 1), so bestimme man die (beiden) Ordinatenwerte $(\bar{x} - L)/(U - L)$ der Schnittpunkte. Sie sind der obere und der untere standardisierte Annahmewert für den Mittelwert (siehe Bild 4). Daraus werden dann die Annahmewerte für den Mittelwert, $\bar{x}_U$ und $\bar{x}_L$, gemäß dem folgenden Beispiel abgeleitet.

Anmerkung 1: Schneidet die Gerade die Annahmekurve nicht, ist der Prozeß nicht annehmbar und eine Stichprobenprüfung ist sinnlos.

Anmerkung 2: Schneidet die Gerade die Annahmekurve in ihren geradlinigen Abschnitten, so ist die Situation äquivalent dem Fall zweier getrennter Grenzwerte, so daß man als Annahmekriterien die in Abschnitt 15.2 angegebenen erhält.

e) Nach Abschnitt 15.3 a) ziehe man eine Stichprobe des erforderlichen Umfanges und berechne den Stichprobenmittelwert des zu prüfenden Merkmals.

f) Das Annahmekriterium lautet: Wenn der Mittelwert zwischen dem oberen und dem unteren Annahmewert für $\bar{x}$ liegt (d.h., wenn $\bar{x}_L \leq \bar{x} \leq \bar{x}_U$ gilt), ist das Los annehmbar, anderenfalls nicht annehmbar.

Beispiel[5]):

Die Spezifikation für den elektrischen Widerstand eines bestimmten elektrischen Bauelements lautet (520 ± 50) Ω. Die Herstellung ergibt Prüflose von 2500 Einheiten. Es ist Prüfniveau II bei normaler Prüfung für AQL 4 % für die beiden Grenzwerte 470 Ω und 570 Ω gemeinsam anzuwenden. σ sei bekannt und gleich 21,0 Ω. Aus Tabelle I-A entnimmt man den Kennbuchstaben K; aus Tabelle I-B sieht man, daß ein Stichprobenumfang von 25 erforderlich ist. In der Stichprobe sind die folgenden Widerstände in Ω gemessen worden:

515; 491; 479; 507; 543; 521; 536; 483; 509; 514; 507; 484; 526; 552; 499; 530; 512; 492; 521; 467; 489; 513; 535; 501; 529.

Benötigte Information	Erhaltener Wert
Stichprobenumfang: n	25
Höchstwert: U	570 Ω
Mindestwert: L	470 Ω
Bekanntes σ:	21,0 Ω
„Standardisiertes" σ: $\dfrac{\sigma}{U - L} = \dfrac{21,0}{100}$	0,21

„Standardisierte" Grenzwerte aus der Annahmekurve (siehe Bild 4)

Höchstwert	Mindestwert
$\dfrac{\bar{x}_U - L}{U - L} = 0,700$	$\dfrac{\bar{x}_L - L}{U - L} = 0,300$
$\bar{x}_U = L + 0,700\,(U - L)$	$\bar{x}_L = L + 0,300\,(U - L)$
= [470 + 70,0] Ω	= [470 + 30,0] Ω
Annahmewerte für $\bar{x}$	
$\bar{x}_U$ = 540,0 Ω	$\bar{x}_L$ = 500,0 Ω
Summe der Meßwerte:	12755 Ω
Mittelwert der Meßwerte:	510,2 Ω

Da $\bar{x}$ mit 510,2 Ω zwischen den Annahmewerten für $\bar{x}$ (540,0 Ω und 500,0 Ω) liegt, ist das Los annehmbar.

Anmerkung 1: Abgesehen von den letzten beiden Zeilen sollten alle anderen Berechnungen vor dem Ziehen der Stichprobe durchgeführt worden sein.

[5]) Nationale Fußnote: In ISO 3951-1989 wurden versehentlich die (Maß-)Einheiten teilweise weggelassen. Sie wurden hier ergänzt.

Anmerkung 2: Da in diesem Beispiel die Schnittpunkte in allen praktischen Fällen in den geradlinigen Teilen der Annahmekurven liegen, hätten die Annahmewerte für $\bar{x}$ ohne Schwierigkeiten auch direkt berechnet werden können:

Aus Tabelle IV-σ erhielte man:

$f_\sigma = 0{,}244$

MPSD = 0,244 (570 − 470) = 24,4

Da $\sigma <$ MPSD ist, wäre der nächste Schritt die Berechnung von $\bar{x}_U$ und $\bar{x}_L$.

Aus Tabelle III-A erhielte man:

$k = 1{,}42$

$k\sigma = 29{,}8$

$\bar{x}_U = U - k\sigma = 540{,}2$

$\bar{x}_L = L + k\sigma = 499{,}8$

und wiederum wäre das Los, dessen Mittelwert $\bar{x} = 510{,}2$ ist, annehmbar.

Anmerkung: Wäre $\sigma = 25\ \Omega$, würde $\sigma >$ MPSD gelten und folglich dürfte die Stichprobenprüfung nicht stattfinden.

16 Vorgehensweise im Verlauf der Prüfungen

Da eine Stichprobenanweisung für Variablenprüfung nur wirkungsvoll arbeiten kann, wenn

a) das Merkmal, das geprüft wird, normalverteilt ist,

b) Aufzeichnungen gemacht werden,

c) die Regeln zum Verfahrenswechsel befolgt werden,

ist es unerläßlich sicherzustellen, daß diese Voraussetzungen auch erfüllt werden.

17 Normalverteilung und Ausreißer

17.1 Normalverteilung

Die Normalverteilungshypothese sollte von der zuständigen Stelle vor Beginn der Stichprobenprüfung geprüft worden sein. Im Zweifelsfalle sollte ein Statistiker seinen Rat dazu geben, ob die Verteilung für die Variablenprüfung geeignet erscheint oder ob von den in ISO 2854, Hauptabschnitt 2 angegebenen graphischen Tests auf Normalverteilung Gebrauch gemacht werden sollte.

17.2 Ausreißer

Ein Ausreißer ist ein Ermittlungsergebnis, das offenbar beträchtlich von den anderen Ermittlungsergebnissen der Stichprobe, aus der sie stammt, abweicht. Ein einzelner Ausreißer kann sogar dann, wenn er innerhalb der Grenzwerte liegt, die Streuung erhöhen, den Mittelwert verändern und folglich zu einer Rückweisung des Loses führen. Vermutet man einen Ausreißer, so sollte ein Test auf Ausreißer vorgeschaltet und unabhängig von einer Feststellung über die Annehmbarkeit eines Loses ausgeführt werden (siehe zum Beispiel ISO 5725)[6]). Wenn Ausreißer entdeckt werden, so sollte über die Verwendung des Loses zwischen Verkäufer und Käufer verhandelt werden.

18 Aufzeichnungen

18.1 Qualitätsregelkarten

Einer der Vorteile der Variablenprüfung ist, daß Trends in der Qualitätslage des Produktes entdeckt werden können und daß man schon warnen kann, bevor eine nicht akzeptable Qualitätslage erreicht wird. Dies ist allerdings nur möglich, wenn man Aufzeichnungen macht.

Welche Methode auch immer angewendet wird, „s"-, „σ"- oder „R"-Methode, es sollten Aufzeichnungen der Werte für $\bar{x}$ und s (oder R) gemacht werden, und zwar vorzugsweise in Form von Qualitätsregelkarten.

Insbesondere sollte so verfahren werden, wenn die „σ"-Methode angewendet wird, um sicherzustellen, daß die Werte von s, die man in den Stichproben findet, in ausreichender Übereinstimmung mit dem vorgegebenen σ sind.

Hat man verbundene doppelte Grenzwerte festgelegt, so sollte der Wert des MSSD aus Tabelle IV-s (oder der MAR aus Tabelle R-IV) in die s-(oder R-)Qualitätsregelkarte eingetragen werden, um ein Kriterium für nicht-annehmbare Werte zu haben.

Anmerkung: Qualitätsregelkarten werden dazu benutzt, um Trends aufzudecken. Die letztendliche Feststellung über die Annehmbarkeit eines einzelnen Loses wird jedoch durch das in den Abschnitten 14 und 15 beschriebene Verfahren getroffen.

18.2 Nicht-annehmbare Lose

Besondere Sorgfalt ist auf die Registrierung aller nicht annehmbaren Lose zu verwenden und darauf, daß die Regeln zum Verfahrenswechsel eingehalten werden. Kein Los, das aufgrund der Stichprobenanweisung nicht angenommen worden ist, darf als Ganzes oder in Teilen ohne Genehmigung der zuständigen Stelle wieder vorgelegt werden.

19 Erläuterung der Regeln für den Verfahrenswechsel

Die Standardregeln für den Verfahrenswechsel sind die folgenden:

19.1 Es muß mit normaler Prüfung (sofern nichts anderes vereinbart ist) begonnen und auch bei den folgenden Prüfungen damit fortgefahren werden, bis entweder verschärfte Prüfung nötig oder reduzierte Prüfung erlaubt ist.

19.2 Zu verschärfter Prüfung muß übergegangen werden, wenn unter fünf oder weniger aufeinanderfolgenden Losen zwei Lose bei normaler (Erst-)Prüfung rückgewiesen worden sind.

Verschärfte Prüfung wird dadurch erreicht, daß die Werte des Annahmefaktors erhöht werden. Die Werte sind in Tabelle II-B für die „s"-Methode (Tabelle R II-B für die „R"-Methode) und in Tabelle III-B für die „σ"-Methode tabelliert. Bei der „s"-Methode (und ebenso bei der „R"-Methode) bleibt der Stichprobenumfang gleich, es sei denn, der Stichprobenumfang ist so klein, daß die Tabellen durch einen nach unten gerichteten Pfeil den Hinweis geben, daß eine Vergrößerung des Stichprobenumfanges nötig ist.

19.3 Von verschärfter Prüfung muß wieder zu normaler Prüfung übergegangen werden, wenn bei verschärfter (Erst-)Prüfung fünf aufeinanderfolgende Lose angenommen worden sind.

19.4 Zu reduzierter Prüfung kann übergegangen werden, nachdem 10 aufeinanderfolgende Lose bei normaler Prüfung angenommen worden sind, vorausgesetzt, daß

---

[6]) Nationale Fußnote: siehe DIN ISO 5725 „Präzision von Meßverfahren; Ermittlung der Wiederhol- und Vergleichpräzision von festgelegten Meßverfahren durch Ringversuche".

a) diese Lose auch angenommen worden wären, wenn die AQL eine Stufe kleiner gewesen wäre;

Anmerkung: Enthält Tabelle II-A für diese kleinere AQL keinen k-Wert („s"-Methode), so kann man in dem entsprechenden Diagramm der „s"-Reihe mit hinreichender Genauigkeit eine Annahmekurve von Hand extrapolieren. Dasselbe gilt für die „σ"-Methode (und die „R"-Methode).

b) der Prozeß beherrscht ist.

c) die reduzierte Prüfung von der zuständigen Stelle als wünschenswert angesehen wird.

Die reduzierte Prüfung wird mit einer viel kleineren Stichprobe durchgeführt als normale Prüfung und auch der Wert des Annahmefaktors ist kleiner. Die Werte für n und k bei reduzierter Prüfung finden sich in Tabelle II-C für die „s"-Methode und in Tabelle III-C für die „σ"-Methode (Tabelle R II-C für die „R"-Methode).

19.5 Von reduzierter Prüfung muß wieder zu normaler Prüfung übergegangen werden, wenn bei reduzierter (Erst-)Prüfung eines der folgenden Ereignisse auftritt:

a) ein Los wird rückgewiesen;

b) es wird unregelmäßig oder verzögert produziert;

c) andere Gründe sprechen dafür, daß wieder zu normaler Prüfung übergegangen werden sollte.

20 Abbruch und Wiederaufnahme der Prüfung

Mußte verschärfte (Erst-)Prüfung durchgehend für mehr als 5 aufeinanderfolgende Lose beibehalten werden, so muß die Stichprobenprüfung nach dieser Internationalen Norm abgebrochen werden.

Die Stichprobenprüfung nach dieser Internationalen Norm darf nicht wieder aufgenommen werden, bevor der Lieferer Maßnahmen ergriffen hat, um die Qualität des vorgestellten Produktes zu verbessern. Es muß dann die verschärfte Prüfung ausgeführt werden, so, als ob Abschnitt 19.2 in Kraft getreten wäre.

21 Annahmekurven für verschärfte und reduzierte Prüfung

a) Gesonderte Annahmekurven für verschärfte und reduzierte Prüfung sind nicht erstellt worden, so daß man im Falle zweier verbundener Grenzwerte bei verschärfter oder reduzierter Prüfung die Annahmekurve unter denen herausfinden muß, die den geforderten Stichprobenumfang und den geforderten Annahmefaktor bei normaler Prüfung haben.

b) Wenn man zu verschärfter Prüfung übergeht, kann die erforderliche Annahmekurve mit Hilfe der Tabelle VI-A gefunden werden. Gewöhnlich ist die Annahmekurve für verschärfte Prüfung die nächste innerhalb derjenigen für normale Prüfung (d.h. mit demselben Stichprobenumfang und mit der nächstkleineren AQL), aber in manchen Fällen tritt gleichzeitig eine Erhöhung des Stichprobenumfangs auf.

Wenn nach der „σ"-Methode verfahren wird und σ denjenigen MPSD überschreitet, der zu der nächstkleineren AQL gehört, ist zu verschärfter Prüfung nach der „s"-Methode überzugehen.

c) Wenn man zu reduzierter Prüfung übergeht, wird die erforderliche Annahmekurve aus Tabelle VI-B entnommen. Diese Kurve entspricht der AQL, die eine Stufe größer ist als bei normaler Prüfung, und einem Stichprobenumfang, der bis zu 3 Stufen geringer ist als bei normaler Prüfung.

Beispiel:

Es werde nach der „s"-Methode mit dem Kennbuchstaben für den Stichprobenumfang I bei AQL = 0,25 % verfahren. Tabelle VI-A zeigt, daß die Annahmekurve für verschärfte Prüfung derjenigen bei normaler Prüfung mit dem Kennbuchstaben I und AQL 0,15 % entspricht. Tabelle VI-B zeigt, daß die Annahmekurve für reduzierte Prüfung derjenigen bei normaler Prüfung mit dem Kennbuchstaben F und AQL 0,40 % entspricht.

22 Übergang zur „σ"-Methode

Wenn es sich herausstellt, daß der Wert von s (oder $\overline{R}$) beherrscht ist, so darf die Wurzel aus dem (gewichteten) Mittelwert der quadrierten s (oder $\overline{R}/c$) als die „bekannte" Standardabweichung σ des Prozesses angenommen und die „σ"-Methode angewendet werden. Um sicherzustellen, daß die Streuung beherrscht bleibt, sollte der Wert von s auch weiterhin berechnet und in eine Qualitätsregelkarte eingetragen werden (siehe A.2 in Anhang A).

Anmerkung: Ein solcher Wechsel in der Methode sollte nicht ohne die Genehmigung der zuständigen Stelle vorgenommen werden.

Hauptabschnitt 4: Tabellen und Diagramme

Tabellen

I-A	Kennbuchstaben für den Stichprobenumfang und Prüfniveaus
I-B	Kennbuchstaben für den Stichprobenumfang und Stichprobenumfänge für normale Prüfung
II-A	Einfach-Stichprobenanweisungen für normale Prüfung (Leittabelle): „s"-Methode
II-B	Einfach-Stichprobenanweisungen für verschärfte Prüfung (Leittabelle): „s"-Methode
II-C	Einfach-Stichprobenanweisungen für reduzierte Prüfung (Leittabelle): „s"-Methode
III-A	Einfach-Stichprobenanweisungen für normale Prüfung (Leittabelle): „σ"-Methode
III-B	Einfach-Stichprobenanweisungen für verschärfte Prüfung (Leittabelle): „σ"-Methode
III-C	Einfach-Stichprobenanweisungen für reduzierte Prüfung (Leittabelle): „σ"-Methode
IV-s	f_s-Werte für den Höchstwert für die Stichprobenstandardabweichung (MSSD): „s"-Methode
IV-σ	f_σ-Werte für den Höchstwert für die Standardabweichung des Prozesses (MPSD): „σ"-Methode
V(V-B bis V-P)	Angaben zu Operationscharakteristiken für Einfach-Stichprobenanweisungen (Kennbuchstaben für Stichprobenumfänge B bis P)
VI-A	Entsprechungen zwischen Stichprobenanweisungen für verschärfte und normale Prüfung
VI-B	Entsprechungen zwischen Stichprobenanweisungen für reduzierte und normale Prüfung

Diagramme

A	Kennbuchstaben für den Stichprobenumfang von Standard-Stichprobenanweisungen für festgelegte Qualitätslagen bei Annahmewahrscheinlichkeiten von 95 % bzw. 10 %
s-D bis s-P	Annahmekurven für verbundene doppelte Grenzwerte: „s"-Methode
σ-C bis σ-P	Annahmekurven für verbundene doppelte Grenzwerte: „σ"-Methode

Tabelle I-A. **Kennbuchstaben für den Stichprobenumfang und Prüfniveaus**

Losumfang	Besondere Prüfniveaus		Allgemeine Prüfniveaus		
	S-3	S-4	I	II	II
2 bis 8	↓	↓	↓		C
9 bis 15	↓	↓	↓	B	D
16 bis 25	↓	↓	B	C	E
26 bis 50	↓	↓	C	D	F
51 bis 90	↓	B	D	E	G
91 bis 150	↓	C	E	F	H
151 bis 280	B	D	F	G	I
281 bis 500	C	E	G	H/I*	J
501 bis 1 200	D	F	H	J	K
1 201 bis 3 200	E	G	I	K	L
3 201 bis 10 000	F	H	J	L	M
10 001 bis 35 000	G	I	K	M	N
35 001 bis 150 000	H	J	L	N	P
150 001 bis 500 000	I	K	M	P	↑
500 001 und darüber	J	L	N	↑	↑

*) Man verwende H für Losumfänge von 281 bis 400 und I für Losumfänge von 401 bis 500

Anmerkung 1: Die Kennbuchstaben für den Stichprobenumfang und die Prüfniveaus dieser Internationalen Norm entsprechen denen in ISO 2859; sie sind **nicht** identisch mit denen in MIL STD 414.

Anmerkung 2: Symbol

In diesem Bereich gibt es keine geeignete Stichprobenanweisung; man verwende die erste Stichprobenanweisung unter oder über dem Pfeil. Dies gilt sowohl für den Stichprobenumfang als auch für den Annahmefaktor k.

Tabelle I-B. **Kennbuchstaben für den Stichprobenumfang und Stichprobenumfänge für normale Prüfung**

	Methode	"s"	"σ"											Entsprechender Stichprobenumfang der Attributprüfung (ISO 2859)	
	Annehmbare Qualitätsgrenzlage	Alle AQL	0,10	0,15	0,25	0,40	0,65	1,0	1,5	2,5	4,0	6,5	10,0	Kenn-buchstabe	Stich-proben-umfang
Kennbuchstabe für den Stichprobenumfang	B	3	↓	↓	↓	↓	↓	↓	↓	↓	↓	↓	↓	B	3
	C	4	↓	↓	↓	↓	↓	2	2	2	2	3	3	C	5
	D	5	↓	↓	↓	↓	2	2	2	3	3	3	4	D	8
	E	7	↓	↓	2	2	3	3	3	4	4	5	5	E	13
	F	10	↓	3	3	3	4	4	4	5	5	6	7	F	20
	G	15	4	4	4	5	5	6	6	7	8	9	11	G	32
	H	20	5	5	6	6	7	7	8	9	10	12	14	H	50
	I	25	6	6	7	8	8	9	10	11	13	15	17	–	–
	J	35	8	9	9	10	11	12	14	15	18	20	24	J	80
	K	50	11	12	13	14	16	17	19	22	25	29	33	K	125
	L	75	16	17	19	21	23	25	28	32	36	42	49	L	200
	M	100	22	23	25	27	30	33	36	42	48	55	64	M	315
	N	150	31	34	37	40	44	49	54	61	70	82	95	N	500
	P	200	42	45	49	54	59	65	71	81	93	109	127	P	800

Anmerkung 1: Alle AQL-Werte sind Anteile fehlerhafter Einheiten in Prozent

Anmerkung 2: Die Kennbuchstaben für den Stichprobenumfang in dieser Internationalen Norm entsprechen denen in ISO 2859; sie sind **nicht** identisch mit denen in MIL STD 414.

Anmerkung 3: Symbol

In diesem Bereich gibt es keine geeignete Stichprobenanweisung; man verwende die erste Stichprobenanweisung unter dem Pfeil. Dies gilt sowohl für den Stichprobenumfang als auch für den Annahmefaktor k.

„s"-Methode

Tabelle II-A. **Einfach-Stichprobenanweisungen für normale Prüfung (Leittabelle): „s"-Methode**

Kennbuchstabe für den Stichprobenumfang	Stichprobenumfang	Annehmbare Qualitätsgrenzlage (normale Prüfung)										
		0,10	0,15	0,25	0,40	0,65	1,00	1,50	2,50	4,00	6,50	10,00
		k	k	k	k	k	k	k	k	k	k	k
B	3								1,12	0,958	0,765	0,566
C	4						1,45	1,34	1,17	1,01	0,814	0,617
D	5					1,65	1,53	1,40	1,24	1,07	0,874	0,675
E	7			2,00	1,88	1,75	1,62	1,50	1,33	1,15	0,955	0,755
F	10		2,24	2,11	1,98	1,84	1,72	1,58	1,41	1,23	1,03	0,828
G	15	2,42	2,32	2,20	2,06	1,91	1,79	1,65	1,47	1,30	1,09	0,886
H	20	2,47	2,36	2,24	2,11	1,96	1,82	1,69	1,51	1,33	1,12	0,917
I	25	2,50	2,40	2,26	2,14	1,98	1,85	1,72	1,53	1,35	1,14	0,936
J	35	2,54	2,45	2,31	2,18	2,03	1,89	1,76	1,57	1,39	1,18	0,969
K	50	2,60	2,50	2,35	2,22	2,08	1,93	1,80	1,61	1,42	1,21	1,00
L	75	2,66	2,55	2,41	2,27	2,12	1,98	1,84	1,65	1,46	1,24	1,03
M	100	2,69	2,58	2,43	2,29	2,14	2,00	1,86	1,67	1,48	1,26	1,05
N	150	2,73	2,61	2,47	2,33	2,18	2,03	1,89	1,70	1,51	1,29	1,07
P	200	2,73	2,62	2,47	2,33	2,18	2,04	1,89	1,70	1,51	1,29	1,07

Anmerkung 1: Alle AQL-Werte sind Anteile fehlerhafter Einheiten in Prozent

Anmerkung 2: Die Kennbuchstaben für den Stichprobenumfang in dieser Internationalen Norm entsprechen denen in ISO 2859; sie sind **nicht** identisch mit denen in MIL STD 414.

Anmerkung 3: Symbole

In diesem Bereich gibt es keine geeignete Stichprobenanweisung; man verwende die erste Stichprobenanweisung unter dem Pfeil. Dies gilt sowohl für den Stichprobenumfang als auch für den Annahmefaktor k.

Die Stichprobenanweisung in diesem Bereich garantiert einen hohen Grad an Sicherheit, allerdings um den Preis eines großen Stichprobenumfanges. Nach dem Ermessen der zuständigen Stelle darf die nächste über dem Pfeil stehende Stichprobenanweisung verwendet werden.

Die fettgedruckte Linie markiert die Grenze für die entsprechenden Stichprobenanweisungen anhand qualitativer Merkmale in ISO 2859.

„*s*"-Methode

Tabelle II-B. **Einfach-Stichprobenanweisungen für verschärfte Prüfung (Leittabelle): „*s*"-Methode**

Kennbuchstabe für den Stichprobenumfang	Stichprobenumfang	Annehmbare Qualitätsgrenzlagen (verschärfte Prüfung)										
		0,10	0,15	0,25	0,40	0,65	1,00	1,50	2,50	4,00	6,50	10,00
		k	*k*	*k*	*k*	*k*	*k*	*k*	*k*	*k*	*k*	*k*
B	3	↓	↓	↓	↓	↓	↓	↓	↓	1,12	0,958	0,765
C	4	↓	↓	↓	↓	↓	↓	1,45	1,34	1,17	1,01	0,814
D	5	↓	↓	↓	↓	↓	1,65	1,53	1,40	1,24	1,07	0,874
E	7	↓	↓	↓	2,00	1,88	1,75	1,62	1,50	1,33	1,15	0,955
F	10	↓	↓	2,24	2,11	1,98	1,84	1,72	1,58	1,41	1,23	1,03
G	15	2,53	2,42	2,32	2,20	2,06	1,91	1,79	1,65	1,47	1,30	1,09
H	20	2,58	2,47	2,36	2,24	2,11	1,96	1,82	1,69	1,51	1,33	1,12
I	25	2,61	2,50	2,40	2,26	2,14	1,98	1,85	1,72	1,53	1,35	1,14
J	35	2,65	2,54	2,45	2,31	2,18	2,03	1,89	1,76	1,57	1,39	1,18
K	50	2,71	2,60	2,50	2,35	2,22	2,08	1,93	1,80	1,61	1,42	1,21
L	75	2,77	2,66	2,55	2,41	2,27	2,12	1,98	1,84	1,65	1,46	↑ 1,24
M	100	2,80	2,69	2,58	2,43	2,29	2,14	2,00	1,86	1,67	↑ 1,48	1,26
N	150	2,84	2,73	2,61	2,47	2,33	2,18	2,03	1,89	↑ 1,70	1,51	1,29
P	200	2,85	2,73	2,62	2,47	2,33	2,18	2,04	↑ 1,89	1,70	1,51	1,29

Anmerkung 1: Alle AQL-Werte sind Anteile fehlerhafter Einheiten in Prozent

Anmerkung 2: Die Kennbuchstaben für den Stichprobenumfang in dieser Internationalen Norm entsprechen denen in ISO 2859; sie sind **nicht** identisch mit denen in MIL STD 414.

Anmerkung 3: Symbole

In diesem Bereich gibt es keine geeignete Stichprobenanweisung; man verwende die erste Stichprobenanweisung unter dem Pfeil. Dies gilt sowohl für den Stichprobenumfang als auch für den Annahmefaktor *k*.

Die Stichprobenanweisung in diesem Bereich garantiert einen hohen Grad an Sicherheit, allerdings um den Preis eines großen Stichprobenumfanges. Nach dem Ermessen der zuständigen Stelle darf die nächste über dem Pfeil stehende Stichprobenanweisung verwendet werden.

Die fettgedruckte Linie markiert die Grenze für die entsprechenden Stichprobenanweisungen anhand qualitativer Merkmale in ISO 2859.

„*s*“-Methode

Tabelle II-C. **Einfach-Stichprobenanweisungen für reduzierte Prüfung (Leittabelle): „*s*“-Methode**

Kennbuchstabe für den Stichprobenumfang	Stichprobenumfang	Annehmbare Qualitätsgrenzlage (reduzierte Prüfung)										
		0,10	0,15	0,25	0,40	0,65	1,00	1,50	2,50	4,00	6,50	10,00
		k	*k*	*k*	*k*	*k*	*k*	*k*	*k*	*k*	*k*	*k*
B	3	↓	↓	↓	↓	↓	↓	1,12	0,958	0,765	0,566	0,341
C	3	↓	↓	↓	↓	↓	↓	1,12	0,958	0,765	0,566	0,341
D	3	↓	↓	↓	↓	↓	↓	1,12	0,958	0,765	0,566	0,341
E	3	↓	↓	↓	↓	↓	↓	1,12	0,958	0,765	0,566	0,341
F	4	↓	↓	↓	↓	1,45	1,34	1,17	1,01	0,814	0,617	0,393
G	5	↓	↓	↓	1,65	1,53	1,40	1,24	1,07	0,874	0,675	0,455
H	7	↓	2,00	1,88	1,75	1,62	1,50	1,33	1,15	0,955	0,755	0,536
I	10	2,24	2,11	1,98	1,84	1,72	1,58	1,41	1,23	1,03	0,828	0,611
J	15	2,32	2,20	2,06	1,91	1,79	1,65	1,47	1,30	1,09	0,886	0,664
K	20	2,36	2,24	2,11	1,96	1,82	1,69	1,51	1,33	1,12	0,917	0,695
L	25	2,40	2,26	2,14	1,98	1,85	1,72	1,53	1,35	1,14	0,936	0,712
M	35	2,45	2,31	2,18	2,03	1,89	1,76	1,57	1,39	1,18	0,969	0,745
N	50	2,50	2,35	2,22	2,08	1,93	1,80	1,61	1,42	1,21	1,00	0,774
P	75	2,55	2,41	2,27	2,12	1,98	1,84	1,65	1,46	1,24	1,03	0,804

Anmerkung 1: Alle AQL-Werte sind Anteile fehlerhafter Einheiten in Prozent

Anmerkung 2: Die Kennbuchstaben für den Stichprobenumfang in dieser Internationalen Norm entsprechen denen in ISO 2859; sie sind **nicht** identisch mit denen in MIL STD 414.

Anmerkung 3: Symbole

In diesem Bereich gibt es keine geeignete Stichprobenanweisung; man verwende die erste Stichprobenanweisung unter dem Pfeil. Dies gilt sowohl für den Stichprobenumfang als auch für den Annahmefaktor *k*.

Die Stichprobenanweisung in diesem Bereich garantiert einen hohen Grad an Sicherheit, allerdings um den Preis eines großen Stichprobenumfanges. Nach dem Ermessen der zuständigen Stelle darf die nächste über dem Pfeil stehende Stichprobenanweisung verwendet werden.

Die fettgedruckte Linie markiert die Grenze für die entsprechenden Stichprobenanweisungen anhand qualitativer Merkmale in ISO 2859.

„σ"-Methode

Tabelle III-A. **Einfach-Stichprobenanweisungen für normale Prüfung (Leittabelle): „σ"-Methode**

Kennbuchstabe für den Stichprobenumfang	Annehmbare Qualitätsgrenzlage (reduzierte Prüfung)																					
	0,10		0,15		0,25		0,40		0,65		1,00		1,50		2,50		4,00		6,50		10,00	
	n	*k*	*n*	*k*	*n*	*k*	*n*	*k*	*n*	*k*	*n*	*k*	*n*	*k*	*n*	*k*	*n*	*k*	*n*	*k*	*n*	*k*
B	↓		↓		↓		↓		↓		↓		↓		↓		↓		↓		↓	
C	↓		↓		↓		↓		↓		2	1,36	2	1,25	2	1,09	2	0,936	3	0,755	3	0,573
D	↓		↓		↓		↓		2	1,58	2	1,42	2	1,33	3	1,17	3	1,01	3	0,825	4	0,641
E	↓		↓		2	1,94	2	1,81	3	1,69	3	1,56	3	1,44	4	1,28	4	1,11	5	0,919	5	0,728
F	↓		3	2,19	3	2,07	3	1,91	4	1,80	4	1,69	4	1,53	5	1,39	5	1,20	6	0,991	7	0,797
G	4	2,39	4	2,30	4	2,14	5	2,05	5	1,88	6	1,78	6	1,62	7	1,45	8	1,28	9	1,07	11	0,877
H	5	2,46	5	2,34	6	2,23	6	2,08	7	1,95	7	1,80	8	1,68	9	1,49	10	1,31	12	1,11	14	0,906
I	6	2,49	6	2,37	7	2,25	8	2,13	8	1,96	9	1,83	10	1,70	11	1,51	13	1,34	15	1,13	17	0,924
J	8	2,54	9	2,45	9	2,29	10	2,16	11	2,01	12	1,88	14	1,75	15	1,56	18	1,38	20	1,17	24	0,964
K	11	2,59	12	2,49	13	2,35	14	2,21	16	2,07	17	1,93	19	1,79	22	1,61	25	1,42	29	1,21	33	0,995
L	16	2,65	17	2,54	19	2,41	21	2,27	23	2,12	25	1,97	28	1,84	32	1,65	36	1,46	42	1,24	49 ↑	1,03
M	22	2,69	23	2,57	25	2,43	27	2,29	30	2,14	33	2,00	36	1,86	42	1,67	48	1,48	55 ↑	1,26	64 ↑	1,05
N	31	2,72	34	2,62	37	2,47	40	2,33	44	2,17	49	2,03	54	1,89	61	1,69	70 ↑	1,51	82 ↑	1,29	95 ↑	1,07
P	42	2,73	45	2,62	49	2,48	54	2,34	59	2,18	65	2,04	71	1,89	81 ↑	1,70	93 ↑	1,51	109 ↑	1,29	127 ↑	1,07

Anmerkung 1: Alle AQL-Werte sind Anteile fehlerhafter Einheiten in Prozent

Anmerkung 2: Die Kennbuchstaben für den Stichprobenumfang in dieser Internationalen Norm entsprechen denen in ISO 2859; sie sind **nicht** identisch mit denen in MIL STD 414.

Anmerkung 3: Symbole

In diesem Bereich gibt es keine geeignete Stichprobenanweisung; man verwende die erste Stichprobenanweisung unter dem Pfeil. Dies gilt sowohl für den Stichprobenumfang als auch für den Annahmefaktor *k*.

Die Stichprobenanweisung in diesem Bereich garantiert einen hohen Grad an Sicherheit, allerdings um den Preis eines großen Stichprobenumfanges. Nach dem Ermessen der zuständigen Stelle darf die nächste über dem Pfeil stehende Stichprobenanweisung verwendet werden.

Die fettgedruckte Linie markiert die Grenze für die entsprechenden Stichprobenanweisungen anhand qualitativer Merkmale in ISO 2859.

„σ“-Methode

Tabelle III-B. **Einfach-Stichprobenanweisungen für verschärfte Prüfung (Leittabelle): „σ“-Methode**

Kennbuchstabe für den Stichprobenumfang	Annehmbare Qualitätsgrenzlage (reduzierte Prüfung)																					
	0,10		0,15		0,25		0,40		0,65		1,00		1,50		2,50		4,00		6,50		10,00	
	n	*k*	*n*	*k*	*n*	*k*	*n*	*k*	*n*	*k*	*n*	*k*	*n*	*k*	*n*	*k*	*n*	*k*	*n*	*k*	*n*	*k*
B	↓		↓		↓		↓		↓		↓		↓		↓		↓		↓		↓	
C													2	1,36	2	1,25	2	1,09	2	0,936	3	0,755
D											2	1,58	2	1,42	2	1,33	3	1,17	3	1,01	3	0,825
E							2	1,94	2	1,81	3	1,69	3	1,56	3	1,44	4	1,23	4	1,11	5	0,919
F					3	2,19	3	2,07	3	1,91	4	1,80	4	1,69	4	1,53	5	1,39	5	1,20	6	0,991
G	3	2,49	4	2,39	4	2,30	4	2,14	5	2,05	5	1,88	6	1,78	6	1,62	7	1,45	8	1,28	9	1,07
H	4	2,55	5	2,46	5	2,34	6	2,23	6	2,08	7	1,95	7	1,80	8	1,68	9	1,49	10	1,31	12	1,11
I	6	2,59	6	2,49	6	2,37	7	2,25	8	2,13	8	1,96	9	1,83	10	1,70	11	1,51	13	1,34	15	1,13
J	7	2,63	8	2,54	9	2,45	9	2,29	10	2,16	11	2,01	12	1,86	14	1,75	15	1,56	18	1,38	20	1,17
K	11	2,72	11	2,59	12	2,49	13	2,35	14	2,21	16	2,07	17	1,93	19	1,79	22	1,61	25	1,42	29	1,21
L	15	2,77	16	2,65	17	2,54	19	2,41	21	2,27	23	2,12	25	1,97	28	1,84	32	1,65	36	1,46	42 ↑	1,24
M	20	2,80	22	2,69	23	2,57	25	2,43	27	2,29	30	2,14	33	2,00	36	1,86	42	1,67	48 ↑	1,48	55	1,26
N	30	2,84	31	2,72	34	2,62	37	2,47	40	2,33	44	2,17	49	2,03	54	1,89	61 ↑	1,69	70	1,51	82	1,29
P	40	2,85	42	2,73	45	2,62	49	2,48	54	2,34	59	2,18	65	2,04	71 ↑	1,89	81	1,70	93	1,51	109	1,29

Anmerkung 1: Alle AQL-Werte sind Anteile fehlerhafter Einheiten in Prozent

Anmerkung 2: Die Kennbuchstaben für den Stichprobenumfang in dieser Internationalen Norm entsprechen denen in ISO 2859; sie sind **nicht** identisch mit denen in MIL STD 414.

Anmerkung 3: Symbole

In diesem Bereich gibt es keine geeignete Stichprobenanweisung; man verwende die erste Stichprobenanweisung unter dem Pfeil. Dies gilt sowohl für den Stichprobenumfang als auch für den Annahmefaktor *k*.

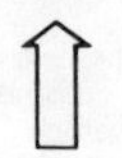

Die Stichprobenanweisung in diesem Bereich garantiert einen hohen Grad an Sicherheit, allerdings um den Preis eines großen Stichprobenumfanges. Nach dem Ermessen der zuständigen Stelle darf die nächste über dem Pfeil stehende Stichprobenanweisung verwendet werden.

Die fettgedruckte Linie markiert die Grenze für die entsprechenden Stichprobenanweisungen anhand qualitativer Merkmale in ISO 2859.

„σ"-Methode

Tabelle III-C. **Einfach-Stichprobenanweisungen für reduzierte Prüfung (Leittabelle): „σ"-Methode**

Kennbuchstabe für den Stichprobenumfang	Annehmbare Qualitätsgrenzlage (reduzierte Prüfung)																					
	0,10		0,15		0,25		0,40		0,65		1,00		1,50		2,50		4,00		6,50		10,00	
	n	*k*	*n*	*k*	*n*	*k*	*n*	*k*	*n*	*k*	*n*	*k*	*n*	*k*	*n*	*k*	*n*	*k*	*n*	*k*	*n*	*k*
B																						
C																						
D																						
E																						
F									2	1,36	2	1,25	2	1,09	2	0,936	3	0,755	3	0,573	4	0,344
G							2	1,58	2	1,42	2	1,33	3	1,17	3	1,01	3	0,825	4	0,641	4	0,429
H			2	1,94	2	1,81	3	1,69	3	1,56	3	1,44	4	1,28	4	1,11	5	0,919	5	0,728	6	0,515
I	3	2,19	3	2,07	3	1,91	4	1,80	4	1,69	4	1,53	5	1,39	5	1,20	6	0,991	7	0,797	8	0,584
J	4	2,30	4	2,14	5	2,05	5	1,88	6	1,78	6	1,62	7	1,45	8	1,28	9	1,07	11	0,877	12	0,649
K	5	2,34	6	2,23	6	2,08	7	1,95	7	1,80	8	1,68	9	1,49	10	1,31	12	1,11	14	0,906	16	0,685
L	6	2,37	7	2,25	8	2,13	8	1,96	9	1,83	10	1,70	11	1,51	13	1,34	15	1,13	17	0,924	20	0,706
M	9	2,45	9	2,29	10	2,16	11	2,01	12	1,88	14	1,75	15	1,56	18	1,38	20	1,17	24	0,964	27	0,737
N	12	2,49	13	2,35	14	2,21	16	2,07	17	1,93	19	1,79	22	1,61	25	1,42	29	1,21	33	0,995	38	0,770
P	17	2,54	19	2,41	21	2,27	23	2,12	25	1,97	28	1,84	32	1,65	36	1,46	42	1,24	49	1,03	56	0,803

Anmerkung 1: Alle AQL-Werte sind Anteile fehlerhafter Einheiten in Prozent

Anmerkung 2: Die Kennbuchstaben für den Stichprobenumfang in dieser Internationalen Norm entsprechen denen in ISO 2859; sie sind **nicht** identisch mit denen in MIL STD 414.

Anmerkung 3: Symbole

In diesem Bereich gibt es keine geeignete Stichprobenanweisung; man verwende die erste Stichprobenanweisung unter dem Pfeil. Dies gilt sowohl für den Stichprobenumfang als auch für den Annahmefaktor *k*.

Die Stichprobenanweisung in diesem Bereich garantiert einen hohen Grad an Sicherheit, allerdings um den Preis eines großen Stichprobenumfanges. Nach dem Ermessen der zuständigen Stelle darf die nächste über dem Pfeil stehende Stichprobenanweisung verwendet werden.

Die fettgedruckte Linie markiert die Grenze für die entsprechenden Stichprobenanweisungen anhand qualitativer Merkmale in ISO 2859.

Tabelle IV-*s*. **f_s-Werte für den Höchstwert für die Stichprobenstandardabweichung (MSSD): „*s*"-Methode**

Stichprobenumfang	Annehmbare Qualitätsgrenzlagen in % (normale Prüfung)												
		0,10	0,15	0,25	0,40	0,65	1,00	1,50	2,50	4,00	6,50	10,00	
3									0,436	0,453	0,475	0,502	0,538
4							0,339	0,353	0,374	0,399	0,432	0,472	0,528
5						0,294	0,308	0,323	0,346	0,372	0,408	0,452	0,511
7				0,242	0,253	0,266	0,280	0,295	0,318	0,345	0,381	0,425	0,485
10			0,214	0,224	0,235	0,248	0,261	0,276	0,298	0,324	0,359	0,403	0,460
15	0,188	0,195	0,202	0,211	0,222	0,235	0,248	0,262	0,284	0,309	0,344	0,386	0,442
20	0,183	0,190	0,197	0,206	0,216	0,229	0,242	0,255	0,277	0,302	0,336	0,377	0,432
25	0,180	0,187	0,193	0,203	0,212	0,225	0,238	0,251	0,273	0,297	0,331	0,372	0,426
35	0,176	0,183	0,189	0,198	0,208	0,220	0,232	0,245	0,266	0,291	0,323	0,364	0,416
50	0,172	0,178	0,184	0,194	0,203	0,214	0,227	0,241	0,261	0,284	0,317	0,356	0,408
75	0,168	0,174	0,181	0,189	0,199	0,211	0,223	0,235	0,255	0,279	0,310	0,348	0,399
100	0,166	0,172	0,179	0,187	0,197	0,208	0,220	0,233	0,253	0,276	0,307	0,345	0,395
150	0,163	0,170	0,175	0,185	0,193	0,206	0,216	0,230	0,249	0,271	0,302	0,341	0,388
200	0,163	0,168	0,175	0,183	0,193	0,203	0,215	0,228	0,248	0,269	0,302	0,338	0,386
	0,10	0,15	0,25	0,40	0,65	1,00	1,50	2,50	4,00	6,50	10,00		
	Annehmbare Qualitätsgrenzlagen in % (verschärfte Prüfung)												
			0,10	0,15	0,25	0,40	0,65	1,00	1,50	2,50	4,00	6,50	10,00
			Annehmbare Qualitätsgrenzlagen in % (reduzierte Prüfung)										

Anmerkung: Den MSSD erhält man dadurch, daß man den standardisierten MSSD f_s mit der Differenz zwischen dem Höchstwert U und dem Mindestwert L multipliziert, d. h. MSSD = $f_s \cdot (U - L)$

Der MSSD ist der größte Wert der Stichprobenstandardabweichung, der zulässig ist, wenn Stichprobenanweisungen für doppelte Grenzwerte mit unbekannter Streuung angewendet werden. Wenn die Stichprobenstandardabweichung kleiner als der MSSD ist, ist das Los möglicherweise — aber nicht mit Sicherheit — annehmbar.

Tabelle IV-σ. **f_σ-Werte für den Höchstwert für die Stichprobenstandardabweichung (MPSD): „σ"-Methode**

Annehmbare Qualitätsgrenzlagen in % (normale Prüfung)												
	0,10	0,15	0,25	0,40	0,65	1,00	1,50	2,50	4,00	6,50	10,00	
0,147	0,152	0,157	0,165	0,174	0,184	0,194	0,206	0,223	0,243	0,271	0,304	0,347
0,10	0,15	0,25	0,40	0,65	1,00	1,50	2,50	4,00	6,50	10,00		
Annehmbare Qualitätsgrenzlagen in % (verschärfte Prüfung)												
		0,10	0,15	0,25	0,40	0,65	1,00	1,50	2,50	4,00	6,50	10,00
		Annehmbare Qualitätsgrenzlagen in % (reduzierte Prüfung)										

Anmerkung: Den MPSD erhält man dadurch, daß man den standardisierten MPSD f_σ mit der Differenz zwischen dem Höchstwert U und dem Mindestwert L multipliziert, d. h. MPSD = $f_\sigma \cdot (U - L)$

Der MPSD ist der größte Wert der Stichprobenstandardabweichung, der zulässig ist, wenn Stichprobenanweisungen für doppelte Grenzwerte mit bekannter Streuung angewendet werden. Wenn die Stichprobenstandardabweichung kleiner als der MPSD ist, ist das Los möglicherweise — aber nicht mit Sicherheit — annehmbar.

Die zuständige Stelle kann die Anwendung des für die verschärfte Prüfung vorgesehenen f_σ-Wertes auch für normale und für reduzierte Prüfung vorschreiben. Dabei bleibt die Wahl zwischen der „σ"-Methode und der „*s*"-Methode unabhängig von den Regeln für den Verfahrenswechsel.

Tabelle V-B **Angaben zur Operationscharakteristik bei dem Kennbuchstaben für den Stichprobenumfang B**

Diagramm V-B **Operationscharakteristiken für Einfach-Stichprobenanweisungen**

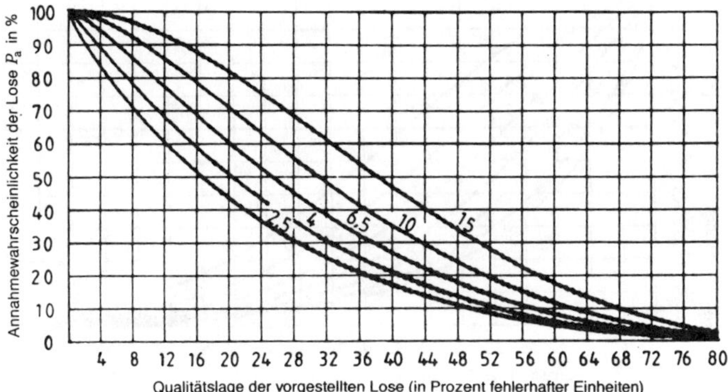

Tabelle V-B-1. **Tabellenwerte der Operationscharakteristiken für Einfach-Stichprobenanweisungen**

P_a in %	Annehmbare Qualitätsgrenzlage in % (normale Prüfung)											P_a
		0,10	0,15	0,25	0,40	0,65	1,0	1,5	2,5	4,0	6,5	10,0	
99,0									0,18	0,44	1,07	2,28	99,0
95,0									1,04	1,89	3,52	6,02	95,0
90,0									2,26	3,65	6,03	9,39	90,0
75,0									6,66	9,18	12,95	17,71	75,0
50,0									16,68	20,30	25,22	30,97	50,0
25,0									32,40	36,35	41,45	47,14	25,0
10,0									49,34	52,83	57,24	62,08	10,0
5,0									59,45	62,44	66,20	70,30	5,0
1,0									75,99	77,93	80,34	82,98	1,0
	0,10	0,15	0,25	0,40	0,65	1,0	1,5	2,5	4,0	6,5	10,0		
	Annehmbare Qualitätsgrenzlage in % (verschärfte Prüfung)												

Tabelle V-C. **Angaben zur Operationscharakteristik bei dem Kennbuchstaben für den Stichprobenumfang C**

Diagramm V-C. **Operationscharakteristiken für Einfach-Stichprobenanweisungen**

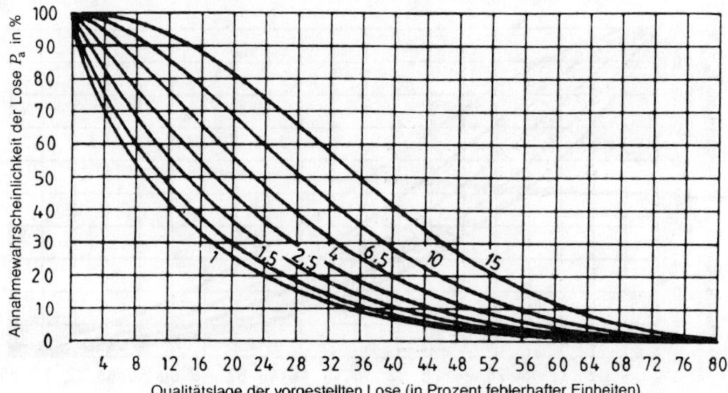

Tabelle V-C-1. **Tabellenwerte der Operationscharakteristiken für Einfach-Stichprobenanweisungen**

P_a in %	Annehmbare Qualitätsgrenzlage in % (normale Prüfung)											P_a
		0,10	0,15	0,25	0,40	0,65	1,0	1,5	2,5	4,0	6,5	10,0	
99,0							0,07	0,13	0,32	0,69	1,55	3,05	99,0
95,0							0,44	0,69	1,32	2,29	4,13	6,85	95,0
90,0							1,02	1,48	2,53	3,98	6,51	10,00	90,0
75,0							3,36	4,37	6,37	8,81	12,61	17,35	75,0
50,0							9,52	11,28	14,44	17,93	22,89	28,61	50,0
25,0							20,81	23,11	27,00	31,02	36,43	42,37	25,0
10,0							34,88	37,26	41,15	45,05	50,13	55,55	10,0
5,0							44,29	46,53	50,14	53,72	58,33	68,20	5,0
1,0							61,76	63,48	66,23	68,95	72,37	75,98	1,0
	0,10	0,15	0,25	0,40	0,65	1,0	1,5	2,5	4,0	6,5	10,0		
	Annehmbare Qualitätsgrenzlage in % (verschärfte Prüfung)												

Tabelle V-D. **Angaben zur Operationscharakteristik bei dem Kennbuchstaben für den Stichprobenumfang D**

Diagramm V-D. **Operationscharakteristiken für Einfach-Stichprobenanweisungen**

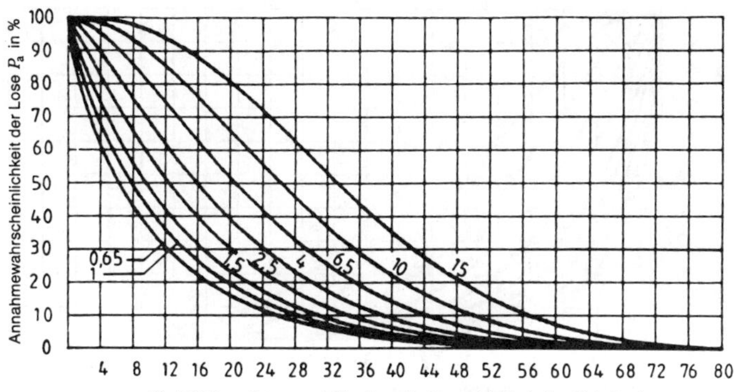

Tabelle V-D-1. **Tabellenwerte der Operationscharakteristiken für Einfach-Stichprobenanweisungen**

P_a in %	Annehmbare Qualitätsgrenzlage in % (normale Prüfung)											P_a
		0,10	0,15	0,25	0,40	0,65	1,0	1,5	2,5	4,0	6,5	10,0	
99,0						0,04	0,09	0,18	0,40	0,84	1,79	3,44	99,0
95,0						0,28	0,46	0,77	1,38	2,43	4,30	7,11	95,0
90,0						0,64	0,98	1,51	2,48	3,99	6,49	10,00	90,0
75,0						2,15	2,93	4,02	5,78	8,23	11,89	16,55	75,0
50,0						6,34	7,82	9,71	12,47	15,97	20,75	26,40	50,0
25,0						14,64	16,79	19,36	22,88	27,06	32,43	38,46	25,0
10,0						25,94	28,40	31,24	34,98	39,25	44,55	50,32	10,0
5,0						34,06	36,52	39,33	42,97	47,06	52,06	57,42	5,0
1,0						50,47	52,63	55,04	58,11	61,51	65,57	69,89	1,0
	0,10	0,15	0,25	0,40	0,65	1,0	1,5	2,5	4,0	6,5	10,0		
	Annehmbare Qualitätsgrenzlage in % (verschärfte Prüfung)												

E

Tabelle V-E. **Angaben zur Operationscharakteristik bei dem Kennbuchstaben für den Stichprobenumfang E**

Diagramm V-E. **Operationscharakteristiken für Einfach-Stichprobenanweisungen**

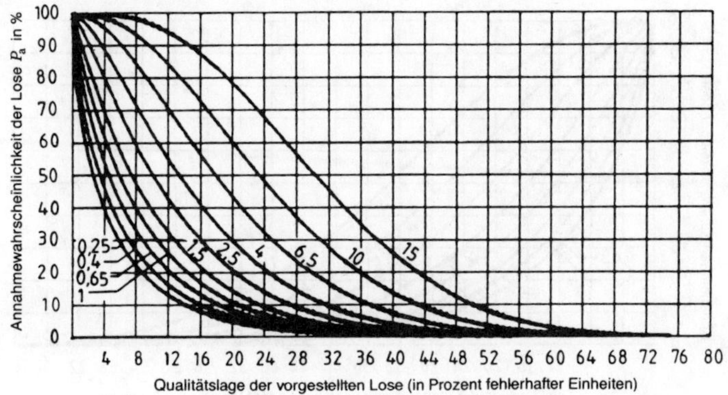

Tabelle V-E-1. **Tabellenwerte der Operationscharakteristiken für Einfach-Stichprobenanweisungen**

P_a in %	Annehmbare Qualitätsgrenzlage in % (normale Prüfung)												p_a
		0,10	0,15	0,25	0,40	0,65	1,0	1,5	2,5	4,0	6,5	10,0	
99,0				0,02	0,03	0,07	0,14	0,25	0,53	1,09	2,19	4,04	99,0
95,0				0,11	0,18	0,32	0,53	0,83	1,50	2,65	4,57	7,46	95,0
90,0				0,25	0,40	0,64	1,01	1,48	2,47	4,04	6,50	9,99	90,0
75,0				0,90	1,27	1,83	2,58	3,47	5,15	7,56	11,00	15,49	75,0
50,0				2,89	3,72	4,83	6,18	7,69	10,28	13,66	18,11	23,53	50,0
25,0				7,38	8,80	10,57	12,60	14,71	18,11	22,27	27,41	33,35	25,0
10,0				14,42	16,33	18,60	21,09	23,58	27,43	31,93	37,28	43,25	10,0
5,0				20,09	22,20	24,65	27,29	29,88	33,82	38,33	43,60	49,38	5,0
1,0				33,10	35,32	37,83	40,45	42,95	46,72	50,89	55,64	60,73	1,0
	0,10	0,15	0,25	0,40	0,65	1,0	1,5	2,5	4,0	6,5	10,0		
	Annehmbare Qualitätsgrenzlage in % (verschärfte Prüfung)												

Tabelle V-F. **Angaben zur Operationscharakteristik bei dem Kennbuchstaben für den Stichprobenumfang F**
Diagramm V-F. **Operationscharakteristiken für Einfach-Stichprobenanweisungen**

F

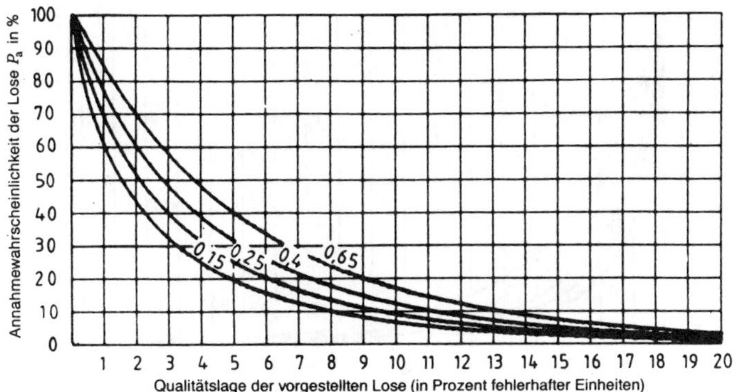

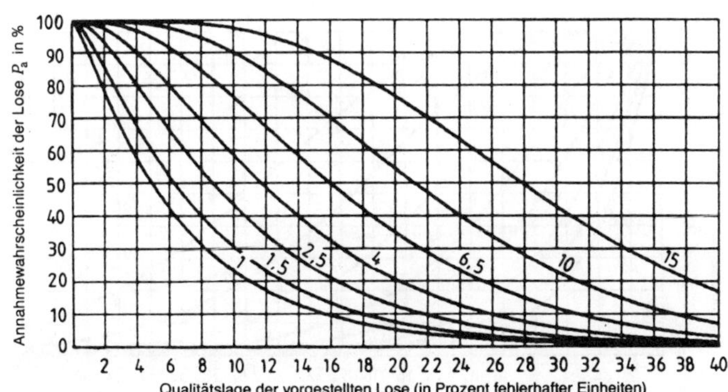

Tabelle V-F-1. **Tabellenwerte der Operationscharakteristiken für Einfach-Stichprobenanweisungen**

P_a in %	Annehmbare Qualitätsgrenzlage in % (normale Prüfung)											P_a
		0,10	0,15	0,25	0,40	0,65	1,0	1,5	2,5	4,0	6,5	10,0	
99,0			0,01	0,03	0,05	0,11	0,19	0,35	0,69	1,35	2,62	4,69	99,0
95,0			0,07	0,12	0,21	0,36	0,57	0,94	1,65	2,83	4,84	7,81	95,0
90,0			0,15	0,25	0,40	0,66	0,98	1,52	2,50	4,04	6,52	10,01	90,0
75,0			0,49	0,74	1,08	1,61	2,21	3,15	4,70	6,93	10,25	14,60	75,0
50,0			1,53	2,08	2,79	3,77	4,82	6,33	8,62	11,69	15,91	21,09	50,0
25,0			3,93	4,95	6,16	7,72	9,29	11,41	14,45	18,25	23,20	28,96	25,0
10,0			7,95	9,44	11,15	13,23	15,23	17,84	21,40	25,66	30,99	36,98	10,0
5,0			11,40	13,17	15,13	17,47	19,68	22,49	26,27	30,68	36,09	42,06	5,0
1,0			20,10	22,24	24,53	27,19	29,58	32,59	36,50	40,92	46,18	51,82	1,0
	0,10	0,15	0,25	0,40	0,65	1,0	1,5	2,5	4,0	6,5	10,0		
	Annehmbare Qualitätsgrenzlage in % (verschärfte Prüfung)												

G

Tabelle V-G. **Angaben zur Operationscharakteristik bei dem Kennbuchstaben für den Stichprobenumfang G**

Diagramm V-G. **Operationscharakteristiken für Einfach-Stichprobenanweisungen**

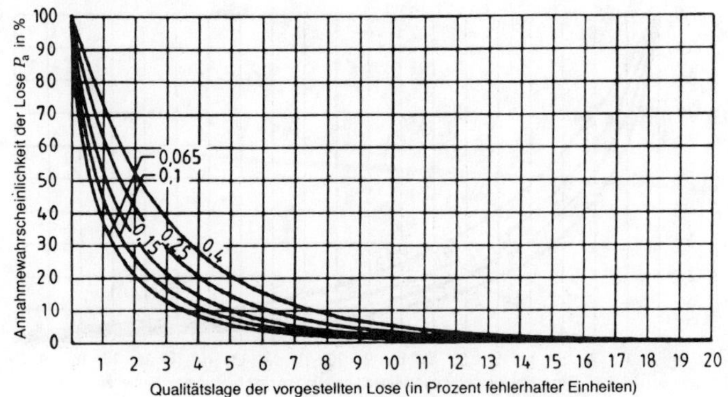

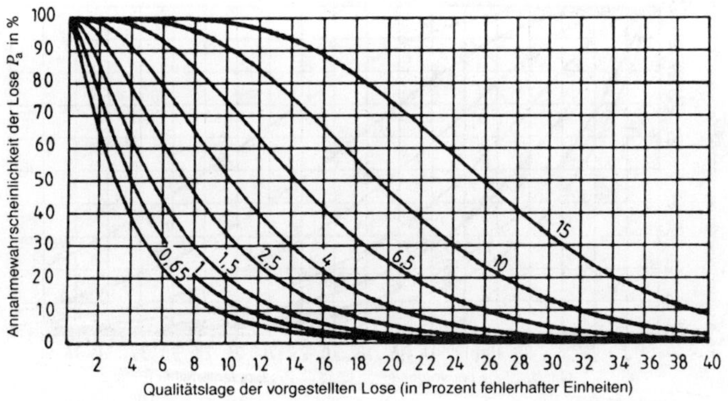

Tabelle V-G-1. **Tabellenwerte der Operationscharakteristiken für Einfach-Stichprobenanweisungen**

P_a in %	Annehmbare Qualitätsgrenzlage in % (normale Prüfung)											P_a
		0,10	0,15	0,25	0,40	0,65	1,0	1,5	2,5	4,0	6,5	10,0	
99,0	0,01	0,01	0,02	0,04	0,08	0,17	0,28	0,49	0,96	1,71	3,23	5,58	99,0
95,0	0,03	0,06	0,09	0,15	0,25	0,45	0,68	1,09	1,91	3,09	5,30	8,41	95,0
90,0	0,07	0,11	0,17	0,26	0,43	0,72	1,06	1,61	2,67	4,14	6,76	10,30	90,0
75,0	0,22	0,32	0,45	0,65	0,98	1,50	2,07	2,94	4,49	6,50	9,83	14,09	75,0
50,0	0,67	0,90	1,17	1,57	2,20	3,09	3,99	5,32	7,51	10,15	14,27	19,25	50,0
25,0	1,73	2,18	2,67	3,38	4,41	5,77	7,09	8,92	11,77	15,02	19,84	25,38	25,0
10,0	3,58	4,31	5,07	6,13	7,58	9,41	11,12	13,38	16,77	20,48	25,76	31,63	10,0
5,0	5,27	6,19	7,13	8,40	10,11	12,22	14,13	16,63	20,28	24,20	29,67	35,63	5,0
1,0	9,91	11,18	12,45	14,11	16,24	18,76	21,00	23,83	27,82	31,97	37,57	43,50	1,0
	0,10	0,15	0,25	0,40	0,65	1,0	1,5	2,5	4,0	6,5	10,0		
	Annehmbare Qualitätsgrenzlage in % (verschärfte Prüfung)												

Tabelle V-H. **Angaben zur Operationscharakteristik bei dem Kennbuchstaben für den Stichprobenumfang H**

Diagramm V-H. **Operationscharakteristiken für Einfach-Stichprobenanweisungen**

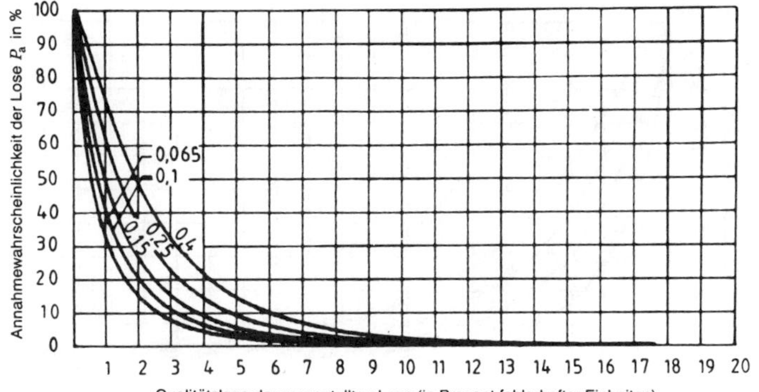

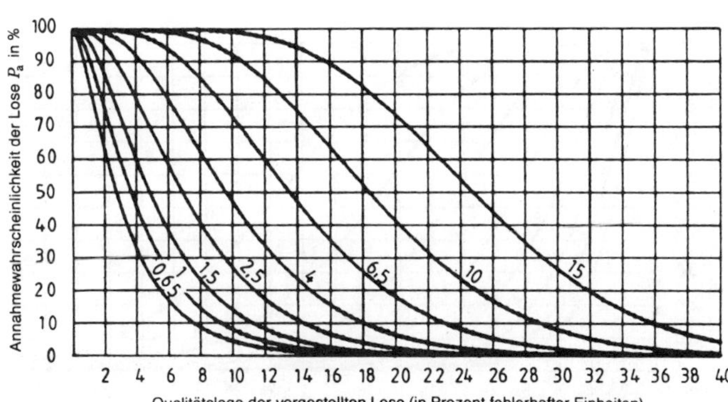

Tabelle V-H-1. **Tabellenwerte der Operationscharakteristiken für Einfach-Stichprobenanweisungen**

P_a in %	Annehmbare Qualitätsgrenzlage in % (normale Prüfung)											P_a
		0,10	0,15	0,25	0,40	0,65	1,0	1,5	2,5	4,0	6,5	10,0	
99,0		0,02	0,04	0,06	0,11	0,21	0,37	0,61	1,15	2,04	3,73	6,25	99,0
95,0	0,04	0,07	0,11	0,17	0,29	0,49	0,79	1,21	2,07	3,39	5,69	8,88	95,0
90,0	0,08	0,12	0,19	0,29	0,45	0,75	1,15	1,69	2,77	4,35	7,01	10,58	90,0
75,0	0,21	0,31	0,44	0,63	0,93	1,42	2,06	2,85	4,35	6,43	9,71	13,89	75,0
50,0	0,56	0,76	1,01	1,38	1,90	2,69	3,66	4,81	6,85	9,51	13,49	18,31	50,0
25,0	1,31	1,68	2,13	2,74	3,56	4,75	6,12	7,67	10,29	13,52	18,13	23,47	25,0
10,0	2,58	3,16	3,85	4,73	5,88	7,46	9,23	11,14	14,25	17,94	23,01	28,70	10,0
5,0	3,71	4,44	5,29	6,36	7,71	9,54	11,53	13,65	17,03	20,95	26,24	32,05	5,0
1,0	6,81	7,85	9,22	10,44	17,17	14,42	16,79	19,24	23,02	27,26	32,79	38,70	1,0
	0,10	0,15	0,25	0,40	0,65	1,0	1,5	2,5	4,0	6,5	10,0		
	Annehmbare Qualitätsgrenzlage in % (verschärfte Prüfung)												

Tabelle V-I. **Angaben zur Operationscharakteristik bei dem Kennbuchstaben für den Stichprobenumfang I**

Diagramm V-I. **Operationscharakteristiken für Einfach-Stichprobenanweisungen**

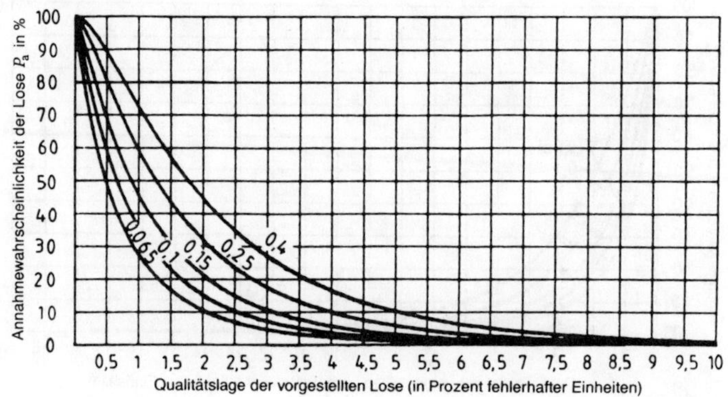

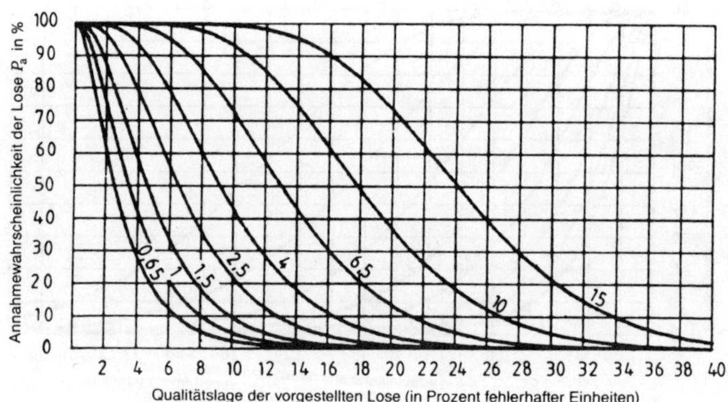

Tabelle V-I-1. **Tabellenwerte der Operationscharakteristiken für Einfach-Stichprobenanweisungen**

P_a in %	Annehmbare Qualitätsgrenzlage in % (normale Prüfung)												P_a
		0,10	0,15	0,25	0,40	0,65	1,0	1,5	2,5	4,0	6,5	10,0	
99,0	0,02	0,03	0,04	0,08	0,14	0,26	0,44	0,70	1,33	2,31	4,12	6,79	99,0
95,0	0,05	0,08	0,12	0,20	0,32	0,56	0,85	1,28	2,23	3,61	5,98	9,27	95,0
90,0	0,09	0,13	0,19	0,32	0,48	0,80	1,19	1,73	2,89	4,51	7,21	10,83	90,0
75,0	0,21	0,30	0,41	0,64	0,91	1,42	2,00	2,78	4,34	6,39	9,65	13,82	75,0
50,0	0,50	0,68	0,89	1,28	1,73	2,53	3,39	4,47	6,54	9,12	13,00	17,74	50,0
25,0	1,09	1,42	1,77	2,41	3,09	4,25	5,43	6,87	9,47	12,57	17,03	22,27	25,0
10,0	2,05	2,55	3,08	3,99	4,93	6,46	7,97	9,73	12,81	16,34	21,24	26,82	10,0
5,0	2,89	3,52	4,17	5,26	6,37	8,14	9,83	11,78	15,14	18,89	24,01	29,75	5,0
1,0	5,17	6,06	6,97	8,43	9,85	12,04	14,08	16,36	20,14	24,24	29,66	35,56	1,0
	0,10	0,15	0,25	0,40	0,65	1,0	1,5	2,5	4,0	6,5	10,0		
	Annehmbare Qualitätsgrenzlage in % (verschärfte Prüfung)												

Tabelle V-J. **Angaben zur Operationscharakteristik bei dem Kennbuchstaben für den Stichprobenumfang J**
Diagramm V-J. **Operationscharakteristiken für Einfach-Stichprobenanweisungen**

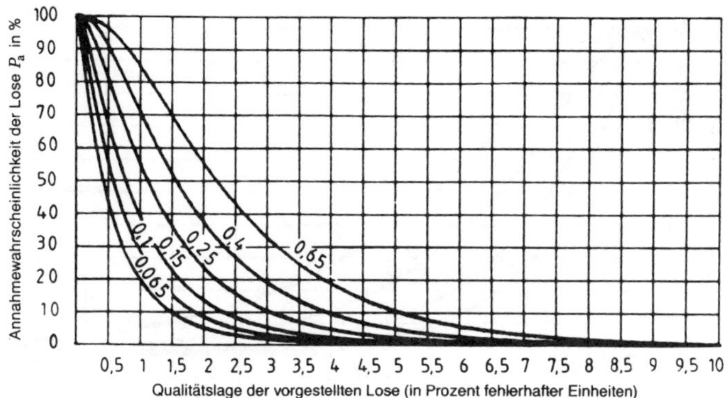

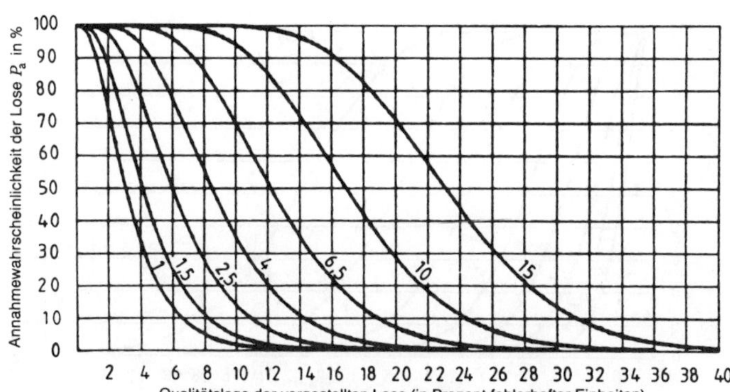

Tabelle V-J-1. **Tabellenwerte der Operationscharakteristiken für Einfach-Stichprobenanweisungen**

P_a in %	Annehmbare Qualitätsgrenzlage in % (normale Prüfung)											P_a
		0,10	0,15	0,25	0,40	0,65	1,0	1,5	2,5	4,0	6,5	10,0	
99,0	0,02	0,04	0,06	0,11	0,18	0,32	0,54	0,84	1,54	2,61	4,54	7,44	99,0
95,0	0,06	0,09	0,13	0,23	0,36	0,60	0,94	1,40	2,38	3,80	6,21	9,65	95,0
90,0	0,10	0,15	0,20	0,33	0,51	0,82	1,25	1,80	2,97	4,59	7,28	11,01	90,0
75,0	0,20	0,29	0,39	0,60	0,88	1,34	1,94	2,69	4,19	6,18	9,34	13,56	75,0
50,0	0,43	0,59	0,76	1,10	1,54	2,21	3,05	4,05	5,98	8,41	12,10	16,82	50,0
25,0	0,86	1,12	1,39	1,92	2,55	3,50	4,62	5,91	8,29	11,16	15,35	20,53	25,0
10,0	1,50	1,90	2,29	3,02	3,87	5,10	6,50	8,07	10,85	14,11	18,71	24,23	10,0
5,0	2,05	2,54	3,01	3,89	4,89	6,29	7,87	9,60	12,62	16,09	20,90	26,60	5,0
1,0	3,50	4,12	4,84	6,02	7,30	9,04	10,95	12,98	16,42	20,24	25,39	31,32	1,0
	0,10	0,15	0,25	0,40	0,65	1,0	1,5	2,5	4,0	6,5	10,0		
	Annehmbare Qualitätsgrenzlage in % (verschärfte Prüfung)												

K

Tabelle V-K. **Angaben zur Operationscharakteristik bei dem Kennbuchstaben für den Stichprobenumfang K**

Diagramm V-K. **Operationscharakteristiken für Einfach-Stichprobenanweisungen**

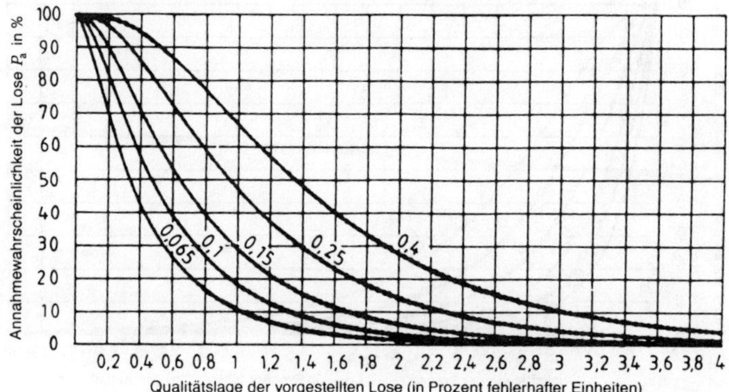

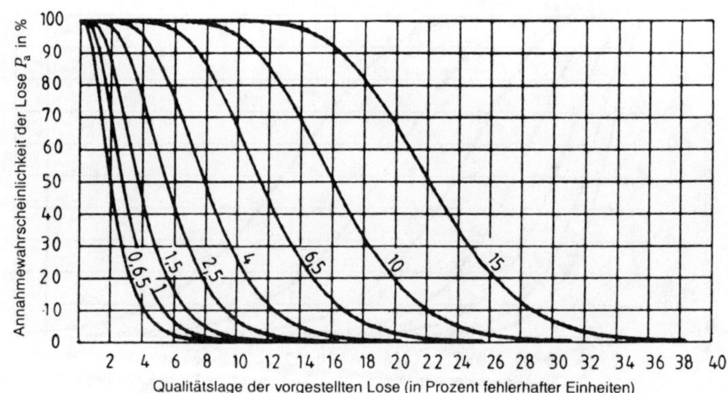

Tabelle V-K-1. **Tabellenwerte der Operationscharakteristiken für Einfach-Stichprobenanweisungen**

P_a in %	Annehmbare Qualitätsgrenzlage in % (normale Prüfung)												P_a
		0,10	0,15	0,25	0,40	0,65	1,0	1,5	2,5	4,0	6,5	10,0	
99,0	0,03	0,05	0,08	0,14	0,23	0,38	0,64	0,98	1,74	2,96	5,03	8,05	99,0
95,0	0,07	0,10	0,15	0,26	0,40	0,64	1,02	1,49	2,51	4,04	6,52	10,00	95,0
90,0	0,10	0,15	0,21	0,35	0,54	0,83	1,29	1,84	3,01	4,73	7,44	11,16	90,0
75,0	0,19	0,27	0,37	0,58	0,85	1,26	1,87	2,59	4,04	6,08	9,19	13,31	75,0
50,0	0,35	0,49	0,65	0,98	1,37	1,94	2,76	3,68	5,48	7,90	11,45	16,00	50,0
25,0	0,64	0,86	1,10	1,58	2,12	2,89	3,95	5,11	7,27	10,09	14,06	19,01	25,0
10,0	1,06	1,36	1,70	2,35	3,07	4,03	5,33	6,72	9,23	12,39	16,72	21,98	10,0
5,0	1,40	1,77	2,18	2,94	3,77	4,87	6,32	7,84	10,55	13,92	18,45	23,88	5,0
1,0	2,29	2,81	3,36	4,36	5,42	6,78	8,52	10,30	13,39	17,10	21,97	27,65	1,0
	0,10	0,15	0,25	0,40	0,65	1,0	1,5	2,5	4,0	6,5	10,0		
	Annehmbare Qualitätsgrenzlage in % (verschärfte Prüfung)												

Tabelle V-L. **Angaben zur Operationscharakteristik bei dem Kennbuchstaben für den Stichprobenumfang L**

L

Diagramm V-L. **Operationscharakteristiken für Einfach-Stichprobenanweisungen**

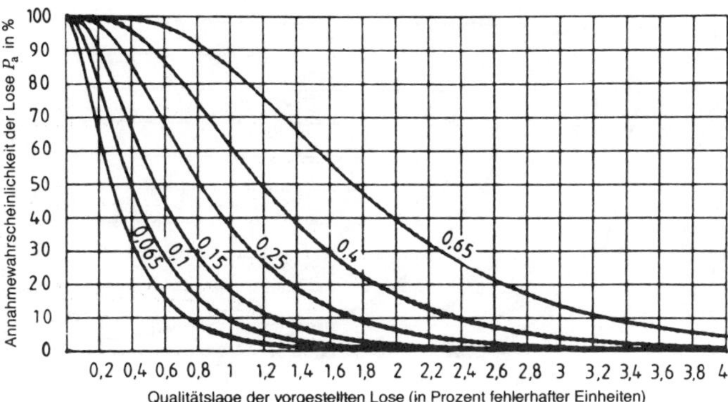

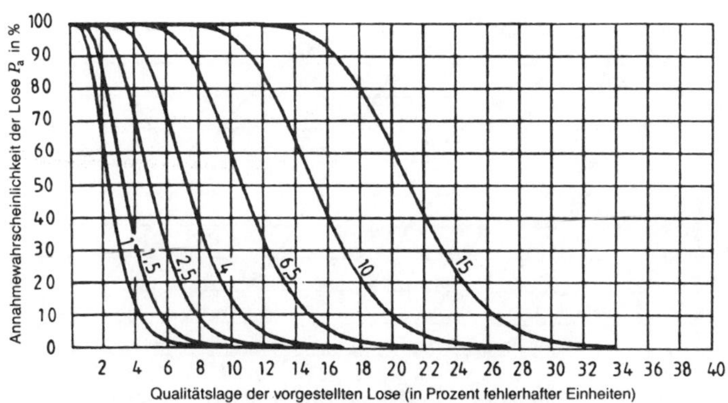

Tabelle V-L-1. **Tabellenwerte der Operationscharakteristiken für Einfach-Stichprobenanweisungen**

P_a in %	Annehmbare Qualitätsgrenzlage in % (normale Prüfung)											P_a
		0,10	0,15	0,25	0,40	0,65	1,0	1,5	2,5	4,0	6,5	10,0	
99,0	0,04	0,06	0,09	0,16	0,27	0,46	0,73	1,12	1,95	3,24	5,52	8,67	99,0
95,0	0,07	0,11	0,17	0,27	0,43	0,70	1,06	1,58	2,62	4,18	6,81	10,34	95,0
90,0	0,10	0,15	0,22	0,35	0,55	0,86	1,29	1,88	3,05	4,76	7,59	11,31	90,0
75,0	0,17	0,24	0,35	0,53	0,80	1,21	1,76	2,49	3,89	5,86	9,02	13,08	75,0
50,0	0,29	0,40	0,56	0,82	1,19	1,74	2,43	3,34	5,02	7,29	10,84	15,24	50,0
25,0	0,48	0,65	0,87	1,23	1,73	2,44	3,30	4,41	6,38	8,97	12,89	17,62	25,0
10,0	0,74	0,97	1,27	1,74	2,37	3,24	4,28	5,58	7,82	10,70	14,94	19,95	10,0
5,0	0,95	1,23	1,57	2,12	2,84	3,82	4,97	6,38	8,79	11,84	16,26	21,42	5,0
1,0	1,47	1,84	2,30	3,01	3,91	5,10	6,47	8,11	10,84	14,19	18,93	24,34	1,0
	0,10	0,15	0,25	0,40	0,65	1,0	1,5	2,5	4,0	6,5	10,0		
	Annehmbare Qualitätsgrenzlage in % (verschärfte Prüfung)												

M

Tabelle V-M. **Angaben zur Operationscharakteristik bei dem Kennbuchstaben für den Stichprobenumfang M**

Diagramm V-M. **Operationscharakteristiken für Einfach-Stichprobenanweisungen**

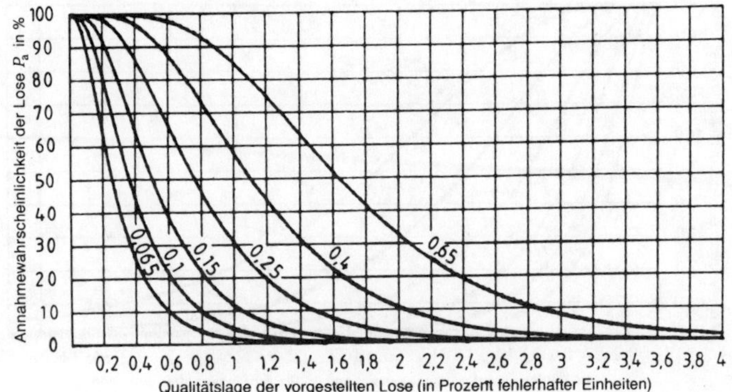

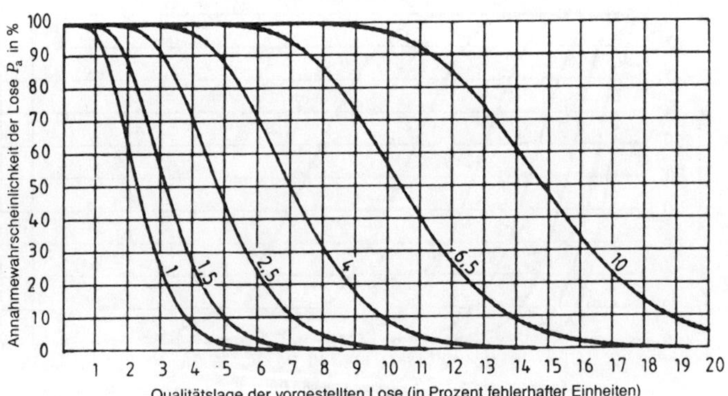

Tabelle V-M-1. **Tabellenwerte der Operationscharakteristiken für Einfach-Stichprobenanweisungen**

P_a in %	Annehmbare Qualitätsgrenzlage in % (normale Prüfung)											P_a
		0,10	0,15	0,25	0,40	0,65	1,0	1,5	2,5	4,0	6,5	10,0	
99,0	0,05	0,07	0,11	0,19	0,31	0,52	0,81	1,24	2,12	3,46	5,81	9,03	99,0
95,0	0,08	0,12	0,18	0,29	0,47	0,74	1,12	1,66	2,73	4,31	6,97	10,51	95,0
90,0	0,10	0,15	0,22	0,37	0,57	0,89	1,33	1,93	3,11	4,82	7,65	11,36	90,0
75,0	0,16	0,23	0,33	0,53	0,79	1,20	1,74	2,46	3,84	5,78	8,90	12,90	75,0
50,0	0,26	0,37	0,51	0,77	1,12	1,64	2,31	3,18	4,80	7,00	10,45	14,75	50,0
25,0	0,41	0,56	0,75	1,11	1,56	2,22	3,02	4,07	5,93	8,41	12,18	16,78	25,0
10,0	0,61	0,80	1,05	1,50	2,06	2,86	3,81	5,01	7,11	9,84	13,89	18,73	10,0
5,0	0,75	0,99	1,28	1,79	2,43	3,31	4,35	5,65	7,89	10,77	14,99	19,97	5,0
1,0	1,12	1,43	1,81	2,46	3,24	4,30	5,52	7,02	9,53	12,68	17,19	22,41	1,0
	0,10	0,15	0,25	0,40	0,65	1,0	1,5	2,5	4,0	6,5	10,0		
	Annehmbare Qualitätsgrenzlage in % (verschärfte Prüfung)												

Tabelle V-N. **Angaben zur Operationscharakteristik bei dem Kennbuchstaben für den Stichprobenumfang N**

Diagramm V-N. **Operationscharakteristiken für Einfach-Stichprobenanweisungen**

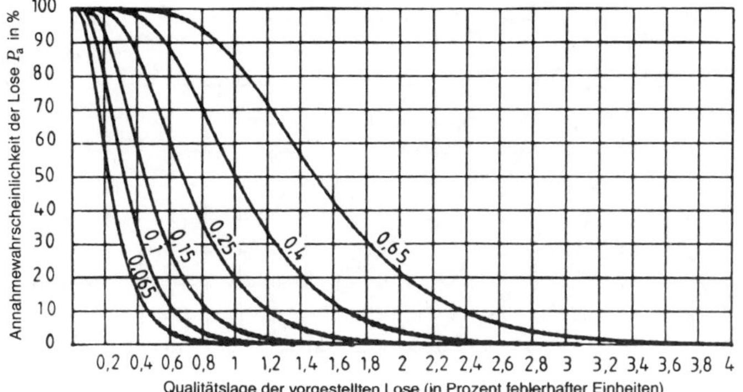

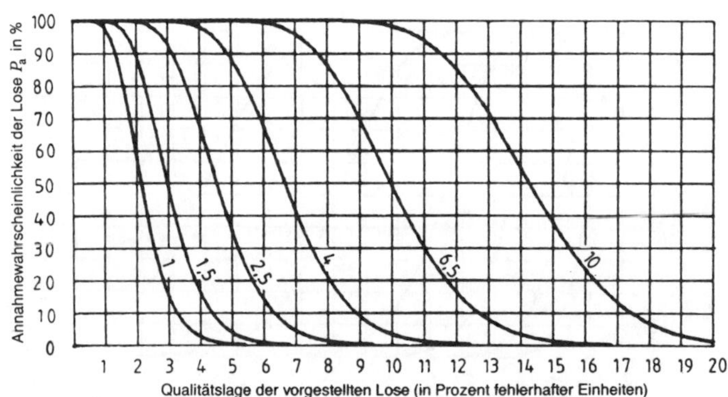

Tabelle V-N-1. **Tabellenwerte der Operationscharakteristiken für Einfach-Stichprobenanweisungen**

P_a in %	Annehmbare Qualitätsgrenzlage in % (normale Prüfung)												P_a
		0,10	0,15	0,25	0,40	0,65	1,0	1,5	2,5	4,0	6,5	10,0	
99,0	0,05	0,08	0,13	0,22	0,35	0,57	0,91	1,36	2,29	3,69	6,10	9,55	99,0
95,0	0,08	0,13	0,19	0,31	0,48	0,77	1,18	1,73	2,82	4,41	7,07	10,80	95,0
90,0	0,11	0,16	0,24	0,37	0,57	0,89	1,35	1,96	3,13	4,84	7,64	11,51	90,0
75,0	0,15	0,22	0,33	0,50	0,75	1,14	1,69	2,39	3,73	5,62	8,66	12,77	75,0
50,0	0,23	0,32	0,46	0,69	1,00	1,48	2,14	2,96	4,49	6,59	9,90	14,28	50,0
25,0	0,34	0,46	0,64	0,93	1,32	1,90	2,68	3,64	5,36	7,69	11,26	15,89	25,0
10,0	0,46	0,62	0,85	1,21	1,68	2,36	3,26	4,34	6,26	8,78	12,58	17,44	10,0
5,0	0,56	0,74	1,00	1,40	1,93	2,68	3,65	4,81	6,84	9,48	13,43	18,40	5,0
1,0	0,79	1,03	1,35	1,84	2,48	3,36	4,48	5,79	8,04	10,91	15,11	20,31	1,0
	0,10	0,15	0,25	0,40	0,65	1,0	1,5	2,5	4,0	6,5	10,0		
	Annehmbare Qualitätsgrenzlage in % (verschärfte Prüfung)												

P

Tabelle V-P. **Angaben zur Operationscharakteristik bei dem Kennbuchstaben für den Stichprobenumfang P**

Diagramm V-P. **Operationscharakteristiken für Einfach-Stichprobenanweisungen**

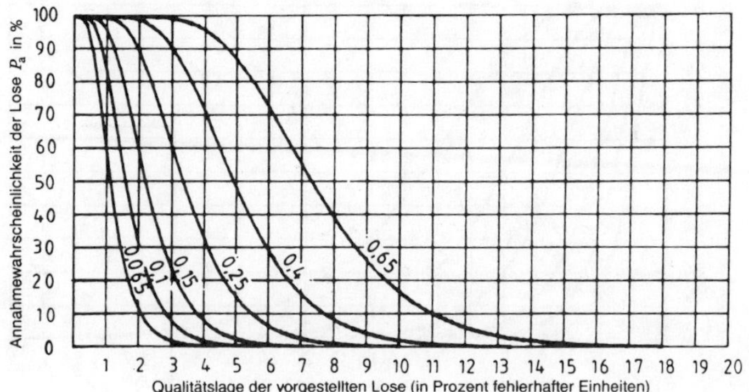

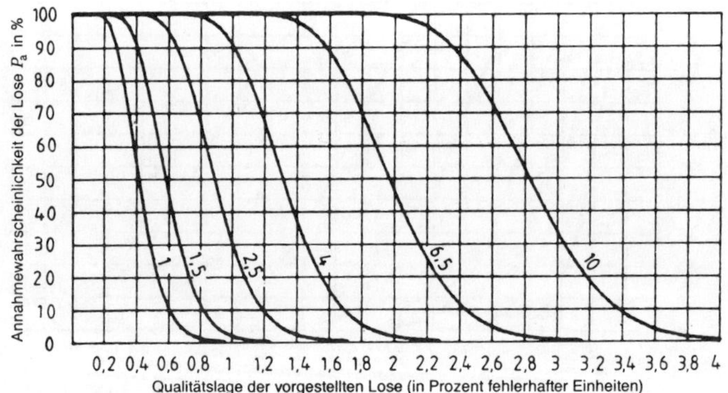

Tabelle V-P-1. **Tabellenwerte der Operationscharakteristiken für Einfach-Stichprobenanweisungen**

P_a in %	Annehmbare Qualitätsgrenzlage in % (normale Prüfung)												P_a
		0,10	0,15	0,25	0,40	0,65	1,0	1,5	2,5	4,0	6,5	10,0	
99,0	0,064	0,101	0,150	0,254	0,405	0,65	0,99	1,52	2,52	4,00	6,52	10,10	99,0
95,0	0,094	0,143	0,210	0,344	0,534	0,84	1,25	1,86	3,00	4,66	7,40	11,22	95,0
90,0	0,114	0,173	0,249	0,402	0,617	0,95	1,40	2,07	3,29	5,04	7,91	11,85	90,0
75,0	0,157	0,233	0,330	0,519	0,779	1,18	1,70	2,46	3,82	5,73	8,80	12,96	75,0
50,0	0,222	0,321	0,445	0,683	1,000	1,48	2,08	2,96	4,48	6,58	9,88	14,27	50,0
25,0	0,309	0,437	0,594	0,889	1,272	1,83	2,54	3,53	5,23	7,52	11,05	15,66	25,0
10,0	0,411	0,571	0,763	1,116	1,567	2,22	3,02	4,12	5,98	8,45	12,19	16,98	10,0
5,0	0,485	0,666	0,882	1,275	1,770	2,47	3,33	4,51	5,47	9,04	12,90	17,80	5,0
1,0	0,657	0,884	1,150	1,621	2,206	3,02	4,00	5,32	7,46	10,23	14,31	19,41	1,0
	0,10	0,15	0,25	0,40	0,65	1,0	1,5	2,5	4,0	6,5	10,0		
	Annehmbare Qualitätsgrenzlage in % (verschärfte Prüfung)												

Tabelle VI-A. **Entsprechungen zwischen Stichprobenanweisungen für verschärfte und normale Prüfung**

Kennbuchstaben für den Stichprobenumfang \ AQL in %	0,10	0,15	0,25	0,40	0,65	1,0	1,5	2,5	4,0	6,5	10,0
B[1]								C-1,5	B-2,5	B-4,0	B-6,5
C						D-0,65	C-1,0	C-1,5	C-2,5	C-4,0	C-6,5
D					E-0,40	D-0,65	D-1,0	D-1,5	D-2,5	D-4,0	D-6,5
E			F-0,15	E-0,25	E-0,40	E-0,65	E-1,0	E-1,5	E-2,5	E-4,0	E-6,5
F		G-0,10	F-0,15	F-0,25	F-0,40	F-0,65	F-1,0	F-1,5	F-2,5	F-4,0	F-6,5
G	G-0,065	G-0,10	G-0,15	G-0,25	G-0,40	G-0,65	G-1,0	G-1,5	G-2,5	G-4,0	G-6,5
H	H-0,065	H-0,10	H-0,15	H-0,25	H-0,40	H-0,65	H-1,0	H-1,5	H-2,5	H-4,0	H-6,5
I	I-0,065	I-0,10	I-0,15	I-0,25	I-0,40	I-0,65	I-1,0	I-1,5	I-2,5	I-4,0	I-6,5
J	J-0,065	J-0,10	J-0,15	J-0,25	J-0,40	J-0,65	J-1,0	J-1,5	J-2,5	J-4,0	J-6,5
K	K-0,065	K-0,10	K-0,15	K-0,25	K-0,40	K-0,65	K-1,0	K-1,5	K-2,5	K-4,0	K-6,5
L	L-0,065	L-0,10	L-0,15	L-0,25	L-0,40	L-0,65	L-1,0	L-1,5	L-2,5	L-4,0	L-6,5
M	M-0,065	M-0,10	M-0,15	M-0,25	M-0,40	M-0,65	M-1,0	M-1,5	M-2,5	M-4,0	M-6,5
N	N-0,065	N-0,10	N-0,15	N-0,25	N-0,40	N-0,65	N-1,0	N-1,5	N-2,5	N-4,0	N-6,5
P	P-0,065	P-0,10	P-0,15	P-0,25	P-0,40	P-0,65	P-1,0	P-1,5	P-2,5	P-4,0	P-6,5

[1]) nur für die „s"-Methode

Anmerkung: Eingangsdaten für die Tabelle sind der Kennbuchstabe für den Stichprobenumfang (links) und die AQL (oben) für die Stichprobenanweisung bei normaler Prüfung. Die Tabelle gibt dann den Kennbuchstaben für den Stichprobenumfang und die AQL derjenigen Stichprobenanweisung bei normaler Prüfung, die für die verschärfte Prüfung anzuwenden sind.

Tabelle VI-B. **Entsprechungen zwischen Stichprobenanweisungen für reduzierte und normale Prüfung**

Kennbuchstaben für den Stichprobenumfang / AQL in %	0,10	0,15	0,25	0,40	0,65	1,0	1,5	2,5	4,0	6,5	10,0
B[1]								B-4,0	B-6,5	B-10,0	B-15,0
C						C-1,5	B-2,5	B-4,0	B-6,5	B-10,0	B-15,0
D					C-1,0	C-1,5	B-2,5	B-4,0	B-6,5	B-10,0	B-15,0
E			E-0,40	D-0,65	C-1,0	C-1,5	B-2,5	B-4,0	B-6,5	B-10,0	B-15,0
F		E-0,25	E-0,40	D-0,65	C-1,0	C-1,5	C-2,5	C-4,0	C-6,5	C-10,0	C-15,0
G	F-0,15	E-0,25	E-0,40	D-0,65	D-1,0	D-1,5	D-2,5	D-4,0	D-6,5	D-10,0	D-15,0
H	F-0,15	E-0,25	E-0,40	E-0,65	E-1,0	E-1,5	E-2,5	E-4,0	E-6,5	E-10,0	E-15,0
I	F-0,15	F-0,25	F-0,40	F-0,65	F-1,0	F-1,5	F-2,5	F-4,0	F-6,5	F-10,0	F-15,0
J	G-0,15	G-0,25	G-0,40	G-0,65	G-1,0	G-1,5	G-2,5	G-4,0	G-6,5	G-10,0	G-15,0
K	H-0,15	H-0,25	H-0,40	H-0,65	H-1,0	H-1,5	H-2,5	H-4,0	H-6,5	H-10,0	H-15,0
L	I-0,15	I-0,25	I-0,40	I-0,65	I-1,0	I-1,5	I-2,5	I-4,0	I-6,5	I-10,0	I-15,0
M	J-0,15	J-0,25	J-0,40	J-0,65	J-1,0	J-1,5	J-2,5	J-4,0	J-6,5	J-10,0	J-15,0
N	K-0,15	K-0,25	K-0,40	K-0,65	K-1,0	K-1,5	K-2,5	K-4,0	K-6,5	K-10,0	K-15,0
P	L-0,15	L-0,25	L-0,40	L-0,65	L-1,0	L-1,5	L-2,5	L-4,0	L-6,5	L-10,0	L-15,0

[1]) nur für die „s"-Methode

Anmerkung: Eingangsdaten für die Tabelle sind der Kennbuchstabe für den Stichprobenumfang (links) und die AQL (oben) für die Stichprobenanweisung bei normaler Prüfung. Die Tabelle gibt dann den Kennbuchstaben für den Stichprobenumfang und die AQL derjenigen Stichprobenanweisung bei normaler Prüfung, die für die verschärfte Prüfung anzuwenden sind.

Diagramm A. **Kennbuchstaben für den Stichprobenumfang von Standard-Stichprobenanweisungen für festgelegte Qualitätslagen bei Annahmewahrscheinlichkeiten von 95 % bzw. 10 %**

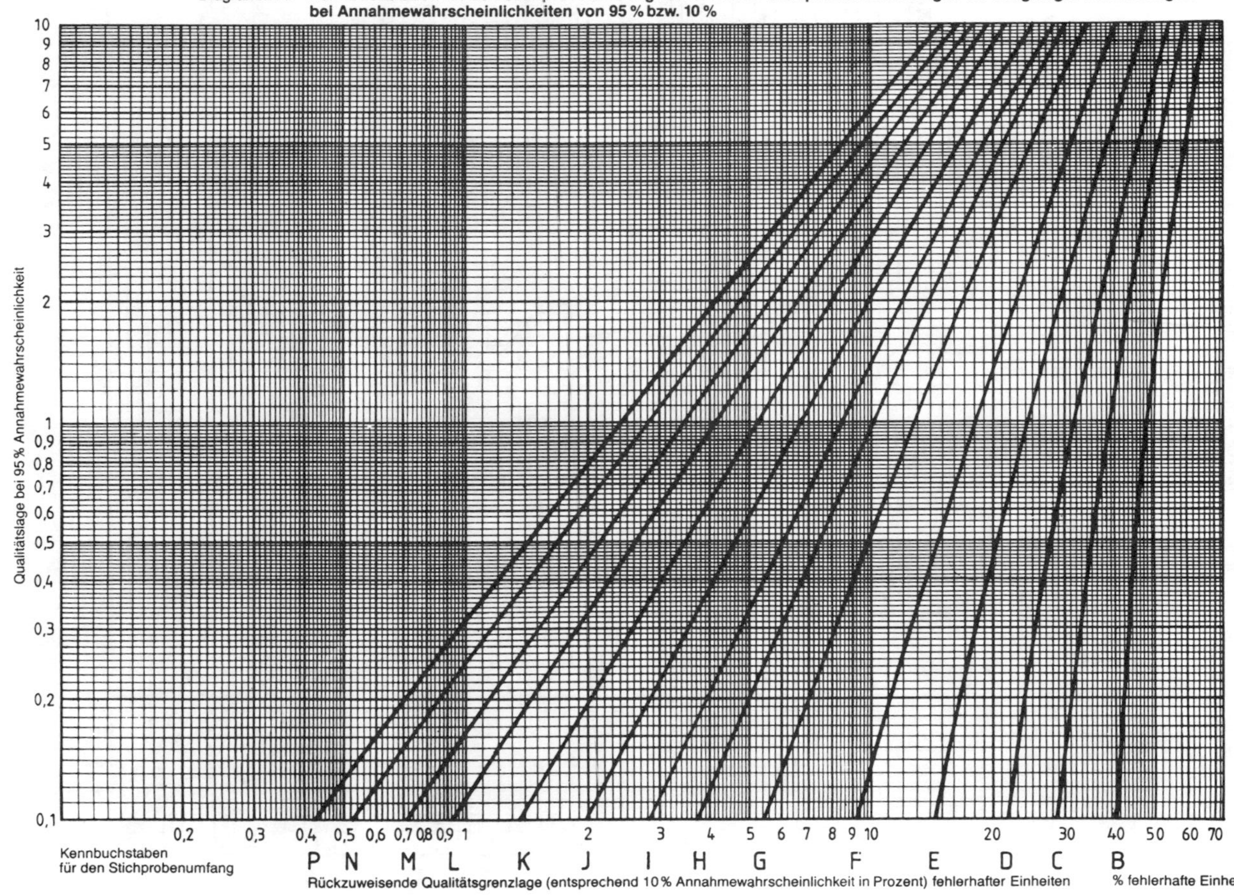

D Diagramm *s*-D. **Annahmekurven für verbundene doppelte Grenzwerte: „*s*“-Methode — Kennbuchstabe für den Stichprobenumfang D (Stichprobenumfang 5)**

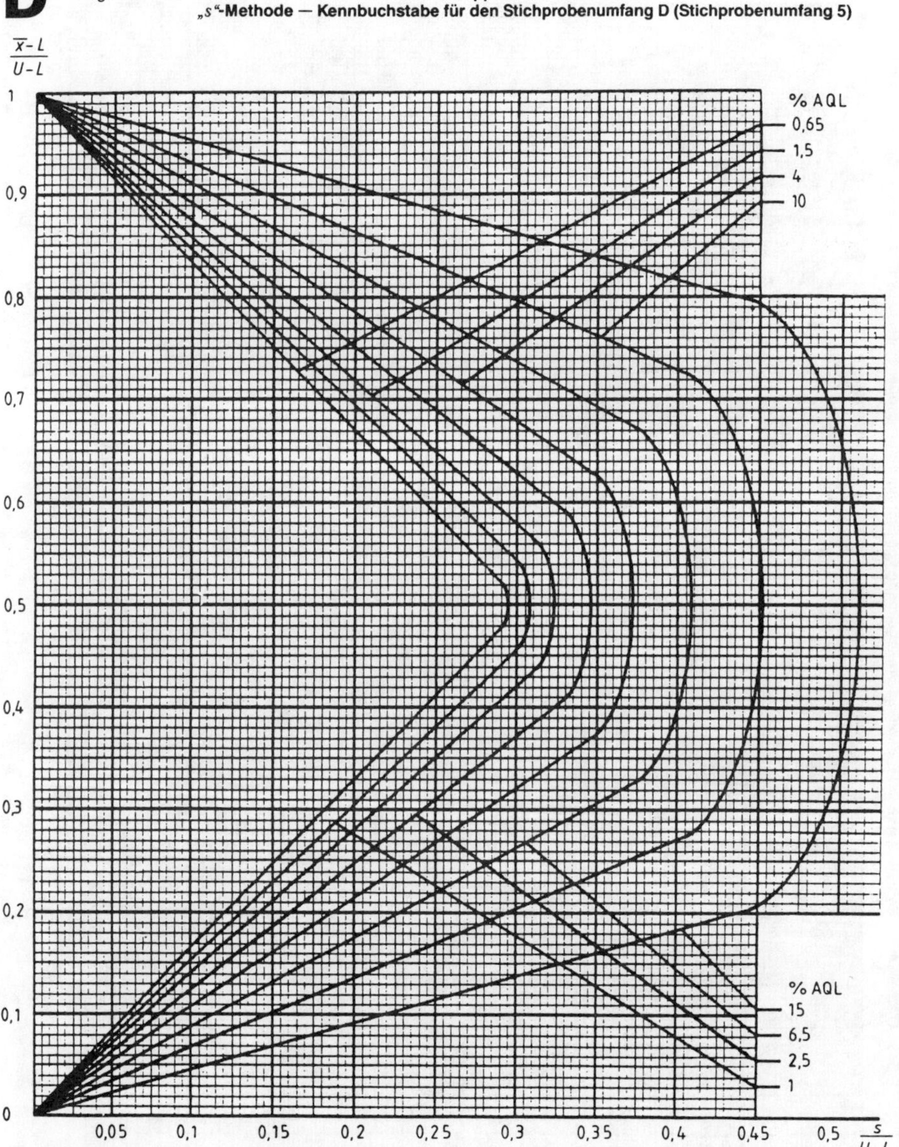

Diagramm *s*-E. **Annahmekurven für verbundene doppelte Grenzwerte: „*s*"-Methode — Kennbuchstabe für den Stichprobenumfang E (Stichprobenumfang 7)**

$\frac{\bar{x}-L}{U-L}$

1
0,9
0,8
0,7
0,6
0,5
0,4
0,3
0,2
0,1
0

%AQL
0,25
0,65
1,5
4
10

%AQL
15
6,5
2,5
1
0,4

0,05 0,1 0,15 0,2 0,25 0,3 0,35 0,4 0,45 0,5 $\frac{s}{U-L}$

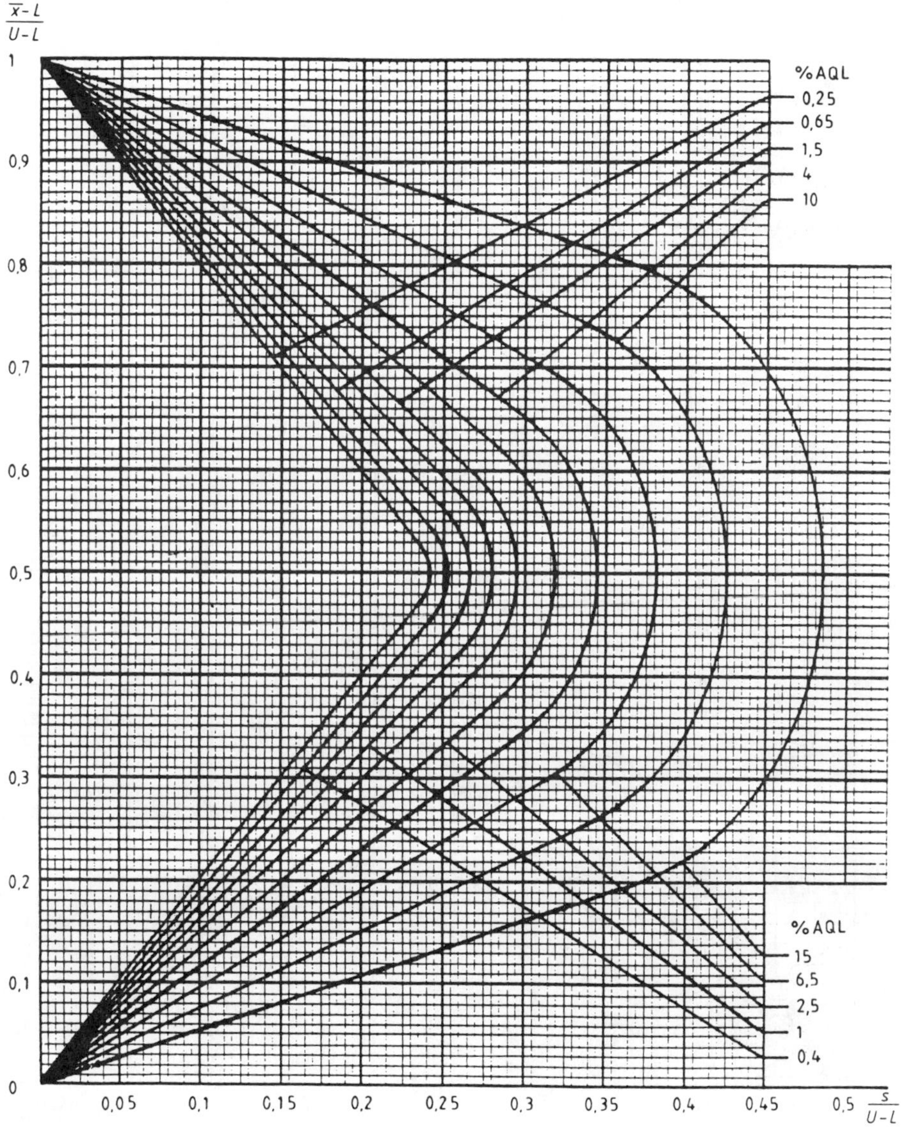

F

Diagramm *s*-F. **Annahmekurven für verbundene doppelte Grenzwerte: „*s*"-Methode — Kennbuchstabe für den Stichprobenumfang F (Stichprobenumfang 10)**

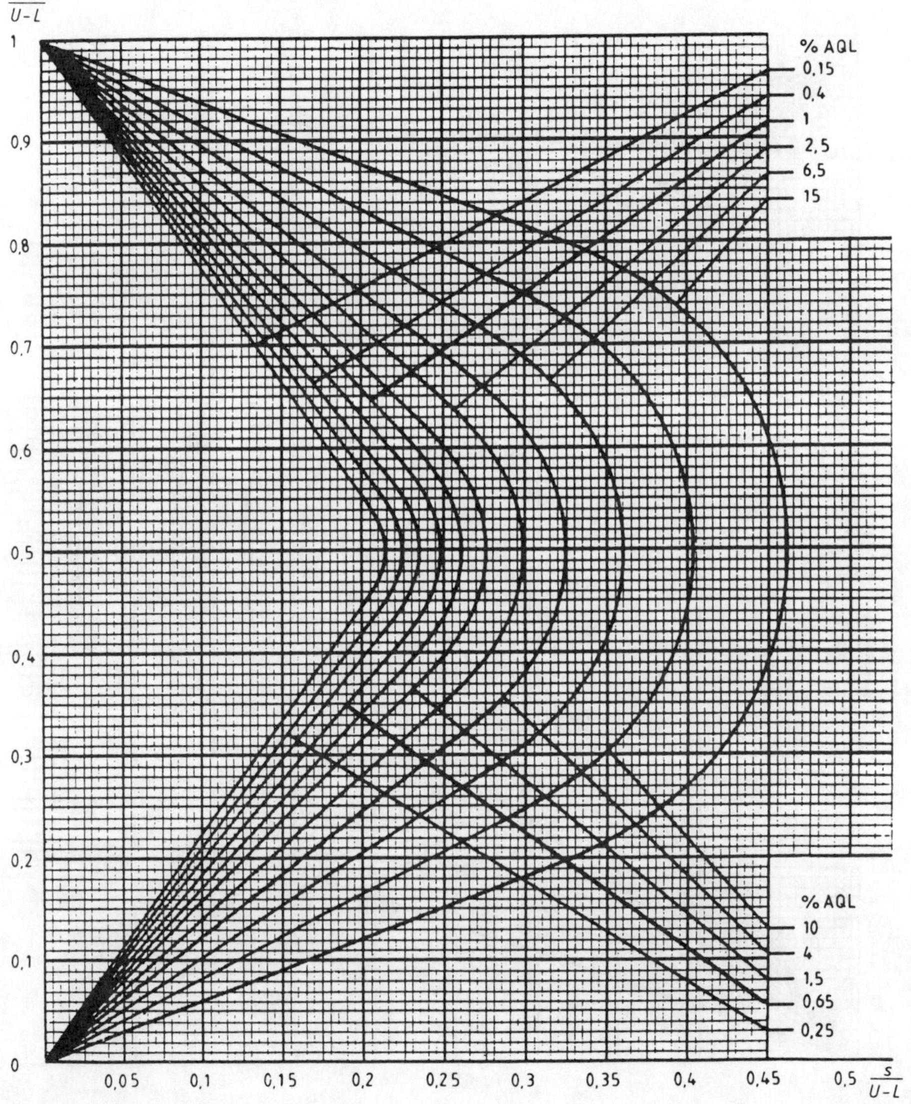

Diagramm s-G **Annahmekurven für verbundene doppelte Grenzwerte: „s"-Methode — Kennbuchstabe für den Stichprobenumfang G (Stichprobenumfang 15)**

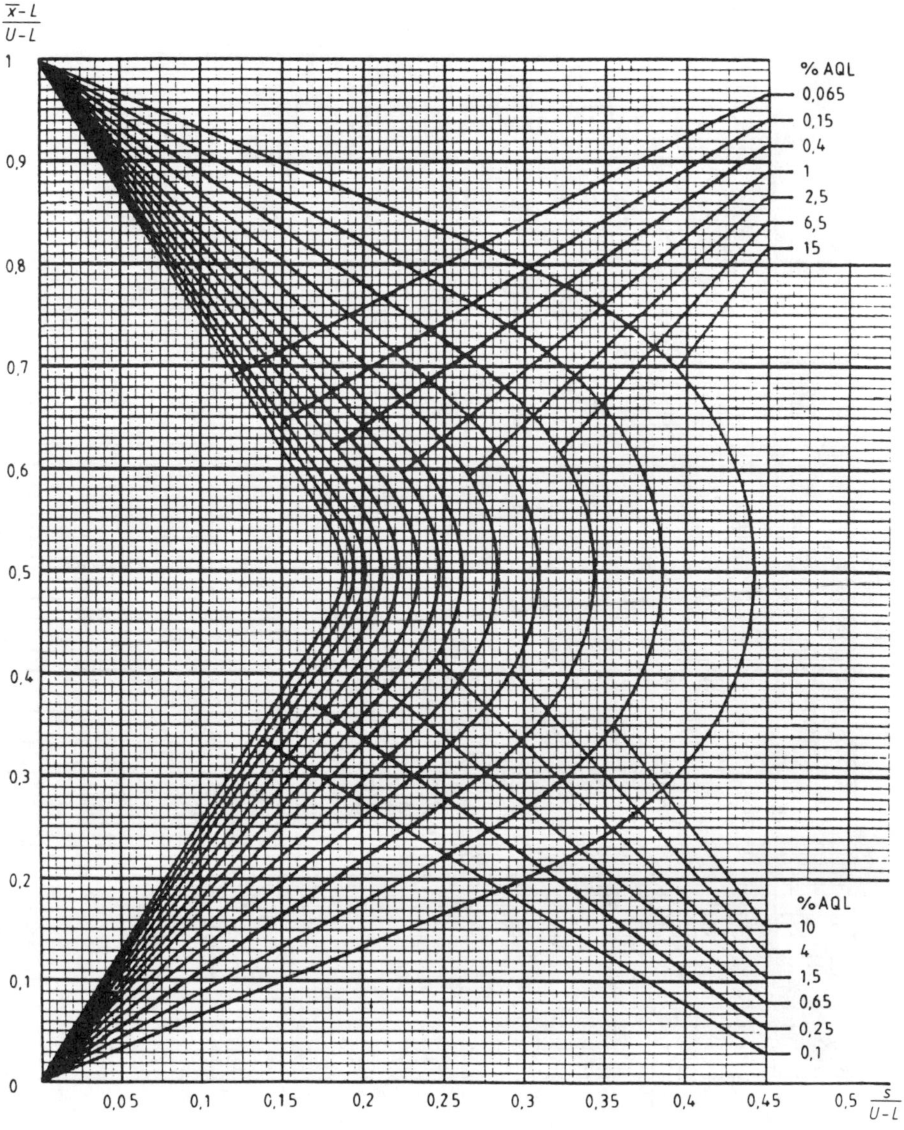

H Diagramm *s*-H. **Annahmekurven für verbundene doppelte Grenzwerte: „s"-Methode — Kennbuchstabe für den Stichprobenumfang H (Stichprobenumfang 20)**

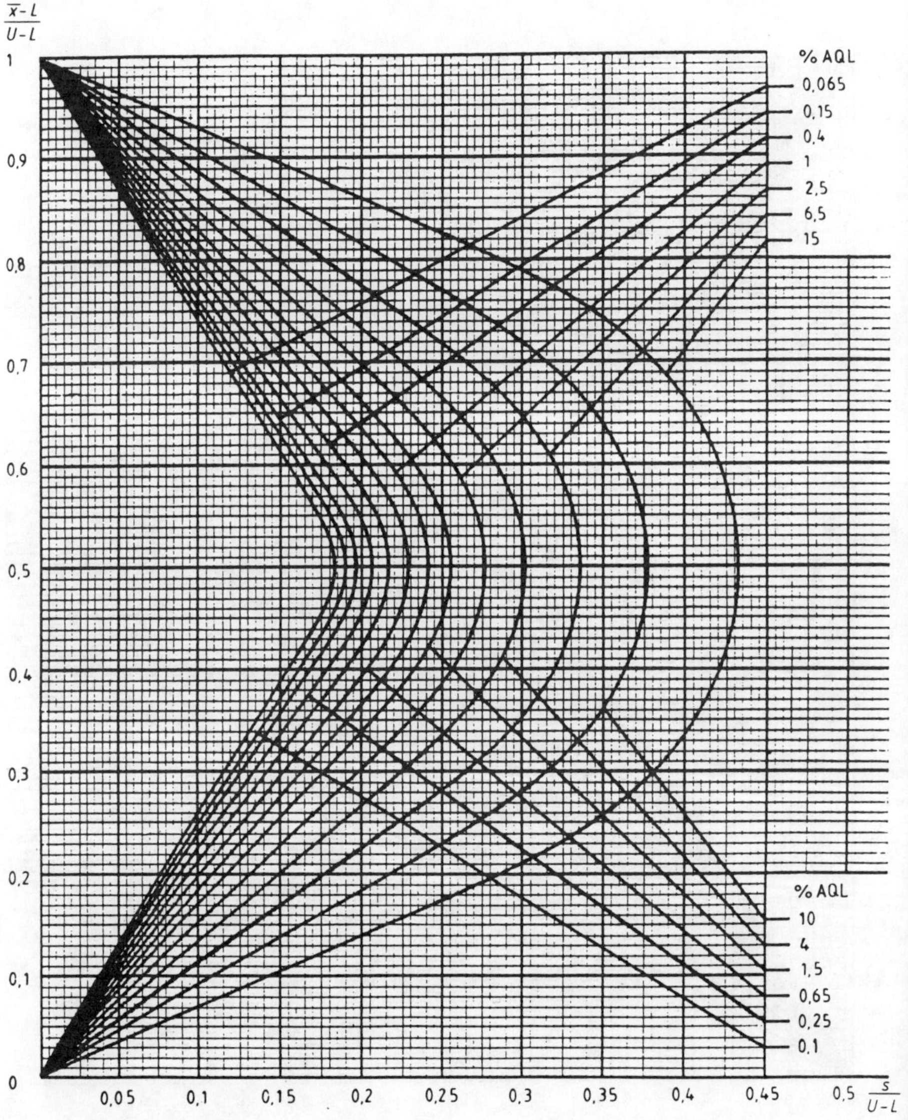

Diagramm s-I. **Annahmekurven für verbundene doppelte Grenzwerte: „s"-Methode — Kennbuchstabe für den Stichprobenumfang I (Stichprobenumfang 25)**

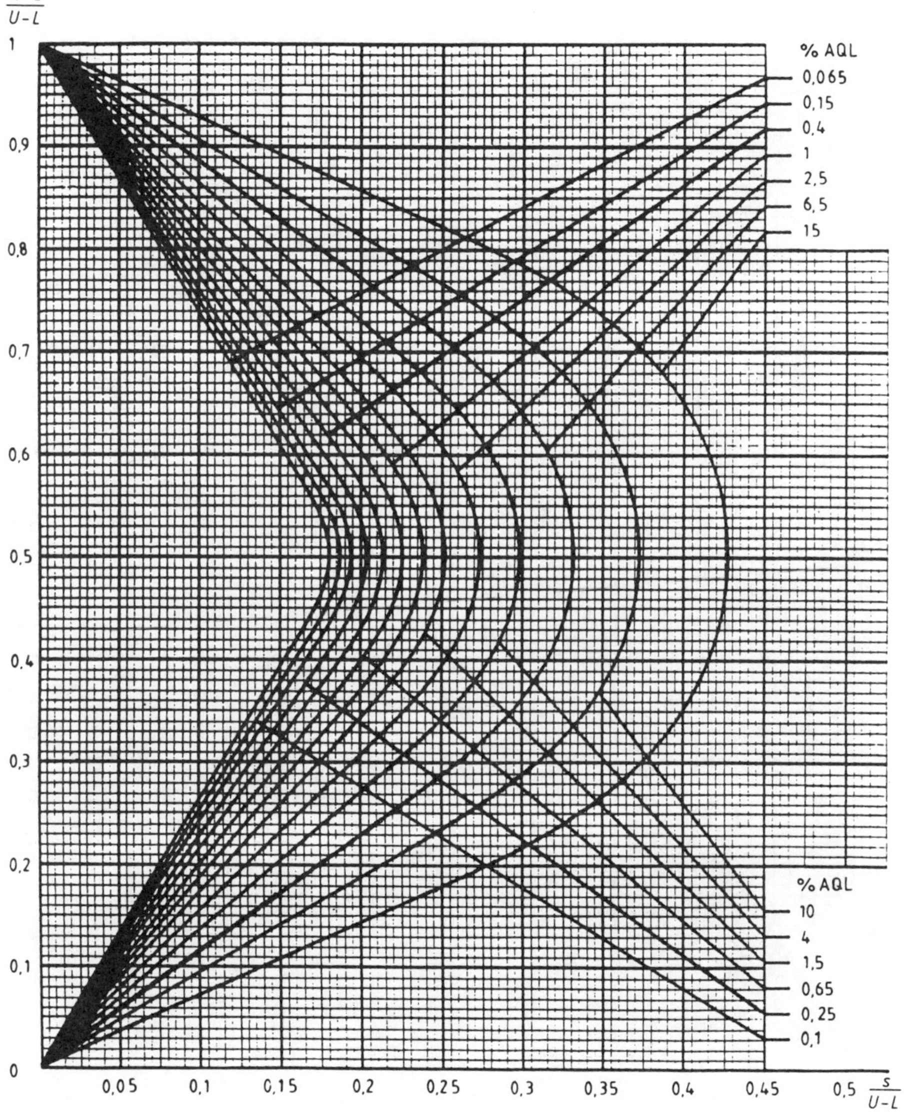

J

Diagramm *s*-J. **Annahmekurven für verbundene doppelte Grenzwerte: „*s*"-Methode — Kennbuchstabe für den Stichprobenumfang J (Stichprobenumfang 35)**

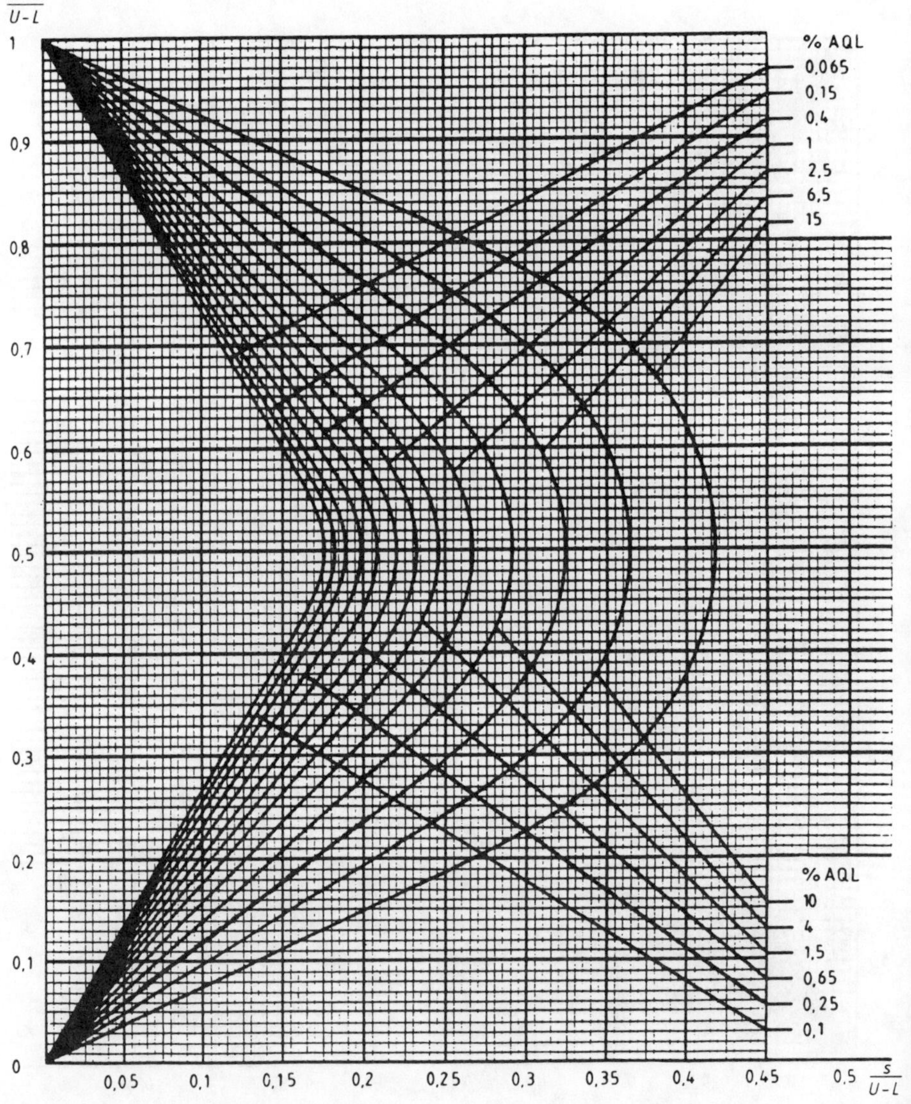

Diagramm *s*-K. **Annahmekurven für verbundene doppelte Grenzwerte: „*s*"-Methode — Kennbuchstabe für den Stichprobenumfang K (Stichprobenumfang 50)**

$\frac{\bar{x} - L}{U - L}$

1; 0,9; 0,8; 0,7; 0,6; 0,5; 0,4; 0,3; 0,2; 0,1; 0

% AQL: 0,065; 0,15; 0,4; 1; 2,5; 6,5; 15

% AQL: 10; 4; 1,5; 0,65; 0,25; 0,1

0,05; 0,1; 0,15; 0,2; 0,25; 0,3; 0,35; 0,4; 0,45; 0,5 $\frac{s}{U - L}$

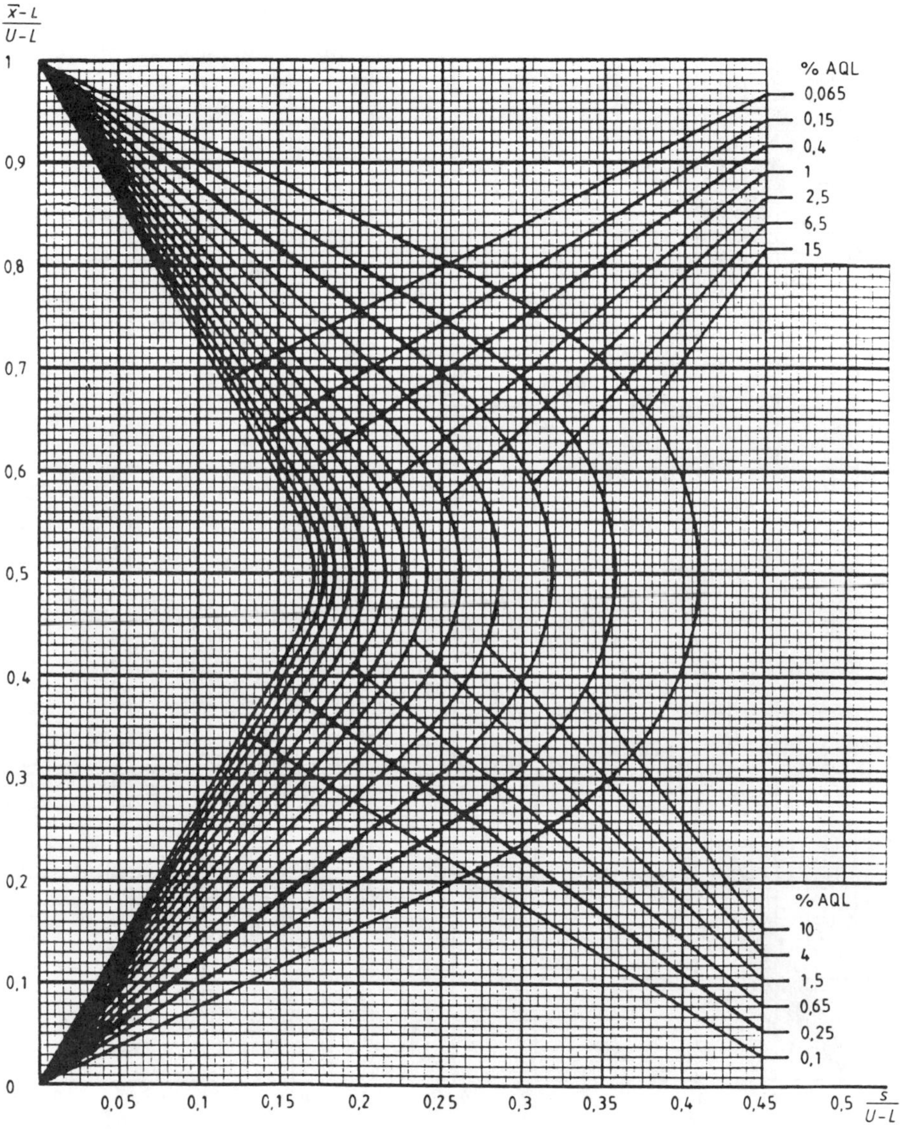

L

Diagramm *s*-L. **Annahmekurven für verbundene doppelte Grenzwerte: „*s*"-Methode — Kennbuchstabe für den Stichprobenumfang L (Stichprobenumfang 75)**

$\frac{\bar{x}-L}{U-L}$

1
0,9
0,8
0,7
0,6
0,5
0,4
0,3
0,2
0,1
0

% AQL
0,065
0,15
0,4
1
2,5
6,5
15

% AQL
10
4
1,5
0,65
0,25
0,1

0,05 0,1 0,15 0,2 0,25 0,3 0,35 0,4 0,45 0,5 $\frac{s}{U-L}$

Diagramm s-M. **Annahmekurven für verbundene doppelte Grenzwerte: „s"-Methode — Kennbuchstabe für den Stichprobenumfang M (Stichprobenumfang 100)**

$\frac{\bar{x}-L}{U-L}$

1
0,9
0,8
0,7
0,6
0,5
0,4
0,3
0,2
0,1
0

% AQL
0,065
0,15
0,4
1
2,5
6,5

% AQL
10
4
1,5
0,65
0,25
0,1

0,05 0,1 0,15 0,2 0,25 0,3 0,35 0,4 0,45 0,5 $\frac{s}{U-L}$

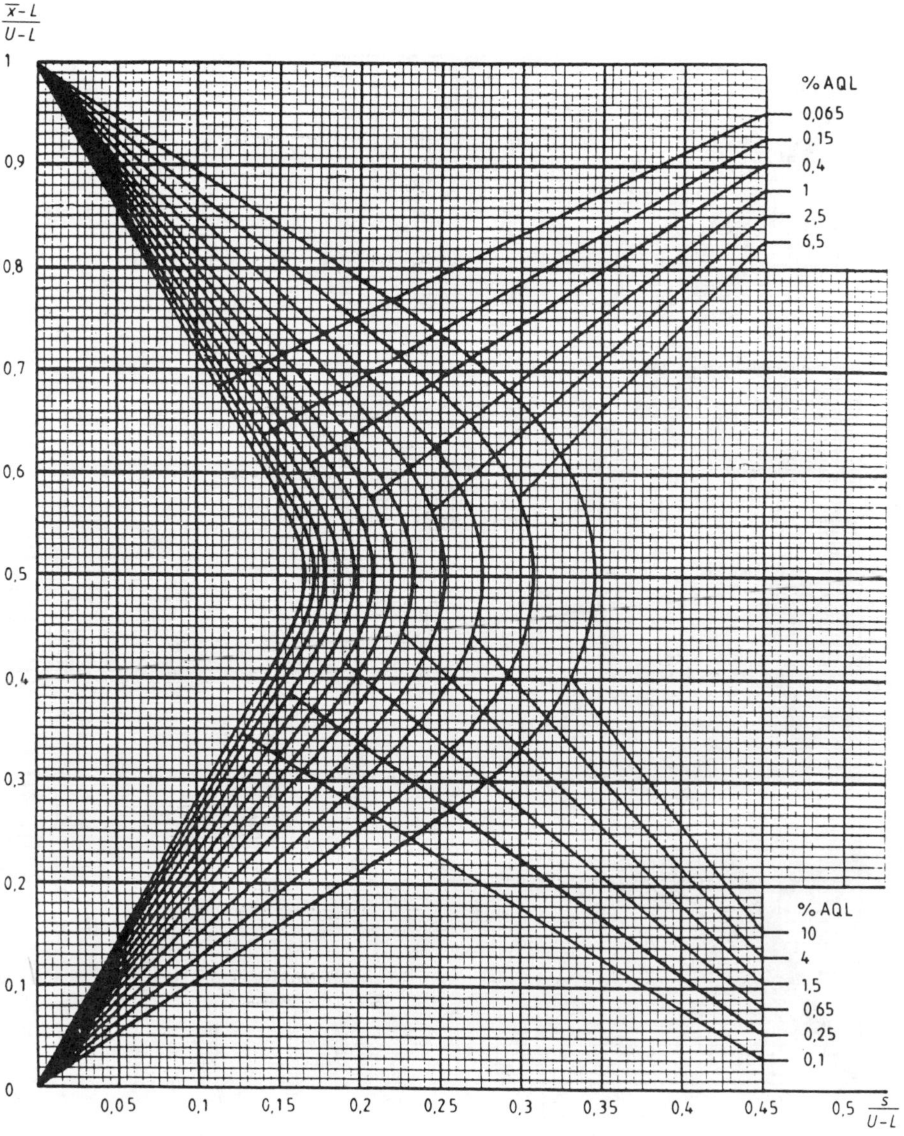

225/19

N

Diagramm *s*-N. **Annahmekurven für verbundene doppelte Grenzwerte: „*s*"-Methode — Kennbuchstabe für den Stichprobenumfang N (Stichprobenumfang 150)**

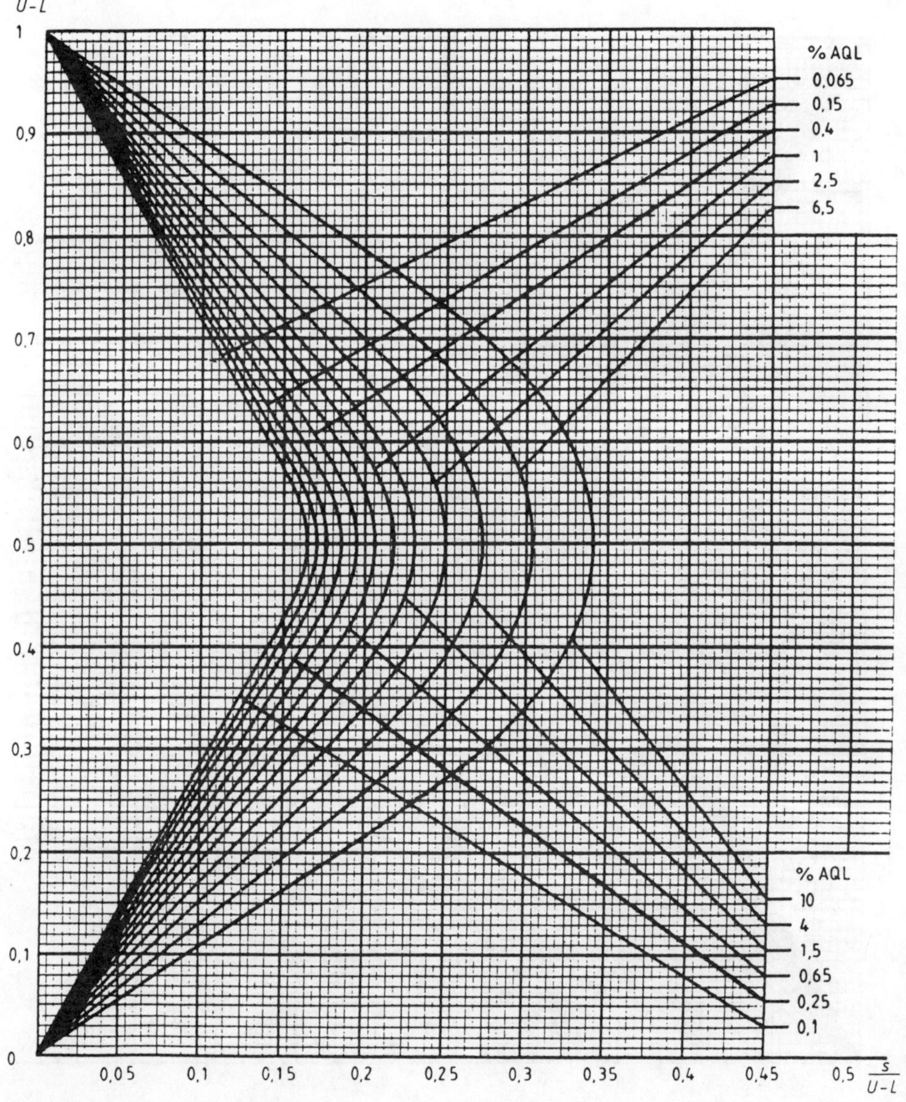

Diagramm *s*-P. **Annahmekurven für verbundene doppelte Grenzwerte: „*s*"-Methode — Kennbuchstabe für den Stichprobenumfang P (Stichprobenumfang 200)**

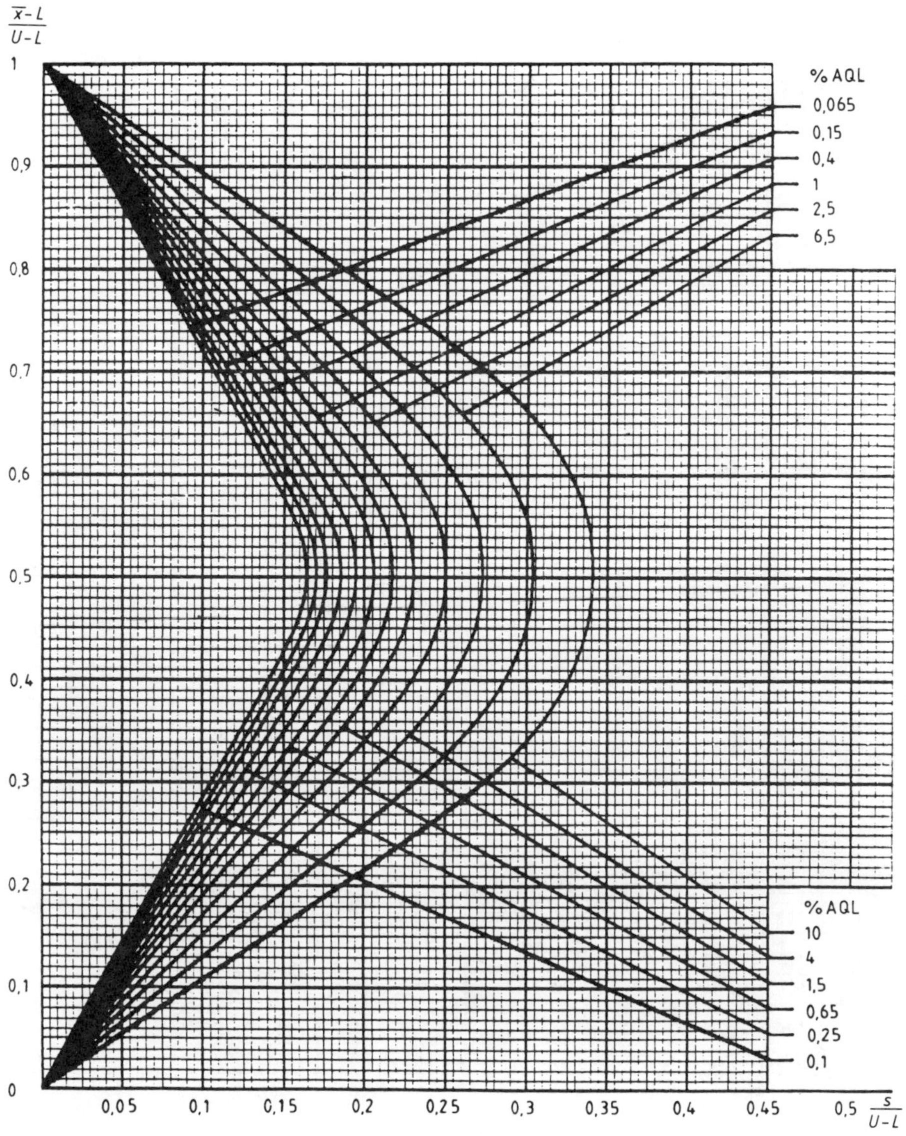

225/19*

C Diagramm σ-C. **Annahmekurven für verbundene doppelte Grenzwerte: „σ"-Methode — Kennbuchstabe für den Stichprobenumfang C**

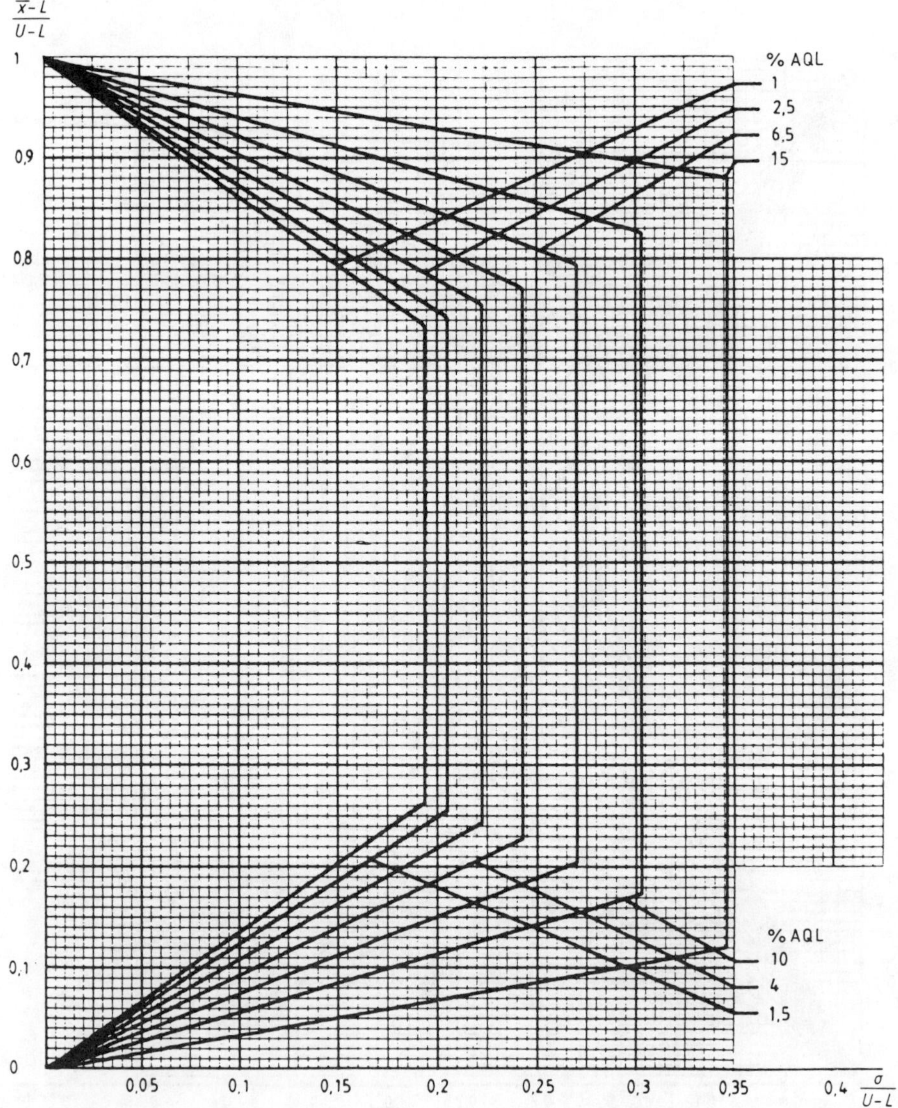

Diagramm σ-D. **Annahmekurven für verbundene doppelte Grenzwerte: „σ"-Methode — Kennbuchstabe für den Stichprobenumfang D**

$\frac{\bar{x}-L}{U-L}$

1
0,9
0,8
0,7
0,6
0,5
0,4
0,3
0,2
0,1
0

%AQL
0,65
1,5
4
10

%AQL
15
6,5
2,5
1

0,05 0,1 0,15 0,2 0,25 0,3 0,35 0,4 $\frac{\sigma}{U-L}$

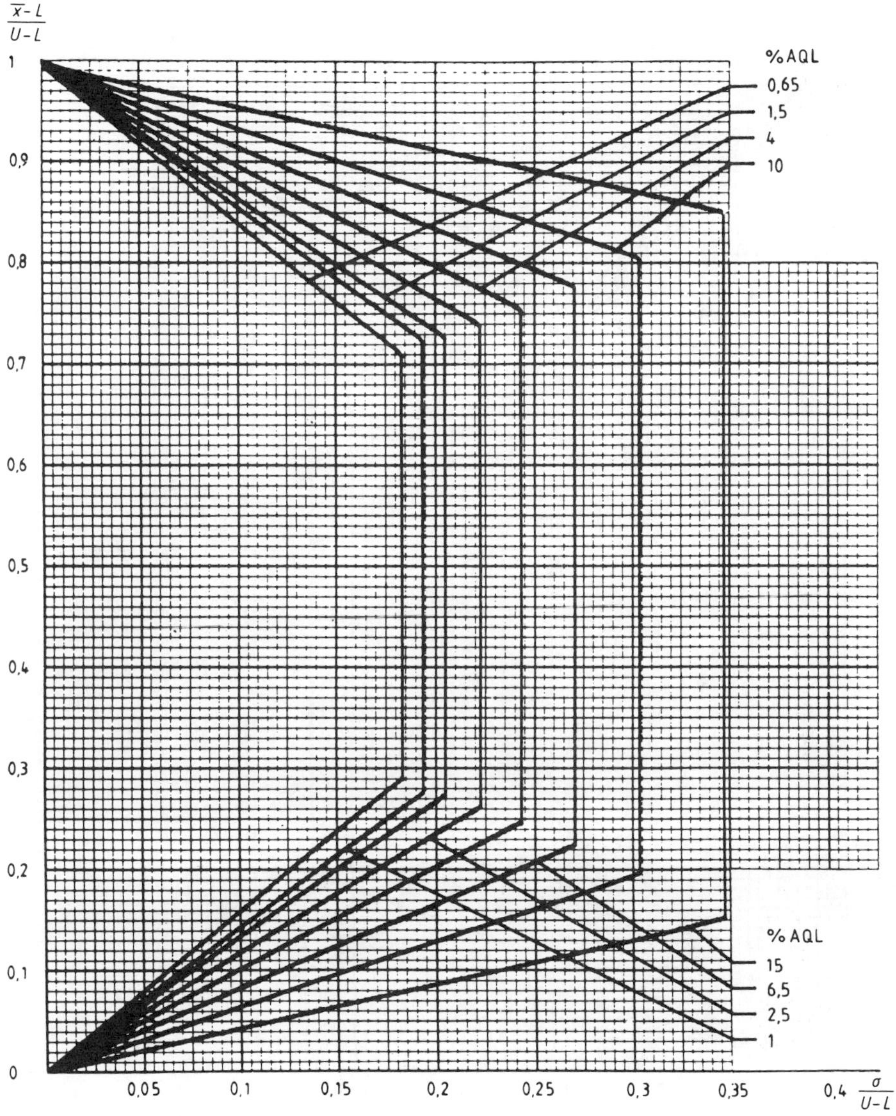

E

Diagramm σ-E. **Annahmekurven für verbundene doppelte Grenzwerte: „σ"-Methode — Kennbuchstabe für den Stichprobenumfang E**

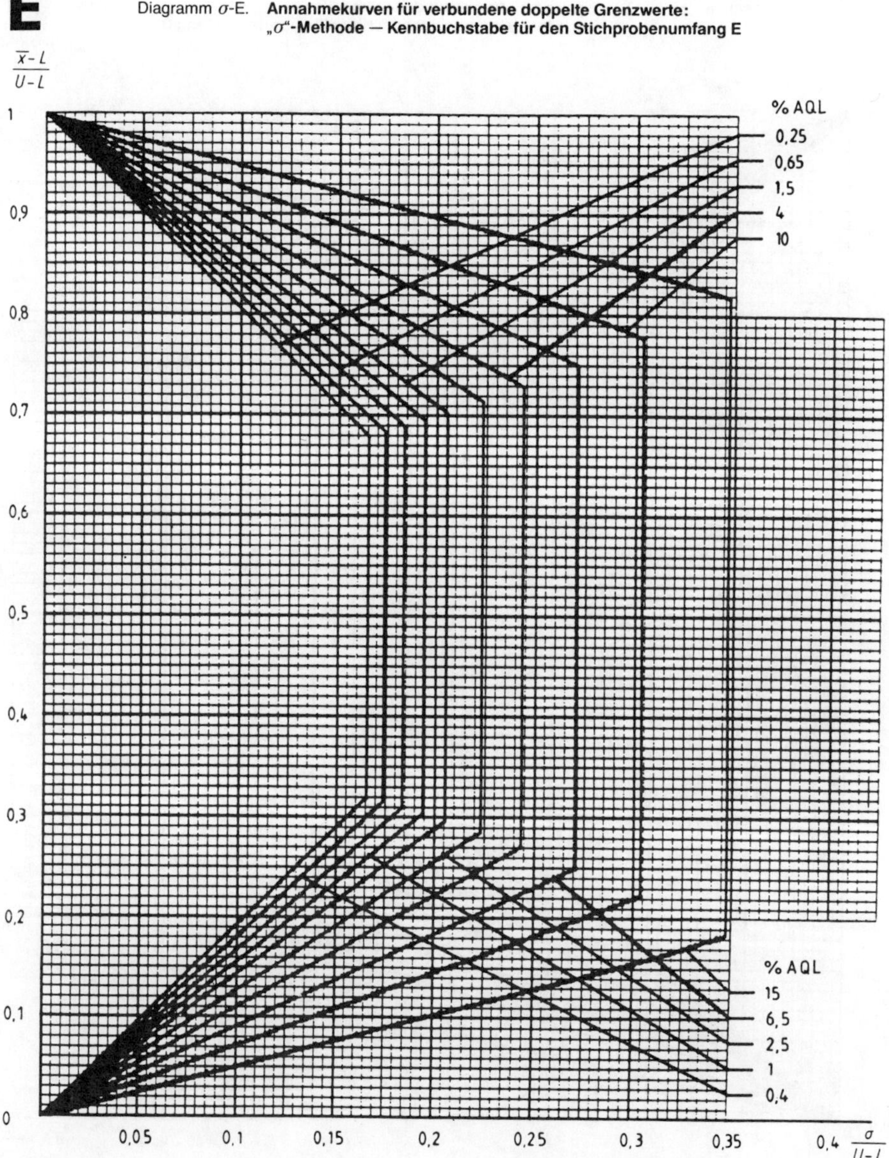

Diagramm σ-F. **Annahmekurven für verbundene doppelte Grenzwerte: „σ"-Methode — Kennbuchstabe für den Stichprobenumfang F**

F

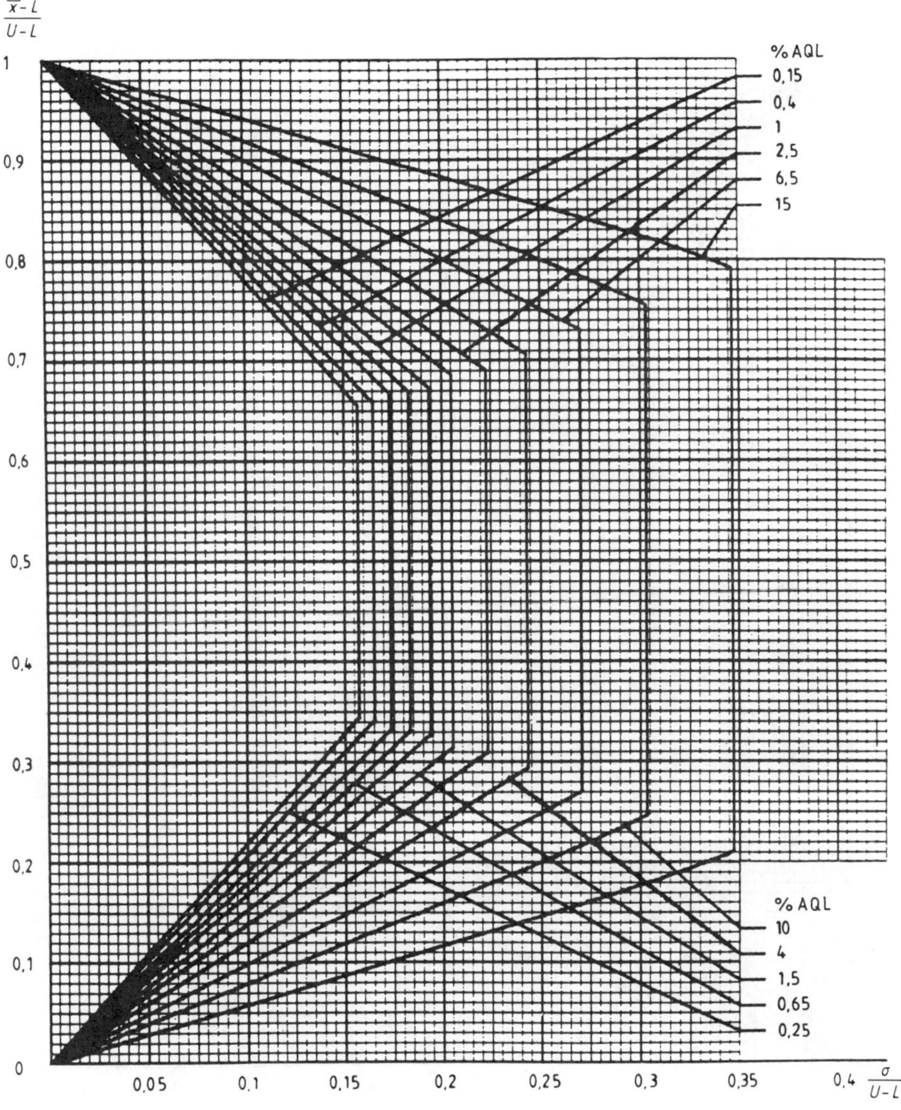

G

Diagramm σ-G. **Annahmekurven für verbundene doppelte Grenzwerte: „σ"-Methode — Kennbuchstabe für den Stichprobenumfang G**

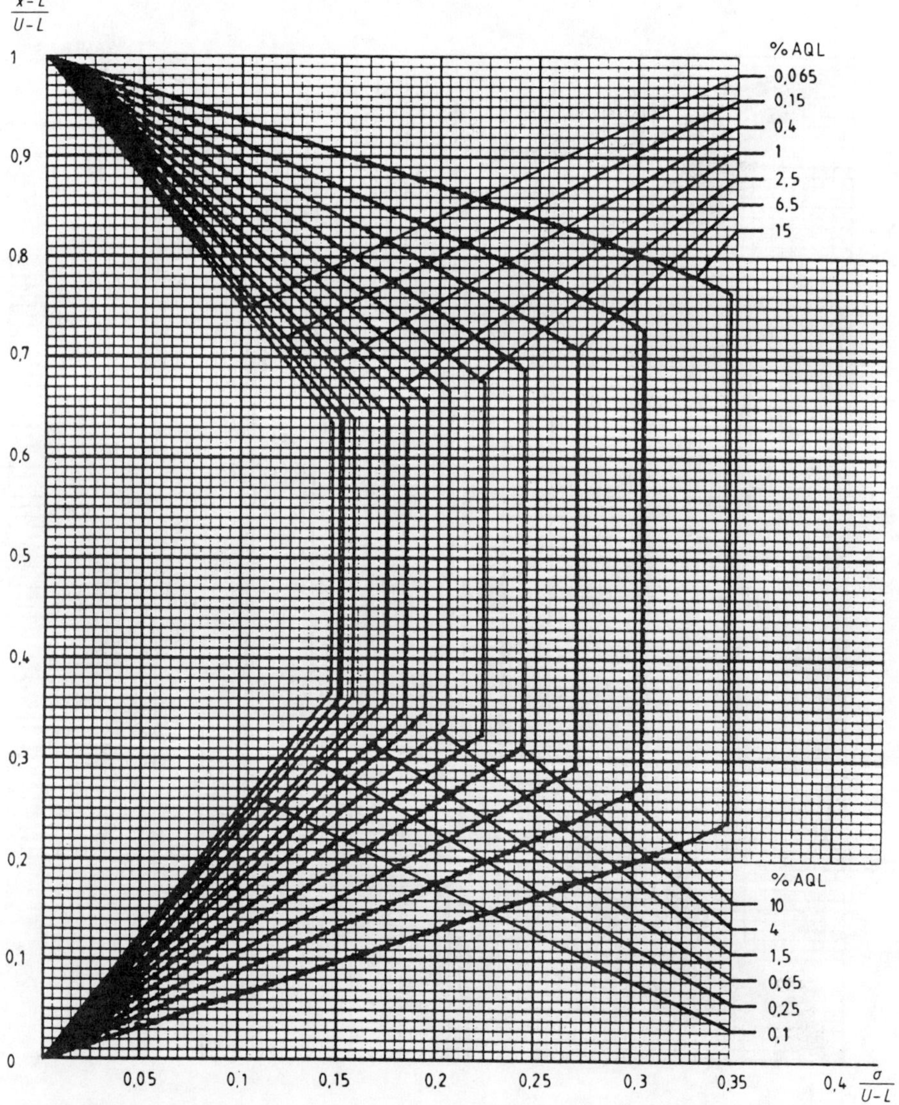

Diagramm σ-H. **Annahmekurven für verbundene doppelte Grenzwerte: „σ"-Methode — Kennbuchstabe für den Stichprobenumfang H**

$\frac{\bar{x}-L}{U-L}$

1
0,9
0,8
0,7
0,6
0,5
0,4
0,3
0,2
0,1
0

% AQL
0,065
0,15
0,4
1
2,5
6,5
15

% AQL
10
4
1,5
0,65
0,25
0,1

0,05 0,1 0,15 0,2 0,25 0,3 0,35 0,4 $\frac{\sigma}{U-L}$

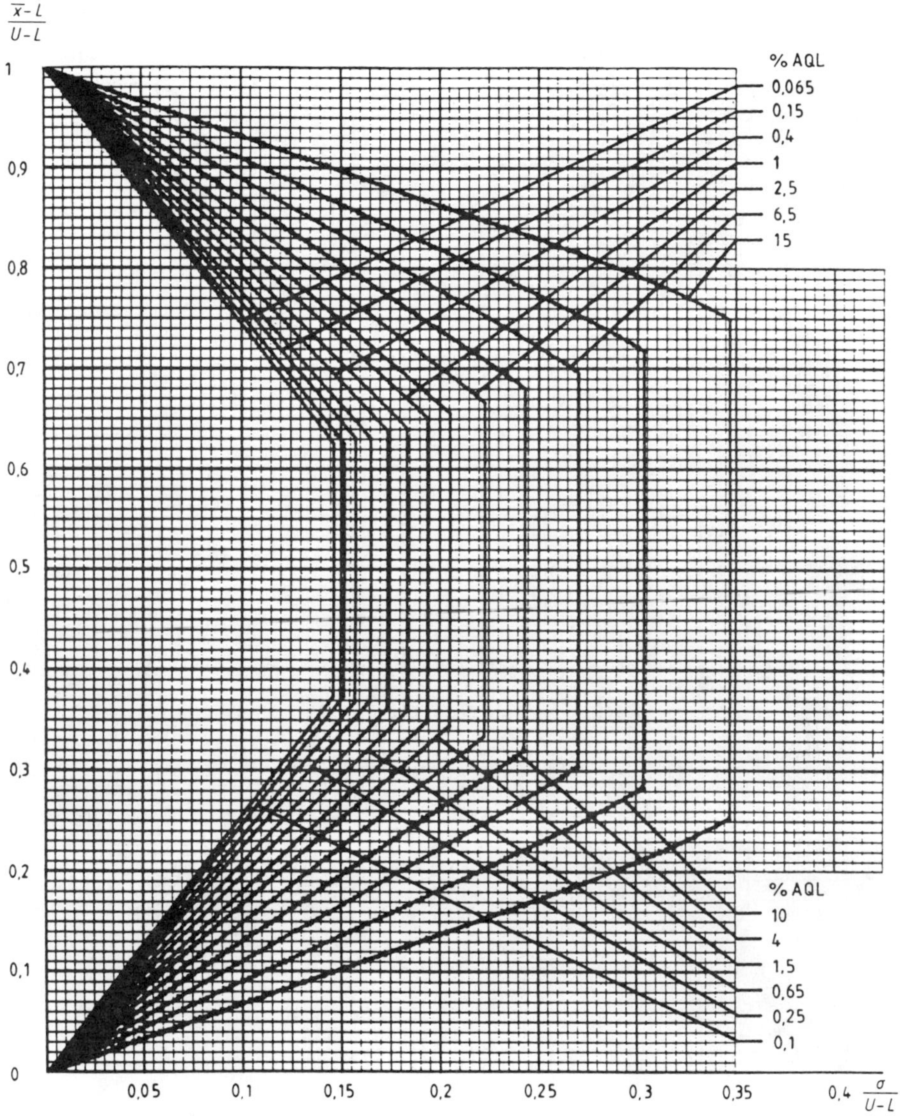

Diagramm σ-I. **Annahmekurven für verbundene doppelte Grenzwerte: „σ"-Methode — Kennbuchstabe für den Stichprobenumfang I**

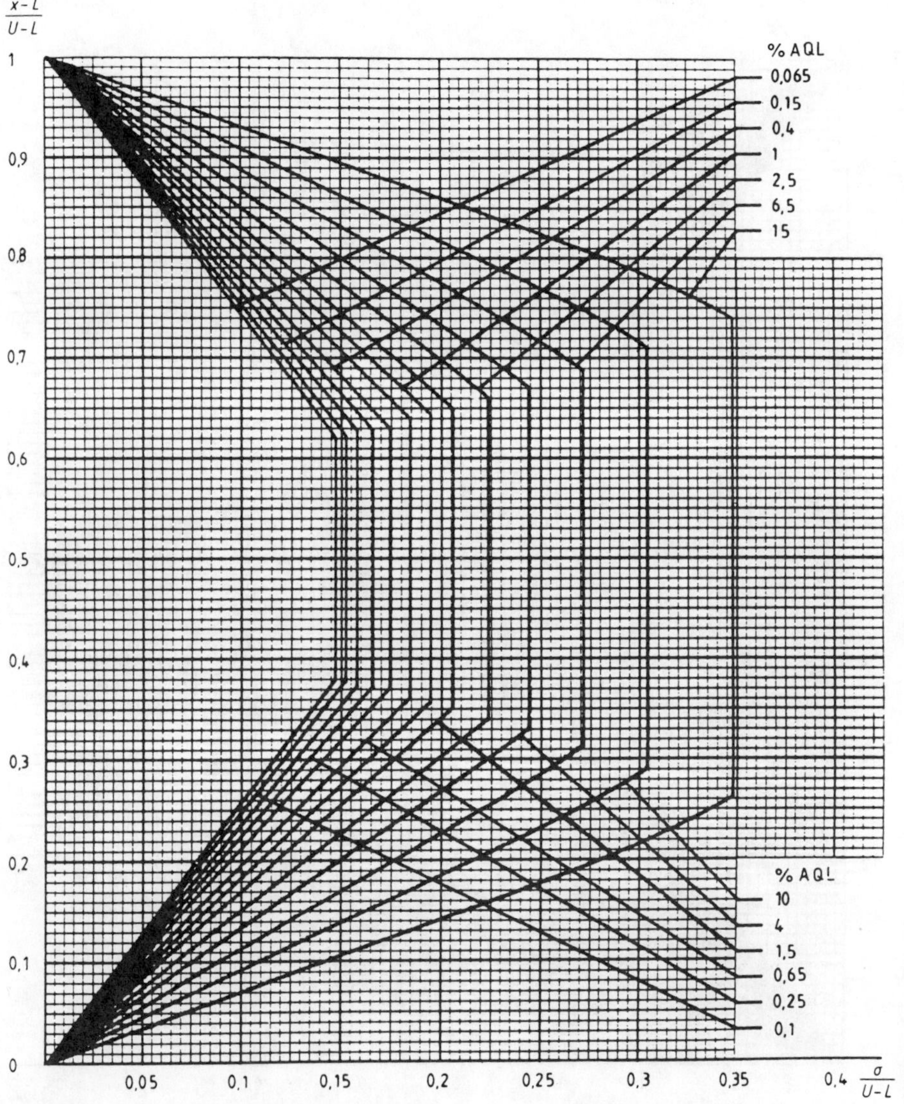

Diagramm σ-J. **Annahmekurven für verbundene doppelte Grenzwerte: „σ"-Methode — Kennbuchstabe für den Stichprobenumfang J**

$\frac{\overline{x} - L}{U - L}$

1
0,9
0,8
0,7
0,6
0,5
0,4
0,3
0,2
0,1
0

% AQL
0,065
0,15
0,4
1
2,5
6,5
15

% AQL
10
4
1,5
0,65
0,25
0,1

0,05 0,1 0,15 0,2 0,25 0,3 0,35 0,4 $\frac{\sigma}{U - L}$

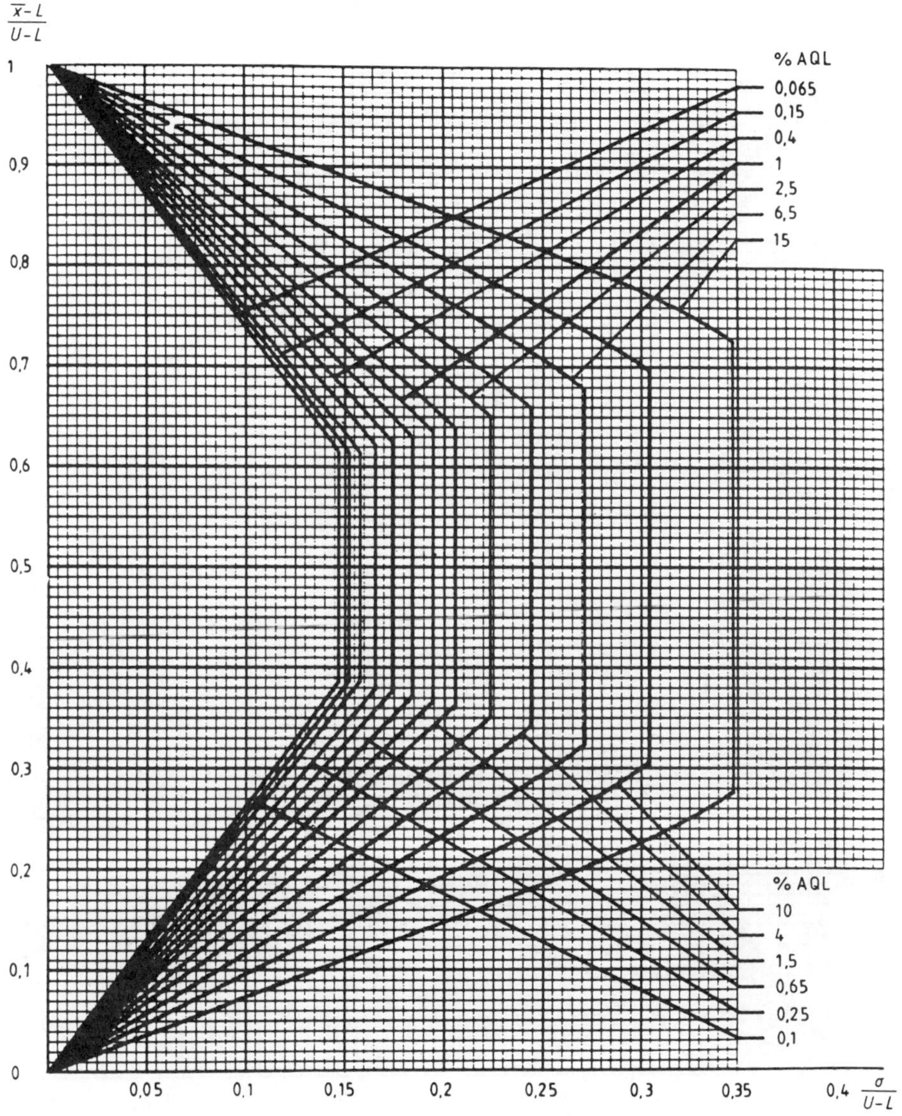

K

Diagramm σ-K. **Annahmekurven für verbundene doppelte Grenzwerte: „σ"-Methode — Kennbuchstabe für den Stichprobenumfang K**

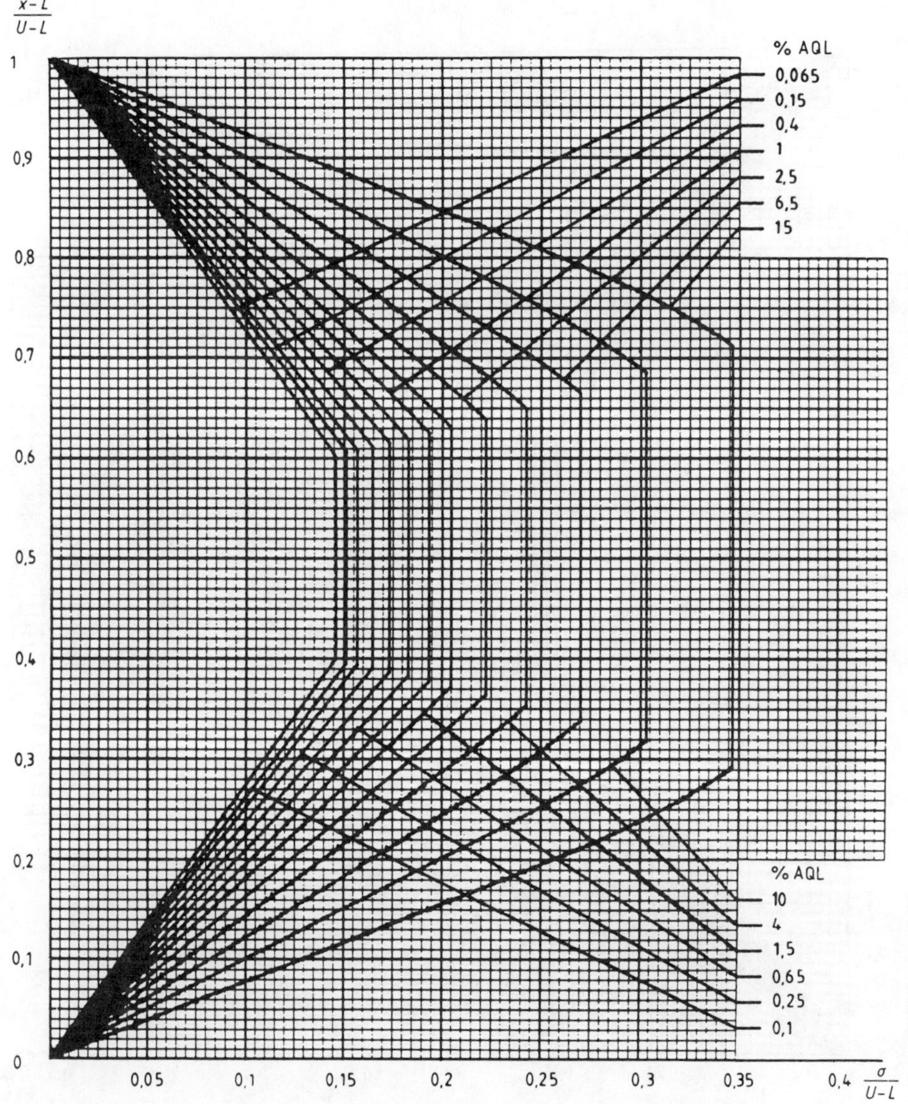

Diagramm σ-L. **Annahmekurven für verbundene doppelte Grenzwerte: „σ"-Methode — Kennbuchstabe für den Stichprobenumfang L**

L

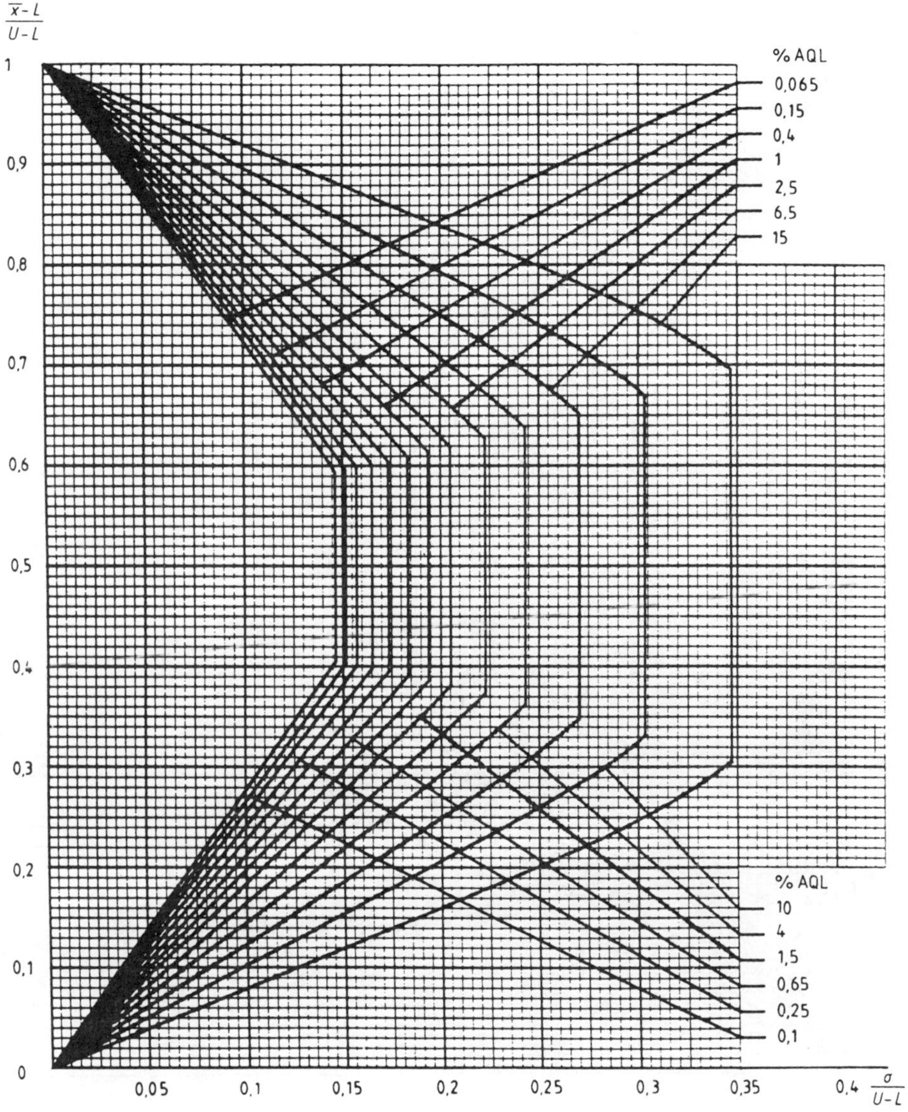

M Diagramm σ-M. **Annahmekurven für verbundene doppelte Grenzwerte: „σ"-Methode — Kennbuchstabe für den Stichprobenumfang M**

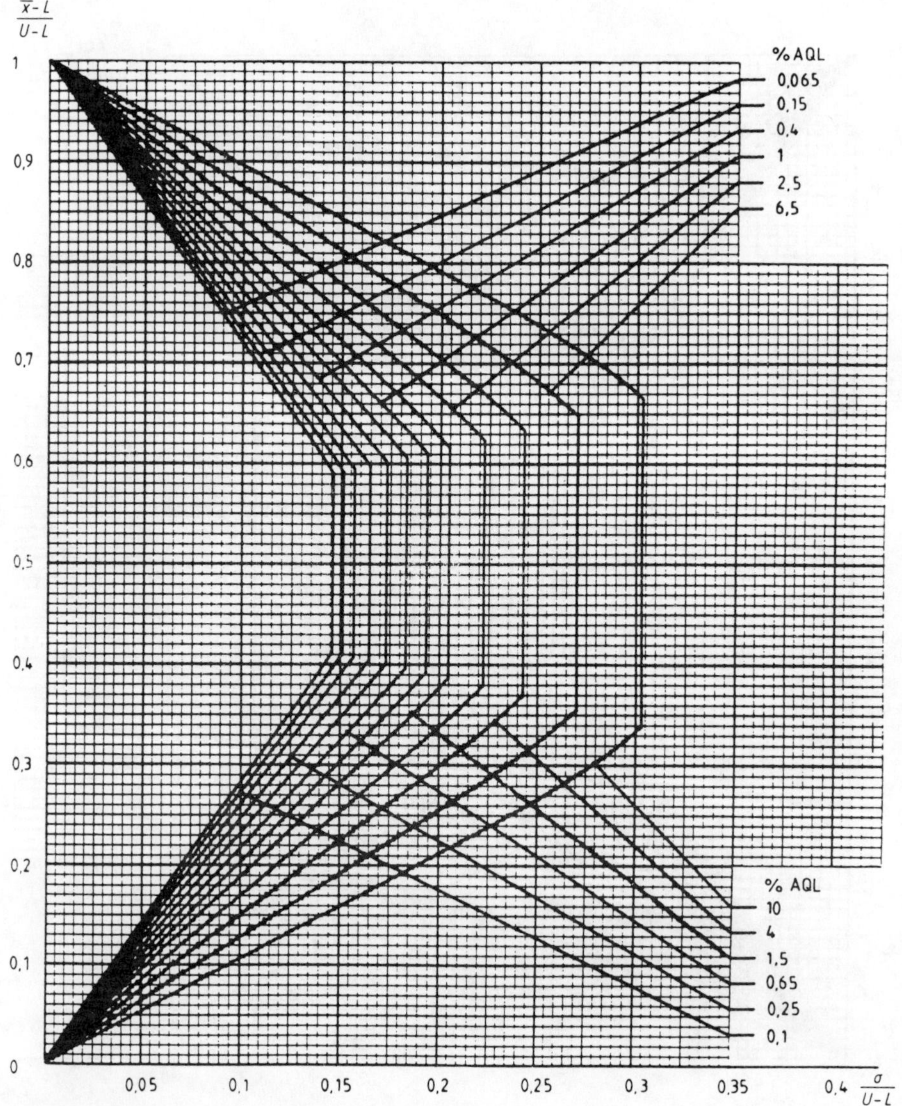

Diagramm σ-N. **Annahmekurven für verbundene doppelte Grenzwerte: „σ"-Methode — Kennbuchstabe für den Stichprobenumfang N**

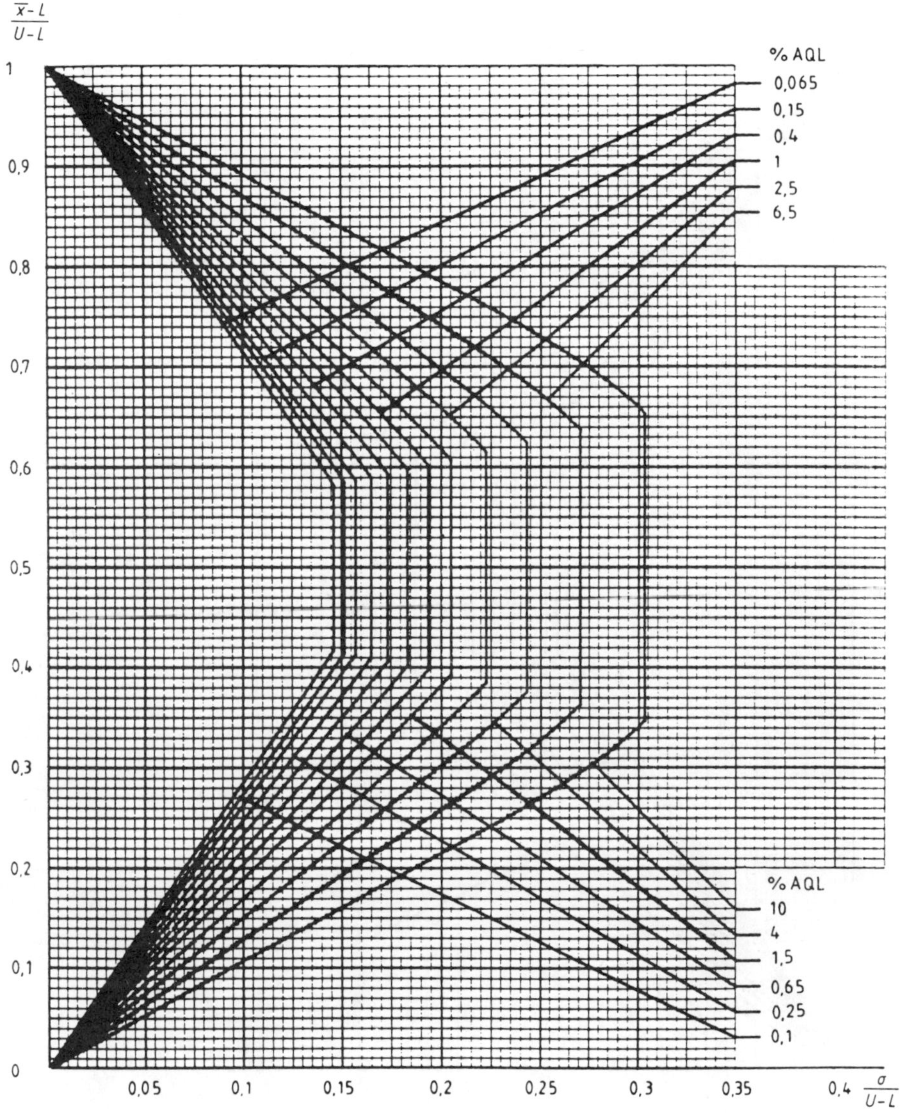

Diagramm σ-P. **Annahmekurven für verbundene doppelte Grenzwerte: „σ"-Methode — Kennbuchstabe für den Stichprobenumfang P**

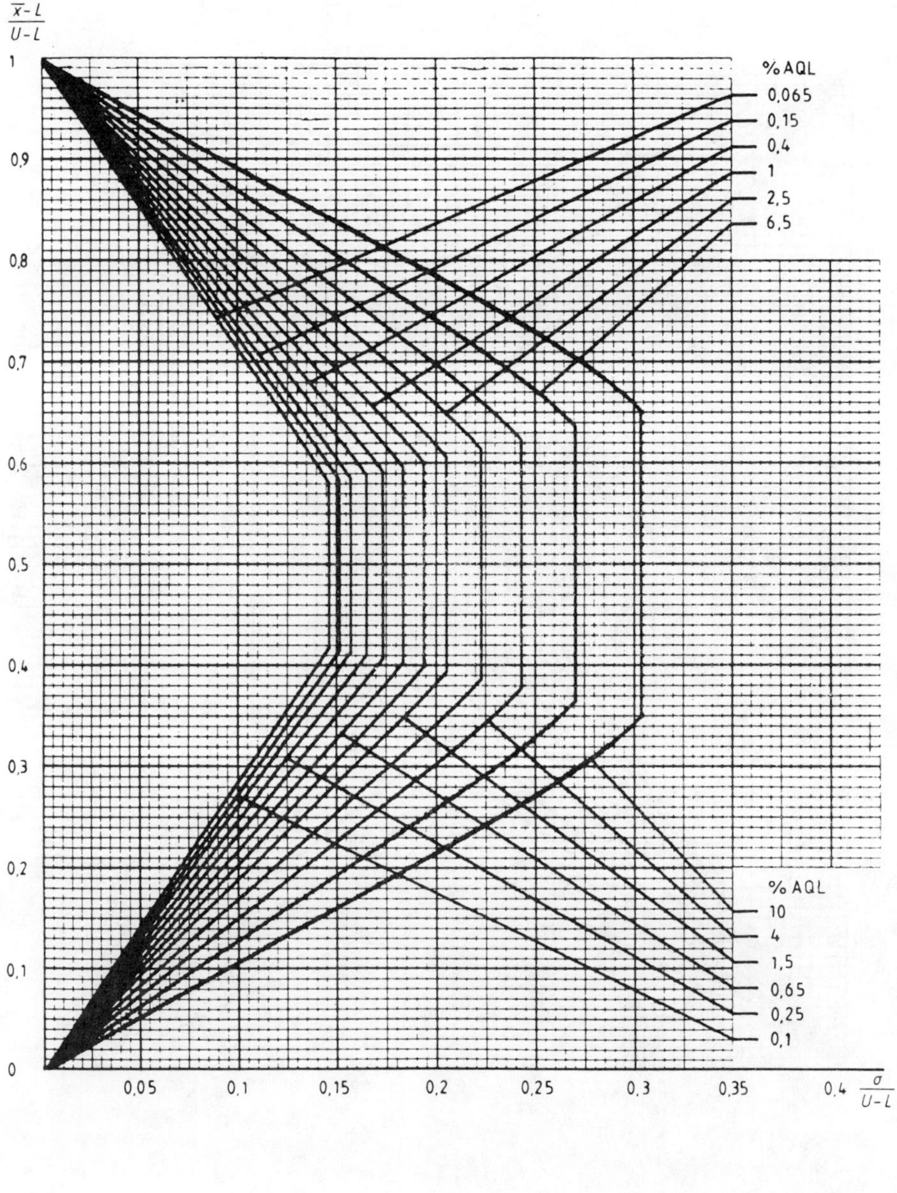

$\frac{\overline{x}-L}{U-L}$

1, 0,9, 0,8, 0,7, 0,6, 0,5, 0,4, 0,3, 0,2, 0,1, 0

% AQL: 0,065; 0,15; 0,4; 1; 2,5; 6,5

% AQL: 10; 4; 1,5; 0,65; 0,25; 0,1

0,05, 0,1, 0,15, 0,2, 0,25, 0,3, 0,35, 0,4 $\frac{\sigma}{U-L}$

Anhang A

(Bestandteil der Norm)

Verfahren zur Berechnung von s und σ

A.1 Verfahren zur Berechnung von s

A.1.1 Der aus einer Stichprobe gewonnene Schätzwert für die Standardabweichung σ einer Grundgesamtheit wird mit dem Formelzeichen s bezeichnet. Er kann nach der folgenden Formel berechnet werden:

$$s = \sqrt{\frac{\sum_{i=1}^{n} (x_i - \overline{x})^2}{n - 1}}$$

worin x_i der in einer Stichprobe vom Umfang n an der i-ten Einheit ermittelte Wert des Merkmals und $\overline{x}$ der Stichprobenmittelwert der x_i ist, das heißt:

$$\overline{x} = \frac{\sum_{i=1}^{n} x_i}{n}$$

A.1.2 Die oben angegebene Formel für s wird nicht für die praktische Rechnung empfohlen; denn die Rechnungen können dadurch vereinfacht werden, daß man von den x_i eine beliebige (geeignete) ganze Zahl a subtrahiert und die folgende gleichwertige Rechenformel für s verwendet:

$$s^2 = \left\{ \sum_{i=1}^{n} (x_i - a)^2 - n(a - \overline{x})^2 \right\} \Big/ (n - 1)$$

Beispiel: Man nehme die Meßwerte, die in dem Beispiel in Abschnitt 14.6 angegeben sind, wähle a = 65 und führe die Rechnungen nach der folgenden tabellarischen Aufstellung durch:

x_i	a	$(x_i - a)$	$(x_i - a)^2$
63,5	65	− 1,5	2,25
62	65	− 3,0	9,00
65,2	65	0,2	0,04
61,7	65	− 3,3	10,89
69	65	4,0	16,00
67,1	65	2,1	4,41
60	65	− 5,0	25,00
66,4	65	1,4	1,96
62,8	65	− 2,2	4,84
68	65	3,0	9,00

Σx_i =	645,7	$\Sigma(x_i - a)^2$ =	83,39
n =	10	→ $n(a - \overline{x})^2$ =	1,85
$\overline{x}$ =	64,57		
		Differenz =	81,54 = $(n - 1)s^2$
a =	65	$(n - 1)$ =	9
$(a - \overline{x})$ =	0,43	s^2 =	9,06
$(a - \overline{x})^2$ =	0,185	s =	3,01
$n(a - \overline{x})^2$ =	1,85		

A.1.3 Steht ein Rechner zur Verfügung, so darf man das a aus Abschnitt A.1.2 gleich Null setzen und erhält die Formel:

$$s^2 = \left\{ \sum_{i=1}^{n} (x_i)^2 - n(\overline{x})^2 \right\} \Big/ (n - 1)$$

Mit einem modernen Rechner kann man gleichzeitig sowohl die laufende Summe der x_i als auch die der $(x_i)^2$ berechnen, so daß es nicht nötig ist, die individuellen Werte der x_i und der $(x_i)^2$ aufzuschreiben. Nur um den Rechenvorgang zu veranschaulichen, sind auch diese Werte im folgenden Beispiel aufgeführt worden. Man beachte, wie groß die Zahlen in der vierten Spalte werden können und stelle sicher, daß die letzten Ziffern nicht abgeschnitten werden, wenn man einen elektronischen Rechner verwendet. Die Zahlen entstammen dem zweiten Beispiel aus Anhang C, Abschnitt 9.2.5, aber hier wird s berechnet.

x_i	Laufende Summe der x_i	x_i^2	Laufende Summe der x_i^2
515	515	265225	265225
491	1006	241081	506306
479	1485	229441	735747
507	1992	257049	992796
543	2535	294849	1287645
521	3056	271441	1559086
536	3592	287296	1846382
483	4075	233289	2079671
509	4584	259081	2338752
514	5098	264196	2602948
507	5605	257049	2859997
484	6089	234256	3094253
526	6615	276676	3370929
552	7167	304704	3675633
499	7666	249001	3924634
530	8196	280900	4205534
512	8708	262144	4467678
492	9200	242064	4709742
521	9721	271441	4981183
467	10188	218089	5199272
489	10677	239121	5438393
513	11190	263169	5701562
535	11725	286225	5987787
501	12226	251001	6238788
529	12755	279841	6518629

folglich $\sum_{i=1}^{n} = 12755$ $\qquad \sum_{i=1}^{n} x_i^2 = 6518629$

$n = 25$ $\qquad \rightarrow n(\overline{x})^2 = 6507601$

$\overline{x} = \frac{1}{n}\sum_{i=1}^{n} x_i = 510{,}2$ $\qquad \sum_{i=1}^{n} x_i^2 - n(\overline{x})^2 = 11028 = (n-1)s^2$

$(\overline{x})^2 = 260304{,}04$ $\qquad n - 1 = 24$

$n(\overline{x})^2 = 6507601$ [7] $\qquad s^2 = 459{,}5$

$s = 21{,}43$

Also ist der Mittelwert $\overline{x} = 510{,}2$ und der Schätzwert für die Standardabweichung des Prozesses $s = 21{,}4$.

A.1.4 Ist die Streuung zwischen den Ermittlungsergebnissen klein, wird empfohlen, nur den Teil der Ermittlungsergebnisse zu berücksichtigen, der sich von Einheit zu Einheit ändert; das heißt, hätte man für x_i die Werte 27,515; 27,491; 27,479 usw. erhalten, so sollte man sie so weiterverarbeiten, als ob sie 515, 491, 479 usw. wären. Dies sind dann die Zahlen in dem letzten Beispiel; es folgt $\overline{x} = 27{,}510$ und $s = 0{,}021$.

Das obige Verfahren reduziert nicht nur die Rechenarbeit, sondern reduziert oder verhindert auch Rundungsabweichungen.

Man sollte sich darüber im Klaren sein, daß ein einfacher Computer eine geringere Genauigkeit haben kann als ein Taschenrechner, sofern nicht ein Programm zum Einsatz kommt, welches die Rundungsabweichungen minimiert. Eine Möglichkeit, letzteres zu erreichen, ist, wie oben beschrieben, die Subtraktion einer Konstanten von jedem Wert. Es ist sinnvoll, den ersten Wert als diese Konstante zu wählen — in dem obigen Beispiel würde also 27,515 von jedem Ermittlungsergebnis abgezogen.

A.1.5 Es können noch weitere Versionen der Gleichung für s hergeleitet werden. Je nach Arbeitsweise des Rechners mag eine der folgenden beiden Gleichungen von Nutzen sein:

$$s = \sqrt{\frac{\sum_{i=1}^{n} x_i^2 - \left(\sum_{i=1}^{n} x_i\right)^2 \Big/ n}{n-1}}$$

$$s = \sqrt{\frac{n\sum_{i=1}^{n} x_i^2 - \left(\sum_{i=1}^{n} x_i\right)^2}{n(n-1)}}$$

A.2 Verfahren zur Berechnung von σ

A.2.1 Wenn es sich herausstellt, daß s (oder $\overline{R}$) beherrscht sind, kann für σ die Wurzel aus dem gewichteten Mittelwert der quadrierten Werte von s (oder $\overline{R}/c$) genommen und durch die folgende Formel berechnet werden:

$$\sigma = \sqrt{\frac{\sum_{i=1}^{l} (n_i - 1)\, s_i^2}{\sum_{i=1}^{l} (n_i - 1)}}$$

mit:
- l: Anzahl der Lose
- n_i: Stichprobenumfang des i-ten Loses
- s_i: Stichprobenstandardabweichung des i-ten Loses

[7]) Nationale Fußnote: In der englischsprachigen Originalfassung steht an dieser Stelle irrtümlich $n(\overline{x})$ statt $n(\overline{x})^2$.

A.2.2 Wenn die Stichprobenumfänge aller Lose gleich sind, vereinfacht sich die obige Formel zu:

$$\sigma = \sqrt{\frac{\sum_{i=1}^{l} s_i^2}{l}}$$

A.2.3 Bei der „R"-Methode sind die s_i^2 in den obigen Gleichungen durch $(\overline{R}_i/c_i)^2$ zu ersetzen, wobei $\overline{R}_i$ die mittlere Spannweite und c_i der Maßstabsfaktor für die Stichprobe des i-ten Loses ist.

Anhang B

(Bestandteil der Norm)

Statistische Grundlagen

B.0 Formelzeichen

In diesem Anhang werden folgende zusätzliche Formelzeichen benutzt:

p Der Gesamtanteil fehlerhafter Einheiten in Prozent

$p = p_U + p_L$

p_L Der Anteil fehlerhafter Einheiten in Prozent unterhalb L

p_U Der Anteil fehlerhafter Einheiten in Prozent oberhalb U

P Die Wahrscheinlichkeitssummenfunktion (Verteilungsfunktion)

q Der Qualitätsparameter; gleich z_U oder $-z_L$

z Wert der standardisierten Zufallsgröße[8])

$$z = \frac{x - \mu}{\sigma}$$

z_L Wert von z bei dem unteren Grenzwert

$$z_L = \frac{L - \mu}{\sigma}$$

z_U Wert von z bei dem oberen Grenzwert

$$z_U = \frac{U - \mu}{\sigma}$$

B.1 Die Normalverteilung

B.1.1 Die Theorie, die den Berechnungen der Risiken bei der Variablenprüfung zugrundeliegt, hängt von den Eigenschaften der Normalverteilung ab. Folglich ist diese Internationale Norm nur korrekt anwendbar, wenn es Gründe für die Annahme gibt, daß die Wahrscheinlichkeitsverteilung des betrachteten Merkmals normal oder annähernd normal ist.

B.1.2 Eine Normalverteilung kann man vollständig durch ihren Erwartungswert (μ) und ihre Standardabweichung (σ) definieren; sind diese beiden Parameter bekannt, so ist es möglich, die Wahrscheinlichkeit zu berechnen, mit der ein Ermittlungsergebnis zwischen zwei vorgegebene Werte fällt, und insbesondere die Wahrscheinlichkeit dafür, daß ein Ermittlungsergebnis oberhalb eines Höchstwertes oder unterhalb eines Mindestwertes liegt (siehe Bild 5.).

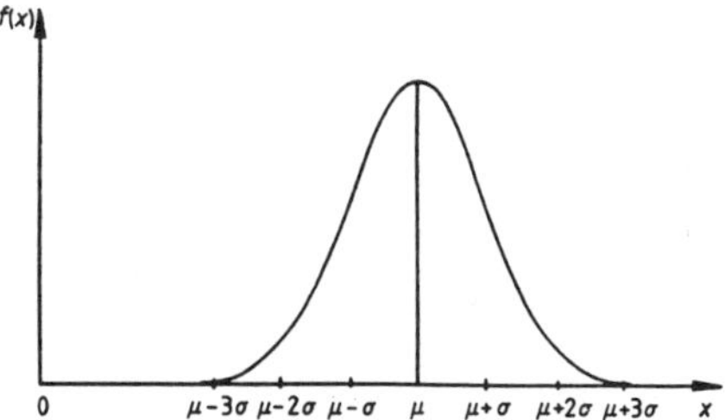

Bild 5. Normalverteilung

B.1.3 Um die Tabellierung dieser Wahrscheinlichkeiten zu erleichtern, wird das Ermittlungsergebnis x in die standardisierte normalverteilte Zufallsvariable z transformiert nach folgender Gleichung:

$$z = \frac{x - \mu}{\sigma}$$

Diese Transformation der Dichtefunktionen aller Normalverteilungen in eine gemeinsame Form (siehe Bild 6.) vereinfacht die Gleichung der Kurve und erlaubt die Berechnung einer einzigen Tabelle, die für einen beliebigen vorgegebenen Wert von z den Wert von P, der (kumulativen) Verteilungsfunktion, liefert (die unschraffierte Fläche unter der Wahrscheinlichkeits-Dichtefunktion in Bild 6.); dabei ist die gesamte Fläche unter der Kurve gleich 1.

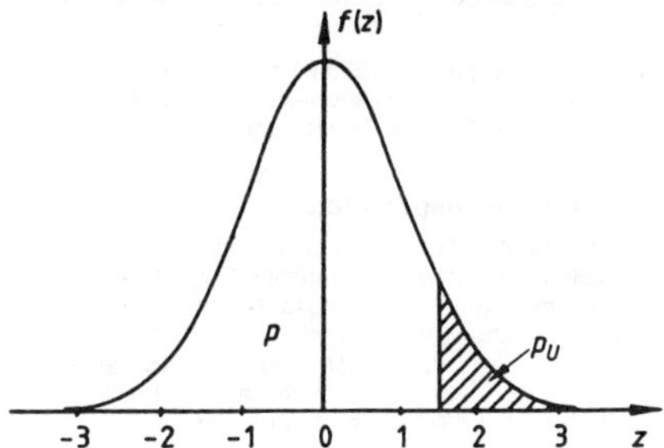

Bild 6. Wahrscheinlichkeitsdichtefunktion der Standardnormalverteilung

[8]) Nationale Fußnote: In ISO/DIS 3534-1:1990 und in DIN 55 350 Teil 22/02.87 wird das Formelzeichen u verwendet.

B.2 Der Anteil fehlerhafter Einheiten

B.2.1 Der Anteil fehlerhafter Einheiten wird durch die Fläche oder Flächen unter der Wahrscheinlichkeitsdichteverteilung wiedergegeben, die jenseits des Grenzwertes liegt bzw. jenseits der Grenzwerte liegen, wenn sowohl ein Mindestwert als auch ein Höchstwert vorgegeben ist.

Anmerkung: Der Anteil fehlerhafter Einheiten wird in der Praxis oft in % ausgedrückt. Dementsprechend wird er in den Hauptabschnitten 1 bis 4 in dieser Form angegeben.

B.2.2 Sind die Ermittlungsergebnisse x normal verteilt und sind ihr Erwartungswert μ sowie ihre Standardabweichung σ bekannt, so kann man den Anteil fehlerhafter Einheiten bezüglich vorgegebener Grenzwerte L und/oder U als $p_U = 1 - P_U$ und $p_L = P_L$ aus Tabellen der standardisierten Normalverteilung entnehmen (siehe Bild 7.).

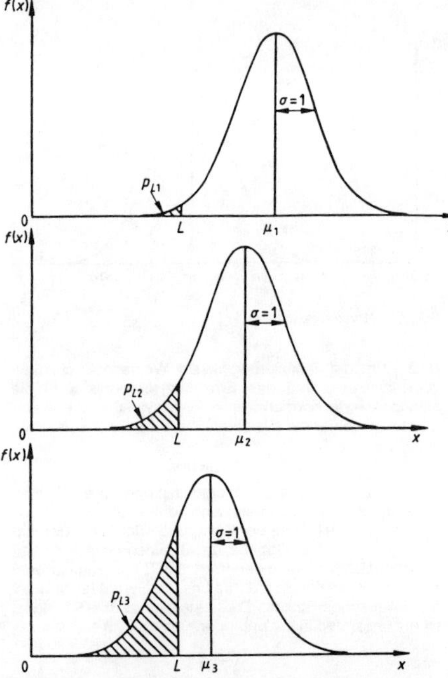

Bild 7. Anteil fehlerhafter Einheiten bezüglich eines fest vorgegebenen Mindestwertes für konstantes $\sigma = 1$ und verschiedene Erwartungswerte (μ_1, μ_2, μ_3)

B.3 Der Qualitätsparameter

B.3.1 Ist die Wahrscheinlichkeitsdichtefunktion der Normalverteilung dadurch „standardisiert" worden, daß die Abweichungen vom Erwartungswert in Vielfachen der Standardabweichungen gemessen werden (d.h. in einem Maßstab mit $\sigma = 1$), dann besteht eine eindeutige Beziehung zwischen dem Anteil fehlerhafter Einheiten und dem Wert der standardisierten Abweichung

$$- z_L = \frac{\mu - L}{\sigma}$$

B.3.2 Deshalb ist ein Qualitätsparameter eingeführt worden, der — bezüglich eines einzigen vorgegebenen Grenzwertes — anstelle des Anteils fehlerhafter Einheiten bei der Annahmeprüfung verwendet werden darf. Ist U, der Höchstwert, vorgegeben, so ist der Qualitätsparameter definiert als

$$q_U = \frac{U - \mu}{\sigma} = z_U,$$

und ist L, der Mindestwert, vorgegeben, so ist der Qualitätsparameter definiert als

$$q_L = \frac{\mu - L}{\sigma} = - z_L$$

(siehe Bild 7.).

B.4 Der Bereich annehmbarer Qualitätsparameter bei einfachen oder getrennten doppelten Grenzwerten

Die AQL ist definiert als eine Qualitätslage, die, wenn eine kontinuierliche Serie von Losen betrachtet wird, im Zusammenhang mit Stichprobenprüfungen die Grenze einer zufriedenstellenden mittleren Qualitätslage ist (siehe Abschnitt 3.1.3 und 4).

Betrachtet man einen einzelnen Grenzwert oder beide Grenzwerte getrennt, so läßt sich leicht eine Beziehung zwischen der AQL und dem Qualitätsparameter q herstellen. Da eine eindeutige Beziehung zwischen dem Anteil (an Einheiten), der jenseits des vorgegebenen Grenzwertes liegt, und dem standardisierten Grenzwert besteht, kann ein K als kleinster Wert von q definiert werden, der bei Annahmestichprobenprüfungen als befriedigendes Prozeßcharakteristikum gilt; das heißt, um auf Annehmbarkeit zu schließen, müßte $q \geq K$ sein.

Damit erhielte man

bei Attributprüfung: die AQL

bei Variablenprüfung: K.

Da für ein vorgegebenes Paar von Grenzwerten p_L bzw. p_U von μ und σ abhängen, wird es in der (σ-μ-)Ebene ein Gebiet geben, in dem p_L (oder p_U) kleiner oder gleich der AQL sein wird und das folglich solche Prozesse kennzeichnet, die annehmbar sind. Umgekehrt wird es ein anderes Gebiet geben, in dem p_L (bzw. p_U) größer als die AQL sein wird und das folglich solche Prozesse kennzeichnet, die als nichtannehmbar zu betrachten sind. Diese beiden Gebiete können durch eine einzige Gerade voneinander getrennt werden.

Hat man es nur mit einem Mindestwert zu tun, so wird die Gerade für die AQL in der (σ-μ-)Ebene durch die folgende Beziehung gegeben

$$q_L = \frac{\mu - L}{\sigma} = K \text{ oder}$$

$$\mu = L + K\sigma.$$

Für alle Punkte oberhalb oder auf dieser Geraden wäre die mittlere Qualitätslage kleiner oder gleich der AQL und folglich annehmbar. Für Punkte unterhalb der Geraden wäre sie unannehmbar (siehe Bild 8.).

Hat man es nur mit einem Höchstwert zu tun, so erhält man entsprechend

$$q_U = \frac{U - \mu}{\sigma} = K \text{ oder}$$

$$\mu = U - K\sigma.$$

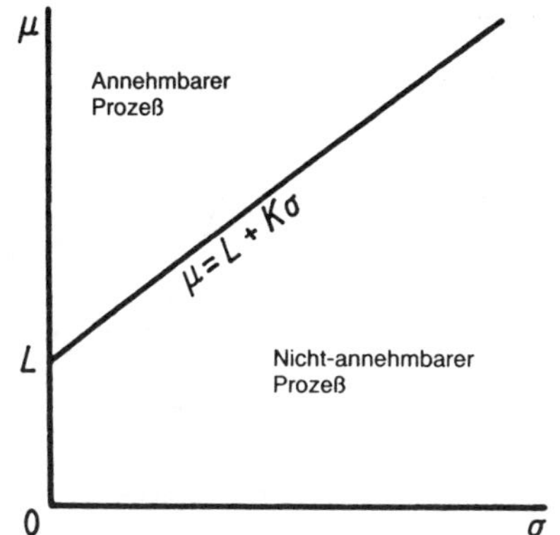

Bild 8. Annahmekarte für einen einzigen Mindestwert mit bekanntem μ und σ

Für Punkte unterhalb oder auf dieser Geraden wäre die mittlere Qualitätslage kleiner oder gleich der AQL und folglich annehmbar. Für Punkte oberhalb der Geraden wäre sie unannehmbar (siehe Bild 9.).

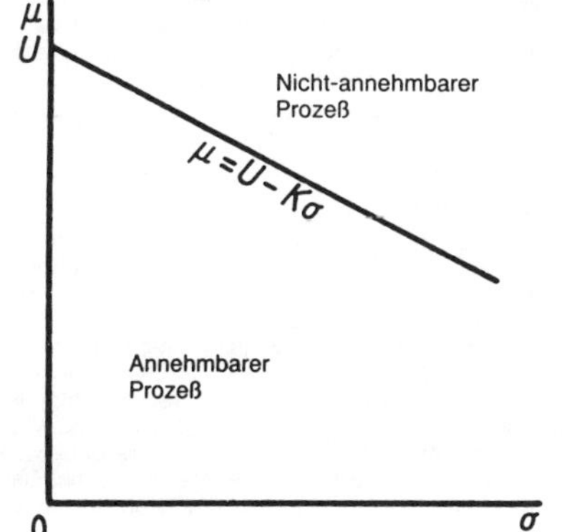

Bild 9. Annahmekarte für einen einzigen Höchstwert mit bekanntem μ und σ

Bei zwei getrennten Grenzwerten ergäbe sich die in Bild 10 dargestellte Situation.

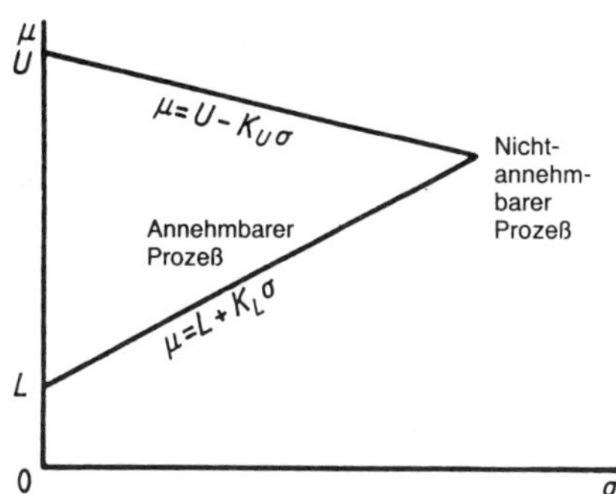

Bild 10. Annahmekarte für getrennte doppelte Grenzwerte mit bekanntem μ und σ

B.5 Der Bereich annehmbarer Qualitätsparameter bei verbundenen doppelten Grenzwerten

B.5.1 Verbundene doppelte Grenzwerte

Sind ein Höchstwert und Mindestwert vorgegeben und soll eine einzige gemeinsame AQL eingehalten werden, so wird dies mit dem Begriff verbundene doppelte Grenzwerte bezeichnet.

Die Festlegung einer AQL für einen verbundenen doppelten Grenzwert gibt nicht separat die Anteile fehlerhafter Einheiten, p_U und p_L, unterhalb des Mindestwertes bzw. oberhalb des Höchstwertes an, sondern den Wert, den die Summe der Anteile, p, nicht überschreiten sollte. In diesem Fall gibt es keine Möglichkeit mehr, einen einzigen Wert einer Variablen, wie z.B. K, zu bestimmen, der mit der AQL korrespondiert. Statt dessen muß die mathematische Beziehung zwischen dem Erwartungswert μ des Prozesses, der Standardabweichung σ des Prozesses und dem Gesamtanteil fehlerhafter Einheiten herangezogen werden, um Wertepaare (μ, σ) zu finden, bei denen dieser Anteil fehlerhafter Einheiten gleich der AQL ist.

Bei einem gegebenen Wert für σ hängen sowohl die einzelnen Werte von p_U und p_L als auch ihre Summe $p = p_U + p_L$ von der relativen Lage von μ bezüglich U und L ab (siehe Bild 11.). p hat seinen kleinsten Wert, wenn μ in der Mitte zwischen U und L liegt und wächst an, wenn sich μ gegenüber dieser Lage ändert.

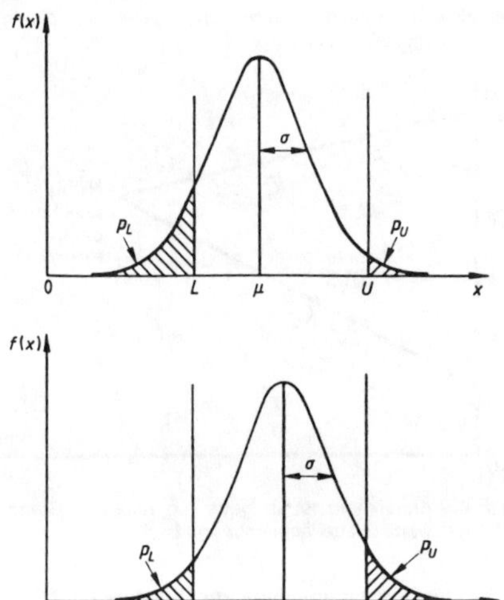

Bild 11. Die Auswirkung einer Änderung von μ auf den Anteil fehlerhafter Einheiten des Prozesses bei konstantem σ

Der Inhalt der Flächen, die unter der Dichtefunktion jenseits der Grenzwerte liegen, wird für einen gegebenen Wert von μ durch σ bestimmt (siehe Bild 12.).

B.5.2 Höchstwert für die Standardabweichung des Prozesses (MPSD)

Der größte Wert von σ, bei dem die mittlere Qualitätslage gerade gleich der AQL ist, wenn μ in der Mitte zwischen U und L liegt, kann bei normaler Prüfung als Höchstwert für die Standardabweichung des Prozesses (MPSD) angesehen werden. Hat ein Prozeß eine größere Standardabweichung als diese, so ist der Anteil fehlerhafter Einheiten größer als die AQL. Die Umkehrung, daß der Anteil fehlerhafter Einheiten eines Prozesses kleiner als die AQL ist, wenn seine Standardabweichung kleiner als dieser Höchstwert ist, ist nicht notwendigerweise wahr.

Bei verschärfter oder reduzierter Prüfung ist der MPSD derjenige Wert, den man als Höchstwert für die Standardabweichung des Prozesses für die nächstgeringere bzw. nächstgrößere bevorzugte AQL findet.

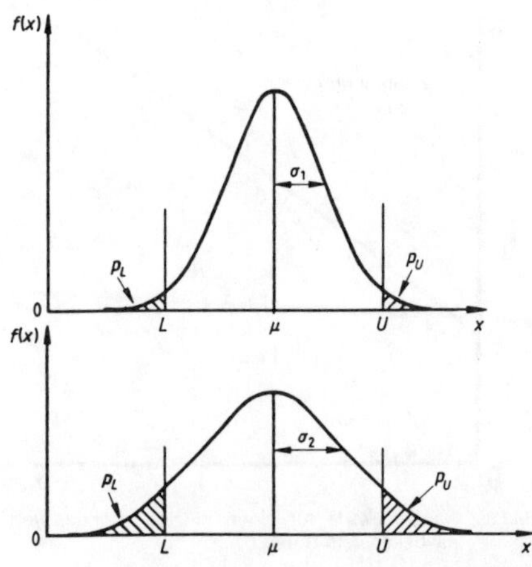

Bild 12. Die Auswirkung einer Änderung von σ auf den Anteil fehlerhafter Einheiten in dem Prozeß bei konstantem μ

Abhängig von der Entscheidung der zuständigen Stelle kann der f_σ-Wert, der für verschärfte Prüfung gilt, für normale und auch reduzierte Prüfung herangezogen werden.

Bei diesem alternativen Verfahren ist die Wahl zwischen der „σ"-Methode und der „s"-Methode unabhängig von den Regeln für den Verfahrenswechsel.

B.5.3 Annahmekurve

B.5.3.1 Sind verbundene doppelte Grenzwerte vorgegeben, so kann man eine Menge von (μ-σ-)Kombinationen berechnen, die jeweils zu Werten für p_L und p_U führen, deren Summe gerade gleich der AQL ist. Diese Werte kann man in ein (σ-μ-)Diagramm eintragen und eine Kurve durch sie legen (siehe Bild 13.). Diese Kurve liegt innerhalb des Dreiecks, das bei getrennten doppelten Grenzwerten jeweils für die vorgegebene AQL (siehe Bild 10.) zur Anwendung kommen würde. Beginnend bei U bzw. L ist die Kurve näherungsweise gleich einer Geraden mit dem Anstieg $-K$ bzw. K und geht dann in eine geschlossene Kurve über, die durch den

Punkt ($\mu = \dfrac{U + L}{2}$, σ = Höchstwert der Standardabweichung) verläuft (siehe Bild 13.).

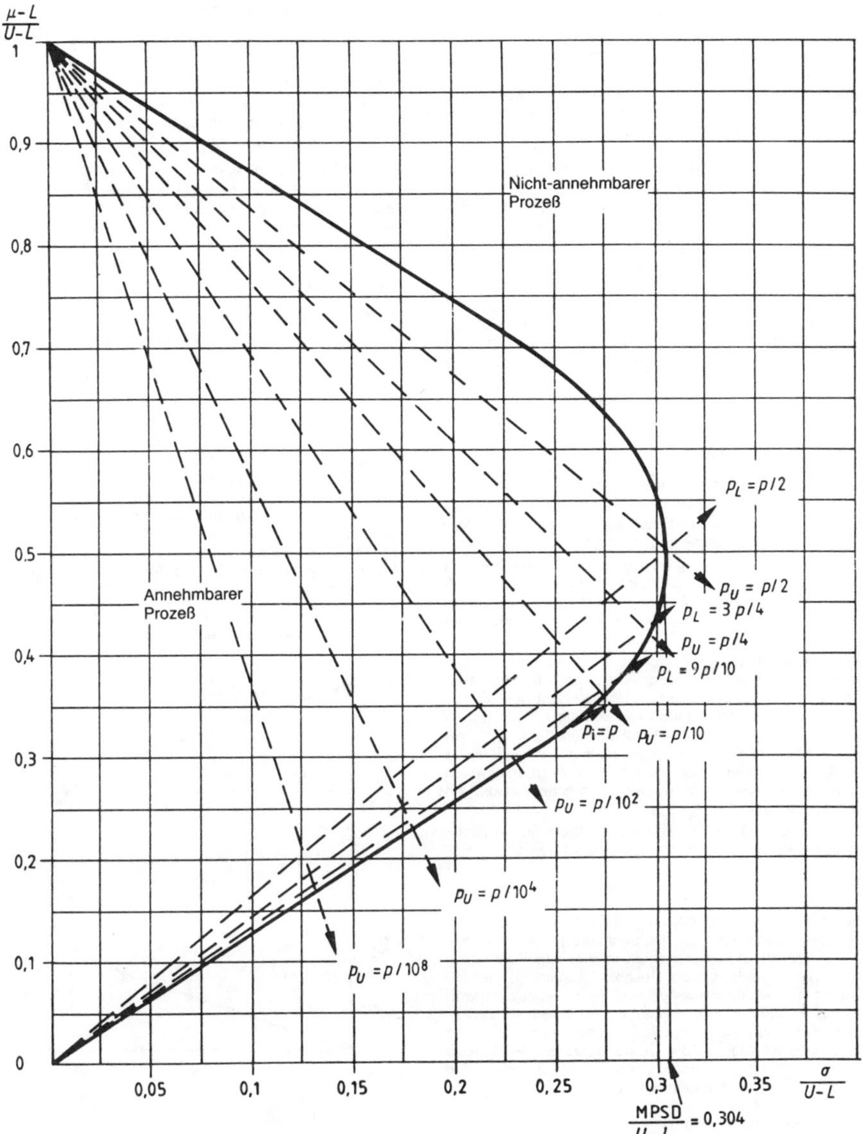

Bild 13. Annahmekurve in der (σ-μ-)Ebene bei einem verbundenen doppelten Grenzwert für p = AQL = 10 %

B.6 Stichprobenprüfung

In der Praxis ist μ unbekannt und muß mittels einer Stichprobe geschätzt werden. In der Regel muß auch σ geschätzt werden.

Der Stichprobenmittelwert $\bar{x}$ stellt den besten Schätzwert für μ dar. Je nach den Umständen wird σ entweder als bekannt angenommen oder aufgrund der Stichprobe nach einem von zwei Verfahren geschätzt. Diese drei möglichen Vorgehensweisen bezüglich σ führen in dieser Internationalen Norm zu der „σ"-Methode, „s"-Methode und „R"-Methode (behandelt in Anhang C), mittels derer man ein Los beurteilen kann.

Mit Hilfe der Schätzwerte für μ und σ erhält man einen Schätzwert für den Qualitätsparameter q. Diesen Schätzwert bezeichnet man als Qualitätszahl Q.

Es ist nun möglich, Werte für k zu berechnen, die bei vorgegebenem Stichprobenumfang und vorgegebenem Verfahren zur Bestimmung von σ sicherstellen, daß das Los mit vorgegebener Wahrscheinlichkeit annehmbar ist, wenn die Qualitätszahl Q größer oder gleich k ist. k bezeichnet man dabei als Annahmefaktor.

B.7 „σ"-Methode

B.7.1 Herleitung des Annahmefaktors

Unter bestimmten Umständen, zum Beispiel wenn der Prozeß schon längere Zeit läuft und beherrscht ist, wird σ als bekannt und konstant angenommen.

Die Mittelwerte aufeinanderfolgender Lose werden nicht als konstant oder bekannt angenommen, so daß jeder einzelne durch den Mittelwert einer Stichprobe von Einheiten aus der Grundgesamtheit geschätzt werden muß.

Der Mittelwert $\bar{x}$ der Stichprobe ist nicht notwendigerweise gleich dem Erwartungswert μ der Grundgesamtheit, aber $(\bar{x} - \mu)\sqrt{n}/\sigma$ ist normalverteilt mit dem Erwartungswert Null und Standardabweichung 1. Daher kann man zeigen, daß die Differenz zwischen dem Mittelwert der Stichprobe und dem des Loses mit vorgegebener Wahrscheinlichkeit bestimmte Werte nicht überschreiten wird. Beispielsweise sind bei einer Wahrscheinlichkeit von 95 % diese Werte $\pm$ 1,96 $\sigma/\sqrt{n}$.

Die Gleichung $Q_U = (U - \bar{x})/\sigma$ für die obere Qualitätszahl kann folgendermaßen umgeschrieben werden

$$Q_U\sqrt{n} = (U - \mu)\sqrt{n}/\sigma - (\bar{x} - \mu)\sqrt{n}/\sigma.$$

Der erste Term auf der rechten Seite ist eine Konstante und der zweite Term ist die oben erwähnte standardisierte Abweichung einer normalverteilten Zufallsvariablen von ihrem Erwartungswert. Deshalb ist auch $Q_U\sqrt{n}$ (und analog $Q_L\sqrt{n}$) normalverteilt mit einer Standardabweichung von 1. Folglich kann man eine Größe k so bestimmen, daß — bei vorgegebenem Stichprobenumfang und vorgegebener AQL — die Qualitätszahl der Stichprobe mit vorgegebener Wahrscheinlichkeit größer oder gleich k ist, wenn das Los annehmbar ist.

B.7.2 Die Annahmekriterien für einfache oder getrennte doppelte Grenzwerte

Für einen Wert von k, der nach dem in B.7.1 beschriebenen Verfahren berechnet wurde und der für normale, verschärfte bzw. reduzierte Prüfung in den Tabellen III-A, III-B bzw. III-C enthalten ist, ergibt sich als Annahmekriterium für einen einzelnen Höchstwert: Das Los ist

annehmbar, wenn $Q_U = \dfrac{U - \bar{x}}{\sigma} \geq k$ ist,

anderenfalls nicht annehmbar,

und für einen einzelnen Mindestwert: Das Los ist

annehmbar, wenn $Q_L = \dfrac{\bar{x} - L}{\sigma} \geq k$ ist,

anderenfalls nicht annehmbar.

Sind getrennte doppelte Grenzwerte vorgegeben, so lautet das Annahmekriterium: Das Los ist

annehmbar, wenn $Q_U \geq k_U$ und $Q_L \geq k_L$ ist,
nicht annehmbar, wenn $Q_U < k_U$ oder $Q_L < k_L$ ist.

Da σ bekannt ist, dürfte es in der Praxis bequemer sein, das Annahmekriterium in die Form $\bar{x} \leq U - k\sigma$ für einen Höchstwert und $\bar{x} \geq L + k\sigma$ für einen Mindestwert umzuschreiben, da bei dieser Schreibweise die rechten Seiten der Kriterien schon vor der Prüfung berechnet werden können.

B.7.3 Das Annahmekriterium für verbundene doppelte Grenzwerte

Um festzustellen, ob ein Los annehmbar ist, wenn ein verbundener doppelter Grenzwert vorgegeben ist,

trage man den Punkt $\left(\dfrac{\sigma}{U - L}, \dfrac{\bar{x} - L}{U - L}\right)$

in das entsprechende Diagramm ein, das man dem Hauptabschnitt 4 Diagramm σ-C bis σ-P (vergleiche mit Abschnitt B.5.3) entnimmt. Da σ bekannt ist, liegt der Punkt auf einer senkrechten Geraden entsprechend dem Wert von σ. Es ist deshalb in der Praxis hinreichend, den oberen und unteren Annahmewert für $\bar{x}_U$ und $\bar{x}_L$, zu ermitteln (siehe Bild 14.). Als Annahmekriterium erhält man dann: Das Los ist

annehmbar, wenn $\bar{x} \leq \bar{x}_U$ und $\bar{x} \geq \bar{x}_L$ ist,
nicht annehmbar, wenn $\bar{x} > \bar{x}_U$ oder $\bar{x} < \bar{x}_L$.

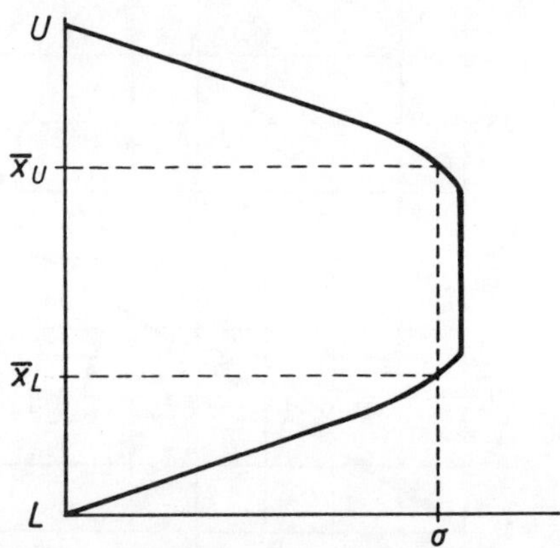

Bild 14. Annahmekurve für einen verbundenen doppelten Grenzwert: „σ"-Methode

B.8 Die „s"-Methode

B.8.1 Herleitung des Annahmefaktors

Kann weder der Erwartungswert μ noch die Standardabweichung der Grundgesamtheit als bekannt angenommen werden, so müssen beide mit Hilfe einer dieser Grundgesamtheit entnommenen Stichprobe geschätzt werden. Bei der „s"-Methode wird der Stichprobenmittelwert $\bar{x}$ anstelle von μ und die Stichprobenstandardabweichung

$$s = \sqrt{\frac{\sum_{i=1}^{n} (x_i - \bar{x})^2}{n - 1}}$$

anstelle von σ genommen, so daß sich ergeben

$$Q_U = \frac{U - \bar{x}}{s} \text{ und } Q_L = \frac{\bar{x} - L}{s}$$

Im Vergleich zur „σ"-Methode wird dadurch die Wahrscheinlichkeit, einen Fehler zu begehen, erhöht; denn wenn man s anstelle von σ in den Ausdruck $(\bar{x} - \mu)\sqrt{n}/\sigma$ (siehe Abschnitt B.7.1) einsetzt, so ist $(\bar{x} - \mu)\sqrt{n/s}$, das man auch als

$$\frac{\sigma}{s} \; \frac{(\bar{x} - \mu)\sqrt{n}}{\sigma}$$

schreiben kann, nicht mehr normalverteilt, sondern „t"-verteilt mit $(n - 1)$ Freiheitsgraden. Ist zum Beispiel $n = 10$, so besteht nun eine Wahrscheinlichkeit von 95 %, daß die Differenz zwischen dem Stichprobenmittelwert und dem Mittelwert des Loses nicht mehr als $\pm 2{,}26 s/\sqrt{10}$ betragen wird, verglichen mit $\pm 1{,}96 \sigma/\sqrt{10}$ gemäß Abschnitt B.7.1 mit $n = 10$.

Darüber hinaus sind auch

$$Q_U\sqrt{n} = \frac{(U - \bar{x})\sqrt{n}}{s}$$

was sich auch schreiben läßt als

$$Q_U\sqrt{n} = \frac{\sigma}{s}\left[\frac{(U - \mu)\sqrt{n}}{\sigma} - \frac{(\bar{x} - \mu)\sqrt{n}}{\sigma}\right]$$

und

$$Q_L\sqrt{n} = \frac{(\bar{x} - L)\sqrt{n}}{s}$$

was sich auch schreiben läßt als

$$Q_L\sqrt{n} = \frac{\sigma}{s}\left[\frac{(\mu - L)\sqrt{n}}{\sigma} - \frac{(\bar{x} - \mu)\sqrt{n}}{\sigma}\right]$$

nicht mehr normalverteilt, sondern folgen einer „nichtzentralen t"-Verteilung, die in tabellierter Form vorliegt. Die Tabellen von Resnikoff und Liebermann [10] sind insbesondere für Stichprobenprüfungen anhand von kontinuierlichen Merkmalen (Variablenprüfung) gedacht. Detaillierte theoretische Überlegungen zur Anwendung der nichtzentralen t-Verteilung in diesem Zusammenhang finden sich in der Einführung in die Tabellen, und die dort verwendeten Werte passen zu den Standardstichprobenumfängen und AQL-Vorzugswerten in dieser Norm.

Der Annahmefaktor k wurde mit Hilfe der Tabellen für die nichtzentrale t-Verteilung für einen Standardbereich von Stichprobenumfängen und von AQL-Werten berechnet. Man findet sie in den Tabellen II-A, II-B bzw. II-C für normale, verschärfte bzw. reduzierte Prüfung.

B.8.2 Annahmekriterien für einfache oder getrennte doppelte Grenzwerte

Die Annahmekriterien sind, wie schon in Abschnitt B.6 festgestellt wurde, analog zu denen, die in Abschnitt B.5 angegeben wurden, wobei man jedoch die aus der Stichprobe gewonnenen Schätzwerte für den Mittelwert, die Standardabweichung und die Qualitätszahl einsetzen und letztere mit dem Annahmefaktor k, der jetzt nach dem hier angegebenen Verfahren zu berechnen ist, vergleichen muß.

Damit lautet das Annahmekriterium für einen einfachen Grenzwert: Das Los ist

annehmbar, wenn $Q_U \geq k$ bzw. $Q_L \geq k$ ist,

nicht annehmbar, wenn $Q_U < k$ oder $Q_L < k$ ist.

Sind getrennte doppelte Grenzwerte gegeben, so lautet das Annahmekriterium: Das Los ist

annehmbar, wenn $Q_U \geq k_U$ und $Q_L \geq k_L$ ist,

nicht annehmbar, wenn $Q_U < k_U$ bzw. $Q_L < k_L$ ist.

Das in den Bildern 8, 9 und 10 dargestellte graphische Verfahren ist ebenfalls auf die beiden obigen Kriterien anwendbar. In Abschnitt 14.3 findet sich ein Beispiel, das in Bild 2 dargestellt ist.

Die obere Grenze des Annahmebereichs für einen Höchstwert wird durch die Gerade $\bar{x} = U - ks$ und die untere Grenze des Annahmebereichs für einen Mindestwert durch die Gerade $\bar{x} = L + ks$ gebildet. Sind getrennte doppelte Grenzwerte vorgegeben, dann ist der Annahmebereich der Bereich zwischen den beiden Geraden und der $\bar{x}$-Achse wie in Bild 2.

B.8.3 Annahmekriterium für einen verbundenen doppelten Grenzwert

Für den Fall eines verbundenen doppelten Grenzwertes wurde in Abschnitt B.5.3 gezeigt, daß die Annehmbarkeit eines Prozesses davon abhängt, ob der Punkt (σ, μ) innerhalb der Annahmekurve in der Annahmekarte liegt (siehe Bild 13.).

Über die Annehmbarkeit eines Loses kann man dadurch befinden, daß man den Stichprobenmittelwert $\bar{x}$ und die Stichprobenstandardabweichung s in ein entsprechendes Diagramm einzeichnet, das durch den Stichprobenumfang und die AQL gekennzeichnet ist.

In dieser Internationalen Norm sind Annahmekurven für die Standardstichprobenanweisungen enthalten, wobei der Unsicherheit Rechnung getragen wird, die sich durch die Notwendigkeit, bei der „s"-Methode $\bar{x}$ als Schätzwert für μ und s als Schätzwert für σ verwenden zu müssen, ergibt.

Die Kurven sind in Hauptabschnitt 4 in den Diagrammen s-D bis s-P wiedergegeben. Sie sind alle auf den gleichen Maßstab gebracht worden, das heißt bei Verwendung der „s"-Methode wird anstatt $\bar{x}$ über s

$$\frac{\bar{x} - L}{U - L} \text{ über } \frac{s}{U - L}$$

aufgetragen.

Bei den Kennbuchstaben B und C (das heißt für Stichprobenumfänge von 3 und 4) wird der Annahmebereich von vier Geraden begrenzt: nämlich der $\bar{x}$-Achse, der Geraden $\bar{x} = U - ks$, einer Parallelen zur $\bar{x}$-Achse durch den MSSD (siehe Tabelle IV-s) und der Geraden $\bar{x} = L + ks$. Den Wert für k entnimmt man den Tabellen II-A, II-B oder II-C.

Das Annahmekriterium ist: Das Los ist annehmbar, wenn der Punkt $(\bar{x} - L)/(U - L)$, $s/(U - L)$ im Annahmebereich liegt, anderenfalls ist es nicht annehmbar.

Wird eine Serie von Losen geprüft, so erleichtert es in der Praxis die Aufgabe des Prüfers, wenn für normale und verschärfte Prüfung die Annahmekurven so erstellt werden, daß sie für die Originalwerte von s und $\bar{x}$ und nicht für die standardisierten Werte gelten (siehe Bild 3.).

Ist s größer als der MSSD (den man mit Hilfe von Tabelle IV-s findet), so muß das Los sofort als nicht annehmbar beurteilt werden (siehe B.5.2).

B.8.4 Kombinierte Spezifikationen für Grenzwerte

Sind Kombinationen der oben angeführten Spezifikationen für Grenzwerte vorgegeben, zum Beispiel eine eigene AQL (entsprechend einem Annahmefaktor k_1) für den Höchstwert zusammen mit einer Gesamt-AQL, so werden die jeweils zugehörigen Begrenzungsgeraden oder -kurven eingezeichnet, und man erhält als Annahmebereich den Bereich, der beide Forderungen erfüllt (siehe Bild 15.).

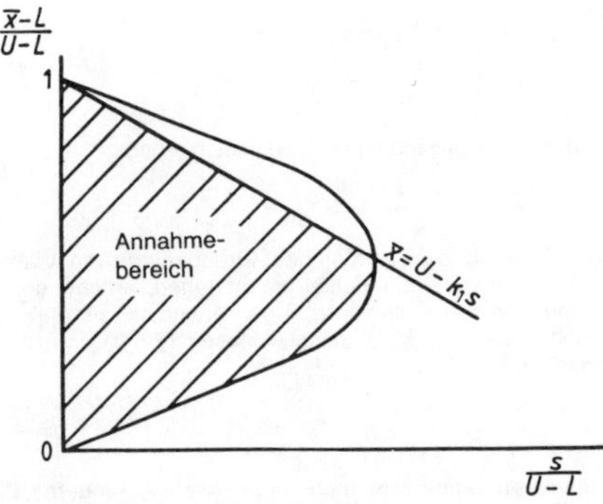

Bild 15. Annahmekarte für eine kombinierte Spezifikation für Grenzwerte„ s"-Methode

Anhang C

(Bestandteil der Norm)

Stichprobenanweisungen bei Verwendung der „R"-Methode

C.1 Ziel

Diese Methode stellt eine Alternative zur „s"-Methode dar, die in Abschnitt 14 beschrieben wird.

C.2 Begriffe

Die im Zusammenhang mit der „R"-Methode zusätzlich benötigten Begriffe sind wie folgt definiert:

C.2.1 „R"-Methode: Methode zur Feststellung der Annehmbarkeit eines Loses, wobei ein Schätzwert für die Standardabweichung verwendet wird, der sich auf die mittlere Spannweite gründet, d.h. auf den Mittelwert aus den Spannweiten, die für die Meßwerte jeder Untergruppe von Einheiten der Stichprobe ermittelt wurden.

C.2.2 Untergruppe: Fünf Einheiten in der Reihenfolge, in der die Messungen an ihnen vorgenommen worden sind.

C.2.3 Spannweite (R): Im Zusammenhang mit der „R"-Methode wird dieser Begriff in einem eingeschränkten Sinn verwendet, nämlich als Spannweite einer Untergruppe.

Anmerkung: In der üblichen Bedeutung ist die Spannweite die Differenz zwischen dem größten und dem kleinsten Beobachtungswert.

C.2.4 Mittlere Spannweite ($\overline{R}$): Der Mittelwert der Spannweiten der Untergruppen. Enthalten Stichproben weniger als 10 Einheiten, so wird für $\overline{R}$ die Spannweite der gesamten Stichprobe genommen.

C.2.5 Höchstwert für die mittlere Spannweite (MAR): Die unter den gegebenen Umständen größte, noch zulässige mittlere Spannweite.

C.3 Formelzeichen

Zusätzlich werden im Zusammenhang mit der „R"-Methode die folgenden Symbole verwendet:

c Maßstabsfaktor aus Tabelle R-I, der zur Beurteilung von σ anhand von $\overline{R}$ dient.

F ein Faktor aus Tabelle R-IV, der den Höchstwert für die mittlere Spannweite in Beziehung zur Differenz zwischen U und L setzt.

k Annahmefaktor

R Spannweite einer Untergruppe

$\overline{R}$ mittlere Spannweite, basierend auf den Spannweiten mehrerer Untergruppen.

C.4 Theorie der „R"-Methode

Die „R"-Methode benutzt ein alternatives Verfahren zur Schätzung der Standardabweichung.

Die theoretische Basis dafür ist die Tatsache, daß in kleinen Stichproben R und s hoch korreliert sind, wenn sie beide aus derselben Stichprobe normalverteilter Zufallsvariablen berechnet werden, weswegen man R anstelle von s als Schätzer für σ verwenden kann. Dieser Zusammenhang wird ausgenutzt, wenn man es mit Stichprobenumfängen unterhalb von 10 zu tun hat. Mit zunehmendem Stichprobenumfang wird der Schätzer R weniger genau und sollte deshalb nicht weiter verwendet werden. Wird jedoch die Stichprobe nach dem Zufallsprinzip in kleine Untergruppen gleichen Umfangs aufgespalten, so kann der Mittelwert aus ihren Spannweiten als Schätzwert für die Standardabweichung herangezogen werden.

In den Standard-Stichprobenanweisungen für die „R"-Methode sind alle Stichprobenumfänge Vielfache von 5 mit Ausnahme der drei Stichprobenumfänge 3, 4 und 7. Eine Stichprobe wird in Untergruppen zu je 5 Einheiten aufgespalten, und es werden die jeweiligen Spannweiten sowie deren Mittelwert berechnet. Besteht die Stichprobe aus weniger als 10 Einheiten, so wird sie nicht in Untergruppen aufgespalten, sondern ihre Spannweite als $\overline{R}$ verwendet.

Der Maßstabsfaktor c ist in Abhängigkeit von den Umfängen der Untergruppen und der Anzahl von Untergruppen so berechnet, daß s durch $\overline{R}/c$ ersetzt werden kann. c findet sich in der Tabelle R-I für verschiedene Stichprobenumfänge, die auf die Umfänge der in dieser Internationalen Norm verwendeten Untergruppen abgestimmt sind. Die Tabelle selbst gründet sich auf die Tabellen 30 der Biometrika-Tables, Band 1 [11].

Allerdings ist die Verwendung des Maßstabsfaktors c in der Regel nicht nötig, da zur Vereinfachung der durchzuführenden numerischen Berechnung ein spezieller Satz von Tabellen für die „R"-Methode zur Verfügung steht. Dabei sind die obere und die untere Qualitätszahl definiert als

$$Q_U = \frac{U - \bar{x}}{\bar{R}}$$

und

$$Q_L = \frac{\bar{x} - L}{\bar{R}}$$

Tabelle R-I liefert ferner — mit dem Kennbuchstaben für den Stichprobenumfang als Leitgröße — einen Vergleich der Stichprobenumfänge der „R"-Methode, „s"-Methode und der Attributprüfung nach ISO 2859.

Die Stichprobenumfänge sind bei der „R"-Methode etwas größer als bei der „s"-Methode, beide aber sind kleiner als die entsprechenden Stichprobenumfänge bei Attributprüfung.

C.5 Annahmekriterien

Für jede Stichprobenanweisung wird ein Annahmefaktor k so berechnet, daß man als Annahmekriterium für einen einzelnen Höchstwert erhält: Das Los ist

annehmbar, wenn $Q_U = \frac{U - \bar{x}}{\bar{R}} \geq k$ ist,

anderenfalls nicht annehmbar,

und entsprechend für einen einzelnen Mindestwert: Das Los ist

annehmbar, wenn $Q_L = \frac{\bar{x} - L}{\bar{R}} \geq k$ ist,

anderenfalls nicht annehmbar.

Sind getrennte doppelte Grenzwerte gegeben, so lautet das Annahmekriterium: Das Los ist

annehmbar, wenn $Q_U \geq k_U$ und $Q_L \geq k_L$ ist,

nicht annehmbar, wenn $Q_U < k_U$ oder $Q_L < k_L$ ist.

Man kann das in 14.3 beschriebene graphische Verfahren auch bei der „R"-Methode anwenden, wenn man „R" an die Stelle von „s" setzt.

Sind verbundene doppelte Grenzwerte gegeben, so wird der Punkt

$$\left(\frac{\bar{R}}{U - L}, \frac{\bar{x} - L}{U - L}\right)$$

in das zutreffende Diagramm R-D bis R-P eingezeichnet, um feststellen zu können, ob das Los annehmbar ist. Man beachte, daß bei der „R"-Methode dem Höchstwert für die Stichprobenstandardabweichung (MSSD) der Höchstwert für die mittlere Spannweite (MAR) entspricht. Seinen Wert kann man für die Wertepaare AQL/Stichprobenumfang mit Hilfe der Tabelle R-IV ermitteln. Der Punkt ($\bar{R}$ = MAR, $\bar{x} = 1/2\,(U + L)$) stellt den äußersten Punkt der Annahmekurve dar. Ist $\bar{R}$ größer als der MAR, so ist das Los nicht annehmbar.

C.6 Die Operationscharakteristik (OC-Kurve)

Die Operationscharakteristiken (OC-Kurven) für die „s"-Methode können ohne größeren Verlust an Genauigkeit auch bei der „R"-Methode verwendet werden. Sie werden durch die Kennbuchstaben und die AQL-Werte identifiziert.

C.7 Qualitätsregelkarten

Die Vorgehensweise, Aufzeichnungen in Form von Qualitätsregelkarten zu machen, die in Abschnitt 18.1 empfohlen wurde, ist analog auf die „R"-Methode anzuwenden.

Ist ein verbundener doppelter Grenzwert vorgegeben, so sollte man den MAR in die R-Qualitätsregelkarte eintragen.

Wenn es sich herausstellt, daß $\bar{R}$ beherrscht ist, so kann die Quadratwurzel aus dem gewichteten Mittelwert der quadrierten $\bar{R}/c$-Werte gleich σ angenommen werden, wobei man den Faktor c der Tabelle R-I entnimmt. Man darf dann die „σ"-Methode verwenden, sofern die zuständige Stelle ihre Erlaubnis zu dem Methodenwechsel gegeben hat (siehe Abschnitt A.2 im Anhang A).

C.8 Wahl der Methode

Steht ein moderner Rechner zur Verfügung, so wird üblicherweise ein Vorgehen nach der „s"-Methode empfohlen; stellt aber die Berechnung von s ein Problem dar, so kann die „R"-Methode als eine Alternative zur „s"-Methode herangezogen werden.

Die Berechnungen bei der „R"-Methode sind einfach, allerdings ist ein größerer Stichprobenumfang erforderlich.

C.9 Wirkungsweise einer Stichprobenanweisung der „R"-Methode

C.9.1 Auswahl einer Stichprobenanweisung

Man überzeuge sich zunächst, daß den in Abschnitt 13 enthaltenen Anweisungen gefolgt worden ist.

Das Standardverfahren bei einer Stichprobenanweisung der „R"-Methode ist wie folgt:

a) für das gegebene Prüfniveau (normalerweise II) und den gegebenen Losumfang entnehme man aus Tabelle I-A den entsprechenden Kennbuchstaben für den Stichprobenumfang.

b) Unter Verwendung des Kennbuchstabens für den Stichprobenumfang und der vorgegebenen AQL entnehme man aus Tabelle R II-A den Stichprobenumfang n und den Annahmefaktor k.

C.9.2 Anwendung der Stichprobenanweisung

C.9.2.1 Man nehme die einzelnen Einheiten der Stichprobe in der zufälligen Reihenfolge, in der sie ausgewählt worden sind, und ermittle an ihnen die Werte des in Frage stehenden Merkmals. Man schreibe die Ermittlungsergebnisse in dieser Reihenfolge auf.

C.9.2.2 Man berechne die Summe der Ermittlungsergebnisse (Σx) und, indem man durch den Stichprobenumfang n teilt, den Mittelwert der Stichprobe

$$\bar{x} = \frac{\Sigma x}{n}$$

C.9.2.3 Berechnung des Wertes für $\bar{R}$

a) Hat man es mit 10 oder mehr Einheiten zu tun, so unterteilt man die Meßwerte gemäß der Reihenfolge, in der man sie erhalten hat, in Untergruppen zu je fünf. (Das ist immer möglich, da Stichprobenumfänge ≥ 10 in Standardstichprobenanweisungen Vielfache von fünf sind.) Man berechne die Spannweite für jede Untergruppe, indem man den kleinsten Meßwert von dem größten abzieht und berechne dann den Mittelwert der Spannweiten $\bar{R}$.

b) Stichproben mit weniger als zehn Einheiten werden nicht unterteilt, die Differenz zwischen dem größten und dem kleinsten Meßwert ergibt die Spannweite, und diese wird dann als mittlere Spannweite ($\overline{R}$) verwendet.

C.9.2.4 Anwendung des Annahmekriteriums

Sind ein einfacher Grenzwert oder getrennte doppelte Grenzwerte vorgegeben, so berechne man die Qualitätszahl

$$Q_U = (U - \overline{x})\overline{R}$$

und/oder (je nachdem, was zutrifft)

$$Q_L = (\overline{x} - L)/\overline{R};$$

dann vergleiche man die Qualitätszahl (Q_U und/oder Q_L) mit dem Annahmefaktor (k_U und/oder k_L) aus Tabelle R II-A (bei normaler Prüfung). Ist die Qualitätszahl größer oder gleich dem Annahmefaktor, dann ist das Los annehmbar, anderenfalls nicht annehmbar.

D.h., wenn nur ein Höchstwert U vorgegeben ist, ist das Los
annehmbar, wenn $Q_U \geq k$ ist,
nicht annehmbar, wenn $Q_U < k$ ist,

oder, wenn nur ein Mindestwert L vorgegeben ist, ist das Los
annehmbar, wenn $Q_L \geq k$ ist,
nicht annehmbar, wenn $Q_L < k$ ist.

Sind sowohl U als auch L vorgegeben (wobei die k verschieden sind, wenn die AQL-Werte für den Höchstwert und den Mindestwert verschieden sind), dann ist das Los
annehmbar, wenn $Q_L \geq k_L$ und $Q_U \geq k_U$ sind,
nicht annehmbar, wenn $Q_L < k_L$ oder $Q_U < k_U$ ist.

Beispiel[5])

Der Mindestwert für den elektrischen Widerstand eines bestimmten elektrischen Bauelements sei 580 Ω. Ein Los von 100 Einheiten ist zu prüfen. Es sei Prüfniveau II, normale Prüfung und eine AQL von 1 % festgelegt. Aus Tabelle I-A erhält man den Kennbuchstaben F; aus Tabelle R II-A ersieht man, daß eine Stichprobe des Umfangs n = 10 erforderlich und der Annahmefaktor k = 0,703 ist. Die Meßwerte für die Widerstände in Ω in der Stichprobe hat man in der folgenden Reihenfolge erhalten:

Erste Untergruppe 610, 615, 629, 593, 617
(R = 629 - 593 = 36)

Zweite Untergruppe 623, 589, 608, 591, 611
(R = 623 - 589 = 34).

Es ist die Erfüllung des Annahmekriteriums zu prüfen.

Benötigte Information	**Erhaltener Wert**
Stichprobenumfang: n	10
Stichprobenmittelwert $\overline{x}$: $\Sigma x/n$	608,6 Ω
Mittlere Spannweite $\overline{R}$: ΣR/Anzahl der Untergruppen = $\frac{36 + 34}{2}$	35 Ω
Mindestwert: L	580 Ω
$Q_L = (\overline{x} - L)/\overline{R}$	0,817
Annahmefaktor: k (siehe Tabelle II-A)	0,703
Annahmekriterum: Prüfung: $Q_L \geq k$	0,817 > 0,703

Das Los erfüllt das Annahmekriterium und ist folglich annehmbar.

C.9.2.5 Wird ein graphisches Kriterium für einzelne oder getrennte doppelte Grenzwerte gewünscht, so zeichne man die Gerade

$\overline{x} = U - k\overline{R}$ (für einen Höchstwert), d.h. eine Gerade durch den Punkt ($\overline{R}$ = 0, $\overline{x}$ = U) mit der Steigung $-k$,

und/oder (je nachdem, was zutrifft)

$\overline{x} = L + k\overline{R}$ (für einen Mindestwert), d.h. eine Gerade durch den Punkt ($\overline{R}$ = 0, $\overline{x}$ = L) mit der Steigung k,

auf Millimeterpapier mit $\overline{x}$ auf der Ordinate und $\overline{R}$ auf der Abszisse. In dieser Weise kann das Diagramm schon vor Beginn der Prüfung einer Folge von Losen vorbereitet werden (nach dem in 14.3 für die „s"-Methode angegebenen Verfahren). Dann trage man unter Verwendung der in jeder Stichprobe ermittelten Werte $\overline{R}$ und $\overline{x}$ den Punkt ($\overline{R}$, $\overline{x}$) in das Diagramm ein. Liegt dieser Punkt im Annahmebereich, dann ist das Los annehmbar, liegt er außerhalb, so ist es nicht annehmbar.

Beispiel

Unter Verwendung der Zahlen des vorangegangenen Beispiels kennzeichne man den Punkt L = 580 auf der $\overline{x}$-Achse (Ordinate) und ziehe eine Gerade durch diesen Punkt mit der Steigung k. Da k = 0,703 ist, heißt das, daß die Gerade durch die Punkte ($\overline{R}$ = 10, $\overline{x}$ = 587); ($\overline{R}$ = 20, $\overline{x}$ = 594,1); ($\overline{R}$ = 40, $\overline{x}$ = 608,1) usw. geht. Unter diesen Punkten wähle man einen geeigneten aus und zeichne die Gerade dadurch und durch den Punkt ($\overline{R}$ = 0, $\overline{x}$ = L = 580)). Der Annahmebereich ist dann der Bereich oberhalb dieser Geraden. Die berechneten Werte für $\overline{R}$ und $\overline{x}$ sind 35 und 608,6. Trägt man den Punkt ($\overline{R}$, $\overline{x}$) in das Diagramm ein (Bild 16.), sieht man, daß er im Annahmebereich liegt und das Los annehmbar ist.

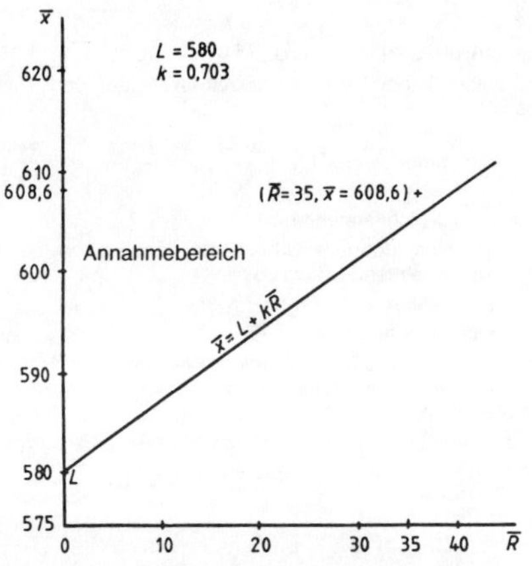

Bild 16. Graphisches Verfahren für einzelne oder getrennte doppelte Grenzwerte

Ist ein verbundener doppelter Grenzwert gegeben, muß eine graphische Methode verwendet werden, es sei denn, $\overline{R}$ ist größer als der aus Tabelle R-IV entnommene MAR; in dem zweiten Fall muß das Los sofort als nicht annehmbar beurteilt werden.

Mit Hilfe des Kennbuchstabens für den Stichprobenumfang suche man aus dem zutreffenden Diagramm aus der R-Serie diejenige Annahmekurve heraus, die zu der vorgegebenen AQL gehört.

Von dieser Annahmekurve und der nächsten innerhalb gelegenen Kurve mache man eine Pause (oder Kopie). (Die innere Kurve wird benötigt, falls es erforderlich sein sollte, zu verschärfter Prüfung überzugehen. Zudem stellt der Bereich zwischen den Kurven einen Warnbereich dar.)

[5]) Siehe Seite 14

Man berechne die Werte von

$$\frac{\overline{R}}{U-L} \text{ und } \frac{\overline{x}-L}{U-L}$$

und trage diesen Punkt in die soeben erstellte Pause (Kopie) ein.

Liegt der Punkt innerhalb des Annahmebereiches, so ist das Los annehmbar, anderenfalls nicht annehmbar.

Anmerkung: Es dürfte bequemer sein, den Maßstab der Achse in dem Arbeitsexemplar der Kurven so zu transformieren, daß man $\overline{R}$ und $\overline{x}$ direkt eintragen kann (siehe Bild 17).

Beispiel[5])

Die Grenzwerte für den elektrischen Widerstand eines bestimmten elektrischen Bauelements seien mit (520 ± 50) Ω angegeben. Ein Los von 350 Einheiten ist zu prüfen. Es sei Prüfniveau II und normale Prüfung mit AQL = 4 % festgelegt. Nach Tabelle I-A ist der Kennbuchstabe für den Stichprobenumfang H; aus Tabelle *R* II-A entnimmt man, daß ein Stichprobenumfang von 25 erforderlich ist, und nach Tabelle *R*-IV ist der *F*-Wert für den MAR 0,707. Die Meßwerte für die Widerstände in Ω in der Stichprobe hat man in der folgenden Reihenfolge erhalten:

Erste Untergruppe 515; 491; 479; 507; 543;
(R = 543 − 479 = 64).

Zweite Untergruppe 521; 536; 483; 509; 514;
(R = 536 − 483 = 53).

Dritte Untergruppe 507; 484; 526; 552; 499;
(R = 552 − 484 = 68).

Vierte Untergruppe 530; 512; 492; 521; 467;
(R = 530 − 467 = 63).

Fünfte Untergruppe 489; 513; 501; 529;
(R = 535 − 489 = 46).

Benötigte Information	**Erhaltener Wert**
Stichprobenumfang: n	25
Stichprobenmittelwert $\overline{x}$: $\Sigma\, x/n$	510,2 Ω
Mittlere Spannweite $\overline{R}$:	
$\Sigma\, R$/Anzahl der Untergruppen = 294/5	58,8 Ω
Höchstwert: U	570 Ω
Mindestwert: Λ	470 Ω
„Standardisierter" Mittelwert: $(\overline{x}-L)/(U-L)$	0,402
„Standardisierte" mittlere Spannweite: $\overline{R}/(U-L)$	0,588
F-Wert (Tabelle R-IV)	0,707
MAR = $F(U-L)$	70,7

Der „standardisierte" Mittelwert und die „standardisierte" mittlere Spannweite werden nun in das Diagramm R-H (AQL 4 %) eingetragen (siehe Bild 17.). Liegt dieser eingezeichnete Punkt außerhalb des Annahmebereiches, so ist das Los nicht annehmbar.

Der Punkt (0,588, 0,402) liegt innerhalb der Annahmekurve, und folglich ist das Los annehmbar.

C.10 Vorgehensweise im Verlauf der Prüfungen

Die Vorgehensweisen, die in den Abschnitten 16 bis 22 für die „s"-Methode beschrieben worden sind, sind auch anzuwenden, wenn mit der „R"-Methode gearbeitet wird.

[5]) Siehe Seite 14

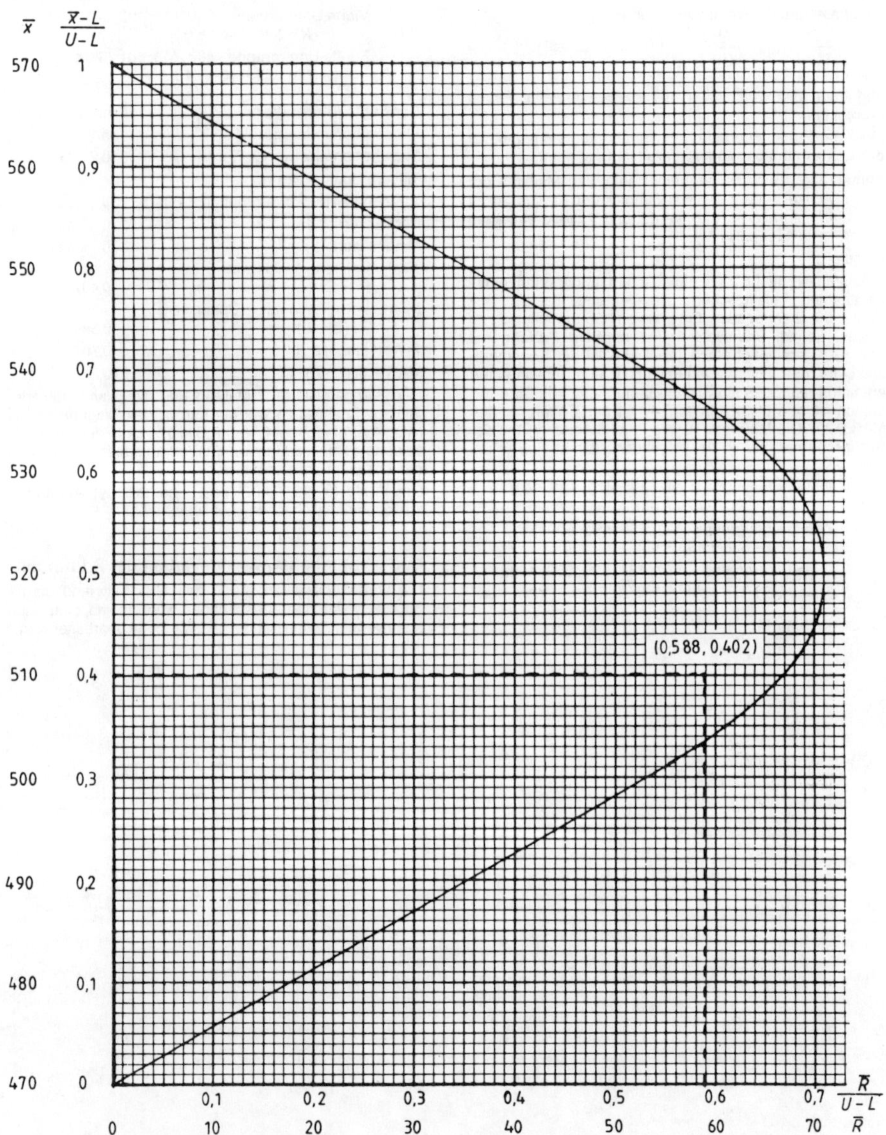

Bild 17. Annahmekurve für den Kennbuchstaben für den Stichprobenumfang H, n = 25, AQL 4%, MAR = 70,7: „$\bar{R}$"-Methode

Tabelle R-I. **Kennbuchstaben für den Stichprobenumfang, Stichprobenumfänge und Maßstabsfaktoren: „R"-Methode**

„R"-Methode				Entsprechender Stichprobenumfang	
Kennbuchstabe für den Stichprobenumfang	Stichprobenumfang	Anzahl der Untergruppen	c	„s"-Methode	ISO 2859
B	3	–	1,910	3	3
C	4	–	2,234	4	5
D	5	–	2,474	5	8
E	7	–	2,830	7	13
F	10	2	2,405	10	20
G	15	3	2,379	15	32
H	25	5	2,358	20	50
I	30	6	2,353	25	–
J	40	8	2,346	35	80
K	60	12	2,339	50	125
L	85	17	2,335	75	200
M	115	23	2,333	100	315
N	175	35	2,331	150	500
P	230	46	2,330	200	800

Anmerkung 1: Siehe Definition von c in C.4

Anmerkung 2: Die Kennbuchstaben für den Stichprobenumfang in dieser Internationalen Norm entsprechen denen in ISO 2859; sie sind **nicht** identisch mit denen in MIL STD 414.

Tabelle *R*II-A. **Einfach-Stichprobenanweisungen für normale Prüfung (Leittabelle): „*R*"-Methode**

Kennbuchstabe für den Stichprobenumfang	Stichprobenumfang	Annehmbare Qualitätsgrenzlagen (normale Prüfung)										
		0,10	0,15	0,25	0,40	0,65	1,00	1,50	2,50	4,00	6,50	10,00
		k	*k*	*k*	*k*	*k*	*k*	*k*	*k*	*k*	*k*	*k*
B	3								0,587	0,502	0,401	0,296
C	4						0,651	0,598	0,525	0,450	0,364	0,276
D	5					0,663	0,614	0,565	0,498	0,431	0,352	0,272
E	7			0,702	0,659	0,613	0,569	0,525	0,465	0,405	0,336	0,266
F	10		0,916	0,863	0,811	0,755	0,703	0,650	0,579	0,507	0,424	0,341
G	15	0,999	0,958	0,903	0,850	0,792	0,738	0,684	0,610	0,536	0,452	0,368
H	25	1,05	1,01	0,951	0,896	0,835	0,779	0,723	0,647	0,571	0,484	0,398
I	30	1,06	1,02	0,959	0,904	0,843	0,787	0,730	0,654	0,577	0,490	0,403
J	40	1,08	1,04	0,978	0,921	0,860	0,803	0,746	0,668	0,591	0,503	0,415
K	60	1,11	1,06	1,00	0,948	0,885	0,826	0,768	0,689	0,610	0,521	0,432
L	85	1,13	1,08	1,02	0,962	0,899	0,839	0,780	0,791	0,621	0,530	0,441
M	115	1,14	1,09	1,03	0,975	0,911	0,851	0,791	0,711	0,631	0,539	0,449
N	175	1,16	1,11	1,05	0,994	0,929	0,868	0,807	0,726	0,644	0,552	0,460
P	230	1,16	1,12	1,06	0,996	0,931	0,870	0,809	0,728	0,646	0,553	0,462

Anmerkung 1: Alle AQL-Werte sind Anteile fehlerhafter Einheiten in Prozent

Anmerkung 2: Die Kennbuchstaben für den Stichprobenumfang in dieser Internationalen Norm entsprechen denen in ISO 2859; sie sind **nicht** identisch mit denen in MIL STD 414.

Anmerkung 3: Symbole

In diesem Bereich gibt es keine geeignete Stichprobenanweisung; man verwende die erste Stichprobenanweisung unter dem Pfeil. Dies gilt sowohl für den Stichprobenumfang als auch für den Annahmefaktor *k*

Die Stichprobenanweisung in diesem Bereich garantiert einen hohen Grad an Sicherheit, allerdings um den Preis eines großen Stichprobenumfanges. Nach dem Ermessen der zuständigen Stelle darf die nächste über dem Pfeil stehende Stichprobenanweisung verwendet werden.

Die fettgedruckte Linie markiert die Grenze für die entsprechenden Stichprobenanweisungen anhand qualitativer Merkmale in ISO 2859.

Tabelle *R*II-B. **Einfach-Stichprobenanweisungen für verschärfte Prüfung (Leittabelle): „*R*“-Methode**

Kennbuchstabe für den Stichprobenumfang	Stichprobenumfang	Annehmbare Qualitätsgrenzlagen (verschärfte Prüfung)										
		0,10	0,15	0,25	0,40	0,65	1,00	1,50	2,50	4,00	6,50	10,00
		k	*k*	*k*	*k*	*k*	*k*	*k*	*k*	*k*	*k*	*k*
B	3									0,587	0,502	0,401
C	4							0,651	0,598	0,525	0,450	0,364
D	5						0,663	0,614	0,565	0,498	0,431	0,352
E	7				0,702	0,659	0,613	0,569	0,525	0,465	0,405	0,336
F	10			0,916	0,863	0,811	0,755	0,703	0,650	0,579	0,507	0,424
G	15	1,04	0,999	0,958	0,903	0,850	0,792	0,738	0,684	0,610	0,536	0,452
H	25	1,10	1,05	1,01	0,951	0,896	0,835	0,779	0,723	0,647	0,571	0,484
I	30	1,10	1,06	1,02	0,959	0,904	0,843	0,787	0,730	0,654	0,577	0,490
J	40	1,13	1,08	1,04	0,978	0,921	0,860	0,803	0,746	0,668	0,591	0,503
K	60	1,16	1,11	1,06	1,00	0,948	0,885	0,826	0,768	0,689	0,610	0,521
L	85	1,17	1,13	1,08	1,02	0,962	0,899	0,839	0,780	0,701	0,621	0,530
M	115	1,19	1,14	1,09	1,03	0,975	0,911	0,851	0,791	0,711	0,631	0,539
N	175	1,21	1,16	1,11	1,05	0,994	0,929	0,868	0,807	0,726	0,644	0,552
P	230	1,21	1,16	1,12	1,06	0,996	0,931	0,870	0,809	0,728	0,646	0,553

Anmerkung 1: Alle AQL-Werte sind Anteile fehlerhafter Einheiten in Prozent

Anmerkung 2: Die Kennbuchstaben für den Stichprobenumfang in dieser Internationalen Norm entsprechen denen in ISO 2859; sie sind **nicht** identisch mit denen in MIL STD 414.

Anmerkung 3: Symbole

In diesem Bereich gibt es keine geeignete Stichprobenanweisung; man verwende die erste Stichprobenanweisung unter dem Pfeil. Dies gilt sowohl für den Stichprobenumfang als auch für den Annahmefaktor *k*

Die Stichprobenanweisung in diesem Bereich garantiert einen hohen Grad an Sicherheit, allerdings um den Preis eines großen Stichprobenumfanges. Nach dem Ermessen der zuständigen Stelle darf die nächste über dem Pfeil stehende Stichprobenanweisung verwendet werden.

Die fettgedruckte Linie markiert die Grenze für die entsprechenden Stichprobenanweisungen anhand qualitativer Merkmale in ISO 2859.

Tabelle *R*II-C. **Einfach-Stichprobenanweisungen für reduzierte Prüfung (Leittabelle): „*R*"-Methode**

Kennbuchstabe für den Stichprobenumfang	Stichprobenumfang	Annehmbare Qualitätsgrenzlagen (reduzierte Prüfung)										
		0,10	0,15	0,25	0,40	0,65	1,00	1,50	2,50	4,00	6,50	10,00
		k	*k*	*k*	*k*	*k*	*k*	*k*	*k*	*k*	*k*	*k*
B	3							0,587	0,502	0,401	0,296	0,178
C	3							0,587	0,502	0,401	0,296	0,178
D	3							0,587	0,502	0,401	0,296	0,178
E	3							0,587	0,502	0,401	0,296	0,178
F	4					0,651	0,598	0,525	0,450	0,364	0,276	0,176
G	5				0,663	0,614	0,565	0,498	0,431	0,352	0,272	0,184
H	7		0,702	0,659	0,613	0,569	0,525	0,465	0,405	0,336	0,266	0,189
I	10	0,916	0,863	0,811	0,755	0,703	0,650	0,579	0,507	0,424	0,341	0,252
J	15	0,958	0,903	0,850	0,792	0,738	0,684	0,610	0,536	0,452	0,368	0,276
K	25	1,01	0,951	0,896	0,835	0,779	0,723	0,647	0,571	0,484	0,398	0,305
L	30	1,02	0,959	0,904	0,843	0,787	0,730	0,654	0,577	0,490	0,403	0,310
M	40	1,04	0,978	0,921	0,860	0,803	0,746	0,668	0,591	0,503	0,415	0,321
N	60	1,06	1,00	0,948	0,885	0,826	0,768	0,689	0,610	0,521	0,432	0,336
P	85	1,08	1,02	0,962	0,899	0,839	0,780	0,701	0,621	0,530	0,441	0,345

Anmerkung 1: Alle AQL-Werte sind Anteile fehlerhafter Einheiten in Prozent

Anmerkung 2: Die Kennbuchstaben für den Stichprobenumfang in dieser Internationalen Norm entsprechen denen in ISO 2859; sie sind **nicht** identisch mit denen in MIL STD 414.

Anmerkung 3: Symbole

In diesem Bereich gibt es keine geeignete Stichprobenanweisung; man verwende die erste Stichprobenanweisung unter dem Pfeil. Dies gilt sowohl für den Stichprobenumfang als auch für den Annahmefaktor *k*

Die Stichprobenanweisung in diesem Bereich garantiert einen hohen Grad an Sicherheit, allerdings um den Preis eines großen Stichprobenumfanges. Nach dem Ermessen der zuständigen Stelle darf die nächste über dem Pfeil stehende Stichprobenanweisung verwendet werden.

Die fettgedruckte Linie markiert die Grenze für die entsprechenden Stichprobenanweisungen anhand qualitativer Merkmale in ISO 2859.

Tabelle R-IV. **F-Werte für den Höchstwert für die mittlere Spannweite (MAR): „R"-Methode**

Stichprobenumfang	Annehmbare Qualitätsgrenzlagen (normale Prüfung)											
		0,10	0,15	0,25	0,40	0,65	1,00	1,50	2,50	4,00	6,50	10,00
3									0,833	0,865	0,907	0,958	1,028
4							0,756	0,788	0,836	0,891	0,965	1,056	1,180
5						0,730	0,764	0,801	0,857	0,923	1,011	1,118	1,263
7				0,695	0,727	0,765	0,804	0,846	0,910	0,985	1,086	1,209	1,374
10			0,529	0,553	0,579	0,610	0,642	0,677	0,730	0,793	0,876	0,977	1,112
15	0,460	0,477	0,493	0,517	0,542	0,572	0,602	0,637	0,688	0,748	0,830	0,928	1,058
25	0,432	0,447	0,463	0,486	0,509	0,537	0,567	0,600	0,649	0,707	0,785	0,879	1,004
30	0,426	0,442	0,457	0,480	0,503	0,531	0,560	0,593	0,642	0,699	0,776	0,870	0,993
40	0,417	0,432	0,447	0,469	0,492	0,519	0,548	0,580	0,628	0,684	0,761	0,852	0,968
60	0,403	0,419	0,434	0,455	0,478	0,505	0,533	0,564	0,608	0,666	0,740	0,830	0,949
85	0,398	0,412	0,427	0,448	0,470	0,497	0,525	0,555	0,602	0,656	0,729	0,818	0,934
115	0,392	0,406	0,421	0,442	0,464	0,490	0,517	0,548	0,594	0,648	0,720	0,808	0,923
175	0,384	0,399	0,413	0,434	0,455	0,481	0,508	0,538	0,584	0,637	0,708	0,794	0,908
230	0,384	0,397	0,412	0,432	0,454	0,480	0,507	0,536	0,582	0,633	0,706	0,792	0,906
	0,10	0,15	0,25	0,40	0,65	1,00	1,50	2,50	4,00	6,50	10,00		
	Annehmbare Qualitätsgrenzlagen (verschärfte Prüfung)												
			0,10	0,15	0,25	0,40	0,65	1,00	1,50	2,50	4,00	6,50	10,00
			Annehmbare Qualitätsgrenzlagen (reduzierte Prüfung)										

Anmerkung: Den MAR erhält man durch Multiplikation des Faktors F mit der Differenz zwischen dem Höchstwert U und dem Mindestwert L, d.h. MAR = $F(U-L)$.

Der MAR ist bei Verwendung der „R"-Methode der größte zulässige Wert für die mittlere Spannweite in der Stichprobe für den Fall eines doppelten Grenzwertes bei unbekannter Streuung (σ). Wenn die mittlere Spannweite kleiner als der MAR ist, ist das Los möglicherweise — aber nicht mit Sicherheit — annehmbar.

D Diagramm R-D. **Annahmekurven für verbundene doppelte Grenzwerte: „R"-Methode: Kennbuchstabe für den Stichprobenumfang D (Stichprobenumfang 5)**

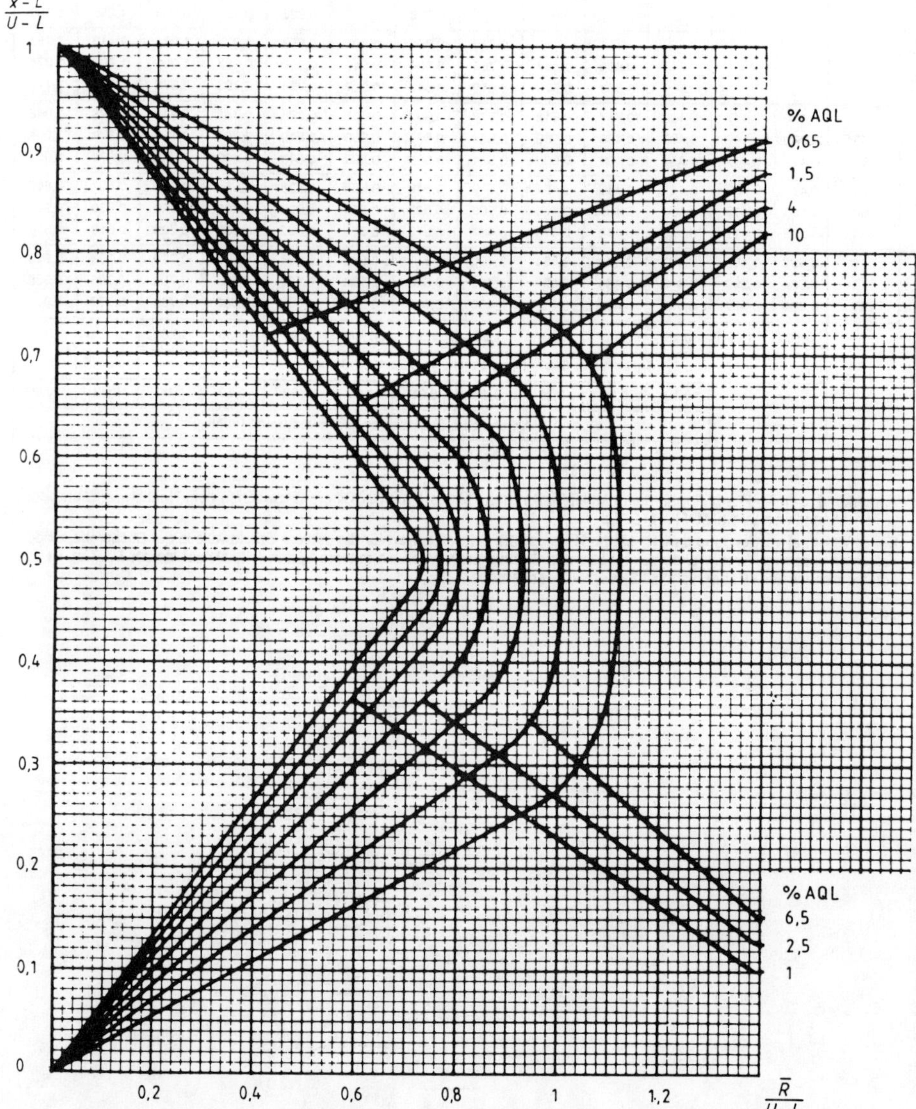

Diagramm R-E. **Annahmekurven für verbundene doppelte Grenzwerte: „R"-Methode Kennbuchstabe für den Stichprobenumfang E (Stichprobenumfang 7)**

$\frac{\bar{x} - L}{U - L}$

1
0,9
0,8
0,7
0,6
0,5
0,4
0,3
0,2
0,1
0

% AQL
0,25
0,65
1,5
4
10

% AQL
6,5
2,5
1
0,4

0,2 0,4 0,6 0,8 1 1,2 1,3 $\frac{\bar{R}}{U - L}$

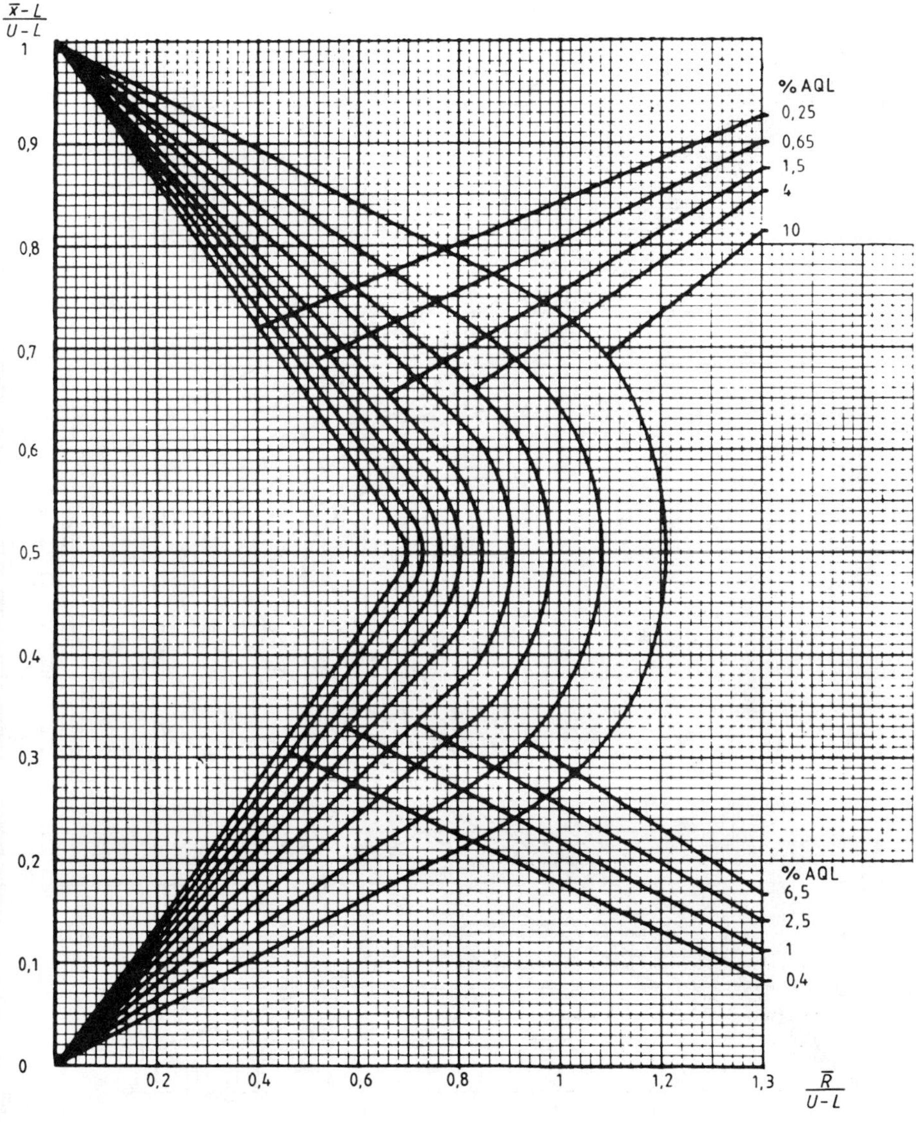

F

Diagramm R-F. **Annahmekurven für verbundene doppelte Grenzwerte: „R"-Methode Kennbuchstabe für den Stichprobenumfang F (Stichprobenumfang 10)**

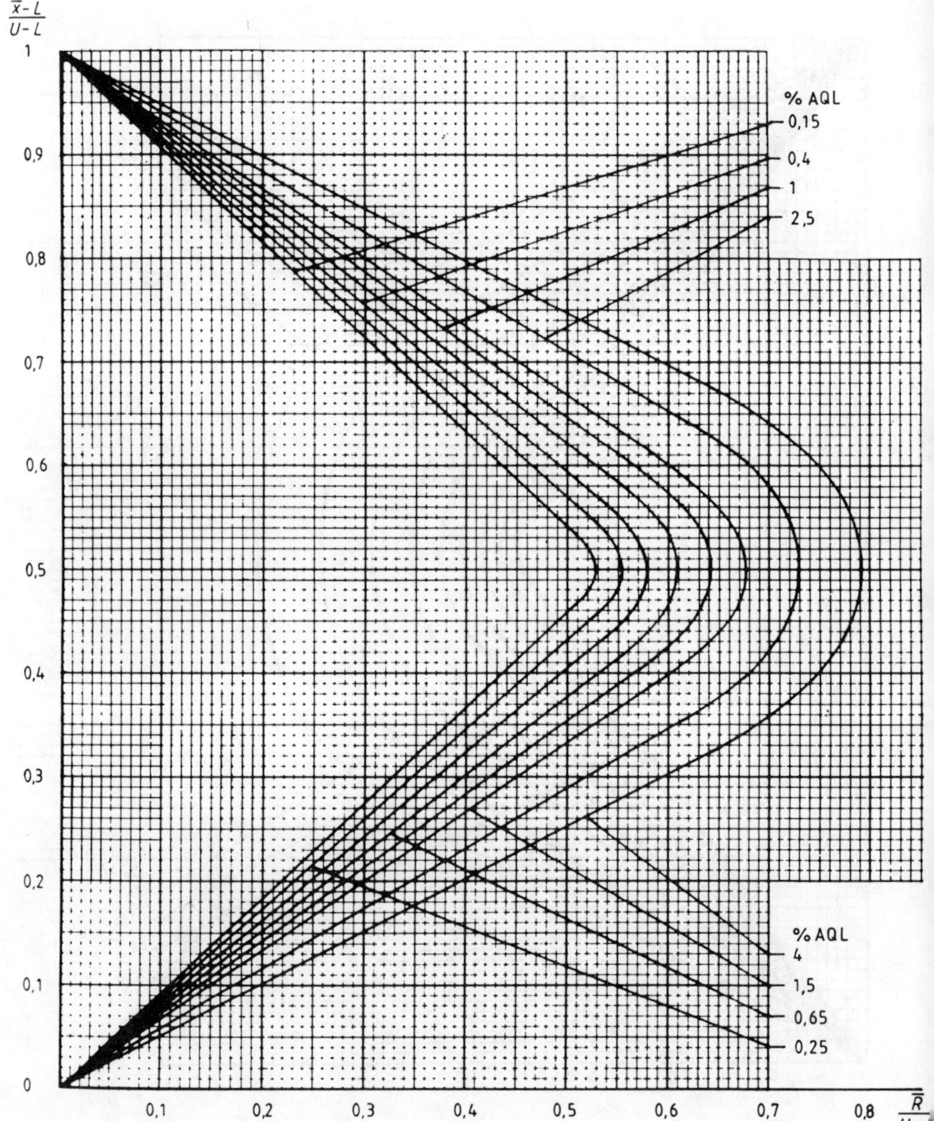

Diagramm R-G. **Annahmekurven für verbundene doppelte Grenzwerte: „R"-Methode Kennbuchstabe für den Stichprobenumfang G (Stichprobenumfang 15)**

$\frac{\bar{x} - L}{U - L}$

1
0,9
0,8
0,7
0,6
0,5
0,4
0,3
0,2
0,1
0

% AQL
0,04
0,1
0,25
0,65
1,5
4

% AQL
6,5
2,5
1
0,4
0,15
0,065

0,1 0,2 0,3 0,4 0,5 0,6 0,7 0,8 $\frac{\bar{R}}{U - L}$

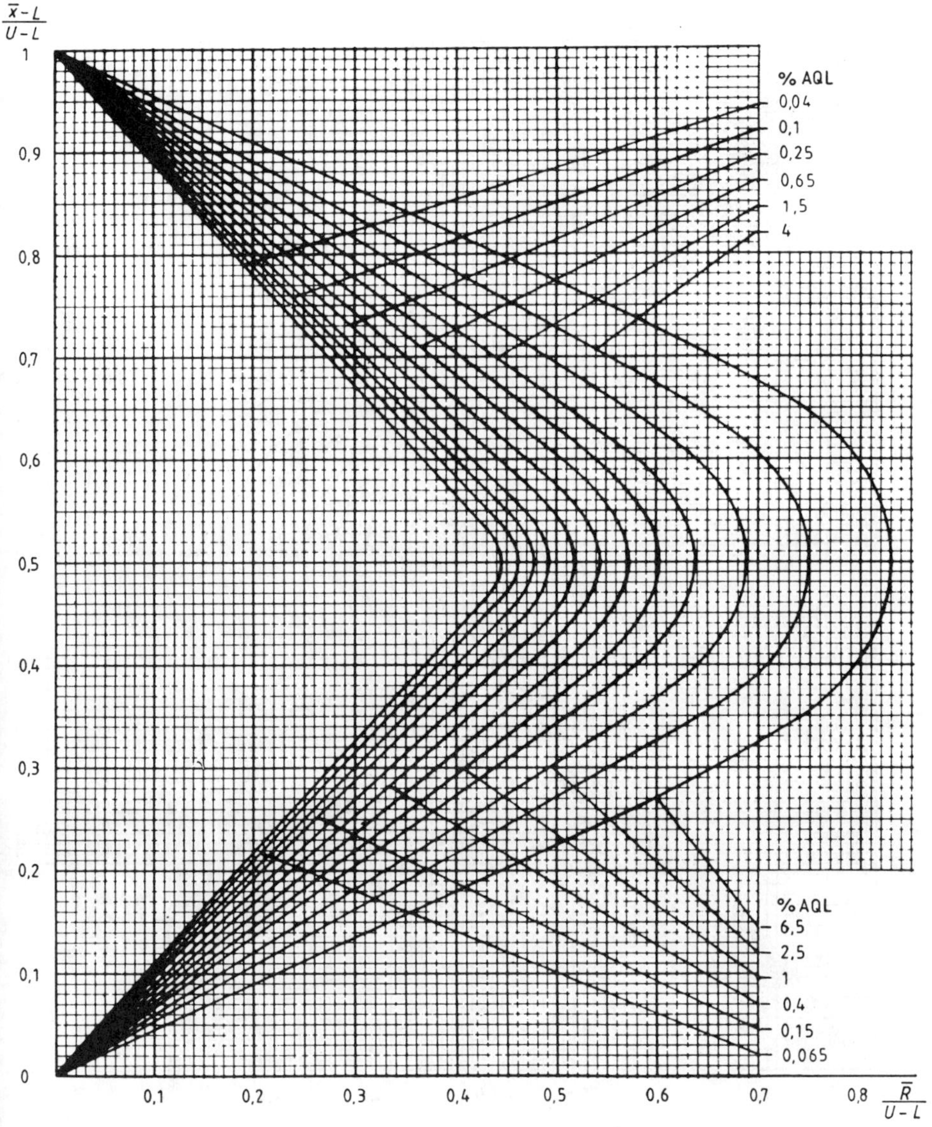

H Diagramm R-H. **Annahmekurven für verbundene doppelte Grenzwerte: „R"-Methode**
Kennbuchstabe für den Stichprobenumfang H (Stichprobenumfang 25)

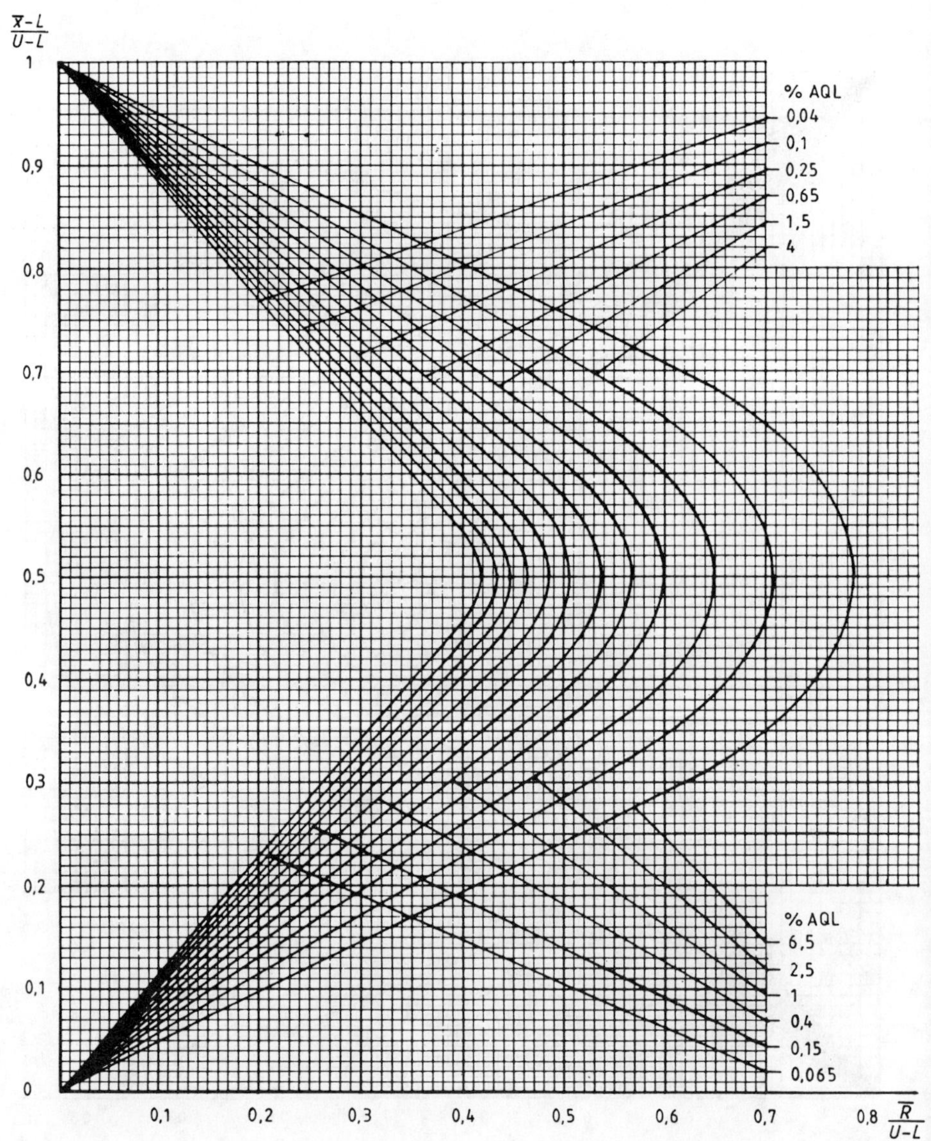

Diagramm R-I. **Annahmekurven für verbundene doppelte Grenzwerte: „R"-Methode**
Kennbuchstabe für den Stichprobenumfang I (Stichprobenumfang 30)

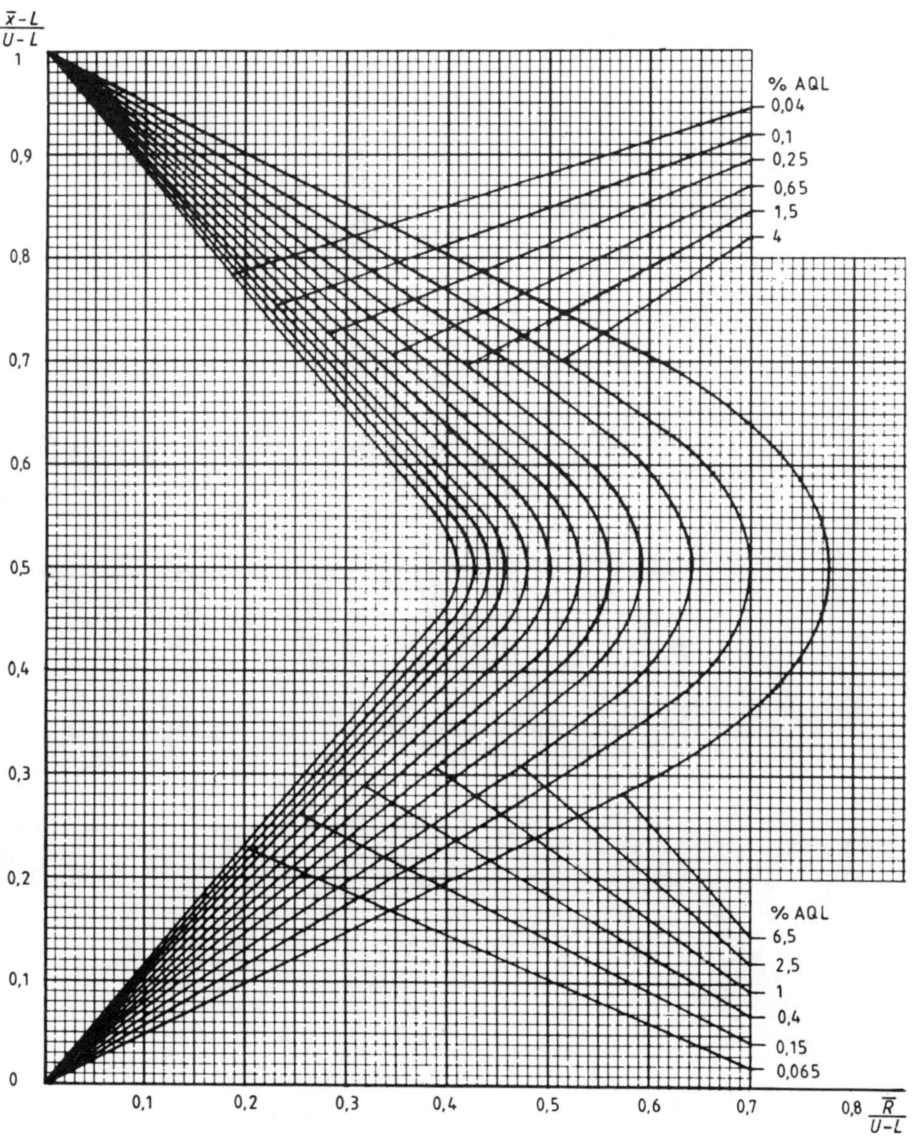

J

Diagramm R-J. **Annahmekurven für verbundene doppelte Grenzwerte: „R"-Methode Kennbuchstabe für den Stichprobenumfang J (Stichprobenumfang 40)**

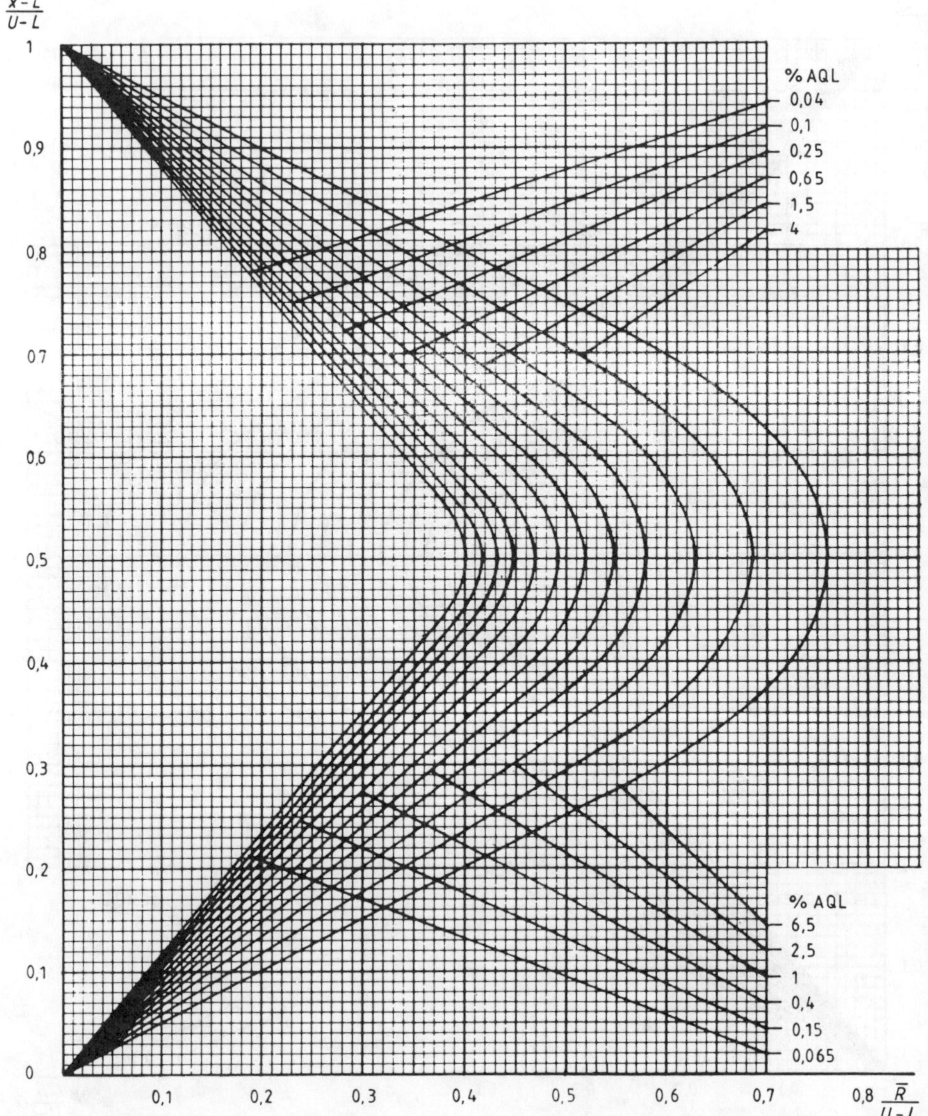

Diagramm R-K. **Annahmekurven für verbundene doppelte Grenzwerte: „R"-Methode Kennbuchstabe für den Stichprobenumfang K (Stichprobenumfang 60)**

$\frac{\bar{x}-L}{U-L}$

1
0,9
0,8
0,7
0,6
0,5
0,4
0,3
0,2
0,1
0

% AQL
0,04
0,1
0,25
0,65
1,5
4
10

% AQL
6,5
2,5
1
0,4
0,15
0,065

0,1 0,2 0,3 0,4 0,5 0,6 0,7 0,8 $\frac{\bar{R}}{U-L}$

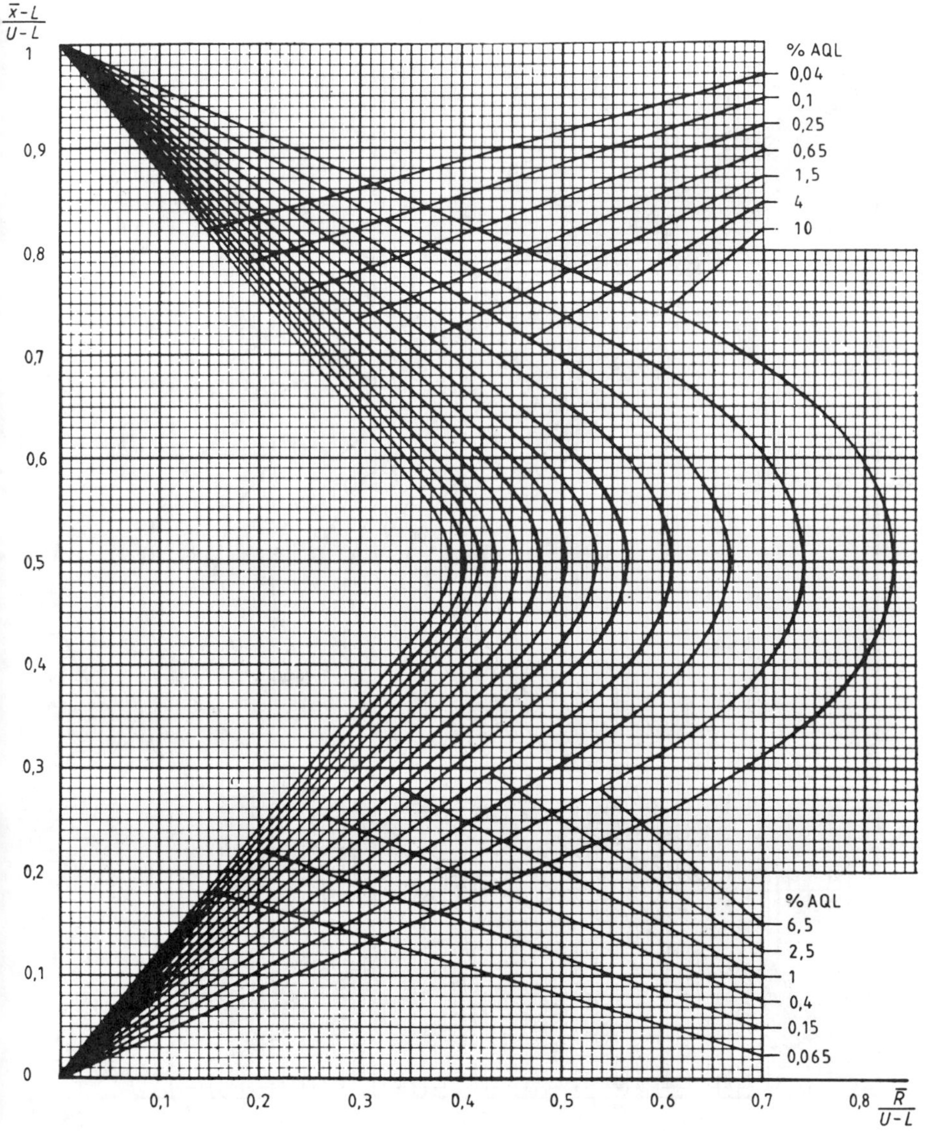

L

Diagramm R-L. **Annahmekurven für verbundene doppelte Grenzwerte: „R"-Methode Kennbuchstabe für den Stichprobenumfang L (Stichprobenumfang 85)**

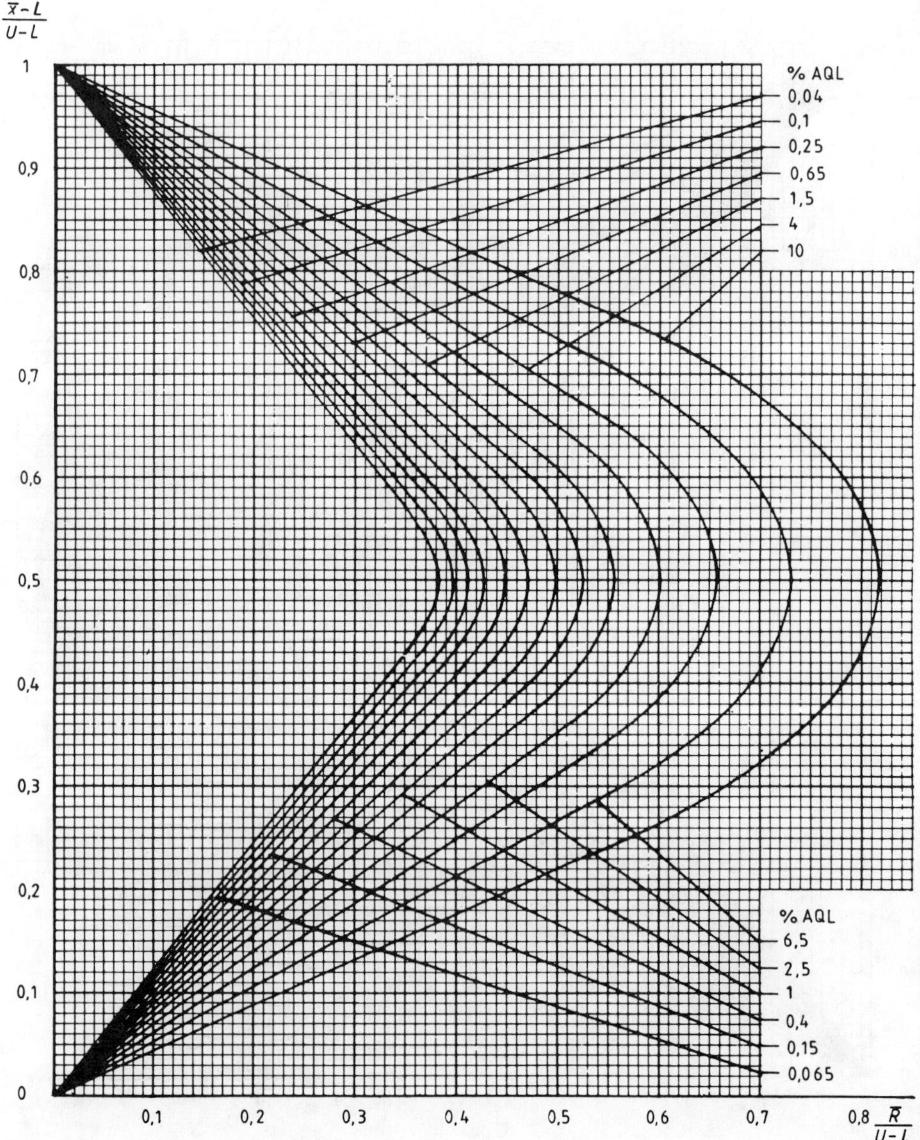

Diagramm *R*-M. **Annahmekurven für verbundene doppelte Grenzwerte: „R"-Methode Kennbuchstabe für den Stichprobenumfang M (Stichprobenumfang 115)**

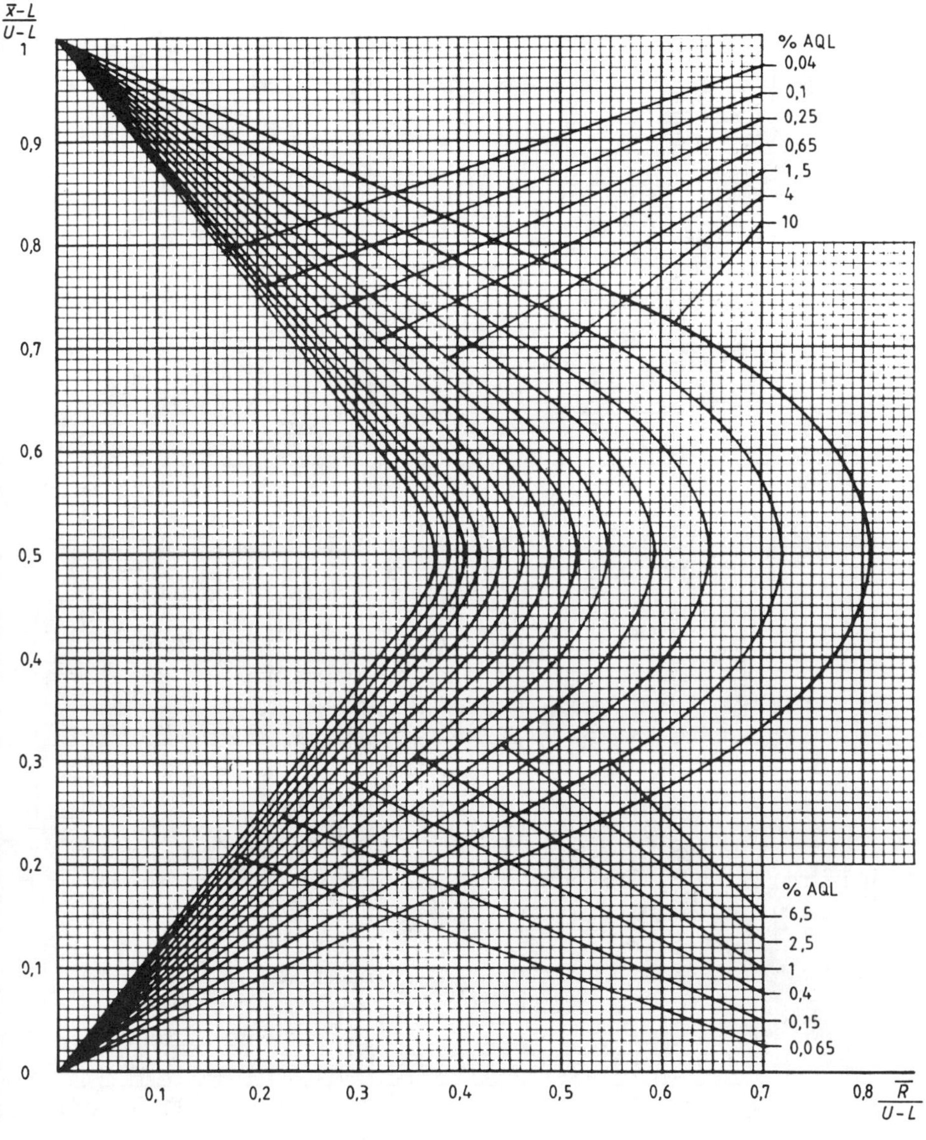

N Diagramm R-N. **Annahmekurven für verbundene doppelte Grenzwerte: „R"-Methode**
Kennbuchstabe für den Stichprobenumfang N (Stichprobenumfang 175)

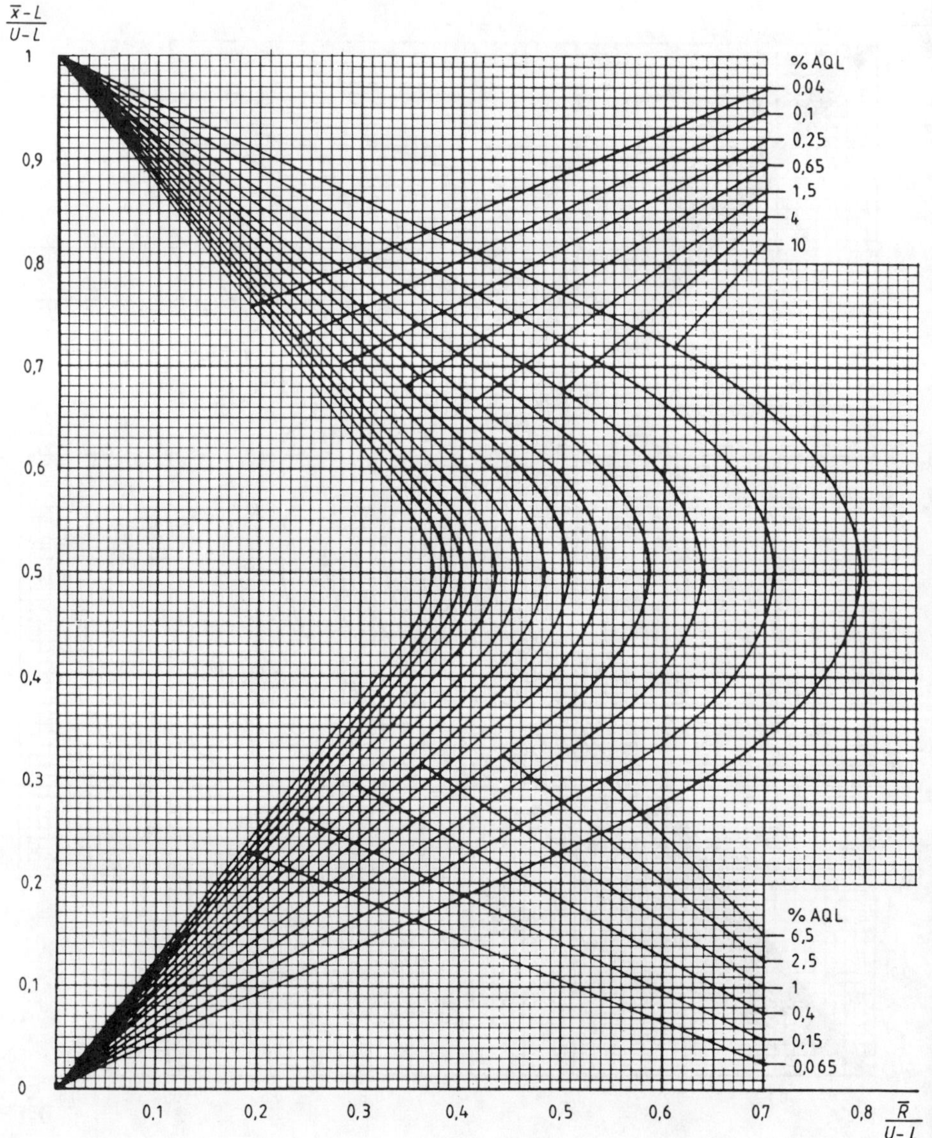

Diagramm *R*-P. **Annahmekurven für verbundene doppelte Grenzwerte: „*R*"-Methode Kennbuchstabe für den Stichprobenumfang P (Stichprobenumfang 230)**

$\frac{\bar{x}-L}{U-L}$

1
0,9
0,8
0,7
0,6
0,5
0,4
0,3
0,2
0,1
0

% AQL
0,04
0,1
0,25
0,65
1,5
4
10

% AQL
6,5
2,5
1
0,4
0,15
0,065

0,1 0,2 0,3 0,4 0,5 0,6 0,7 0,8 $\frac{\bar{R}}{U-L}$

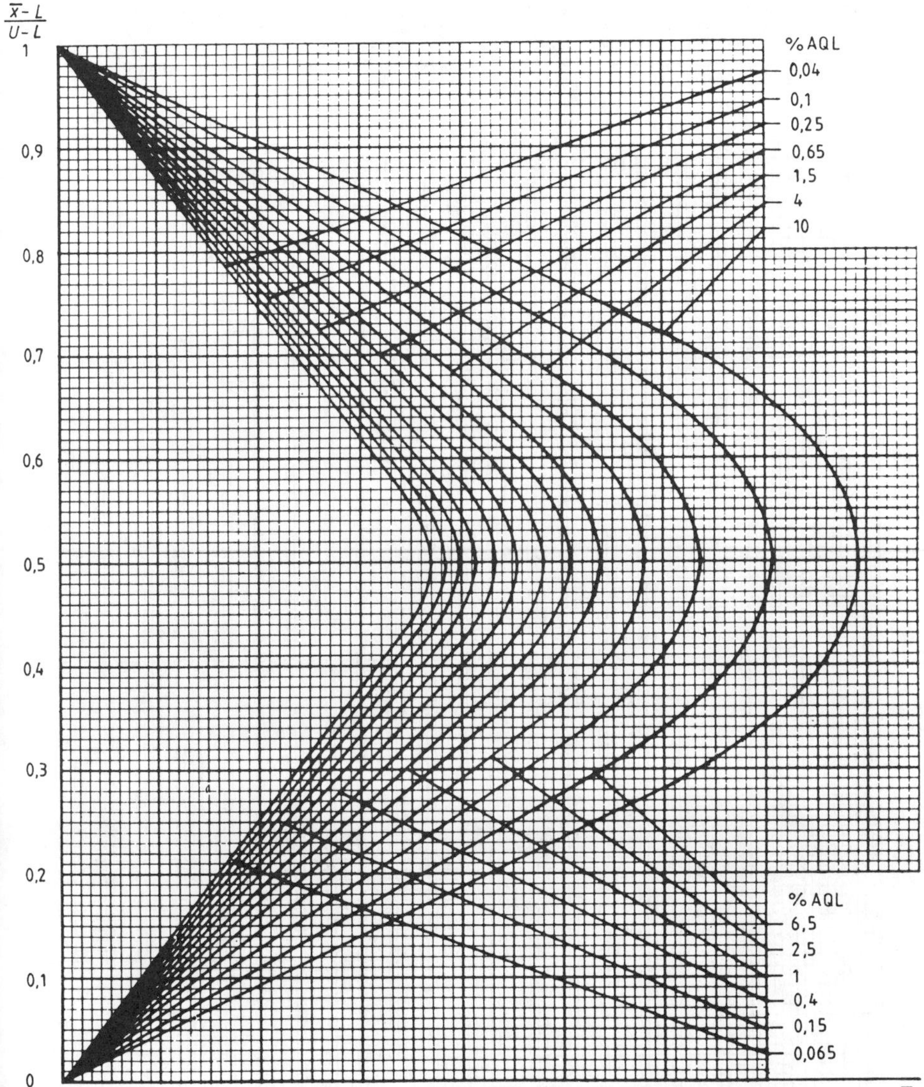

Anhang D

(Bestandteil der Norm)

Millimeterpapier für die „s"-Methode

D.1 Um ohne Änderung des Maßstabes das gesamte System von Annahmekurven der „s"-Methode für verbundene doppelte Grenzwerte abzudecken, ist ein spezielles Millimeterpapier mit einer leicht komprimierten Abszisse erstellt worden. Ein Blatt dieses Millimeterpapiers ist in Bild 18 wiedergegeben. Bei Benutzung einer Stichprobenanweisung der „s"-Methode für verbundene doppelte Grenzwerte kann die betreffende Annahmekurve auf eine Kopie des Bildes 18. kopiert (oder gepaust) werden (siehe 14.6).

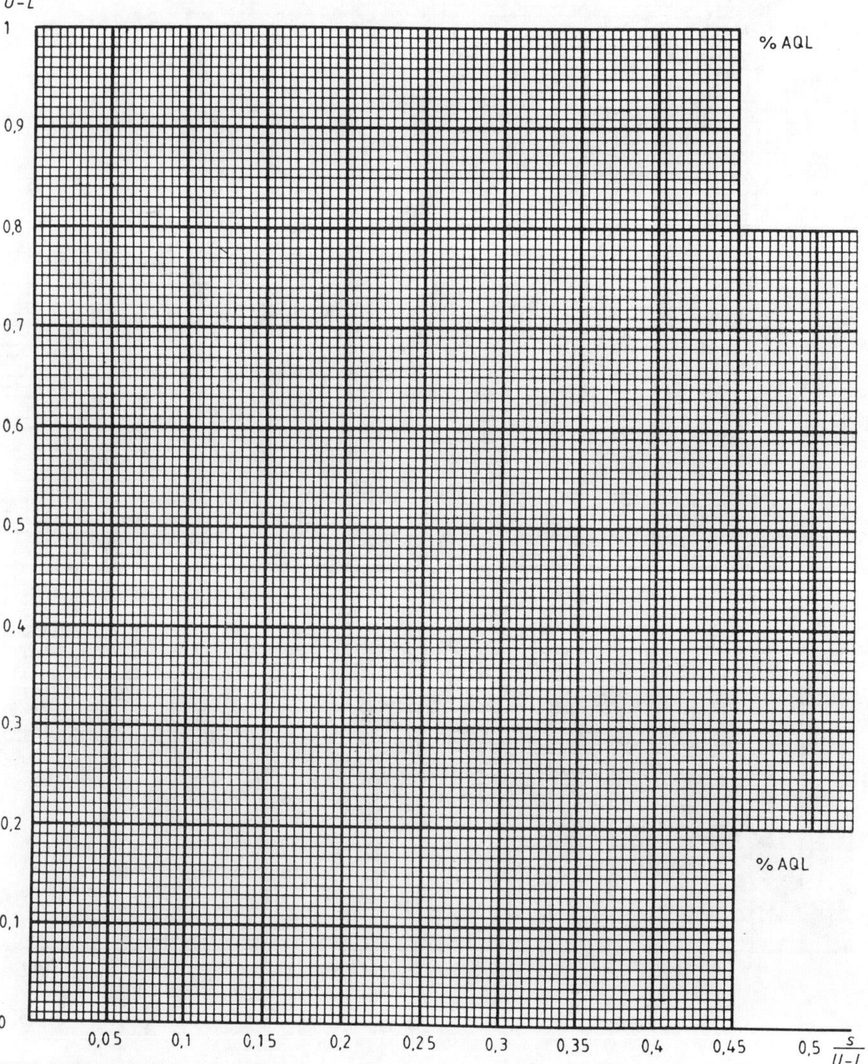

Bild 18. Millimeterpapier für die „s"-Methode

Anhang E

(nicht Bestandteil der Norm)

Literaturhinweise

Die folgenden Veröffentlichungen sind bei der Erarbeitung dieser Internationalen Norm herangezogen worden:

[1] Techniques of Statistical Analysis. Statistical Research Group, Columbia University. Mc-Graw-Hill, 1947.

[2] Bowker, A. H. and Goode, H. P.; Sampling Inspection by Variables. McGraw-Hill, 1952.

[3] Duncan, A.J.; Quality Control and Industrial Statistics. Richard D. Irwin, Inc., 1965.

[4] Burr, I.W.; Engineering Statistics and Quality Control, McGraw-Hill, 1953.

[5] Grant, E.L. and Leavenworth, R.S.; Statistical Quality Control. McGraw-Hill, 1972.

[6] Bowker, A.H. and Lieberman, G.J.; Engineering Statistics. Prentice-Hall, 1972.

[7] Hahn, G.H. and Shapiro, S.S.; Statistical Models in Engineering. John Wiley, 1967.

[8] Mathematical and Statistical Principles Underlying Military Standard 414. Office of the Assistant Secretary of Defense, Washington D.C.

[9] Kendall, M.G. and Buckland, W.R.; A Dictionary of Statistical Terms. Oliver and Boyd, 1971.

[10] Resnikoff, G.J. and Lieberman, G.J.; Tables of the Non-Central *t*-Distribution. Stanford University Press, 1957.

[11] Pearson, E.S. and Hartley, H.O.; Biometrika Tables for Statisticians. Volumes 1 and 2. Cambridge University Press, 1966.

Ende der deutschen Übersetzung

Zitierte Normen

DIN 55 350 Teil 22	Begriffe der Qualitätssicherung und Statistik; Begriffe der Statistik, Spezielle Wahrscheinlichkeitsverteilungen
ISO 2854	Statistical interpretation of data — Techniques of estimation and tests relating to means and variances
ISO 2859	Sampling procedures and tables for inspection by attributes[9])
ISO 3534	Statistics — Vocabulary and symbols
ISO/DIS 3534-1:1990	Statistics — Vocabulary and symbols — Part 1: Probability and general statistical terms
ISO 5725	Precision of test methods — Determination of repeatability and reproducibility for a standard test method by inter-laboratory tests

Weitere Normen und andere Unterlagen

ISO/DP 2859-0	Sampling procedures for inspection by attributes Part 0: General introduction
DIN ISO 2859 Teil 1	Annahmestichprobenprüfung anhand der Anzahl fehlerhafter Einheiten oder Fehler (Attributprüfung); Nach der annehmbaren Qualitätsgrenzlage (AQL) geordnete Stichprobenanweisungen für die Prüfung einer Serie von Losen
DIN ISO 2859 Teil 2	Annahmestichprobenprüfung anhand der Anzahl fehlerhafter Einheiten oder Fehler (Attributprüfung); Nach der rückzuweisenden Qualitätsgrenzlage (LQ) geordnete Stichprobenanweisungen für die Prüfung einzelner Lose, identisch mit ISO 2859-2:1985
DIN ISO 2859 Teil 3	(z.Z. Entwurf) Annahmestichprobenprüfung anhand der Anzahl fehlerhafter Einheiten oder Fehler (Attributprüfung); Skip-lot-Verfahren
DIN ISO 5725	Präzision von Meßverfahren; Ermittlung der Wiederhol- und Vergleichpräzision von festgelegten Meßverfahren durch Ringversuche. Identisch mit ISO 5725, Ausgabe 1986
DIN 55350 Teil 11	Begriffe der Qualitätssicherung und Statistik; Grundbegriffe der Qualitätssicherung
DIN 55350 Teil 12	Begriffe der Qualitätssicherung und Statistik; Merkmalsbezogene Begriffe
DIN 55350 Teil 31	Begriffe der Qualitätssicherung und Statistik; Begriffe der Annahmestichprobenprüfung
DGQ-Schrift	16-43 Stichprobenpläne für quantitative Merkmale (Variablenstichprobenpläne)

Internationale Patentklassifikation

G 01 D 1/00
G 01 N 1/00
G 06 F 15/36
G 07 C 3/14

---

[9]) ISO 2859:1974 ist ersetzt worden durch die inhaltlich unveränderte Norm ISO 2859-1:1989. Außerdem sind hinzugekommen ISO 2859-2:1985 und ISO/DIS 2859-3.2:1989 (siehe Weitere Normen und andere Unterlagen).

Verzeichnis im Zusammenhang mit diesem DIN-Taschenbuch stehender nicht abgedruckter Normen und Norm-Entwürfe

DIN	Ausg.	Titel
1319 T 1	06.85	Grundbegriffe der Meßtechnik; Allgemeine Grundbegriffe
E 1319 T 1	11.92	Grundlagen der Meßtechnik; Grundbegriffe
1319 T 2	01.80	Grundbegriffe der Meßtechnik; Begriffe für die Anwendung von Meßgeräten
1319 T 3	08.83	Grundbegriffe der Meßtechnik; Begriffe für die Meßunsicherheit und für die Beurteilung von Meßgeräten und Meßeinrichtungen
1319 T 4	12.85	Grundbegriffe der Meßtechnik; Behandlung von Unsicherheiten bei der Auswertung von Messungen
7186 T 1	08.74	Statistische Tolerierung; Begriffe, Anwendungsrichtlinien und Zeichnungsangaben
10 951	12.86	Sensorische Prüfverfahren; Dreiecksprüfung
E 10 951 A 1	12.91	Sensorische Prüfverfahren; Dreiecksprüfung; Änderung 1
10 952 T 1	10.78	Sensorische Prüfverfahren; Bewertende Prüfung mit Skale, Prüfverfahren
10 952 T 2	09.83	Sensorische Prüfverfahren; Bewertende Prüfung mit Skale; Erstellen von Prüfskalen und Bewertungsschemata
10 954	12.86	Sensorische Prüfverfahren; Paarweise Unterschiedsprüfung
10 963	11.82	Sensorische Prüfverfahren; Rangordnungsprüfung
13 303 T 1	05.82	Stochastik; Wahrscheinlichkeitstheorie, Gemeinsame Grundbegriffe der mathematischen und der beschreibenden Statistik; Begriffe und Zeichen
13 303 T 2	11.82	Stochastik; Mathematische Statistik; Begriffe und Zeichen
18 709 T 4	01.84	Begriffe, Kurzzeichen und Formelzeichen im Vermessungswesen; Ausgleichungsrechnung und Statistik
25 424 T 1	09.81	Fehlerbaumanalyse; Methode und Bildzeichen
25 448	05.90	Ausfalleffektanalyse (Fehler-Möglichkeits- und -Einfluß-Analyse)
31 051	01.85	Instandhaltung; Begriffe und Maßnahmen
40 041	12.90	Zuverlässigkeit; Begriffe
40 200	10.81	Nennwert, Grenzwert, Bemessungswert, Bemessungsdaten; Begriffe
50 049	04.92	Metallische Erzeugnisse; Arten von Prüfbescheinigungen; Deutsche Fassung EN 10 204 : 1991
53 804 T 1	09.81	Statistische Auswertungen; Meßbare (kontinuierliche) Merkmale
53 804 T 1 Bbl 1	09.90	Statistische Auswertungen; Meßbare (kontinuierliche) Merkmale; Beispiele aus der chemischen Analytik
53 804 T 2	03.85	Statistische Auswertungen; Zählbare (diskrete) Merkmale
53 804 T 3	01.82	Statistische Auswertungen; Ordinalmerkmale
53 804 T 4	03.85	Statistische Auswertungen; Attributmerkmale

DIN	Ausg.	Titel
55 301	09.78	Gestaltung statistischer Tabellen
55 303 T 2	05.84	Statistische Auswertung von Daten; Testverfahren und Vertrauensbereiche für Erwartungswerte und Varianzen
55 303 T 2 Bbl 1	05.84	Statistische Auswertung von Daten; Operationscharakteristiken von Tests für Erwartungswerte und Varianzen
55 303 T 5	02.87	Statistische Auswertung von Daten; Bestimmung eines statistischen Anteilsbereichs
55 350 T 11	05.87	Begriffe der Qualitätssicherung und Statistik; Grundbegriffe der Qualitätssicherung
E 55 350 T 11	11.92	Begriffe zu Qualitätsmanagement und Statistik; Grundbegriffe des Qualitätsmanagements
55 350 T 12	03.89	Begriffe der Qualitätssicherung und Statistik; Merkmalsbezogene Begriffe
55 350 T 13	07.87	Begriffe der Qualitätssicherung und Statistik; Begriffe zur Genauigkeit von Ermittlungsverfahren und Ermittlungsergebnissen
55 350 T 14	12.85	Begriffe der Qulitätssicherung und Statistik; Begriffe der Probenahme
55 350 T 15	02.86	Begriffe der Qualitätssicherung und Statistik; Begriffe zu Mustern
55 350 T 17	08.88	Begriffe der Qualitätssicherung und Statistik; Begriffe der Qualitätsprüfungsarten
55 350 T 18	07.87	Begriffe der Qualitätssicherung und Statistik; Begriffe zu Bescheinigungen über die Ergebnisse von Qualitätsprüfungen; Qualitätsprüf-Zertifikate
55 350 T 21	05.82	Begriffe der Qualitätssicherung und Statistik; Begriffe der Statistik; Zufallsgrößen und Wahrscheinlichkeitsverteilungen
55 350 T 22	02.87	Begriffe der Qualitätssicherung und Statistik; Begriffe der Statistik; Spezielle Wahrscheinlichkeitsverteilungen
55 350 T 23	04.83	Begriffe der Qualitätssicherung und Statistik; Begriffe der Statistik; Beschreibende Statistik
55 350 T 24	11.82	Begriffe der Qualitätssicherung und Statistik; Begriffe der Statistik; Schließende Statistik
55 350 T 31	12.85	Begriffe der Qualitätssicherung und Statistik; Begriffe der Annahmestichprobenprüfung
E 55 350 T 33	10.91	Begriffe der Qualitätssicherung und Statistik; Begriffe der statistischen Prozeßlenkung (SPC)
55 350 T 34	02.91	Begriffe der Qualitätssicherung und Statistik; Erkennungsgrenze, Erfassungsgrenze und Erfassungsvermögen
69 900 T 1	08.87	Projektwirtschaft; Netzplantechnik; Begriffe
69 900 T 2	08.87	Projektwirtschaft; Netzplantechnik; Darstellungstechnik
69 901	08.87	Projektwirtschaft; Projektmanagement; Begriffe
69 902	08.87	Projektwirtschaft; Einsatzmittel; Begriffe
69 903	08.87	Projektwirtschaft; Kosten und Leistung, Finanzmittel; Begriffe

DIN	Ausg.	Titel
69 905	12.90	Projektwirtschaft; Projektabwicklung; Begriffe
69 910	08.87	Wertanalyse
IEC 300	02.87	Elektrotechnik; Leitfaden für das Zuverlässigkeitsmanagement; Identisch mit IEC 300, Ausgabe 1984
IEC 319	12.81	Darstellung von Zuverlässigkeitsangaben von Bauelementen der Elektronik
IEC 605 T 1	03.86	Elektrotechnik; Prüfung der Zuverlässigkeit von Geräten; Allgemeine Anforderungen; Identisch mit IEC 605-1, Ausgabe 1978
IEC 605 T 4	05.88	Elektrotechnik; Prüfung der Zuverlässigkeit von Geräten; Teil 4: Schätzwerte und Vertrauensgrenzen; Identisch mit IEC 605-4, Ausgabe 1986
IEC 605 T 5	03.86	Elektrotechnik; Prüfung der Zuverlässigkeit von Geräten; Teil 5: Prüfpläne zum Nachweis des Erfolgsquotienten; Identisch mit IEC 605-5, Ausgabe 1982
IEC 605 T 6	05.88	Elektrotechnik; Prüfung der Zuverlässigkeit von Geräten; Teil 6: Statistischer Test zur Bestätigung einer konstanten Ausfallrate; Identisch mit IEC 605-6, Ausgabe 1986
IEC 605 T 7	03.86	Elektrotechnik; Prüfung der Zuverlässigkeit von Geräten; Teil 7: Prüfpläne für Ausfallrate und mittleren Ausfallabstand bei vermuteter konstanter Ausfallrate; Identisch mit IEC 605-7, Ausgabe 1978
E IEC 605 T 7 A1	12.87	Elektrotechnik; Prüfung der Zuverlässigkeit von Geräten; Änderung zu IEC 605-7; Verfahren zum Erstellen eines durch Zeitablauf beendeten Prüfplanes; Identisch mit IEC 56(CO)127
E ISO 2859 T 0	12.91	Annahmestichprobenprüfung anhand der Anzahl fehlerhafter Einheiten oder Fehler (Attributprüfung); Einführung in das ISO 2859-Stichprobensystem; Identisch mit ISO/DIS 2859-0 : 1991
E ISO 5479	04.83	Tests auf Normalverteilung
ISO 5725	04.88	Präzision von Meßverfahren; Ermittlung der Wiederhol- und Vergleichspräzision von festgelegten Meßverfahren durch Ringversuche; Identisch mit ISO 5725, Ausgabe 1986
E ISO 5725 T 1	02.91	Genauigkeit (Richtigkeit und Präzision) von Meßverfahren und Meßergebnissen; Begriffe und allgemeine Grundlagen; Identisch mit ISO/DIS 5725-1 : 1990
E ISO 5725 T 2	02.91	Genauigkeit (Richtigkeit und Präzision) von Meßverfahren und Meßergebnissen; ein grundlegendes Verfahren für die Ermittlung der Wiederhol- und Vergleichspräzision von festgelegten Meßverfahren; Identisch mit ISO/DIS 5725-2 : 1990
E ISO 5725 T 3	07.91	Genauigkeit (Richtigkeit und Präzision) von Meßverfahren und Meßergebnissen; Präzision unter Zwischenbedingungen
E ISO 5725 T 4	02.91	Genauigkeit (Richtigkeit und Präzision) von Meßverfahren und Meßergebnissen; Grundlegende Verfahren zur Schätzung der Richtigkeit eines Meßverfahrens; Identisch mit ISO/DIS 5725-4 : 1990

DIN	Ausg.	Titel
E ISO 5725 T 6	02.91	Genauigkeit (Richtigkeit und Präzision) von Meßverfahren und Meßergebnissen; Anwendungen in der Praxis; Identisch mit ISO/DIS 5725-6 : 1990
E ISO 8402	03.92	Qualitätsmanagement und Qualitätssicherung; Begriffe; Identisch mit ISO/DIS 8402 : 1991
ISO 9000	05.90	Qualitätsmanagement- und Qualitätssicherungsnormen; Leitfaden zur Auswahl und Anwendung (Identisch mit ISO 9000 : 1987); EN 29 000 : 1987
ISO 9000 T 3	06.92	Qualitätsmanagement- und Qualitätssicherungsnormen; Leitfaden für die Anwendung von ISO 9001 auf die Entwicklung, Lieferung und Wartung von Software; Identisch mit ISO 9000-3 : 1991
ISO 9001	05.90	Qualitätssicherungssysteme; Modell zur Darlegung der Qualitätssicherung in Design/Entwicklung, Produktion, Montage und Kundendienst (Identisch mit ISO 9001 : 1987); EN 29 001 : 1987
ISO 9002	05.90	Qualitätssicherungssysteme; Modell zur Darlegung der Qualitätssicherung in Produktion und Montage (Identisch mit ISO 9002 : 1987); EN 29 002 : 1987
ISO 9003	05.90	Qualitätssicherungssysteme; Modell zur Darlegung der Qualitätssicherung bei der Endprüfung (Identisch mit ISO 9003 : 1987) EN 29 003 : 1987
ISO 9004	05.90	Qualitätsmanagement und Elemente eines Qualitätssicherungssystems; Leitfaden (Identisch mit ISO 9004 : 1987); EN 29 004 : 1987
ISO 9004 T 2	06.92	Qualitätsmanagement und Elemente eines Qualitätssicherungssystems; Leitfaden für Dienstleistungen; Identisch mit ISO 9004-2 : 1991
ISO 10 011 T 1	06.92	Leitfaden für das Audit von Qualitätssicherungssystemen; Auditdurchführung; Identisch mit ISO 10 011-1 : 1990
ISO 10 011 T 2	06.92	Leitfaden für das Audit von Qualitätssicherungssystemen; Qualifikationskriterien für Qualitätsauditoren; Identisch mit ISO 10 011-2 : 1991
ISO 10 011 T 3	06.92	Leitfaden für das Audit von Qualitätssicherungssystemen; Management von Auditprogrammen; Identisch mit ISO 10 011-3 : 1991
ISO 10 012 T 1	08.92	Forderungen an die Qualitätssicherung für Meßmittel; Bestätigungssystem für Meßmittel; Identisch mit ISO 10 012-1 : 1992
VDE 31 000 T 2	12.87	Allgemeine Leitsätze für das sicherheitsgerechte Gestalten technischer Erzeugnisse; Begriffe der Sicherheitstechnik; Grundbegriffe

Stichwortverzeichnis

Die hinter den Stichwörtern stehenden Nummern sind die DIN-Nummern (ohne die Buchstaben DIN) der abgedruckten Normen bzw. Norm-Entwürfe.